缠论

赵磊 著

108课详解

彩色修订典藏版

真正的高手必须充分了解市场

在市场里，输赢是唯一标准
要想赢，首先做个明白人——明白市场的人

这是让人用智慧、眼光和角度去理解、去参与市场，是颠覆性的理念

图书在版编目（CIP）数据

缠论 108 课详解：彩色修订典藏版/赵磊著. —北京：经济管理出版社，2020.6（2024.12重印）
ISBN 978-7-5096-7171-9

Ⅰ. ①缠… Ⅱ. ①赵… Ⅲ. ①股票投资—基本知识 Ⅳ. ①F830.91

中国版本图书馆 CIP 数据核字（2020）第 095969 号

组稿编辑：杨国强
责任编辑：杨国强　白　毅
责任印制：黄章平
责任校对：张晓燕

出版发行：经济管理出版社
（北京市海淀区北蜂窝 8 号中雅大厦 A 座 11 层　100038）
网　　址：www. E-mp. com. cn
电　　话：(010) 51915602
印　　刷：唐山昊达印刷有限公司
经　　销：新华书店
开　　本：720mm×1000mm/16
印　　张：37
字　　数：666 千字
版　　次：2020 年 8 月第 1 版　2024 年 12 月第 6 次印刷
书　　号：ISBN 978-7-5096-7171-9
定　　价：128.00 元

序

投资的匠人生涯

初见扫地僧磊兄还是在券商一间狭小的写字楼办公室里，回想一下还颇有隐居藏经阁的意味，久而久之也才方知其深厚的内力和才识，不禁多有联络。几年下来，现在磊兄倒也成了自己投资生活中少有的“战友”。

都说金融是个名利场，还是有少数专注于投研和交易的朋友说这里也是个江湖。金庸先生是擅长描绘江湖的，小说《天龙八部》里的这位无名僧武功极其高强，隐居少林藏经阁，日课低调的只是扫扫地。我想磊兄当时决定以“扫地僧”为名潜心学缠的时候，大概也是这样立的志吧。

对我而言，武功和投资的方法很像，也是大同的。千拳归于一路，又来自四面八方五湖四海，但并无高低贵贱之别，只要能坚持相应的方法，坚持做正确的事情，选择正确的时间，都能有所收获。武功本身讲究收放又是轮回的，也就没有了永恒的胜招和永恒的败招。

关键，是你自己在这天地两仪四象八卦的江河湖海之中能否找到你自己。

坦白地说，这市场如水火般无情，也有相当一批被各种原因套牢其中只能随波逐流的各类投资者，本身就是混沌无序的涨跌，周围又满是欲望和恐惧的噪声，想静下心来悟道和专研实在太难。还好，磊兄不在那相当一批人之列，他的自由和淡定令我羡慕。

所以，磊兄武功极高强，这点我是承认的。

与扫地僧一样，磊兄和我都是爱书之人，因此我也能读懂他时常倡议投资者多读书多思考背后的深意。不一定非得较真金融或投研类的书，任何类型的书都可以给人启发，有时候甚至会是醍醐灌顶的顿悟。缠师的话时常不也是用了触类旁通翻云覆雨的比拟，才显得如此生动

(扫码获取更多学习资料)

便于理解吗?

磊兄能读缠论到此程度，一百零八篇的札记所耗费的心血，非身居藏经阁饱览群书所不可至也。但日常生活繁杂琐事，磊兄俨然又是一副生活中的状态，所以在独处思考的时间磊兄也定是隐居了“藏经阁”。

扫地是件简单的事，每天都扫地便不是件简单的事了；扫好地也不是件难事，但每天都扫好地可就太难了。我想说的就是这个人尽皆知的道理。凡是有了坚持时间的这个长度，便才能谈得上信任这个深度。

深刻的本质是简单。

这点，相信长期关注磊兄的网友们也是承认的。

开卷有益，这也是磊兄才德的布施。承蒙磊兄不弃，冯某能在此作序。

愿此书广结良缘，在江湖传为佳话。愿与各位投资者共勉。

青岛立心私募基金管理有限公司总经理　冯学健

读者评语

鱼

札记提示重点内容，厘清各课时脉络，原汁原味，清晰明了，实为欲去缠求禅者幸事，功德无量。

兰

基本没有在网上留过言，读札记感觉眼前一亮。语言表达能力有愧，总结几句个人感觉：这是一部给在实战路上的缠们提高之作，也是作者宝贵经验分享之作。煎熬学缠的后期，觉得跟着缠师学缠的人非常幸运，这也是我的幸运。感谢扫地僧，在我最想要提高解惑能力的时候，发现了你的大作。

新浪网友

我上下求索，终于找到你。学习中，相比我自己看原文，原来自己只学习得十分之一啊。感谢。

^_^

在我读了 n 遍缠论原文还是晕晕乎乎的时候，网上的各种缠论资料及很多所谓的缠论大师讲的也是让人学得云里雾里的时候，扫地僧读缠札记的出现让人眼前一亮，读了 30 多篇，自我感觉对缠论的理解有了一个飞跃。发现晚了，现在还在补看前面的札记，基本上只看扫地僧的札记、干货及解盘。等待纸质版的札记！

纯净水

感谢你的读缠札记，让我重读缠论。解读得很好！！！

阳光

最早发现缠中说禅博客，如获至宝，信心百倍，禅师在文中很多确定性的论述让我热血沸腾！也确定了我走上炒股之路！初看禅师的论述，自以为浅显易懂，一学就会！哪知越学越

(扫码获取更多学习资料)

难，一个个小问题也百思不得其解，如入迷宫！也看了不少师兄师姐的解读，扫地僧师兄的解读犹如就在眼前陪读，读上几句，师兄就耳语（这里背景是茅台复权每股价值 2574 元）（最后一句才是重点）（……这才是禅师想说的）。扫地僧师兄真正把自己的经验、理解和重点，以及无数走过的弯路，遇到的问题嚼烂了放在文中提醒我们！也只有看过了扫地僧师兄的解读，才发现自己的能力、经验和深度没有达到师兄对缠论的理解！对于我这样从零开始的炒股者，禅师的文章是课本，扫地僧师兄的解读是教材全解！谢谢师兄！

无名

学缠论已经有很长一段时间了，也遇到很多问题，但一直在坚持。看到博主写的文章，解答了不少心中的困惑，非常感谢博主无私的分享！

熊猫

当初被这个 c 段的第二种情况困扰了好久，怎么都想不明白一个次级别离开中枢就已经包含了第三类买卖点，太感谢了！此时无法用语言表达我的感激之情！

国泰君安

札记忠于原作，内容翔实，解说清楚详尽。通过阅读解开原文迷惑之处，为众多学缠者不可多得的好书。

紫芊

从微博中，跟到微信中，非常好的学习内容，会一直关注。谢谢分享。

阿再

缠师的缠论就像一座大山，巍峨耸立，让很多初学者望而却步，而札记给有志学缠的人开辟了一条蹊径，让我这个缠论小白有初进山里的感觉，就本人来讲，不胜感激。

股欲峰

留下了真实，去掉了那繁华，返璞归真！

淡淡桂花飘

这节课重读感觉讲得很透彻，感谢点评，以前读过没什么感觉，谢谢！

解脱与投资

学长的配图很好，请以后费心多些配图，我们学习的时候很多资料看不明白，一方面是悟性差，另一方面是没有配图，一般人对照配图慢慢学习都会明白的。禅师的文章很多看不明白，主要是配图太少。看学长的文章突然感悟到配图非常重要，非常重要，非常非常重要，拜托师兄，以后多多配图，我代表学弟们提前感谢你。

水木清华

非常不错，感觉你跟禅师是一个级别的，继续加油，现在网上很多用缠论的解盘都已经把禅师的意思扭曲了，我是水木清华，微博、博客、微信都有关注。

缘起缘灭缠来禅往

不知道您的札记是以前写好的，还是边更新边写？如果是现在写的，请一定要坚持把札记写完，我正好到了瓶颈期，您的札记恰似及时雨！

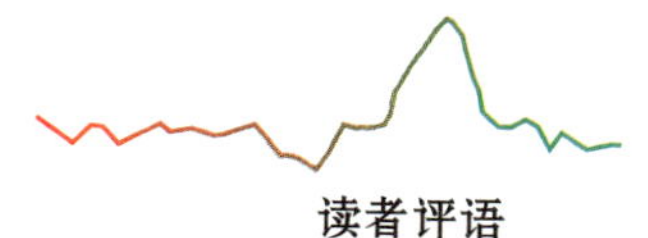

Haoquan

你的解释简单明了，你大公无私，有缘者得之。

William_Lin

那天，读完多义性的，我就和朋友说，这是我了解缠论以来，看过的写得最详细的，非常感谢。

摄郎

老师的札记首先是原汁原味的缠论解析；其次是老师功底深厚，对原文悟得深；最后是老师心中有大爱，谈问题说得透。读此札记进步很大，多谢老师！

目 录

(扫码获取更多学习资料)

(扫码获取更多学习资料)

股市闲谈：G股是G点，大牛不用套！①

大牛不用套，闭眼数钞票，G股是G点，就怕不知道。

能和本ID聊股市的，最多就处在精子或卵子状态，连受精卵都算不上。而且股市游戏是靠做出来的而不是说出来的，因此一般都不说【扫地僧：嘴炮打得响，实干未必行，实干厉害的一般都不说，都闷头挣钱去了，哪有工夫耍嘴】。但看到有些人被股市折腾得厉害，出于同情，又周末了，也就说两句。

一年前，股市跌到1000点最腥风血雨时【扫地僧：熊市尾声是最恐怖的，最后一跌也是最容易击溃最后一道防线的，倒在黎明前的筹码自然是最血腥的，所以这里才会说1000点是最腥风血雨时】，当时看到很多人在网上很可怜，就用老ID给了一个明确的说法，叫"G股是G点"【扫地僧：G股是股权分置改革试点股票，股权分置改革解决了A股全流通的制度缺陷，是中国资本市场影响最深远的改革举措。为什么G股是G点，主要原因有两点：①全流通了，大小非为了能卖个好价格，必然有做多股价的动力；②股市历次重大的改革，必然选择在底部区域，因为重大改革必须成功，必须有牛市来证明改革是正确的】，越腥风血雨，机会越大。现在这个G点已经弄得让很多人受不了，绝大多数在股市中的人都是很"犯贱"的，跌也怕，涨也怕，真是可怜。为此，今天再给一句话，叫"大牛不用套"。

这个不用套，最关键的意思是不要用老思路套用走势，特别是那些对市场了解不多的【扫地僧：大牛不用套的意思是大牛市到来时，要抛弃掉原来在熊市里的老思路，要敢想、敢干，大牛市中的逻辑和熊市完全不同】。例如，那天看到有人说五粮液的权证疯了，都三四元了，这些人对市场了解不多。你们知道以前宝安权证涨到多少吗？【扫地僧：深市权证炒风由"宝安权证"引发，该权证从4元涨至20元。最奇的是"宝安权证"的内在收益率始终是负值】知道深圳市

① 原文来源：http：//blog.sina.com.cn/s/blog_486e105c010003nt.html，2006-05-12 19：02：25。

场受香港影响一直都有玩权证的传统吗？知道在香港比这疯得多的权证遍地都是吗？市场总是要超越一般人想象的【扫地僧：三个知道开头的问句为了说明两个点：①要对市场的历史有所了解；②市场总是要超越一般人想象的】，三四元就贵？为什么股价就不能比酒价贵？哪一天，按复权算，一瓶茅台、五粮液买不来一股相应股票又有什么可奇怪的？【扫地僧：如今，茅台后复权每股价值2574元，五粮液后复权每股价值 804 元，一一应验，而在写此文章时，茅台、五粮液的后复权价格都还在 100 多元】

当然，对于极少数的人来说，市场就是一个提款机，想提就提，怎么才能办到？需要对市场充分地了解，真正了解市场的人，他们知道市场都是一样的，就像穿着各种衣服的人，扒光了都一样。真明白市场的，就无所谓牛熊，市场永远都是提款机【扫地僧：这段话是本文的核心思想，首先要对市场真正了解，这个了解并非简单的技术层面的了解，而是市场规则、运行逻辑、交易制度、经济常识、市场参与者等全方位的了解，要做到这一步需要时间和经验的积累，太多人被短期利益所蒙蔽，即使在市场中摸爬滚打了多年，也是一头雾水。路漫漫其修远兮，吾将上下而求索……】。当然，如果市场只是单边的，那么唯一的区别就是在熊市中，投入的资金以及摆动频率要小【扫地僧：单边市场里，熊市要少投入，少交易】。

不过，即使在牛市中，高手和低手之间的盈利程度也是有区别的。一只股票如果上涨 1 倍，低手最终落袋的最多就是 1 倍，而高手操作出三四倍是很简单的事。其实，股票投资十分简单，最关键的就是成本，而时机也是成本，如果你有本事能比市场的平均成本低，就永远立于不败之地。既然波动是市场风险所在，那么相应地就提供了利用市场的风险，利用一切值得利用的波动把持有成本往 0 甚至负数做下去的机会，这样，无论牛熊，都无所谓了【扫地僧：在单边市场中股票投资要想成功，只有通过低买高卖才能获利，因此低成本是关键，而获得低成本的方法有很多种，有的是通过权力获得，有的是通过内幕获得，而对于大多数普通散户来说，最直接的途径是通过把握波动来降低成本】。有波动就有风险，相应就有利润，对于一个高手来说，只要有足够的时间，一只下跌股票操作出来的利润一定比一个低手在一只上涨股票操作出来的大，当然这只是举例，真正的高手当然不会故意逆着趋势操作【扫地僧：最后一句才是重点，不逆趋势操作，这才是长久的生存之道】。

投资是一门艺术，而投资的艺术归根结底是资金管理的艺术【扫地僧：凡是能称之为艺术的，都具有多样性，这样这门艺术才能百花齐放，投资的艺术也一

样，没有唯一标准，而且永无止境。投资的本质是管理钱，也就是资金管理的艺术】，这就像歌唱的艺术归根结底是呼吸的艺术一样。而市场的波动，归根结底是在前后两个高低点关系构成的一个完全分类中展开的【扫地僧：这句话对应了技术分析的核心就是分类】。明白了这一点，市场就如同自己的掌纹一样举手可见了。以上这些，不但对于散户，对于庄家其实也是一样的，能明白这一点，就可以在市场中游刃有余了。当然，这个境界还有向上一路，这就不是能对一般人说的【扫地僧：缠师留了个悬念，答案还是通过自己去悟吧】，而且说了也白说，就不说了。

【扫地僧点评】

真正的高手必须充分了解市场，充分了解的意思是不仅知道市场的规律，还要真正懂得背后的本质，要知其然还要知其所以然，只有这样才能将市场作为提款机，也就是明白人赚糊涂人的钱。

更多缠论干货内容请关注作者微信公众号“扫地僧读缠札记”。

教你炒股票1：不会赢钱的经济人，只是“废人”！①

实业界内一大咖，一进股市变小渣，皮毛半点白日梦，无非韭菜又一茬。

“教你炒股票”这样的题目，全中国不会有第二人比本ID更适合写的【扫地僧：厉害的人说话有底气，透着自信】。当然，股票是炒出来的，不是写出来的，因此也从未想过写这样的题目。但任何事情都是有缘起的，缘分到了，也不妨写上一写。

人，总是很奇怪的，就算是很聪明的人，或者在其他行业很成功的人，一旦进入资本市场，就像换了个人【扫地僧：聪明和智慧不是一回事，在资本市场里，人性是被放大的，贪婪和恐惧会被无限放大，要想克服人性的缺点只有靠智慧，而不是聪明，没有智慧的聪明更加放大人性的缺点。所以，这和在其他行业是否成功没有对应关系，如果在其他行业是靠智慧的聪明获得成功，那么在资本市场里应该也不会太差，而如果只是靠聪明获得成功，那一旦进入资本市场，人性突然被放大，自然就像换了个人】。虚拟和现实的鸿沟使得做实业的，且不说期货了，就算到风险小得多的股市，也很少能做好的。而习惯在虚拟市场玩游戏的，基本很难回头去弄实业【扫地僧：做实业要拼关系、拼人脉、拼资源、拼质量、拼速度、拼酒量、拼颜值……各种拼，累死累活一年10%的利润，还不是复利，资本市场里10%的机会天天有，只用舒服地吹着空调、点着鼠标几秒钟就可以搞定，这也是绝大多数职业炒股者的想法】，这些例子太多了。

周围朋友和经济有关的，做金融的比较多，也有几个做实业的。人民币放开后，有次和他们一起玩，偶然聊起股票。当时给他们的意见是，由于资源的全球化升势及人民币的升值，国内实业将有很大的困难【扫地僧：资源涨价，成本就

① 原文来源：http：//blog.sina.com.cn/s/blog_486e105c01000461.html，2006-06-07 18：08：15。

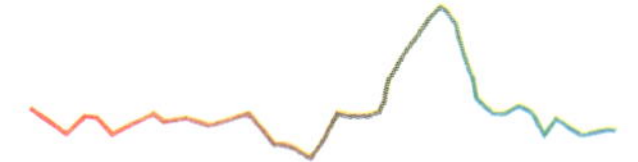

高，人民币升值，出口产品的价格优势降低，所以实业会有很大困难】，而虚拟市场由于对资本的吸纳作用将大有改观【扫地僧：因为股权分置改革使得股票变成全流通，盘子大了，对资本的吸纳作用自然大大改观】，会出现一个至少是大 X 浪级别的行情【扫地僧：出现大 X 浪级别的行情的原因有政治逻辑和经济逻辑：①政治逻辑，股权分置改革使得股票全流通，大小非可以变现了，自然有动力卖个好价格，股改也是政治大事，只许成功不许失败，如果改革能带来牛市的话，自然说明改革是成功的，所以历史上凡是重大资本市场改革，必然要有牛市证明其成功。②经济逻辑，人民币升值会带来热钱，热钱进入也要选择变现容易盘子大的资产，而股改后股票市场盘子变大，股票又是变现最容易的资产，所以股票市场也是热钱的最佳选择。A 股是单边市场，单边市场最大特点是资金推动，那么牛市的最重要的资金面也有了基础，必然要来一波大 X 浪级别的行情】。我劝他们应该分流部分资金到资本市场来。由于前几年资本市场上出事的人一拨接一拨，这些朋友很犹豫，一晃就把时间过了【扫地僧：贪嗔痴疑慢中的疑】。

今年过完春节，这些朋友突然开始不断骚扰本 ID，说要入市【扫地僧：看到市场转暖，有人赚到钱了，就想入市，贪嗔痴疑慢中的贪】。本 ID 当时已经忙得无暇分身，对他们一番数落，然后告诉他们，现在是个人都能挣钱，自己玩去，没空理你们。

进入三四月份，当时有色等行情已经很火爆，这些人想大进又怕风险，一直在小打小闹。有一天，又在一起玩，他们一定要本 ID 选择一些具体的股票【扫地僧：贪嗔痴疑慢再加个懒】。因为这两年一直有很多外资大基金进来接触要收购中国快速消费品的企业，还有就是一些大的周期行业将面临重组，我就让他们去关注这两类股票和权证。

5 月后，股市大涨，大家都很忙，中旬时又有机会碰头，一问之下，基本都没怎么大买，买了的也没几站就下车了【扫地僧：还是“疑”在作怪】。他们都显得很烦躁，不断问有什么可买的。既有点可怜又有点烦他们，怎么在市场外弄得好好的，一到市场里都成这样了？就有点敷衍地告诉他们，去买深沪两地 3 元上下的本地股【扫地僧：时间点是 2006 年 5 月后，我们先来看一下当时的大盘走势，如图 1 所示。可以看出，5 月后，正好是大盘出现调整的时候，一般来说，在牛市里，每一次大的调整都是热点切换的时候，为什么要选择 3 元附近的沪深本地股？第一，3 元附近，意味着是低价股，由于在 5 月之前，市场整体已经有了一波上涨，那么在进入调整之后，低价股票的吸引力会大大增强，而且，

(扫码获取更多学习资料)

到牛市最后阶段，也很难再见到 10 元以下的股票了，因此这时候选择 3 元附近的低价股是非常安全的。第二，选择的是沪深本地股，而不是其他地区的股票，这是因为股票市场只有沪深两个交易所，交易所所在的城市自然有着非常好的群众基础，那么两地的本地股也最容易受到关注。再加上同在一座城市的原因，本地上市公司与交易所一般都会有一定的关系，在政策的理解程度上自然具有优势，也最容易成为政策的试金石，具有标杆作用。所以从历史上，两地的本地股在每轮行情中都会受到关注和炒作，其表现都不会太差，包括在 1 月的大调整中，6 元左右的沪深本地股表现都不错。所以，选择沪深两地的低价本地股就是一个双保险】。而且我告诉他们，这样下去肯定要出问题的，最好自己好好学习，别人再厉害也不可能整天像照顾小孩一样看着。

图 1

上周日，又碰到一起。这几位，大概都一肚子股票了，这次个个神采飞扬；大概又都刨了几本书，听了几次股评，看了几本杂志，更是口水喷喷地这面那面、一线二线的专家了，1800 点、2000 点、2500 点的牛人了【扫地僧：最关键的还是因为都一肚子股票了，仓位决定脑袋】。这市场，还真能改造人！只是这市场的绞肉机又有新货了。

有人说，市场是老人挣新人的钱，而市场中的老人，套个 10 年 8 年的一抓一大把。其实，市场从来都是明白人挣糊涂人的钱【扫地僧：呼应“G 股就是 G 点，大牛不用套”的观点了】。在市场经济中，只要你参与到经济中，就是经济人了，经济人当然就以挣钱为目的，特别在资本市场中，没有慈善家，只有赢家和输家。而不会赢钱的经济人，只是废人！无论你在其他方面如何成功，到了市

场里，赢输就是唯一标准【扫地僧：账户上的数字就是输赢的结果】，除此之外，都是废话。

【扫地僧点评】

无论你在其他方面如何成功，在市场里，输赢就是唯一标准，要想赢，首先做个明白人——明白市场的人。

教你炒股票2：没有庄家，有的只是赢家和输家！[①]

昔日辉煌笑谈间，世间已无活神仙，青山不改人犹在，只是山野变成田。

庄家这种“动物”对大多数人来说很神秘【扫地僧：现在依然神秘，因为迎合阴谋论的思维】，对本ID来说就太平常了。庄家和散户的二元对立，大概比较适合现代中国人的思维模式，因此变得如此的常识，但常识往往是共同谬误的同义词，不仅是所谓的散户，而且很多的所谓庄家也牺牲其中。

一般定义中的所谓庄家，就是那些拿着大量资金，能控制股票走势的人。在有关庄家的神话中，庄家被描述成无所不能的，既能超越技术指标，更能超越基本面，大势大盘就更不在话下了。这里说的还只是个股的庄家，至于国家级的庄家，更成了所谓散户的上帝。关于这些庄家上帝的传闻在市场中一秒钟都不曾消停，构成了常识性的谬误流播【扫地僧：直到现在，郭嘉队依然还是坊间的谈资】。

但所谓的庄家，前赴后继，尸骨早堆成了山。前几天在一个私人聚会里，遇到一个出生于20世纪50年代的老大叔，说已经准备了20亿元，要坐庄，让本ID联系一下某某公司的头。大叔也是有头有脸的人了，不想当众奚落他，暗地里把他嘲笑了一番，简直是脑子锈着了【扫地僧：这种人不在少数，因为他们往往在某个领域比较成功，其控制欲都会很强，都非常享受主宰一切的那种感觉，所以都想做坐庄的事情】。

当然，即使庄家的神话已经如此常识，这种傻人也会继续前赴后继的。而正因为这种傻人如此之多，猎人打起猎来才能收获丰富。看到越摆庄家谱的，猎人越高兴，反正这类型的，基本在市场上混个几年就“尸骨无存”了【扫地僧：尤其是近两年监管越来越严，证监会几乎每周都要处理一批所谓的庄家、大鳄，连

① 原文来源：http：//blog.sina.com.cn/s/blog_486e105c01000467.html，2006-06-07 22：41：27。

徐翔这种神话都沦为了阶下囚。前一段时间顶格处罚的唐汉博，一下罚了 12 亿元，以后这些所谓的庄家主力会被时代所淘汰】。

市场没有什么庄家，有的只是赢家和输家【扫地僧：上一节课里已经表达了输赢是市场里的唯一标准，什么庄家啊，主力啊，能赚到钱才是赢家】，有的只是各种类型的“动物”【扫地僧：代表着各种级别的市场参与者】，还有极少数的高明猎手【扫地僧：代表着市场中的明白人】。市场就是一个围猎的游戏，当你只有一把小弓箭，你可以去打野兔；当你有了屠龙刀，抓几条蛇来玩就没劲了，关键是你是否有屠龙刀！【扫地僧：小弓箭和屠龙刀代表着不同的能力，你的猎物是什么不重要，重要的是你是否有抓住猎物的本领】

【扫地僧点评】

不意淫，不盲从什么庄家主力，用心寻找自己的屠龙刀。

教你炒股票3：你的喜好，你的死亡陷阱！①

沉鱼闭月惹祸殃，美玉无瑕赵国亡，爱由心生执着念，终为痴情落悲伤。

世界杯要开始了，在世界杯时谈论股票是一件很无趣的事情【扫地僧：关注世界杯，说明缠师爱好足球，是个有情怀的人】，而且，全世界的人都知道，世界杯前后，股票市场几乎都要大跌，这个常识，虽然并不比所有有关所谓庄家的常识更值得关注，但至少有趣【扫地僧：这个只具有八卦意义，并非什么常识或者规律】，并不像所谓庄家一般无聊。还可以增加一句的是，足球至少有帅男，而见过的如此之多的所谓庄家里，连长得不那么歪瓜裂枣的都少，这的确是实际情况，并不是开玩笑【扫地僧：缠师能嘲笑长得难看的，至少说明其本人不算难看，网上有照片，也基本证实缠师长得算标致】。

但你的喜好，就是你的死亡陷阱！在市场中要生存，第一条就是在市场中要杜绝一切喜好【扫地僧：这个喜好是指不符合市场规则的主观偏好，比如很多人喜欢茅台股票，认为茅台如何的有壁垒，如何的垄断，如何的赚钱，但如果时机不对，买茅台未必能跑赢市场，甚至会亏钱】。市场的诱惑，永远都是通过你的喜好而陷你于死亡。市场中需要的是露水之缘而不是比翼之情【扫地僧：露水之缘就是在恰当的时间恰当的地点遇见恰当的你，对应着在恰当的时机以恰当的价格交易恰当的数量的股票】，天长地久之类的东西和市场无关。市场中唯一值得天长地久的就是赢钱，任何一个进入市场的人，其目的就是赢钱，任何与赢钱无关的都是废话。

必须明白，任何让你买入一只股票的理由，并不是因为这只股票如何好或被忽悠得如何好，只是你企图通过买入而赢钱，能赢钱的股票就是好的，否则都是废话【扫地僧：这句话要熟读一万遍！买股票之前一定要想清楚自己买入的理由

① 原文来源：http：//blog.sina.com.cn/s/blog_486e105c0100047p.html，2006-06-09 17：03：48。

是什么，盈利的逻辑是什么，逻辑成立的边界条件是什么，出现意外情况时该怎么办】。因此，市场中的任何喜好，都是把你引入迷途的陷阱，必须逐一看破，进而洗心革面，才能在市场上生存。

当然，能看清楚自己周围的市场陷阱，还只是第一步【扫地僧：充分了解市场是基础】，更进一步，要学会利用市场陷阱赢钱【扫地僧：当其他人掉入陷阱时，一定意味着他犯了错，利用市场陷阱来赢钱就是利用别人的错误来赢钱，仁慈在这个市场中等同于错误，正确的做法就是当别人掉入陷阱时再趁机上去踩一脚】。当你要买的时候，空头的陷阱就是你的最佳机会，当你要卖的时候，多头的陷阱就是你的天堂【扫地僧：这里也是为后面均线吻系统中的陷阱埋下了伏笔】。这市场，永远不缺卖在最低点、买在最高点的人，这世界上没有什么是可以让所有人赢钱的，连大牛市中都有很多人要亏损累累。而市场中的行为，就如同一个修炼上乘武功的过程，最终能否成功，还要落实到每个人的智慧、秉性、天赋、勤奋上！【扫地僧：太多的人都幻想着找到一本武林秘籍，稍微练一练就可以无敌于天下，说到底就是懒，而懒的根源就是贪，因为是想不劳而获，付出最少获得最多，贪嗔痴疑慢中贪字排第一，而贪字和贫字也只差一点。凡是有一点艺术性的行为，都如同修炼武功，最终武功的高低必然取决于每个人的智慧、秉性、天赋、勤奋，学缠读缠也是一样，这是一条自我修炼的道路，没有捷径可言，也许不起眼的扫地僧所走的路就是最佳的捷径】

我愿做那扫地僧，静心扫地苦读经，任他江湖风云起，拂袖轻斩华山松。

【扫地僧点评】

抛弃个人喜好，就是断掉“痴”念，不痴才能看得清看得懂，这是在市场中赢钱的基本前提。

教你炒股票4：什么是理性？今早买N中工就是理性！①

生生死死生亦死，真真假假假亦真，万法无常终空幻，做好当下读书郎。

很奇怪，在资本市场中经常有人教导别人要理性。而所有理性模式后面，都毫无例外地对应着以一套价值系统为依据，试图通过所谓的依据而战胜市场，这是最大的心理依据【扫地僧：最大的问题是这种线性的思维模式，市场是动态的，不存在一种所谓的恒定不变的模式诠释市场，市场中唯一不变的就是“变”。而大多数人的思维模式还停留在“因为什么而所以什么”这种单细胞级的线性思维模式，以基于这种线性思维模式的系统为依据，只不过是心理上的依据而已，并非市场本身的理性依据】，而这，就是所有资本谎言和神话的基础。真正的理性是要去看破各色各样的理性谎言，理性从来都是人YY出来的皇帝新衣，这在哲学层面已不是什么新鲜的事情【扫地僧：理性是哲学中最深奥、最难解的一个概念，几乎人人都在谈论理性，可谁也不能透彻说出理性到底是什么，以致理性成为一个比上帝还要神秘的东西。在所有探究理性的思想家中，康德应该是最深刻、最全面的一个，但他也未使人明白理性到底是什么。引用网上的一段关于理性的解释：人脑具有一种追求和谐感觉的天性，或者说人脑对于凡能达到和谐的关系或结构的东西有一种天性的偏爱，而对于违背和谐的冲突，则有一种天性的排斥，凡达到和谐的东西，人脑就天性地喜欢它、接受它、肯定它，反映在人的意识上，人们便会认为它是正确的、公正的、合乎道德的；而对于不和谐的、矛盾的、有冲突的东西，人脑就天性地厌恶它、排斥它、拒绝它、否定它，反映在人的意识上，就认为它是不正确的、不公正的、不道德的，此时人们就会努力去消除矛盾和冲突以求得和谐。人脑的这一天性也体现在这一视觉实验中：当人戴上一种能使物体看起来都倒立的眼镜，起初看物体都是倒的，但戴一段时间后看

① 原文来源：http：//blog.sina.com.cn/s/blog_486e105c010004g8.html，2006-06-19 21：41：14。

到的物体又都正立了，此时若摘下眼镜，看到的物体反而倒立了，而再过一段时间后看到的物体又自动正立了。这一奇特的实验结果只有认为“人脑具有一种自发地追求和谐的天性”才能得到令人满意的解释，它告诉我们，人脑不仅天生地接受和谐、排斥冲突，在遇到冲突时人脑甚至能自发地通过改变感觉的形态以重新求得感觉的和谐。人脑的这一追求和谐的天性，就是人类理性的来源。体现这一天性的有这样一种重要、严整、典型的和谐方式，我们可以将其概括为两条天赋的理性原则：凡在人们看来相同的事物，人们同时认为：①它们具有相同的性质（同物同性）；②它们应该受到相同的对待（同物同待）。“同物同性”是指导人类作出认识判断的原则，“同物同待”是指导人们作出公正判断的原则。凡符合这两条原则者，便是和谐的，也是符合理性的；凡违背这两条原则者，便是违背和谐、违背理性的冲突，也是人类天性所不可接受的，在追求和谐的天性作用下，人类就会力求消除冲突以求得和谐。人类具有的这种追求和谐的能力，便是人的理性能力。笛卡儿、莱布尼茨等认为人类具有某些天赋的观念，其实更准确地说，不是有天赋的观念，而是有一种能获得理性观念的天赋的机制或者能力，只要是和谐的东西，人类会自发地对它作出肯定的反应，而对违背和谐的东西则自发地作出否定的反应。被众多思想家所肯定的人的天赋的理性，就来自于人脑追求和谐的天性。由此可见，在哲学层面上，理性确实是指人们自己YY的不存在的东西】。

更可笑的是，被所谓理性毒害的人们，更经常地把理性当成一种文字游戏，当文字货币化以后，这种文字游戏以一种更无耻的方式展开了。但真正的理性从来都是当下的，从来都是实践的，而实践，从来都是当下的理性。就像性是做出来的而不是说出来的，理性也一样。

站在资本市场的角度，就是所有的介入都是可介入从而被介入地介入着【扫地僧：可介入是状态，被介入是动作，只有介入了处于可介入状态的，才是真正的介入】。也就是所有的介入，当你介入时，市场与你就一体了，你创造着市场，市场也创造着你，而这种创造都是当下的，从而也是模式化的。真正的理性关心的不是介入的具体模式如何，而是这种模式如何被当下着，最重要的是，这种模式如何死去【扫地僧：通俗点说就是，要关心的不是买入股票的理由是什么，而是买入后，股票的走势如何，是否能被你的交易系统所接受，重要的是如何退出。这里已经有了技术分析的核心：分类的意义以及在当下如何来处理分类】。

生的，总要死去，如果自然真有什么法则，那就是唯一的法则，市场上的法则也一样【扫地僧：所谓万法归一，最本质的就是生死轮回】。所谓法则，就是

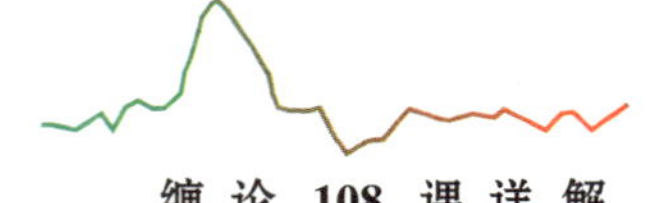

宿命。在市场中，死亡是常态，也是必然，而生存，必须以生为依据，所谓生生不息，其实就是死死不息【扫地僧：生死不过是物质的两种状态，如日升日落阴阳交替一般，太极阴阳图是最好的直观表达的方式，阴阳本是一，阴盛则阳起，阳极则阴生，阴阳互相转化，生生不息】，当你被依据所依据时，其实已在死亡之中。而生死，从来都是被当下所模式，资本市场也一样，以为离了生死也就无生死可言了，这不过是所谓理性的妄想。任何市场中人，都是被生死了的，生死无处可离，生死就在呼吸之间，不离生死而从容于生死，没有这种大勇猛，一切的理性都不过是垂死的哀鸣【扫地僧：摆脱生死的束缚并非是要逃避生死，凌驾于生死之上，而是要看透生死的本质，从容勇敢地面对生死，“大勇猛”这个词用得刚刚好】。对于市场来说，介入就是介入生死【扫地僧：介入模式的生死】，无所依据地从容于各种模式之间，无所往而生其心，而心实无所生，方可于生死而从容【扫地僧：这句话来自《金刚经》中“应无所住，而生其心”，是无所住，不是无所往，这里是个错别字。引用在这里的意思是：从容于各种模式之间，不留恋不执着于任何一种模式，无论什么模式，最终所要的结果都是赚钱。除了市场，其他所有事物也一样，世上本没有好的事情、坏的事情之分，一切都是空，我们不应强行主宰，要顺其自然，出现就出现，不出现就放弃，宇宙万物并不会因为它的出现或不出现就发生本质性的改变。最后借用知乎上一位高人的解释：无所住而生心——想吃什么吃什么；心实无所生——吃啥最后都变成屎。哈哈，看破一切，方可从容】。

对于市场的参与者来说，首要且时刻必须清楚自己目前介入模式的当下【扫地僧：必须清楚当下的市场是否在自己介入模式的边界内，这个边界指的是模式的适用边界】，而市场中的绝大多数人，是不知道自己在干什么的，狠一点说，就是死都不知道怎么死的【扫地僧：根本不知道自己模式的适用边界是什么，一旦市场处于边界之外，模式必然失效，如果不能跳出来，自然是死都不知道怎么死的】，市场基本由这种人构成。这种构成与资金实力无关，大资金死起来更快，一夜之间土崩瓦解的事情，本 ID 见得多了。此外，如果你一定要很习惯地、理性地追问什么是理性，那么，相对那些光说不干的所谓理性，今早 15 元多买 N 中工就是理性！理性是操作出来的，今天，你操作了吗？【扫地僧：结尾呼应了标题，看似没有直接说出买 N 中工的理由，其实本文通篇都在讲，那么这里就留一个思考题给大家，为什么 15 元多买 N 中工就是理性】

【扫地僧点评】

又上了一堂佛学课，《金刚经》是佛学中的核心价值观，而整部《金刚经》都是在讲“无住心”，本文其实是讲这个“无住心”在资本市场中的运用，这是让人用智慧眼光和角度去理解、去参与市场，是颠覆性的理念。

【思考题答案】

首先，N中工是新老划断后IPO的第一股，新老划断是股权分置改革中重要的一环，那么作为第一股的N中工自然是集万千宠爱于一身，正如G股是G点的道理一样，对于这种具有政治意义的股票，其表现自然不会差。

其次，该股IPO发行6000万股，扣除承诺3个月锁定期的网下配售的1200万股，实际流通只有4800万股。从上市当天的盘面看，开盘15分钟的成交量就已经超过了2500万股，实际换手超过50%还多，说明市场对该股的认可度非常高。既有政策逻辑的支撑，又有实际盘面的验证，这就是最大的理性！

教你炒股票5：市场无须分析，只要看和干！[①]

鹦鹉莫笑乌鸦黑，洋洋盈耳抹是非，万千宠爱娇生惯，只是玩偶难高飞。

喜欢吹牛皮的，在市场里最常见，例如一种以分析市场、吹牛皮为生的职业，叫什么股评、专家的。此类人不过是市场上的寄生虫，真正的猎手只会观察、操作，用嘴是打不了豺狼的【扫地僧：分析市场即使错了也没有压力，实盘操作可是真金白银的，错了就是金钱的损失，所以真正的猎手只关心操作是否盈利，分析得好坏和账户上的盈亏没有直接必然的联系。如果说分析市场还算道德，那种吹牛皮的黑嘴就是最该死的，也希望大部分的投资者能成熟起来，扼杀黑嘴的一切生存空间】。

市场就是一个狩猎场，首先你要成为一个好猎手，而一个猎手，首先要习惯于无言【扫地僧：每个人的经历、悟性都不同，你的操作都是定制版的，只能适用于自己，即使从别人那里学到一些东西，也需要通过实践逐步转化成自己的东西，所以说，高手都是孤独的】。如果真有什么真理，那真理也是无言的。可言说的，都不过是人类思想的分泌物，臭气熏天。真不可言说了，就无不可言，言而无言，是乃真言【扫地僧：人类的语言并不能够100%表达出一个事物，记得《西游记》中师徒四人历尽千辛万苦终于到达西天见到如来佛祖求取真经，佛祖对唐僧师徒说，你们一路也辛苦了，告诉迦叶和阿难，把上等的经书传授给他们，回到大唐救度众生吧。1988年版电视剧《西游记》里的迦叶和阿难给人的印象特别狡诈，也许是为了给之后唐僧发现经书是假的做铺垫吧。其实一直想重申一点的是，迦叶和阿难没有那么坏，他们二人被称为尊者，佛祖的第一批弟子，属于大阿罗汉级的。后来唐僧发现经书全部是白纸，没有一个字，又回灵山找到如来佛祖把真经取走。并非迦叶和阿难成心把无字经给唐僧，真经其实就是无字

① 原文来源：http：//blog.sina.com.cn/s/blog_486e105c010004i9.html，2006-06-21 20：52：02。

经。佛祖对他们师徒四人说把上好的真经传授给你们，只不过是唐僧没有悟到。而真正的大道是用语言或文字表达不出来的，能写出来的就非真道理。很多智者或者哲学家、科学家、宗教家，在自己的研究领域中不断地探索，寻找那个本质，那个真理是说不出来的】。

一个好的猎手，可以没有嘴巴，但一定会有一双不为外物所动的眼睛【扫地僧：这眼睛就是能够最客观、不带一丝个人情感地去观察世界】，在这眼睛里，一切如幻化般透明。要不被外物所动，则首先要不被自我所迷惑【扫地僧：《六祖坛经》记载禅宗六祖慧能法师和两名僧人辩论的故事：在讲经会上，风吹动经幡。一个僧人说，风动；一个僧人说，幡动。两人争论不已。禅宗六祖慧能法师站出来说，是你们的心在动！慧能法师所讲的"心动"，并没有否定"风和幡在动"的事实，只是强调心态在感知世界时所起的关键性作用。一般人"心随境转"，很容易受到所处环境的影响。所处的环境改变，心态也随之而变，由此影响个人的情绪】，其实无所谓外物、自我，都不过幻化空花，如此，方可从容其中。

猎手只关心猎物，猎物不是分析而得的。猎物不是你所想到的，而是你看到的。相信你的眼睛，不要相信你的脑筋，更不要让你的脑筋动了你的眼睛【扫地僧：这就是不为外物所动的眼睛】。被脑筋所动的眼睛充满了成见，而所有的成见都对应着把你引向那最终陷阱的诱饵【扫地僧：加入了成见就等于加入了人性的弱点，有了弱点必然容易掉入陷阱】。猎手并不畏惧陷阱，猎手只是看着猎物不断地以不同方式最终掉入各类陷阱，这里无所谓分析，只是看和做！

猎手的好坏不是基于其能说出多少道道来，而是其置于其地的直觉。好的猎手不看而看，心物相通，如果不明白这一点，举例来讲，就是把你一个人扔到深山里，只要你能活着出来，就大概能知道了。如果觉得这有点残忍，那就到市场中来【扫地僧：你的能力只有在市场中通过实战来检验，能力的提高也只能通过实战，没有第二条路。《论语》开篇就已经说了"学而时习之，不亦说乎"】，这里有无数的虎豹豺狼，用你的眼睛去看，用你的心去感受，而不是用你的耳朵去听流言蜚语，用你的脑筋去抽筋！

【扫地僧点评】

想起了那句励志名言"天将降大任于斯人也，必先苦其心志，劳其筋骨，饿其体肤，空乏其身，行拂乱其所为"，这其实就是"操作"的过程，当经历了这些苦难之后，自然不愿再说，别人没有经历过你所经历的，说了也不懂，说了也没用，你的成就只能从"操作"中获得，偷不得懒。

教你炒股票6：本ID是如何在五粮液、包钢认购权证上提款的！[①]

> 轻松提款人羡慕，天生霸气自外露，人人只见光鲜面，不见苦功沧海粟。

最近忙着和孔二爷闹，满博客都是孔二爷，前两天要了一下鲁超女活跃气氛，今天想继续说说这"教你炒股票"系列。总不能整天都是孔二爷，也要照顾一下孔方兄，都是姓孔的，一碗水要端平。

股票上永远不缺英雄，更永远不缺死去的英雄，最近的英雄们都又在吹投资，但投资这内裤永远掩盖不了股票扒光后赤裸裸的投机【扫地僧：投资和投机一字之差却有本质区别，从字面意思上来看，一个投的是资本、资产，一个投的是机会，在股票市场里，买入的股票不可能换半块上市公司的砖头，一切都是虚拟的，博弈的只是价格的变动，而价格的变动带来的就是机会，这不就是赤裸裸的投机吗】。阴符云："天性，人也；人心，机也；立天之道以定人也。天发杀机，斗转星移；地发杀机，龙蛇起陆；人发杀机，天地反复；天人合发，万化定基。"【扫地僧：《皇帝阴符云》此经共300字，100个字讲的是解道的理论，100个字讲的是修的方术，100个字讲的是道的法度规章，上篇为对信仰固守之道，中篇为富国安民的方法，下篇为用兵取胜的战术，这些都是靠内在的心领神会与客观的事物发展相符合。这几句出自上篇，也就是前100字，重在讲世间万物的大道，缠师在这个地方引用，是在隐喻市场虽然血腥，充满诱惑、欺骗和陷阱，但作为悟大道者就应该勇敢地在这天人合发的市场中顺应天道、地道、人道，参与市场，如此才能万化定基】不投这个机，又如何夺天地之造化？股票市场也是一样的。

对于本ID来说，这股票市场就如同提款机，时机到了，就去提款，时机不到，就让它搁在那儿。市场就如同男人，整天管他就会犯贱，就会咬你。所以男人不能经常操作，这市场也一样，必须耐心等待它的骚动，它不骚动，是不能操

① 原文来源：http：//blog.sina.com.cn/s/blog_486e105c010006sw.html，2006-10-24 12：45：16。

作的【扫地僧：不骚动就没有机会，没机会自然是不能搞】。本ID曾写帖子“G股是G点，大牛不用套！”，连G点都不明白，是没资格谈论股票的。如同要找到男人的G点，就要对这男人充分了解【扫地僧：又一次强调充分了解是前提】，要找到这市场的G点，其道理是一样的。但就像光知道男人有G点还是不能乱操作，首先要了解他是干净的，是安全的，否则高潮还没有就翘了，那麻烦就大了。市场也是一样的，不是什么机会、G点都要操作的，首要的前提是安全，要像去银行提款一样安全【扫地僧：越是高手，越是谨慎小心，安全是长久地活在这个市场里的根本】。就像又有G点又干净的男人才值得搞，市场上也只有这样又安全又有G点的机会，才值得投机。

就像4月时本ID在五粮液、包钢认购权证上的布局。为什么选择它们而不是其他，道理很简单，因为它们既有认购又有认沽，而对于企业来说，除非行情特别不好，否则是不会让认沽兑现的，因为不兑现，这就是一个空头支票，而兑现是要掏真金白银的【扫地僧：这就是一个充分了解市场的案例，上市公司搞权证，无非也是融资，从市场里拿钱来花，好不容易发了权证换来了钱，最后怎么可能轻易兑现，反而再掏出一大笔钱？这个案例充分说明了对市场的了解，相当于看到了对手的底牌，那么剩下的无非就是耐心等待机会的出现】。因此，对既有认购又有认沽的认购权证来说，认沽和认购的行权价之间的差价，就是认购权证最安全的底线【扫地僧：这是一个套利模型。打个比方，假设认购权证的行权价是10元，也就是说拥有认购权证的投资者到期可以以10元的价格买入股票，哪怕当时股价涨到100元，你也可以以10元一股的价格买。而同时，还有认沽权证，行权价假设是11元，也就是说拥有认沽权证的投资者到期可以以11元价格卖出股票，哪怕当时股价只有1元。因此，认沽权证要想兑现，一般股价是要低于认沽权证的行权价，只有这样，持有认沽权证的投资者才有兑现的意愿，否则直接在二级市场上以现价卖岂不更好。而上市公司一般不想让认沽权证兑现，因此势必会想办法使得股价高于11元，而认购权证的行权价是10元，如果到期后股价大于11元，那么即使没有溢价，认购权证的实际价值也会大于1元，所以对于认购权证来说，其安全的底线就是认沽和认购的行权价之间的差价】。对于五粮液、包钢认购权证，这个底线就分别是1.02元和0.43元。而本ID当时分别在1元多和4毛多买它们【扫地僧：注意，这里是1元多和4毛多，并没有到1元和4毛，这是因为权证还内涵了一定的时间价值，多少会有一定的溢价】，是不是和去银行提款一样安全？唯一遗憾的是，他们的盘子都太小，属于小男人的类型，容纳不了太大的资金。小男人，没什么劲；小盘的股票，也一样。

(扫码获取更多学习资料)

投机不是瞎操作，是要清清楚楚地操作。要清清楚楚，就要对市场充分地理解，要明白其道道【扫地僧：再次强调了对市场要充分理解】。本 ID 曾发明了一个口号在私下流传，就是“像搞男人一样搞股票，像做爱一样做股票”。不明白这，没资格谈论股票。关于这个话题，今天就到这，有时间、有心情，继续。

包钢认购权证如图 1 所示：

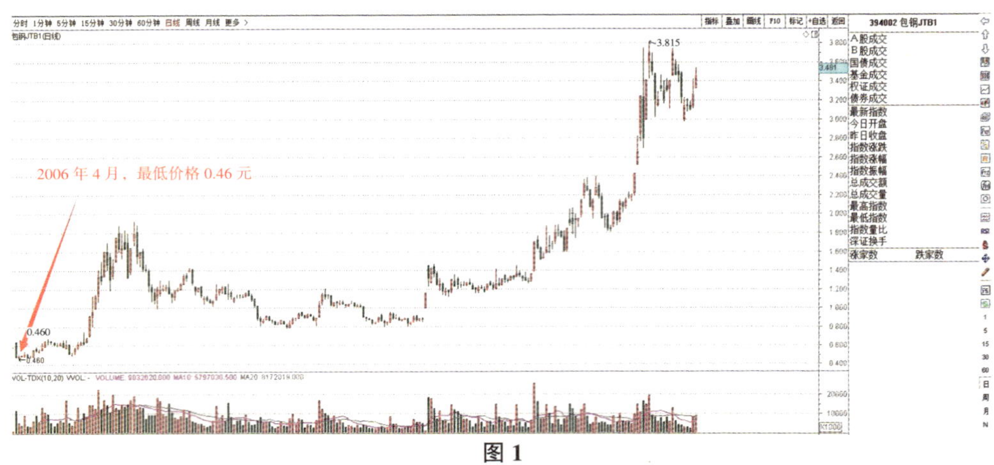

图 1

五粮液认购权证如图 2 所示：

图 2

【扫地僧点评】

本文用实际案例说明了只有充分了解市场，才能发现其中的机会，了解得越充分，机会来的时候才会越自信，才会敢于下重手。

教你炒股票7：给赚了指数亏了钱的一些忠告（1）[①]

散户炒股如浮萍，个个牛逼赛孔明，缠师信手拈几招，已让大神显原形。

今天不宠幸孔二爷了，宠幸一下股票。早就说过，没有人能和本ID谈论股票。国庆前，香港有几个大的基金经理过来，吃饭时让本ID给“修理”了一通，屁颠屁颠回去了。本ID和他们说了大的国际经济趋势，大中国区的金融前景，还有内地的政治经济形势【扫地僧：看到了吧，高端人士关注的是大的国际经济趋势和政治经济形势，玩的是大趋势】，坚定了他们的信心，他们主要是对内地的情况不了解，所以有所狐疑。最近这伙人在市场里干得不错。把锅炒热了才有好菜吃，这道理不很简单？

但这几个月还是有点烦，就是整天被一大叔骚扰。他钱不多，也就千万级别的资金规模，这种人本ID从不搭理，但这大叔有点特殊，有些渊源，人家年纪又这么大，40好几了【扫地僧：才40多就叫人家大叔，你的心态好年轻啊】，怎么都得给点面子。但有时候，真想踹他两脚。4月，本ID布局权证时，他就不敢买，后来权证疯了，他就后悔。然后我告诉他，年纪大了就不要玩太高风险的，买银行股吧，民生，4元钱附近买了就搁着，结果赚了几毛钱就跑，真没出息。最可气的是，国航跌破发行价时告诉他去买，他自己也当过兵，特别提醒他国航的李总当兵出身的，怎么可能让自己的股票跌破发行价？这大叔犹犹豫豫，N天时间也就买了一点，长起来几毛钱又走了。最近，让他在3元多吸纳北辰实业，4元不到就跑了，本ID简直对他彻底绝望【扫地僧：这样的案例我相信每个人都会经历，这也充分说明了即使有牛人指点，不同的人所得到的结果还是不同】。不过他还算好，有部分钱在年初以三四元买了一只自己十分熟悉的北京股票，现在已经10元了【扫地僧：熟悉的股票能拿得住了，这和充分了解市场是赚钱的

---

① 原文来源：http：//blog.sina.com.cn/s/blog_486e105c0100075q.html，2006-11-16 12：00：01。

基础的道理是一样的】，但这大叔最麻烦的是，上下一波动就紧张，就打电话来骚扰本 ID，本 ID 教他如何在箱型盘整时弄短差，这大叔，涨的时候不敢卖，跌的时候不敢买【扫地僧：这就是心为外物所动的案例】，本 ID 真服了他。

之所以说这些，是因为这种情况在散户中太常见。散户就如浮萍，没根，没主意，这样不被屠杀才怪了【扫地僧：归根结底是不了解市场，没有地基】。大概最近比这大叔更惨的，赚了指数亏了钱的也不在少数，本 ID 也废话一下，让有缘者得之。破 1000 点前，本 ID 曾写"G 股是 G 点"，2006 年 5 月刚突破后，本 ID 又写"大牛不用套！"，但为什么有人竟然可以不挣钱？最主要是对牛市没信心，对牛市的节奏没把握【扫地僧：没信心的根源就是没有充分了解市场，人们对未知的事物是充满恐惧的；对牛市的节奏没把握也是不了解市场的表现】。5 月前，有色金属等的上涨，不过是牛市的预热阶段，而目前以金融股等为代表的指数股上涨，是牛市的第一阶段【扫地僧：看看当时的数据对比，如图 1 所示】。有色金属指数在 2006 年 5 月见顶，涨幅接近 300%，而同期大盘指数涨幅只有 70%左右。2006 年 5 月进入调整后，到 8 月见底，金融指数从 8 月的 300 点到发布本文的 11 月 16 日，指数已到 430 点，涨幅超过了 40%，而同期大盘指数从 1500 点涨到 2000 点，涨幅只有 30%，如图 2 所示】。1996 年的时候，深发展长了 N 倍了，很多股票还没怎么动【扫地僧：1996 年深发展的走势图（前复权），如图 3 所示。1996 年中，深发展从 5.9 元上涨到 19.48 元，10 送 10 后又上涨到接近 18 元，涨幅 5 倍，而同期大盘涨幅不足一倍，很多个股涨幅不足 20%】。牛市的第一阶段都是这样的，一线股先涨，它们不到位，其他股票怎么涨？【扫地僧：大哥们先拉出空间，做好标杆，小弟们才敢跟】全世界的牛市都基本是这样子，没什么新鲜的。

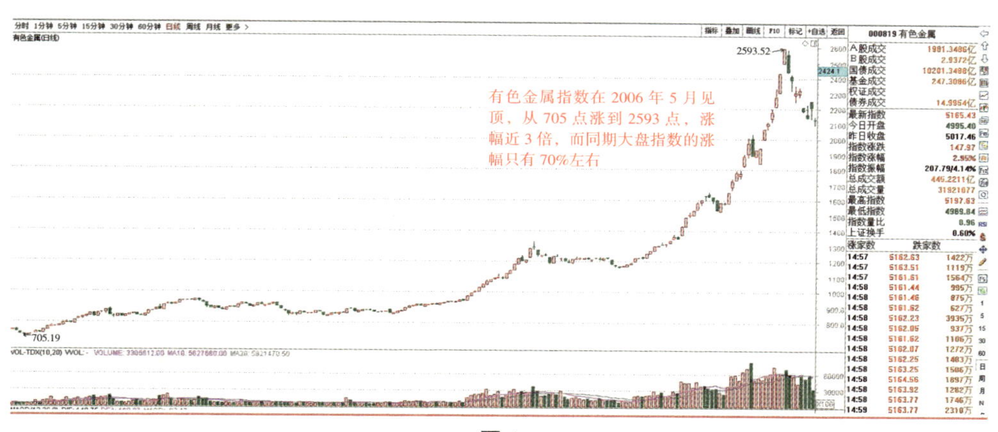

图 1

(扫码获取更多学习资料)

图 2

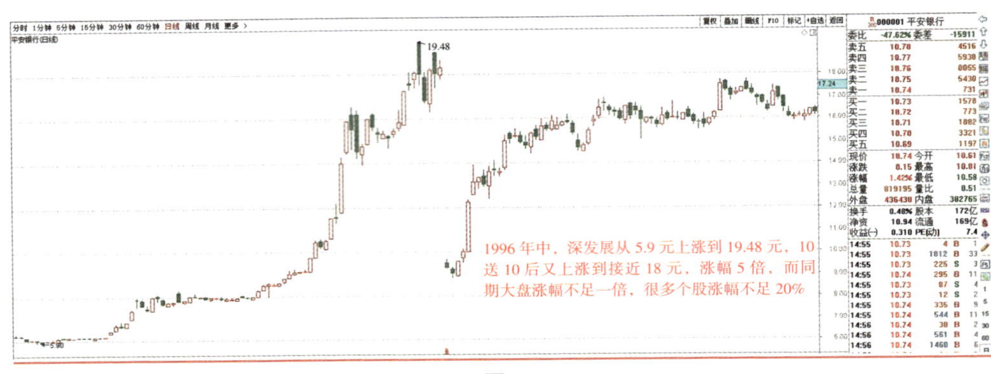

图 3

错过了这个节奏怎么办？如果你跟盘技术还行，就要在回档的时候跟进强势股票【扫地僧：隐含的意思是短线技术还行的，在回档时跟进强势股，因为此时强势股已经启动，错过最佳买点了，那么退而求其次，可以在短线回调时跟进】。散户就怕跌，但牛市里，跌就是爹，一跌就等于爹来了，又要发钱了【扫地僧：这句话要牢牢记住，买点永远是在下跌中产生的】。如果跟盘技术不行，有一种方式是最简单的，就是盯着所有放量突破上市首日最高价的新股以及放量突破年线然后缩量回调年线的老股，这都是以后的黑马。特别是那些年线走平后向上出现拐点的股票，一定要看好了【扫地僧：对于老股，牛市前必定经历了长期的熊市，年线长期下跌，而出现放量突破并缩量回调至年线附近，并且年线走平向上出现拐点，大多数是因为有大资金进场，股票长期下跌趋势基本结束。因为年线的变动没那么频繁，历次的大牛市初期，大多数个股都会出现这种情况，这种方

法的出击率不高，也就是操作频率不高，比较适合大多数的散户，至于如何算放量突破并缩量回调至年线附近，如果随机找 100 只股票翻一翻其历史上每次牛市初期的 K 线图，就会有自己的感觉了，功课还要自己做】。至于还在年线下面的股票，先别看了，等它们上年线再说【扫地僧：这可以作为选股的第一个初步条件】。其实，这就是在牛市中最简单、可靠的找所谓牛股的方法【扫地僧：大道至简，能把这个简单的方法用好，已经足够了】。举一个例子，去看看宝钢，突破年线后缩量回调，10 月 23 日回调 4.20 元，当时年线就在 4.17 元，然后再放量启动，11 月 16 日，已经 6 元多了，50%就这么完成了（见图 4）。从年线上启动，先涨个 50%，不像玩一样？本 ID 一般只看大盘股票，小盘股没法进去【扫地僧：资金量大的玩大盘股，因为大盘股容量大，大一点的资金在里面也能容纳下，小盘股进去就变成两方博弈，没法玩】，但散户可以看小盘股，原则是一样的。不过，小盘股可要留意，一般大盘股启动的骗线比较少，小盘股可不一定【扫地僧：大盘股的各个分力比较均衡，不易出现一家独大的情况，而小盘股里由于有大资金控盘，使得某个分力非常大，那么就很容易出现骗线】，这都要自己好好去揣摩。散户就当好散户，别整天想着抄底、逃顶，底都让你抄了，顶都让你逃了，不是散户的人吃什么去呀？散户，一定要等趋势明确才介入或退出，这样会少走很多弯路【扫地僧：趋势不明，没必要去赌，散户还是做好跟随】。

图 4

【扫地僧点评】

本课的干货太多，只好分成两部分。第一部分是牛市第一阶段重点关注成份股以及最简单的年线选股方法，虽然简单，但真的有效、经典。

教你炒股票 7：给赚了指数亏了钱的一些忠告（2）[①]

一只股票涨起来千万别随意抛了，中线如果连 30 天线都没跌破，证明走势很强，就要拿着【扫地僧：个人认为这句话非常重要，很多人拿不住股票，总想折腾来折腾去，尤其是不停地换股，这并不适合普通散户，普通散户还是做中长线比较适合。以前本人也走过弯路，对这句话感触很深】。当然，如果你水平高一点，在上涨的时候，根据短线指标可以打短差，这样可以增加资金的利用率，但高位抛掉的，只要中线图形没走坏，回档时一定要买回来，特别是那些没出现加速的股票【扫地僧：注意，打短差最容易把筹码打飞，不敢接回来，或者是又看到其他更好的股票了，来回折腾，到最后会发现，还不如一直持有一只股票好，尤其是股票还没有出现加速时，因为大多数的利润最终是在加速中产生的，短线折腾来折腾去，一旦错过了股票的加速期，相当于这些短差白做了。切记切记】。有一个抛股票的原则，分两种情况：一种是缓慢推升的，一旦出现加速上涨，就要时刻注意出货的机会；另一种是第一波就火爆上涨，调整后第二波的上涨一旦出现背驰或放巨量的，一定要小心，找机会走人【扫地僧：这里是抛股票的原则，没法量化，但可以多看一些图形来感受一下：第一种，缓慢推升后出现加速的；第二种，第一波就火爆上涨，调整后第二波上涨出现背驰或者放巨量的】。具体的操作是一个火候的问题，必须自己用心去体会，就像煲汤，火候的问题是没法教的，只能自己在实践中体会【扫地僧：也像练武功一样，只能通过自己的练习慢慢体会】。还有，对抛弃的股票一定不能有感情【扫地僧：目的是赚钱，买卖股票只是手段，一只股票只有在买点到来时是好的，是惹人喜爱的，当卖了之后就要当它如路人，不带一丝情感，除非今后在某个时刻，它的买点又出现时】。

---

① 原文来源：http：//blog.sina.com.cn/s/blog_486e105c0100075q.html，2006-11-16 12：00：01。

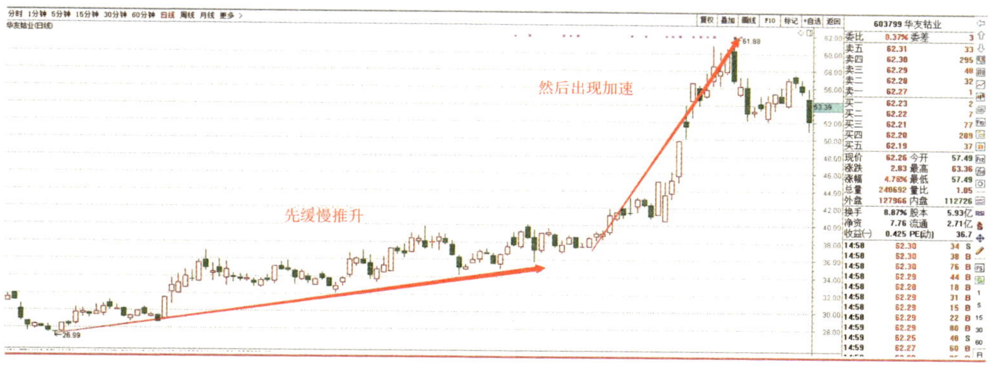

图 1

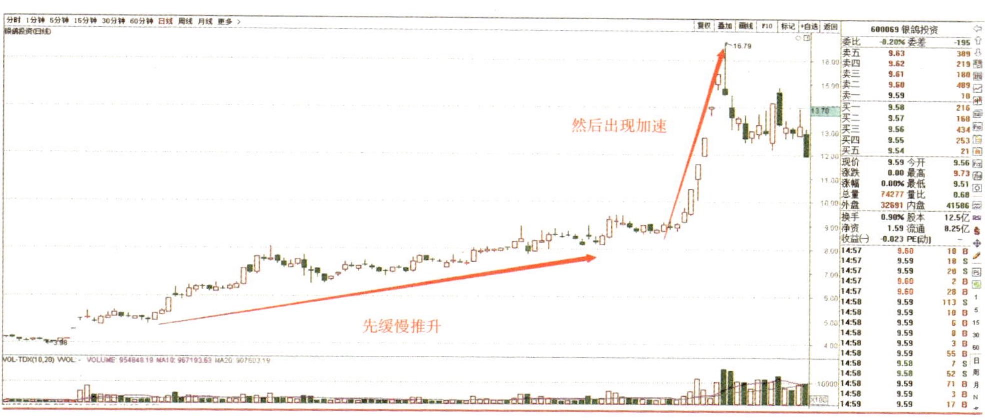

图 2

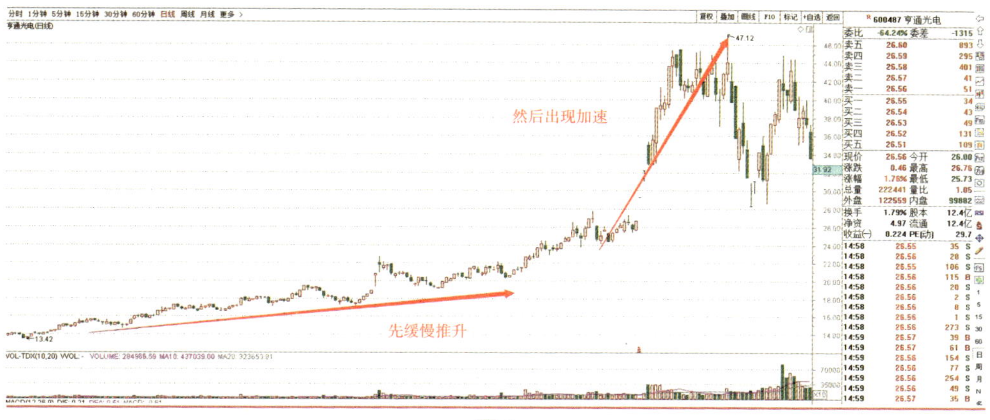

图 3

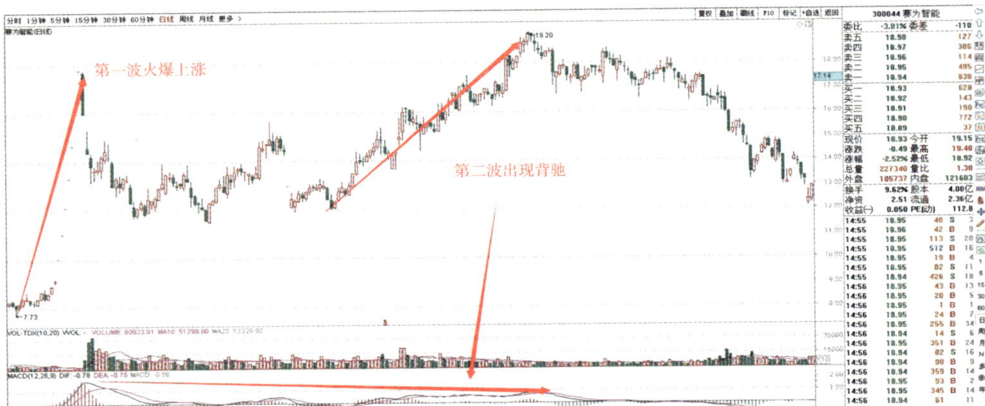

第一波火爆上涨
第二波出现背驰

图 4

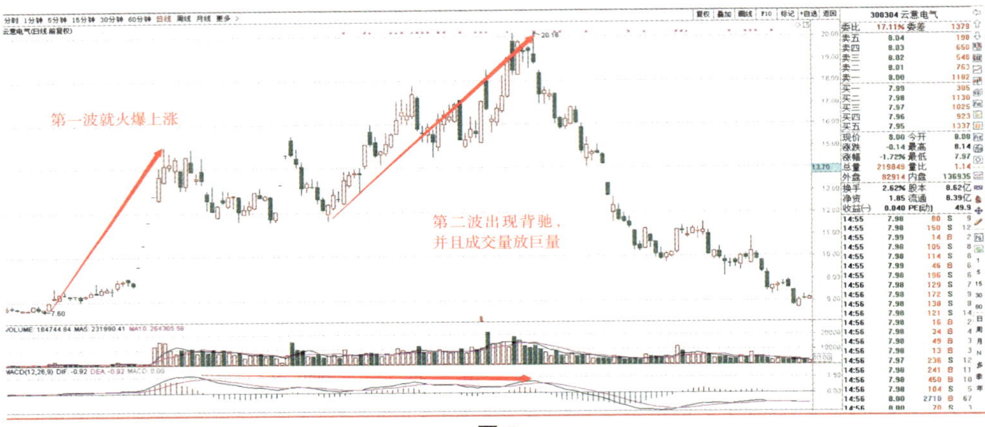

第一波就火爆上涨
第二波出现背驰，
并且成交量放巨量

图 5

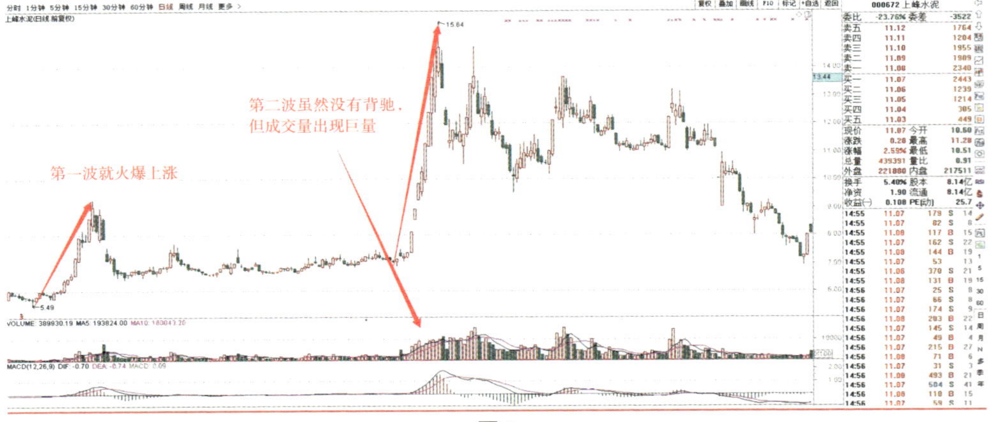

第二波虽然没有背驰，
但成交量出现巨量
第一波就火爆上涨

图 6

图 7

还有一点必须提醒，在牛市中，一定要严加关注成份股【扫地僧：成份股是大哥，是标杆，是主流资金厮杀的战场，代表着主流资金的态度】，特别是有一定资金规模的，成份股都是大部队在战斗，别整天跟那些散兵游勇玩，那些人自己都自身难保，本 ID 看这种所谓游资被消灭的都看麻木了，大资金就爱吃他们，几个亿几个亿吃他们，这才有点意思，否则吃小散户的几万几千，累不累呀？牛市中，最终所有股票都会有表现的机会，只要掌握了节奏，资金的利用率就高【扫地僧：就中线操作说，只要能避开中线大的回档，就算是掌握了节奏，而要掌握板块轮动，个人认为对于没有信息优势的散户来说是比较困难的】，一个牛市下来，挣的钱如果不超出指数最终涨幅的几倍，指数长一倍，不挣个四五倍，那就没意思了【扫地僧：其实去观察一下，大部分个股最终的涨幅都要超出指数几倍，只要能将一只股票的大部分涨幅吃到，就可以达到这种水平了】。要达到这种水平，其实很简单，就一个原则：避开大的回档，借回档踏准轮动节奏【扫地僧：避开大的回档，抛弃那些已经出现加速的个股，或者是参考前面卖股票的两个原则，避开出现这两个卖股票原则的个股，去选择还没出现加速的，这就是一个简单的轮动策略】。千万别相信什么基本面的忽悠，特别对于散户来说，最多也就一亿几千万的钱，有必要研究什么基本面吗？所谓基本面，只是一个借口，给自己壮胆和忽悠别人用的。对基本面，只要知道别人心目中的基本面以及相应的影响就可以了，自己千万别信【扫地僧：至理名言，知道别人心目中的基本面以及相应的影响，因为基本面是公开信息，这里重点就是要知道别人一般是如何解读这个公开信息并且会做什么动作，然后再到盘面上去印证】。

本 ID 还是那句话，市场从来不同情失败者，市场不需要焚尸炉，失败者的尸体在市场中连影子、味道都不会留下。别给自己的失败找任何理由，失败只能是你自己的失败，失败就找机会扳回来，但前提是必须找到失败的真正原因，否则不过是延续不同的情节、相同的悲剧【扫地僧：不怕失败，就怕自欺欺人，为失败找理由，比如很多人会抱怨中国的股市如何如何，证监会主席如何如何，这其实都是逃避自己的失败，没有深入去思考失败的真正原因】。希望来本博客的人，除了学《论语》、听音乐、看文章，还都能学会挣钱。在市场挣钱就如同打仗，九死一生，而最终能活着的，就是牛人，牛人就要牛，这又有什么可说的?

【扫地僧点评】

本课的干货很多，信息量非常大，其中任何一个点都可以展开研究，一定要多研习，尤其是买股票的方法和卖股票的原则，必须多看图多琢磨。

教你炒股票8：投资如选面首，G点为中心，拒绝ED男！[1]

央视背书雀不飞，一代宗师名雷雷，约架十秒即倒地，ED臭名从此背。

中国人喜欢说反话，面首，“面”，绝不是首位的。选面首，先看面，终要看“里子”。何谓“里子”？就是“G点为中心，拒绝ED男！”这也是本ID关于投资的警世之言【扫地僧：面子是拿来忽悠的，里子则是本质的东西。G点为中心就是从本质上来看股票为什么要涨，而要想做到这一点，就是前面几课一直强调的要充分了解市场】。拿投资来忽悠的人，总爱编一些关于“面”的神话。诸如基本面、技术面、心理面、资金面，这面那面，都如同面首之“面”，不过是进一步看“里子”的借口。没有“G点为中心，拒绝ED男！”的“里子”，这面那面又有何意义？【扫地僧：基本面、技术面等这面那面，都是公开或半公开信息，你能获得的同时，其他人也一样可以获得，这就是所谓的面子，因为面子是大家都可以看到的，而里子则是这个市场里的游戏玩法，通关秘籍】

投资的结果很简单，只有输、赢两种。所有关于投资的理论把戏，都企图通过控制某种“输入”而把“输”这结果给去了。因此一切相关的理论前提必然建立在逻辑假设之上：输入与输出间被某种必然的逻辑关系和因果链条所连接。而该逻辑假设，相当于说“面首的面和其里子有着必然的逻辑关系”【扫地僧：看看我们周边，是不是很多人买股票的逻辑是行业政策好、业绩好、题材好等，这些都是面子上的理由，其逻辑也是因为面子好，所以必然涨，但更多的情况是股票越是在顶部，其题材、业绩、基本面等面子越漂亮。还有一种情况最能说明问题，很多人看市盈率，认为市盈率低就好，但很多周期性行业的股票在底部的市盈率往往很高，甚至亏损，而在顶部时的市盈率反而很低，因为在底部时，往往是行业周期最差的时候，这时候企业的业绩、基本面肯定是最差的时候，但由于

[1] 原文来源：http：//blog.sina.com.cn/s/blog_486e105c01000786.html，2006-11-20 12：00：31。

是周期性行业，最差的时候过去后，行业要进入景气周期，股价又是做的预期，走势往往提前于行业基本面，因此随着股价的上涨，行业变好，企业业绩逐渐变好，于是市盈率就逐渐降下来了，所谓物极必反，行业周期总会见顶，股价一般也会提前见顶，但此时行业周期是在顶部，企业的盈利最好，市盈率自然很低，但其后却是连绵的下跌，这就是面子和里子截然相反的案例】。然而，现实中，企图跳过“面”而直捣“里子”，同样是一种荒谬的幻想。即使“面”和“里子”没有任何必然的联系，但现实依然只能从“面”到“里子”。那种企图否定一切“面”，直接就“里子”是 G 点的，不过是把某种“面”当“里子”了。这种人，终生被骗而不知，就像把“叫床分贝”当高潮指标一样可笑【扫地僧：里子再好，也要面子来配合。再说了，面子不好怎么能吸引人来关注呢，没有人关注货出给谁呢】。

投资领域，没有任何理论可以描述这种从“面”的输入到“里子”输出的必然关系，因为这种关系根本不存在【扫地僧：但是人的正常思维却很容易接受这种逻辑，所以要从思维方式上洗心革面】。但人只要介入这种投资游戏，其介入就必然要以某种方式进行，相应地，其后必然有着某种理论、信念的基础【扫地僧：买股票总要有个理由吧】。而正因为绝对正确的不存在，反而使得各种理论、信念基础之间有了比较的可能。任何好的投资理论，最终都只面向“里子”【扫地僧：任何好的投资理论，都只关注更本质的东西】，就如同一个好面首，必须最终以其 G 点的澎湃度证明其优秀。相应地，投资市场最重要的指标就是高潮度，一个长期没有高潮的市场，就如同没有 G 点的石男，是不值得任何关注的【扫地僧：没有波动、没有成交量的市场是不值得关注的，就像赌场一样，大家都喜欢去场子热的赌场】，期待一个石男变成一个优秀的面首，那是牧师的工作，而投资市场不需要牧师。一个市场能进入可投资的视界，首先要显示其 G 点的萌动，否则还是一边凉快去吧【扫地僧：所谓 G 点，就是市场高潮的点，如前几课所说，当时市场的 G 点就是 G 股】。

世界，永远不缺 G 点萌动的男人去做面首，同样，在世界总的市场体系中，永远不缺高潮萌动的市场。但大多数的散户，就喜欢泡石男，以为石男没有攻击性就安全了，以为长期没有高潮的市场就一定安全。有多少人因此而独守空房、耗费青春，整天听着看着别人高潮不断，最终寂寞难耐，走向另一个极端，见高潮就扑上去，如飞蛾一样死掉【扫地僧：身边一个真实的案例，一个朋友从 2016 年初买的建投能源（000600），这也是当年缠师买的一只股票，拿了一年，2017年 3 月 29 日，该股跳空低开放巨量时实在熬不住了，走了，没亏钱，赚了

10%，换了当时的热门大连港（601880），结果没两天雄安就出来了，看着每天涨停板，挠墙的心都有了】。本 ID 曾言“像搞男人一样搞股票，像做爱一样做股票”。搞男人、做爱，最终都是要获得其高潮，最终采阳而补。投资也一样，通过市场的高潮赚取其利润，是采利而补。可惜，市场上的人，大多数都让人当阳给采了，可笑可怜。要采阳而不要被采，这就是和面首做游戏的第一准则，而投资市场的道理也是一样的【扫地僧：不亏钱是第一准则】。

000600 建投能源
这个位置附近买的，2016 年初
2017 年 3 月 29 日跳空低开，
放量下跌时卖的

图 1

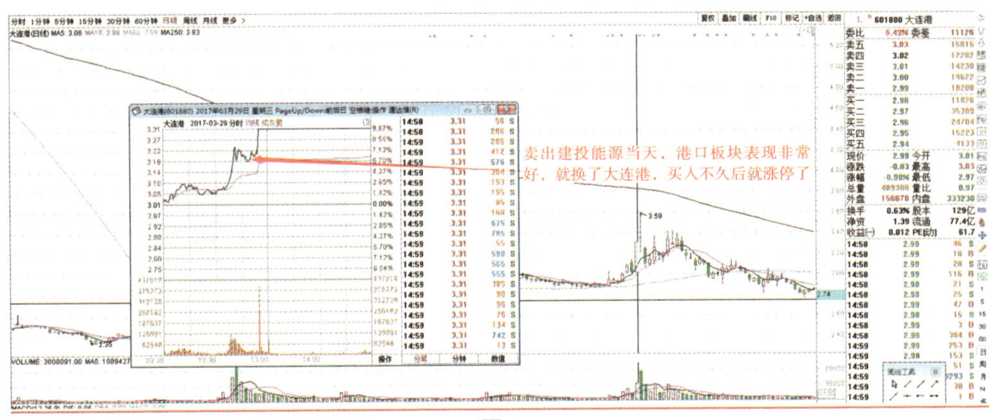
601880 大连港
卖出建投能源当天，港口板块表现非常
好，就换了大连港，买入不久后就涨停了

图 2

采阳，过熟不行，过生也不行，必须把握其火候【扫地僧：过熟容易变成接盘侠，过生太墨迹】。阳生，必有其萌动，必须待其萌动之后才可介入。具体对于股票来说，按其是否萌动的标准把所有股票动态地进行分类，一种是可以操作

的，一种是不能操作的，将你参与的股票限制在能操作的范围内，不管任何情况，这是必须遵守的原则。当然，操作的分类原则，各人可以有所不同。例如，250 日线以及周线上的成交量压力线的突破【扫地僧：这是中长线的标准】；资金量不大且短线技术还可以的，可以把 250 日线改成 70 日线、35 日线，甚至改为 30 分钟图里的相应均线【扫地僧：操作的级别越小，参考的均线越短，本质上讲，均线代表着相应天数大家的平均成本，那么做不同级别的操作，所参考的周期自然有所对应】；对新股，可以用上市第一日的最高价作为标准【扫地僧：这个就是第 7 课中买股票选黑马方法中新股的标准，一般来说，上市第一天的换手率最高，突破最高价则意味着当天成本最高的人都解套了，一般如果不是有大的行情，没人愿意充当“解放”军】；还有，就是接近安全线的股票，例如在第 6 课里，本 ID 给出的一个带认沽权证的认购权证介入的安全线标准；而对于有一定水平的人，识别各种空头陷阱，利用空头陷阱介入是一种很好的方法，这种方法比较专业点，以后专门说【扫地僧：长线、中线、短线、新股和接近安全线的，这些都是比较简单有效的分类原则，但也是经过市场考验的分类原则】。

男人只有两种，能搞的和不能搞的；市场也只有两种，能操作的和不能操作的。必须坚持的是，不能操作的就无论发生什么情况都不能操作，除非达到某种能操作的标准而自动成为能操作的对象，就像用 ED 把男人进行分类一样，ED 男只有非 ED 后才有进入候选集合的可能。一旦操作的分类原则确定，就一定要严格遵守【扫地僧：俗话说，只做自己熟悉的股票，其实就是只做自己分类原则下“能操作的”股票】。可惜，这样一个简单的原则，绝大多数的人即使知道也不能遵守【扫地僧：大多数人的纪律性不强】。人的贪婪使得人有一种企图占有所有机会的冲动，就如同看到街上的所有男人都企图上去扒光他们一样，这种人叫“花痴”，“花痴”在投资市场的命运一定是悲惨的。

在投资市场，定好“能搞”的“G 点萌动”标准，相应选出来的，至少不是 ED 男了。而接下来，就要防止其“早泄”【扫地僧：顾名思义，还没有高潮就结束行情了，或者说买入后并没有出现预期的上涨，反而一直萎靡不振】。这里找到有关“早泄”的医学定义：男子性功能障碍中仅次于阳痿的最常见的症状，是射精障碍中最常见的疾病，发病率占成人男性的 35%~50%。投资市场里，“早泄”的比例和市场总体强度有关，在熊市中这个比例至少是 80%，而牛市中这个比例就小多了，大概只有 30%【扫地僧：由此可见，市场环境对个股的影响是很大的，所谓不能逆大市就是这个道理】。无论是选一个好面首还是选一只好股票，

把“早泄”的一类给筛出去是最重要也是最困难的一步，很多所谓的高手，就死在这一步上。关于这一问题，将在下一课中详细论述。

【扫地僧点评】

本课开始引入了技术分析的核心……分类的概念，其核心思想是懂得什么是市场和股票的G点，只选择有G点的可以操作的股票做。

教你炒股票9：甄别“早泄”男的数学原则！①

一个好汉三个帮，一个篱笆三个桩，早泄还需三人治，治完赶紧床上忙。

设计一个程序，将所有投资对象进行分类，只操作那些能操作的，这是投资的第一原则。在分类中，所应用的程序可以各式各样，但有一点是肯定的，即没有任何一个程序可以使得所选股票最终都百分百能被搞得高潮迭起【扫地僧：这是一个太常见的误区，N多人都在追求100%，但实际上100%准确的系统是不存在的】。因为任何操作程序都必然面对“早泄”问题，就像任何关于面首的选择都必然面临“早泄”男的甄别问题一样【扫地僧：勇敢地面对风险，接受风险，承认风险是系统的一部分】。

而甄别“早泄”之所以困难重重，使得无数所谓高手死无葬身之地，是因为“早泄”这事还真得真刀真枪地操作才能发现，这比ED的甄别可复杂多了、风险大多了。ED，不需要深入介入就可趁早发现【扫地僧：能否操作是选股的问题，不用介入就可以看出来】，但“早泄”不可以，怎么都要试上一试【扫地僧：当选出能操作的股票并介入后，是否能出现高潮则是不一定的，记住：上一篇中专门提到了世上没有从“面”的输入到“里子”的输出的必然关系，介入后，能否出高潮是无法预知的】，而这玩意是“一锤子的买卖”，这次行还不能保证下次就一定行，因此要有效甄别、及早发现而减少损失就成了头号难题。许多所谓高手会宣称，出现什么情况，这股票就会涨【扫地僧：这就是从“面”的输入到“里子”的输出是没有必然关系的】。但实际上，任何一种情况，都有着极高百分比的可能会出现“早泄”，确定能操作的突然就变成不能操作了，使得介入变成了套牢。这种情况，在投资里简直太常见了。

那么，如何甄别“早泄”男？首要的就是严格的资金管理，一旦出现“早

① 原文来源：http：//blog.sina.com.cn/s/blog_486e105c0100079a.html，2006-11-22 12：00：00。

泄”现象，必须马上退出，即使下面突然又不“早泄”了，又强力高潮了，也必须这样干【扫地僧：拿小本子赶快记下来，这就是传说中的严格止损】。而且“早泄”特敏感，一个偶尔的因素就可能导致，而要重新再来，还要等待一个长的不应期【扫地僧：一个突发性的利空，或者遇到市场环境不好，都可能导致“早泄”，那么要修复这种突发性的影响，是需要较长时间的，即使是修复指标也要花时间的】，一个长的调整过后，即使会高潮不断，也浪费了时间，有这时间，可操作的东西多了去了，这世界又不只有一个面首、一只股票【扫地僧：对于大多数的散户来说，由于没有那么大的资金量，进出股票都是一瞬间的事儿，所以没必要在一只“早泄”的股票上浪费时间】，当然，这里说的只是基本原则，如果有一套严格的分批介入和退出程序，这一切都变得简单【扫地僧：因为已经包含了风控，严格执行即可】。资金管理问题，涉及面很广，以后会专门分析介绍，这里说的是如何能在投资领域尽量避免碰到“早泄”男。

“早泄”出现的根本原因在于介入程序出现破缺，出现程序所不能概括的异常情况，这对于所有程序都是必然存在的【扫地僧：就是说，介入之后，走势没有按预期走】。而一个程序出现异常，也就是出现“早泄”的概率有多大，是可以通过长期的数据测试来确定的。最简单的就是抛硬币，正面买、背面不买，这样也算一个介入程序，但这样一个程序的“早泄”率，至少是在50%以上。现在的问题其实很简单，就是如何发现一个“早泄”率特别低的介入程序。但答案很不幸，任何一个孤立的程序都不会有太低的“早泄”率【扫地僧：太多人努力的方向都是想发明一个低“早泄”率的程序，其实方向已经偏离了，是在做无用功】，如果一个程序的“早泄”率低于10%，那就是超一流的程序了，按照这个程序，你投资10次，最多失误1次，这样的程序是很厉害的，基本没有。

但问题不像表面所见那么糟，在数学中，有一个乘法原则可以完全解决这个问题。假设三个互相独立的程序的“早泄”率分别为30%、40%、30%，这都是很普通的并不出色的程序。那么由三个程序组成的程序组，其“早泄”率就是$30\% \times 40\% \times 30\% = 3.6\%$【扫地僧：很多人肯定会问一个问题：“早泄”率分别是30%、40%、30%，那么其高潮率分别是70%、60%、70%，三个程序相乘$70\% \times 60\% \times 70\% = 29.4\%$，从这个角度来看成功率也不高啊？这其实是概率学的问题，如果大学里的《概率论》还能捡起来的话，应该不难想通。因为是三个独立程序同时认为不会“早泄”时才介入，相当于加了三层滤网，这三个程序同时失败的概率就是3.6%，而只要有任何一个程序没有失败，就说明没有“早泄”】，也就是说，按这个程序组，操作100次，只会出现不到4次的“早泄”，这绝对是一个惊人的结果。即使对于选面首来说，有这样的高效率，大概连武则天大姐都要满意了。

现在，问题的关键变成，如何去寻找这三个互相独立的程序。首先，技术指标，都单纯涉及价量的输入，都不是独立的，只需要选择任意一个技术指标构成一个买卖程序就可以【扫地僧：补充一下，技术指标虽然选择一个就够了，但如果是选择缠论中的买卖点，因为只考虑了价格而没有考虑成交量，那么可以再加一个成交量的程序，这样技术上可以用两个程序先过滤一下，也有助于降低“早泄”率】。对于水平高点的人来说，一个带均线和成交量的 K 线图，比任何技术指标都有意义。其次，任何一只股票都不是独立的，在整个股票市场中，处在一定的比价关系中，这个比价关系的变动，也可以构成一个买卖系统，这个买卖系统是和市场资金的流向相关的，一切与市场资金相关的系统，都不能与之独立【扫地僧：独立系统二可以选择资金面，也就是资金流向，再通俗一点讲就是市场热点】。最后，可以选择基本面构成一个甄别“早泄”男程序，但这个基本面不是单纯指公司盈利之类的，像本 ID 在前几课所说，国航李总当兵出身不会让自己的股票长期跌破发行价这么没面子，还有认沽权证基本不会让兑现等，这才是更重要的基本面，这需要对市场的参与者、对人性有更多的了解才可能精通【扫地僧：第三个系统是所谓的基本面，这个基本面其实就是前面一直重点说的“充分了解市场”，了解这个市场中的游戏规则，而不简简单单就是什么财报，要从上市公司公告中读取更本质的内容，要想有这个能力，必须基于“充分了解市场”】。

当然，上面这三个独立的程序只是本 ID 随手而写，任何人都可以设计自己的独立交易程序组，但原则是一致的，就是三个程序组之间必须是互相独立的，像人气指标和资金面其实是一回事情，各种技术指标都是互相关联的等，如果把三个非独立的程序组弄在一起，一点意义都没有【扫地僧：核心就是三个系统的输入不能有任何的重合】。

借地说说如何看本 ID 的文章，本 ID 不是股评，不会推荐什么股票，所以希望来本 ID 这里知道什么具体股票的，就不要浪费时间了。试想，真有本事的人，挣钱都忙不过来，怎么会当股评。本 ID 这里，股票只是其中一个小项目，只是希望来这里的人也学会如何挣钱。看本 ID 的文章，要学会方法，当然，本 ID 有时候可能有意无意会透露点东西，但你必须有分析能力，要吃透方法。就像 10 月 24 日告诉你认购权证介入的一个原则，26 日武钢认购权证就大幅启动，2 周从 0.3 元多涨到 1 元多，翻了近 4 倍，如果你真能吃透本 ID 所说的方法，这种

机会是可以把握的【扫地僧：机会总会出现，只是需要一点耐心，像猎人一般独立思考，静静等待猎物的出现】。

至于现实的股市，本 ID 在前面已经反复说了，只要是牛市，股票都要表现的【扫地僧：牛市里最终都会鸡犬升天，技术不好的，完全可以守单边，反正迟早都会表现，省得来回折腾，什么都没有抓住，其实大多数散户就是这种状态，看起来挺忙活，到最后一看还不如一直抱着一只股票的收益高】，前几天大家可能都很烦银行股，因为大家都没有，但昨天开始大家就高兴了，因为银行股不动，其他股票开始动。别恨银行股，哪天它们真见顶了，市场也好不了，它们是红旗，只要看着红旗还在，各根据地就可以继续轮动大干了【扫地僧：那代表着市场主流资金的态度，当市场主流资金都在撤退，那基本就是牛市结束了，去翻翻历年的牛市，都是如此，无一例外】。股票的运动是有规律的，好好学习，这一切都能在你的把握中。至于说本 ID 想炫耀自己，这种废话根本不值得反驳。本 ID 在投资市场曾干过的事情超过你们所有人的想象，本 ID 还用向你们炫耀？本 ID 现在只是把东西写出来，活跃一下博客的气氛，没有其他任何想法。

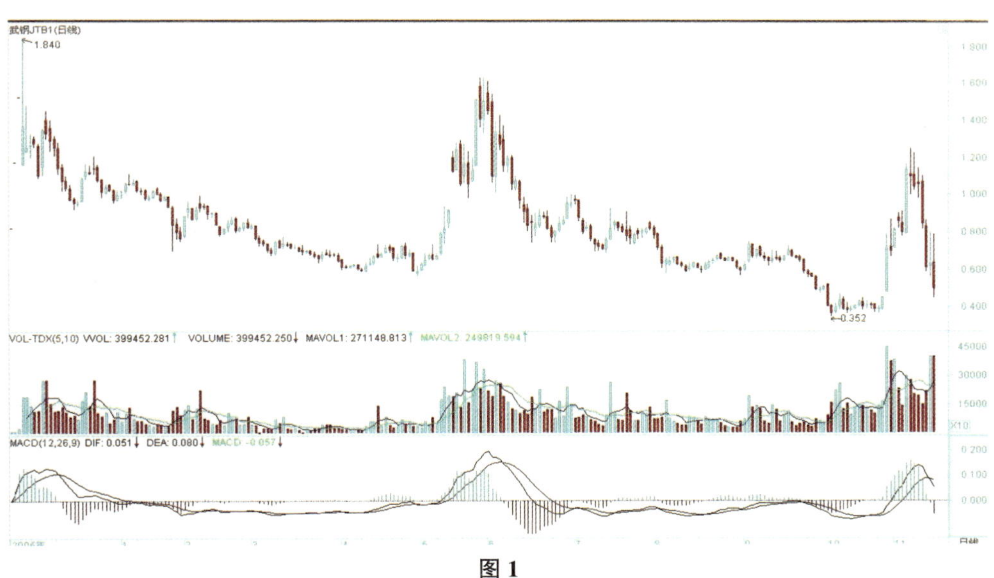

图 1

【扫地僧点评】

本课的一个最大收获是用三个独立的系统提高成功率，而且一定要注意，这三个系统必须是独立的，独立的原则就是输入不能有任何本质上的重合或者雷同。

教你炒股票 10：2005 年 6 月，本 ID 为何时隔四年后重看股票[①]

闭关四年方出山，皆因天下升硝烟，既非吾辈初愿至，日日覆雨将云翻。

2001 年 6 月后，本 ID 就从未看过股票【扫地僧：2001 年 6 月 14 日，上证指数见顶 2245 点，之后长达四年熊市】，直到 2005 年 6 月。本 ID 是严重反对人民币升值的，曾写有“货币战争和人民币战略”在网上广泛流传。但到 2005 年 6 月，本 ID 知道有些事情不是人力可为的，天要下雨、娘要嫁人，LET IT BE 吧【扫地僧：2005 年 7 月，央行宣布完善人民币汇率机制，开启升值之路】。所以 2005 年 6 月，本 ID 时隔四年后重看股票。

在强国论坛的人都知道，2005 年 6 月暴跌时，本 ID 连续三次罕有地表扬了一位政府官员，就是股市当时的新人、如今那位著名的山东人。其后还专门写文章为他说股改“开弓没有回头箭”而热烈鼓掌【扫地僧：就是当时的第五任证监会主席，提出股权分置改革并付诸实施的第一人，股权分置改革使得中国证券市场发生历史性转变】。同时，本 ID 也曾写过这样的文章“群狼争肉——国有股流通与国有资产蚕食、瓜分游戏!”。这难道是本 ID 逻辑混乱、前后矛盾吗?

非也，这就是昨天本 ID 所解释的《论语》里“子曰：众，恶之，必察焉；众，好之，必察焉”的完美应用。确实，从好恶角度，本 ID 严重反对人民币升值、反对国有股流通，而且深刻地分析了其后面的现实逻辑关系和严重后果。但在股市里，本 ID 从来没有好恶【扫地僧：还记得“你的喜好，你的死亡陷阱”那课吗？当一些事情无法改变时，就接受它，利用它壮大自己，抱怨和厌恶没有任何作用，这点适用于工作生活中的任何事】。只要有点金融常识的人都知道，本币的历史性升值所带来历史性牛市曾被太多国家所经历。本 ID 只知道，一旦人民币升值、国有股流通，股市将大涨。

---

① 原文来源：http：//blog.sina.com.cn/s/blog_486e105c010007a4.html，2006-11-24 12：02：50。

股票，恶之，必察焉；股票，好之，必察焉。由孔子的话，不难明白以上的道理，而明白这道理，就明白投机市场第一原则“只操作能操作的”所依【扫地僧：参考第 8 课】。智慧都是相通的，“只操作能操作的”，而不是“只操作喜欢的”。能操作是需要“察”而得之，不是靠喜好厌恶而来的。随便在市场里抓一个人，问他为什么买手里的股票，10000 个人里有 9999 个人告诉你因为他的股票如何如何好，这种人能在市场上长久活下来就是世界最大奇迹了。本 ID 从来不觉得自己手里的股票有什么好，只知道它们能操作。

但几乎所有的人，包括庄家、散户，都喜欢为自己股票的好找理由。别以为庄家就不这样，庄家里的傻人从来不比散户少，本 ID 见多了。这些人，拿了股票就到处找理由为其持有、上涨编故事，就算股票已经从 10 元跌到 1 元了，还乐此不疲。市场里所有亏损，都是因为持有了不能操作的股票而造成的。但无论任何股票，能操作总是相对的，不能操作却是绝对的【扫地僧：不能操作就是不能操作，没有相对之说】。

股票就是你的全部，你要全身心地投入去“察”去“采”【扫地僧：既然操作了，就要专一，就要投入，不要吃着碗里的看着锅里的，否则碗里的也吃不好，锅里的也吃不到】，投机市场，机会总是一闪而过，别到白天才问夜的黑，那什么菜都凉了。能操作是相对的，意味着能操作随时会变成不能操作。一旦这“机会”失去了，就会陷入不能操作的泥潭难以自拔。无论对面首还是股票，都要全身心地往死里干然后抛弃，这是不能偏废的两方面，任何的失败者都一定是至少在其中一面失败了【扫地僧：这是专业投机者的素质，做不到这一点，还是不要操作】。

【扫地僧点评】

本文包括两个意思：①现在是牛市，尽情操作；②股票没有天长地久，能操作的时候专一操作，用心操作，不能操作的时候不要留任何感情。

教你炒股票 11：不会吻，无以高潮！[①]

一吻何以解千愁，反复缠绕情更柔，若问此吻何神奇，走势如镜心神游。

甄别“早泄”男，必须要选择三个独立的系统。其中一个最常用的，就是所谓的技术派。单纯的技术派是不行的，单纯的非技术派也是不行的【扫地僧：单纯的技术派只是三个系统中的一个，“早泄”率比较高，单纯的非技术派也一样。另外，要注意的是技术派其实更多的是解决何时买何时卖的问题】。技术派必须也只能在三个独立系统里，才会有大的功效。

技术分析，最核心的思想就是分类【扫地僧：敲黑板，这句话默写 100 遍】，这是几乎所有玩技术的人都搞不清楚的一点。技术指标发出买入信号，对于技术派来说，就以为是给了暗示一般，抱着如此见识，几乎所有技术派都很难有大的成功【扫地僧：就是拿“面子”当成“里子”了，以为从面子到里子之间有必然的线性联系，关于这个的论述请参考第 8 课“投资如选面首，G 点为中心，拒绝 ED 男！”】。技术指标不过是把市场所有可能的走势进行一个完全的分类，为什么技术派事后都是高手，真正操作起来就个个阳痿，就是这个原因【扫地僧：因为技术指标把所有可能的走势做了一个分类，所以，从事后看都符合，但由于并没有一个“当出现什么情况时必然会发生什么结果”这样的逻辑，因此在当下介入时，其本质就是在参与一个有某种概率的赌博游戏而已】。

技术分析可说的东西太多了，这指标那指标，如何应用，关键就是上面所说的分类问题。任何技术指标，只是把市场进行完全分类后指出在这个技术指标的视角下，什么是能操作的，什么是不能操作的【扫地僧：只是用技术指标的视角来区分什么能操作什么不能操作，就是用技术指标先做个初选，这也是本人设计“缠论理性指标”的初衷】，如此而已。至于这个指标对应的情况是否百分百反映在实际的走势上，这个问题的答案肯定是否定的【扫地僧：没有百分之百的对应

① 原文来源：http：//blog.sina.com.cn/s/blog_486e105c010007dc.html，2006-11-29 12：00：00。

逻辑，千万不要陷入这个误区，包括缠论本身，最终努力的目标是尽量提高成功率，但不是追求 100%】，否则所有的人都可以按照这指标操作，哪里还有亏钱的人？然而，只要站在纯粹分类的角度考察技术指标，那么，技术指标就会发挥它最大的威力。

最简单又最实用的技术指标系统就是所谓的均线系统【扫地僧：就是因为它简单，所以很多人用它来做参考，因此它就是代表了大部分市场参与者的一个锚定位置，使得市场的合力在这个锚定位置发生转折，因此才显得它简单而又实用，只是由于它的简单使得大多数人参考它，从而最终反馈到市场行为里】。均线系统显然不是一个太精确的系统，有太多的骗线。如果你按照突破某条均线就买入操作，反之卖出，那你的成功率绝对不会高，特别当这条均线是短期时。真正有用的是均线系统，也就是由若干条代表短、中、长期走势的均线构成的技术评价系统。注意，任何技术指标、系统，本质上都是一个评价系统，也就是告诉你在这个系统的标准下，评价对象的强弱【扫地僧：技术指标最大的用处就在于此，就是一个评价系统，而不是预测系统】。例如，一条 5 日均线，站在上面，代表着用 5 日均线对市场所有情况进行分类，目前站在 5 日均线上这种情况意味着是强势。然而，站在 5 日均线上的同时，可能对于 10 日均线是在其下，那对于 10 日均线的系统评价，这种情况就是弱势了，那究竟相应的走势是强还是弱？

其实，强弱都是相对的，关键是你操作所介入的标准【扫地僧：强弱也有级别】。对于超超短线来说，在 1 分钟线上显示强势就可以介入了，特别在有 T+0 的情况下，这种操作是很正常的。但对于大资金来说，就算日线上的 5 日强势也不足以让他们感兴趣。任何技术指标系统的应用，首要的选择标准都和应用的资金量及操作时间有关，脱离了这个，任何继续的讨论都没有意义【扫地僧：也就是说，资金量和操作时间决定了级别】。因此，每个人都应该按照自己的实际情况考虑如何去选择相应的参数，只要明白了其中的道理，其应用完全在于一心了。

均线系统，必然有着各条均线间的关系问题，任何两条均线的关系，其实就是一个“吻”的问题。按“吻”的标准，可以把相应的关系进行一个完全分类：飞吻、唇吻、湿吻。把短期均线当成女王，长期均线当成面首，那么男上位意味着空头市场，而女上位意味着多头市场，要赚钱，就要多来点女上位【扫地僧：女人都主动上来了，当然爽了，赚钱也爽，这样理解便于记忆】。

飞吻：短期均线略略走平后继续按原来趋势进行下去。

唇吻：短期均线靠近长期均线但不跌破或升破，然后按原来趋势继续下去。

湿吻：短期均线跌破或升破长期均线甚至出现反复缠绕，如胶似漆。

【扫地僧：飞吻和唇吻比较容易量化定义，而湿吻不太容易，因为没有可量化的度衡量什么是湿吻，什么是体位真正的变换。关于吻的量化问题可参考公众号里的“缠论理性指标的设计”系列文章】

飞吻出现的概率比较小，一般都是在趋势特别强烈的时候，而太火爆的趋势是不可能太长久的，所以其后的震荡经常出现【扫地僧：妖股中经常出现飞吻，看几个妖股的案例吧】。

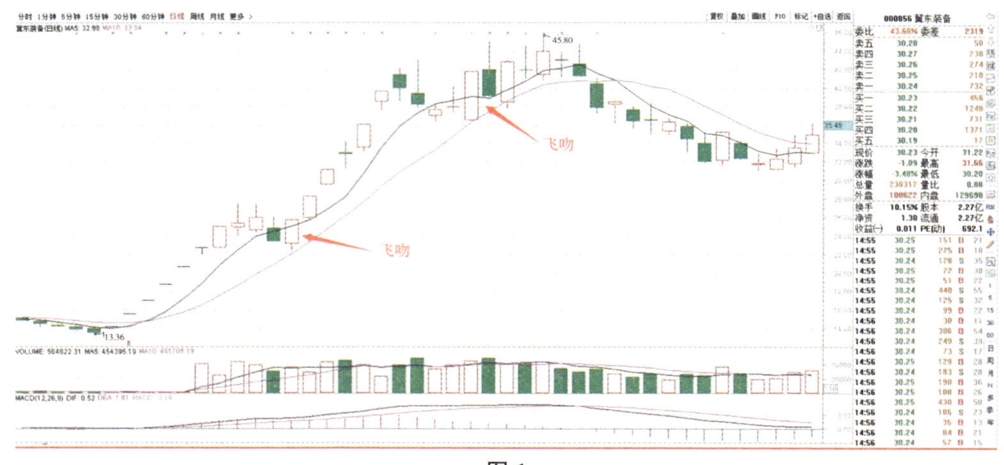

图 1

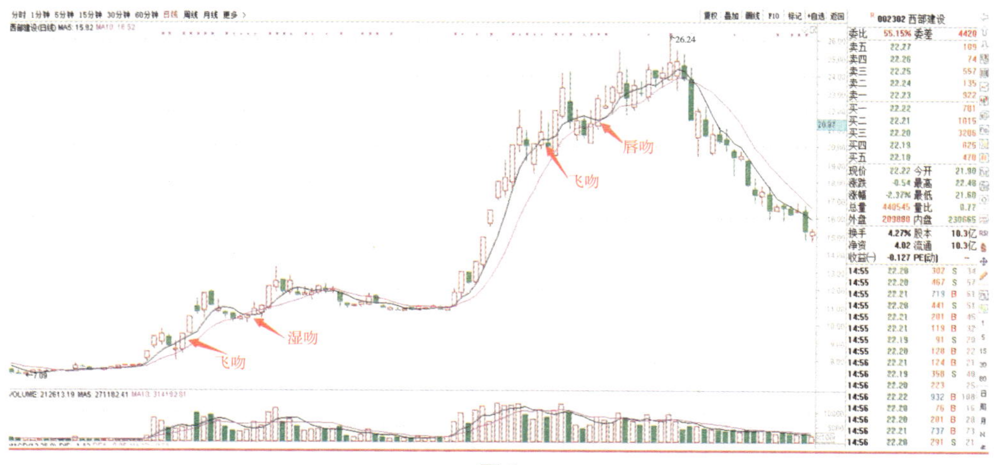

图 2

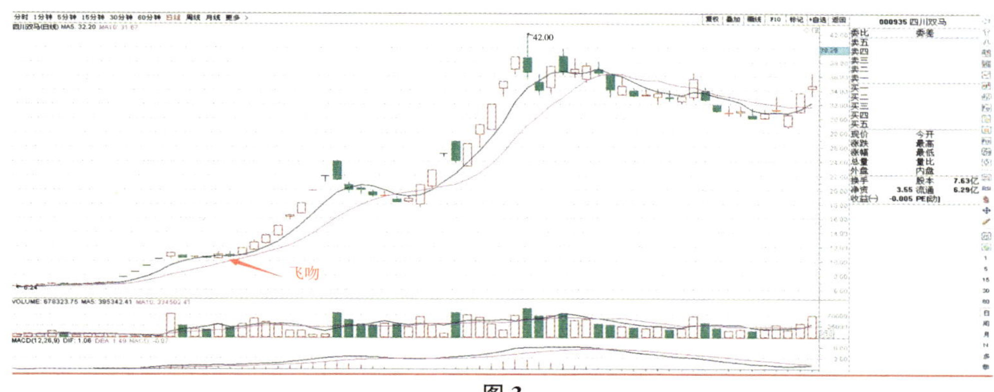

图 3

唇吻，任何一段基本的趋势过程中最常见到的方式，特别在男上位的情况下，基本都是这种方式【扫地僧：在男上位时，如果出现唇吻，反弹结束的概率很大，这是非常宝贵的实战经验，牢记！尤其是第一次出现唇吻时，看两个案例】。

图 4

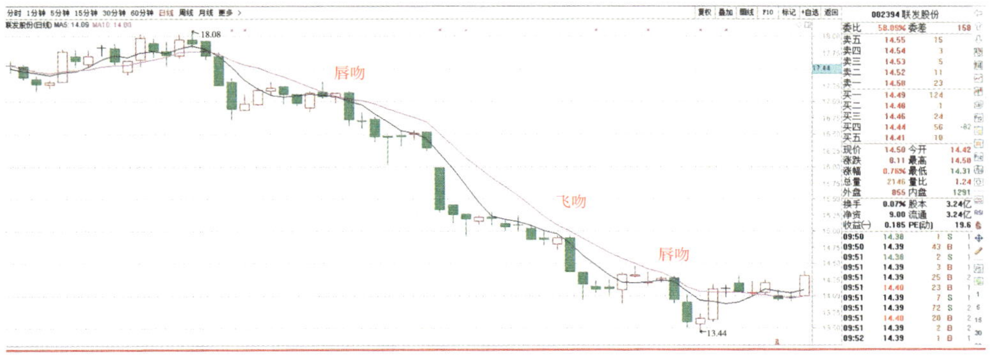

图 5

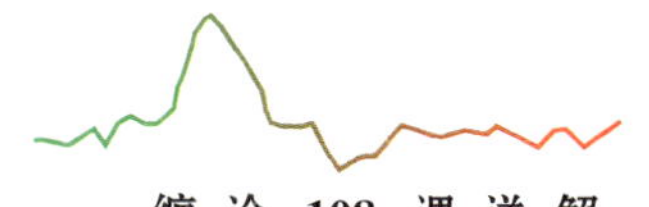

一旦出现唇吻反弹基本就该结束了，在女上位的情况下，调整结束的概率也是很大的，但也要预防唇吻演变成湿吻【扫地僧：因为下跌时信心崩溃，下跌的速度一般都比较大，而上涨时走势一般会略微犹豫，只有在最后高潮时才会出现力度较大的上涨，因此，女上位时，唇吻后也有不小的概率是变湿吻的】；湿吻，一段趋势后出现的较大调整中，还有就是在趋势出现转折时，这种情况也很常见【扫地僧：飞吻、唇吻和湿吻分别代表着分歧的力度，湿吻最大，因此湿吻一般出现在较大的调整以及趋势的转折时】，特别是在男上位的情况下，如果出现短、中、长各类均线来一个 NP 的湿吻，这么情色的 AV 场景往往意味着行情要出现重大转折，要变天了，男上位要变成女上位了【扫地僧：再次敲黑板，非常实用的实战经验，男上位时，一旦出现湿吻，很大概率要转折了。这里需要注意的是，要在有较大跌幅的男上位出现湿吻时才有效，都没怎么跌，何谈趋势转折呢】。

注意：任何的行情转折，在很大概率上都是由湿吻引发的，这里分两种情况：一种是先湿吻，然后按原趋势来一个大的高潮，制造一个陷阱，再转折；另一种是反复湿吻，构造一个转折性箱型，其后的高潮，就是体位的转化了【扫地僧：湿吻很大的概率是要改变趋势，要么是出现陷阱之后再改变，要么是直接反复缠绕，形成箱体后再改变，因此，要密切关注出现湿吻的情况】。在男上位的情况下，一旦出现湿吻，就要密切注意了，特别是这个湿吻是在一个长期“男上位”后出现的，就要更加注意了，其后的下跌往往是介入的良机，因为空头陷阱的概率简直太大了【扫地僧：再次提示男上位出现湿吻时往往是良机，这里说的长期男上位，个人认为缠师这里指的长期并不是指时间，也就是说时间不是关键的，而空间是主要的因素。我们来看看 2015~2016 年三波股灾时的情景】。

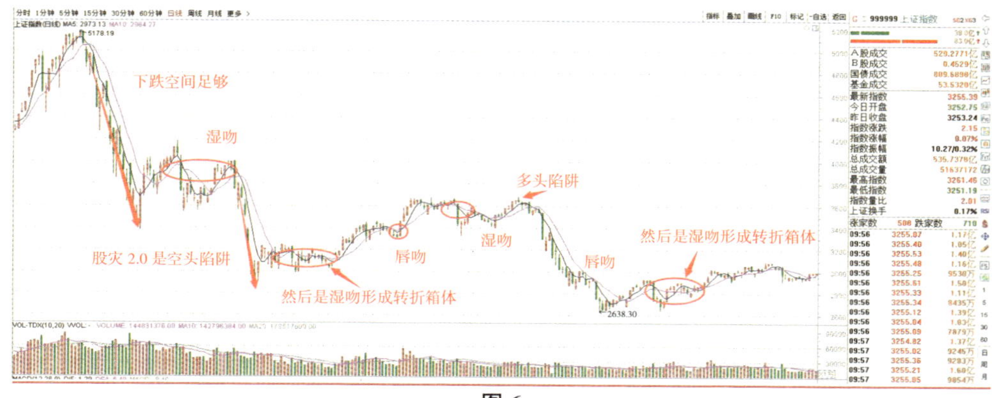

图 6

必须提醒：这一点对趋势形成的第一次湿吻不成立【扫地僧：这里说的趋势形成的第一次湿吻不成立，本意应该是在趋势还没走出时出现了湿吻，因为没有空间，也就不成趋势，这里的湿吻很大概率是中继，上几张图来感受一下】。

图 7

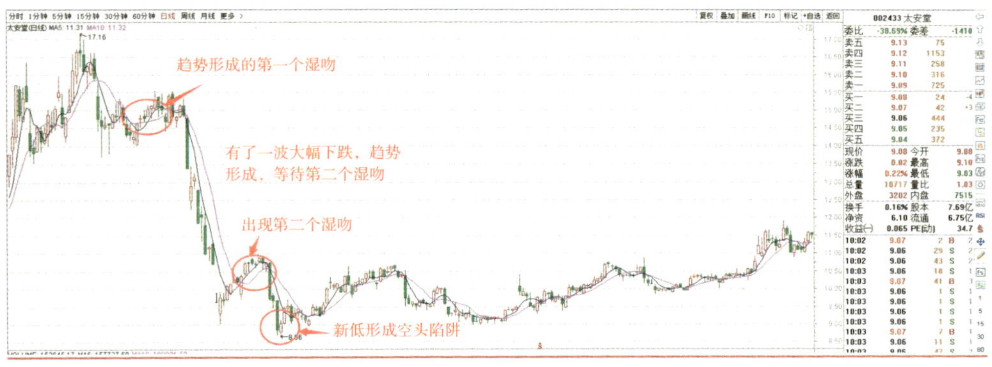

图 8

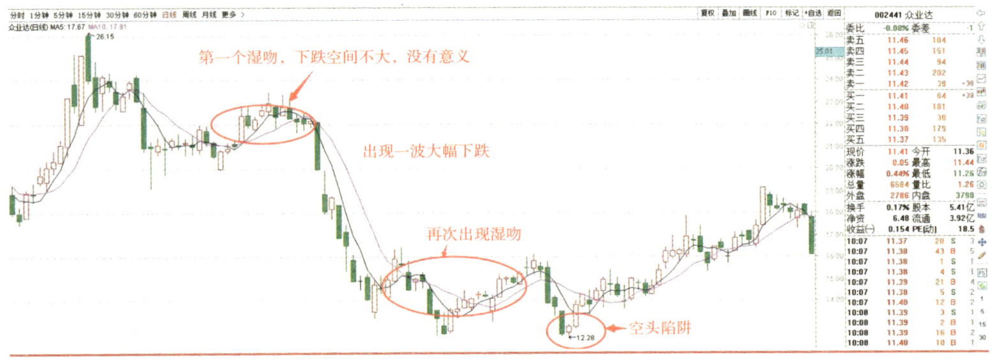

图 9

但湿吻之后必有高潮，唯一的区别只是体位的区别，关键判断的是体位而不是高潮的有无【扫地僧：还有一点要补充一下，这个原文上没有，但十分重要，那就是如果两个湿吻离得太近，或者说是波动区间产生了重合，则要将这两个湿吻看作一个，第二个湿吻没有意义。之所以说趋势要运行一定空间之后的湿吻才有意义，就是因为当运行了一定空间之后出现的湿吻，和上一个吻产生重合的概率大大减小，这样的湿吻才有意义，可以看几张图】。

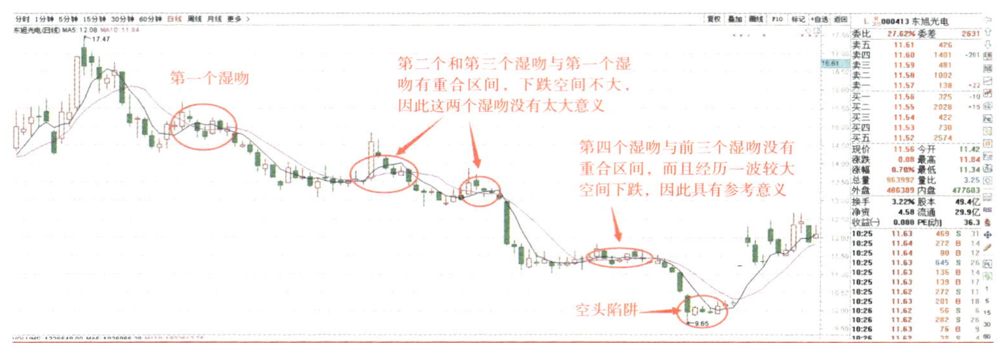

图 10

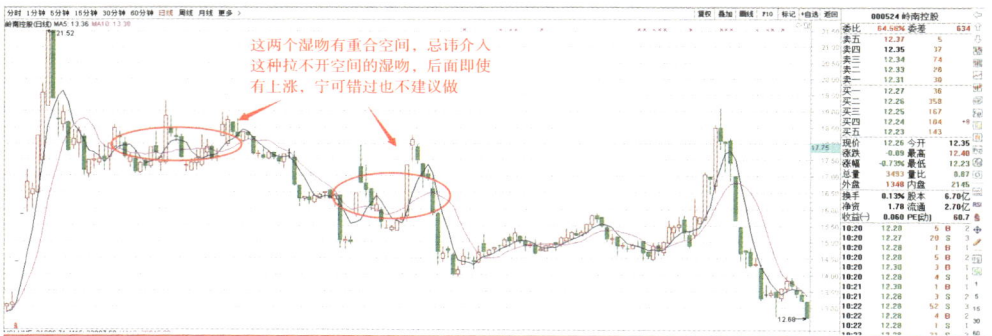

图 11

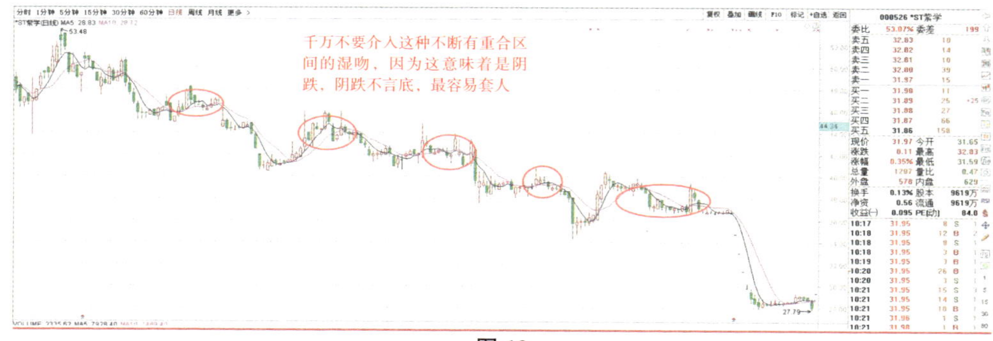

图 12

【扫地僧点评】

均线吻系统其实就是在给趋势和中枢等概念做铺垫，用最简单的均线容易让大家接受，而且均线吻系统如果应用得当，就无须后面那些复杂的概念了。

教你炒股票12：一吻何能销魂？[①]

一吻何以能销魂，上下翻滚定乾坤，若不识那陷阱处，采阳不成反伤身。

就算是看AV，最终也是为了实战。上文说了那么多关于"吻"的知识，目的是为了操作而不是看，光看不操作，那不成了阴九幽？AV看多了而不实践，绝对有损健康。但操作，马上要遇到的就是风险问题。从任何一个位置介入，都存在风险【扫地僧：这句话往往容易被忽视，但非常重要，没有什么绝对安全的位置，只要下注了，就有风险，赚钱的核心是通过N次博弈，控制住亏损，使得总体上盈利，缠论也不例外，凡是单纯地认为缠论可以做到100%的，就是最大的否定缠论】，而且除非行情走出来了，否则即使最简单的均线系统，也没人能事先百分百地确认究竟采取怎样的方式去"吻"。熟悉本ID所解《论语》的都知道，风险是"不患"的，是无位次的，任何妄求在投资中绝对无风险的，都是痴心妄想【扫地僧：缠论中的很多哲学思想来自《论语》，建议多读《论语》】。唯一的办法，就是设置一个系统，使得无位次、"不患"的风险在该系统中成为有位次，"患"的系统，这是长期战胜市场的唯一方法【扫地僧：通俗讲，不要追求每次100%，但可以追求做100次盈利80次，要知道澳门和拉斯维加斯的赌场，也只是拥有1%~3%的概率优势，就可以富可敌国了，这也是长期战胜市场的唯一方法，记住是唯一方法，没有其他】。

必须根据自己的实际情况，例如资金、操作水平等，设置一套分类评价系统，然后根据该系统，对所有可能的情况都设置一套相应的应对程序，这样，一切的风险都以一种可操作的方式被操作了。而操作者唯一要做的事情，就是一旦出现相应的情况，采取相应的操作。对于股票来说，实际的操作无非三种：买、卖、持有。当然，在实际中，还有一个量的问题，这和资金管理有关，暂且不考虑。那么，任何投资操作，都演化成这样一个简单的数学问题：N种完全分类的

① 原文来源：http：//blog.sina.com.cn/s/blog_486e105c010007ee.html，2006-12-01 12：03：48。

风险情况，对应三种（买、卖、持有）操作的选择。

例如，对于一个简单的，由5日均线与10日均线构成的买卖系统，首先，两者的体位构成一个完全分类，女上位是牛，男上位是熊，还有一种是互相缠绕的情况【扫地僧：女上位=上涨趋势，男上位=下跌趋势，相互缠绕=盘整】，这种情况最终都要演化成女上位或男上位，只有两种性质：中继或转折。相应地，一个最简单的操作系统就此产生，就是在体位互相缠绕完成后介入，对于多头来说，这样一个系统无非面临两个结果，变为女上位成功，变为男上位失败【扫地僧：本意是对于多头盈利的结果就是变女上位成功，这是转折，变男上位失败，这是上涨中继】。由于缠绕若是中继就延续原体位，若转折就改变体位，因此对多头来说，值得介入的只有两种情况：男上位转折，女上位中继，空头反之。

对于任何走势，首先要判断的是体位：男上位还是女上位【扫地僧：所以这个也是缠论理性指标中的一个重要因子】。这个问题只要有眼睛的都能判断出来，对于5日、10日的均线系统来说，5日在上就是女上位，反之就是男上位，这在任何情况下都是明确的。如果是女上位的情况，一旦出现缠绕，唯一需要应付的就是这缠绕究竟是中继还是转折。可以肯定地说，没有任何方法可以百分百确定该问题，但还有很多方法使得判断的准确率足够高【扫地僧：永远不要想着100%，而是结合一些经验提高准确率，100%的思维会害死人】。例如，女上位趋势出现的第一次缠绕是中继的可能性极大，如果是第三、第四次出现，这个缠绕是转折的可能性就会加大【扫地僧：所谓物极必反，涨的多了，转折的概率就大】；还有，出现第一次缠绕前，5日线的走势必须是十分有力的，不能是疲软的，这种缠绕极大可能是中继，其后至少会有一次上升的过程出现【扫地僧：为什么第一波要有力度？本质上是第一波起来如果力度较大，那么经过短暂停歇后，其做多动能没有完全释放，往往还有第二波，俗话说：一而再，再而三，三而竭，只有第一波的情况比较少】。缠绕出现前的成交量不能放得过大，一旦过大，骗线出现的概率就会大大增加【扫地僧：成交量放得过大，一般情况是由于有突发性消息引起的分歧突然加大，如果排除这种情况，那么说明并不是由市场合力引发的上涨，里面必然有一股力量比较大，这股力量并不会无畏地突然放大量，放量必然是要吸引市场眼球，对敲也需要成本，没有人会这么傻，花着钱还拿着大喇叭告诉大家赶快上车，那么这个放量上涨是骗线的可能性自然比较大】，如果量突然放太大而又萎缩过快，一般即使没有骗线，缠绕的时间也会增加，而且成交量也会出现两次收缩的情况【扫地僧：量放得太突然，这也是不正常的表现，也就是说不是市场的自然合力的表现，那么即使没有骗线，也需要有一个自

我调节的过程，回归到市场自然的平衡中，一般来说由突发性的消息引发的情况比较多】。

女上位选择第一次出现缠绕的中继情况，而男上位则相反，要寻找最后一次缠绕的转折情况，其后如果出现急跌却背驰，那是最佳的买入时机。抄底不是不可以，但只能选择这种情况。然而，没有人百分百确认那是最后一次缠绕【扫地僧：再次提示没有 100%的东西】，一般而言，男上位后的第一次缠绕肯定不是，从第二次开始都有可能【扫地僧：还是那句话，必须有一波幅度和力度都比较大的下跌，之后的缠绕才值得介入】，如何判断，最有力的就是利用好背驰制造的空头陷阱。关于如何利用背驰，是一个专门的话题，以后会详细论述。

综合上述，利用均线构成的买卖系统，首先要利用男上位最后一次缠绕后背驰构成的空头陷阱抄底进入，这是第一个值得买入的位置【扫地僧：第一个买点第一次提到】，而第二个值得买入或加码的位置，就是女上位后第一次缠绕形成的低位【扫地僧：第二个买点，强烈建议以后在判断买点时，先看看是否符合均线吻系统中的特征】。站在该系统下，这两个买点的风险是最小的，准确地说，收益和风险之比是最大的，也是唯一值得买入的两个点。但必须指出的是，并不是说这两个买点一定没有风险，其风险在于：对于第一个买点，把中继判断为转折，把背驰判断错了；对于第二个买点，把转折判断为中继【扫地僧：再次强调这两个买点并非没有风险，不是 100%】。这些都构成其风险，但这里的风险很大程度和操作的熟练度有关，对于高手来说，判断的准确率要高多了。而如何成为高手，关键一点还是要多操作、敢参与，形成一种直觉。但无论高手还是低手，买点的原则是不变的，唯一能高低的地方只是这个中继和转折以及背驰的判断。明白了这一点，任何不在这两个买点买入的行为都是不可以原谅的，因为这是原则性的错误，而不是高低的区别，如果你选择了这个买卖系统，就一定要遵循这个原则。买的方式明白了，卖反过来就可以了，这是十分简单的。一吻而销魂，学会这销魂之吻，就能在动荡的市场中找到一个坚实的基础。当然，相应的均线参数可以根据资金量等情况给予调节，资金量越大，参数也相应越大【扫地僧：参数越大，级别越大，但长短期的参数最好保持一定的比例】，这要自己好好摸索了。这点，对于短线依然有效，只是把日线改为分钟线就可以了。而一旦买入，就一直持有等待第一个卖点，也就是女上位缠绕后出现背驰以及第二个卖点也就是变成男上位的第一个缠绕高点把东西卖了，这样就完成一个完整的操作【扫地僧：敲黑板啦！并不是说转折一定是由缠绕，也就是湿吻引发，有的时候唇吻甚至飞吻后也会转折，但湿吻的概率更大，这点必须注意，不能死搬硬套】。

注意：买的时候一般最好在第二个买点，而卖尽量在第一个卖点，这是买和卖不同的地方【扫地僧：多么仁慈的缠师，选择在第二类买点买就是为了获得一定的确定性，还是鼓励右侧交易，而不鼓励大家都左侧交易，但在卖的时候鼓励左侧交易，因为此时已经盈利，只是盈利多少的问题，即使卖了之后还有新高，但能规避很多第一次回调就很深的情况，而这种情况往往非常多，那时候也会导致心态发生变化，毕竟有最高点的锚点，大多数人的心理都是希望能卖到最高点附近，而第二类卖点有时比最高点要低不少，这时候太容易舍不得卖了】。

补充一个例子让不习惯抽象的人能理解：

对于喜欢用日线的，以茅台为例子给一个分析，5 日线和 10 日线。

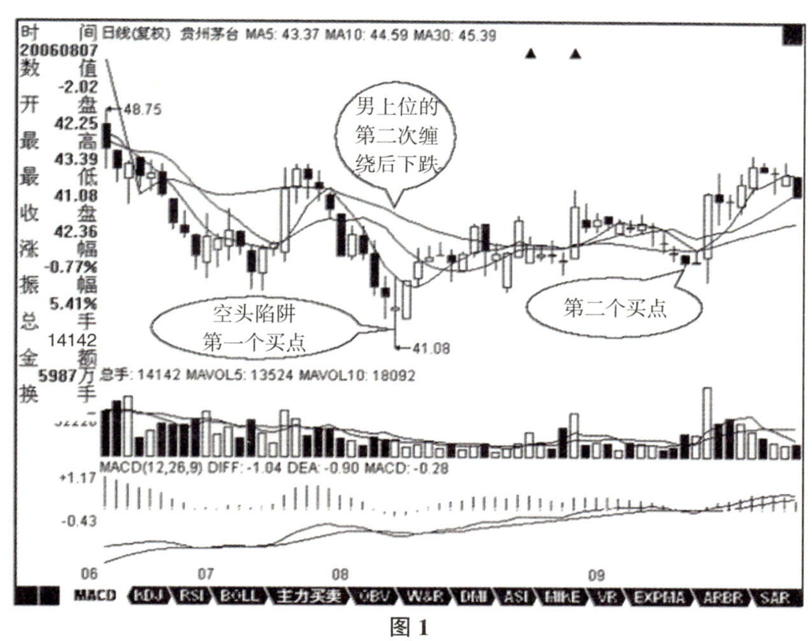

图 1

8 月 7 日，男上位的第二次缠绕后下跌，但成交量等都明显出现背驰，构成小的空头陷阱，在 41 元附近形成第一个买点【扫地僧：补一张清晰的图来看，首先，个人认为这个案例很容易误导人，因为这个案例不是趋势下跌，仅仅是一个盘整式的调整，其成功率受市场环境影响比较大，因为当时大盘正好见底，使得第二个湿吻后的空头陷阱成立。如在上一课中所讲，只有在两个湿吻不重合时，并且有大幅快速下跌后出现的湿吻空头陷阱，其成功率才更高，这种两个湿吻波动区间重合的案例，必须需要市场环境的配合成功率才高】。

(扫码获取更多学习资料)

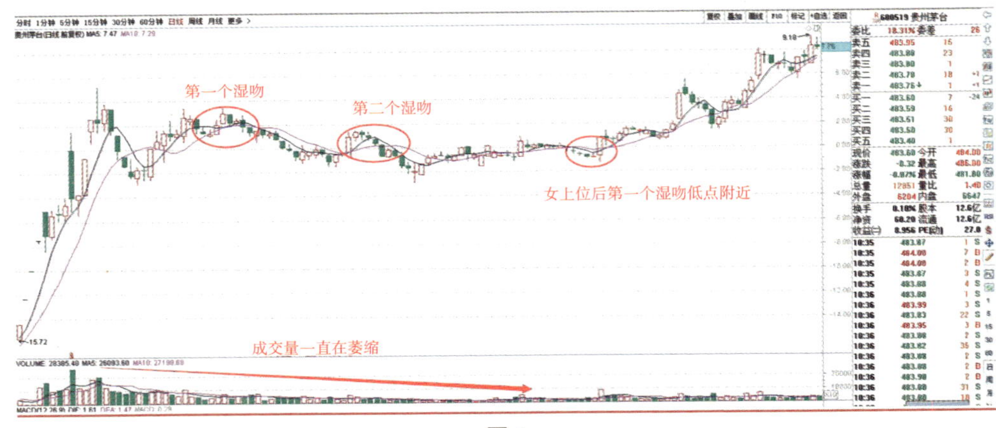

图 2

9 月 14 日，女上位的第一次缠绕下跌在 44 元附近形成第二个买点。

然后基本就沿着 10 日线一直上涨，即使是短线，10 日线不有效跌破就继续持有等待第一个卖点【扫地僧：这也是一个经验，即如果买入后按照预期走趋势，那么 10 日均线不破就可以先拿着】，也就是缠绕后出现背驰。第二个卖点就是变成男上位的第一个缠绕的高点，目前这一切都没出现，所以就持有等待高点出现。

再补充一句：

希望来这里的人，以后慢慢少点诸如要涨多少要跌多少之类的问题，因为这类问题都是在错误的思维下产生的【扫地僧：凡是预测就是一种错误的思维，记住：你的利润不是来自预测成功，而是一个包容错误的系统，只是这个系统能够使得在长期多次交易后，总体是盈利的，这才是稳定盈利的本质】。本 ID 不是股评，不是算命先生，没兴趣猜测上升、下跌的空间，本 ID 只是一个观察者，只在买点出现时介入，然后持有等待卖点的出现，其他本 ID 一律没兴趣。

来这里，如果最终不能脱胎换骨，在投资上换一双眼睛，那你就白来了。

【扫地僧点评】

本文是缠论买卖点的第一次论述，用吻这种形象的比喻来让大家认识什么是第一、第二类买卖点。而且要特别提示一下，本文中的吻都是指湿吻，想想为什么？

教你炒股票 13：不带套的操作不是好操作！①

天下武功谁第一，倚天屠龙藏秘籍，辟邪葵花皆宝典，易筋无锋古刹基。

不带套的男人是否是好男人，这个问题暂且不说，不带套的操作一定不是好操作【扫地僧：这个带套还有一层安全保险的意思】，特别对于资金量大的！带套有两种，一种是主动，另一种是被动。何谓被动带套？就是介入时根本不知道为何介入，在一种盲目的状态下被套了，然后还有一种很错误的理论，认为亏损多少就要止损，按这种方法来操作，最终都不可能大成功【扫地僧：进出的唯一依据应该是逻辑，而和亏损多少盈利多少没有直接关系，记住：逻辑进，逻辑出！】。几乎所有的投资者，都是这种被动带套的，这种人，都是被套所套。

其实，从来不存在真正的止损问题，只存在股票是否依然在能操作的范围内的问题，只有这种意义下才存在止损【扫地僧：看到了吗？首先是逻辑，也就是股票是否在能操作的范围内，在这个前提下的止损才有意义】：一只股票的走势从能操作变成不能操作。请注意：这时并不意味着操作是失败了，可能已经大大盈利了，唯一退出的原因只是股票的走势已经不能操作了。投资市场中一个最坏的毛病就是根据盈亏进出，而盈亏不是先验的，是根据当下的走势决定的，是被动的，根据盈亏进出，就是根据被动的因数进出，这不是被动带套是什么？【扫地僧：这个思维观念很难转变，身边是不是很多人都会问：这票什么价格进？到多少卖？这就说明有这种思维的人是大多数，职业投机者必然是少数人】

何谓主动带套？这里有两层意思。其一，介入不可能立刻完成，特别对于大资金来说，如果不采取主动带套的方法，怎么可能买到足够的货？那种号称从来不带套的，肯定从来没操作过大资金。其二，更重要的是，任何的介入，都有一个主动的防护加入其中，这个防护就是一旦变为不能操作，就立刻从买入程序中

① 原文来源：http：//blog.sina.com.cn/s/blog_486e105c010007gw.html，2006-12-04 12：08：28。

(扫码获取更多学习资料)

退出，这个防护的启动是和任何盈亏无关的，只和当下的走势有关【扫地僧：再啰唆一遍，当逻辑不在了，就必须走，和盈亏无关。关于盈亏，我听到最多的就是诸如“我还亏 20%呢，这时候怎么卖啊”，“盈利起码在 30%才考虑走啊”，这就是大多数人的思维逻辑，想想自己是否有类似的想法，如果有，赶紧改之】。

例如，在上一章所说的买入程序里，对于第一个买点，一旦上涨时依然出现男上位的缠绕，那么一定要退出，为什么？因为第一个买点买入的基础在于男上位最后一个缠绕后出现背驰，而现在又出现男上位的缠绕，意味着前面引导买入程序启动的缠绕并不是最后一个缠绕，也就是程序判断上出现问题，因此必须退出【扫地僧：看一个例子，金亚科技（300028）在 2017 年 2 月到 4 月底的这波下跌，在 30 分钟图里如果没出来，那么后面迎接的是 30%多的套牢】。一般情况下，这种退出一定是盈利的，但这并不能成为不退出的理由。甚至不排除这种情况，就是退出后，缠绕经过以时间换空间的折腾慢慢变成女上位，最后还大幅上涨了（这种情况即使出现，也可以根据第二个买点的原则重新介入，所以真正的机会并不会丢失），但即使这样，也绝对不能因为这种可能的情况存有侥幸心理【扫地僧：因为后面会发生什么并不能预测，那是在赌，正确的做法是我们根据市场的选择进行操作】。因为还有更大的可能是缠绕后出现加速下跌。对于走势，可能是无位次的，而实现是有位次的，任何的操作只能建立在有位次的基础上【扫地僧：看不懂的话就把“位次”换成“确定”试试】，这对于熟悉本 ID 所解《论语》的人应该能理解。要在股市上脱胎换骨，多看本 ID 说的《论语》，那是源泉。

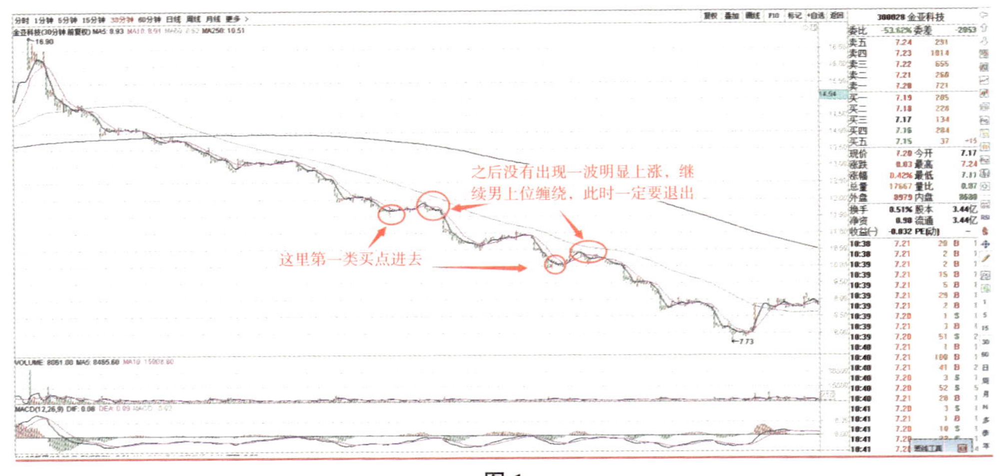

图 1

而对于上文所说的第二个买点，一旦该缠绕中出现跌破前面男上位的最低位，则意味着买入程序出现问题，必须在任何一个反弹中把股票出清【扫地僧：这个反弹可以是当前级别，也可以是小级别】，在这种情况下，不排除后面出现上涨，但理由如上，任何操作没有百分百准确的，一旦出现特殊情况，一定要先退出来，这是在投资生涯中能长期存活的最重要一点【扫地僧：这里明确说了，任何操作没有百分之百准确，如果谁再讲他可以做到百分之百，可以立刻拉黑了】。当然，有经验的人，即使退出，也会按部就班，很有秩序。

投资是一个长期的事业，别抱着赌博的心态企图一次成功，只要有这种心态，最终的结局一定悲惨，这已经被无数事例所验证【扫地僧：赌界的终极名言就是“不赌为赢”，为什么？因为无论前面赚得再多，只要不退出，还在赌，只要有一把梭哈的时候输了，就一切清零，如果再加了杠杆，那就是负数了，这也是为什么做期货成功的人特别少的原因】。为什么要研究符合自己的买卖程序？就是因为这是市场风浪中唯一安全的港湾，港湾有时候也会有台风，但不能因为有时候有台风就不要港湾了。还有一点，就是买入程序的成功率和市场的强度有关，在强的市场里，买入程序的成功率基本都在 90%以上，但在弱的市场里，成功率要低多了【扫地僧：市场强度因此非常重要，很多高手的收益率不够稳定的原因就在于，在弱的市场里还按照强市场的模式和仓位在做。当市场不好时，轻仓或者休息是非常重要的】。

任何根据均线等技术系统构成的买卖程序，都只是综合判断的一个子判断，并不是说这一招就可以了。至少有一点是任何技术的买卖程序不能解决的，就是相同程序选出来的股票，为什么有些涨得多、有些涨得少，能不能就此而选出最有力度的，这在实际的操作中是很有意义的问题【扫地僧：首先要知道，谁能涨得多不是技术程序能解决的，因为这是预测，未来不可测】。用一个庸俗的比喻，技术系统是“海选”，而其后需要的是“复赛”、“PK”，这样才能选出真正可以介入的股票。关于这个问题，在后面会逐步展开。

【扫地僧点评】

本文是一节风控课，总结起来要记住两点：①没有百分之百的程序，没有百分之百的操作。②买和卖的核心基础是你的程序逻辑，而不是盈亏。

教你炒股票14：喝茅台的高潮程序！[①]

一瓶茅台喝到醉，N次湿吻都不累，股海沉浮十几年，不如抱着茅台睡。

前面说了很多理论上的东西，现在用一个实际的股票来说明一下具体的用法。就用茅台吧，边喝茅台边上课。这里先假设所有看的人都能找到茅台上市以来的周线和日线图。前面说过两条均线间“吻”的三种方式，其中的湿吻是最明显的缠绕例子，而飞吻和唇吻是缠绕的特殊例子【扫地僧：飞吻和唇吻只是特殊例子，湿吻是最重要的】，在均线操作系统中所指的缠绕，包括这三种吻。而从实际的比例看，湿吻出现的概率是最大的，但在长期均线系统中，例如周线、月线等，唇吻的例子比例也很大。先复习一下相关定义：

飞吻：短期均线略略走平后继续按原来趋势进行下去。

唇吻：短期均线靠近长期均线但不跌破或升破，然后按原来趋势继续下去。

湿吻：短期均线跌破或升破长期均线甚至出现反复缠绕，如胶似漆。

女上位：短期均线在长期均线之上。

男上位：短期均线在长期均线之下。

第一类买点：用比较形象的语言描述就是由男上位最后一吻后出现的背驰式下跌构成。

第二类买点：女上位第一吻后出现的下跌构成。

现在，先打开茅台的周线图，在茅台快6年的周线图上，用5周与10周均线构成的买卖系统，只有第一类和第二类买点各一个，可见，在周线图上，按均线系统构成的买点并不常见，一旦出现则必须珍惜。仔细分析：2002年4月19日那周，茅台进入男上位，其后在2002年7月9日那周进入男上位第一吻，前面已经说过，这第一吻后的下跌一般不会构成买点，必须是至少第二吻以后【扫地僧：记住这个经验，第一吻后的下跌不考虑】。其第二吻出现在2003年2月

① 原文来源：http：//blog.sina.com.cn/s/blog_486e105c010007hd.html，2006-12-05 11：35：20。

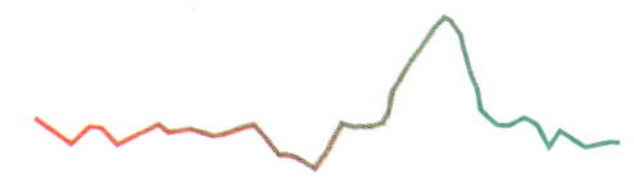

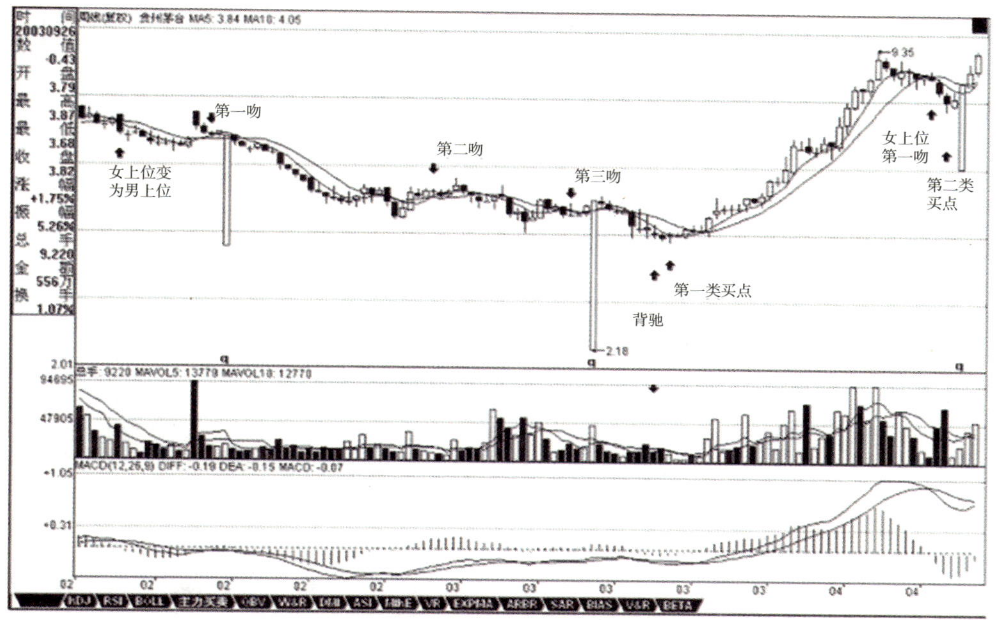

图 1

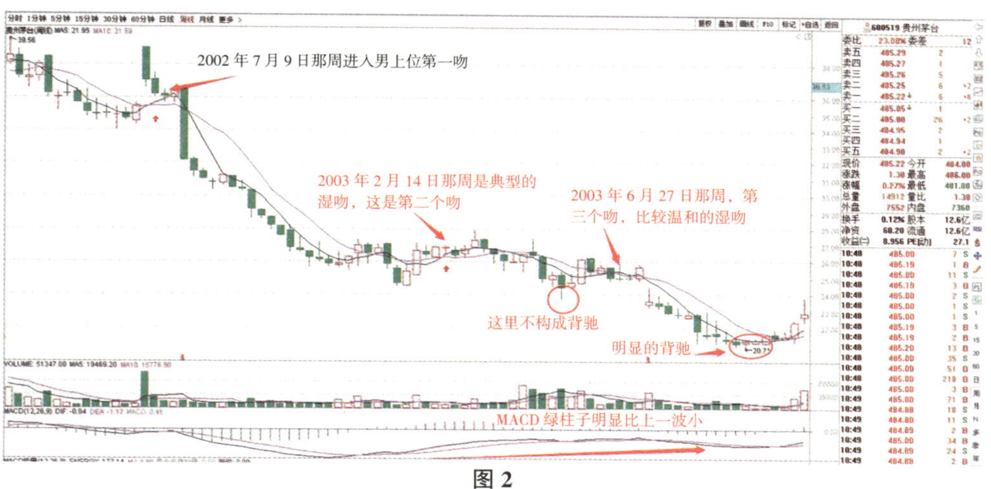

图 2

14 日那周，是典型的湿吻，其后的下跌并没构成背驰，不符合第一类买入点的原则【扫地僧：老衲原来对这里也抱有疑惑，而且缠师写到这里时，并没有定义什么是背驰，按道理讲，这个下跌有了新低，所对应的 MACD 力度也明显很弱，为什么说这里不是背驰？答案在稍后的解释中】。然后在 2003 年 6 月 27 日那周构成第三吻，是一个比较温和的湿吻，其后的下跌出现了明显的背驰走势，在

(扫码获取更多学习资料)

MACD 图上，绿柱子比上一次的明显缩短，而低位却低于上次绿柱子出现时的低位。如何判断背驰走势结束，最简单的是当绿柱子缩短，而股价继续创新低【扫地僧：此处给出了上面问题的答案，背驰处会发生股价新低但 MACD 绿柱子不再新低，注意，这点很容易被忽视，这时我们再看看上面茅台的周线图，就明白了为什么第二吻之后的下跌不是背驰，只有第三吻后的下跌才是背驰了】，这次，明显地发生在 2003 年 9 月 26 日这周，意味着底部出现，第一类买点构造完成，可以大举介入了。

第一类买点出现后，茅台也正常地改变体位，进入女上位，一直到 2004 年 6 月 4 日那周出现女上位后第一吻，其后的下跌构成周线上的第二类买点。这里有一个很重要的技巧，就是第二类买点如何精确地把握，由于在周线女上位后第一吻的调整不构成明显的下跌走势【扫地僧：看图 3 吧，比较清楚】，因此第一类买点的背驰走法就无法出现，这时候就要降低 K 线级别，从日线图上寻找最佳买点，这里给出一个缠中说禅买点定律：大级别的第二类买点由次一级别相应走势的第一类买点构成【扫地僧：这就是区间套】（该定律是有专利的，发明权一定要明确，这一点必须明确，否则以后本 ID 不会再说任何定律了，该定律一定没有任何人发现过，其他本 ID 已发现的定律也一样，哪天本 ID 心情好再说几个，但前提是不能让本 ID 发现有盗版的，各位也应该和本 ID 一起监督）。例如，周线上的第二类买点由日线上相应走势的第一类买点构成。有了这个缠中说禅买点定律，所有的买点都可以归结到第一类买点。

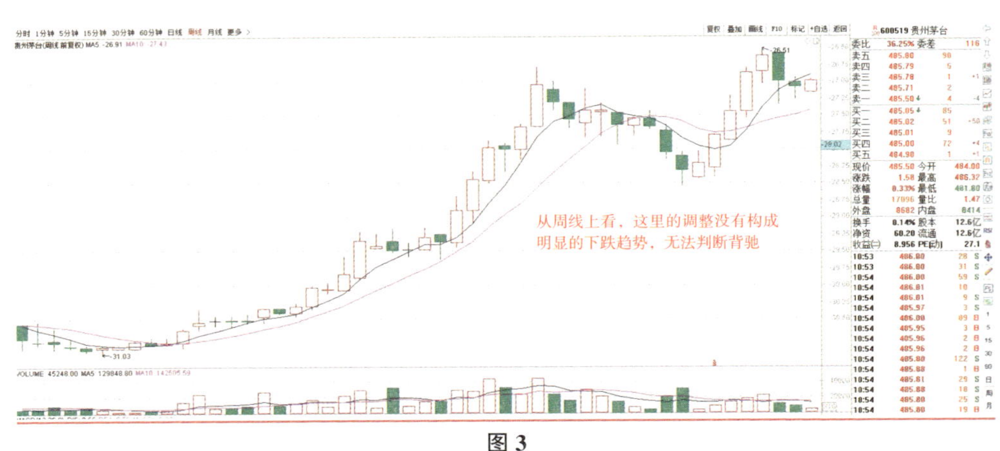
从周线上看，这里的调整没有构成
明显的下跌趋势，无法判断背驰
600519 贵州茅台

图 3

对于茅台，2004 年 6 月 4 日那周出现女上位后第一吻，对应在日线图上是明显的男上位走势，该走势中出现三次吻，分别在 2004 年 4 月 29 日、5 月 18

日、6 月 1 日，都是典型的湿吻，但前两次其后的下跌都没有出现背驰，只有第三次，出现明显的背驰性走势，6 月 18 日创下低点后，MACD 的绿柱子明显比前面的要缩短，这就构成了日线上的第一类买点【扫地僧：见图 4】，而这个买点，在周线上就是第二类买点。注意：后面由于除权，价位上似乎比这个要低了，其实并没有。

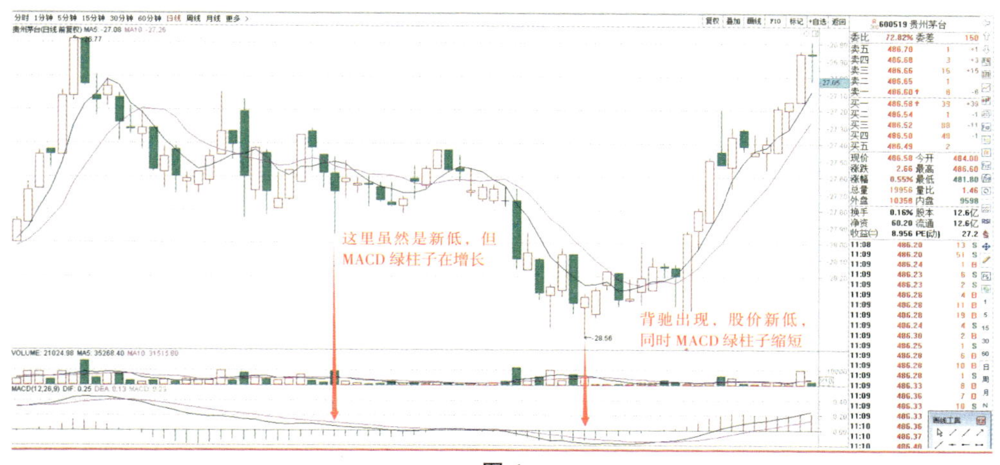

图 4

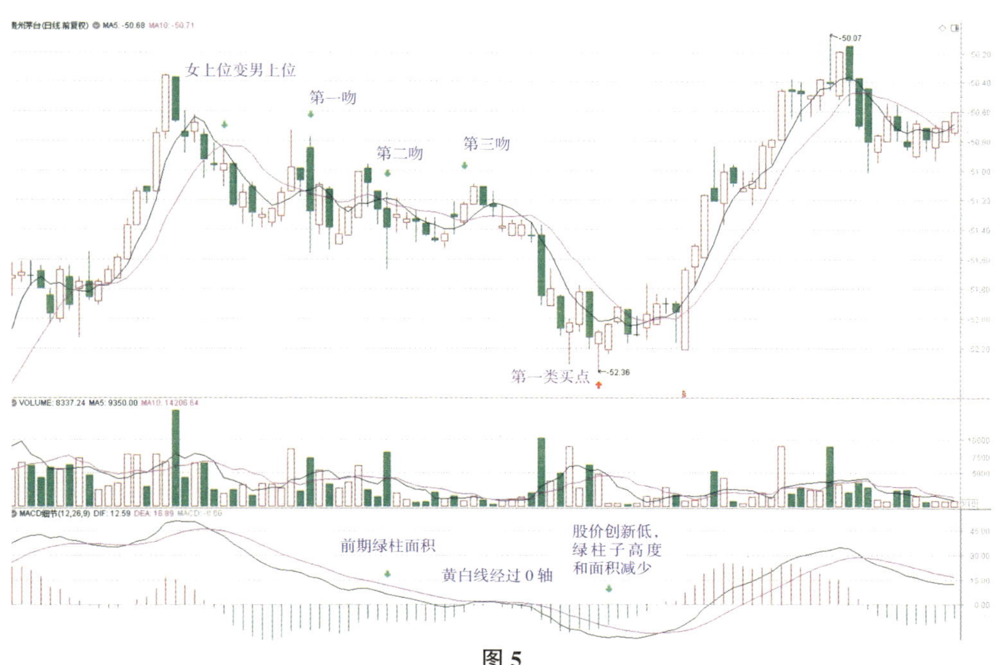

图 5

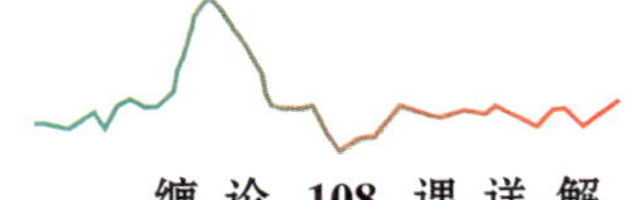

站在周线角度，茅台的买点就这两个了，而其后的卖点至今没出现【扫地僧：我们来看看有没有卖点出现，如图 6 所示。由于后面有一波拉升，自然不背驰，所以图就截止到 2005 年 12 月。从图 6 中可以看到，确实没有出现明显背驰的情况，所以也就没有卖点】，如果当时是根据这两个买点介入的，目前应该继续持有，直到卖点出现。但这是一种针对特别大资金的玩法，例如 50 亿元以上，对于资金量一般的，例如 10 亿元以下的，有一种增加资金流动性的玩法，就是充分利用日线的卖点回避大的调整，虽然这种调整站在周线的角度不一定要参与。缠中说禅短差程序就是：大级别买点介入的，在次级别第一类卖点出现时，可以先减仓，其后在次级别第一类买点出现时回补。对于周线买点介入的，就应该利用日线的第一类卖点减仓，其后在第一类买点回补。

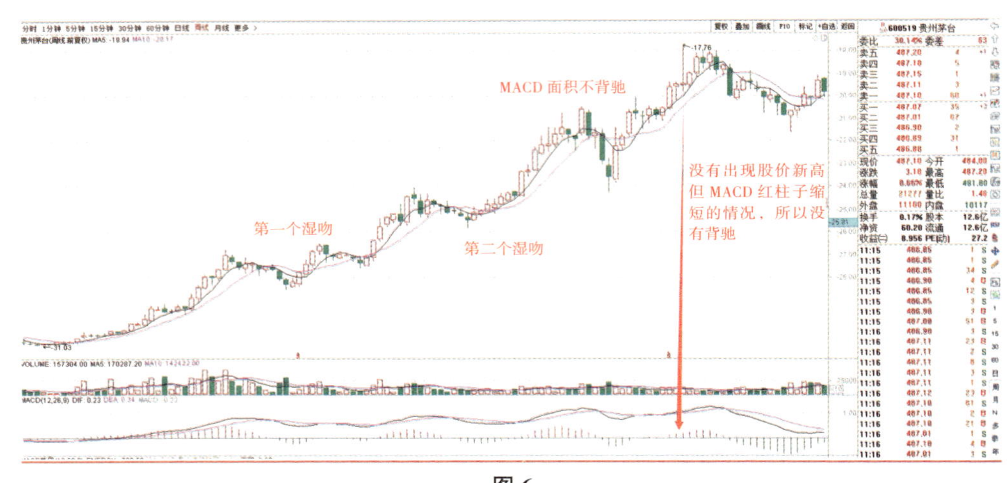

图 6

对于茅台，分析如下：

在周线 2003 年 9 月 26 日这周根据第一类买点介入的，其后的女上位出现九次吻，前八次都没构成背驰走势，而第九次出现在 2004 年 3 月 26 日，其后的上涨出现明显背驰，4 月 8 日的高位对应的 MACD 红柱子并没有相应创出新高【扫地僧：我的软件上怎么显示 4 月 8 日对应的 MACD 创出新高了呢？这里明显是股价和 MACD 柱子同时创出新高，要思考下为什么这里是背驰，如图 7 所示】，这就构成日线上的第一类卖点。

图 7

其后的第一类买点出现在 6 月 18 日，第一类卖点出现在 10 月 27 日【扫地僧：买点参考上一段的图，卖点看图 8】。然后，第一类买点出现在 12 月 22 日【扫地僧：买点看图 9】。

图 8

下一个第一类卖点出现在 2005 年 4 月 26 日【扫地僧：这里的卖点也没出现股价新高但 MACD 红柱子缩短的情况，和前面 2004 年 4 月 8 日的卖点雷同，来对比一下两个图，找共同点。2004 年 4 月 8 日的卖点见图 10。2005 年 4 月 26 日的卖点见图 11。这两个地方的最高位那天，股价创出新高，MACD 红柱子都

(扫码获取更多学习资料)

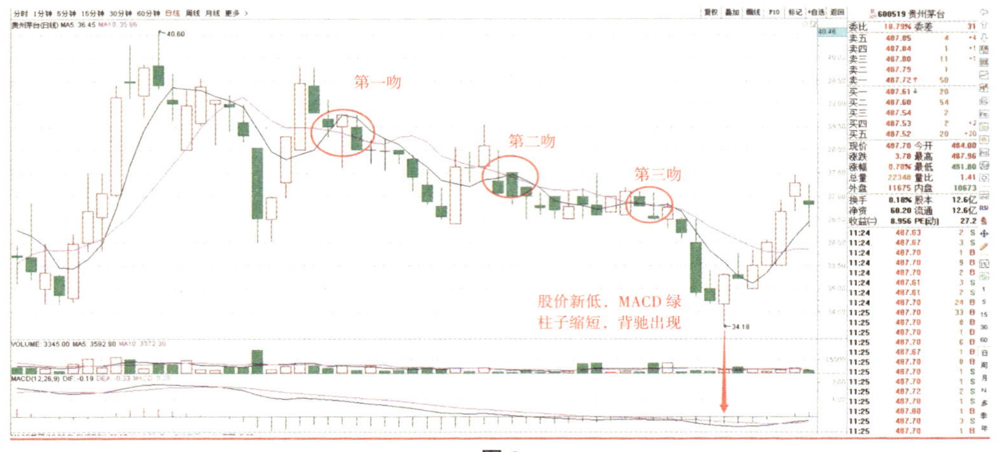

图 9

比前一天高，为什么也算背驰呢？这两张图有一个共同点就是，两个湿吻不重合，和前面的几个买点的情况不同，那几个买点的图中，湿吻相互重合，那么请记住以下结论：在湿吻不重合的情况下，背驰看湿吻前后所对应的 MACD 柱子面积和柱子高度】，接着的第一类买点出现在 2005 年 12 月 13 日【扫地僧：如图 12 所示】，下面的第一类卖点至今没出现，也就是说，即使是站在日线的角度，2005 年 12 月 13 日介入的茅台，根本就没有出现卖点，唯一正确的就是坚决持有。当然，如果资金量小，不是按周线的，第一类、第二类买点都是最多按日线的，就可以相应在 30 分钟等更小的级别内找到第一类卖点而弄出短差来，那就太细了，各位自己研究去。

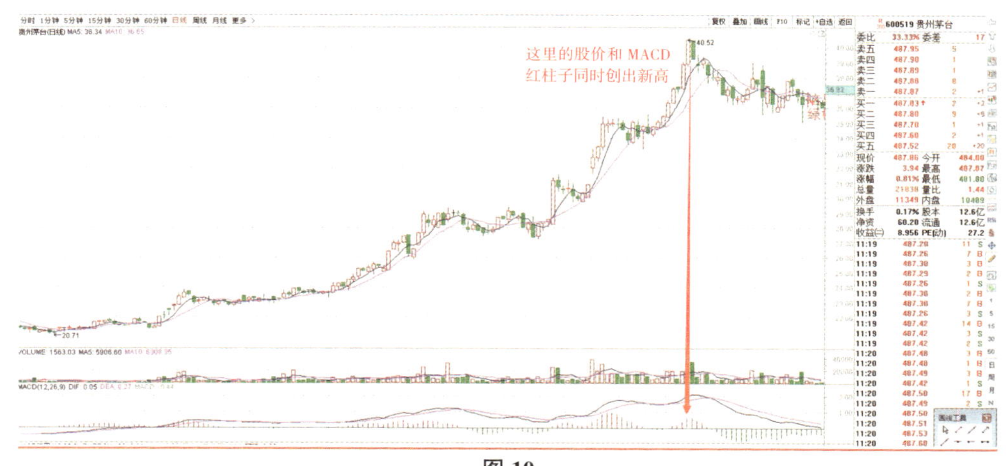

图 10

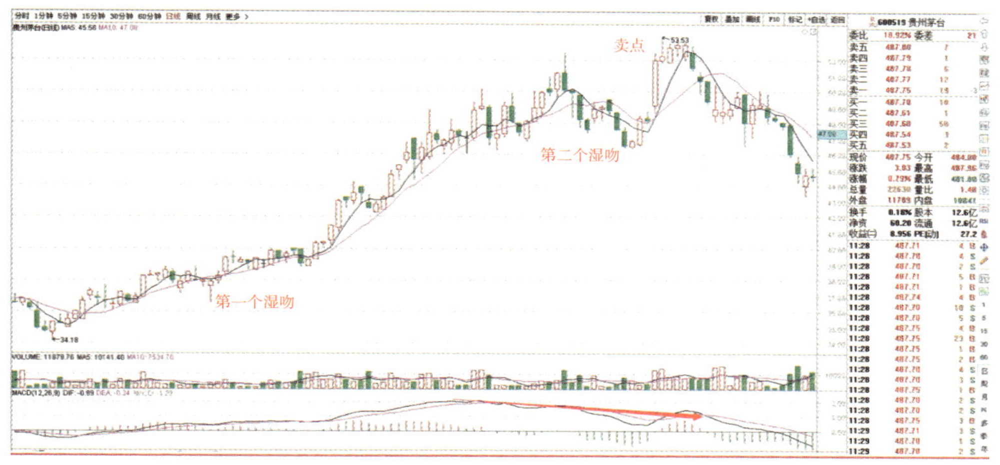

图 11

图 12

要把握好这个均线构成的买卖系统，必须深刻理解缠中说禅买点定律：大级别的第二类买点由次一级别相应走势的第一类买点构成。如果资金量不是特别巨大，就要熟悉缠中说禅短差程序：大级别买点介入的，在次级别第一类卖点出现时，可以先减仓，其后在次级别第一类买点出现时回补【扫地僧：哪怕第二类买点也要回补，否则太容易做丢筹码了】。这样才能提高资金的利用率。注意：该定律和程序都要注意版权，任何人都可以用，也不收任何版权费，但这个版权必须要明确，否则本 ID 心情不好，就没兴趣再说任何定律、程序了。要严惩所有企图盗版去招摇撞骗的人。各位要多看图，根据相应的资金量以及性格去定自己

图 13

的操作级别，然后是熟练，否则就是纸上谈兵，毫无意义了。

【扫地僧点评】

本文介绍的是技术细节，很多很细，好好研究揣摩，只要不偷懒，肯定能有收获。

教你炒股票15：没有趋势，没有背驰[①]

一生二来二生三，下波还要向上蹿，要问趋势何时尽，巧用背驰抱金砖。

有人很关心诸如庄家、主力之类的事情，但散户、庄家的位次分野这类事情不过是市场之“不患”下的“患”【扫地僧：庄家、散户这种思维并不是市场本质上的东西】，对本ID所解《论语》熟悉的，对此都很容易理解。有些东西是超越散户、庄家的位次分野的，这是市场之根，把握了，所谓散户、庄家的位次分野就成了笑话。如果真喜欢听有关庄家的逸事、秘闻，以后有空本ID可以说点，而且还可以告诉你如何狙击、搞死庄家。这一点，没有比本ID更有经验的了。

对于市场走势，有一个是“不患”的，就是走势的三种分类：上涨、下跌、盘整。所有走势都可以分解成这三种情况【扫地僧：股价运行的方向无非就这三种，没有例外】。这是一个最简单的道理，而这才是市场分析唯一值得依靠的基础。很多人往往忽视最简单的东西，去弄那些虚头巴脑的玩意。而无论你是主力、散户还是庄家，都逃不过这三种分类所交织成的走势。

那么，何谓上涨、下跌、盘整？下面给出一个定义。首先必须明确的是，所有上涨、下跌、盘整都建立在一定的周期图表上，例如在日线上的盘整，在30分钟线上可能就是上涨或下跌，因此，一定的图表是判断的基础，而图表的选择，与上面所说交易系统的选择是一致的，与你的资金、性格、操作风格等相关【扫地僧：资金量大的，小级别容纳不下，只能做大级别的。性格急的就选择小级别。上班族没时间看盘的，级别就可以放大一些，总之要考虑这些因素来选择自己的操作级别】。

上涨：最近一个高点比前一高点高，且最近一个低点比前一低点高。

下跌：最近一个高点比前一高点低，且最近一个低点比前一低点低。

---

① 原文来源：http：//blog.sina.com.cn/s/blog_486e105c010007j8.html，2006-12-08 11：55：57。

盘整：最近一个高点比前一高点高，且最近一个低点比前一低点低；或者最近一个高点比前一高点低，且最近一个低点比前一低点高。

操作的关键不是定义，而是如何充分理解定义而使得操作有一个坚固的基础。其中的困难在于如何去把握高点和低点，因为高点、低点是有其级别的，在30分钟图上看到的高点，可能在周线图上什么都没看到。为此，必须要用均线系统来过滤，也就是前面常说的"吻"的概念，只有在"吻"前后出现的高、低点才有意义【扫地僧：用吻过滤高低点，有吻的地方才有高低的意义】。这里，首先要清楚"吻"是怎样产生的。如果一个走势，连短线均线都不能突破，那期间出现的高、低点，肯定只是低级别图表上的，在本级别图表上没有意义。当走势突破短期均线却不能突破长期均线，就会形成"飞吻"；当走势突破长期均线马上形成陷阱，就会形成"唇吻"；当走势突破长期均线出现一定的反复，就会形成"湿吻"。由此可见，"吻"的分类是基于对原趋势的反抗程度，"飞吻"是基本没有任何反抗力，"唇吻"的力度也一般，而"湿吻"就意味着有了足够的强度，而一切的转折，基本都是从"湿吻"开始的【扫地僧：这里就说出了吻的本质，也解释了前面讲的一些结论，为什么大多数参考的是湿吻，为什么大部分的转折都是湿吻引发的】。

转折，一般只有两种：①"湿吻"后继续原趋势形成陷阱后回头制造出转折；②出现盘整，以时间换空间，形成转折。第二种情况暂且不说，第一种情况，最大的标志就是所谓的"背驰"了。必须注意：没有趋势，没有背驰。在盘整中是无所谓"背驰"的，这点是必须特别明确的【扫地僧：背驰在趋势里的判断才有意义，因为背驰是用来判断转折的，盘整里没有背驰的概念是因为盘整无所谓转折，还要注意的是，这时还没有什么中枢的概念，本课对趋势的定义是一波比一波高/低，和后面所讲的缠中说禅趋势不同，先别搞混】。还有一点必须注意，这里的所有判断都只关系到两条均线与走势，和任何技术指标都无关。

如何判断"背驰"？首先定义一个概念，称为缠中说禅趋势力度：前一"吻"结束与后一"吻"开始由短期均线与长期均线相交所形成的面积。在前后两个同向趋势中【扫地僧：注意，这里根据原文的意思应该是"在吻前后两个同向的走势中"】，当缠中说禅趋势力度比上一次缠中说禅趋势力度要弱，就形成"背驰"。按这个定义判断是最稳妥的办法，但唯一的缺点是必须等再次接吻后才能判断，这时候，走势离真正的转折点已经有一点距离了。如何解决这个问题：第一种方法，看低一级别的图，从中按该种办法找出相应的转折点【扫地僧：优先推荐用这种方法】。这样和真正的低点基本没有太大的距离。

还有一种方法，技巧比较高，首先再定义一个概念，称为缠中说禅趋势平均力度：当下与前一“吻”的结束时短期均线与长期均线形成的面积除以时间。因为这个概念是即时的，马上就可以判断当下的缠中说禅趋势平均力度与前一次缠中说禅趋势平均力度的强弱对比，一旦这次比上次弱，就可以判断“背驰”即将形成，然后根据短期均线与长期均线的距离，一旦延伸长度缩短【扫地僧：就是说，一旦当长短均线之间的距离开始缩短】，就意味着真正的底部马上形成。按这种方法，真正的转折点就可以完全抓住。但有一个缺陷，就是风险稍微大【扫地僧：所以才建议大家用第一种方法判断，也就是到小级别图中去寻找转折点】，且需要的技巧要高点，对市场的感觉要好点。

纯粹的两条均线的K线图，就足以应付最复杂的市场走势了。当然，如果没有这样的看图能力，可以参照一下技术指标，例如MACD等，关于各技术指标的应用，以后会陆续说到。

【扫地僧点评】

本文其实是对前面所讲的均线吻和背驰做了一次提炼，从数学分类的角度讲解均线吻系统以及背驰的判断方法。

教你炒股票 16：中小资金的高效买卖法①

一将功成万骨枯，处处陷阱飞蛾扑，教你练就金睛眼，巧辨伎俩不再输。

上文说过，市场任何品种任何周期下的走势图，都可以分解成上涨、下跌、盘整三种基本情况的组合。上涨、下跌构成趋势，如何判断趋势与盘整，是判断走势的核心问题。一个最基本的问题是，走势是分级别的，在 30 分钟图上的上涨，可能在日线图上只是盘整的一段甚至是下跌中的反弹，所以抛开级别前提而谈论趋势与盘整是毫无意义的，这必须切实把握。注意：下面以及前面的讨论，如没有特别声明，都是在同级别的层面上展开的，只有把同级别的事情弄明白了，才可以把不同级别走势组合在一起研究，这是后面的事情了。

上涨、下跌、盘整三种基本走势，有六种组合可能代表着三类不同的走势：

陷阱式：上涨+下跌；下跌+上涨。

反转式：上涨+盘整+下跌；下跌+盘整+上涨。

中继式：上涨+盘整+上涨；下跌+盘整+下跌。

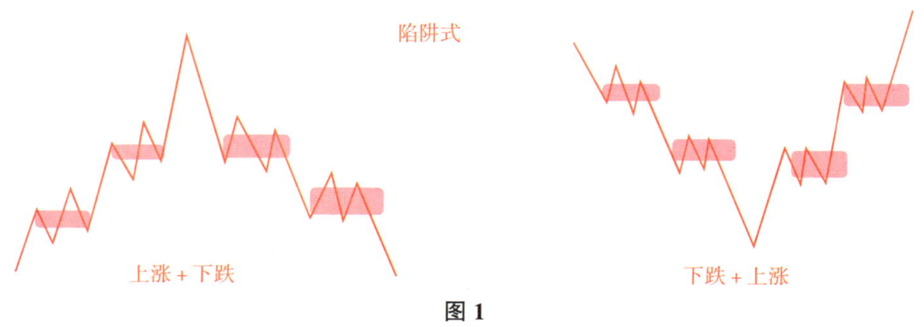

图 1

① 原文来源：http：//blog.sina.com.cn/s/blog_486e105c010007mr.html，2006-12-14 12：06：47。

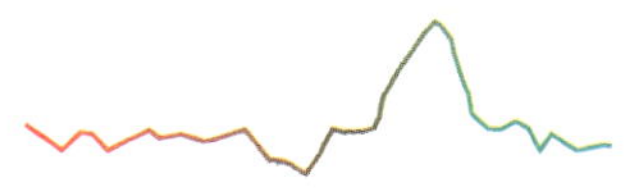

反转式

上涨＋盘整＋下跌

下跌＋盘整＋上涨

图 2

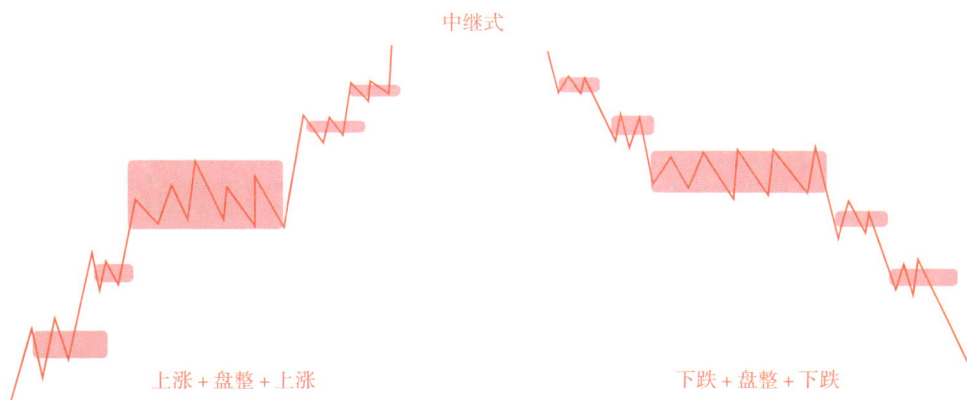

中继式

上涨＋盘整＋上涨

下跌＋盘整＋下跌

图 3

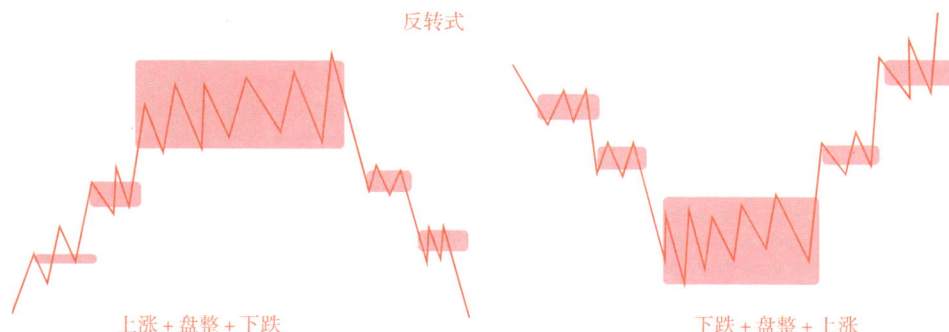

市场的走势，都可能通过这三类走势得以分解和研究。站在多头的角度，首先要考虑的是买入，因此，上面六种最基本走势中，有买入价值的是：下跌+上涨、下跌+盘整+上涨、上涨+盘整+上涨。没有买入价值的是：上涨+下跌、上涨+盘整+下跌、下跌+盘整+下跌。由此不难发现，如果在一个下跌走势中买入，其后只会遇到一种没有买入价值的走势，就是下跌+盘整+下跌，这比在上涨时买入要少一种情况。而在下跌时买入，需要躲避的风险有两个：①该段跌势未尽；②该段跌势虽尽，但盘整后出现下一轮跌势【扫地僧：风险①用背驰解决，风险②用保护套解决】。

在上文没有趋势和背驰的情况下，对下跌走势用背驰来找第一类买点，就是要避开上面的第一个风险。而当买入后，将面对的是第二个风险，如何避开？就是其后一旦出现盘整走势，必须先减仓退出。为什么不全部退出，因为盘整后出现的结果有两种：上涨、下跌，一旦出现下跌就意味着亏损，而且盘整也会耗费

时间，对于中小资金来说，完全没必要。这里有一个很重要的问题留待后面分析，就是如何判断盘整后是上涨还是下跌，如果把握了这个技巧，就可以根据该判断来决定是减仓退出还是利用盘整动态建仓了。这是一个大问题，特别对于不想坐庄的大资金来说，这是一个最重要的问题，因为不想坐庄的大资金的安全建仓在六种走势中只可能是下跌+盘整+上涨这一种，其他都不适用【扫地僧：因为大资金建仓，要么有足够的时间，要么有足够的空间，如果不想坐庄抢庄，那么安全建仓只能选择时间跨度上够长，也只有盘整期满足这个条件，所以要想安全建仓，必然选择这个盘整是在底部的，那么就只有下跌+盘整+上涨这一种可能性了】。至于坐庄的建仓方法，和这些都不同，如有兴趣，本 ID 以后也可以说的。

根据上面的分析，可以马上设计一种行之有效的买卖方法：在第一类买点买入后，一旦出现盘整走势，无论后面如何，都马上退出。这种买卖方法的实质，就是在六种最基本的走势中，只参与唯一的一种：下跌+上涨。对于资金量不大的，这是最有效的一种买卖方法。下面重点分析：

对于下跌+上涨来说，连接下跌前面的可能走势只会有两种：上涨和盘整。如果是上涨+下跌+上涨，那意味着这种走势在上一级别的图形中是一个盘整，因此这种走势可以归纳在盘整的操作中，这在以后对盘整的专门分析里研究。换言之，对于只操作“下跌+上涨”买卖的，“上涨+下跌+上涨”走势不考虑，也就是说，当你希望用“下跌+上涨”买卖方法介入一只出现第一类买点的股票，如果其前面的走势是“上涨+下跌”，则不考虑。注意：不考虑不意味着这种情况没有盈利的可能，而只是这种情况可以归到盘整类型的操作中【扫地僧：盘整走势如何操作，先搁置起来了，看以后的课程里何时出现】，但“下跌+上涨”买卖方法是拒绝参与盘整的。如此一来，按该种方法，可选择的股票又少了，只剩下这样一种情况，就是“盘整+下跌+上涨”。

从上面的分析可以很清楚地看到，对于“下跌+上涨”买卖方法来说，必须是这样一种情况：就是一个前面是“盘整+下跌”型的走势后出现第一类买点。显然，这个下跌是跌破前面盘整的【扫地僧：换句话说，这个下跌必须要创新低】，否则就不会构成“盘整+下跌”型，只会仍是盘整。那么在该盘整前的走势，也只有两种：上涨、下跌。对于“上涨+盘整+下跌”的，也实质上构成高一级别的盘整，因此对于“下跌+上涨”买卖方法来说也不能参与这种情况，因此也就只剩下这样一种情况：“下跌+盘整+下跌”。

综上所述，对于“下跌+上涨”买卖方法来说，对股票的选择就只有一种情况，就是：出现第一类买点且之前走势是“下跌+盘整+下跌”类型。因此这里就

得到了用“下跌+上涨”买卖方法选择买入品种的标准程序：①首先只选择出现“下跌+盘整+下跌”走势的。②在该走势的第二段下跌出现第一类买点时介入。③介入后，一旦出现盘整走势，坚决退出。注意：这个退出肯定不会亏钱，因为可以利用低一级别的第一类卖点退出，是肯定要盈利的。但为什么要退出，因为它不符合“下跌+上涨”买卖不参与盘整的标准，盘整的坏处是浪费时间，而且盘整后存在一半的可能是下跌，对于中小资金来说，根本没必要参与。一定要记住：操作一定要按标准来，这样才是最有效率的。如果买入后不出现盘整，那就要彻底恭喜你了，因为这只股票将至少回升到“下跌+盘整+下跌”的盘整区域，如果在日线或周线上出现这种走势，进而发展成为大黑马的可能是相当大的。

举一个例子：

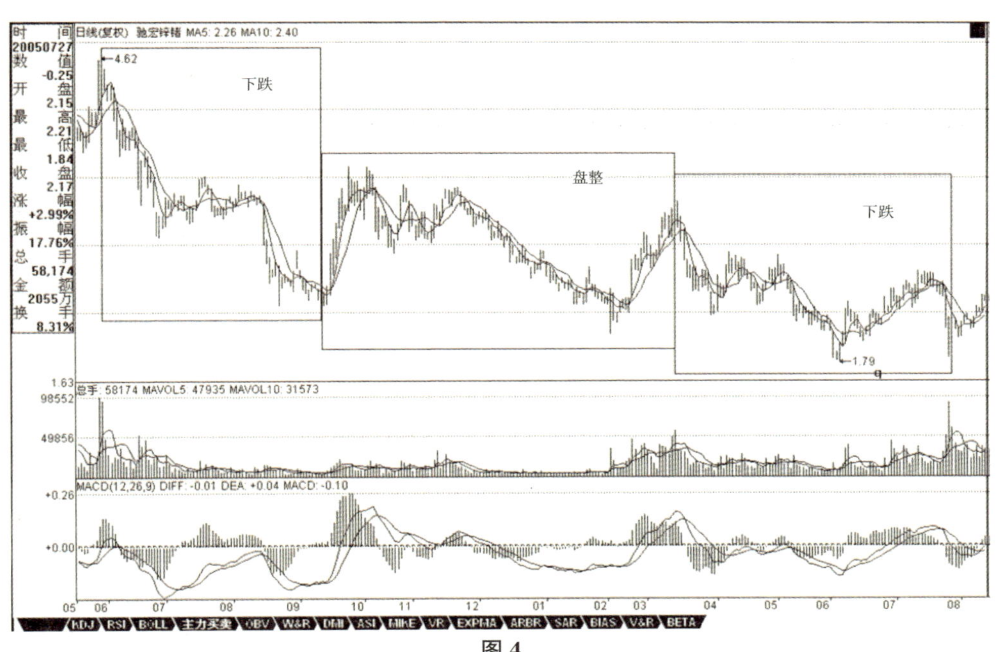

图 4

驰宏锌锗：日线上，2004 年 6 月 2 日到 2004 年 9 月 10 日，构成下跌走势；2004 年 9 月 10 日到 2005 年 3 月 14 日，构成盘整走势；2005 年 3 月 14 日到 2005 年 7 月 27 日，构成下跌走势。也就是说，从 2004 年 6 月 2 日到 2005 年 7 月 27 日，构成标准的“下跌+盘整+下跌”的走势【扫地僧：这里的盘整和趋势，与后面课程里涉及中枢个数的那个趋势和盘整不同，这里的趋势就是上节课中说

(扫码获取更多学习资料)

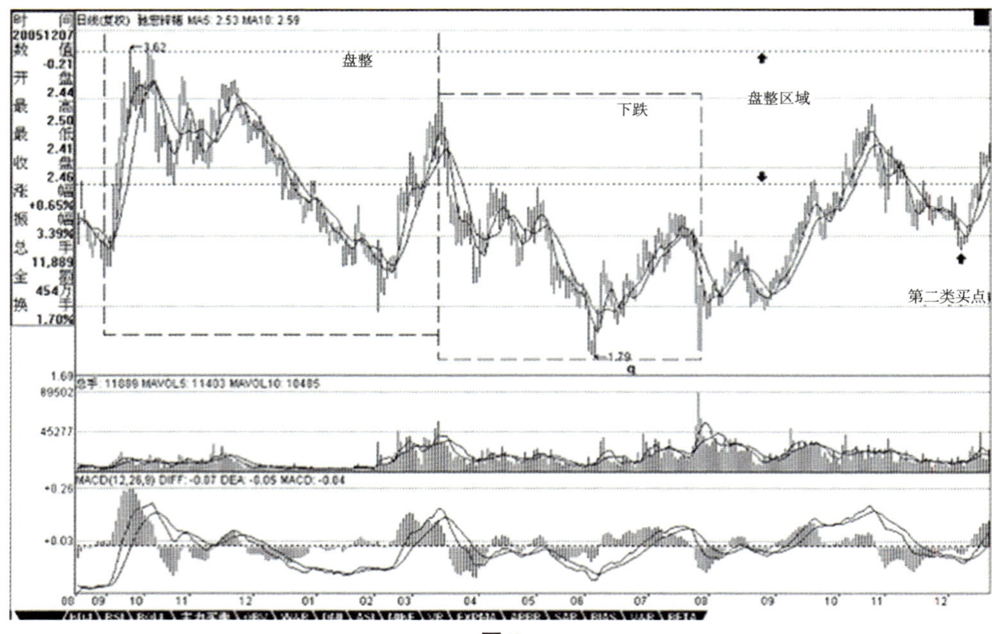

图 5

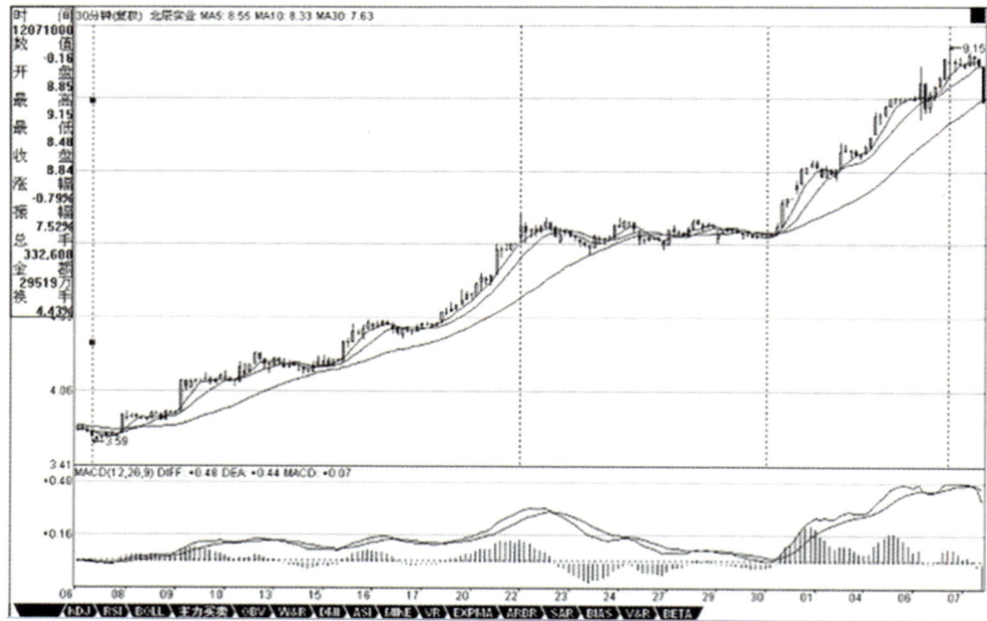

图 6

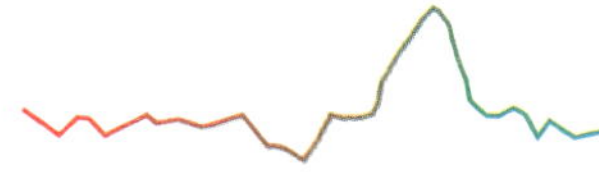

的“一波比一波高/低”】，而在相应的 2005 年 3 月 14 日到 2005 年 7 月 27 日的第二次下跌走势中，7 月 27 日出现明显的第一类买点，这就完美地构成了“下跌+上涨”买卖方法的标准买入信号。其后走势，很快就回到 2004 年 9 月 10 日到 2005 年 3 月 14 日的盘整区间，然后回调，在 2005 年 12 月 8 日出现标准的第二类买点，其后走势就不用多说了。

该种方法反过来就是选择卖点的好方法了，也就是说前面出现“上涨+盘整+上涨”走势的，一旦第二段升势出现第一类卖点，一定要走，因为后面很可能就是“上涨+下跌”的典型走势。对此，也举一个例子：北辰实业，在 30 分钟图上，11 月 7 日 10：30 到 11 月 22 日 10：00，构成上涨；11 月 22 日 10：00 到 11 月 30 日 11：00 构成盘整；11 月 30 日 11：00 到 12 月 7 日 10：00 构成上涨。而在第二段上涨中，30 分钟图上的红柱子 3 次放大，一次比一次矮，所显示的严重背离，就完美地构成了“上涨+盘整+上涨”后出现第一类卖点的“上涨+下跌”型卖出【扫地僧：此处有细节，从图 6 看，11 月 30 日 11：00 到 12 月 7 日 10：00 的上涨力度要比 11 月 7 日 10：30 到 11 月 22 日 10：00 的这波上涨力度大。也就是说，“上涨+盘整+上涨”中，第二个上涨的力度大，但是第二个上涨的内部确实出现了背驰，也就是 MACD 红柱子三次放大，其在小级别中一定有背驰】。如果以后学了时间之窗的概念，对该股的卖点就更有把握了，各位注意到 11 月 7 日 10：30 和 12 月 7 日 10：00 之间的关系没有？【扫地僧：正好一个月，时间周期在整个缠论中的研究并不多】

这种方法，无论买卖，都极为适用于中小资金，如果把握得好，是十分高效的，不过要多多看图，认真体会，变成自己的直觉才行【扫地僧：师傅领进门，修行在个人，还得要下苦功夫】。另外请多看文章后面的跟帖，本 ID 的一些回复都是针对一些主帖没提到的细节东西，而且都是针对各位提出的不同问题【扫地僧：等读完 108 课后，再来一个读缠论跟帖的札记】。还要多看前面的章节，把所有问题都搞懂，参与市场是不能有半点糊涂的。

【扫地僧点评】

本文在形态的组合这个角度，从逻辑上来详细分析了第一类买点的合理性，通俗易懂。

教你炒股票17：走势终完美[①]

世间变幻本无常，患与不患莫彷徨，阴阳本是混沌生，万物变化皆可量。

任何级别的所有走势，都能分解成趋势与盘整两类，而趋势又分为上涨与下跌两类。以上结论，不是从天而降的，而是从无数图形的分析实践中总结出来的，正如《论语》所说“由诲女，知之乎！知之为，知之；不知为，不知；是知也。”（请看本ID相应系列的解释）【扫地僧：摘自《论语》详解3：缠中说禅白话直译：子曰：由诲女，知之乎！知之为，知之；不知为，不知；是知也。孔子说：实践教导你，以此而有智慧啊。依智慧而进一步实践，以此而有新的智慧；不依实践而有的智慧进一步实践，就不会有新的智慧。这就是最根本的智慧】。这个从实际图形中总结出来的简单经验，却是一切有关技术分析理论的唯一坚实基础。这个基础，所有接触技术分析的人都知道，但可惜没有人能深究下去，然后就沉入技术指标、交易系统等苦海不能自拔【扫地僧：归根结底还是贪，想快点赚钱】。试想，基础都没弄清楚，又有什么可立起来？而基础稳固了，技术指标、交易系统等都是小儿科了。

由上可得到“缠中说禅技术分析基本原理一”：任何级别的任何走势类型终要完成。后面一句用更简练的话，就是“走势终完美”【扫地僧：基本原理一，就是缠论的最基础的基石，以前上学时大家都还记得吧，一般数学啊，几何啊什么的基本原理都是在前几课首先提出，然后才有后面的各种推导，这个也一样】。这个原理的重要性在于把实践中总结出来的、很难实用的、静态的“所有级别的走势都能分解成趋势与盘整”，转化成动态的、可以实用的“走势类型终要完成”，这就是《论语》所说的智慧：“所有级别的走势都能分解成趋势与盘整”是“不患”的，是无位次的，而“走势类型终要完成”的“走势终完美”以“所有级别的走势都能分解成趋势与盘整”的无位次，而位次之，而“患”之【扫地僧：通俗解释：

① 原文来源：http：//blog.sina.com.cn/s/blog_486e105c010007p1.html，2006-12-18 11：52：42。

“所有级别的走势都能分解成趋势与盘整”是个必然结论，而“走势终完美”是描述这个必然结论的动态过程，走势以趋势完美还是以盘整完美，这是不确定的】。

因为在实际操作中，面对的都是鲜活的、当下的，而正如《论语》所说的，“由知、德者，鲜矣！”【扫地僧：《论语》详解37中：缠中说禅白话直译：子曰：由知、德者，鲜矣！孔子说：蹈行、践履闻、见、学、行“圣人之道”智慧、所得的君子，永远处在创新、创造之中啊】，必须直面这种当下、鲜活，才能创造。而在任何一个走势的当下，无论前面是盘整还是趋势，都面临一个两难的问题：究竟是继续延续还是改变。例如，原来是在一个趋势中，该趋势是延续还是改变成相反的趋势或盘整，这样的问题在当下的层次上永远是“不患”的，无位次的。任何宣称自己能解决这个两难问题的，就如同在地球上宣称自己不受地球引力影响一样无效，这是任何面对技术图形的人都必须时刻牢记的【扫地僧：这也直接说明了，追求100%成功率程序是不可能的】。但这个两难的“不患”，在“所有级别的走势都能分解成趋势与盘整”的“不患”下，又成了其“患”，就因此可以有位次（该问题的理解，可以参考本ID关于《论语》相关章节的解释）。正因为当下的走势是两难的，也就是在不完美到完美的动态过程中，这就构成了其“不患”而位次的基础。“走势终完美”，而走势“不患”地可以分解成趋势与盘整，换言之，“趋势终完美，盘整也终完美”。

“走势终完美”这句话有两个不可分割的方面：任何走势，无论是趋势还是盘整，在图形上最终都要完成。另外，一旦某种类型的走势完成以后，就会转化为其他类型的走势，这就是“不患”而有其位次。在技术分析里，不同的位次构成不同的走势类型，各种位次以无位次而位次。而如何在不同位次之间灵活运动，是实际操作中最困难的部分，也是技术分析最核心的问题之一【扫地僧：也就是说趋势和盘整之间的转换问题是最困难的，也是核心问题之一】。

为了深入研究这个复杂问题，必须先引入缠中说禅走势中枢的概念【扫地僧：引入中枢，是为了深入研究盘整和趋势的关系，是为了给盘整和趋势一个数学上的明确的定义，而不是前几节课中那个“一波比一波高/低”这样简单但在数学上不明确的定义】：某级别走势类型中，被至少三个连续次级别走势类型所重叠的部分，称为缠中说禅走势中枢。换言之，缠中说禅走势中枢就是由至少三个连续次级别走势类型重叠部分所构成。这里有一个递归的问题，就是这种次级别不能无限下去，就像有些半吊子哲学胡诌什么“一分为二”，而“分”不是无限的，按照量子力学，物质之分是有极限的，同样，级别之次也不可能无限，在实际之中，对最后不能分解的级别，其缠中说禅走势中枢就不能用“至少三个连

(扫码获取更多学习资料)

续次级别走势类型所重叠”定义，而定义为至少三个该级别单位 K 线重叠部分。一般来说，对实际操作，都把这最低的不可分解级别设定为 1 分钟线或 5 分钟线，当然，也可以设定为 1 秒钟线，但这都没有太大区别。

有了上面的定义，就可以在任何一个级别的走势中找到“缠中说禅走势中枢”。有了该中枢，就可以对“盘整”、“趋势”给出一个最精确的定义：

缠中说禅盘整：在任何级别的任何走势中，某完成的走势类型只包含一个缠中说禅走势中枢，就称为该级别的缠中说禅盘整。

缠中说禅趋势：在任何级别的任何走势中，某完成的走势类型至少包含两个以上依次同向的缠中说禅走势中枢，就称为该级别的缠中说禅趋势。该方向向上就称为上涨，向下就称为下跌。

那么，是否可能在某级别存在这样的走势，不包含任何缠中说禅走势中枢？这是不可能的。因为任何图形上的“向上+向下+向上”或“向下+向上+向下”都必然产生某一级别的缠中说禅走势中枢，没有缠中说禅走势中枢的走势图意味着在整张走势图形上只存在两个可能，就是一次向下后永远向上，或者一次向上后永远向下。要出现这两种情况，该交易品种必然在一定时期交易后永远被取消交易，而这里探讨走势的一般情况，其前提就是该走势可以不断延续下去，不存在永远取消交易的情况，所以，相应有“缠中说禅技术分析基本原理二”：任何级别完成的任何走势类型，必然包含一个以上的缠中说禅走势中枢。

由原理一、原理二以及缠中说禅走势中枢的定义，就可以严格证明：

“缠中说禅走势分解定理一”：任何级别的任何走势，都可以分解成同级别“盘整”、“下跌”与“上涨”三种走势类型的连接。

“缠中说禅走势分解定理二”：任何级别的任何走势类型，都至少由三段以上次级别走势类型构成【扫地僧：因为任何走势至少包含一个中枢，而一个中枢是由 3 个次级别走势重合产生，因此任何走势至少由 3 段次级别走势构成】。

这些证明都很简单，就和初中几何的证明一样，有兴趣自己证明一下。由上面的原理和定理，就可以严格地给出具体操作唯一可以依赖的两个坚实的基础。因为某种类型的走势完成以后就会转化为其他类型的走势，对于下跌的走势来说，一旦完成，只能转化为上涨与盘整，因此，一旦能把握下跌走势转化的关节点买入，就在市场中占据了一个最有利的位置，而这个买点，就是前面反复强调的“第一类买点”。因为无论是趋势还是盘整在图形上最终都要完成，所以在第一类买点出现后第一次级别回调制造的低点，是市场中第二有利的位置。为什么？因为上涨和盘整必然要在图形上完成，而上涨和盘整在图形上的要求，是必须包含三个以上的次级别运动，因此后面必须还至少有一个向上的次级别运动，这样的买点是绝对安全的，其安全性由走势的“不患”而保证，这就是在前面反复强调的第二类买点。买点的情况说了，卖点的情况亦然【扫地僧：这段话就是对前面课程里讲到的第一、第二类买点的本质做了详细论述，告诉大家为什么这两类买点买入的安全性高】。

综上所述，就不难明白为什么本 ID 在前面反复强调这两类买卖点了。因为该两类买卖点是被最基础的分析所严格保证的，就如同几何中的严格定理一样，只要找准了这两类买卖点，在市场的实际走势中是战无不胜的，是波涛汹涌的市场中最坚实的港湾。关于该两类买卖点与走势及上述原理、定理间密不可破的逻辑关系，必须切实理解体会，这是所有操作中最坚实、最不能混淆的基础【扫地僧：这里就是很多人追求 100%的原因所在了，因为都看到了说这两类买卖点是被最基础的分析严格保证的，这不就是 100%吗？这里的逻辑关系其实就是“不患”而“患”的关系，这两类买卖点在理论分析上是“不患”的，但每个人在每个走势中动态抓这买点时，这是“患”的，或者说理论是静态的“不患”，操作是动态的“患”】。

由上面的原理、定理，就可以继续证明前面已经说过的“缠中说禅买卖点定律一”：任何级别的第二类买卖点都由次级别相应走势的第一类买卖点构成。

这样，就像前面曾说过的，任何由第一、第二类买卖点构成的缠中说禅买卖点，都可以归结到不同级别的第一类买卖点。由此得到“缠中说禅趋势转折定律”：

任何级别的上涨转折都是由某级别的第一类卖点构成的；任何的下跌转折都是由某级别的第一类买点构成的。

注意：这里的某级别不一定是次级别，因为次级别里可以是第二类买卖点，而且还有一种情况，就是不同级别同时出现第一类买卖点，也就是出现不同级别的同步共振，所以这里只说是某级别。本 ID 以上对技术分析的理论构建，绝对前无古人，就像欧几里得之于几何一样【扫地僧：这也是为什么缠论有很强的生命力的原因所在】。这是为纷繁的技术分析找到了一个坚实的理论基础，由这些原理、定理，可以继续引申出不同的定理。这些定理，都是抛开一切偶然因素的，而实际的操作，必须建立在此之上，才会长期立于不败之地。

这些问题以后还要逐步展开，这里先拿两个前面已经让各位思考的例子来分析一下，让各位对趋势、级别、走势中枢等概念有一个感性的认识，毕竟上面抽象的方法并不是每个人都能理解的。

驰宏锌锗（600497）：为什么从 2004 年 6 月 2 日到 2005 年 7 月 27 日，构成

标准的“下跌+盘整+下跌”的走势，而类似的图形在海尔权证（580991）上不算，唯一的原因就是因为后者在日线的下跌中并不构成日线级别的缠中说禅走势中枢，而在30分钟线上，这个中枢是明确的。所以海尔权证只构成30分钟级别上的“下跌+盘整+下跌”。

其后的上涨，对于驰宏锌锗2005年7月27日到10月25日，明确地出现在日线上的上涨走势（为什么？因为在日线上明确地看到两个缠中说禅走势中枢）。而海尔权证从2006年10月23日到12月13日，只构成日线上的盘整走势（为什么？因为在日线上明确地看到一个缠中说禅走势中枢）。

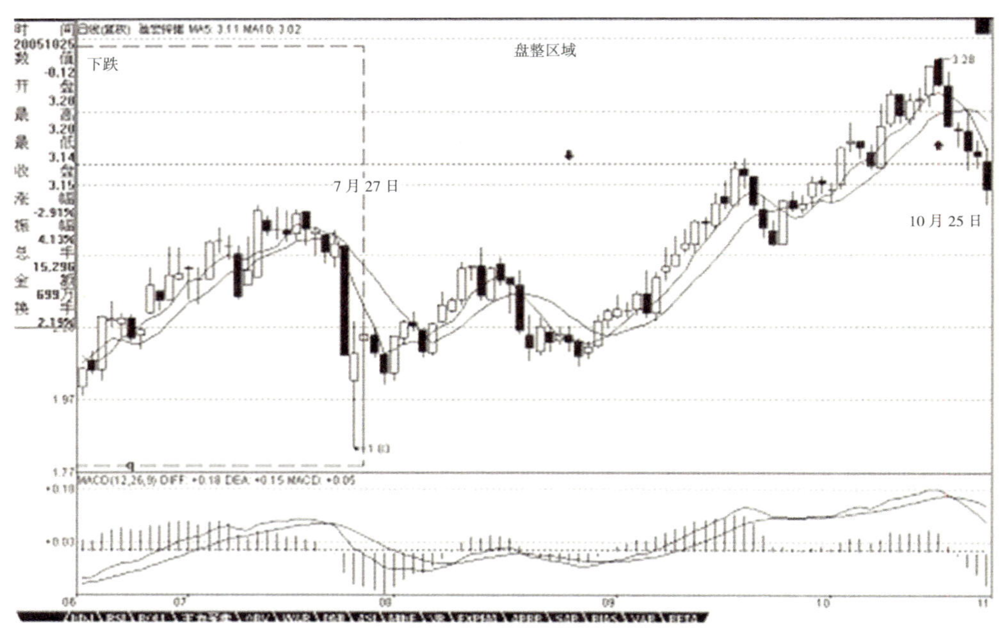

图1

两者力度上有如此区别的技术上的原因就是：①“下跌+盘整+下跌”走势的出现级别不同，一个是日线，一个是30分钟的。②其后的第一段走势，一个是日线上涨，一个是日线盘整。

以上内容，足够各位消化几天了。后面还有很多内容，逐一写来。但请注意版权，发现抄袭的本ID要把他抓来用狗头铡给铡了。最后布置几道思考题：

（1）连接两相邻同级别缠中说禅走势中枢的一定是趋势吗？一定是次级别的趋势吗？【扫地僧：答案在下节课中】

图 2

（2）背驰是两相邻同向趋势间，后者比前者的走势力度减弱所造成的，如果用均线或 MACD 等判断其力度，一定要在同级别的图上吗？同级别的 MACD 红绿柱子背驰一定反映某级别趋势间出现背驰吗？是相应级别的趋势出现背驰吗？【扫地僧：未必在同级别图；是的，一定反映某级别出现背驰；不一定，可能是小级别】

（3）盘整的高低点是如何造成的？（这个问题有点难度，提示：用缠中说禅走势中枢以及级别等进行分析）【扫地僧：在后面的章节中有答案】

【扫地僧点评】

本课开始走数学流了，一共有一个中枢定义、两个基本原理、两个走势分解定理、一个买卖点定律和一个趋势转折定律。

教你炒股票18：不被面首的雏男是不完美的（1）[①]

原理定理和定义，无须拥有好记忆，核心问题就一个，走势如何结束的。

首先把前面一些最基本的概念、原理、定理列举如下：

走势：打开走势图看到的就是走势。走势分不同级别。

走势类型：上涨、下跌、盘整。

趋势：上涨、下跌。

缠中说禅走势中枢：某级别走势类型中，被至少三个连续次级别走势类型所重叠的部分。具体的计算以前三个连续次级别的重叠为准，严格的公式可以这样表示：次级别的连续三个走势类型A、B、C，高、低点分别是a1\a2、b1\b2、c1\c2。则中枢的区间就是（max（a2，b2，c2），min（a1，b1，c1）），而实际上用目测就可以，不用这么复杂【扫地僧：所以，后面讲的笔和段无非是从数学上做到严格，而真正的操作中，看多了用目测即可，没必要陷入到笔和段里】。注意：次级别的前三个走势类型都是完成的才构成该级别的缠中说禅走势中枢，完成的走势类型，在次级别图上是很明显的，根本就用不着再看次级别下面级别的图了。

缠中说禅盘整：在任何级别的任何走势中，某完成的走势类型只包含一个缠中说禅走势中枢，就称为该级别的缠中说禅盘整。

缠中说禅趋势：在任何级别的任何走势中，某完成的走势类型至少包含两个以上依次同向的缠中说禅走势中枢，就称为该级别的缠中说禅趋势。该方向向上就称为上涨，向下就称为下跌。注意：趋势中的缠中说禅走势中枢之间必须绝对不存在重叠【扫地僧：注意，这和以前对趋势的定义就不同了，以前的定义是一波比一波高/低，现在则是以中枢的数量来作为趋势和盘整的区别，趋势中的中枢不可以重叠】。

① 原文来源：http：//blog.sina.com.cn/s/blog_486e105c010007t8.html，2006-12-26 15：05：58。

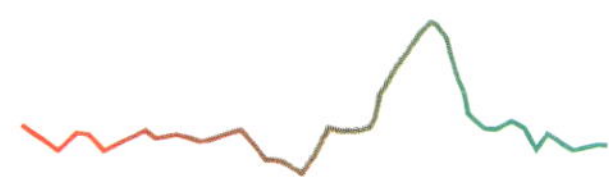

缠中说禅技术分析基本原理一：任何级别的任何走势类型终要完成【扫地僧：基本原理就是以后的一切定理什么的都是根据该原理推导出来的，是缠论的理论基石，也是缠论的核心智慧，就如人生下来最终总要死去一样，任何走势类型最终一定会完成、死去】。

缠中说禅技术分析基本原理二：任何级别任何完成的走势类型，必然包含一个以上的缠中说禅走势中枢【扫地僧：因为任何走势类型终要完成，如果完成，则必然包含至少一个中枢，否则就没有完成。该原理也是为了推导出下面的分解定理】。

缠中说禅走势分解定理一：任何级别的任何走势，都可以分解成同级别“盘整”、“下跌”与“上涨”三种走势类型的连接【扫地僧：根据基本原理二，任何完成的走势必然包含一个或以上的中枢，那么如果是一个中枢，则是盘整，如果是一个以上的中枢则是趋势，趋势又分上涨和下跌，所以，任何走势都可以分解成盘整、下跌与上涨的连接】。

缠中说禅走势分解定理二：任何级别的任何走势类型，都至少由三段以上次级别走势类型构成【扫地僧：根据基本原理二，任何走势都包含至少一个中枢，而一个中枢至少是 3 个次级别走势重合，所以，该走势至少包含 3 个次级别走势】。

原理一“任何级别的任何走势类型终要完成”，这句最简单的话，却包含着技术分析最基本的东西，其哲学和灵魂都在于此，否则就不可能被列为原理一了，这是最重要的。一个最简单的问题：如何判断一个走势类型完成了？这是技术分析里最核心的问题之一【扫地僧：这是最核心的，因为解决了这个问题，就必然盈利，因为如“教你炒股票 16”中的分析，只要能判断出下跌结束，则必然不会亏损了，因为后面要么是盘整，要么是上涨】，例如，一旦知道了“下跌”的结束，就知道随后必须要面对的是“盘整”与“上涨”，而后两种走势，对于多头来说，都必然产生利润，唯一的区别就是大小与快慢的问题。如果在市场中能找到一种百分百确定的盈利模式，那就是最伟大的成就了，至于大小、快慢，可以继续研究出新的标准来进行判断，而在逻辑上，这是后话了。

这里最大的也是唯一的难点在于“走势类型的延伸”。例如一个盘整，三个重叠的连续次级别走势类型后，盘整就可以随时完成，也就是说，只要三个重叠的连续次级别走势类型走出来后，盘整随时结束都是完美的，但也可以不结束，可以不断延伸下去，不断围绕着缠中说禅中枢上上下下地延伸下去直到无穷都是可以的【扫地僧：趋势也一样，当第二个中枢完成后，可以随时结束，也可以继续出第三个、第四个中枢】。这有点像一个雏男在某种标准达到后就具有立刻成

为面首的条件，随时可以成为面首，但却也可以一直坚持下去，一直自我封闭，一直不让消费，最后把自己给浪费掉了，直到最后变成一个烂苹果。

同样，面对趋势，形成两个依次同向的缠中说禅走势中枢后，任何趋势都可以随时结束而完美，但也可以不断地延伸下去，形成更多的中枢。这种情况在实际操作中太常见了，如果这趋势是向上的，会不断上涨，看看茅台（600519）之类的图，如果把复权算上，就可以看到一个标准的不断延伸的上涨【扫地僧：图 1 是茅台（600519）当年的周线图，红色框是周线中枢，蓝色框是日线中枢】。图 2 是茅台最近的周线图。大盘 2005 年见底后的 30 分钟图上，同样可以看到这种情况【扫地僧：2005~2007 年的日线图如图 3 所示。每一个红框都代表着一个日线中枢，蓝框是 30 分钟中枢】。很多人抓不住牛股，经常在第一个中枢时就被震下马，最主要的就是对此没有明确的认识。反之，对于下跌的延伸，是所有抄底者的噩梦。逃顶、抄底为何难？归根结底就是这“走势类型的延伸”闹的。

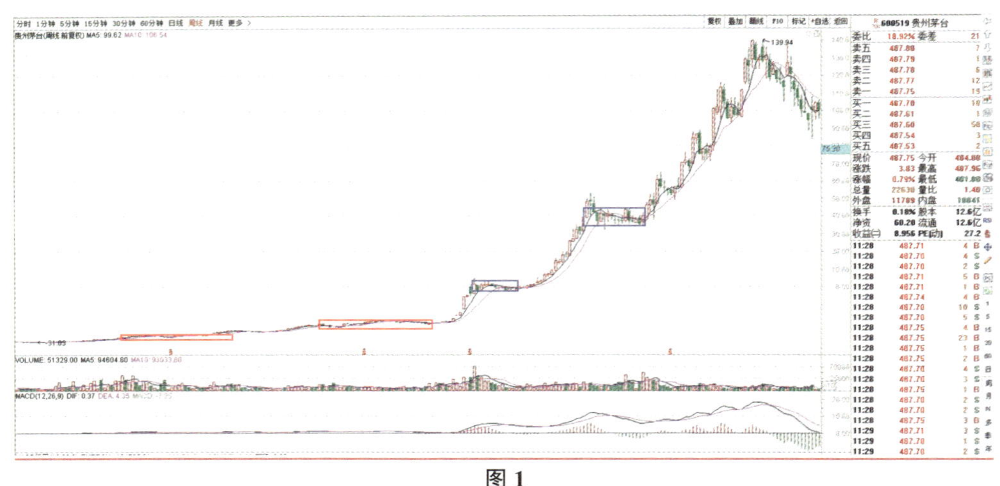

图 1

如何判别“走势类型延伸”是否结束？这里，必须首先搞清楚，“走势类型延伸”的实质是什么？对于趋势来说，其“延伸”就在于同级别的同向“缠中说禅走势中枢”不断产生；而对于盘整来说，其“延伸”就在于不能产生新的“缠中说禅走势中枢”【扫地僧：“延伸”就是说走势继续活着，趋势要想活下去，必须不停地走出新中枢，对于盘整，有两种情况，第一种是当前级别如果新中枢产生，则说明由盘整变趋势了，盘整走势死了，成为了趋势；第二种是高级别的中

图 2

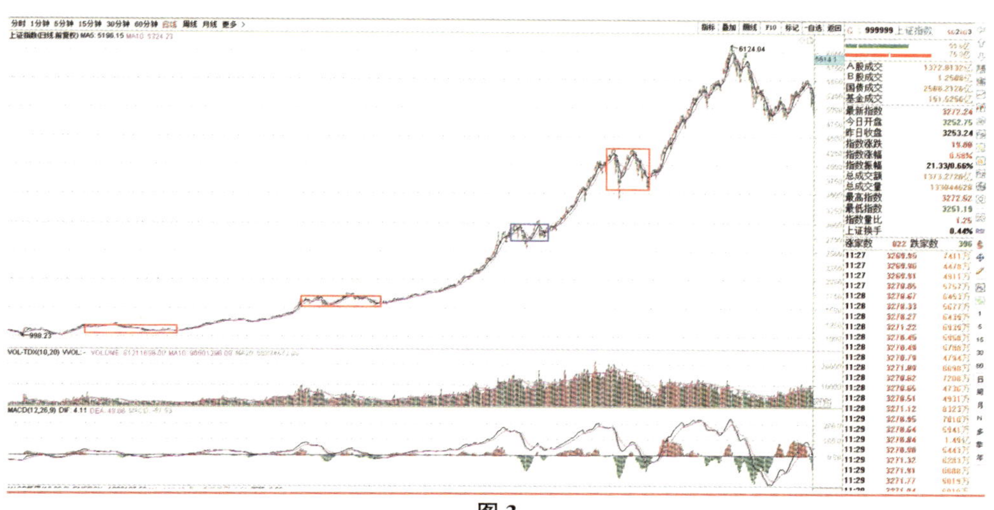

图 3

枢产生了，这是由当前的盘整不断盘下去，扩展出来的，这也说明当前的盘整结束了，走势升级为高级别的了，当前级别的盘整走势死了】。由于“走势类型延伸”意味着当下的“走势类型”随时可以完成，因此相应的“类型”必然是确定的，因此“走势类型延伸”是否结束的判断关键就在于是否产生新的“缠中说禅走势中枢”【扫地僧：注意这个分析的思路，由“如何判断走势结束”，到判断“走势类型是否延伸”，再到“是否产生新的中枢”】。此外，由于趋势至少包含两个“缠中说禅走势中枢”，而盘整只有一个，因此趋势与盘整的判别关键也就在

于是否产生新的“缠中说禅走势中枢”。由此可见，“缠中说禅走势中枢”的问题是技术分析中的核心问题，该问题一旦解决，很多判断上的大难题也将迎刃而解【扫地僧：以上的分析环环相扣，将如何判断走势结束的问题最终导向了判断中枢是否新生的问题，期间每一个定理的产生都是为了解决一个问题，接下来的中枢定理一就是为了解决中枢的新生问题】。

由于篇幅较长，本课剩下的内容下回分解。

【扫地僧点评】

本文通过层层推理，将“如何判断走势结束”这个核心问题逐步解析为中枢的问题。

教你炒股票18：不被面首的维男是不完美的（2）[①]

缠中说禅走势中枢定理一：在趋势中，连接两个同级别“缠中说禅走势中枢”的必然是次级别以下级别的走势类型。

用反证法，该定理的证明是很简单的，而这也回答了上文中的作业一：“连接两相邻同级别缠中说禅走势中枢的一定是趋势吗？一定是次级别的趋势吗？”首先，这不必然是趋势，任何走势类型都可能出现，最极端的就是跳空缺口后形成新的“缠中说禅走势中枢”；其次，也不一定是次级别的，只要是次级别以下，例如跳空缺口，就属于最低级别，如果图上是日线、周线，就不会是次级别了；最后，往往相连走势类型的级别越低，表示其力度越大，这也就是为什么缺口在分析中有比较强技术含义的理论依据所在【扫地僧：注意，这个缺口只有在连接两个同向的中枢时才有意义，中枢内的缺口意义不大，这也说明了为什么在盘整中的缺口短期内往往是要回补的，而趋势中的缺口则不会，因为上方要生成新的中枢，并且和上一个中枢区间不重合，这样自然不会短期被回补】。

由定义知道，“缠中说禅走势中枢”的产生原因以及判断标准，也就是其“生”问题已经解决，那余下的就是其“住、坏、灭”的问题。也就是说，一个“缠中说禅走势中枢”是如何“维持”以及最终被“破坏”进而废弃的。先考虑其“维持”的问题。维持“缠中说禅走势中枢”的一个充分必要条件就是任何一个离开该中枢的走势类型都必须是次级别以下的并以次级别以下的走势类型返回【扫地僧：这里应该是次级别及以下级别，也就是说包含次级别走势】，该问题很容易证明，因为无论是离开还是返回，只要是同级别的走势类型，就意味着形成新的“缠中说禅走势中枢”，这与原中枢的维持前提矛盾。该命题表述成如下定理：

缠中说禅走势中枢定理二：在盘整中，无论是离开还是返回“缠中说禅走势

---

① 原文来源：http：//blog.sina.com.cn/s/blog_486e105c010007t8.html，2006-12-26 15：05：58。

中枢”的走势类型必然是次级别以下的。

由此，上文作业三“盘整的高低点是如何造成的”就有了相应的答案：无论离开与返回的走势类型是何种级别的，站在最低级别上看，例如把 1 分钟图当成最低级别，那么最后连接离开与返回走势类型连接处的最低级别图，只能有两种可能：三根以上 1 分钟 K 线的来回重叠震荡后回头；1 分钟 K 线无三根以上 K 线重叠的 V 形走势。对于第一种情况，这几根重叠 K 线中最极端那根的极端位置，就构成盘整中的高低点，一般来说，这种情况比较少见；对于第二种情况，这个 V 形尖顶那根 K 线的极端位置就构成盘整中的高低点，这种情况十分常见。这也是为何真正的低点和高点总是盘中一闪而过的理论依据【扫地僧：这个结论的逻辑貌似建立在第一种情况少见而第二种情况十分常见的统计性逻辑上了，并没有严格推理得出，我更倾向于“任何的转折都是由某级别的背驰导致的”这个逻辑，因为背驰必然在中枢外产生，所以才会有第二种情况比较常见之说】。本 ID 的理论能解释技术图表上任何细致的问题，这才是一种真正理论所应该具有的品质。这种理论，不需要什么诺贝尔的奖励，那一百万美元在市场上算得了什么？精通这样的理论，市场会给予你多得多的回报【扫地僧：中枢定理一说的是中枢新生的条件，中枢定理二说的是中枢维持的条件，一个是旧的中枢死亡，一个是旧的中枢如何维持】。

有了上面两个“缠中说禅走势中枢”定理，不难证明定理三：

某级别“缠中说禅走势中枢”的破坏，当且仅当一个次级别走势离开该“缠中说禅走势中枢”后，其后的次级别回抽走势不重新回到该“缠中说禅走势中枢”内。

【扫地僧：这和定理一有一些区别，定理一讲的是产生的条件，定理三讲的是趋势中新的中枢如何产生】。定理三中的两个次级别走势的组合只有三种：趋势+盘整，趋势+反趋势，盘整+反趋势【扫地僧：为什么不可以是盘整+盘整的组合？首先，这个问题涉及了同级别分解和非同级别分解的问题，这是“教你炒股票 38、39、40”的内容，这个问题的前提是在非同级别分解下，而在同级别分解中是可以出现盘整+盘整的，这在第 38 课的第三段中缠师有讲到过，也就是说，在非同级别分解中，根本不存在盘整+盘整的组合，所有的走势组合必然是趋势+盘整、趋势+反趋势、盘整+趋势和盘整+反趋势其中的一种，由于定理中是离开中枢的次级别+回抽中枢的次级别，方向是相反的，因此，盘整+趋势的方向不对，那么剩下的只能是趋势+盘整、趋势+反趋势、盘整+反趋势。此外还有一个重要的原因，因为趋势的形成和结束是可以当下完成的，这里要敲黑板了，注

意：趋势的形成就是第一个中枢的次级别离开后，次级别反抽不回中枢时，这个中枢被破坏，次级别反抽不回中枢的当下就可以确认趋势形成了（这就是中枢定理三要解决的问题）。趋势的结束也一样，当趋势出现第一类买卖点的当下，该趋势就结束了。当下结束的趋势是独立的走势，其最后一个中枢虽然和接下来的盘整走势最终也组合出高级别中枢，但不能这么做，就是因为结束的趋势是独立的走势，其内部的中枢不能和后面的走势做组合。而盘整就不同了，因为盘整的结束是无法当下完成的，那么在盘整+盘整中，第一个盘整走势都不知道如何结束，这时它的内部中枢是可以来进行组合的，和第二个盘整组合后，中枢级别就升级了，这也是不能盘整+盘整的一个重要原因。只是这个原因也需要后面的背驰、中枢扩展等知识点】。其中的趋势分为上涨与下跌，分别代表从上方突破与下方跌破两种情况。而站在实用的角度，最有力的破坏就是趋势+盘整【扫地僧：一般来说在同级别的走势中，趋势的力度比盘整大，那么离开中枢的是趋势，返回中枢的是盘整，就意味着离开中枢的力量明显大于回拉中枢的力量，所以这是最强最有力的破坏，其次是趋势+反趋势，最弱的是盘整+反趋势】。例如在上涨中，如果一个次级别走势向上突破后以一个盘整走势进行整理回抽，那其后的上涨往往比较有力，特别这种突破是在底部区间。这种情况太常见了，其理论依据就在这里。

（待续）

【扫地僧点评】

三个缠中说禅中枢定理就是解决中枢的生和死的条件，以及以何种方式生，不忘初心，解决中枢的问题，最终也是为了解决如何判断走势结束的问题。

教你炒股票19：学习缠中说禅技术分析理论的关键[①]

少林武当峨眉派，各领风骚数十代，若问绝世武林功，禅门易筋不示外。

本ID看了看各位的问题，发现前面说了那么多，似乎真能看明白的没几个。为什么？很简单，估计来这里的人都没受过太严格的数学训练，如果受过严格的数学训练，本ID现在所说的简直就是最简单不过的东西。这里的整个推导过程和几何里的毫无区别，初中学过几何的都应该能明白。所以要看明白，最好先把自己的数学神经活动起来。说一句不大中听的话，像孔男人之类的文科生，是很难炒什么股票的。别说一般的散户了，就算当庄家，本ID所见过的庄家肯定是全国最多的，有一个很明显的规律，就是文科生当庄家，基本“死翘翘”【扫地僧：文科生一般是感性的，而市场需要的是理性，这里不是针对所有的人，只是从概率上讲文科生感性的多】。这可不是玩笑话，是直接经验的总结。

请把以前学过的一切技术分析方法先放下，因为本ID这里所说的，和所有曾有的技术分析方法的根本思路都不同。一般的技术分析方法，或者用各种指标，或者用什么胡诌的波段、波浪，甚至江恩、神经网络等，其前提都是从一些神秘的先验前提出发【扫地僧：神秘的先验前提就是它的前提是直接给的结论，没有从本质上讲为什么会有这样的结论，不是逻辑推理得出的结论，例如波浪理论中直接给出上涨五浪，下跌三浪，但为什么会上涨五浪下跌三浪，并没有逻辑推理，这就是某种神秘的先验前提】。例如，波浪理论里的推动浪五波，调整浪三波之类的废话，似是而非，实战中毫无用处，特别对于个股来说，更是没用。至于什么江恩理论，还有什么周期理论、神经网络之类的，都是把一些或然的东西当成必然，理论上头头是道，一用起来就错漏百出。那些支持位、阻力位、通道线、第三浪之类的，只能当庄家制造骗线的好工具。

① 原文来源：http：//blog.sina.com.cn/s/blog_486e105c010007u7.html，2006-12-27 15：18：10。

如果真明白了本 ID 的理论，就会发现其他技术分析里所说的现象，都能在本 ID 的理论中得到解释，而且还可以给出其成立的相应界限。例如，一只股票新上市后直接向下 5 波后反手就向上 5 波形成 V 字形，按波浪理论，就无法得到解释，而用缠中说禅走势中枢的定理，这是很容易解决的问题。那些理论都是把复杂的走势给标准化成某种固定的模式，就如同面首宣称不带套的爱不是爱一样可笑。对于庄家来说，对一般人所认识的所谓技术分析理论，早就研究得比谁都精通，任何坐过庄的人都知道，技术图形是用来骗人的，越经典的图形越能骗人【扫地僧：当一个分力特别强大的时候，也就是有坐庄参与的时候，技术图形是可以依靠资金等优势任意画出来的，而固定的模式试图用某种单一不变的图形来预测某种结果，这就像发明永动机一样滑稽可笑】。但任何庄家，唯一逃不掉的就是本 ID 在分析中所说的那些最基本的东西，因为这些东西本质上对于市场是"不患"的，只要是市场中的，必然在其中，庄家也不例外。就像任何的大救星，都逃不掉生老病死。

这里有必要强调，技术分析系统在本 ID 的理论中只是三个独立的系统之一，最基础的是三个独立系统所依据的概率原则所保证的数学上的系统有效性【扫地僧：敲黑板强调一下：技术分析不是全部，只是一个独立系统，站在更高维度上，稳定盈利的根本是那个概率原则，要想做得长久，做的资金量够大，必须要升到这个维度上来】。但技术分析系统之所以重要，就是因为对于一个完全没有消息的散户来说，这是最公平、最容易得到的信息，技术走势是完全公开的，对于任何人来说，都是第一手的，最直接的，这里没有任何的秘密、先后可言。技术分析的伟大之处就在于，利用这些最直接、最公开的资料，就可以得到一种可靠的操作依据。单凭对技术分析的精通与资金管理的合理应用，就完全可以长期有效地战胜市场，对于一般的投资者来说，如果你希望切实参与到市场之中，这是一个最稳靠的基础。

本 ID 觉得，如果你只是想挣点钱，那么没必要学什么技术分析，在牛市里，买基金就可以了，特别是和指数相关的基金，你就至少能跟上指数的涨幅。但市场不单单是为挣钱而存在的，市场是一个最好的修炼自己的地方，人类的贪婪、恐惧、愚蠢，哪里最多？资本市场里，每时每刻都在演绎着。在这个大染缸里修炼自己，这才是市场最大的益处【扫地僧：修炼自己，当自己达到某种层次和境界，财富自然而然地就来了】。战胜市场，其实就是战胜自己的贪婪、恐惧、愚蠢，本 ID 的理论只是把市场剥光给各位看，而剥光一个人并不意味着就等于征服一个人，对于市场，其道理是一样的。不操作，不可能征服市场。对于市场来

说，操作就是一切。技术分析的最终意义不是去预测市场要干什么，而是市场正在干什么，是一种当下的直观。在市场上所有的错误都是离开了这当下的直观，用想象、用情绪来代替。例如现在，还有多少人为工行的上涨而愤愤不平，却不能接受这样一个当下最直观的事实。多次反复强调，牛市第一波涨的就是成份股，工行这最大的成份股不涨，还有谁涨？1996 年的牛市，最大的成份股就是发展，那时候不比这更厉害多了，工行又算得了什么？【扫地僧：参考缠论第 8 课中的讲解】

市场是有规律的，但市场的规律并不是显而易见的，只有进行严格的分析才能得到。更重要的是，市场的规律是一种动态的，在不同级别合力作用下显示出来的规律，企图用些单纯的指标、波段、波浪、分型、周期等预测、把握，只可能错漏百出【扫地僧：所以就不要在这上面花太多工夫了，尤其是预测思维，一定要改过来】。但只要把这动态的规律在当下的直观中把握好、应用纯熟，踏准市场的节奏，并不是不可能的。最后布置一道作业：在所谓的波浪理论里，有一个所谓的结论，大概意思是说第四浪的调整一般在第三浪的第四子浪范围内，用缠中说禅走势中枢的相关定理分析该结论成立的范围以及局限性，相应给出类似走势的一个更合理的理论分析与实际操作准则【扫地僧：先看图 1】。

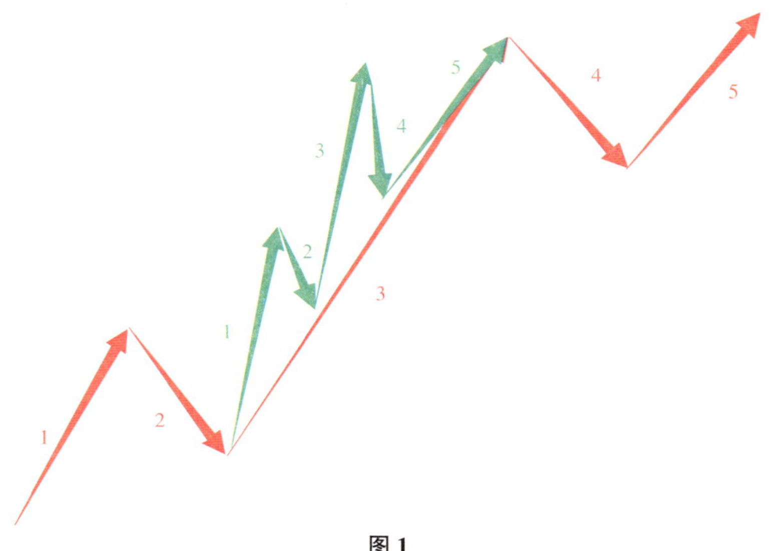

图 1

【图 1 中，红色的是当前级别的五浪上涨，绿色的是当前级别第三浪中的五个子浪。其中绿色的 2 点和 4 点可以看作红色的 3 点这个趋势走势的两个中枢。

根据缠中说禅走势分解定理，上涨趋势结束后，只可能是盘整或者下跌趋势，由于这个结论是红色的 4 点一般会落在绿色的 4 点中，这只是经验之谈，没有必然性，只是因为绿 4 点是红 3 点的最后一个中枢，如果红 4 点是盘整并且力度不强的话一般会在最后一个中枢范围内结束。如果红 4 点是一个反趋势，力度比较强，那么完全可以回到绿 2 点的范围内。为什么会有这个经验性的结论，就是因为红 3 点一般是力度最强的一波，做多的力量在短期内都会比较强，即使红 3 点结束后，红 4 点的调整也会遭到多头的顽强反击，那么红 4 点的调整一般来说就不会很大，但这只是经验性的，如果遇到一些突发事件，使得多空力量突然发生改变，那么这个经验性的结论显然就不太适用了】

【扫地僧点评】

上节课讲了许多的原理、定理，这节课缠师是怕大家深陷进去，就专门写了本文，跳出那些原理、定理，论述了缠论和其他技术分析的本质区别。

教你炒股票 20：缠中说禅走势中枢级别扩张及第三类买卖点[①]

一生二来二生三，市场玄机不简单，事后方醒千般恼，三次机会莫喊冤。

前面已经很明确地指出，缠中说禅走势中枢由前三个连续次级别走势类型的重叠部分确定，其后的走势有两种情况：①该走势中枢的延伸；②产生新的同级别走势中枢。而在趋势里，同级别的前后缠中说禅走势中枢是不能有任何重叠的，这包括任何围绕走势中枢产生的任何瞬间波动之间的重叠。因此，如果三个连续次级别走势类型的重叠区间虽然不和前面的走势中枢有任何重叠，但围绕该中枢产生的波动触及前面走势中枢延续时的某个瞬间波动区间，这时候，就不能认为该走势类型是趋势，而只是产生一个更大级别的缠中说禅走势中枢【扫地僧：用图 1 解释一下】。

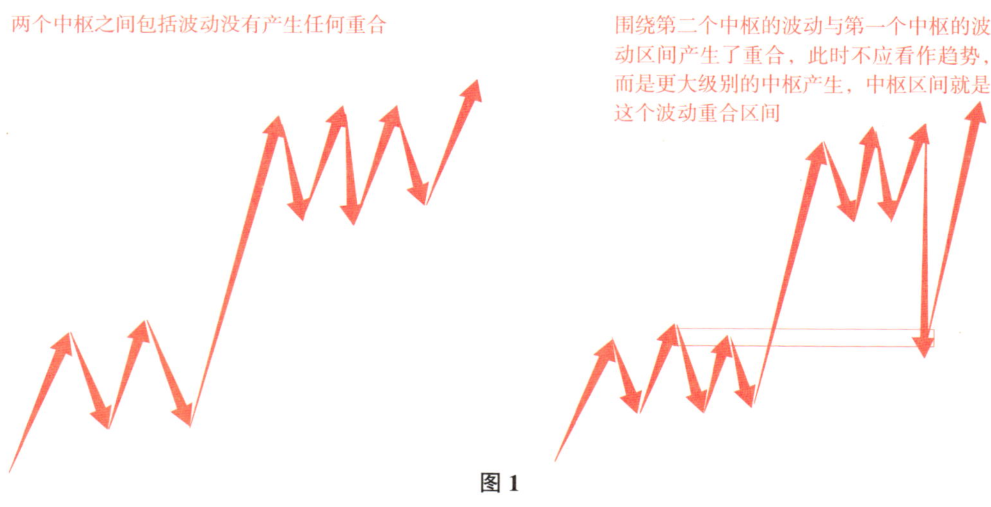

两个中枢之间包括波动没有产生任何重合
围绕第二个中枢的波动与第一个中枢的波动区间产生了重合，此时不应看作趋势，而是更大级别的中枢产生，中枢区间就是这个波动重合区间

图 1

① 原文来源：http：//blog.sina.com.cn/s/blog_486e105c010007zw.html，2007-01-05 15：23：22。

这里，必须把两种情况严格区分：①走势中枢以及其延伸。这种情况下，所有围绕走势中枢产生的前后两个次级波动【扫地僧：是指三个次级别走势形成中枢后的两个同向的次级别波动】都必须至少有一个触及走势中枢的区间。否则，就必然产生一个新的三次连续次级走势类型的重叠部分离开原来的走势中枢，这与走势中枢的延续矛盾。②一个走势中枢完成前【扫地僧：这里不是说这个中枢还没有产生，而是三个次级别重合已经产生了中枢，但这个中枢没有结束，后面还可能再继续有第 4，5，6，7，8 个次级别走势】，其波动触及上一个走势中枢或延伸时的某个瞬间波动区间，由此产生更大级别的走势中枢。

一个简单的例子就能区别以上的情况，例如，一只股票开盘立刻封涨停，那么，只能算是 1 分钟级别上出现了走势中枢的延伸，无论这个延伸有多长时间，都不可能产生更大级别的走势中枢。如果该股票第二天开始继续开盘涨停，那么就形成一个 1 分钟级别上的趋势，这个趋势可以无限延伸下去，但只要依然只形成 1 分钟的走势中枢，无论能连续涨停多少天，都不足以形成即使是 5 分钟的走势中枢，除非中途有打开涨停的时候。还有一种特殊的情况，就是所谓的庄股，如果有一个庄家特别有毛病，每天就成交一次，每天的价位都一样，这样也只形成一个 1 分钟的走势中枢，大级别的中枢都不能形成。

换言之，走势中枢的延伸与不断产生新的走势中枢并相应围绕波动互不重叠而形成趋势，在这两种情况下，一定不可能形成更大级别的走势中枢【扫地僧：注意，这里说的是中枢延伸，一个中枢有 3 个次级别走势，后面继续延伸，只要不超过 9 个次级别走势，都是中枢的延伸，当到了第 9 个次级别时，该级别中枢就死亡了，升级成为了高级别中枢，此时叫扩展，这就是中枢延伸和中枢扩展的区别】。而要形成一个更大级别的走势中枢，必然要采取第三种方式，就是围绕新的同级别走势中枢产生后的波动与围绕前中枢的某个波动区间产生重叠【扫地僧：刚才说的中枢扩展也是这种方式的一种】。由此可马上得到一个重要的定理：

缠中说禅走势级别延续定理一：在更大级别缠中说禅走势中枢产生前，该级别走势类型将延续。也就是说，只能是只具有该级别缠中说禅走势中枢的盘整或趋势的延续。

看看 2006 年指数的走势，就知道该定理的重要。很多人总是说，怎么都涨那么多了还涨？明白这个定理，就知道，要这个市场跌，现在这种最多只出现过日线走势中枢的走势，在周线走势中枢出现前，不可能结束。而且，从 2006 年 8 月开始的走势，甚至连日线的走势中枢都没形成过，最多就是 30 分钟的，要

结束这种走势，首先要形成日线的中枢【扫地僧：当时的大盘走势如图2所示】。明白这个定理，就不会整天自己吓自己。这里由定理一很简单就能证明一个更重要的定理，对走势改变给出一个更精确、预先的界定。

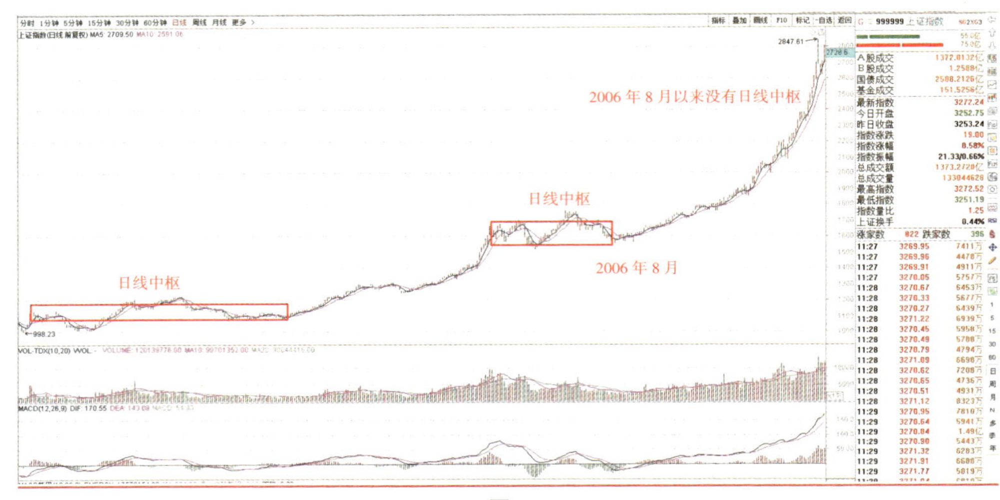

图2

缠中说禅走势级别延续定理二：更大级别缠中说禅走势中枢产生，当且仅当围绕连续两个同级别缠中说禅走势中枢产生的波动区间产生重叠。

这里用一个比喻就好理解了，缠中说禅走势中枢就如同恒星，和围绕该恒星转动的行星构成一个恒星系统。而两个同级别恒星系统要构成一个更大级别的系统，首先必然要至少是其中的外围行星之间发生关系，这就是定理二说的东西。

有了上面的定理，就可以很精确地讨论走势中枢的问题了：根据走势中枢的数学表达式：A、B、C，高、低点分别是a1/a2，b1/b2，c1/c2，则中枢的区间就是［max（a2，b2，c2），min（a1，b1，c1）］【扫地僧：图3更直观一些】。而中枢的形成无非两种，一种是回升形成的，另一种是回调形成的。对于第一种有a1=b1，b2=c2；对于第二种有a2=b2，b1=c1。但无论是哪种情况，中枢的公式都可以简化为［max（a2，c2），min（a1，c1）］。显然，A、C段，其方向与中枢形成的方向是一致的，由此可见，在中枢的形成与延伸中，由与中枢形成方向一致的次级别走势类型的区间重叠确定。例如，回升形成的中枢，由向上的次级别走势类型的区间重叠确定，反之亦然。为方便起见，以后都把这些与中枢方向一致的次级别走势类型称为Z走势段，按中枢中的时间顺序，分别记为Zn等，而

相应的高、低点分别记为 gn、dn，定义四个指标，GG=max(gn)，G=min(gn)，D=max(dn)，DD=min(dn)，n 遍历中枢所有 Zn。特别地，再定义 ZG=min(g1、g2)，ZD=max(d1、d2)，显然，[ZD，ZG] 就是缠中说禅走势中枢的区间，由此有了如下定理：

缠中说禅走势中枢中心定理一：走势中枢的延伸等价于任意区间 [dn，gn] 与 [ZD，ZG] 有重叠。换言之，若有 Zn，使得 dn>ZG 或 gn<ZD，则必然产生高级别的走势中枢或趋势及延续。

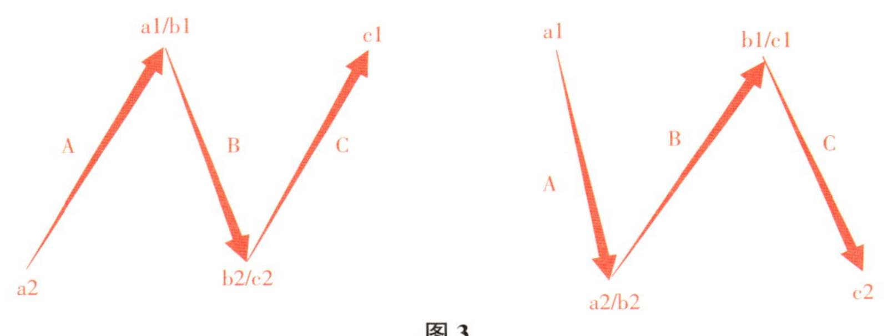

图 3

缠中说禅走势中枢中心定理二：前后同级别的两个缠中说禅走势中枢，后 GG 小于前 DD 等价于下跌及其延续；后 DD 大于前 GG 等价于上涨及其延续。后 ZG 小于前 ZD 且后 GG 大于等于前 DD，或后 ZD 大于前 ZG 且后 DD 小于等于前 GG，则等价于形成高级别的走势中枢【扫地僧：注意，“教你炒股票 18”中是“缠中说禅走势中枢定理”，这里是中心定理，中心定理是定理的数学表达，实际上讲的是一回事，设计这个中心定理，其实就是为了引出下面的第三类买卖点】。

由定理一，可以得到第三类买卖点定理：一个次级别走势类型向上离开缠中说禅走势中枢，然后以一个次级别走势类型回试，其低点不跌破 ZG，则构成第三类买点；一个次级别走势类型向下离开缠中说禅走势中枢，然后以一个次级别走势类型回抽，其高点不升破 ZD，则构成第三类卖点。

例如，中国工商银行在 2006 年 12 月 14 日构成典型的日线级别第三类买点，见图 4。

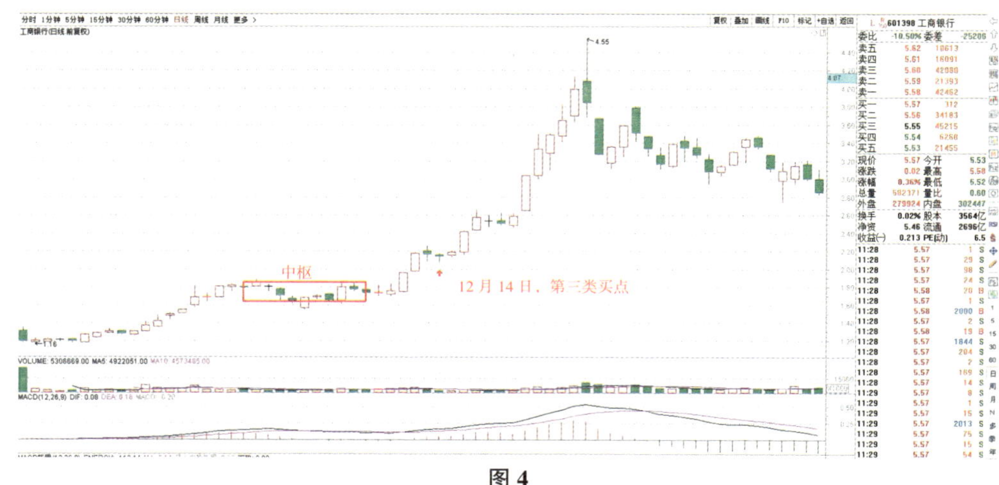

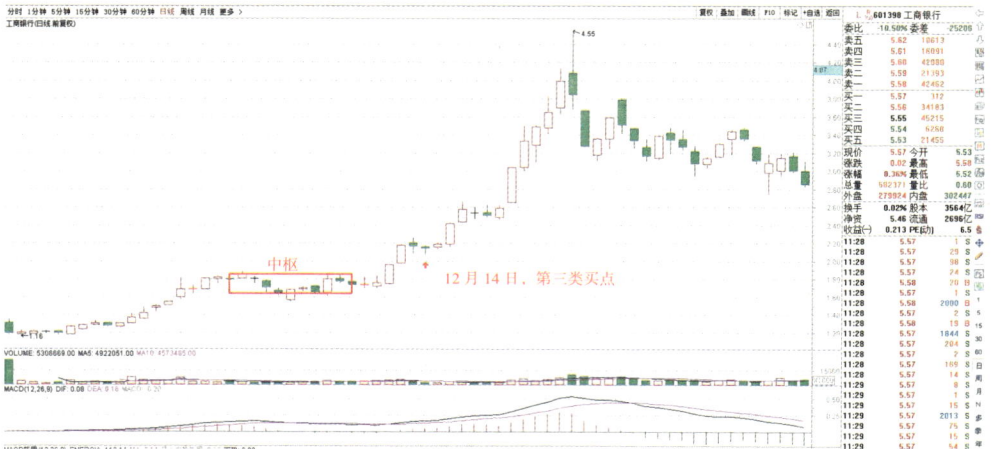

图 4

北辰实业在 2006 年 11 月 14 日构成典型的日线级别第三类买点，见图 5。

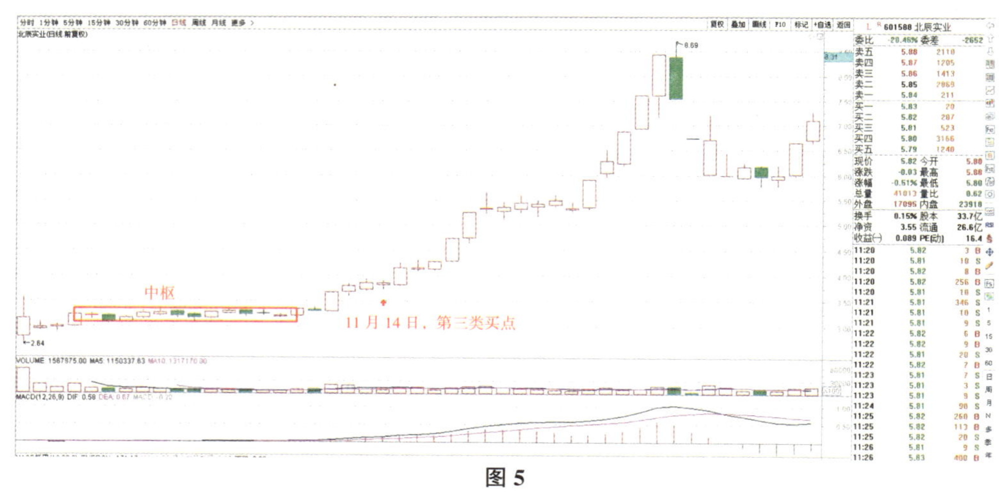

图 5

ST 金宇（000803）在 1 月 20 日构成典型的日线级别第三类卖点【扫地僧：这里指的是 2006 年 1 月 20 日，如图 6 所示。此外，以上说的日线级别，并非是从最小级别递归上来的，而是为了方便，直接在日线图中，将明显是横盘整理的地方看作了日线中枢】。注意：第三类买卖点比第一、第二类要后知后觉，但如果抓得好，往往不用浪费盘整的时间，比较适合短线技术较好的资金，但一定要注意，并不是任何回调回抽都是第三类买卖点，必须是第一次【扫地僧：正如图

6 的 ST 金宇，画圈的地方是第一次出现次级别离开，次级别返回，后面在 2 月 24 日还有一个高点，那个就是第二次，这个点就不是第三类买卖点】。而且，第三类买卖点后，并不必然是趋势，也有进入更大级别盘整的可能，但这种买卖之所以必然盈利，就是因为即使是盘整，也会有高点出现。操作策略很简单，一旦不能出现趋势，一定要在盘整的高点出掉【扫地僧：不能主观地认为一定走趋势，一旦没走趋势，找高点走】，这和第一、第二类买点的策略是一样的。

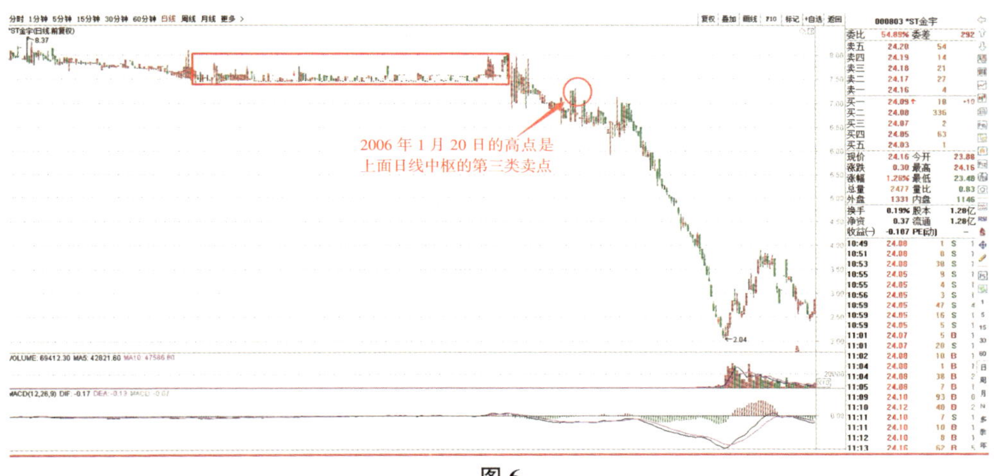
2006 年 1 月 20 日的高点是
上面日线中枢的第三类卖点

图 6

思考题一：第三类买卖点有可能和同级别的第二类买卖点重合吗？

【扫地僧：第二三类买卖点有可能重合，后面的课程也会提到】

中枢
12 月 14 日
12 月 22 日

图 7

思考题二：中国工商银行在 2006 年 12 月 22 日构成日线级别第三类买点吗？【扫地僧：不构成，因为这不是第一次次级别离开、次级别回调，而是第二次，只有第一次才是三买】。

【扫地僧点评】

这节课重点就是引出第三类买卖点，两个中枢中心定理就是为了更形象地描述第三类买卖点。

教你炒股票21：缠中说禅买卖点分析的完备性[①]

一个中枢三买卖，安全交易人人爱，说着容易做着难，抛开杂念立不败。

前面已经说过三类的买卖点，一个很现实的问题就是，除了这三类买卖点之外，还有什么其他类型的买卖点？答案是否定的。这里必须强调的是，这三类买卖点，都是被理论所保证的，100%安全的买卖点【扫地僧：再次提醒，这个100%安全是指理论上的100%安全，但在涉及当下动态的走势时，由于市场是动态的，抓买卖点这个动作是个人的，那么抓买卖点这个动作是做不到100%的，因为当下操作的买卖点是个人主观上认为的买卖点，未必一定是客观走势的买卖点，因此必有差异。这是两个完全不同的概念，不要混淆。所以，100%安全的买卖点是客观存在的，但抓这买卖点的动作是不可能100%的，只能无限接近，理解了这一层意思，就不会有100%问题的纠结了】，如果对这三类买卖点的绝对安全性没有充分的理解，就绝对不可能也绝对没有对缠中说禅技术分析理论有一个充分的理解。市场交易，归根结底就是买卖点的把握，买卖点的完备性就是理论的完备性，因此，对这个问题必须进行一个概括性的论述。

所谓100%安全的买卖点，就是这点之后，市场必然发生转折，没有任何模糊或需要分辨的情况需要选择。市场交易，不能完全建筑在或然上，市场的绝对必然性，是交易中唯一值得信赖的港湾。有人可能要反驳说，世界上没有绝对的东西。那么，世界上没有绝对的绝对性又是哪个上帝所保证的？任何的绝对性，都是建立在"不患"之上的，而市场本身，也是建立在"不患"之上的，"不患"本"患"，"患"本"不患"，但这不影响其精彩与绝对。相关方面的理解，请多看本ID所解释的《论语》。股票市场，不是一个单纯的理论问题。虽然在理论上，本ID可以向所有人揭示其买卖点的完备性，但买卖点不可能自动去买卖，最终

① 原文来源：http：//blog.sina.com.cn/s/blog_486e105c0100082x.html，2007-01-09 15：03：58。

(扫码获取更多学习资料)

的交易是人去完成的，相同的工具，可能在不同的人手下就有了完全不同的结果，而市场只看结果。任何人，哭着喊着说自己所用的理论是完备的、最好的都没用，是人使理论，而非理论使人，要让这人使理论达到理论一般的完美，最终只能靠自己在市场中的修炼了【扫地僧：这就是上面论述 100%安全问题的答案，理论是 100%，但一旦有了“人”的介入，那么操作就不是 100%了，最终的结果只能靠自己在市场中修炼，从而无限接近那个理论上的 100%】，这就与《论语》有着密切的关系了。修、齐、治、平，同样适用于股票市场的交易。

从上面一系列关于缠中说禅走势中枢的分析可知，在走势中的任何一个点，必然面临两种可能：走势类型的延续或转折。换言之，对于一个必然的买点，必须满足以下的两种情况之一：一个向上的延续或一个由下往上的转折。对于延续的情况，只能是在一个上升的过程中产生，否则就无所谓延续了，对于上升的延续中产生的买点，必然有一个中枢在前面存在着【扫地僧：第三类买点就是解决向上延续的情况】；对于转折，被转折的前一段走势类型只能是下跌与盘整，而无论是下跌还是盘整，买点之前都必然有一个走势中枢存在。归纳上述，无论前面的走势是什么情况，都唯一对应着一个中枢存在后走势的延续或转折，这一分析对卖点同样有效。

因此，所有买卖点都必然对应着与该级别最靠近的一个中枢的关系。对于买点来说，该中枢下产生的必然对应着转折，中枢上产生的必然对应着延续。而中枢有三种情况：延续、扩张与新生。如果是中枢延续，那么在中枢上是不可能有买点的，因为中枢延续必然要求所有中枢上的走势都转折向下，在这时候，只可能有卖点。而中枢扩张或新生，在中枢之上都会存在买点，这类买点就是第三类买点【扫地僧：这里要提醒一下，中枢扩展和扩张的区别也在于，中枢扩张包含了第三类买卖点，而扩展不包含第三类买卖点】。也就是说，第三类买点是中枢扩张或新生产生的。中枢扩张导致一个更大级别的中枢，而中枢新生，就形成一个上涨的趋势，这就是第三类买点后必然出现的两种情况。对于更大级别中枢的情况，肯定没有马上出现一个上涨趋势的情况诱人，所以在实际操作中，如何避免第一种情况就是一个最大的问题。但无论是哪种情况，只要第三类买点的条件符合，其后都必然要盈利，这才是问题的关键。

对于中枢下形成的买点，如果该中枢是在上涨之中的，在中枢之下并不能必然形成买点，中枢下的买点，只可能存在于下跌与盘整的走势类型中。换言之，一个上涨趋势确定后，不可能再有第一类与第二类买点，只可能有第三类买点【扫地僧：这个第三类买点也是在第二个中枢上方出现的，因为一旦确认了上涨

趋势，则说明该走势已经有了两个中枢，此时的第三类买点只可能在第二个中枢上方】。而对于盘整的情况，其中枢的扩张与新生，都不能必然保证该买点出现后能产生向上的转折，因为其扩张与新生完全可以是向下发展的，而对于中枢延续的情况，中枢形成后随时都可以被打破而结束延续，也不必然有向上的转折，所以盘整的情况下，中枢下也不必然产生买点。因此，只有在下跌确立后的中枢下方才可能出现买点。这就是第一类买点。

第二类买点是和第一类买点紧密相连的，因为出现第一类买点后，必然只会出现盘整与上涨的走势类型，而第一类买点出现后的第二段次级别走势低点就构成第二类买点，根据走势必完美的原则，其后必然有第三段向上的次级别走势出现，因此该买点也是绝对安全的【扫地僧：一买是趋势的转折点，二买是一买的补充，是由走势必完美直接推导出来的买点】。第二类买点，不必然出现在中枢的上或下，可以在任何位置出现，中枢下出现的，其后的力度就值得怀疑了，出现扩张性中枢的可能性极大，在中枢中出现的，出现中枢扩张与新生的机会对半，在中枢上出现的，中枢新生的机会就很大了【扫地僧：这里就蕴含了一个实战经验：一买之后，如果没有马上来一波有点力度和幅度的上涨，后面就要时刻小心，及早兑现利润。这也和前面的均线吻系统所讲的“买入后如果还出现男上位缠绕，则一定要先退出”是一致的】。但无论哪种情况，盈利是必然的。

显然，第一类买点与第二类买点是前后出现的，不可能重合，而第一类买点与第三类买点，一个在中枢之下、一个在中枢之上，也不可能重合。只有第二类买点与第三类买点是可能重合的，这种情况就是：第一类买点出现后，一个次级别的走势凌厉地直接上破前面下跌的最后一个中枢，然后在其上产生一个次级别的回抽，且不触及该中枢，这时候，就会出现第二类买点与第三类买点重合的情况，也只有这种情况下才会出现两者的重合。当然，在理论上没有任何必然的理由确定第二、第三类买点重合后一定不会只构成一个更大级别的中枢扩张。但实际上，一旦出现这种情况，一个大级别的上涨往往就会出现【扫地僧：从本质上讲，还是对合力表现的观察，第一波做多力量就比较强，那么最终合力向上的能量就会比较大，后面的走势也就比较乐观】。一个最典型的例子，就是大盘在1994年7月底部跌到325点后，8月1日跳空高开，5分钟图上形成单边上涨突破前面的30分钟中枢，第二天大幅上冲后突然大幅回洗形成5分钟的走势级别的回抽【扫地僧：年代太久远，5分钟图找不到，就看下日线图，如图1所示】，那时候最高已经摸到快500点，一天半上涨50%，半天又回跌15%，这样的回抽，一般来说是很恐怖的，但如果明白第二类买点与第三类买点的重合道理，就

知道这是最好的补进机会，结果第三天又开始单边上扬，第六天达到750点。这是指数上最典型的一个例子了。而且，325点留下的缺口至今未补，中国几十年的一个大牛市，从指数上看，这是一个最重要的缺口了，将支持中国股市几十年甚至上百年的大牛市。

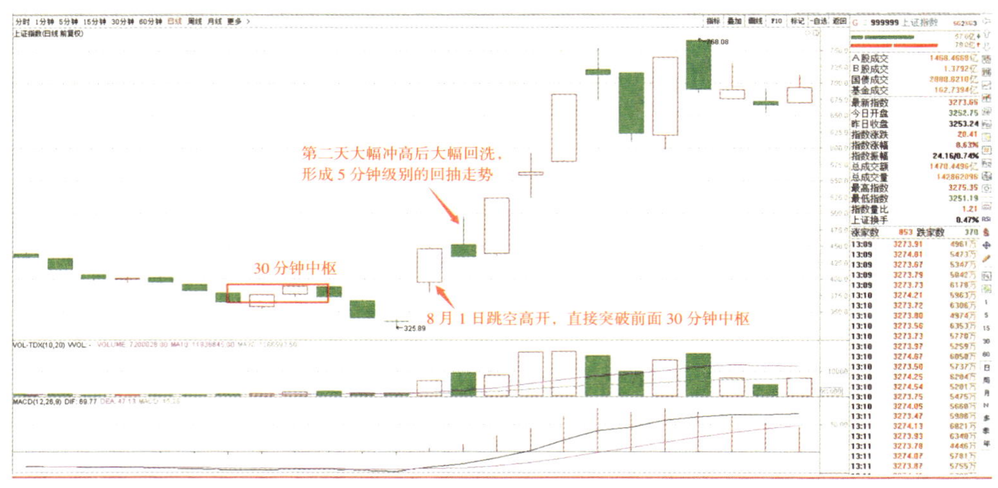

图1

补充一句，站在特大型牛市的角度，中国就从来没出现过熊市，大家打开上海的年线图就可以看到，1992~2005年，一个完美的年级别缠中说禅中枢的三段次级别走势完成，时间刚好是13年，一个完美的时间之窗【扫地僧：如图2所示】。

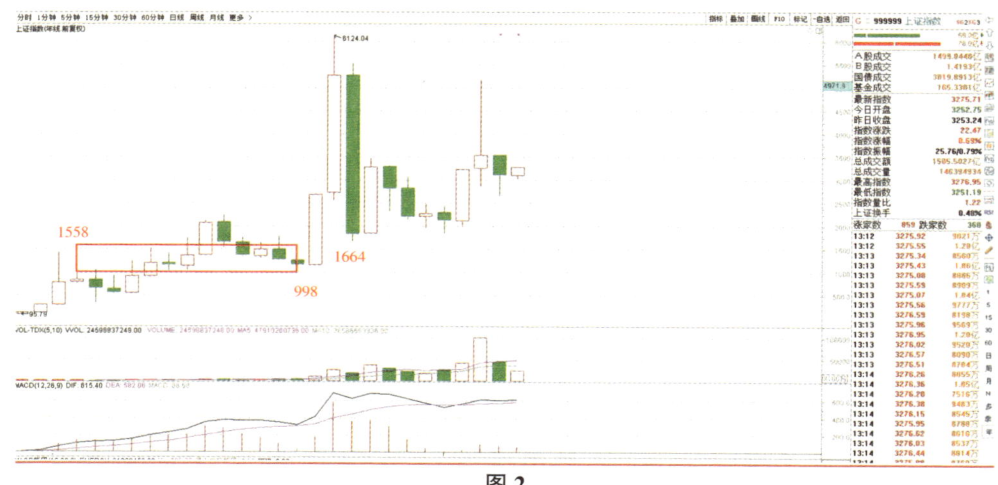

图2

站在年线的角度，中国股市的真正大牛市才真正开始，因为该中枢是中国股市的第一个年中枢，区间在 998~1558 点。站在年线级别，在下一个年线级别中枢确立之前，中国股市的调整只可能出现一个季级别的调整，而第一个出现的季级别的调整，只要不重新跌回 1558 点，就将构成中国股市年线级别上的第三类买点，其后至少出现如 2006 年类型幅度的上涨。由此可见，本 ID 的理论是可以站在如此宏观的视角上判断大趋势的。目前中国的股市没有任何可担心的地方，即使出现调整，最多就是季级别的，其后反而构成第三类买点。而且更重要的是，站在年线的级别看，目前还在第一段的次级别上扬中，要出现第二段的季级别调整，首先要出现月线级别的中枢，目前连这个中枢都没出现，换言之，年线级别的第一段走势还没有任何完成的迹象，这第一段，完全可以走到 6000 点才结束。

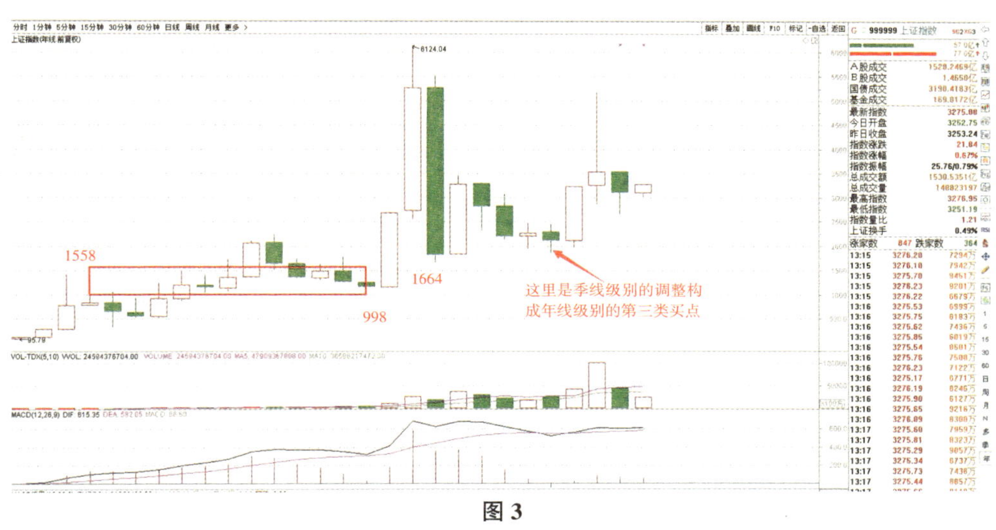

图 3

今后十几年，中国股市的辉煌，用本 ID 走势必完美的原则，会看得一清二楚。该原则无论是对年线还是 1 分钟线，都一视同仁，这就是缠中说禅技术分析理论厉害之处，这叫大小通杀，老少咸宜。

对卖点的分析是一样的，归纳起来，就有缠中说禅买卖点的完备性定理：市场必然产生盈利的买卖点，只有第一、第二、第三类。

相同的分析，可以证明缠中说禅升跌完备性定理：市场中的任何向上与下跌，都必然从三类缠中说禅买卖点中的某一类开始以及结束。换言之，市场走势完全由这样的线段构成，线段的端点是某级别三类缠中说禅买卖点中的某一类。

(扫码获取更多学习资料)

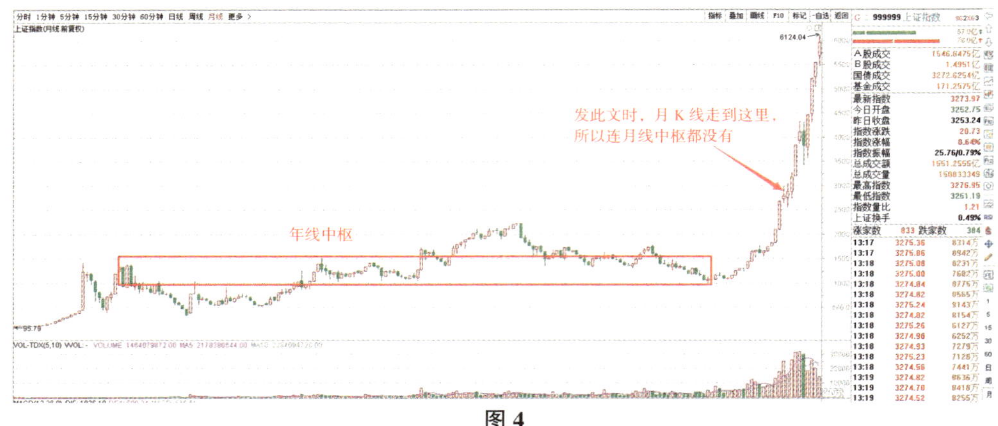

图 4

思考题：任何一个线段，其端点必然是一买点及一卖点，请完全列出各类买卖点之间可能的组合。如果一线段的端点是同级别的买卖点，有什么组合是绝对不可能出现的？

【扫地僧点评】

市场只有第一、第二、第三类买卖点是可以操作的，是得到理论证明的。

教你炒股票22：将8亿的大米装到5个庄家的肚里[1]

八亿大米装进肚，五个庄家小愤怒，无奈对手太强悍，满腹苦水无处吐。

今天说点不算闲话的闲话。说了这么多买点，对于小资金来说，出现行情跟着买就可以了，但对于大资金来说，具体的情况要复杂点，因为一个大资金要进去，又不想变庄家，这需要很高的技巧。下面是本ID做的一个梦，各位就权当梦话听，如果现实中有任何对应物，那纯属巧合，本ID不背负任何的法律责任。

2006年12月20日，突然天下掉下够8亿农民一人一口的大米，然后就玩了这样一个游戏，把这8亿大米装到5个叫庄家的某类面首的肚子里：撑活他。首先，不能把8亿一起塞进去，留了1亿机动，就是哪个庄家不听话，想折腾，就要出手教训他【扫地僧：大资金时刻都以安全为上】。这部分的大米不能固定在任何一个庄家肚子里，要每天在5个庄家肚子里流动，有时候会变成1.5亿，有时候可能变成5000万，这都是根据盘面的情况来的【扫地僧：缠师后来说要经常折腾，降成本，实际上也是这么做的】。当然，这都是后话，前提是另外那7亿已经塞到5个庄家的肚子里。

现在，面首都爱用药，所以要治面首，当然首先要拥有药。这药，刚好是一个典型的第三类买点，而月线上一个典型的圆底呼之欲出【扫地僧：第一个，华润三九（000999），以前叫三九医药，先看日线图，见图1】。

这个三买是个小级别的三买，就是停牌前几天构成的那个小平台，再看月线图，见图2。

---

① 原文来源：http：//blog.sina.com.cn/s/blog_486e105c0100083z.html，2007-01-11 15：10：32。

（扫码获取更多学习资料）

图 1

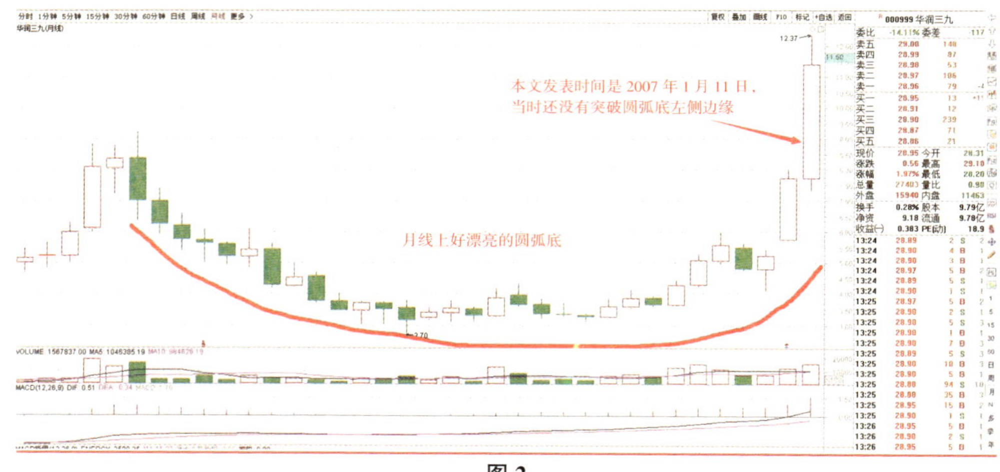

图 2

看着圆底上那高高的山崖，耳边一些精确的风声精确地晃动，还有什么可怕的。先把它压到圆底的边缘再说【扫地僧：这是 2006 年 12 月 20 日和 22 日两天的分时图，见图 3、图 4】。

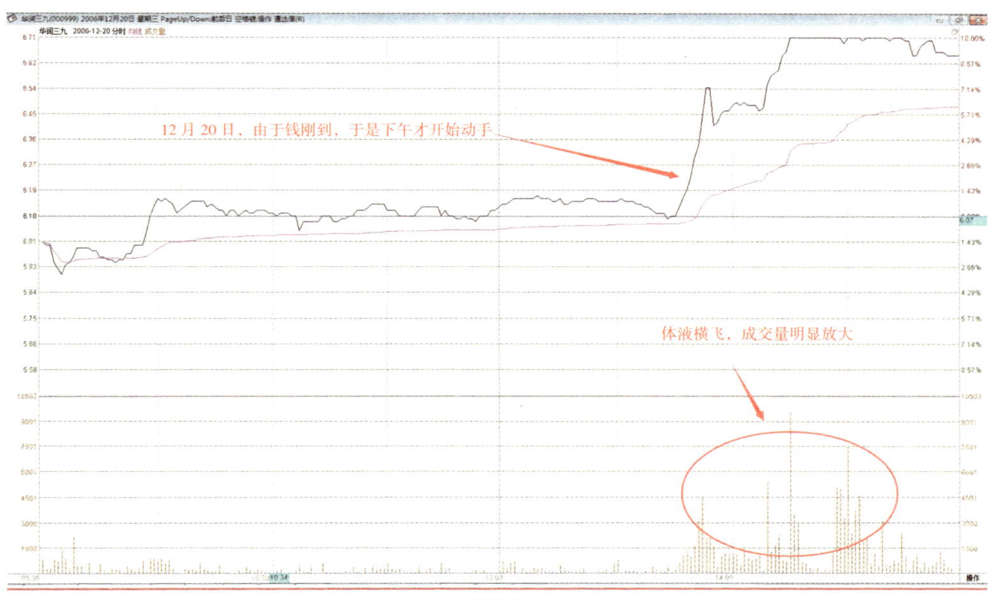
华润三九(000999) 2006年12月20日 星期三 PageUp/Down:前后日 空格键:操作 退出(R)
华润三九 2006-12-20 分时
12 月 20 日，由于钱刚到，于是下午才开始动手
体液横飞，成交量明显放大

图 3

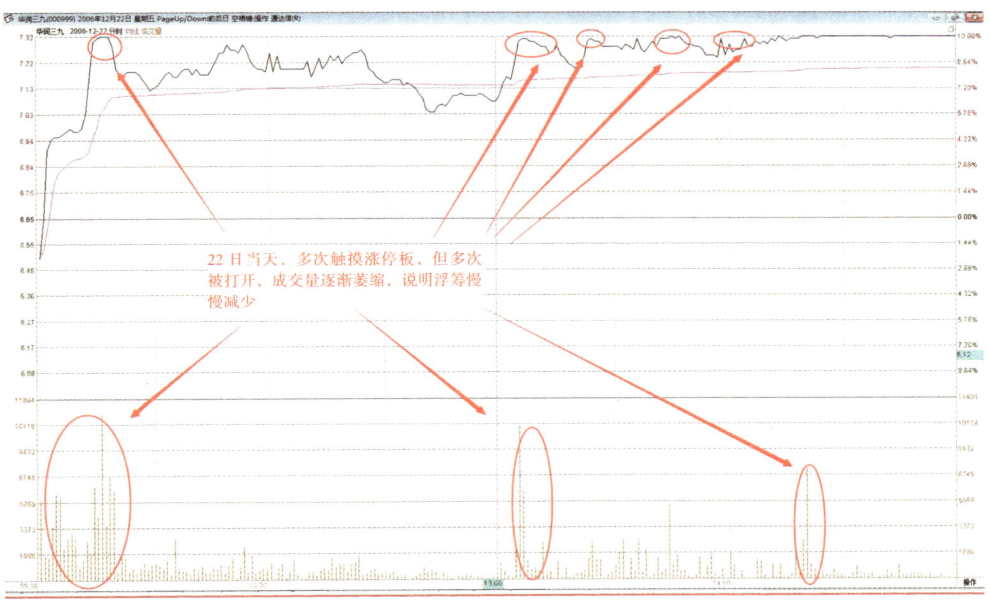
华润三九(000999) 2006年12月22日 星期五 PageUp/Down:前后日 空格键:操作 退出(R)
22 日当天，多次触摸涨停板，但多次被打开，成交量逐渐萎缩，说明浮筹慢慢减少

图 4

(扫码获取更多学习资料)

两天后，出现圆底，如图 5 所示。

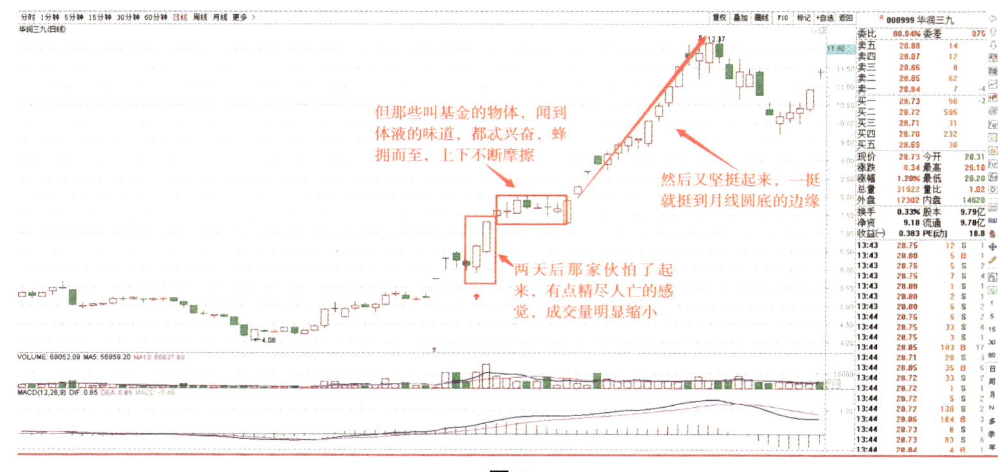

图 5

第二个，耳边的风声吹过来："我们不光要部分被面首，还要整体上来被大家面首"【扫地僧：这只股票是建投能源（000600），当时有传闻要整体上市】，出现第三类买点，第一天，轻轻碰了一下，第二天，轻轻突破了一下。其后两天，盘中上蹿下跳的【扫地僧：如图 6~图 9 所示】。

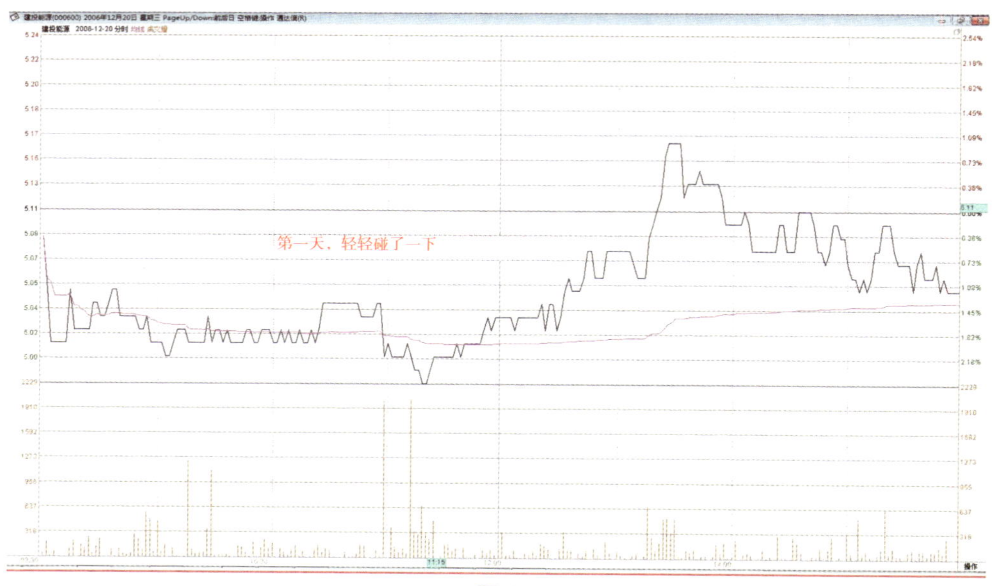

图 6

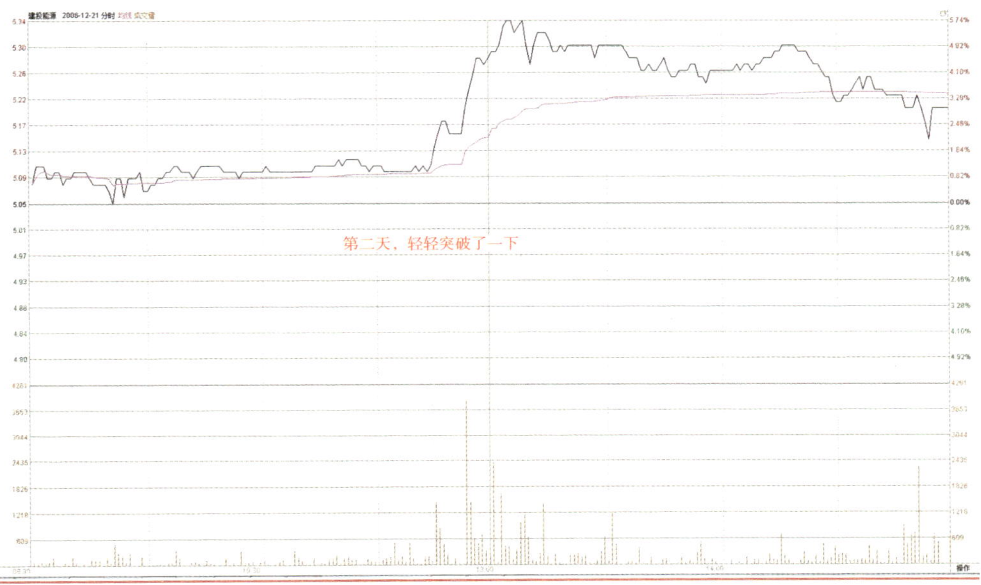

图 7

图 8

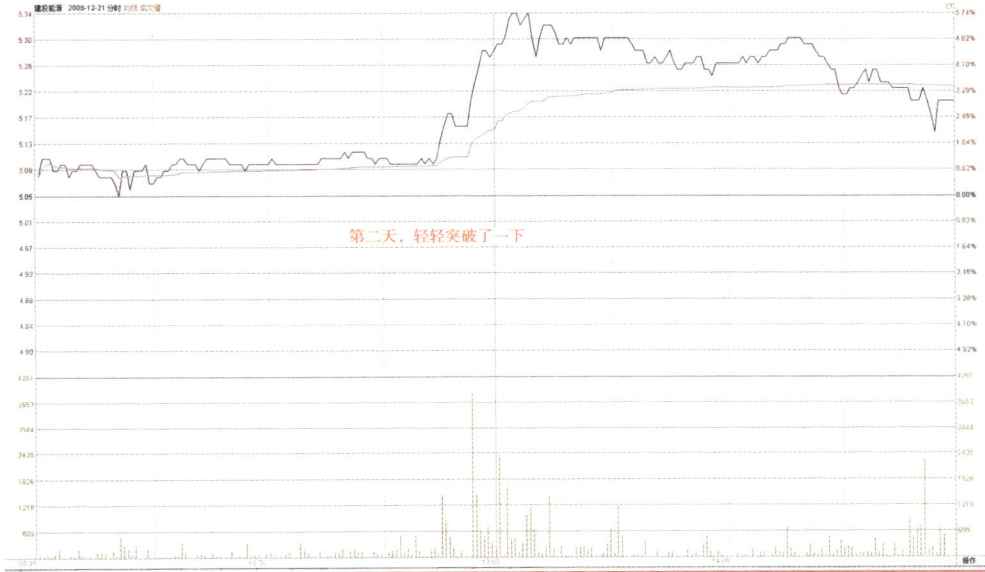

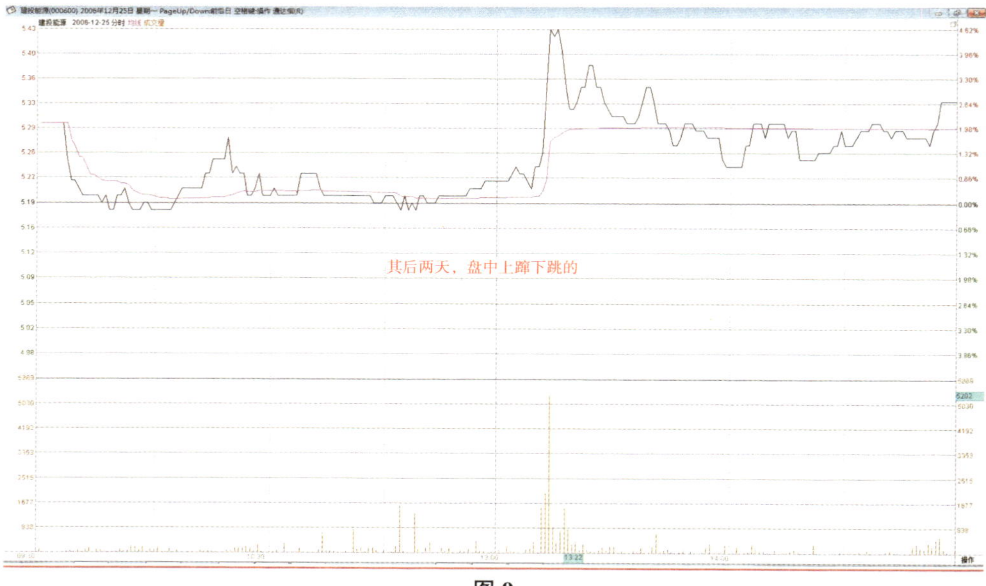

图 9

一般这种情况，不能硬操作，闪一个身，让他摆摆庄家的威风，一根吸管，顺着慢慢往下边走边吸。跌破5元整数位后，那家伙也被吸得没了力，下不去了，本ID突然晃动明晃晃的大刀，一副抢筹状。吓得这抠门的家伙飞一样就起来了【扫地僧：如图10所示】。

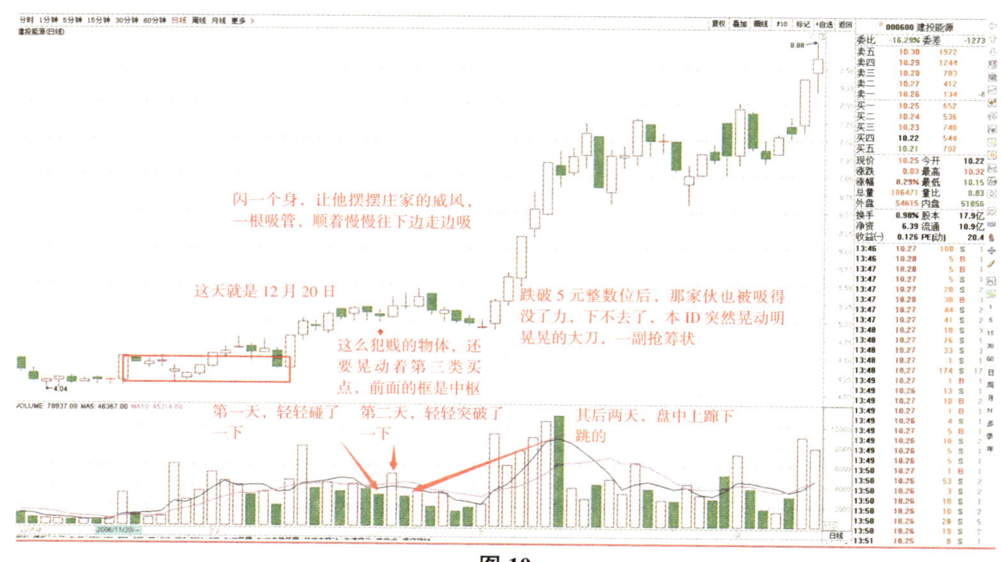

图 10

对付这种抠门的家伙，就要这样，以吸为主，偶尔恐吓。这种抠门的家伙，一般都自以为自己的题材很牛，怕自己损失了什么低价筹码，一恐吓就飞得比鸭子还快。对这种人，就要天天弄他的短差，砸得狠就顶死他，拉得狠就先躲在旁边，瞧好机会就突然袭击他，让他难受。对这种庄家，要像蚊子一样不断地出击，更要像赶鸭子一样往上赶【扫地僧：不同的股性用不同的招数，不死板】。

第三个，和第一个的代码模式是一样的，这个面首比较秀气，典型的江浙派，一看就不喜欢【扫地僧：这只是中核科技（000777），公司在江苏苏州，典型的江浙派】。只是有人不断向本 ID 灌输他要整体变成面首，又有这个题材那个题材，本 ID 想起 N 年前曾消费过他，突然心里一动，有了一种怀旧的感觉，试一下 N 年后，这味道是否依然如从前。因此，就在一个小级别的第三类买点开始下手了。这有点像“419”，明知道这只能是“419”的，但要的就是那种激情，那种不循规蹈矩的风情。第一天，没动手，对一个江浙派，太粗暴是不好的，先用目光杀死他。第二天，为了表示对他的旧情依旧，把他的代码当成买单输进去，买单扫过 N 个价位，砰的一声，成交上出现了他的代码【扫地僧：第一天是 2006 年 12 月 20 日，没动手，第二天 12 月 21 日动手了】。

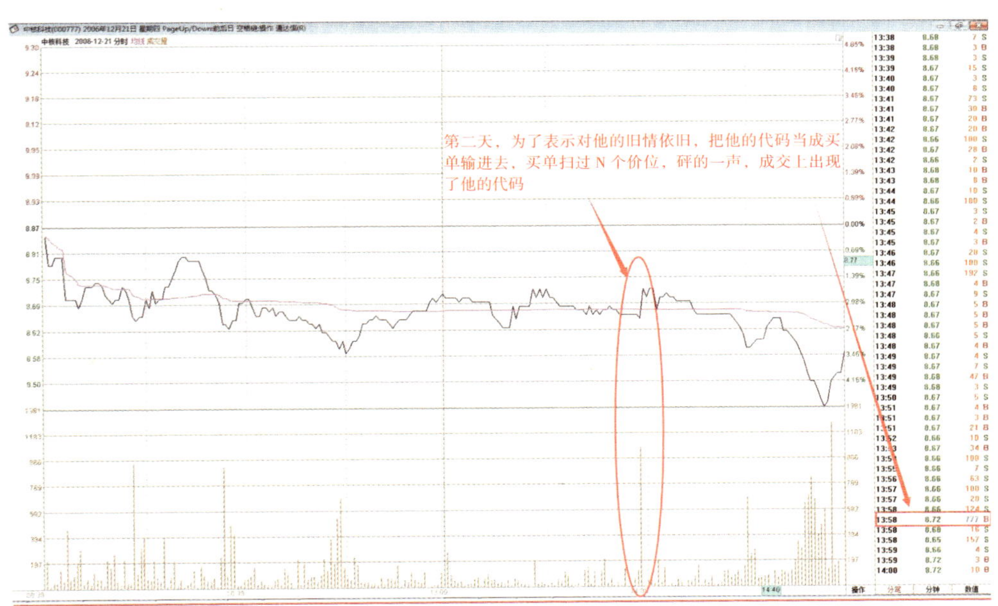

图 11

那江浙派被惊动了，窜动两下，开始在上面放单，本 ID 又轻轻扫了他几眼。突然，本 ID 在下面放上一个 9999 的买单，对他这类轻盈的体形，9999 已经足够耀目了。江浙派定了一定，正想做出反应，突然那买单又没了。惊鸿一现，已经在江浙派软软的身上留下了粉红的印记：这面首是本 ID 的了。本 ID 顺着这身体的轨迹轻扫着。第二天，江浙派没有从被轻薄的愤怒中清醒过来，本 ID 的扫动越来越快，江浙派大概突然发现，这样继续下去，他就有被吸干的危险，尾市几笔就拉起来。

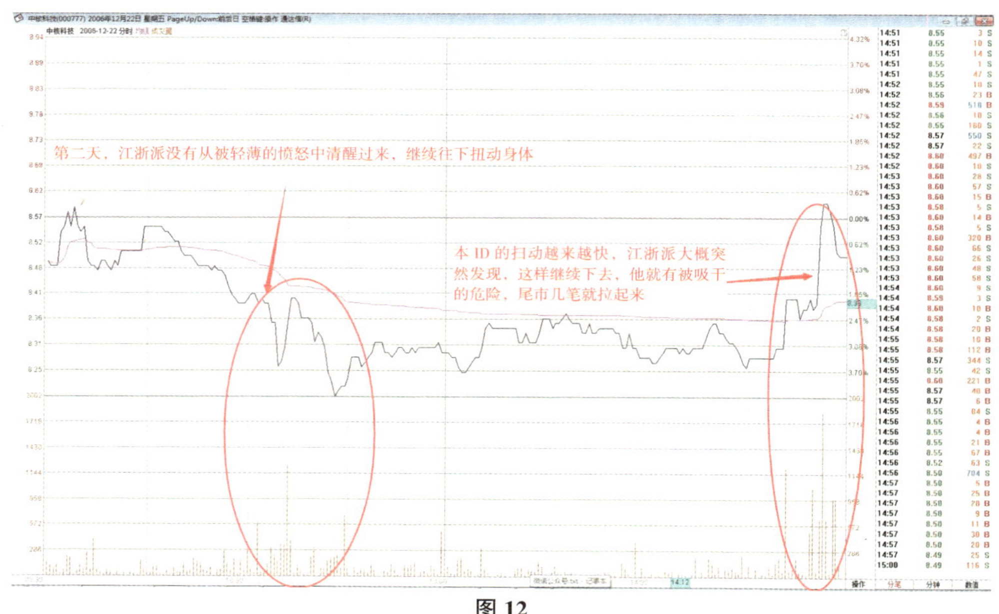

图 12

从第三天开始，在不断的摩擦中，面首开始挺立，江浙派也就是江浙派，就是没什么牛劲，每天尾市的游戏继续。

突然有一天，他也玩起打压恐吓的游戏。一个江浙派，水一样的男子，一副恐吓状，真是太滑稽了。前两天，本 ID 就看热闹，不管他，第三天突然发狠，严重警告他，再乱恐吓就把他给杀了。

江浙派果然是胆小之人，一碰到比他还凶恶的人，也只好温柔起来。水一样的男子，一温柔就要挺立，真是恶心死了。对这种男子，不能整天像蚊子一样咬，一定要在适当的时候突然狠狠一下，他就会惊吓得往相应方向惯性下去。一般来说，这种面首都是反应有点迟钝的，注定这种面首画出来的面相，总是反反复复，缠绵不断。

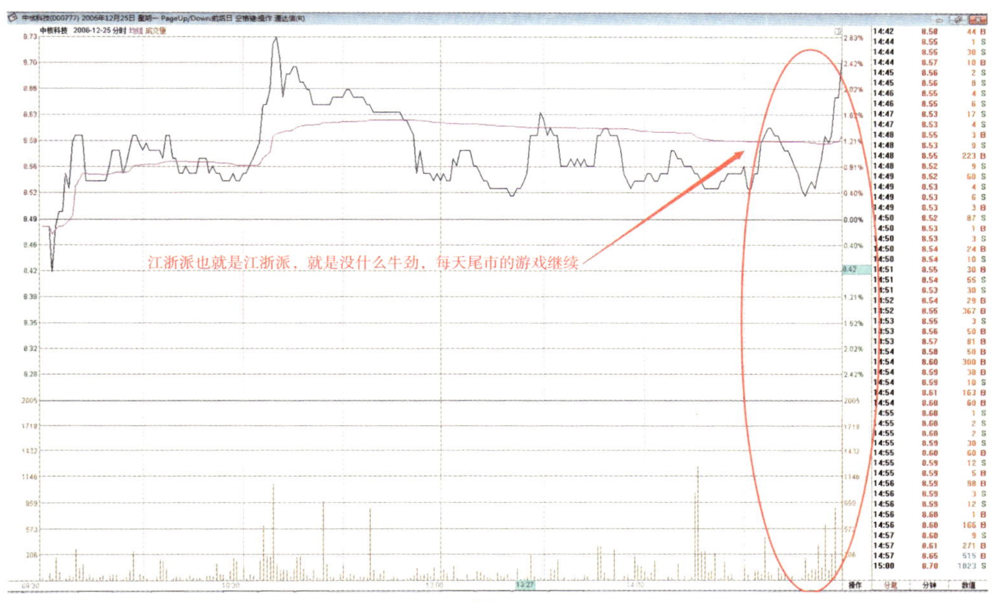
江浙派也就是江浙派，就是没什么牛劲，每天尾市的游戏继续

图 13

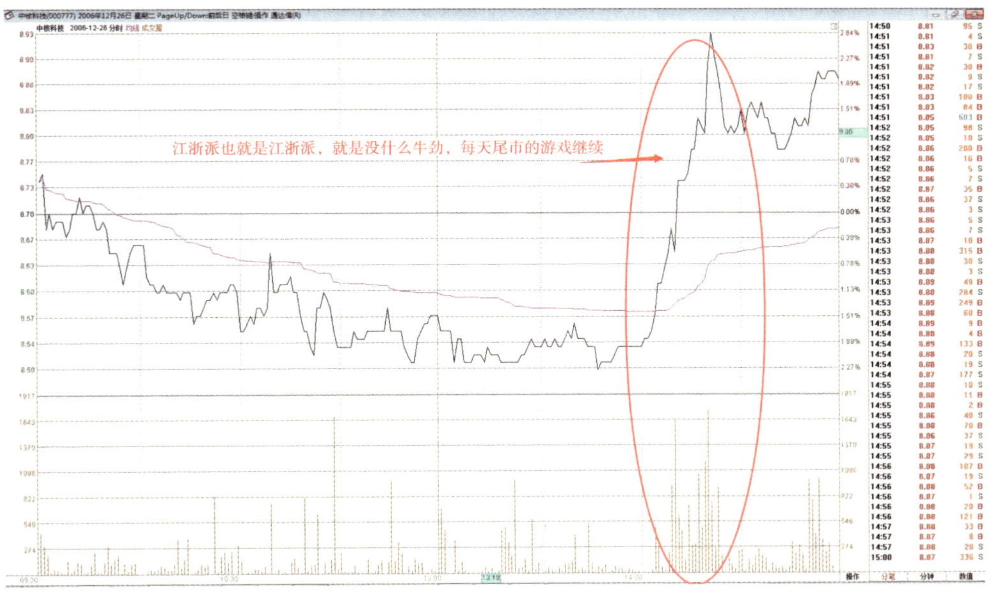
江浙派也就是江浙派，就是没什么牛劲，每天尾市的游戏继续

图 14

(扫码获取更多学习资料)

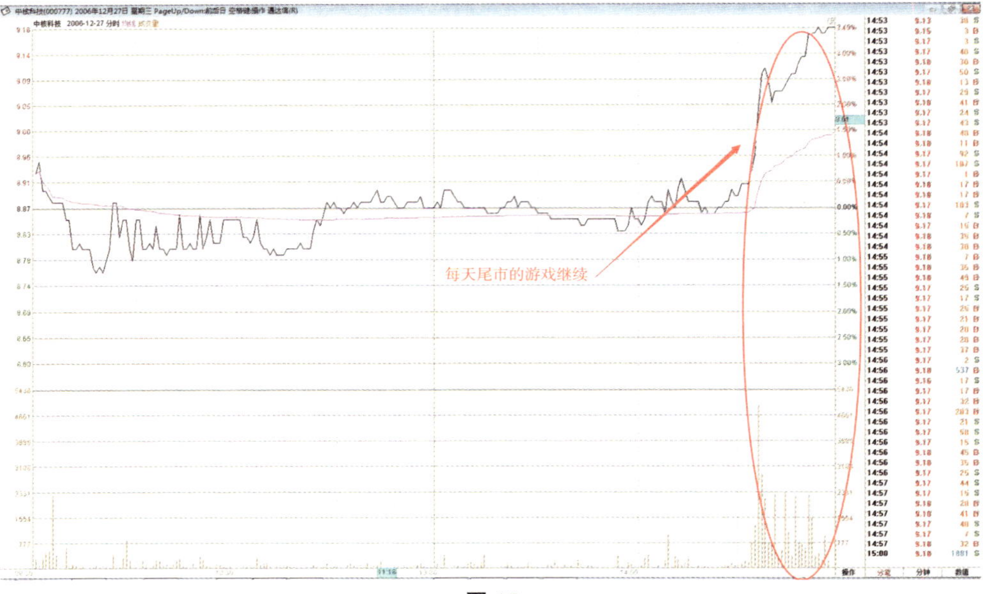

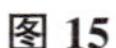
图 15

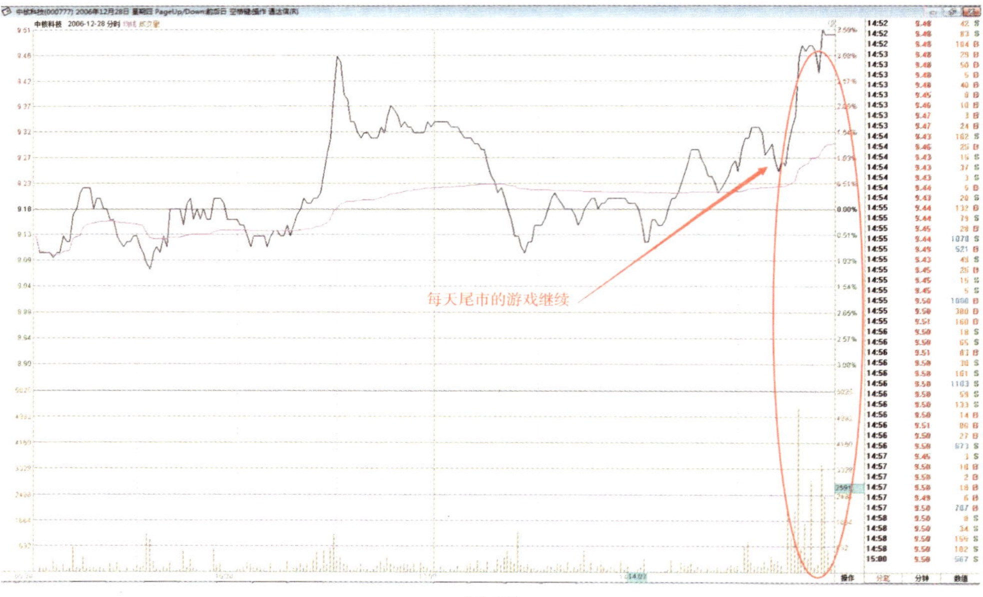

图 16

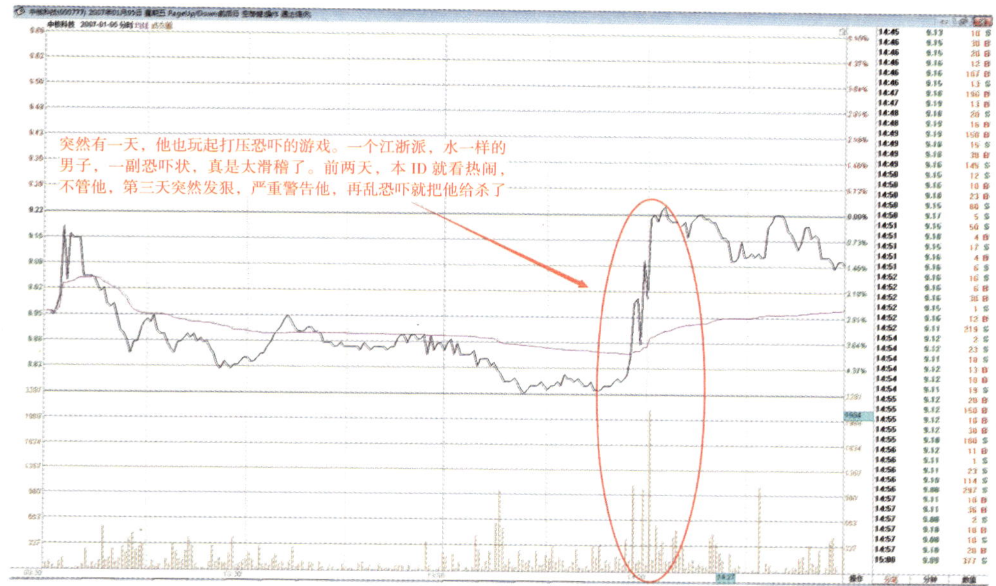
突然有一天，他也玩起打压恐吓的游戏。一个江浙派，水一样的男子，一副恐吓状，真是太滑稽了。前两天，本 ID 就看热闹，不管他，第三天突然发狠，严重警告他，再乱恐吓就把他给杀了

图 17

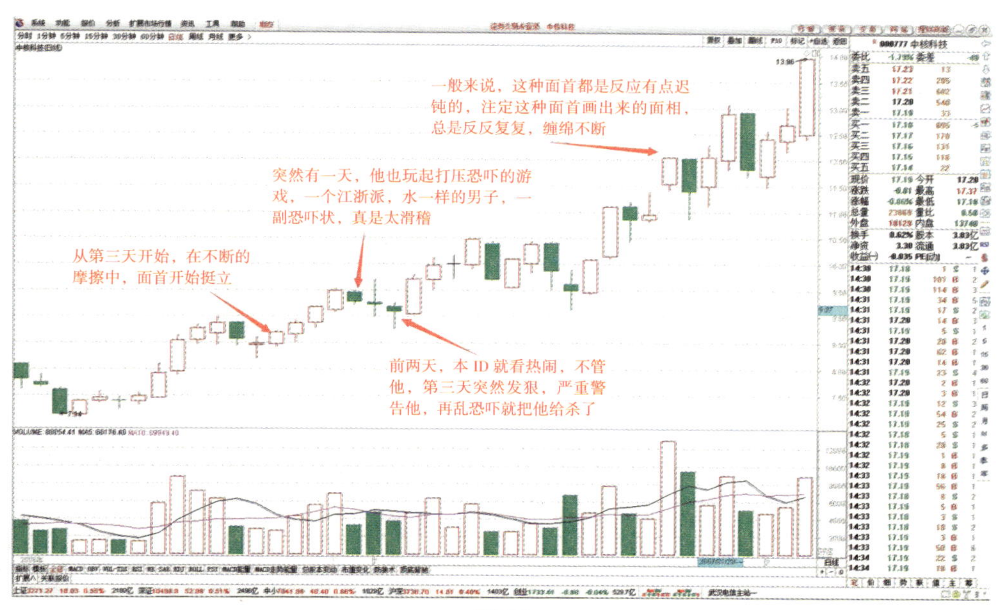
一般来说，这种面首都是反应有点迟钝的，注定这种面首画出来的面相，总是反反复复，缠绵不断
突然有一天，他也玩起打压恐吓的游戏，一个江浙派，水一样的男子，一副恐吓状，真是太滑稽
从第三天开始，在不断的摩擦中，面首开始挺立
前两天，本 ID 就看热闹，不管他，第三天突然发狠，严重警告他，再乱恐吓就把他给杀了

图 18

第四个，和江浙派的代码几乎一样，唯一不同的就是一个在深圳证券交易市场、一个在上海证券交易市场【扫地僧：江浙派是 000777，那么这个就是

600777，新潮实业，公司当时在山东烟台】。一个在上海的山东男子是否沾染了上海女男人的气味，在第一天试盘时，就不再成为本 ID 的一个疑问。对于面首，解决疑问的最好办法就是操作，真理是操作出来的。第一天浮码很多，十几个交易日前那两根大量暗示着，这男子即使不是处男，也是成为面首没多久的。

图 19

这样最好了，浮码多，水就浑，藏点大米还不简单？这大米藏得又快又多，这种打乱仗的感觉真不错，就像一场 NP 游戏，谁怕谁呀。一般来说，对于大资金，打乱仗是最好玩的，记得 N 年前那次，把一个面首从 7 元多一下操作了 N 倍，中途就在 20 多元换了一口气，4 家人，一直打乱仗，其他人在周围进进出出晃悠着，好玩透了，还是 NP 好呀。

最后一个，虽然和江浙派差一个尾数【扫地僧：这只股票是 000778，新兴铸管】，但性格怎么差那么远，典型的山里男子，老实巴交的，没有激情，但很稳健，像个仆人，随便就把大米藏好了。为什么消费他？仅仅是因为他和江浙派尾数差一个，而山东人是前面差一个，好记。而且周线图上的中枢强烈地勾引着走势往上，这种老实巴交的，就算没有什么大惊喜，只要让人放心就好。一般在一个组合里，一定要放一个这样老实巴交的面首，万一其他股票出现什么特殊的情况，马上变现这只股票去增援是能随时办到的，这样就一定不会出大乱子了。

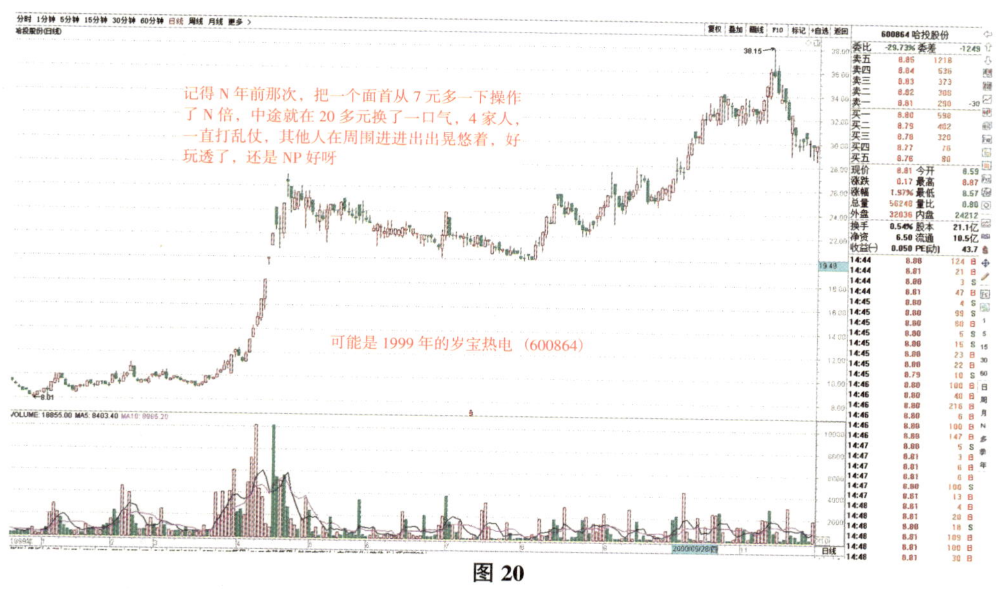
600864 哈投股份
记得 N 年前那次，把一个面首从 7 元多一下操作了 N 倍，中途就在 20 多元换了一口气，4 家人，一直打乱仗，其他人在周围进进出出晃悠着，好玩透了，还是 NP 好呀
可能是 1999 年的岁宝热电（600864）

图 20

市场里，安全是第一的。而对于资金的总体安全来说，一定的快速变现能力是最重要的【扫地僧：再次强调安全第一，对于大资金来说，还存在着流动性的风险，因此配置一些流动性好的股票是必要的。这也是为什么大资金必然会配置银行这种大块头】。

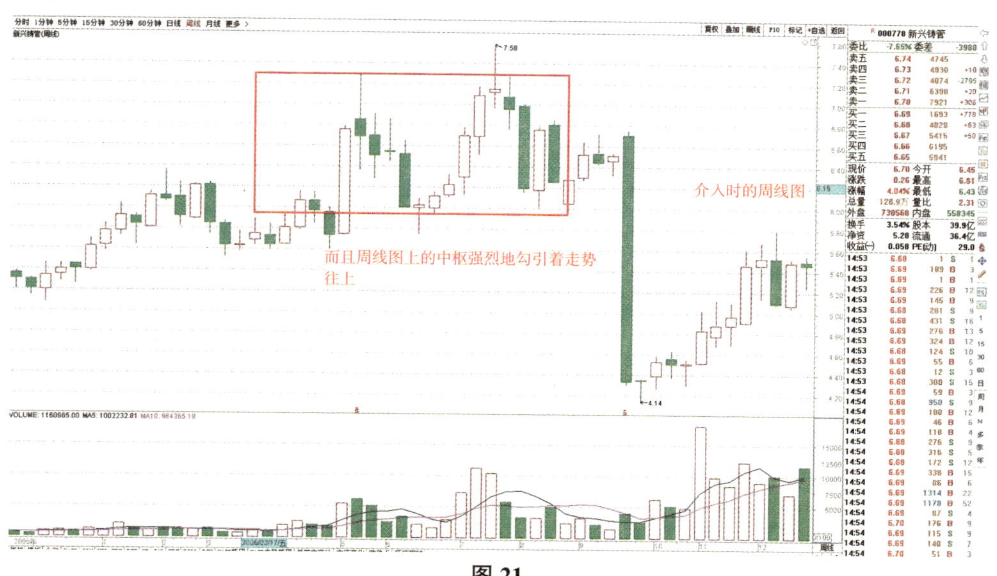
000778 新兴铸管
而且周线图上的中枢强烈地勾引着走势往上
介入时的周线图

图 21

(扫码获取更多学习资料)

本ID在这里梦话连篇，当然是有风险的，最直接的，就是里面的人看到了，气不过，狂洗盘，这个本ID还真不怕。正因为不怕，所以就继续梦话连篇，各位最好就当谎话连篇，千万别当真。若大资金不想当庄家，又想资金利用率高，当然有很多的方法，这只是其中的一种【扫地僧：我们来看看缠师介入的这5只股票有什么共性】。

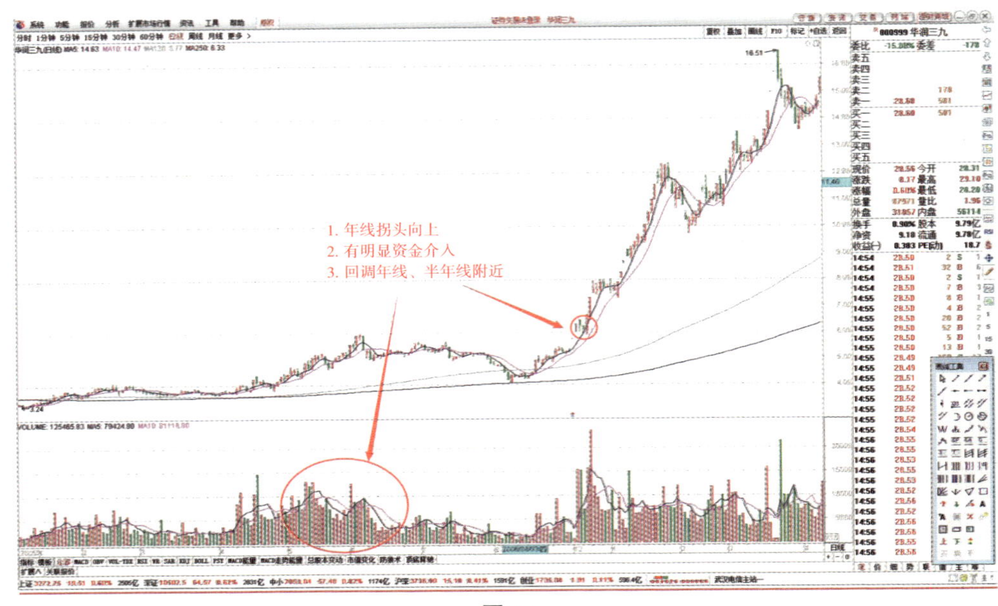

图 22

【图22~图26都是前复权的图，总结一下有这三个共性：①年线都已拐头向上；②介入前都有明显的资金介入迹象；③选择介入的时机基本在回调至年线、半年线附近。此外，缠师一般会选择在一个小级别的第三类买点介入，但这并不是一定的，要看个股当时的具体情况，但以上三点基本是共性】。一般来说，这种阻击，在一个低位的大级别第三类买点进行是比较安全的，首先，第一类买点不适合，你先进去，大家都看着你，找机会吃你，你还找哪里潜伏下来？第二类买点是可以的，但一般都采取比较温柔的办法，慢慢来【扫地僧：目的也是不想被已经进去的人发现，否则对方会想办法磨人】。第三类买点介入，有点硬来的感觉，这要求有一定的功力，否则被吃了都不知道怎么死的。但这样的安全性在于，时间利用率高，第三类买点等于箭在弦上了，你这样突然进去横插一刀，除非是实力特别强，而且所用资金又没有什么期限，所弄的题材也没到迫在

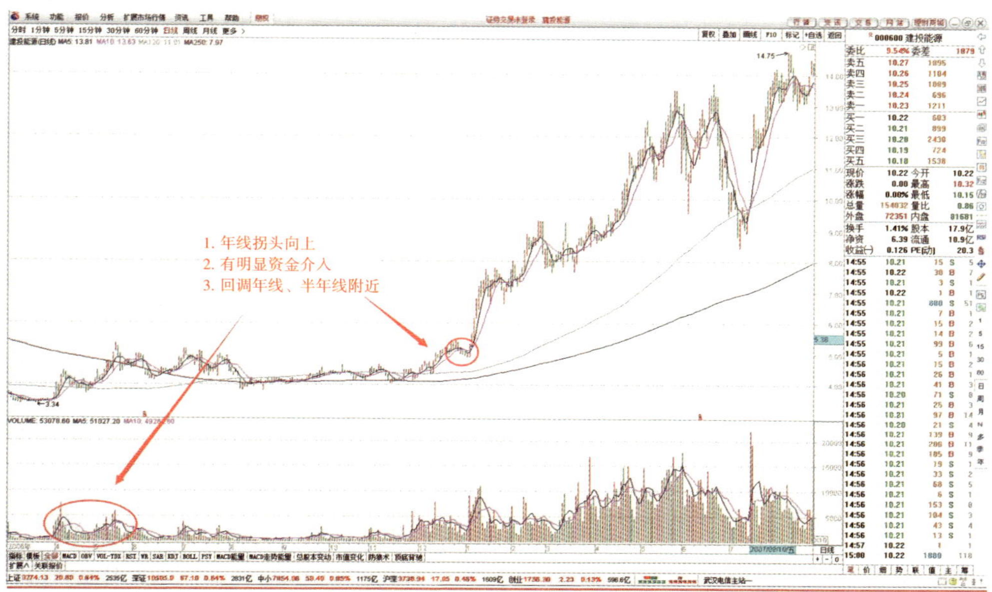
1. 年线拐头向上
2. 有明显资金介入
3. 回调年线、半年线附近

图 23

1. 年线拐头向上
2. 有明显资金介入
3. 回调年线、半年线附近

图 24

(扫码获取更多学习资料)

图 25

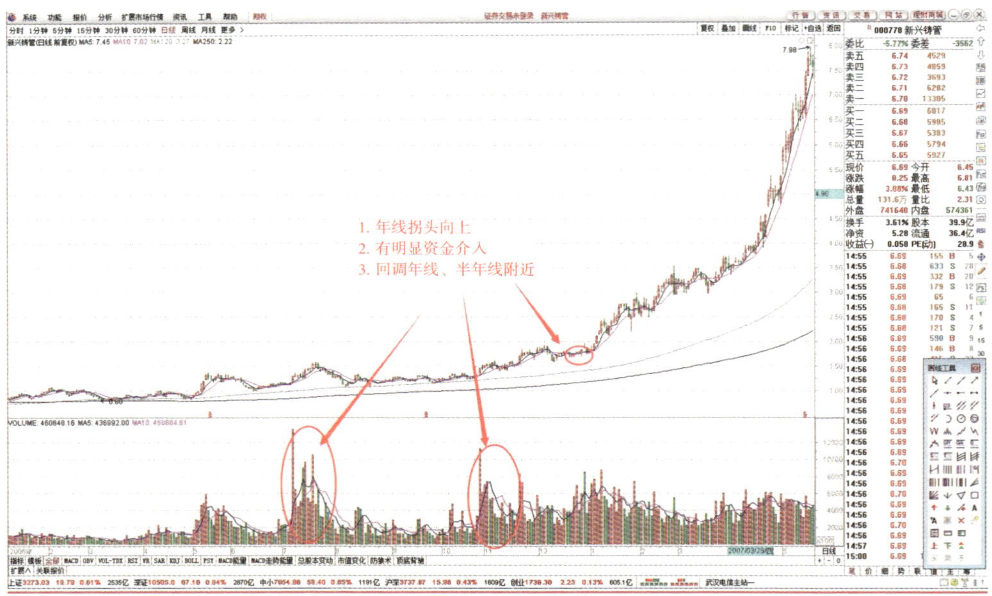

图 26

眉睫的地步，这样，他会留下来和你折腾，从而变成持久战。高手就是高在一定要对盘中庄家的秉性有充分的认识，对症下药，而且对阻击的目标有充分的了解，这样就能避免陷入持久战，互相在那里干耗着【扫地僧：这句话说出了关键，关键还是要对阻击的目标有充分的了解，这个了解可不仅仅是盘面上的，还包括盘面外的，这才是本质，只看盘面上的还是上不了层面】。当然，干耗其实也不怕，就是不断弄短差，把成本降下来，熬都熬死对方。这样做的前提是资金必须绝对自由、没有期限。一笔自有的、没有利息压力的资金，是阻击的一个最安全的保障【扫地僧：没有时间限制的资金也是做投资的前提，这个在后面的课程中也有提到】。阻击一定要控制好量，最失败的阻击就是阻击成了庄家。为什么要在低位的第三类买点出手？这个位置，庄家已经进货不少了，而成本还在附近，如果大力打压，你有实力在低位顶住，除非那面首钱出问题了，否则不可能亏钱把所有货倒给你【扫地僧：未必一定亏钱，但如果对方的钱是有成本的，那在这个位置也基本不会赚钱】，如果真是这样，就成全他算了。对于第三类买点的阻击，资金实力是很重要的，关键是顶住突然变向的打压【扫地僧：否则自己也被套进去了】，所以也要求一定只能在低位，不能与庄家的成本相差太远。具体的操作还有很多特别重要的细节，以后再说。

【扫地僧点评】

本课用了 5 个案例生动讲述了大资金如何不做庄，实在精彩！有很多细节，值得细细揣摩。

更多缠论干货内容请关注作者微信公众号“扫地僧读缠札记”。

教你炒股票 23：市场与人生[①]

世间何处得自由，山野隐士遍九州，不食烟火禅定坐，大隐于市真自由。

说了这么多技术上的问题，暂且停一期，说说技术外的事情。技术只是最粗浅的东西，同样的技术，在纯技术的层面，在不同人的理解中，只要能正确地理解里面的逻辑关系，把握是没有问题的，但关键是应用，这里就有极大的区别了。市场充满了无穷的诱惑与陷阱，对应着人的贪婪与恐惧。单纯停留在技术的层面，最多就是一个交易机器，最近即使能在市场中得到一定的回报，但这种回报是以生命的耗费为代价的【扫地僧：这是一种格局，听起来都懂，但极少有人可以做到，原因是什么？就是大多数人连能达到稳定盈利的交易机器这个感受都没有体会过，何谈跳出技术层面，只有切身体会到交易机器的痛苦和迷茫，才会有动力去思索如何跳出去】。无论多大的回报，都抵不上生命的耗费。生命，只有生命才能回报，生命是用来参透生命，而不是为了生不带来、死不带走的所谓回报。

但有一种人，自以为清高，自以为远离金钱、市场就是所谓的道。可怜这种人不过是“废物点心”【扫地僧：这种人必挨揍！】，他们所谓的道不过是自渎的产物，道不远人，道又岂何与市场相违？人的贪婪、恐惧，市场的诱惑、陷阱，又哪里与道相远？

在当代社会，不了解资本市场的，根本没有资格生存，而陷在资本市场，只能是一种机械化的生存。当代社会，无论有多少可以被诟病的，但却构成了当下唯一现实的生存。当然，你可以反抗这种生存，但所有的反抗，最终都将资本主义化，就如同道德资本、权力资本的游戏之于资本的游戏一般。了解、参与资本市场，除了以此兜住那天上的馅饼等小算计外，更因为这资本、这资本市场是人类当下的命运，人类所有贪嗔痴疑慢都在此聚集，不于此自由，何谈自由？【扫

① 原文来源：http：//blog.sina.com.cn/s/blog_486e105c01000869.html，2007-01-15 15：50：11。

地僧：正所谓“我不入地狱谁入地狱”，逃避得不到正果】不于此解脱，何谈解脱？自由不是逃避、解脱更不是逃避，只有在五浊恶世才有大自由、大解脱，只有在这五浊恶世中最恶浊之处才有大自由、大解脱【扫地僧：个人始终认为“放下屠刀立地成佛”的概率要远大于从始苦修之人】。

当然，政治是这五浊恶世中最恶浊之处，那些在政治上的失败者，是没资格谈论什么自由、解脱的；淫乱也是这五浊恶世中最恶浊之处，在淫乱中所谓坐怀不乱者是无所谓自由、解脱的。出淤泥而不染者，不过是自渎的废物，污泥又何曾污？染又何妨？真正的自由、解脱，是自由于不自由、解脱于不解脱，入于污泥而污之，出于污泥而污之，无污泥可出而无处污泥，无污泥可入而无处不污泥。

投资市场最终比的是修养与人格及见识，光从技艺上着手，永远只能是匠人，不可能成为真正的高手【扫地僧：这句话重要！最终比的是修养、人格和见识，就像内力，技术是招式，没有内力的招式是花架子，即使没有招式，内功深厚的也能乱拳打死老师傅】。古代有所谓的打禅七，在现代社会，能找到 7 天来打禅七是极其奢侈的事情了。但每周，有一个小时，抛开一切束缚，抛开一切人群，独自一个人，在房间里、在高山上、在河流里、在星空下、在山野的空谷回音中，张开没有眼睛的眼睛、没有耳朵的耳朵，俯视这世界、倾听这世界。其实，何处不是房间、高山、河流、星空、山野？何处有束缚需要抛开？在资本、政治、淫乱、贪婪、恐惧的血盆大口里，就是自由、解脱的清凉之地。当然，如果没有如此见识，还是先去需要自己的房间、高山、河流、星空、山野，但最终，依然要在五浊恶世中污之恶之，不如此，无以自由、解脱。

【扫地僧点评】

本文是一节内功课，教你如何在现实的五浊恶世中得以自由和解脱，推荐再读《金刚经》。

教你炒股票 24：MACD 对背驰的辅助判断①

> 两段趋势同向飞，中间有个中枢堆，若问背驰不背驰，后柱来把前柱追。

这一部分完全不在计划之中，其实该问题以前已说过，现在有点炒冷饭。但发现这里的人，绝大多数还是搞不懂，也就不妨结合例子再说一次。要完全解决背驰问题，必须对中枢进行更进一步的分析，这是以后章节的事情了。但现在大家好像都急着用，而对中枢，好像真理解的没几个，继续深入下去，浅的都一团浆，深的更没法弄。因此，详细说说 MACD 对背驰的辅助判断这样一种不绝对精确，但比较方便，容易理解的方法，对那些还没把握中枢基本分析的人，是有帮助的。也就是说，如果你一时真搞不懂中枢的问题，那就用这个方法，也足以应付一般的情况了【扫地僧：注意了，MACD 对背驰的辅助判断一样不是 100% 的，不是绝对精确的，只是比较方便容易理解】。

首先，背驰同样有级别的问题，一个 1 分钟级别的背驰，在绝大多数的情况下，不会制造一个周线级别的大顶，除非日线上同时也出现背驰。但出现背驰后必然有逆转，这是没任何商量余地的。有人要问，究竟逆转多少？那很简单，就是重新出现新的次级别买卖点为止。由于所有的买卖点，最终都可以归到某级别的第一类买卖点，而背驰与该种买卖点密切相关，所以可以这样说，任何的逆转，必然包含某级别的背驰，以后用严格的方法，可以证明如下定理：

缠中说禅背驰—买卖点定理：任一背驰都必然制造某级别的买卖点，任一级别的买卖点都必然源自某级别走势的背驰。

该定理的证明这里暂且不说了，换句话说，只要你看到某级别的背驰，必然意味着要有逆转。但逆转并不意味着永远。例如，日线上向上的背驰制造一个卖点，回跌后，在 5 分钟或 30 分钟出现向下的背驰制造一个买点，然后由这个买

① 原文来源：http：//blog.sina.com.cn/s/blog_486e105c0100087y.html，2007-01-18 15：02：43。

点开始，又可以重新上涨，甚至创新高，这是很正常的情况。

用 MACD 判断背驰，首先要有两段同向的趋势。同向趋势之间一定有一个盘整或反向趋势连接，把这三段分别称为 A、B、C 段【扫地僧：就是说 A 和 C 是同向的趋势，它们之间才能用 MACD 比较】。显然，B 的中枢级别比 A、C 里的中枢级别都要大，否则 A、B、C 就连成一个大的趋势或大的中枢了【扫地僧：注意，这里很容易产生歧义，这里说的是 B 的中枢级别比 A、C 里的中枢级别都大，并不是说 B 的级别必须大于 A 和 C，打个比方，如图 1 所示。A 和 C 是五段构成的趋势，B 是 3 段构成的盘整，那么 A 和 C 的中枢级别是其内部的一段结构，而 B 则是 ABC 所处的大趋势的第二个中枢，那么这个中枢级别是 B 的 3 段重合，因此 B 的中枢级别大于 A 和 C。这点特别容易搞混，切记】。A 段之前，一定是和 B 同级别或更大级别的一个中枢，而且不可能是一个和 A 逆向的趋势，否则这三段就会在一个大的中枢里了。

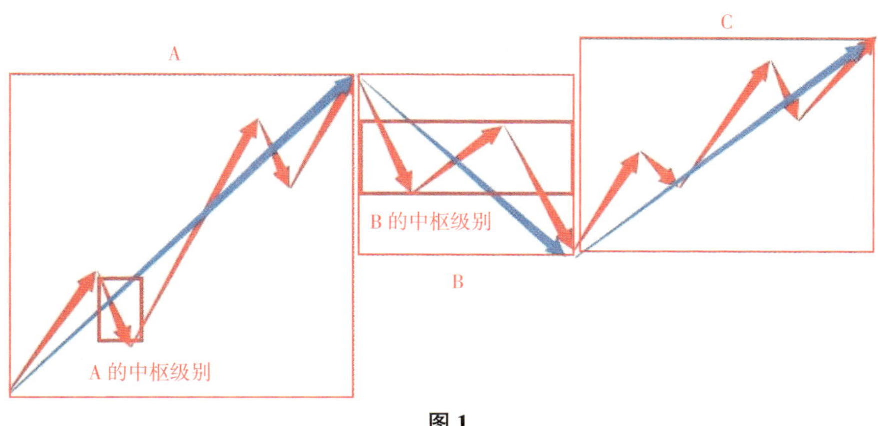

图 1

归纳上述，用 MACD 判断背驰的前提是，A、B、C 段在一个大的趋势里，其中 A 之前已经有一个中枢，而 B 是这个大趋势的另一个中枢，这个中枢一般会把 MACD 的黄白线（也就是 DIFF 和 DEA）回拉到 0 轴附近。而 C 段的走势类型完成时对应的 MACD 柱子面积（向上的看红柱子，向下的看绿柱子）比 A 段对应的面积要小，这时候就构成标准的背驰【扫地僧：总结一下判断背驰的步骤：①A 和 C 是趋势；②B 的中枢级别大于 A 和 C 里的中枢级别；③A 之前有一个大于等于 B 级别的中枢，使得 ABC 是在一个大的趋势里；④A 所对应的 MACD 面积大于 C 所对应的 MACD 面积；⑤一般来说，B 会把 MACD 的黄白线回拉到 0 轴附近】。

估计有些人连 MACD 的最基本常识都没有，不妨说两句。首先你要打开带

MACD 指标的图（千万别问本 ID 怎么才会有 MACD 的图，本 ID 会彻底晕倒的），MACD 上有黄白线，也有红绿柱子，红绿柱子交界的那条直线就是 0 轴。上面说的颜色都是通常系统用的，如果你的系统颜色不是这样，那本 ID 只能说上面两条绕来绕去的曲线就是黄白线，有时一组向上、有时一组向下的就是红绿柱。本 ID 也只能描述到这种地步了，如果还不明白，到任意一个证券部举个牌子，写上"谁是黄白线、谁是红绿柱"，估计会有答案的。

这样说有点抽象，就用一个例子，请看中国人寿（601628）的 5 分钟图：11 日 11：30到 15 日 10：35 构成一个中枢。15 日 10：35 到 16 日 10：25 构成 A 段。16 日 10：25 到 17 日 10：10，一个标准的三段构成新的中枢，也相应构成 B 段，同时 MACD 的黄白线回拉 0 轴。其后就是 C 段的上涨，其对应的 MACD 红柱子面积明显小于 A 段的，这样的背驰简直太标准了。注意：看 MACD 柱子的面积不需要圈出来，一般柱子伸长的力度变慢时，把已经出现的面积乘 2，就可以当成是该段的面积。所以，实际操作中根本不用回跌后才发现背驰，在上涨或下跌的最后阶段，判断就出来了，一般都可以抛到最高价位和买在最低价位附近。

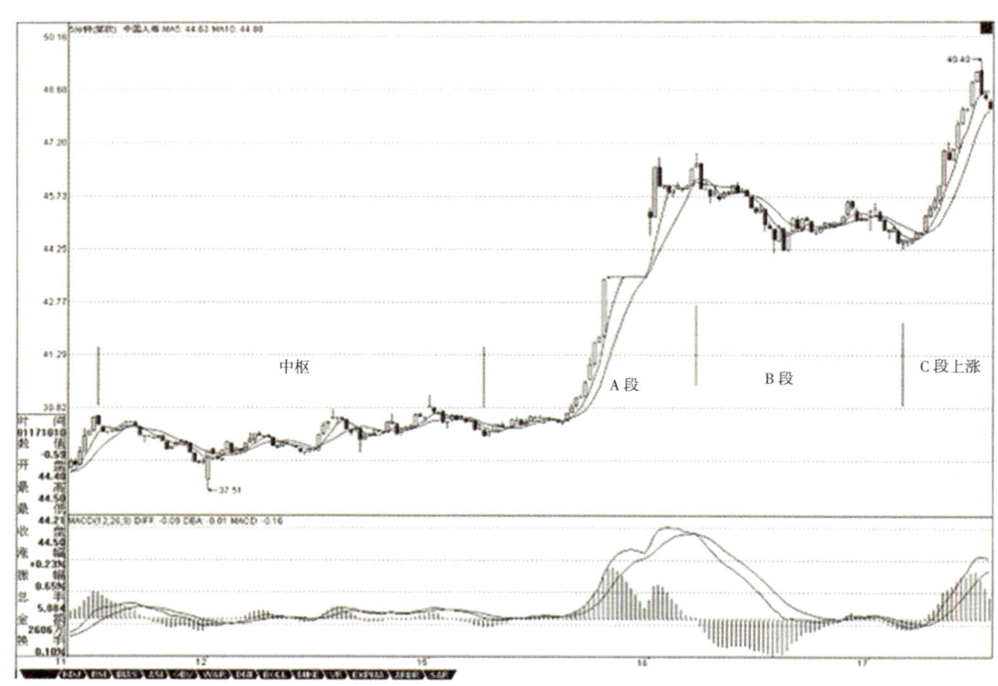

图 2

上面是一种最标准的背驰判断方法。那么，背驰在盘整中有用吗？首先，为明确起见，一般不特别声明的，背驰都指最标准的趋势中形成的背驰【扫地僧：这个趋势指的是ABC段所处的那个大的趋势，并非是A段和C段本身是趋势，这点要区别开】。而盘整中，利用类似背驰的判断方法，也可以有很好的效果。这种盘整中的类似背驰方法的应用，称为盘整背驰判断。

盘整中往上的情况为例子，往下的情况亦然。如果C段不破中枢，一旦出现MACD柱子的C段面积小于A段面积，其后必定有回跌【扫地僧：也就是说，在盘整中，C如果不创新高/低，并且MACD面积有背驰，则先出来，这也可以作为盘整中做短差的方法】。比较复杂的是，如果C段上破中枢，但MACD柱子的面积小于A段，这时候的原则是先出来，其后有两种情况，如果回跌不重新跌回，就在次级别的第一类买点回补，刚好这反而构成该级别的第三类买点，反之就继续该盘整。

昨天上海证券交易指数的5分钟图上，就构成一个标准盘整背驰。12日14：35到16日9：45构成A段，16日9：45到16日13：30构成B段，16日13：30到17日13：05构成C段。其中B段制造了MACD黄白线对0轴的回拉，C段与A段构成背驰。对C段进行更仔细的分析，9：35的第一个红柱子，由于并没创新高，所以不构成背驰，10：40的第二个红柱子，由于这时候的C段还没有形成一个中枢，根据走势必完美，C段肯定没完，所以继续【扫地僧：注意，A段内部也没有形成与B同样级别的中枢，这是因为站在非同级别分解的角度，连接大中枢之间的走势可以是次级别以下的，而C段则不同，因为C段有没有走完很关键，A已经是过去时，而C则是当下；当下没走完，即使背驰后面也可能继续创新高使得背驰被破坏，所以C的完美很重要】。13：05，第三个红柱子，这时候，把三个红柱子的面积加起来，也没有A段两个红柱子面积和大，显然背驰了，所以要走人了。而随后的回跌，马上跌回大的中枢之内，所以不可能有什么第三类买点，不过站在超短线的立场，如果出现次级别的第一类买点，又可以重新介入了。

那么，有没有盘整背驰后回跌形成第三类买点的例子，其实这种例子太多了，第三类买点，有一种情况就是这样构成的。例如，万科A（000002）的15分钟图，12月15日10：45，构成一个盘整背驰，所以要出来，其后的次级别回跌并不重新回到前面的中枢里，就在18日9：45构成了标准的第三类买点，这时候就该重新回补了。

(扫码获取更多学习资料)

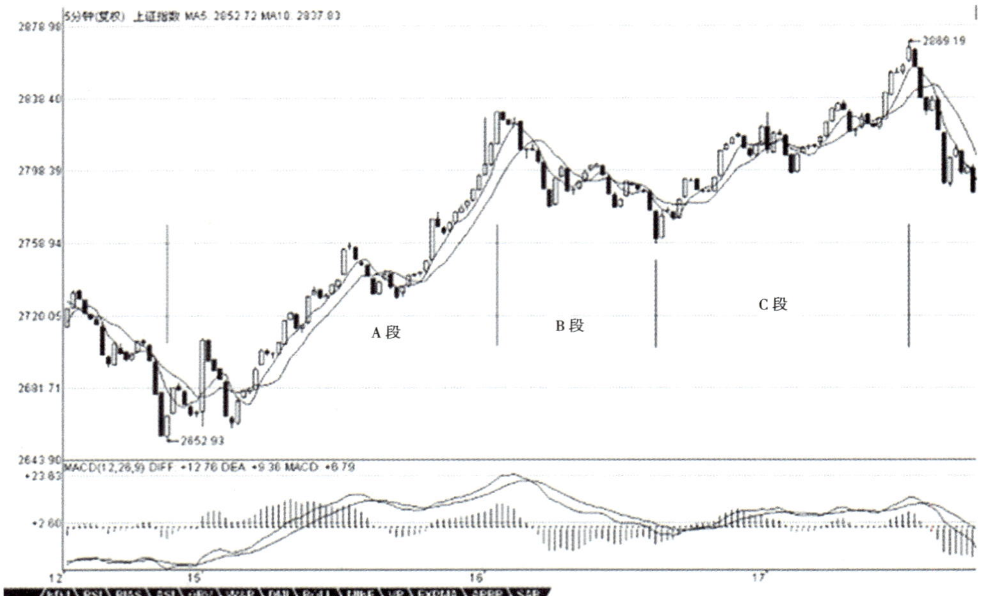

图 3

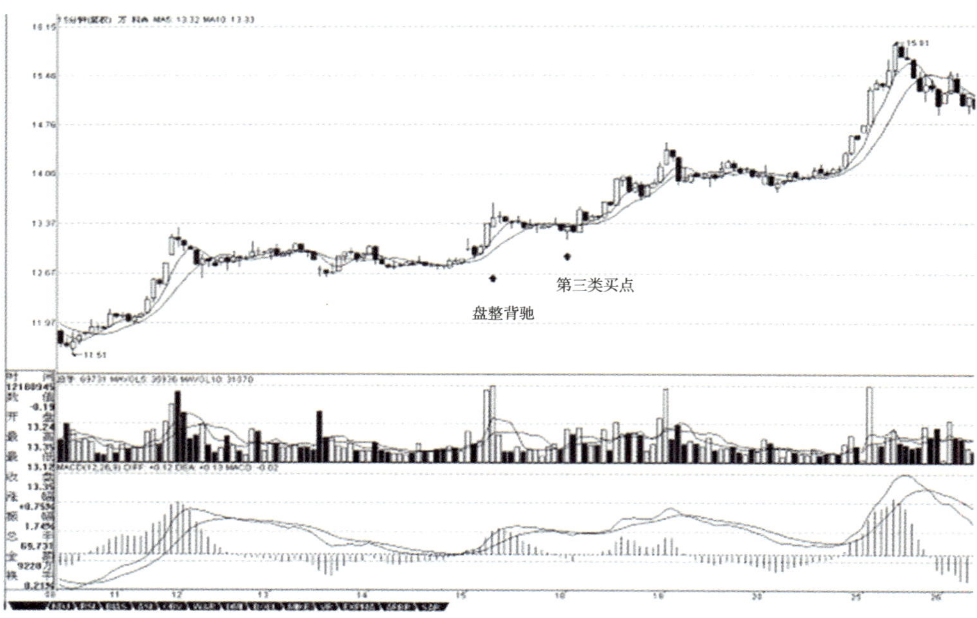

图 4

背驰与盘整背驰的两种情况中，背驰是最重要的，一旦出现背驰，其回跌，一定至少重新回到 B 段的中枢里，看看中国人寿（601628）的回跌，就一目了然了。而盘整背驰，一般会在盘整中弄短差时用到，如果其间突破中枢，其回跌必须分清楚上面的两种情况【扫地僧：此外，还有一点值得注意，在趋势背驰中，A 和 C 必须都是趋势，而盘整背驰中，A 和 C 不必然是趋势，这个从上面的案例图中可以看出】。

必须注意：无论是背驰还是盘整背驰，只要满足上面相应的标准，其技术上都是绝对的，没有任何的或然。问题不在于这种技术的准确性，而在于操作者判断的准确性，也就是说，必须先知道什么是背驰，什么是盘整背驰，它们之间的标准是什么，如果连这些都搞不清楚，那是无法熟悉并应用这项技术的。

必须说明的是，由于 MACD 本身的局限性【扫地僧：只要走势上涨的速度减缓，MACD 黄白线也会回抽，这样就容易造成本来依旧是 A 中的走势，却判断成了 B，这是指标设计的特点，所以不能把指标用死了】，要精确地判断背驰与盘整背驰，还是要从中枢本身出发，但利用 MACD，一般人理解和把握比较简单点，而这已经足够好了。仅用 MACD 辅助判断，即使你对中枢不大清楚，只要能分清楚 A、B、C 三段，其准确率也应该在 90%以上。而配合上中枢，那是 100%绝对的【扫地僧：别激动，这个 100%是有前提的】，因为这可以用纯数学的推理逻辑地证明，具体的证明以后会说到。

【扫地僧点评】

本文又是技术课，干货足，有两个关键点：①搞清楚背驰和盘整背驰的区别；②搞清楚 ABC 如何划分以及其特点。

教你炒股票 25：吻、MACD、背驰、中枢[①]

M 指标变化多，上下翻滚一波波，中枢背驰不用愁，红绿柱子把它捉。

发现很多人把以前的东西都混在一起了，所以先把一些问题再强调一下。所谓的“吻”，是和均线系统相关的，而均线系统，只是走势的一个简单数学处理，说白了，离不开或然率，这和后面所说的中枢等概念是完全不同的，所以一定要搞清楚，不要把均线系统和中枢混在一起了【扫地僧：有中枢的地方，必有均线吻，但均线吻未必一定是该级别的中枢，均线吻只是用来代替中枢的工具，但这个代替只能是约等于，并不是完全相等，所以均线吻系统有或然率，而中枢则是由理论所保证的】。均线系统，本质上和 MACD 等指标是一回事，只能是一种辅助性工具。由于这些工具比较通俗，掌握起来比较简单，如果不想研究得太深，可以先把这些搞清楚【扫地僧：其实能够把均线吻和 MACD 用好，就已经很厉害了】。

但“学如不及”，对事情如果不能穷根究底，最终都是“犹恐失之”的，因此，最终还是要把中枢等搞清楚。MACD，当一个辅助系统，还是很有用的。MACD 的灵敏度，和参数有关，一般都取用 12、26、9 为参数，这对付一般的走势就可以了，但一个太快速的走势，1 分钟图的反应也太慢了，如果弄超短线，那就要看实际的走势，例如看水井坊（600779）的 1 分钟图（见图 1），从 16.5 元上冲 19.0 元的这段，明显是一个 1 分钟上涨的不断延伸，这种走势如何把握超短的卖点？不难发现，MACD 的柱子伸长，和乖离有关，大致就是走势和均线的偏离度。打开一个 MACD 图，首先应该很敏感地去发现该股票 MACD 伸长的一般高度，在盘整中，一般伸长到某个高度，就一定会回去了，而在趋势中，这个高度一定是高点，那也是有极限的【扫地僧：我们首先来看一下 MACD 的指标是怎么写的：

① 原文来源：http：//blog.sina.com.cn/s/blog_486e105c010008ak.html，2007-01-23 15：13：13。

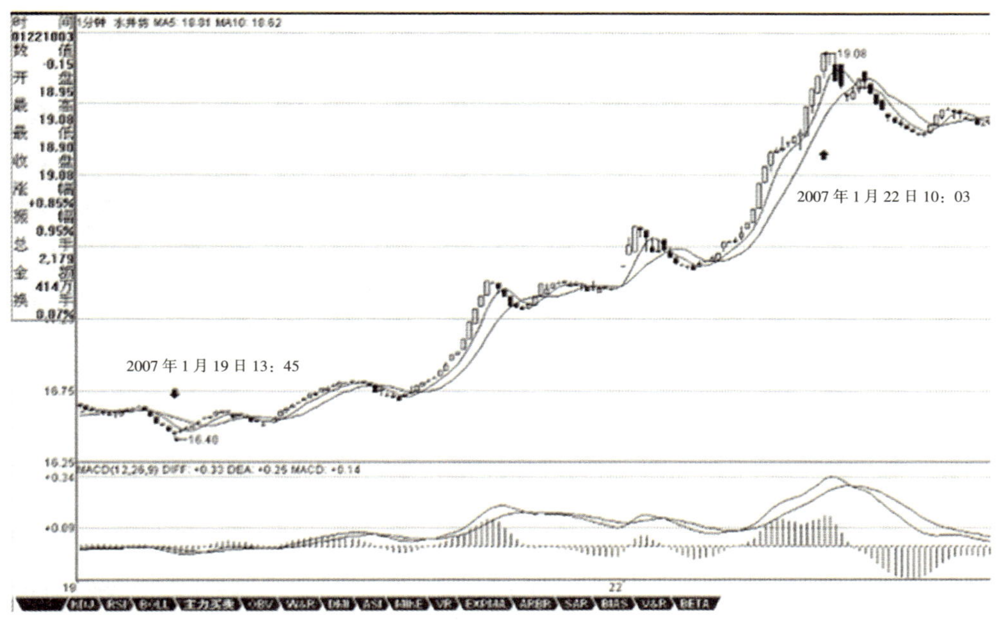

图 1

DIF：EMA(CLOSE，SHORT)－EMA(CLOSE，LONG)；(DIF＝短期加权均线与长期加权均线的差)

DEA：EMA （DIF，MID)；(DEA=DIF 的中期加权平均)

MACD：(DIF－DEA)×2，COLORSTICK；(MACD＝DIF 与 DIF 的中期加权平均的差)

也就是说，MACD 的值就是短期均线与长期均线的差与这个差本身的一个中期均线之间的差，说白了，就是股价上涨或下跌的加速度，由于 A 股有涨停板的限制，所以这个加速度不可能是无穷大，一定会有一个极限值】，一般来说，一旦触及这个乖离的极限，特别是两次或三次上冲该极限，就会引发因为乖离而产生的回调。这种回调因为变动太快，在 1 分钟图上都不能表现其背驰，所以必须用单纯的 MACD 柱子伸长来判断。注意：这种判断的前提是 1 分钟的急促上升，其他情况下，必须配合黄白线的走势来用【扫地僧：要注意的是其他情况下需要黄白线的配合】。从该 1 分钟走势可以看出，17.5 元时的柱子高度，是一个标杆，后面上冲时，在 18.5 元与 19.0 元时的两次柱子伸长都不能突破该高度，虽然其形成的面积大于前面的，但这种两次冲击乖离极限而不能突破，就意味着这种强暴的走势，要歇歇了【扫地僧：这个方法可以在强势股的日内交易中运用】。

还有一种，就是股票不断一字涨停，这时候，由于 MACD 设计的弱点，在 1 分钟图，甚至 5 分钟图上，都会出现一波一波类似正弦波动的走势，这时候不能用背驰来看，最简单的，就是用 1 分钟的中枢来看，只要中枢不断上移，就可以不管。直到中枢上移结束，就意味着进入一个较大的调整，然后再根据大一点级别的走势来判断这种调整是否值得参与。如果用 MACD 配合判断，就用长一点时间的，例如看 30 分钟。一般来说，这种走势，其红柱子都会表现出这样一种情况，就是红柱子回跌的低点越来越低，最后触及 0 轴，甚至稍微跌破，然后再次放红伸长，这时候就是警告信号，如果这时候在大级别上刚好碰到阻力位，一旦涨停封不住，出现大幅度的震荡就很自然了。例如山东金泰（600385），在 2.92 元涨停，MACD 出现一点的绿柱子，然后继续涨停，继续红柱子，而 3.28 元是前期的日线高位，结果 3.22 元涨停没封住，就开始大幅度的震荡，如图 2 所示。

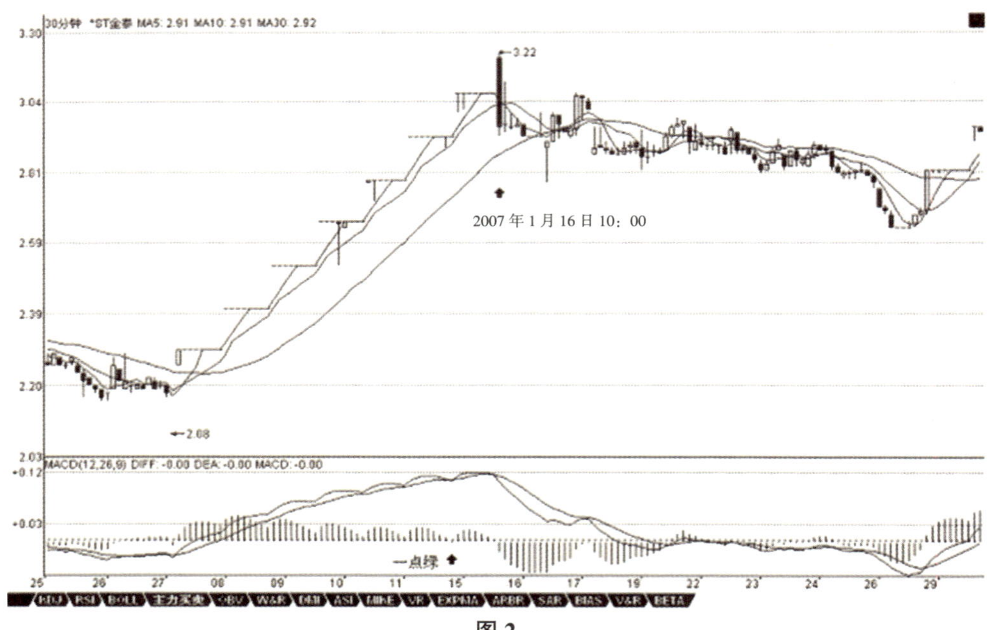

图 2

【扫地僧：多来几个例子才更有说服力，就以近期连续涨停的股票为例】

注意：如果这种连续涨停出现在第一段的上涨中，即使打开涨停后，震荡结束，形成一定级别的中枢后，往往还有新一段的上涨【扫地僧：因为走势必完美，一个走势要想结束，首先得有相应的中枢】，必须在大级别上形成背驰才会构成真正的调整。因此，站在中线的角度，上面所说的超短线，其实意义并不太

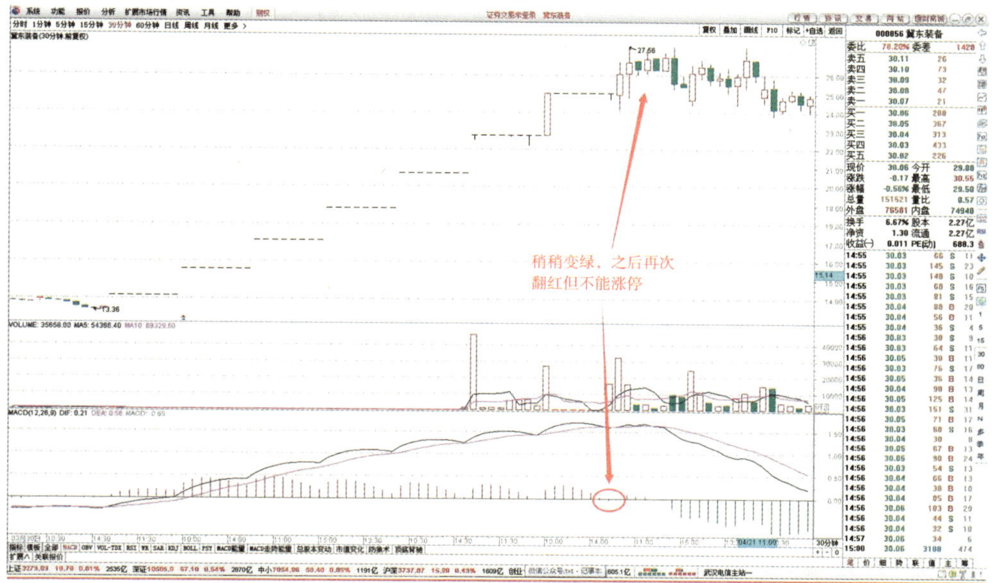

稍稍变绿，之后再次翻红但不能涨停

图 3

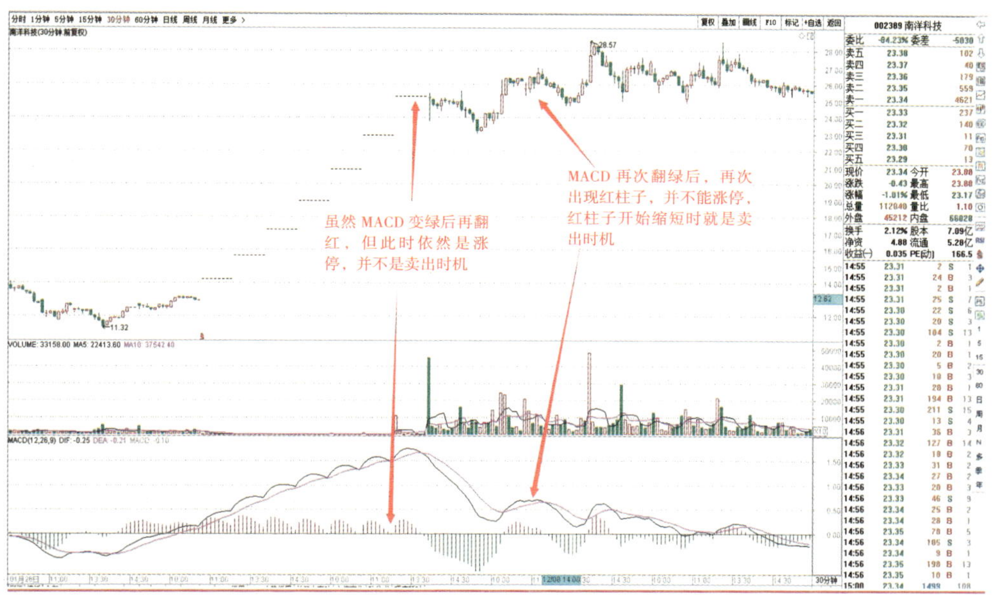

虽然 MACD 变绿后再翻红，但此时依然是涨停，并不是卖出时机
MACD 再次翻绿后，再次出现红柱子，并不能涨停，红柱子开始缩短时就是卖出时机

图 4

（扫码获取更多学习资料）

图 5

大，有能力就操作，没能力就算了。关键是要抓住大级别的调整，不参与其中，这才是最关键的。

此外，一定要先分清楚趋势和盘整，然后再搞清楚背驰与盘整背驰。盘整背驰里的三种情况，特别是形成第三类买点的情况，一定要搞清楚。注意：盘整背驰出来，并不一定都要大幅下跌，否则怎么会有第三类买点构成的情况。而趋势中产生的背驰，一定至少回跌到 B 段中，这就可以预先知道最少的跌幅。

背驰的回跌力度和级别很有关系，如果日线上在上涨的中段刚开始的时候，MACD 刚创新高，红柱子伸长力度强劲，这时候 5 分钟即使出现背驰，其下跌力度显然有限，所以只能打点短差，甚至可以不管【扫地僧：说白了就是“不逆势”，小级别和大级别矛盾时，反向的力度不要期望太大】。而在日线走势的最后阶段，特别是上涨的延伸阶段，一个 1 分钟的背驰足以引发暴跌，所以这一点必须多级别地综合考察，绝对不能一看背驰就抛等跌 50%，世界上哪里有这样的事情。

一般来说，一个标准的两个中枢的上涨，在 MACD 上会表现出这样的形态，就是第一段，MACD 的黄白线从 0 轴下面上穿上来，在 0 轴上方停留的同时，形成相应的第一个中枢，同时形成第二类买点【扫地僧：敲黑板！在形成第一个中枢时，往往还会形成 MACD 黄白线的双回抽 0 轴】，其后突破该中枢，MACD 的黄白线也快速拉起，这往往是最有力度的一段，一切的走势延伸等，以及 MACD

绕来绕去的所谓指标钝化都经常出现在这一段【扫地僧：所以，在看 MACD 指标时，如果处于这一段，指标往往会不灵，可以到小级别中去观察，但不建议在这一段中再去做什么短差，很容易把股票卖飞】，这段一般在一个次级别的背驰中结束，然后进入第二个中枢的形成过程中，同时 MACD 的黄白线会逐步回到 0 轴附近，最后继续突破第二个中枢，MACD 的黄白线以及柱子都再次重复前面的过程，但这次黄白线不能创新高，柱子的面积或者伸长的高度不能突破新高，出现背驰，这就结束了这两个中枢的上涨过程。明白这个道理，大多数股票的“前生后世”，一早就可以知道了。

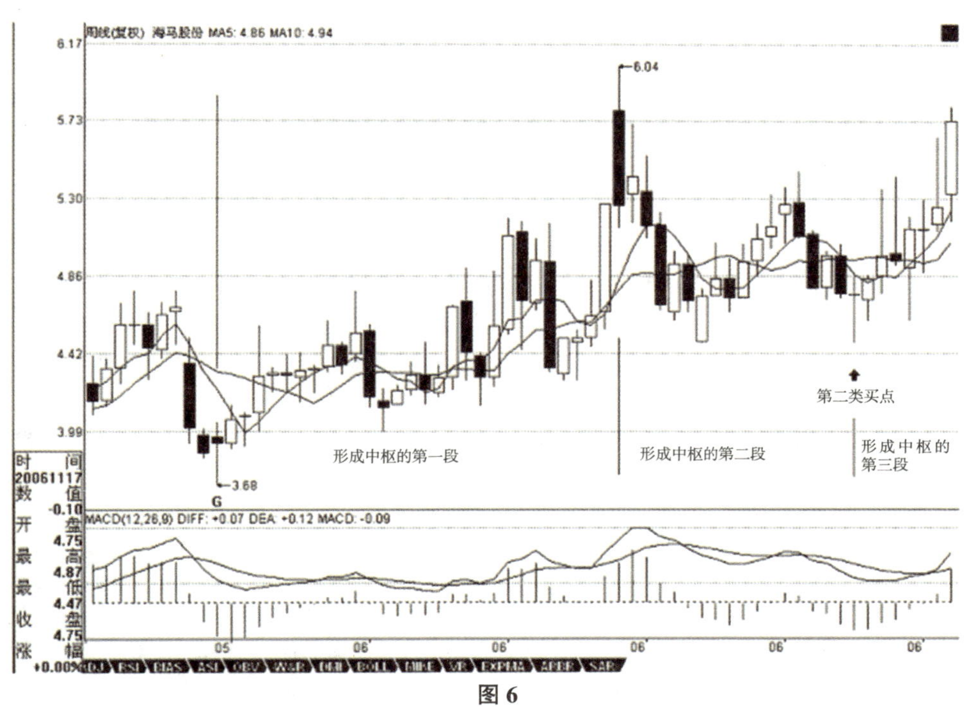

图 6

用最近涨得最厉害的一只股票来说明，海马汽车（000572）。该股票的力度，其实是和它在日线与周线上出现双重的第二类买点有关，相应地，就有了 MACD 双重在 0 轴停留形成第一个中枢的情况。在周线上，该股从 2005 年 12 月 9 日到 2006 年 7 月 14 日，形成第一段，同时 MACD 也回到 0 轴上面。其后就开始形成第一个中枢，最终在 2006 年 11 月 17 日形成第二类买点，同时，黄白线在 0 轴附近横盘。然后，开始逐步摆脱该中枢，黄白线也逐步拉起。在日线上，这个过程也是一样的，2006 年 11 月 13 日到 2006 年 12 月 6 日，形成日线上的第一段，

（扫码获取更多学习资料）

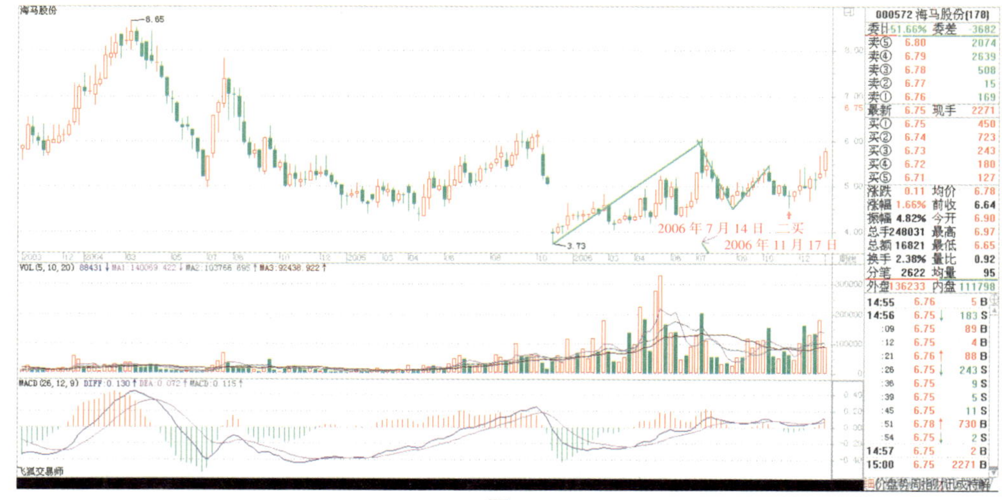

图 7

注：上图复权，可参照此图理解。

同时 MACD 回到 0 轴上面。然后三段回拉在 2007 年 1 月 4 日结束，形成第一个中枢，其后突破中枢，MACD 在 0 轴附近拉起，摆脱第一个中枢。该股以后的走势就很简单了，首先形成一个至少是日线级别的新中枢，同时 MACD 回抽 0 轴，然后再突破，出现背驰，构成一个大调整，从而导致一个至少周线以上级别的中

图 8

图 9

注：上图复权，可参照此图理解。

枢，使得 MACD 出现回拉 0 轴，然后再拉起来，出现背驰，其后的调整就大了去了，至少是月线级别的。

必须注意，MACD 在 0 轴附近盘整以及回抽 0 轴所形成的中枢，不一定就是相应级别的中枢，而是至少是该级别的中枢。例如日线 MACD 的 0 轴盘整与回拉，至少构成日线的中枢，但也可以构成周线的中枢，这时候就意味着日线出现三段走势【扫地僧：在日线上 MACD 可以在 0 轴附近一直盘，级别自然会升上去】。

【扫地僧点评】

本文重点讲了实战中MACD 的两个特殊应用以及 MACD 是如何配合中枢的，非常接地气的一课，所以老衲插嘴就少得多。

教你炒股票26：市场风险如何回避[①]

市场风险如何避，对冲分散非真谛，交易持续钱无期，用好缠论即无敌。

在对中枢进行更深入的分析之前，先写这一章。注意：这不是粗略地谈论市场风险的回避问题，而是对这个问题进行一个根本性的分析。

首先要清楚什么是市场的风险。有关风险，前面可以带上不同的定性，政策风险、系统风险、交易风险、流通风险、经营风险等，但站在纯技术的角度，一切风险都必然体现在价格的走势上，所有的风险，归根结底，最终都反映为价格波动的风险。例如，某些股票市盈率很高，但其股价就是涨个不停，站在纯技术的角度，只能在技术上衡量其风险，而不用考虑市盈率之类的东西【扫地僧：正如前面所讲到的三个独立系统，不同维度的风险也可以相互印证】。

本ID理论成立的一个最重要前提，就是被理论所分析的交易品种必须是在可预见的时间内能继续交易的。例如，一个按日线级别操作的股票，如果一周后就停止交易，那就没意义了，因为这连最基本的前提都没有了。当然，如果你是按1分钟级别去交易，那一周后停止交易的股票即使有风险，也是技术上可以控制的。唯一不能控制的就是，不知道交易什么时候被突然停止，这种事情是技术上的最大死穴，因此本ID的理论也不是万能的，唯一不能的地方，就是突然会被停止交易，理论成立的前提没有了。当然，有一种更绝的就是交易不算了，这和停止交易是一个效果，这绝对不是天方夜谭，在不成熟的市场里一点都不奇怪，例如著名的"3·27"事件，本ID肯定是那次事件的最大冤家。本ID当天在高位把一直持有多天的多仓平了，因为按技术肯定要回调，在最后万国发疯打跌停时，本ID又全仓杀进去开多仓【扫地僧：做期货的朋友注意了：这里缠师虽然已经看到回调的信号，但只是平多，而没有开空，这就是不逆势的一个体现，这在期货里十分重要，我见过太多的人因为蝇头小利而逆势做，最终都做不长

① 原文来源：http：//blog.sina.com.cn/s/blog_486e105c010008f9.html，2007-01-30 15：09：57。

久】，价位 147.5 元，结果第二天竟然不算，幸亏本 ID 反应快，在别的品种封停前抢进去了，后来都集中到 3 月 19 日，一直持有到 190 元附近平仓，然后马上转到股票上，刚卖完，第二天就公布停国债期货，股市从 500 多点三天到 900 多点。所以本 ID 对国债期货是很有感情的，幸亏当时守纪律，不贪小便宜开空仓，否则麻烦就大了。还有就是最后一天走掉，免去了最后的所有麻烦，还赶了一个股票的底。当时所谓的大户室里，都是有人专门报单的，直接打给场内的红马甲，行情不忙的时候还可以和红马甲聊天，确实人性化，不像现在都是电脑对电脑，一点意思都没有。本 ID 是刚上大学就开始炒股票，天天往证券部去，年龄不大，股龄可长了，可怜大学基本没上过一堂课，除了考试，基本就没见过老师，各位千万别学我。

说了那么多，只是想说明一个道理，像交易不算，突然停止交易等，并不是本 ID 的理论可以控制的，像本 ID 最后一天在 3 月 19 日平仓，绝不是看图来的，只是 3 月 27 日不算的经历，使得本 ID 受到严重教训。但只要交易延续、交易是算的，那么本 ID 的理论就没有任何盲点需要特别留意了。所以，在应用本 ID 的理论时，唯一需要提防的风险就是交易能否延续以及是否算数。对那些要停止交易的品种，最好别用什么理论了，直接去赌场算了。至于停牌之类的，不影响理论对风险的控制。其他的一切风险，必然会反映在走势上，而只要走势是延续的，不会突然被停止而永远没有了，那一切的风险都在本 ID 的理论控制之中，这是一个最关键的结论，应用本 ID 的理论，是首先要明确的。但更重要的是，停止交易不是因为市场的原因，而是因为自身。任何的交易都必须有钱，也就是交易的前提是先有钱，一旦钱是有限期的，那么等于自动设置了一个停止交易的时限，这样的交易，是所有失败交易中最常见的一种，以前很多人死在透支上，其实就是这种情况【扫地僧：这里必须牢记：不用有时间期限的钱！开了融资融券的建议关掉吧，加融资无非是让本金放大一倍，如果你有稳定盈利的能力，无非是时间上慢了从 1 点做到 2 点的这段时间，但获得是绝对安全的，而加了融资，就相当于用安全性来换取从 1 点到 2 点的这段时间，如果你从 1 点到 2 点的这段时间很长，那么你应该努力的是如何提高收益和效率，如果不是很长，那也就根本没有必要加杠杆，这点逻辑一定要想清楚】。任何交易的钱，最好是无限期的，如果真有什么限期，也是足够长的，这是投资中极为关键的一点。一笔有限期的钱，唯一可能就是把操作的级别降到足够低，这样才能把这个限期的风险尽量控制住，但这只是一个没有办法的办法，最好别出现。

有人可能要问，如果业绩突然不好或有什么坏消息怎么办？其实这种问题没

什么意义，即使在成熟市场里，这类的影响也会事先反映在走势上，你不知道不等于别人不知道，你没反应不等于别人没反应，而这一切，无论你知道与否，都必然会反映到走势上，等消息明朗，一切都晚了。走势是怎么出来的？是用钱堆出来的！在这资本的社会里，又有什么比用实在的钱堆出来的更可信？除了走势，又有什么是更值得相信的？而那些更值得相信的东西，又有哪样不是建筑在金钱之上的？资本市场就是一个金钱的游戏，除了钱，还是钱。只有钱是唯一值得信任的，而钱在市场上运动的轨迹，就是走势。这是市场中唯一可以观察与值得观察的东西。一切基本面、消息面等的分析，最终都要落实到走势上，要让实在的钱来说话，否则都是自渎而已。只要有钱的运动，就必然留下轨迹，必然在走势上反映出来【扫地僧：基本面和技术面的关系是用来相互印证的，不是用来推导的，也就是说当基本面利好时，技术面并不一定走好，其作用只是用来看这个利好在技术面上是如何被市场反映的，关于这个话题，可重读“教你炒股票7：给赚了指数亏了钱的一些忠告（2）”里的内容】。

市场中，唯一的活动，其实就是钱与股票的交换运动。股票就是废纸一张，什么基本面分析，这价值那价值的归根结底都是胡诌，股票就是废纸，唯一的功能就是一张能让你把一笔钱经过若干时间后合法地换成另一笔钱的凭证。交易的本质就是投入一笔钱，在若干时间后换成另一笔钱出来，其中的凭证就是交易的品种。本质上，任何东西都可以是交易品种，所谓股票的价值，不过是引诱你把钱投进去的诱饵【扫地僧：股票的价值、题材等本质上就是给你一个买入的理由，只需要知道这是一个理由就好，剩下的就要看市场对这个理由的反应，你相信的应该是这种反应在技术上的结果，而不是这个理由】。应用本 ID 理论的人，首先要认清楚这一点。对于你投入的钱来说，那些能让它在下一时刻变成更多的钱出来的凭证就是有价值的。如果有一个机器，只要你投 1 元钱，1 秒钟后就有 1 万亿元钱出来，那傻瓜才炒股票。可惜没有这种机器，所以只能在资本市场上玩。而市场上，对任何的股票都不值得产生感情，没有任何股票可以给你带来收益，能给你带来收益的是你的智慧和能力，让那些钱在另一个时间变成更多钱的智慧和能力。

同理，市场的唯一风险就是你投入的钱在后面的时刻不能用相应的凭证换成更多的钱，除此之外，一切的风险都是狗屁风险。但任何的凭证，本质上都是废纸，以 0 以上的任何价格进行的任何交易都必然包含风险，也就是说，都可能导致投入的钱在后面的某一时刻不能换回更多的钱，所以，交易的风险永远存在。那么，有什么样的可能，使得交易是毫无风险的？唯一的可能是你拥有一个负价

格的凭证。什么是真正的高手、永远不败的高手？就是有本事在相应的时期内把任何凭证变成负价格的人。对于真正的高手来说，交易什么其实根本不重要，只要市场有波动，就可以把任何的凭证在足够长的时间内变成负价格。本 ID 的理论本质上只探讨一个问题，如何把握任何价格的凭证，最终都把其价格在足够长的时间内变成负数【扫地僧：说白了就是只探讨如何把握一个凭证的波动】。

任何的市场波动，都可以为这种让凭证最终变成负数的活动提供正面的支持，无论是先买后卖还是先卖后买，效果是一样的，但很多人就只会单边运动，不会来回动，这都是坏习惯。市场无论涨还是跌，对于你来说永远是机会，你永远可以在买卖之中，只要有卖点就要卖出，只要有买点就要买入，唯一需要控制的就是量。即使对于本 ID 这样的资金量来说，1 分钟的卖点本 ID 也会参与，只是可能就只卖 5 万股，跌回来 1 分钟买点买回来，差价就只有 1 毛钱，整个操作除了手续费可能只有 4000 元的收入，但 4000 元不是钱？够一般家庭一个月的开销了。而更重要的是，这样的操作能让本 ID 的总体成本降低，即使是 0.000000001 分，本 ID 也必须这样弄。所以，对于本 ID 来说，任何的卖点都是卖点，任何的买点都是买点，本 ID 唯一需要控制的只是买卖的量而已。级别的意义，其实只有一个，基本只和买卖量有关【扫地僧：这也解释了为什么熊市中只能做小级别】，日线级别的买卖量当然比 1 分钟级别的要多多了，本 ID 可以用更大的量去参与买卖，例如 100 万股、1000 万股，甚至更多。对于任何成本为正的股票，本 ID 永远不信任，只有一个想法就是要尽快搞成负数的。对权证也不例外，例如已经停掉的某认购权证，本 ID 最终在最后几天上涨到 1 元多完全出掉时，当时的成本是负的 2.8 元多，注意，本 ID 的仓位是一直不变的，最开始多少就是多少，上上下下，卖点的时候变少，买点的时候又回复原来的数量，但绝对不加仓，一开始就买够【扫地僧：一开始就买够，一是说明缠师的自信和对买卖点把握得精准，二是不要越涨越加仓，这个习惯特别不好，因为只要有一次大的回调，所有的浮盈就全回去了，要买就一次性买够，买错了就止损走，专心做下一次交易】。

因此，站在这个角度，股票是无须选择的，唯一值得选择的，就是波动大的股票，而这个是不能完全预测的，就像面首的行与不行，谁知道下一次怎么样？对于本 ID 来说，市场从来没有任何的风险，除非市场永远是一条直线。当然，对于资金量小的投资者，完全可以全仓进出，游走在不同的凭证之间。这样的效率当然是最高的，不过这不适用于大资金。大资金不可能随时买到足够的量，一般来说，本 ID 只在月线、最低是周线的买点位置进去【扫地僧：也就是只参与大的牛市】，追高是不可能的，这样会让变负数的过程变得太长，而且都是在庄家吸得差不多时进去，一般都是第二类或第三类买点，这样可以骗庄家打压给点货，从散户手里买东西太累【扫地僧：三买节约时间，提高效率】，一般不在月线的第一类买点进去，这样容易自己变庄家了。对于庄家来说，本 ID 是最可怕的敌人，本 ID 就像一个吸血的机器，无论庄家向上向下都只能为本 ID 制造把成本摊成负数的机会，他无论干什么都没用。庄家这种活，庄家，无论是谁，只要本 ID 看上了，就要给本 ID“进贡”。

一笔足够长时限的钱+本 ID 理论的熟练运用=战无不胜。市场，哪里有什么风险？

【扫地僧点评】

本文重点讲了缠中说禅理论最大的风险有两点：①市场突然关闭，交易不算；②有时间期限的资金。

教你炒股票27：盘整背驰与历史性底部[①]

漫漫熊途何时了，月线季线图中找，盘整背驰威力大，牢记级别别放小。

趋势，一定有至少两个同级别中枢，对于背驰来说，肯定不会发生在第一个中枢之后，肯定是至少在第二个中枢之后，对于那种延伸的趋势来说，很有可能在发生第100个中枢以后才背驰，当然，这种情况，一般来说，一百年见不到几次。第二个中枢后就产生背驰的情况，一般占绝大多数，特别在日线以上的级别，这种就几乎达到90%以上【扫地僧：所以，当出现了第二个中枢以后，就要时刻瞪大眼睛，看看有没有背驰出现了】，因此，如果一个日线以上级别的第二个中枢，就要密切注意背驰的出现。而在小级别中，例如1分钟的情况下，这种比例要小一点，但也是占大多数。一般四五个中枢以后才出现背驰的，都相当罕见了【扫地僧：大盘在牛市的时候，会经常出现大于两个中枢的情况，下面分别是2007年和2015年牛市中的一波趋势，从日线图上就能看出小级别里有几个趋势】。

如果在第一个中枢就出现背驰，那不是真正意义上的背驰，只能算是盘整背驰，其真正的技术含义，其实就是一个企图脱离中枢的运动，由于力度有限，被阻止而回到中枢里。一般来说，小级别的盘整背驰，意义都不太大，而且必须结合其位置，如果是高位，那风险就更大了，往往是刀口舔血的活动【扫地僧：同样的盘背，不同的位置风险程度不同，这也是缠论理性指标中，将当前体位的空间设计成风险指标因子的原因】。但如果是低位，那意义就不同了，因为多数的第二、三类买点，其实都是由盘整背驰构成的，而第一类买点，多数由趋势的背驰构成。一般来说，第二、三类的买点，都有一个三段的走势，第三段往往都破点第一段的极限位置，从而形成盘整背驰，注意，这里是把第一、三段看成两个

① 原文来源：http：//blog.sina.com.cn/s/blog_486e105c010008h4.html，2007-02-02 15：11：27。

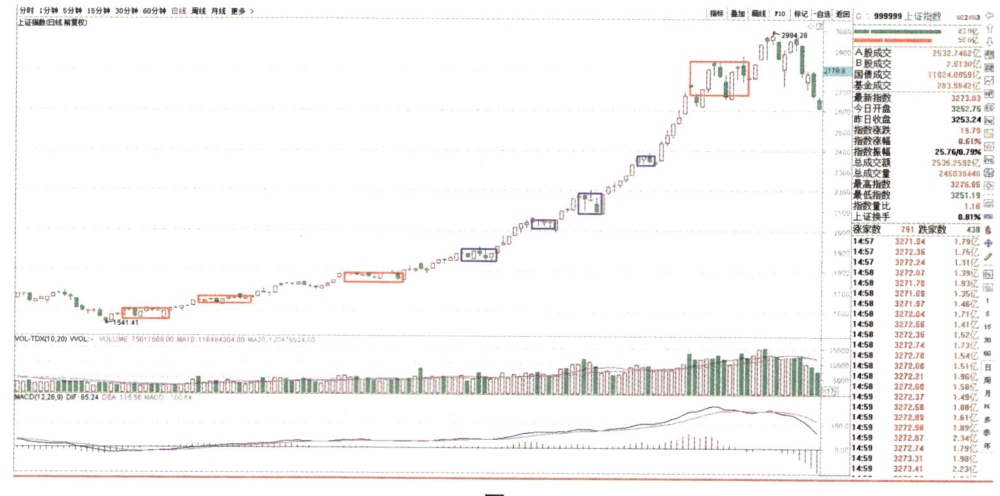

图 1

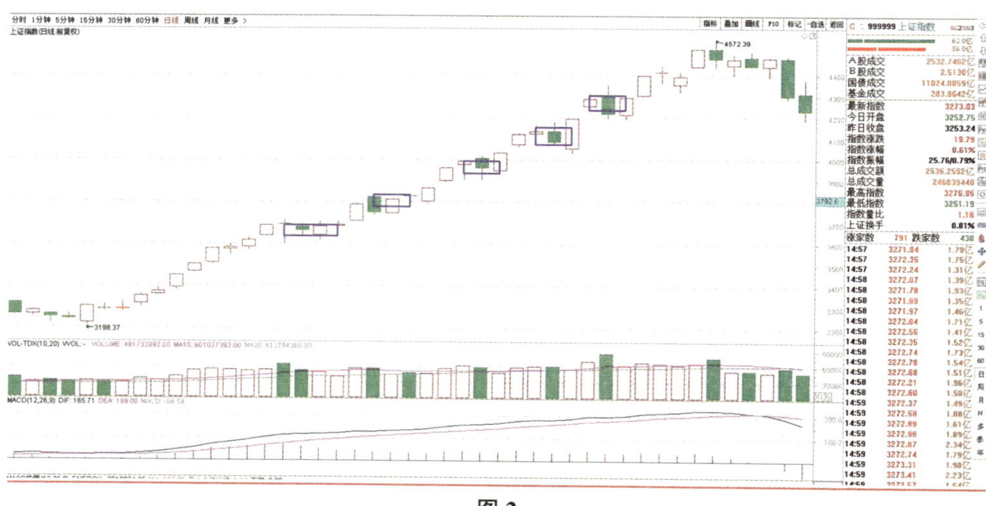

图 2

走势类型之间的比较，这和趋势背驰里的情况有点不同，这两个走势类型是否一定是趋势，都问题不大，两个盘整在盘整背驰中也是可以比较力度的【扫地僧：再赶紧复习一下“教你炒股票 24：MACD 对背驰的辅助判断”那课，看看盘背和趋势背驰的区别，这个一定要弄清楚】。这里，先补充一个定义，就是在某级别的某类型走势，如果构成背驰或盘整背驰，就把这段走势类型称为某级别的背驰段。

盘整背驰最有用的，就是用在大级别上，特别是至少周线级别以上的，这种

盘整背驰所发现的，往往就是历史性的大底部【扫地僧：这是判断历史大底的一个很实用的方法，看看上证的月线，2005 年出现了盘背，见图 3。2013 年也出现了盘背，见图 4】。配合 MACD，这种背驰是很容易判断的。这种例子太多，例如万科 A（000002），谁都知道该股是大牛股，但这牛股的底部，如果学了本 ID 的理论，无论是谁都可以发现。请看该股的季线图，也就是三个月当成一个 K 线的图。1993 年第一季度的 36.7 元下跌到 1996 年第一季度的 3.2 元，构成第一段，刚好前后 13 个季度，一个神奇的数字；1996 年的第一季度然后到 2001 年

图 3

图 4

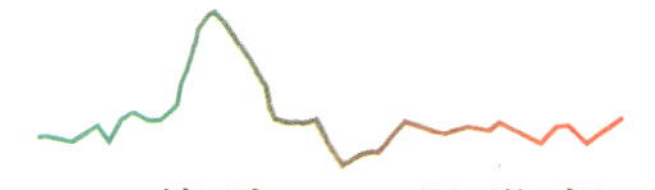

第三季度的 15.99 元，构成第二段，一个典型的三角形，中枢的第二段出现三角形的情况很常见，前后 23 个季度，和 21 的神奇数字相差不大；从 2001 年第三季度下跌到 2005 年的第三季度的 3.12 元，前后刚好 17 个季度，神奇数字 34 的一半，也是一个重要的数字。第一段跌幅是 33.5 元，第三段跌幅是 12.87 元，分别与神奇数字 34 和 13 极为接近。因为 13 的下一个神奇数字是 21，加上前面说过的 17，都不可能是第三段的跌幅，因此，站在这种角度，万科的 2.99 元附近就是跌底了【扫地僧：15.99–13=2.99，就是说从 2001 年第三季度的 15.99 元开始的跌幅，不可能取 17.0 元和 21.0 元，因为都比 15.99 元大，股票不可能跌成负数】。不过这种数字分析意义不大，最简单的还可以用 MACD 来判断，第三段跌破第一段的 3.2 元，但 MACD 明显出现标准的背驰形态：回抽 0 轴的黄白线再次下跌不创新低，而且柱子的面积是明显小于第 1 段的【扫地僧：3.12 元最低点那里，所对应的 MACD 的绿柱子已经开始缩短了，这也是背驰的一个重要信号】，一般来说，只要其中一个符合就可以是一个背驰的信号，两个都满足就更标准了。从季度图就可以看出，万科跌破 3.2 元就发出背驰的信号。而实际操作中，光看季度线是不可能找到精确的买点的，但对大资金，这已经足够了，因为大资金的建仓本来就是可以越跌越买，只要知道其后是一个季度级别的行情就可以了。而对于小资金来说，这太浪费时间，因此精确的买点可以继续从月线、周线、日

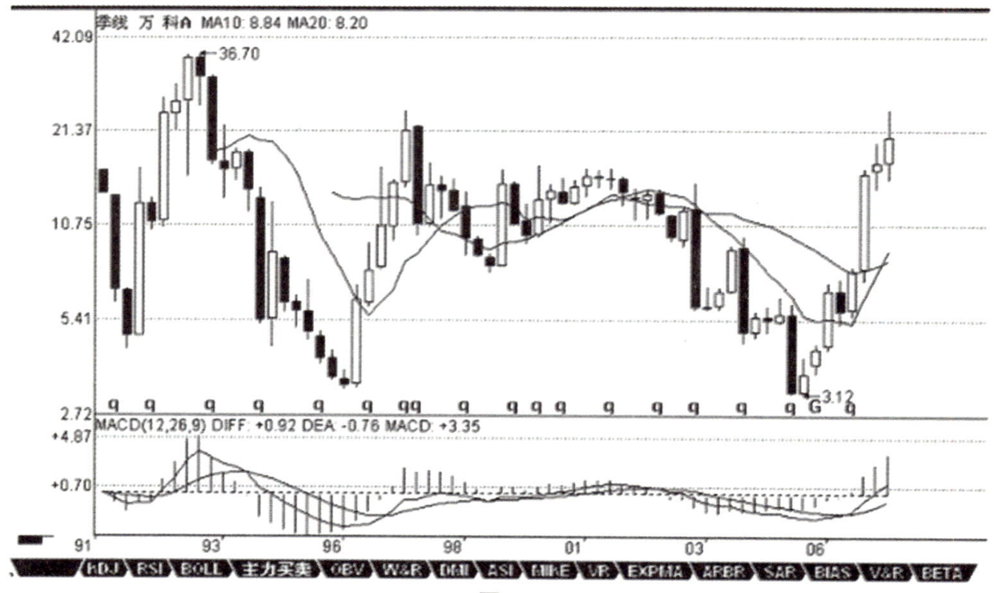

图 5

线，甚至 30 分钟一直找下去，如果你的技术过关，你甚至可以现场指出，就在这 1 分钟，万科跌到历史性大底部。因为季度线跌破 3.2 元后，这个背驰的成立已经是确认了，而第三段的走势，从月线、周线、日线等，可以一直分析下去，找到最精确的背驰点。

学过数学分析的，都应该对区间套定理有印象。这种从大级别往下精确找大级别买点的方法，和区间套是一个道理。以万科为例子，季度图上的第三段，在月线上，可以找到针对月线最后中枢的背驰段【扫地僧：万科 A 季线图上第三段所对应的月线，如图 5 所示】，而这背驰段，一定在季度线的背驰段里，而且区间比其小，把这个过程从月线延伸到周线、日线、30 分钟、5 分钟、1 分钟，甚至是每笔成交，区间不断缩小，在理论上，甚至可以达到这样一种情况，就是明确指出，就这一笔是万科历史底部的最后一笔成交，这成交完成意味着万科一个历史性底部的形成与时代的开始。当然，这只是最理想的情况【扫地僧：啰唆一句，这只是理想情况，不要刻意追求，容易走火入魔】，因为这些级别不是无限下去的，因此，理论上并不能去证明就是一个如极限一样的点状情况的出现，但用这种方法去确认一个十分精确的历史底部区间，是不难的。

图 6

推而广之，可以证明缠中说禅精确大转折点寻找程序定理：某大级别的转折点，可以通过不同级别背驰段的逐级收缩范围而确定。换言之，某大级别的转折

点，先找到其背驰段，然后在次级别图里，找出相应背驰段在次级别里的背驰段，将该过程反复进行下去，直到最低级别，相应的转折点就在该级别背驰段确定的范围内。如果这个最低级别是可以达到每笔成交的，理论上，大级别的转折点，可以精确到笔的背驰上，甚至是唯一的一笔。（当本 ID 十几年前发现这个定理时，有一个坏毛病，总是希望在实际操作上也精确到笔，因此还发明了其他古怪的看盘方法【扫地僧：自己都承认这是坏毛病，因为心智不强的很容易拔不出来】，不过这些其实都意义不大，1 分钟的背驰段，一般就是以分钟计算的事情，对于大级别的转折点，已经足够精确了，对大资金，基本没什么用处）

要理解本章，如果忘了的，最好把高数里的区间套定理复习一下，和这个思路是一样的，当然，由于级别不是无限可分的，不可能达到数学上唯一一点的精度。各位有时间可以参考一下号百控股（600640）、平安银行（000001）、深振业 A（000006）、中国宝安（000009）、南玻 A（000012）、爱建集团（600643）的季度图，看看历史底部是怎么形成的【扫地僧：这几只股票的季线图】。

图 7

当然，只有特别早的股票才可以用季度图。而月线图的，看陆家嘴（600663），一个标准的例子。

上面说的是背驰构成的买点，注意，第一类买点肯定是趋势背驰构成的，而盘整背驰构成的买点，在小级别中是意义不大的，所以以前也没专门当成一种买

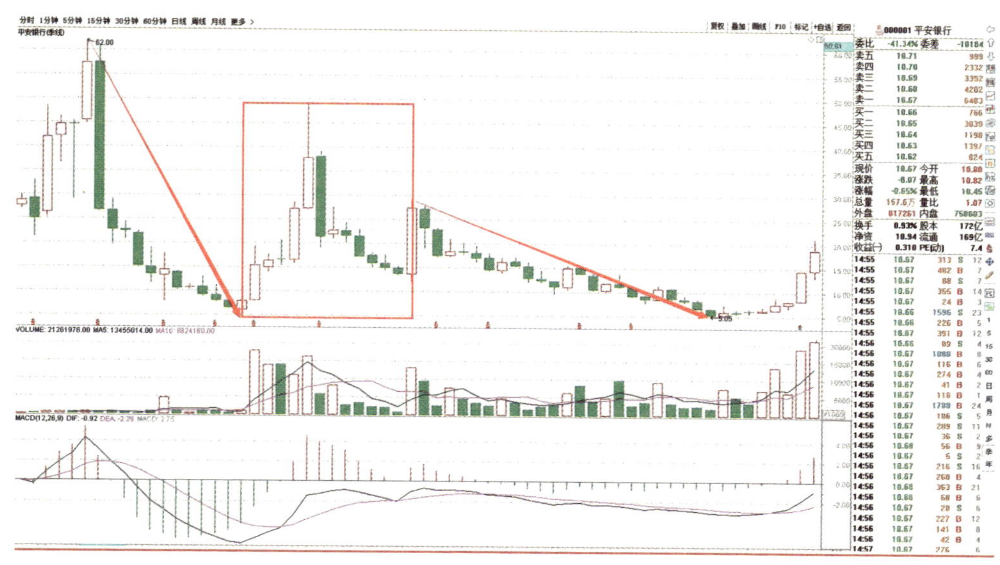

图 8

图 9

(扫码获取更多学习资料)

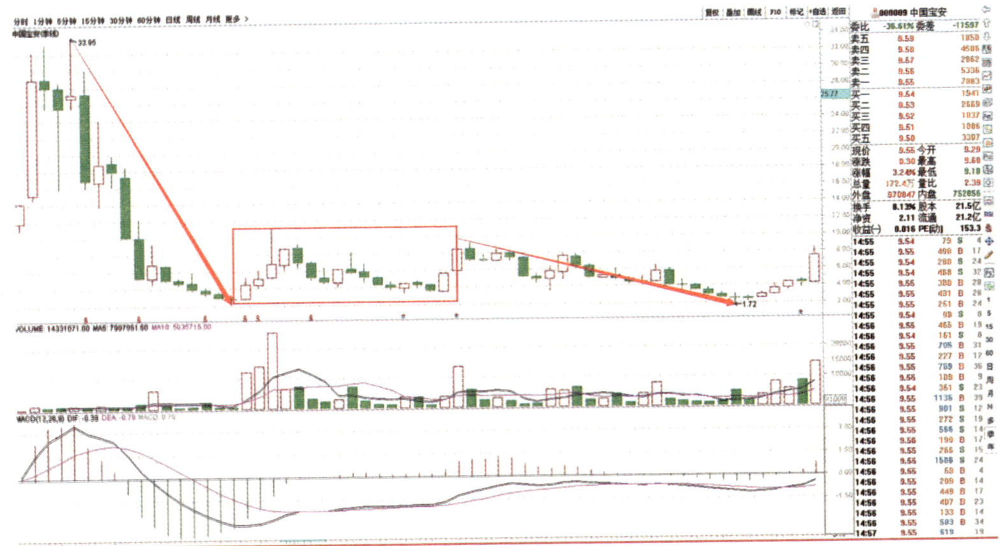

图 10

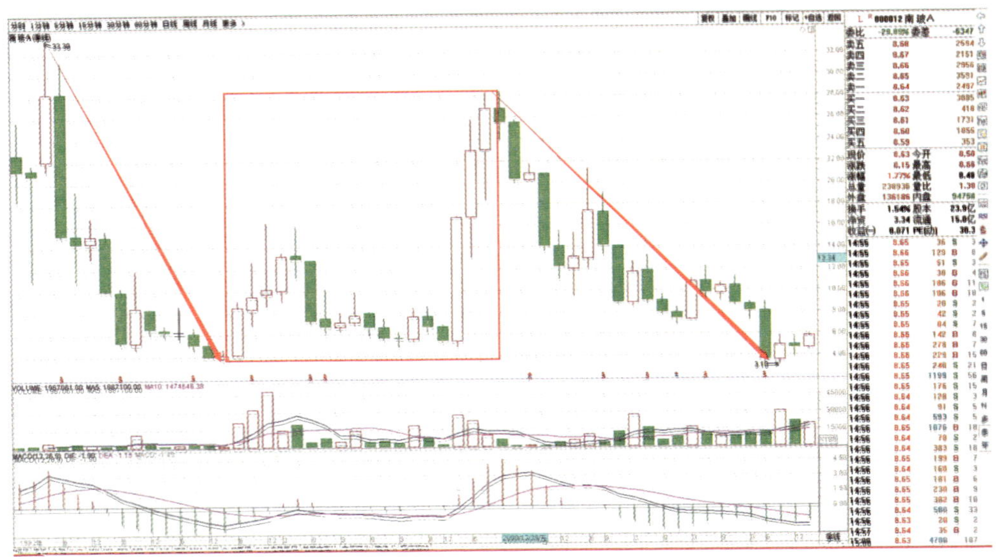

图 11

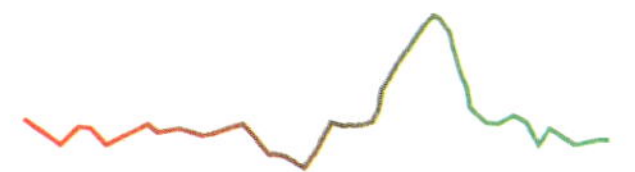

图 12

图 13

（扫码获取更多学习资料）

点。但在大级别里，这也构成一种类似第一类买点的买点，因为在超大级别里，往往不会形成一个明显的趋势，这也就是以前回帖曾说过的，站在最大的级别看，所有股票都只有一个中枢。因此，站在大级别里，绝大多数的股票其实都是一个盘整，这时候就要用到因为盘整背驰而形成的类似第一类买点了。这个级别，至少应该是周线以上【扫地僧：也就是说，用这个方法找大级别买点最少是周线以上的，建议是月线和季线，还有一个细节要注意，就是用不复权的图】。

类似地，在大级别里，如果不出现新低，但可以构成类似第二类买点的买点，在 MACD 上，显示出类似背驰时的表现，黄白线回拉 0 轴上下，而后一柱子面积小于前一柱子的。一个最典型的例子，就是季度图上的中船防务（600685）【扫地僧：这种情况其实占了大多数，见图 14】。

图 14

2005 年第三季度的 2.21 元构成一个典型的类第二类买点。在实际操作中，2.21 元的相应区间的寻找，也是按上面级别逐步往下找背驰段的方法实现【扫地僧：大盘在 2013 年也出现了这个类二买，看月线如图 15 所示】。

这一课，把找大牛市底部的一个方法说了，这个方法足以让你终生受用【扫地僧：方法非常简单，但究竟多少人有耐心来等待？时隔不过七八年，2013 年、2014 年的大底就又出现了，这个大牛市买点究竟有多少学缠之人真正抓到？聪明之心不可有，智慧之心不可无啊】。随着以后股票越来越多，老股民越来越多，

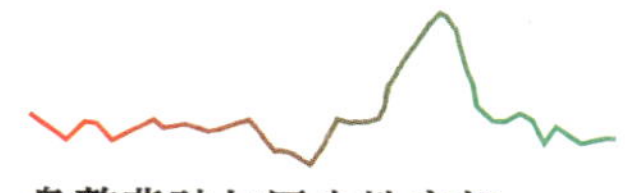

图 15

这种方法将在下一轮大牛市中大放异彩，这大牛市搞不好是 30 年以后的事情了，30 年以后，希望你还能记得这一课。当然，如果按照周线级别，那不用等 30 年了。不过，周线找出来的，不一定是历史性大底，可能就是一个比较长线的底部。如果把这种方法用在日线上，也是可以的，但相应的可靠性就不是那么绝对了。

补充一个本 ID 理论的学历标准：精通找出各级别中枢的，是幼儿园毕业；精通分别中枢的新生、延伸、扩展的，是学前班毕业；精通分辨盘整背驰与背驰，躲过盘整背驰转化为第三类买卖点的是小学毕业。各位自己对照一下【扫地僧：这个标准很高了，大部分人都处在学前班和幼儿园的阶段，小学能毕业的都不多，“吾将上下而求索”这句话送给大家以共勉】。

【扫地僧点评】

这堂课可谓价值千金，如果您的资产量够大，会这一招就足以。

教你炒股票 28：下一目标：摧毁基金[1]

基金公司高大上，路演一趟接一趟，不为基民谋财富，只为自己饱私囊。

本 ID 从来看不起任何基金，无论公募还是私募。很多人爱拿巴菲特说事，所谓价值投资，其实不过是一种手段而已【扫地僧：很简单的一点，并非所有的价值投资者都赚钱】。股票，归根结底就是废纸一张，而其本性决定了股票的所谓价值可以是这样一个完美的圈套，就是在股票所代表的公司上有 1 元的利润，在股票上就可以产生至少 10 元的增值，这无非就是资产虚拟化中的放大功能【扫地僧：资产虚拟化使得交易的门槛极度降低，参与的人数大大增加，人多就意味着情绪化严重，那么对于大家都认可的东西就一定有溢价，这个溢价就体现在这个放大功能；此外，在资本市场中，由于有杠杆的存在，也会加强这个放大功能】。因此，任何一个空壳公司，理论上，只要能合法地发行基金，然后将得到的钱部分地投在该空壳公司的资产上，就可以在股票上赚取 10 倍以上的增值。只要有钱，什么优质资产不可以买入注入？只要有钱，什么优质资产不被优先选购？然后，投资这只股票的基金就挣钱了，然后新一轮又开始了，如此而已。

任何不承认股票废纸性质的理论，都是荒谬的。任何股票，如果是因为有价值而持有，那都不过是唬人的把戏。长期持有某种股票的唯一理由就是，一个长期的买点出现后，长期的卖点还没到来。站在这个角度，年线图就是最长线的图了，因为任何一个人大概也就能经历七八十根的年 K 线，一个年线的第一类买点加一个年线的第一类卖点，基本就没了。把握好这两点，比任何价值投资的人都要牛了，那些人，最多不过是在年线的买点与卖点间上下享受了一番而已。

站在中国股市的现实中，这轮牛市的一个大的调整，必然会出现基金的某种

① 原文来源：http：//blog.sina.com.cn/s/blog_486e105c010008jn.html，2007-02-06 15：04：50。

程度的崩溃，上一次的牛市，毁了不少证券公司，这一次牛市，毁的就是基金。投资的第一要点就是“你手中的钱，一定是能长期稳定地留在股市的，不能有任何的借贷之类的情况”。而基金，不过是所谓合法地借贷了很多钱而已，即使是没有利息的，性质也一样。一旦行情严重走坏，基金必然面临巨大的风险，一次大的赎回潮就足以让很多基金永不超生【扫地僧：尤其是开放式的，当出现极端行情时，很容易出现挤兑】。传销，通常只有一个后果：归零。基金，至少对大多数人来说一样。这是基金一个最大、严重违反投资要点的命门：它的钱都不是它的。对于开放式基金，这点更严重，因为这种赎回是可以随时发生的。而中国的开放式基金就更可怕，中国人的行为趋同性极为可怕，国人一窝蜂去干一件事的后果是什么，大概也见过不少了，无论政治、经济还是学术上，无一例外。

由基金这个大命门，派生出一个必然的小命门，就是所谓的基金经理必然要以净值为标准。而基金又有一个当面首还要立牌坊的搞笑规定，一只基金拿某只股票是有一定比例限制的【扫地僧：《证券投资基金运作管理办法》规定：①本基金持有一家上市公司的股票，其市值不得超过基金资产净值的 10%；②本基金与由基金管理人管理的其他基金共同持有一家公司发行的证券，不得超过该证券的 10%】，也就是说，基金在这点上，连庄家都不如，一旦超配，唯一的办法就是找其他基金帮忙拉一把，几只基金一起持有，其实就是联合坐庄，万一都超配了，或者一时各基金都无暇他顾，那就构成了一个很好的阻击机会。站在本 ID 的立场上，基金就是“傻大个”，短差又弄不来，又不能随时护盘砸盘【扫地僧：基金内部的投资流程非常烦琐，其从选股到交易要走好多流程，不可能做到随时做出反应】，它持有股票的实际效果，就是让股票的盘子变小了。就算不用一些非市场的手段、一些在中国肯定效果一流的桌底游戏，一次设计合理的阻击足以让这基金，轻的，吃点哑巴亏，重的，清盘走人。注意：市场是开放的，不是本 ID 心狠手辣，而是只要有命门，必然有人攻击，难道本 ID 不攻击，这命门就不存在？【扫地僧：公募基金还有两个很大的问题，一是其规定了成立 6 个月内，仓位必须在 60%以上，即使对后市非常不看好也必须要把仓位升到 60%以上；二是公募基金公司赚取的是管理费，没有业绩提成，那么业绩的好坏并不能直接影响其收入，因此公募基金唯一的任务就是扩大规模，公募基金经理的工作其实主要是销售，谁的路演做得好，基金卖得多，谁就厉害，至于业绩，别太差就行了。所以，个人非常不建议买公募基金，如果要买还不如直接买指数 ETF，没有管理费、赎回费，直接和指数挂钩，避免了

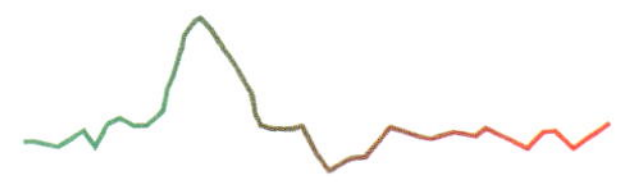

人为因素的不确定性】

和“傻大个”玩游戏，如果它能熬得住，就做一次出色的短差，等于“傻大个”持有的筹码人间蒸发了一段时期，投资中，唯一重要的就是成本，成本比“傻大个”低，再起来时，“傻大个”就更危险了。一旦往下搞，基金的净值熬不住，那基金经理就可以走人了，然后，那些筹码就可以信达、东方一番了【扫地僧：信达、东方是中国四大资产管理公司中的两个，主要负责收购国有不良资产，也是为了当年各大银行上市而设立的。这里就是暗喻这些基金公司破产重组的意思】。如果在一个大级别的，例如月线中枢的调整中，一个集中的攻击，打破一个点，把一个基金公司集中搞垮，所有的基金公司都将面临严重的赎回潮，然后整个市场都可以严重地信达、东方一番了。吃散户有什么意思，基金就是散户打包，让人一口吃，省得麻烦。

最近，一个小的周线中枢震荡【扫地僧：具体的股票没有推算出来，就先看看当时的大盘吧，发本文是在 2007 年 2 月 6 日，正好是当时调整的最低点，见图 1】，足以让本 ID 去试验一下。一个 20%都不到的回调，一只就算跌停也就 5%的股票，一只基本面面临严重好转的个股，已经让某些人坐不住了。某些“傻大个”超配了，找人护也没人有空了，看看上周基金的净值，这种局面再维持一周，估计就有人熬不住了。当然，现在的基金还有实力，权当洗了一次盘，有一个出色的短差。本 ID 可没在这次就把人击倒的想法，12 元不行，20 元呢？只要短差出来了，死的一定是没弄短差的人！

图 1

本 ID 对散户可从来都很仁慈的，在高位已经严重提醒要洗盘了，听不见可不是本 ID 的问题【扫地僧：缠师在 2007 年 1 月 24 日发表博文“就算是摇头丸也该洗洗盘了”，明确提示要洗盘了，看来除了 108 课之外，写详解也是很有必要的，见图 2】。现在的股票，并不是每一只都有庄家的，基金成了越来越重要的阻击目标，这个目标是现实存在的，任何道德说教都没用。至于这个命门如何化解，如何不让这成为外国游资的重大突破目标，那就不可能是水平还在小学的人所能明白的。对这种事情，本 ID 的态度一向很明确，本 ID 只是按照技术提示操作，买点买、卖点卖，任何有命门的，都可以产生利润，都可以抽血，为什么不可以玩玩？有罪的不是本 ID 废了其命门，而是谁让命门如此地招惹攻击【扫地僧：资本市场中最大的道德就是按照游戏规则赚钱】。

图 2

市场经济，永远都是血腥的，这一切，都由资本的虚拟化所决定。虚拟的资本，就如同僵尸，不喝血，怎么活？对于这一点，必须要有清楚的认识。市场打开，就必然要面对各种攻击。下一个死的，一定是基金，在一个月线级别的调整中【扫地僧：2008 年熊市，基金算是苟延残喘，但在 2015 年和 2016 年的三波股灾中，有大批的基金清盘】，这一幕必然上演，现在唯一有疑问的是，不会连一个周线级别的调整都会有好戏提前上演吧？这个可能性是不大的，如果真出现，这只基金也太弱了。对于这么弱的对手，本 ID 是没兴趣了，对手越强越好。

投资，就当独行客，所有事情都自己去承担【扫地僧：当你的投资需要依靠外力时，这样的投资行为就不会太长久】。而本 ID 的理论，是一个客观的描述，

和任何的主观分析无关，就如同阳光、空气，不管你是否认识，都存在着。不理解这一点，那是不可能明白本 ID 的理论的。

【扫地僧点评】

基金是否被摧毁并不是本课内容的重点，本文的重点是指出了基金的命门，我们投资者应该清楚这个命门所在，以此为戒。

教你炒股票29：转折的力度与级别[①]

趋势转折看力度，中枢扩展最弱路，更大盘整最常见，反向趋势把钱数。

在某级别的盘整中，或者说围绕某级别中枢的震荡、延续中，不存在转折的问题，除非站在次级别图形中，才有关于转折问题的探讨。对于上涨的转折有两种情况，下跌与盘整；对于下跌的转折也有两种情况，上涨与盘整。转折是有级别的，关于转折与背驰的关系，有如下定理：

缠中说禅背驰—转折定理：某级别趋势的背驰将导致该趋势最后一个中枢的级别扩展、该级别更大级别的盘整或该级别以上级别的反趋势。

该定理的证明有点抽象，估计大多数的人都没兴趣，这里用一个例子说明，也能大致知道证明的轮廓。更重要的是，这样，各位对走势的形成会有一个更深切的认识。例如，一个5分钟背驰段的下跌，最终通过1分钟以及1分钟以下级别的精确定位，最终可以找到背驰的精确点，其后发生反弹。注意：反弹只是一般的术语，在本ID的理论中，对反弹会有一个很明确的界定，即包括三种情况：①该趋势最后一个中枢的级别扩展；②该级别更大级别的盘整；③该级别以上级别的反趋势【扫地僧：这里应该是该级别及以上级别的反趋势，具体下面会分析】。

一、该趋势最后一个中枢的级别扩展

对于5分钟级别趋势发生背驰的情况，5分钟级别的趋势里所具有的中枢都是5分钟级别的，假设共有N个，显然，N≥2。考虑最后一个中枢的情况，最后的背驰段，跌破该中枢后，该背驰段显然是一个1分钟以下级别的走势，否则就和该中枢是5分钟级别趋势的最后一个中枢的前提矛盾了。该背驰段出现第一类买点发生反弹，显然，该反弹一定触及最后一个中枢的DD=min（dn），也就是

① 原文来源：http：//blog.sina.com.cn/s/blog_486e105c010008la.html，2007-02-09 15：08：08。

围绕该中枢震荡的最低点，否则，如果反弹连这都触及不了，就等于在下面又至少形成一个新的 5 分钟中枢，这与上中枢是最后一个矛盾。这种只触及最后一个中枢的 DD=min（dn）的反弹，就是背驰后最弱的反弹，这种反弹，将把最后一个中枢变成一个级别上的扩展，例如，把 5 分钟的中枢扩展成 30 分钟甚至更大的中枢【扫地僧：直接用图来表示更直观一些，见图 1。因为 1、2、3 的反弹，可以看作是离开中枢 2 又形成新的中枢，但这个中枢的波动区间突破了 DD 点，而 DD 点是中枢 2 的波动区间最低点，那么这两个中枢的波动区间重合，根据缠中说禅走势中枢定理，此时中枢 2 扩展成为高级别的中枢】。

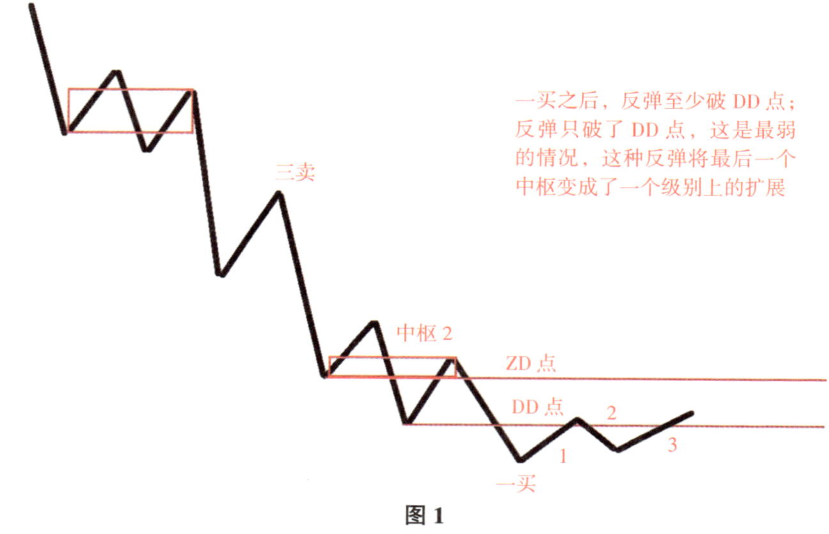

图 1

前面说过，第一类买点是绝对安全的，即使是这样一种最低级别的反弹，也有足够的空间买入获利，而且，一般这种情况出现得特别少，是一种很特殊的情况，但理论上，是要完全精确的，不能放过任何一种情况，如果不幸碰到这种情况，在资金利用率的要求下，当然是要找机会马上退出，否则就会浪费时间了【扫地僧：这种情况确实不太常见，一般会出现在趋势比较强烈的情况下，大多数人认为的背了又背，有一部分也是因为这个。有一个实用的方法，一般这种情况，其 MACD 的黄白线都不能上 0 轴，从而形成一买后，MACD 黄白线又回抽 0 轴附近后，再次沿着原来的方向走，一旦出现这种情况就可以退出，举个例子，虽然不是最后一个中枢级别扩展，但主要是看一下用 MACD 的这个方法，见图 2】。

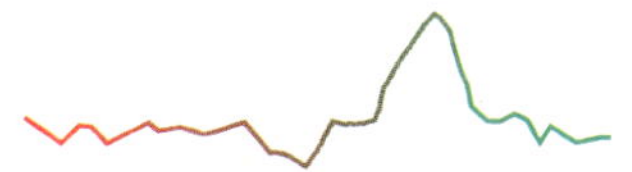

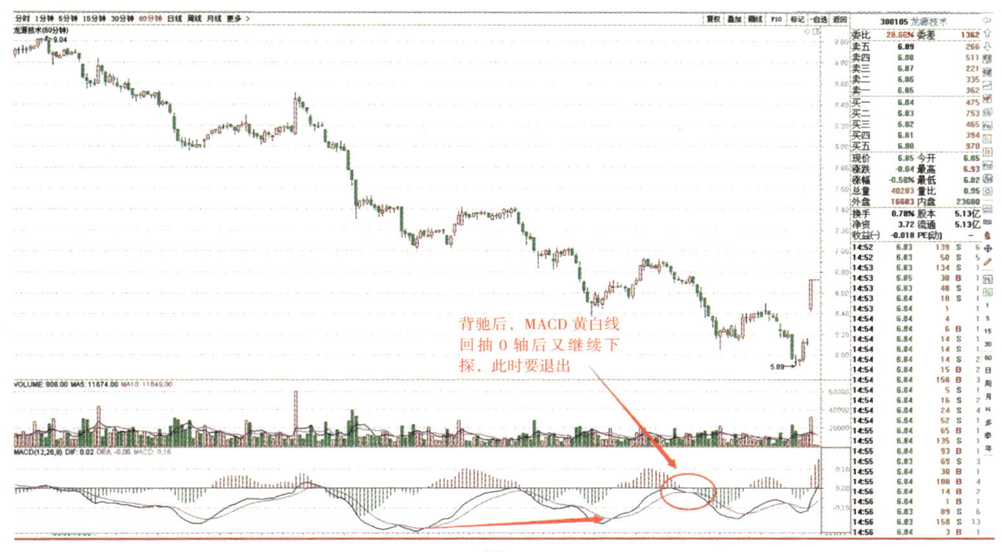

图 2

注意：这种情况和盘整背驰中转化成第三类卖点的情况不同，那种情况下，反弹的级别一定比最后一个中枢低，而这种情况下，反弹的级别一定等于或大于最后一个中枢。因此，这两种情况不难区分【扫地僧：三卖是反弹只有一个次级别走势，而这种情况，反弹是至少三个次级别走势】。

二、该级别更大级别的盘整以及该级别以上级别的反趋势

这两种情况就是发生转折的情况【扫地僧：最后一个中枢级别扩展，是原来的下跌趋势级别升级了，下跌依然继续，而更大级别的盘整和反趋势这两种情况是原来的下跌 5F 趋势结束了，因此是转折】，原理是一样的，只是相应的力度有区别。当反弹至少重新触及最后一个中枢【扫地僧：是否触及最后一个中枢的 ZD，这是区分最后一个中枢的级别扩展的标志】，这样，将发生转折，也就是出现盘整与上涨两种情况。对于上面 5 分钟下跌的例子，意味着将出现 5 分钟级别更大的盘整或 5 分钟级别以上的上涨。两段走势类型的连接，就有两种情况出现：下跌+盘整，或者下跌+上涨。注意：这里的盘整的中枢级别一定大于下跌中的中枢级别，否则就和下跌的延伸或第一种该趋势最后一个中枢的级别扩展搞混了【扫地僧：这里有一个细节问题：如果反弹也是一个 5F 级别的盘整，并且上破了最后一个中枢的 ZD，这是不是也算最后一个中枢的级别扩展？如图 3 所示，图中 1、2、3 的反弹高于 ZD，但又直接继续下跌，这时算最后一个中枢的级别

扩展吗？本人认为是算的，也就是说突破 DD 点并不是最后一个中枢级别扩展的充分必要条件，只是这种情况是最弱的情况，出现最后一个中枢级别扩展的可能性很大，缠师也是拿这个极端的例子来讲解】。而上涨的中枢，不一定大于下跌中的中枢，例如，一个 5 分钟级别的下跌后反过来是一个 5 分钟级别的上涨，这是很正常的【扫地僧：这就说明了第三种情况应该是该级别及以上级别的反趋势，少了一个“及”字】，但如果是盘整，那就至少是 30 分钟级别的。

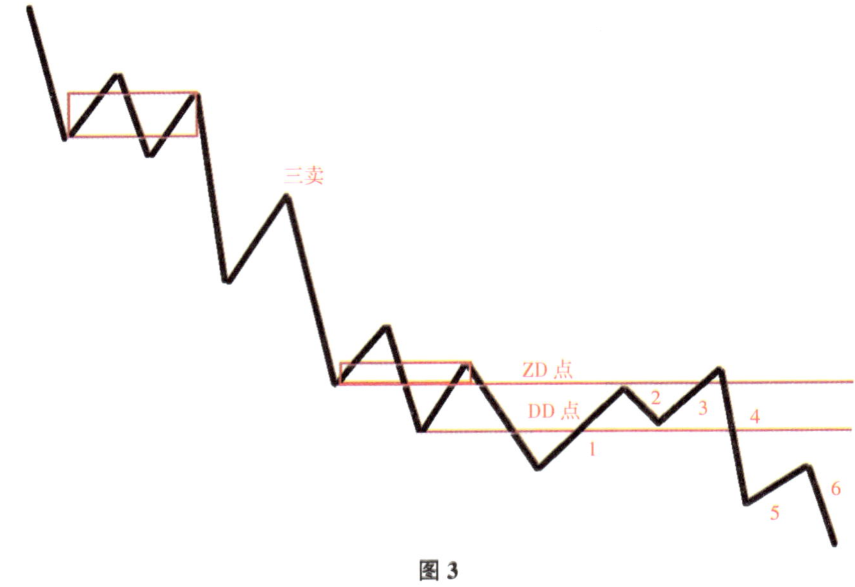

图 3

有人总是搞不明白为什么“下跌+盘整”中盘整的中枢级别一定大于下跌中的中枢，这里不妨用一个例子说明一下：还是一个 5 分钟的下跌，那至少有两个中枢，整个下跌，最一般的情况就是 a+A+b+B+c，其中的 a、b、c，其级别最多就是 1 分钟级别的，甚至最极端的情况，可以就是一个缺口。而 A、B，由于是 5 分钟级别的中枢，那至少由 3 段 1 分钟的走势类型构成，如果都按 1 分钟级别的走势类型来计量，而且不妨假设 a、b、c 都是 1 分钟的走势类型，那么 a+A+b+B+c 就有 9 个 1 分钟的走势类型。

而一个 30 分钟的盘整，至少有 3 个 5 分钟的走势类型，而 1 个 5 分钟的走势类型，至少有 3 个 1 分钟的走势类型，也就是一个 30 分钟的盘整，就至少有 9 个 1 分钟的走势类型，这和上面 a+A+b+B+c 的数量是一致的。从这数量平衡的角度，就知道为什么“下跌+盘整”中盘整的级别一定比下跌的级别大了，如果

级别一样，例如一个 5 分钟的盘整，只有 3 个 1 分钟的走势类型，那和 9 就差远了，也不匹配。当然，“下跌+盘整”中盘整的级别一定比下跌的级别大，最主要的原因还不是这个【扫地僧：这个数量平衡的角度不是问题的核心，只是算一个理由而已，别较真】，而是上面说到的，如果该级别一样，那只有两种情况，下跌延伸或下跌最后一个中枢扩展，和“下跌+盘整”是不搭界的。

有人可能还有疑问，如果下跌最后一个中枢扩展，例如 5 分钟扩展成 30 分钟，那和 5 分钟级别下跌+30 分钟级别盘整有什么区别？这区别大了，因为在“5 分钟级别下跌+30 分钟级别盘整”，也就是“下跌+盘整”中，下跌和盘整都是完成的走势类型，这意味着是两个走势类型的连接。而下跌最后一个中枢扩展，是一个未完成的走势类型的延续，还在一个走势类型里【扫地僧：用两张图再来对比一下这两种情况，见图 4、图 5】。

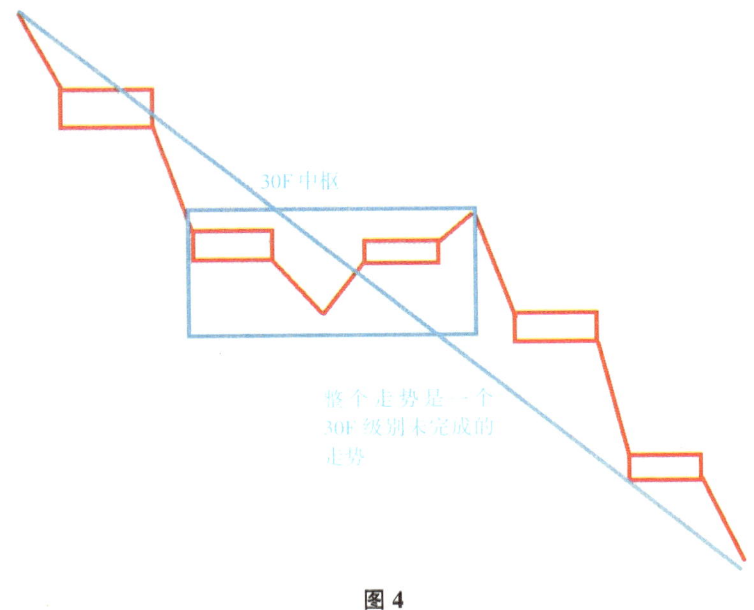

图 4

例如，在上面的 a+A+b+B+c 里，如果 B+c 发生中枢扩展，从 5 分钟的扩展成 30 分钟的，那么 a+A+b 就是一个 5 分钟的走势类型，把 a+A+b 用 a~表示，而 B+c 发生中枢扩展用 A~表示，那么整个走势就表示成 a~+A~，其后的走势还可以继续演化，形成 a~+A~+b~+B~+c~，也就是扩展成一个 30 分钟级别的下跌，当然还可以有其他的演化，总之，是必须把走势类型给完成了，这和“下跌+盘

(扫码获取更多学习资料)

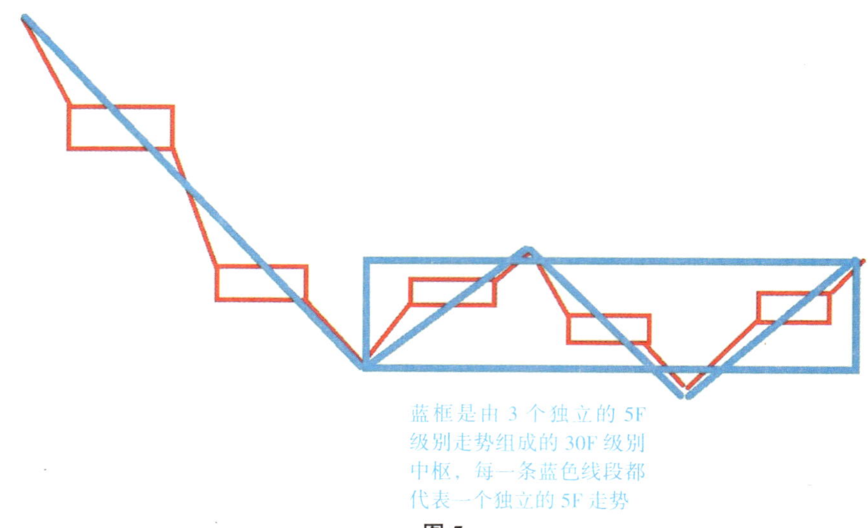
蓝框是由 3 个独立的 5F 级别走势组成的 30F 级别中枢，每一条蓝色线段都代表一个独立的 5F 走势

图 5

整”的情况显然是不同的【扫地僧：通俗一点来讲，最后一个中枢级别扩展就是对着原来的趋势挣扎了一下（只有一个 5F 级别的反弹后继续下跌），而更大级别的盘整则是挣扎了三下（出现了上、下、上三个 5F 级别的走势），用均线吻来看的话，最后一个中枢级别扩展往往形成一个唇吻或者飞吻后就继续沿着原来的趋势走，而更大级别的盘整则要出现湿吻了】。

本 ID 的理论是对市场走势最精确的分析，必须对所有情况以及其分辨了然于胸，才可能对市场的走势有一个精确的把握。如果本 ID 把这套理论出版，书名就可以是《市场哲学的数学原理》，因为本 ID 理论的严密性以及对市场的意义，是逐步明确认识的。而且，本 ID 这套理论，是建立在纯数学的推理上的。不了解这一点，是不可能真正理解本 ID 理论的，因此就会“学如不及，犹恐失之”。

以上三种情况，就完全分类了某级别背驰后的级别与力度，也就是某级别的第一类买点后将发生怎样的情况，而第一类卖点的情况是一样的，只是方向相反。注意：这里说的是最精确的情况，由于第一种情况很少发生且和第二种情况有所类似，所以粗糙地说，也可以说背驰以后就意味着盘整和反趋势。那么，怎么分辨这几种情况，关键就是看反弹中第 1 个前趋势最后一个中枢级别的次级别走势（例如前面的下跌是 5 分钟级别，就看 1 分钟级别的第 1 次反弹），是否重新回抽最后一个中枢里，如果不能，那第一种情况的可能性就很大了，而且也证明反弹的力度值得怀疑，当然这种判别不是绝对的，但有效性很大【扫地僧：这句话也证明了是否回到最后一个中枢内，并不是最后一个中枢级别扩展的充要条

件，只是可能性大】。

例如，这次 2007 年 2 月 6 日的反弹，用 5 分钟背驰段，然后考察 1 分钟以及 1 分钟以下级别的背驰进行精确定位，可以极为精确地把握这个底部，而且在实践中，很多人按照本 ID 的理论都把握住了。那么，其后的反弹，第一波是 1 分钟走势马上回到从 2980 点开始的 5 分钟下跌的最后一个中枢里，这样就意味着第一种最弱的情况可能性可以完全排除了，其后，1 分钟的走势继续完成，扩展成一个 5 分钟的上涨，在 2007 年 2 月 7 日的 11：00 前后，一个 1 分钟的背驰制造了上涨的结束，其后进入一个中枢的震荡中，这个中枢，按照本课的定理，就可以断言，至少是 5 分钟级别的，而实际上演化成一个 30 分钟级别的，这意味着，一个快速的 5 分钟上涨的可能就没有了，后面只有两种演化的可能，就是一个 30 分钟以上级别的盘整，或者是一个 30 分钟以上的上涨，至于哪种情况，就必须看后面走势的演化。

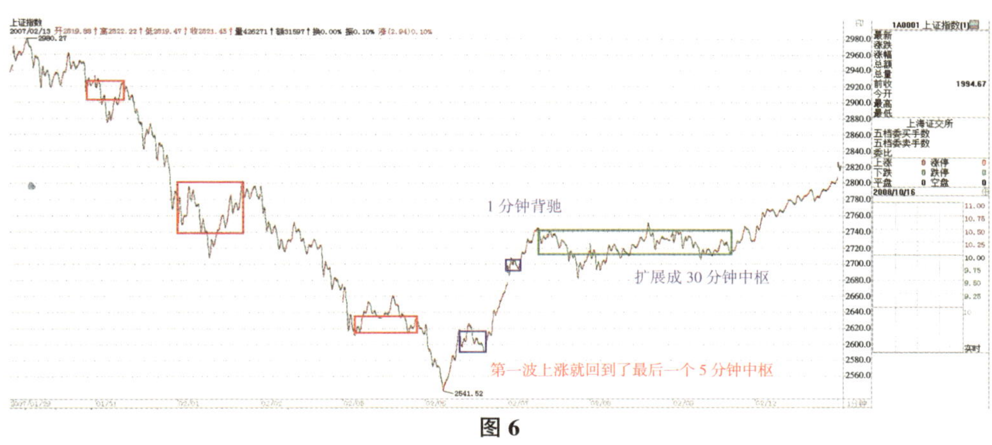

图 6

而对于实际的操作，这两种情况并没有多大的区别，例如是盘整还是上涨，关键看突破第一个中枢后是否形成第三类买点，而操作中，应在第一、第二类买点先买了，然后观察第三类买点是否出现，出现就继续持有，否则就可以抛出，因此在操作上，不会造成任何困难。当然，如果是资金量特别小，或者对本 ID 的理论达到小学毕业水平，那么完全可以在突破的次级别走势背驰时先出掉，然后看回试是否形成第三类买点，形成就回补，不形成就不回补，就这么简单。当然，要达到这种境界，首先要对本 ID 的理论小学毕业，否则，你根本分辨不清楚盘整背驰与第三类买点的转化关系，怎么可能操作？而且，这种操作，必须反复看图、实际操作才可能精通、熟练【扫地僧：把握三买必须是经过反复看图、

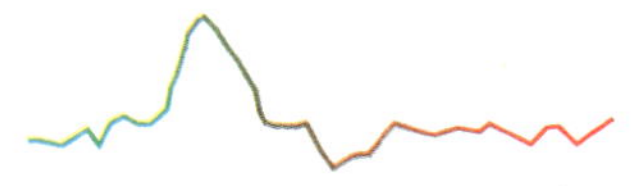

(扫码获取更多学习资料)

大量实战操作才可以精通，要想通关，总要打怪升级的】。当然，如果真精通、熟练了，除了同样是本 ID 小学已经毕业的人，几乎没有人是你的对手了。

那么，实际操作中，如何才能达到效率最高？一个可被理论保证的方法就是：在第一次抄底时，最好就是买那些当下位置离最后一个中枢的 DD=min（dn）幅度最大的，所谓的超跌，应该以此为标准【扫地僧：这是做超跌反弹的理论依据】。因为本章的定理保证了，反弹一定达到 DD=min（dn）之上，然后在反弹的第 1 波次级别背驰后出掉，如果这个位置还不能达到最后一个中枢，那么这只股票基本可以不考虑。当然，也可能有例外，但可能性很小。然后在反弹的第一次次级别回试后买入那些反弹能达到最后一个中枢的股票而且最好是突破该中枢的、回试后能站稳的【扫地僧：最强的就是二三买重合的】，根据走势必完美，一定还有一个次级别的向上走势类型，如果这走势类型出现盘整背驰，那就要出掉，如果不出现，那就要恭喜你了，你买到了一只所谓 V 型反转的股票，其后的力度当然不会小。至于如何预先判断 V 形反转，这不是本课定理可以解决的问题，必须在以后的课程里才能解决。

【扫地僧点评】

本文内容非常重要，列出了趋势结束之后走势的所有分类，以及相对应的力度。本文内容很容易出难点，重点是掌握最后一个中枢的级别扩展和更大级别的盘整的区别。

教你炒股票30：缠中说禅理论的绝对性[①]

外练筋骨皮，内练一口气，若得智慧根，天下皆无敌。

市场价格是否完全反映所有信息，可以随意假定，无论何种假定，都和实际的交易关系不大。交易中，你唯一需要明确的是无论市场价格是否完全反映信息，你都必须以市场的价格交易【扫地僧：你唯一的选择是不认可该价格，那么就不交易】，而你的交易将构成市场的价格，对于交易来说，除了价格，一无所有（成交量可以看成是在一个最低的时间段内按该价格重复成交的交易单位）。这一切，和市场价格是否反映所有信息毫无关系，因为所有价格都是当下的，如果当下的信息没被市场反映，那它就是没被市场当下反映的信息，至于会不会被另一个时间的价格反映是另外的事情。站在纯交易的角度，价格只有当下，当下只有价格，除了价格与依据时间延伸出来的走势，市场的任何其他东西都是可以忽略不计的【扫地僧：这和三个独立系统是不矛盾的，那个是剔除“早泄”男的系统程序，在交易之前】。

价格也和人是否理智无关，无论你是否理智，都以价格交易，而交易也被价格反映，这是任何理论都必须接受的事实：交易只反映为价格，以某种价格在某个时间上的交易，这就是交易的全部。至于交易后面的任何因数，如果假定其中一种或几种决定了交易的价格，无论这种因数是基本面、心理面、技术面、政治面还是什么，都是典型的上帝式思维，都是无聊勾当【扫地僧：这种上帝式思维就是被大多数人所理解的那种因为什么所以有这个结果，但是市场是混沌的，是具有自适应自我调节的市场，这种简单的因为所以的思维必然不会存在，否则市场也就不存在了。从交易的层面，无论背后是什么理由，最终都要落到下单，即使有再多的想法，最终没有决定买和卖，这些想法也等于没有任何作用，所以从

① 原文来源：http：//blog.sina.com.cn/s/blog_486e105c010008np.html，2007-02-13 15：07：02。

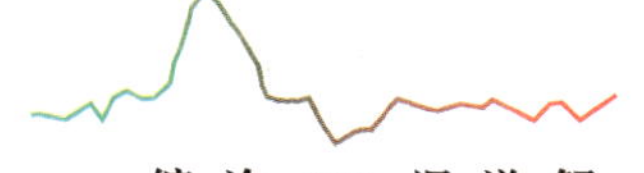

交易的层面来讲，去考虑这个面那个面的，从本质上就是本末倒置，自寻苦恼】。其实，对于价格来说，时间并不需要特别指出，因为价格轨迹中的前后，就意味着时间的因数。也就是说，交易是可以按时间排序的，这就是交易另一个最大的特征：交易是有时间性的，而这时间，不可逆。当物理还在探讨时间是否可逆时，对于交易空间的探讨，这最困难的时间问题，就已经有了最不可动摇的答案。而本 ID 的理论，当然也是以这交易时间的不可逆为前提的，如果今天的交易可以变成昨天的或者干脆不算了，那本 ID 的理论马上土崩瓦解。

交易，当然是有规律的，而且这规律是亘古不变的，归纳上述就是：交易以时间的不可逆为前提完全等价地反映在价格轨迹上。当然，这亘古不变也有其可变之处，例如交易突然因为某种原因可以随便更改，因此，在逻辑上更严谨的说法就是，把满足该条规律的市场称为价格充分有效市场，本 ID 的理论，就是针对这种价格充分有效市场的，而这种市场，至少对应了目前世界上所有正式的交易市场。那么，非价格充分有效市场是否存在？当然有。例如，你昨天 1 亿元钱买了一块石头，今天卖石头的黑帮老大拿着枪顶着你说昨天的交易不算了，钱不给了，石头也收走了，这种存在类似交易的市场当然不可能是价格充分有效的【扫地僧：看来缠师对“3·27”国债事件这种严重违反市场原则的做法深恶痛绝，已经不止一次提及】。

以前所有市场理论的误区都在于去探讨决定价格的交易后面的因数，交易是人类的行为，没什么可探讨的，人类就像疯子一样，其行为即使可探讨，在交易层面也变得没什么可探讨的【扫地僧：也就是说大部分的市场理论或者说大部分的人总会有因为什么，所以什么这种线性的思维，而用这种思维描述混沌的市场显然是有问题的】。所有企图解释交易动机、行为的理论都是没有交易价值的，不管人类的交易有什么理由，只要交易就产生价格，就有价格的轨迹，这就足够了。站在纯交易的角度，唯一值得数学化探讨的就是这轨迹，其他的研究都是误区，对交易毫无意义【扫地僧：还有一种就是走宏观研究的路子，那么这和微观的交易无关】。

那么，价格是随机的吗？这又是一个上帝式的臆测。决定论和随机论，其背后的基础都是一个永恒因数论，一个永恒模式论，也就是，价格行为被某种神秘的理论所永恒模式化【扫地僧：这个永恒因数论就是第二段里注解所讲的简单的上帝式思维】。无论这种模式是决定还是随机，这种假设的荒谬性都一样。交易，只来自现实，因此，价格是被现实的交易所决定的。相应地，上面的顾虑就可以扩充为：交易是现实的行为，交易以时间的不可逆为前提完全等

价地反映在价格轨迹上。

交易的现实性是交易唯一可以依赖的基础，那么交易的现实性反映了什么，有什么可能的现实推论？首先，人做出反应需要时间，就算是脑神经的传输，也是需要时间的；其次，社会结构的现实多层性以及个体的差异性决定了，任何的群体性交易都不具有同时性，也就是说，即使是相同原因造成的相同买卖，都不可能同时出现，必然有先后，也就是说，交易具有延异性，不会完全地趋同，这是交易能形成可分析走势的现实基础【扫地僧：也就是说即使在同一时间获得了某种信息，也不可能在同一时间实现交易，这样交易就具有非趋同的特性】。

由于交易具有延异性，没有绝对的同一性，那么即使对于严格一种因数决定交易行为的系统，也依然能产生可分析的价格轨迹。任何群体性的交易行为，不会出现完全的价格同一性。也就是说，不会永远出现所有人同一时刻的同一交易。而一个完全绝对趋同交易，就等价于一个赌博，所有的买卖和买大小没任何区别，这样的系统是否存在？当然，如果一个庄家百分百把所有股票都吃了，而且任何一笔的交易都只有他一个人参与，没有任何别的人参与，这时候，其走势等价于一个买大小的赌博。而只要有人买入或还持有这只股票的 1 股，那么这个交易就可以用本 ID 的理论描述，因为，一个不完全绝对趋同的交易就产生了，本 ID 理论的另一个界限就在于此。

本 ID 的理论只有这两个界限，只要是价格充分有效、市场里的非完全绝对趋同交易，那本 ID 的理论就永远绝对有效，这种绝对性就如同压缩影射不动点的唯一性对完备的距离空间一样。至于有多少人学习、应用这个理论，对理论本身并没有任何实质的影响，因为，即使所有人都应用本 ID 的理论，由于社会结构以及个体差异，依然不会造成一个完全绝对趋同交易，这样，本 ID 的理论依然有效【扫地僧：这一点非常重要，即使都精通了缠论，也会因为每个人的经历、修为、经验、能力、资金量等各种因素的不同，使得大家的交易必然不会都在买卖点上，必然只有少数人的交易是最佳的，也就是说这个市场本身就具有自适应性和自我调节性，不会因为人都变聪明了而失效】。

而更重要的是，本 ID 的理论，并不是一个僵化的操作，而是都永远建立在当下之上的。例如，一个日线级别被判断进入背驰段，由于某种当下的绝对突发事件，例如突然有人无意按错键，使得小级别产生突发性结构破裂最终影响到大级别的结构，这时候，整个的判断就建立在一个新的走势基础上了，而往往这时，实际的交易并没有发生，除非你运气好，你刚按买入，那原子弹就飞起来了【扫地僧：这个例子其实说明了追求最精确的背驰点是没有太大意义的，因为完

全有可能出现刚买入就被一个突发性的利空事件破坏了背驰，虽然并不常见，但理论上是有这种可能性的】。一般人，总习惯于一种目的性思维，往往忽视了走势是当下构成中的，而本 ID 的理论判断，同样建筑在当下构成的判断中，这是本 ID 理论又一个关键的特征。关于这种理论的当下性，在以后的课程中会重点介绍，按学历，这是初中的课程。

而本 ID 的理论，最终比的是人本身【扫地僧：还是多次强调，最终比的是人本身，企图不费力就学会一本什么秘籍就能天下无敌，这是很多人的想法，是不对的】，就像乾坤大挪移第八重的肯定打不过第九重的，但任何非乾坤大挪移的，肯定打不过第八重的一样，有一种武功是高出其他孤峰而上的，因为起点已经大大超越了，其他那些起点就错了，又怎么能比？显然，不可能所有人都相信并应用本 ID 的理论，因此，那些不用本 ID 理论的人，就成了本 ID 理论吸血的对象，现实中，这种对象不是太少，而是太多了。同时，如果有庄家、基金偷学了这种方法，这就等于乾坤大挪移比第几重了，而且对于大资金来说，至少要比散户高出两重，才可能和散户打个平手，因为资金大，没有更高的功力，怎么能挪移起来？【扫地僧：资金量越大，越不好做，需要的功力越深厚，也符合多劳多得的基本道理】更重要的是，级别越大，企图控制干扰所需要的能量越大【扫地僧：级别越大，所包含的影响价格的因素和分力就越大，所需的能量自然越大】，对于周线级别以后，基本就没人能完全控制了，如果真是出现个个庄家、基金争学本 ID 理论的情况，那么除了在小级别比功力外，功力浅的完全可以把操作级别提高来加强安全性。更重要的是，应用相同的理论，在现实中也不会有相同的结果，现实就是一个典型的非完全绝对趋同系统，就像同样的核理论，并不会导致德国和美国同时造出原子弹，同样的理论，在不同的资金规模、资金管理水平，选股策略、基本面把握、交易者性格、气质等情况下，自然地呈现不同的面貌，这就保证了同一理论交易的非完全绝对趋同。

对本 ID 的理论有一点是必须明确的，就是本 ID 的理论是对价格充分有效市场非完全绝对趋同交易的一个完全的数学公理化理论，唯一需要监控的就是价格充分有效市场与非完全绝对趋同交易这两个前提是否还存在，更重要的是，这归根结底是一套关系人的理论，只能不断在交易中修炼，最后比的可是功力【扫地僧：再次强调，不再啰唆】。例如，就算是背驰这么简单的事情，就算是同一种方法，当成为群体性行为时，比的就是心态与功力，心态不好、出手早或出手迟的，就会在价格上留下痕迹，甚至当趋同性较强时，会使得级别的延伸不断出现，那就让功力深的人得到一个更好的买入或卖出价格，这些细微的差别积累下

来，足以使得盈利水平天差地别。这也是为什么本ID可以把理论公开的一个深层原因，因为本ID的理论是对价格充分有效市场非完全绝对趋同交易的一个客观理论，即使公开了，也不会让这种理论有任何改变，就像牛顿力学不会让万有引力改变一样，美国的原子弹爆炸了不会影响中国的原子弹按照同样的理论出现一样。至于理论可能造成的趋同交易加大，也早在本ID理论的计算中，这里比的是当下的功力【扫地僧：尤其是现在，走势的趋同性明显比以前要强了许多，而且经常出现小转大这种非背驰即转折的情况】。

无论你用什么交易方法，只要是在价格充分有效市场非完全绝对趋同交易里，你就在本ID理论的计算中；而要在本ID的理论里功力日增，首先要成为一个顶天立地的人，这也是本ID让各位多看本ID所解释《论语》的原因【扫地僧：不仅仅在市场中修炼，市场外也需要不停修炼，《论语》是心经】。交易，不过是人类行为的一种，要成为成功的交易者，首先要对人类的行为穷其源，得其智慧，否则，一个糊涂蛋，什么理论都是白搭。本ID理论的基础部分，只是把现实的真相解剖出来，但这远远不够，看明白与行得通，那是两回事情。当然，看都看不明白，是不可能真的行得通的。而行，就是修行，“见、闻、学、行”，缺一不可。本ID的理论如同大道，不需要私藏着，都可以学、都可以行，但能否行到不退转的位置，是否最终还是“学如不及，犹恐失之”，那就要靠每个人自身的修行了。

理论，只是把现实进行解剖，但真正的功力都在当下，不仅要用理论的眼睛看清楚现实，更要逐步让自己和走势合一。而行的初步功力是什么？归根结底就是“恰好”，这个“恰好”是动态的，无论多少人，把每个人的行为当成一个向量，所有人的行为最终构成走势的向量，而所谓的“恰好”，就是这个总向量本身。而如何才能永远和这总向量一致？首先要把自己变成一个零向量，有也只有当一个零向量加入到任何一个向量叠加系统里，才不会影响到最终的总向量。把自己的贪婪与恐惧去掉，让市场的走势如同自己的呼吸一般，看走势如同看自己的呼吸，慢慢就可以下单如有神了，你的交易，就是顺着市场的总向量的方向增加其力度而已，这才是真正的顺势而为。只有这样，才算初步入门，才能逐步摆脱被走势所转的可悲境地，才能让自己和走势合一，和那永远变动的总向量一致而行【扫地僧：在武侠书中有人剑合一，这是人和走势合一，也只有到这种境界，才会感受到真自在。在现实的交易中，想要做到所谓的市场走势如同自己的呼吸一般，是非常难的，不仅要能抛弃所有的贪婪与恐惧，还要能感受到市场的节奏，这需要时间的沉淀】。至于走势分析的学习，只不过是门外的热身而已。

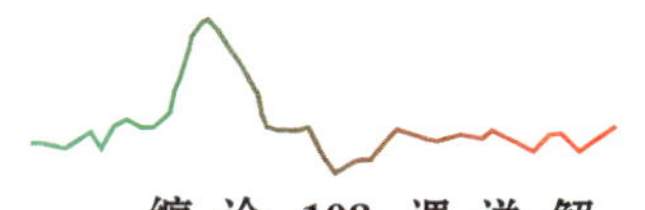

有人可能要追问，如果所有人都变成零向量，那又如何？交易市场存在的基础，就是人的贪婪与恐惧，如果所有参与交易市场的人都没有贪婪与恐惧，那市场就没了，资本主义就没了，货币就被消灭了，那时候，本 ID 的理论自然就不存在了【扫地僧：从前面所讲的，由于每个人自身的各种特性都不相同，不可能做到完全的所有人同时都是零向量，因此，这个假设其实也不可能成立，而一旦成立，则意味着市场瞬间轰塌，不存在了】。只有对这个以人的贪婪、恐惧为基础的市场进行“不相”之，才能长期有效地吸取这个市场的血。本 ID 理论的基础部分，在人类历史上第一次把交易市场建筑在严密的公理化体系上，就是要把市场的本来面目还原，让人的贪婪、恐惧无所遁形。只有明确地知道市场当下的行为，才可能逐步化解贪婪与恐惧，把交易行为建筑在一个坚实的现实基础上，而不是贪婪、恐惧所引发的臆测上。只有智慧才可以战胜贪婪、恐惧【扫地僧：最终还是回到本源，修炼自身、获得智慧】，而当所有的贪婪与恐惧被战胜后，贪婪与恐惧所物化的资本主义社会本身也就消失了。

【扫地僧点评】

发现没有，缠师讲课的顺序基本是“定义”→“理论”→“理论的本质和界限”→“技巧与案例”。本课属于“理论的本质和界限”，讲了缠论适用的前提以及本质所在。

教你炒股票31：资金管理的最稳固基础①

几波行情上百倍，一次意外全白费，上上下下过山车，青春虚度身心累。

对于小资金来说，资金管理不算一个特别大的问题，但随着盈利的积累，资金越来越大，资金管理就成了最重要的事情。一般来说，只要有好的技术，从万元级到千万元级，都不是什么难事情。但从千万元以后，就很少有人能稳定地增长了【扫地僧：资金量大了，自身的分力大了，原先的模式会被自身的分力所影响，如果不能解决，就很难上去了】。所有的短线客，在资金发展到一定程度后，就进入滞涨状态，一旦进入大级别的调整，就会被打回原形，这种事情见得太多了。因此，在最开始就养成好的资金管理习惯，是极为重要的。投资，是一生的游戏，被打回原形是很可悲的事情，好的资金管理，才能保证资金积累的长期稳定。在某种程度上，这比任何的技术都重要，而且是越来越重要。对于大资金来说，最后比拼的，其实就是资金管理的水平。

资金，必须长期无压力，这是最重要的。有人借钱投资，然后盈利后还继续加码，结果都是一场游戏一场梦【扫地僧：一定慎用杠杆，因为加了杠杆，你对了100次都没用，只要杠杆不撤，一次错误就可能归0】。1996年，本ID认识一东北朋友，大概从不到10万元开始，当时，可以高比例透资，1比2、3很普通，1比10也经常见，当时的疯狂，不是现在的人能想象的。在1996年的牛市中，他很快就从不到10万元发展成2000多万元，当时，透资的比例也降下来，大概就1比1多点，如果当时把所有透资还了，就没有后来的悲剧了。对于他来说，1996年最后三周一定是最悲惨的，股票从12元在三周内急跌到6元以下，有人可能要问，那他为什么不先平仓？老人都知道，那次下跌是突然转折，瀑布一样下来的，如果没有走，根本没有走的机会【扫地僧：和2015年6月的股灾

① 原文来源：http：//blog.sina.com.cn/s/blog_486e105c010008ow.html，2007-02-15 15：16：12。

(扫码获取更多学习资料)

一样，没有流动性了，根本走不掉】，最后能走的时候，由于快触及平仓点，他的仓位在6元多往下一直平下去，根本没有拒绝的可能，证券部要收钱，最后，还了透资，只剩下不到20万元，真是一场游戏一场梦，又回到原点。但这还不是最戏剧性的，最悲惨的是，这只股票从他平完仓的当天开始到1997年5月，不到5个月的时间，从6元不到一直涨到30元以上，成了最大的黑马，这只股票是深圳本地股，后来从30多元反复下跌，2005年到了3元以下，目前价位在他被开始平仓的位置，6元多点【扫地僧：这是深天地A（000023），这个案例感觉有点极端，但这种情况并非不可能发生，尤其是2015年的三波股灾，现在依然历历在目，每一波个股的跌幅基本都在50%以上，尤其是熔断那波，根本没有什么反应时间，一致性太强了，如果加了杠杆，一定抗不过这三波股灾的，所以杠杆一定要慎用】。

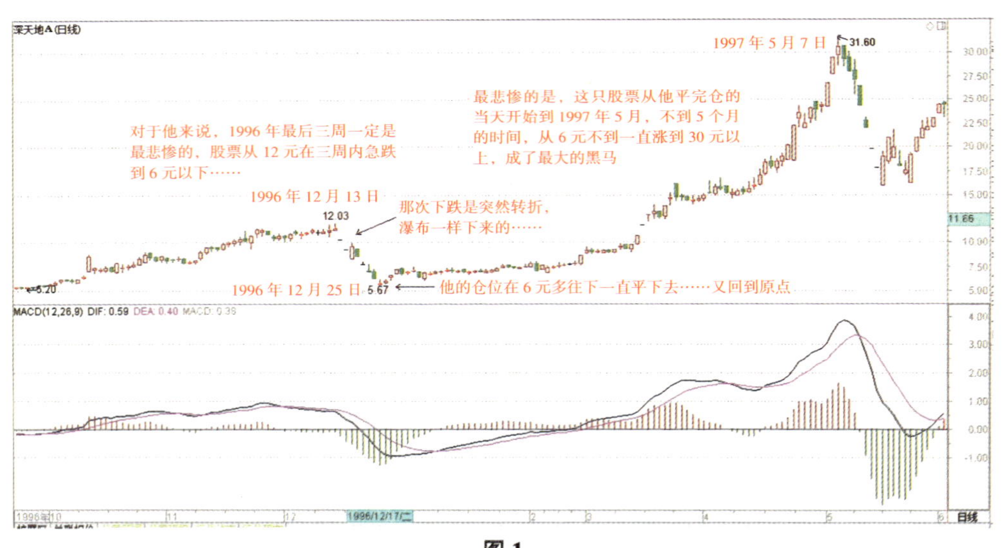

图1

一笔无压力的资金，是投资的第一要点，虽然前面反复说过，但说完上面的例子，还是要再次强调【扫地僧：敲黑板，这是投资的第一要点】。另外一个要点，就是自己的资金，一定不能交给别人管理，自己的盘子，一定要自己负责，不能把自己的命运交给别人。又是一个故事，时间要提早四五年，1992年的事情了。这朋友，1992年已经有几千万元的资金，在当时也算可以了。结果，因为家里有事要处理，把盘子交给一个朋友管理，那人还是后来特别出名的人，说出来，市场里的老人都知道，当时大盘从1400多点回跌，已经跌了很多，以为

到底部了，结果这家伙自作主张透资抄底，大盘却一直下跌，等这朋友过了两三周回来，一切早已灰飞烟灭【扫地僧：这时候对双方来说都非常尴尬，管理钱的人有责任，因为透支了，最后被强平，资金亏成0，这个责任是逃不掉的。而交给别人管理的那个朋友，或多或少也有责任。这种事情不出事什么都好说，出了事基本就没有朋友做了】。那次大盘一直跌破400点才到底部，半年内一共下跌了1000多点，后来从400点以下不到4个月又创出1558点的历史高位，市场就是这么残酷，把命运交给别人，就是这样了。

不能把自己放置在一个危险的境地，所谓背水一战、置之死地而后生，都不是资本市场应该采取的态度。这样的态度，可能一时成功，但最终必然失败【扫地僧：如前面所说，只要犯一次错，就要归0】。技术分析的最重要意义在于，让你知道市场究竟在干什么，市场在什么位置该干什么，让你知道，一个建立的仓位，如何持有，如何把一个小级别的持有逐步转化为大级别的持有，又如何退出，这一切，最终都是为资金管理服务的，投资最终的目的不是股票本身，而是资金，没收回资金，一切都没意义。股票都是废纸，对资金的任何疏忽，都会造成不可挽回的损失。任何人，必须明确的是，多大的资金，在市场中都不算什么，而且，资金是按比例损失的，一万亿元和一万元，按比例损失，变成0的速度是一样的。无论多大的资金，要被消灭，可以在举手之间，因此，永远保持最大的警觉，这是资金管理最大的、最重要的一点【扫地僧：就是永远先做最坏的打算，在此基础上再考虑投资决策】，没有这一点，一切管理都是无用的。

一个最简单又最有效的管理，就是当成本为0以前，要把成本变为0；当成本变成0以后，就要挣股票，直到股票见到历史性大顶，也就是至少出现月线以上的卖点。一些最坏的习惯，就是股票不断上涨，就不断加仓，这样一定会出问题。买股票，宁愿不断跌不断买，也绝对不往上加码【扫地僧：越跌越买，只要一次反弹，就有可能解套或者减小损失，而越涨越买，只要一次回调就会被套。此外，由于趋势不可能一直延续，那么越跌越买总会买到底部，而越涨越买，总会买到顶部】。投入资金买一只股票，必须有仔细、充分的准备，这如同军队打仗，不准备好怎么可能赢？在基本面、技术面等方面都研究好了，介入就要坚决，一次性买入【扫地僧：这个习惯很重要，在没有研究好之前，一分钱都别介入，一旦各方面都研究好了，要介入就坚决，否则就说明研究得还不够，那就继续研究，直到下了决心。此外，做的股票不要太多，一般的散户最多三只股票，不能再多了，建议就一只，这样不会累，所有精力都投入到一只上，当做一只股

票很熟练时，再适当加一只，慢慢来】。如果你连一次性买入的信心都没有，证明你根本没准备好，那就一股都不要买。买入以后，如果你技术过关，马上上涨是很正常的，但如果没这水平，下跌了，除非证明你买入的理由没有了，技术上出现严重的形态，否则都不能抛一股，而且可以用部分机动的资金去弄点短差（注意：针对每只买入的股票，都要留部分机动的资金，例如 1/10），让成本降下来，但每次短差，一定不能增加股票的数量，这样，成本才可能真的降下来，有些人喜欢越买越多，其实不是什么好习惯。这股票该买多少，该占总体资金多少，一开始就应该研究好，投入以后就不能再增加【扫地僧：说明做好计划，坚决执行，中途如果临时更改计划，要么说明计划做得不够好，考虑的情况不够全，要么就是不严格执行计划】。

股票开始上涨后，一定要找机会把股票的成本变成 0，除了途中利用小级别不断弄短差外，还要在股票达到 1 倍升幅附近找一个大级别的卖点出掉部分【扫地僧：这是一个经验，也是一个习惯，是能保住你本金的最好习惯】，把成本降为 0。这样，原来投入的资金就全部收回来了。有人可能要说，如果那只股票以后还要上涨 10 倍呢？【扫地僧：如果你能力够，卖出的部分也会选择下一个标的，一样可以做出利润，如果这次是靠蒙的，那么盈利也不会长久，迟早也要还给市场，所以没什么可惜的】这没问题，当股票成本为 0 以后，就要开始挣股票。也就是利用每一个短差，上面抛了以后，都全部回补，这样股票就越来越多，而成本还是 0。这样，这股票就算再上涨 100 倍，越涨你的股票越来越多，而成本永远为 0，这是最可怕的吸血，庄家、基金无论如何洗盘，都使得你的股票越来越多，而你的成本却是 0，然后，等待一个超大级别的卖点，一次性把他砸死，把那庄家、基金给毁了。想想，成本为 0 的股票，在历史大顶上砸起来是最爽的。

这就是资金管理中针对每只股票的最大原则，按照这一原则，你不仅可以得到最安全的操作，而且可以赢得最大的利润。特别是挣股票的阶段，一般一只股票，盘整的时间都占一半以上【扫地僧：大部分是盘整占 2/3 的时间，趋势只占 1/3 的时间】，如果一只股票在上涨后出现大型盘整，只要超大级别卖点没出现，这个盘整会让你的股票不仅把抛掉的全挣回来，而且比底部的数量还要多，甚至多很多。一旦股票再次启动，你就拥有比底部还多的但成本为 0 的股票，这才是最大的黑马，也是最大的利器。一个合理的持仓结构，就是拥有的 0 成本股票越来越多，一直游戏到大级别上涨结束以后，例如这轮大牛市，直到牛市结束前，才把所有股票全部清仓。而资金，就可以不断增加参与的股票种类，把这个程序

不断延续下去，这样，操作资金不会增加，特别对大资金，不会经常被搞到去当庄家或钱太多买了没人敢进来，这样就不会增加操作的难度【扫地僧：原来的坐庄思路是底部建仓，拉升，高位派发，其中高位派发是最难的部分，一旦出现问题，相当于白做，而且还有可能深陷其中，而通过不断降成本，使得风险不断减小，也就是化整为零，通过每一次不同级别的波动，不断让成本趋于 0，甚至负数，这样无论遇到什么情况，最起码本金是安全了，也就没有了风险】，股票种类越来越多，但成本都是 0。这样，才会有一个最稳固的资金管理基础。

放到正文里，让大家都看清楚。

一言既出，驷马难追。既然承诺大家春节前一定让联通上 5 元，大盘上 3000 点，就无论如何都要办到。当然，这不是本 ID 一个人能办到的，但在北京，又有什么不能办到的？中国的中心是北京，北京人最讨厌汉奸，汉奸既然在 3000 点之前捣乱，就要让红旗超过 3000 点过年，中国的世纪，哪里有汉奸说话的地方？【扫地僧：图 2 是上证指数，春节前最后一个交易日是 2007 年 2 月 16 日，2 月 15 日当天最高点还没有过 3000 点，但第二天 2 月 16 日的高点已经超过了 3000 点，诺言实现。而中国联通在 2 月 15 日当天最高价是 5.13 元，收盘 5.04 元，已经超过 5 元】血战，快意恩仇，就这么简单了。该看到的大家都看到了，不能看到的也没必要说了。对于本 ID 曾说过的 10 多只股票，除了一些前期涨幅过大的，都创出新高了，当然，有些涨得快点，有些慢点，但中线肯定都没问题。

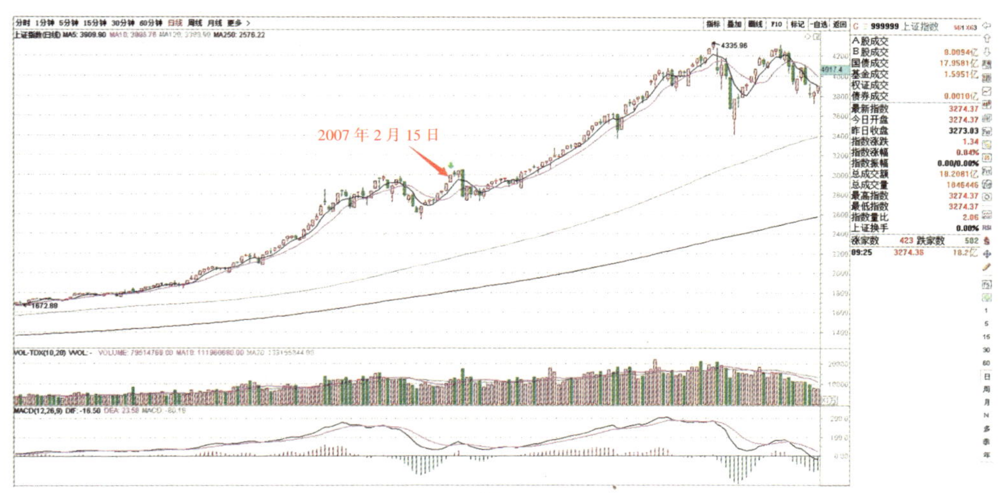

图 2

(扫码获取更多学习资料)

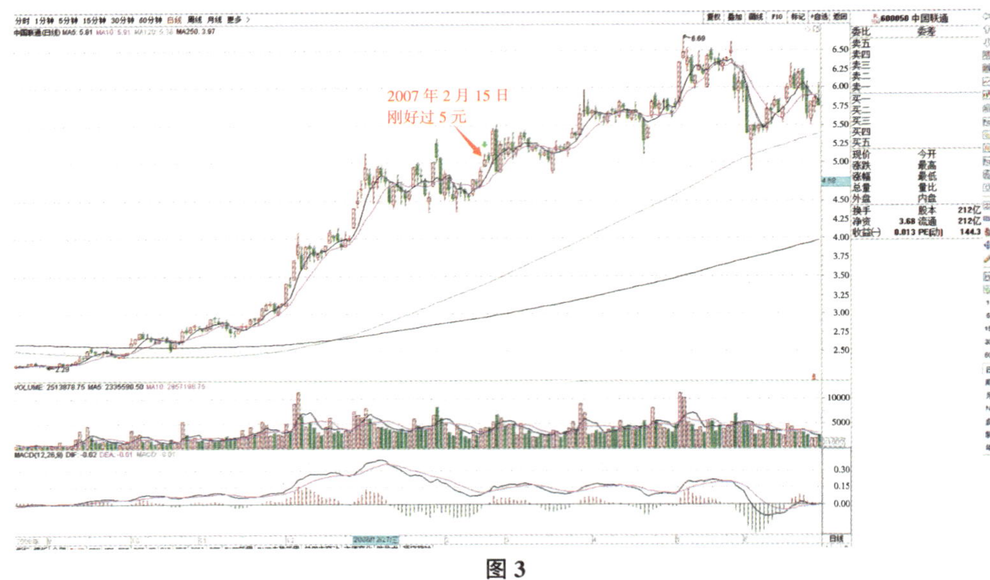

图 3

不过，本 ID 在这里公布说阻击的目标，确实让本 ID 操作上增加很大难度，这里汉奸的眼线肯定少不了，现在本 ID 说的股票，本 ID 不动好像就没人动了，这样不好，本 ID 又不是庄家，这样搞下去没意思了。所以，里面的庄家也别太偷懒，虽然你们肯定是本 ID 的后辈，但你们的年龄估计都比本 ID 大，尊敬长辈也没有这样的，自己看着办吧。

以市场老人的口吻教训这些懒人，市场是需要口碑的，吃点小亏，立个金字牌子，有什么不好的。举一个本 ID 在 N 年前干过的最小的事情，把一只股票从 14 元，两周多点阻击上 25 元全出掉，时间也是春节前后，一分钱没花，靠的是什么？自己去想想吧【扫地僧：本人根据这个描述，查了一下，发现南玻 A 在 2000 年 4 月 14 日开始的走势符合这个描述】。

明天，汉奸还有可能发难，所以，大家还需要努力。

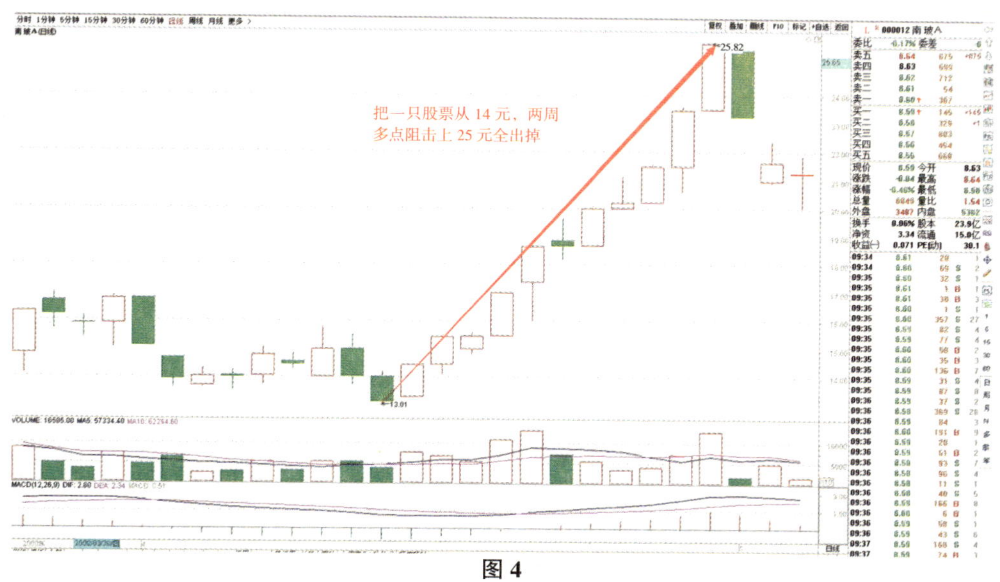
把一只股票从 14 元，两周
多点阻击上 25 元全出掉
25.82
13.01

图 4

【扫地僧点评】

时刻保持最大的警惕（忌用杠杆），用自己的技术能力尽快将成本降到 0，这就是最稳固的资金管理，不依赖任何人。

教你炒股票32：走势的当下与投资者的思维方式①

股价上下好似谜，研读缠论股秘籍，心无旁骛除杂念，轻松买卖不迟疑。

所有非汉奸、非奸细的各位请注意了，这里奸细少不了，如果你把这里当成一个纯粹的课堂，那就太小看这里了。但有一点是无疑的，就是一旦你掌握本ID的理论，你根本无须听任何话，无论谁的话，任何话都是废话，走势永远第一。牛顿不能违反万有引力，本ID也不能违反本ID的理论，这才是最关键的地方。而只有这样，才可能有一个正确的思维基础。你无须尊重本ID，甚至，你学会本ID的理论，还可以专门和本ID作对，试图在市场上挣本ID的钱，但你必须尊重本ID的理论，就像你必须尊重万有引力一样，否则市场的走势每分每秒都会给你足够的教训。

投资者最大的毛病，就是只有一种思维方式，把自己的喜好当成了市场的现实【扫地僧：就是不分级别不分时机地只按自己主观认为的方向操作】。按这种逻辑，做多的就永远要做多，做空的就永远要做空，那不有毛病吗？就像这次春节前的走势，为什么要做多，因为技术上有形成中枢第二段的要求【扫地僧：见图1】，这就是做多的客观条件，而当第二段出现背驰【扫地僧：图2是第二段的1F图，可以看到是个很清晰的趋势背驰】，就意味着做多的客观条件没有了，继续硬撑着不是有毛病吗？牛市是快跌慢涨、熊市是快涨慢跌，这最基本的节奏不应该不知道【扫地僧：这是基础的经验，所以在牛市中，急跌不可怕，而往往急跌时就是底】。

有一种更坏的毛病就是涨了才高兴，一跌就哭丧着脸。请问：仅做多，怎么把成本降为0？股票都是废纸，光涨光做多，永远顶着一个雷。在前面的文章已经多次强调，只有0成本的股票才是真正安全的。如果死多死空思维不改变，永

① 原文来源：http://blog.sina.com.cn/s/blog_486e105c010008vo.html，2007-02-28 08：44：37。

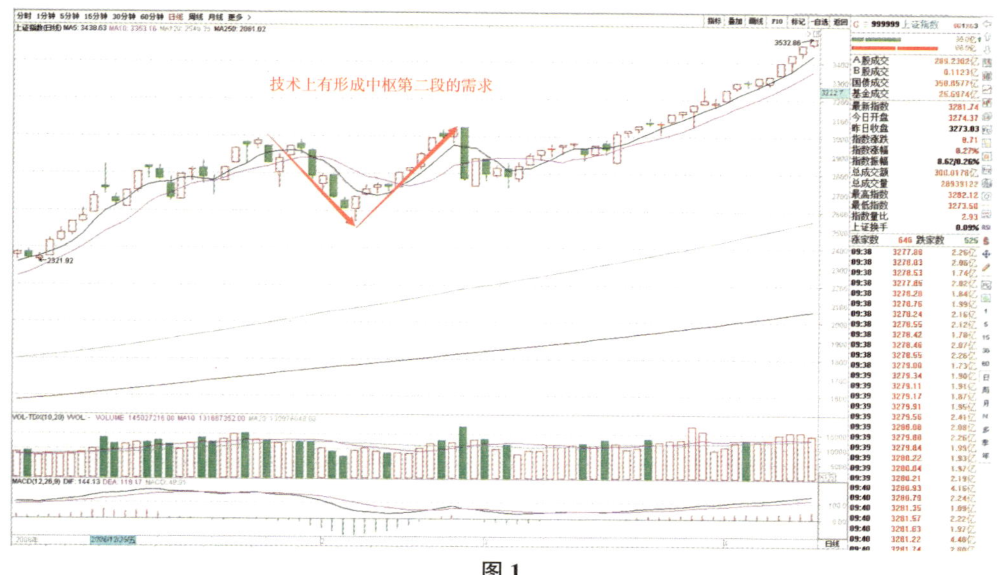

图 1

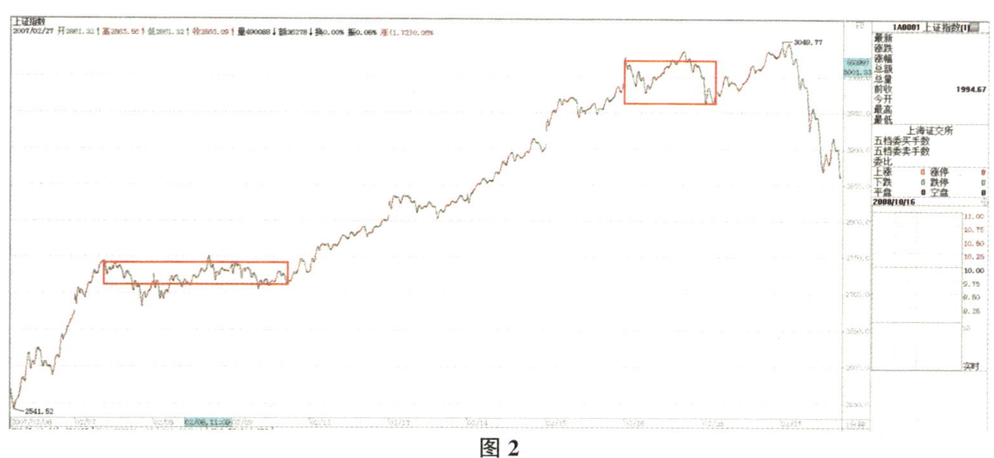

图 2

远都是股票的奴隶。而且，跌完以后涨得最快的是什么？就是跌出第三类买点来的股票，看看民生控股（000416）上次的那一跌，一个完美的第三类买点，后面是一个月近 100%幅度的上涨，中间还带了一周的假期。

大跌，就把眼睛放大，去找会形成第三类买点的股票，这才是股票操作真正的节奏与思维。本 ID 的理论里没有风险的概念，风险是一个不可操作的上帝式概念，本 ID 的眼里只有买点、卖点，只有背驰与否，这些都是有严格定义的、可操作的，这才是让股票当你奴隶的唯一途径。

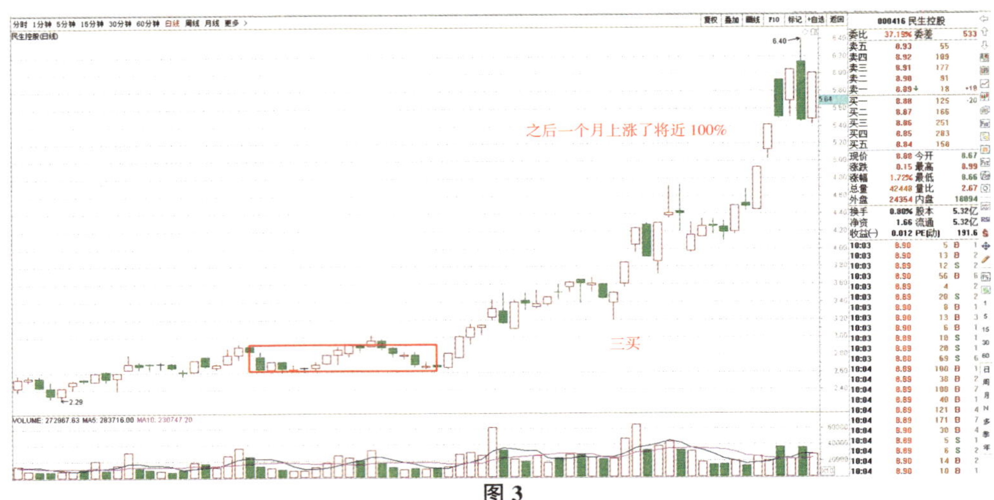

图 3

有人可能要反问本 ID，你不是说中国的地盘中国人做主吗？请问，难道中国人做主，就只能做多的主，不能做空的主？这还算什么主？如果你把握了本 ID 的理论，严格按买点买、卖点卖，那你就是股票的主人【扫地僧：这句话说得好，严格根据买卖点操作，就是股票的主人】。所谓汉奸，不过是希望通过他们的伎俩来把中国的血给吸走，而如果你有本事让汉奸低卖高买，那汉奸就死定了。就像这次，去问问中国联通上谁吃了哑巴亏。前面本 ID 说过，N 年前干过一个阻击，从 14 元一直阻击上 25 元全卖掉，也是春节前后的，算起来就 10 来个交易日，一分钱没花，为什么？就是把某些人的节奏给搞乱了，大家应该记得赵本山和范伟拍卖那场对话，有点类似【扫地僧：就是《卖拐 3》里的桥段：范伟：我出 2000；赵本山：我 2500；范伟：3000；赵本山：3500；范伟：4000；赵本山：5000；范伟：成交！大概意思是缠师与对方一直抢筹，最后在高位全甩给了对方】。具体怎么样，以后再说。不过可以告诉大家最终的结果，那只股票最终跌回 3 元多。

股票，如同跳舞，关键是节奏，节奏一错，就没法弄了。买点买、卖点卖，就是一个最合拍的节奏，任何不符合这个节奏的，都要出乱子。例如，你是按 30 分钟级别操作的，明明顶背驰了，你不卖，一定要想着还要高，然后底背驰的时候忍不住了，杀出去，这样下来，你很快就不用玩股票了，因为股票很快就玩死你。走势有其节奏，你操作股票，如同和股票跳舞，你必须跳到与股票心灵相通，也就是前面说的，和那合力一致，这样才是顺势而为，才是出色的舞者。如果不明白的，今天去跳一下舞，找一个舞伴，把他的节奏当成股票的节奏，感

受一下【扫地僧：造成被股票玩的一个主要原因还是自己加入了主观愿望，明明图形上力度减缓了，但还是幻想着突然来一根大阳线就破坏了背驰，同理，底部的时候，明明下跌的力度放缓了，出背驰了，但仍然怕发生意外情况不敢进】。

感应，是当下的，如果当下你还想着前后，那你一定跳不好舞。股票也一样，永远只有当下的走势状态，股票的走势，没有一个必然的、上帝式的意义，所有的意义都是当下赋予的。例如，一个30分钟的a+A+b+B+c的向上走势，你不可能在A走出来后就说一定有B，这样等于是在预测，等于假设一种神秘的力量在确保B的必然存在，而这是不可能的。那么，怎么知道b段里走还是不走？这很简单，这不需要预测，因为b段是否走，不是由你的喜好决定的，而是由b段当下的走势决定的。如果b段和a段相比，出现明显的背驰，那就意味着要走，否则，就不走。而参考b段的5分钟以及1分钟图，你会明确地感觉到b段是如何生长出来的，这就构成一个当下的结构，只要这个当下的结构没有出现任何符合区间套背驰条件的走势，那么就一直等待着，走势自然会在30分钟延伸出足够的力度，使得背驰成为不可能。这都是自然发生的，无须你去预测【扫地僧：这一段的描述非常棒，不预测走势，只是去观察它的生长，考量它的结构，至于它是如何生长的，这不是我们所能控制或者改变的，因此，预测从这个角度来说就是意淫，意淫也就没有意义】。

详细说，在上面例子30分钟的a+A+b+B+c里，A是已出现的，是一个30分钟的中枢，这可以用定义严格判别，没有任何含糊、预测的地方。而b段一定不可以出现30分钟的中枢，也就是最多只能是5分钟级别的。如果b段一个5分钟级别的开始上涨已经使得30分钟的图表中不可能出现背驰的情况，那么你就可以有足够的时间去等待走势的延伸，等待它形成一个5分钟的中枢，一直到5分钟的走势出现背驰，这样就意味着B要出现了，一个30分钟的新中枢要出现了。是否走，这就和你的资金操作有关了，如果你喜欢短线，你可以走一点，等这个中枢的第一段出现后，回补，第二段高点看5分钟或1分钟的背驰出去，第三段下来再回补，然后就看这个中枢能否继续向上突破走出c段。注意：c段并不是天经地义一定要有的【扫地僧：这个问题是实战中的难点，因为c段没有时，要么等中枢震荡中的盘背，要么等三卖，但很多时候不容易看出，从而错过了卖出时机，这点一定要注意。还有一种笨办法，就是直接在B的上沿附近卖出，换股操作，因为一个趋势大部分只有两个中枢，尤其是大一点级别的走势，出现3个以上中枢的趋势极少】，就像a段也不是天经地义一定要有的。要出现c段，如同要出现b段，都必须有一个针对30分钟的第三类买点出现，这样才会

有。所以，你的操作就很简单了，每次，5 分钟的向上离开中枢后，一旦背驰，就要出来，然后如果一个 5 分钟级别的回拉不回到中枢里，就意味着有第三类买点，那就要回补，等待 c 段的向上。而 c 段和 b 段的操作是一样的，是否要走，完全可以按当下的走势来判断，无须任何的预测。不背驰，就意味着还有第三个中枢出现【扫地僧：再次提醒，大一点级别的走势，出 3 个中枢的情况很少见】，以此类推。显然，上面的操作，不需要你去预测什么，只要你能感应到走势当下的节奏，而这种感应也没有任何的神秘，就是会按定义去看而已。

那么，30 分钟的 a+A+b+B+c 里，这里的 B 一定是 A 的级别？假设这个问题，同样是不理解走势的当下性。当 a+A+b 时，你是不可能知道 B 的级别的，只是，只要 b 不背驰，那 B 至少和 A 同级别，但 B 完全有可能比 A 的级别大，那这时候，就不能说 a+A+b+B+c 就是某级别的上涨了，而是 a+A+b 成为一个 a′，成为 a′+B 的意义了。但无论是何种意义，在当下的操作中都没有任何困难，例如，当 B 扩展成日线中枢时，那么就要在日线图上探究其操作的意义【扫地僧：也就是说，当走势级别升级后，就要切换到升级后的级别里看走势，而不要还在原来的级别里，否则很容易看晕】，其后如果有 c 段，那么就用日线的标准来看其背驰，这一切都是当下的。至于中枢的扩展，其程序都有严格的定义，按照定义操作就行了，在中枢里，是最容易打短差降成本的，关键是利用好各种次级别的背驰或盘整背驰就可以了。

所以，一切的预测都是没意义的，当下的感应和反应才是最重要的。你必须随时读懂市场的信号，这是应用本 ID 理论最基础也是最根本的一点。如果你连市场的信号、节奏都读不懂，其他一切都是无意义的。但还有一点很重要，就是你读懂了市场，但却不按信号操作，那这就是思维的问题了，老有着侥幸心理，这样也是无意义的【扫地僧：读懂市场可以通过大量练习达到，而侥幸心理，心魔只能靠自己的修养去除了】。按照区间套的原则，一直可以追究到盘口的信息里，如果在一个符合区间套原则的背驰中发现盘口的异动，那么，你就能在最精确的转折点操作成功。本 ID 的理论不废一法，盘口功夫同样可以结合到本理论中来，但关键是在恰当的地方，并不是任何的盘口异动都是有意义的【扫地僧：这是看盘的关键，也就是说盘口的异动如果发生在关键的转折点时其意义是重大的，非关键点时的意义不大】。本 ID 的理论由于是从市场的根子上考察市场，所以把握了，你就可以结合各种理论，什么基本面、政策面、资金面、庄家等因数，这些因数如何起作用、有效与否，都能在这市场的基本走势框架上反映出来。

由于市场是当下的，所以，投资者具有的思维也应该是当下的，而任何习惯于幻想的，都是把幻想当成当下而掩盖了对当下真实走势的感应【扫地僧：再次强调，这点本人太有感触了，相信很多人和我一样有同样的感受】。这市场，关键的是操作，而不是吹嘘、预测。有人可能要反问，怎么这里也经常说些类似预测、吹嘘的话，例如前两天本 ID 说让汉奸砸盘联通。请问，汉奸可能有几十亿股的联通吗？汉奸砸盘本 ID 就要接？本 ID 为什么不可以先砸？为什么一定要在顶背驰接砸盘？本 ID 又没毛病，汉奸如果有爱好，最好在底背驰的时候砸盘，本 ID 一定欢迎。而对于本 ID 来说，如果有些话能当百万兵，本 ID 凭什么不说？本 ID 也没兴趣知道，中国联通昨天 9：36~9：45 推出 5.52 元是谁中风了，竟然勇敢地顶出一个顶背驰来，那时候，本 ID 只看到了卖点，如此而已。就算不知道本 ID 的理论，最简单的，难道连 1 月 4 日和 1 月 30 日的连线在哪里都看不清楚？

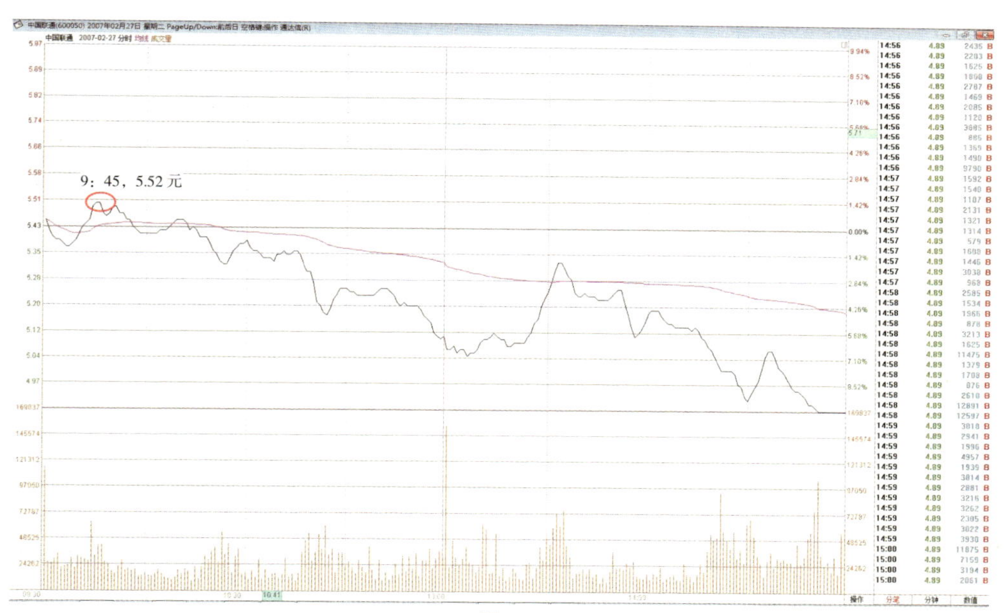

图 4

所有非汉奸、非奸细的各位请注意了，这里奸细少不了，如果你把这里当成一个纯粹的课堂，那就太小看这里了。但有一点是无疑的，就是一旦你掌握本 ID 的理论，你根本无须听任何话，无论谁的话，任何话都是废话，走势永远第一。牛顿不能违反万有引力，本 ID 也不能违反本 ID 的理论，这才是最关键的地

(扫码获取更多学习资料)

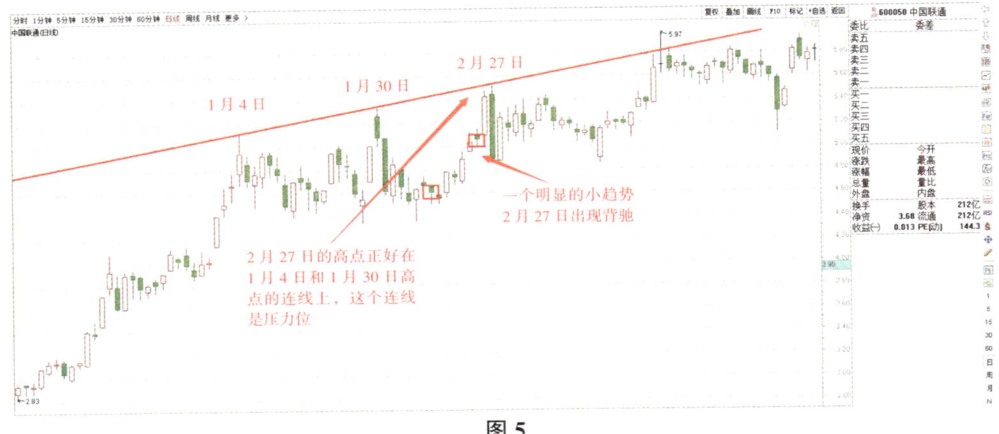

图 5

方。而只有这样，才有可能有一个正确的思维基础。你无须尊重本 ID，甚至，你学会本 ID 的理论，还可以专门和本 ID 作对，企图在市场上挣本 ID 的钱，但你必须尊重本 ID 的理论，就像你必须尊重万有引力一样，否则市场的走势每分每秒都会给你足够的教训。

补充：回帖很多，怕有人看不到，把今天收盘的讲评放在这里：

今天之所以如此早就发课程，就是让各位现场学习。看看 a+A+b+B+c 是如何变成 a′+B 的【扫地僧：图 6 是当时的 1 分钟图】，如果早上不敢回补，那么 1351 点的第三类买点，怎么都应该回补了。而且个股与大盘的节奏不同，这两天深圳低价本地股表现怎样，今天哪个板块先涨停的，除非你的眼睛有毛病，大概都应该能看明白了。如果今早没看到课程的，那么就好好对照这两天的 1 分钟图研究一下。如果把本课程吃透，那你的水平可以上初二了。

大盘后面的走势很简单，就是 2915 点，昨天一分钟中枢的高点。如果看不懂的，就看 5 日线。上不去，就要二次探底，否则就 V 形反转，重新攻击 3000 点【扫地僧：2915 点也就是那个一分钟中枢的高点，拿它作为参考，其实就是以中枢作为参考，核心还是中枢，见图 7】。至于个股方面，没什么可说的，今天的课程里有专门让大家去找第三类买点：“大跌，就把眼睛放大，去找会形成第三类买点的股票，这才是股票操作真正的节奏与思维。”不仅是思维本身，心态如何调整，有了这次现场直播，大家对这节奏，不知道有没有感觉。今天一早看课程又能理解的，有福了。

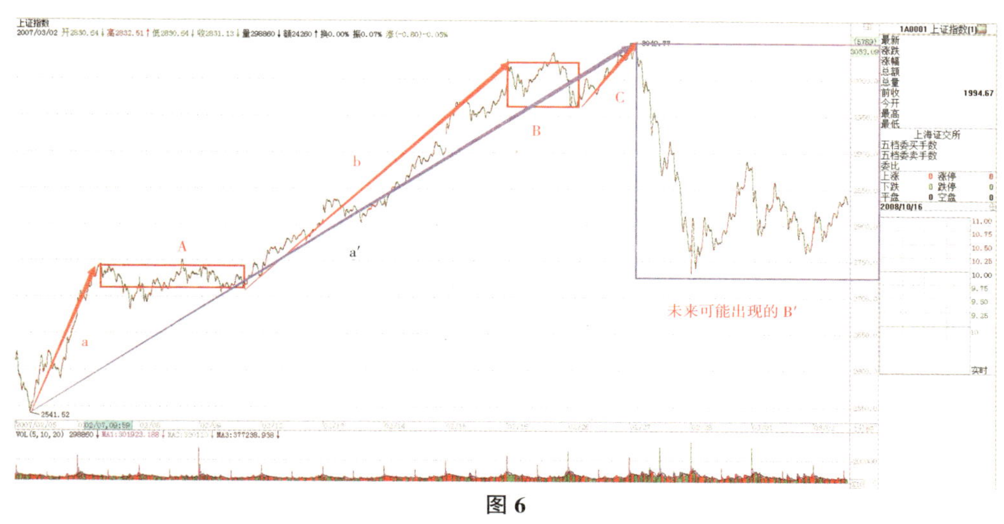

图 6

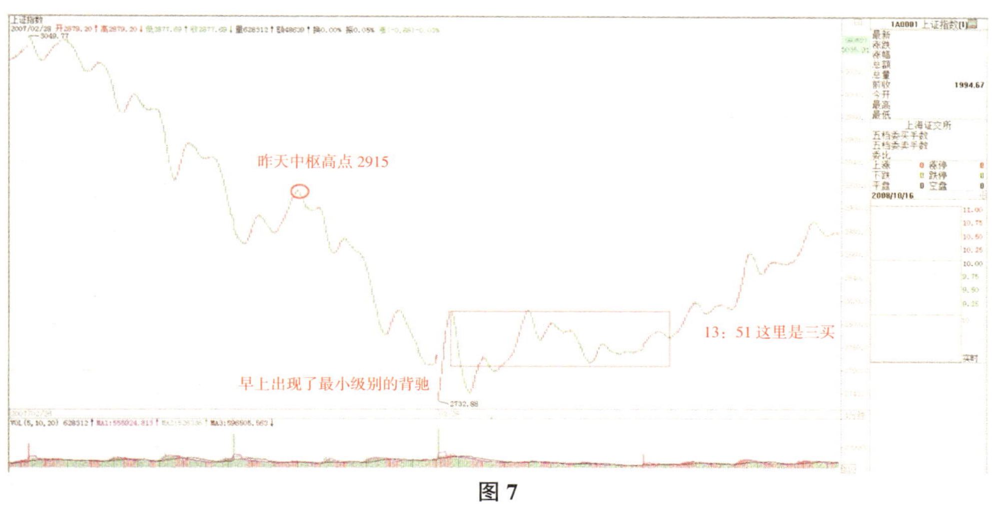

图 7

表扬一下 CCTV，为了这几句话：

［匿名］CCTV

2007-02-28 10：20：59

［匿名］老新手

2007-02-28 09：53：25

第二个 1 分钟中枢形成，就看后面是否背驰了。

–

不一定，你仔细研究一下妹妹今天举的两个例子。

［匿名］CCTV

2007-02-28 10：24：40

我觉得，大盘还存在一种可能，就是形成妹妹文章里说的 a′+B，然后突破 B 直接上去。现在应该按 a′+B 来看了。

【扫地僧点评】

这节课最大的收获是关于如何把握股票节奏的，其实也就是对股票当前处于什么级别的走势，这个走势走到什么状态要有清晰的认识和了解，然后严格按照走势操作，不夹杂自己的任何主观意愿。

教你炒股票 33：走势的多义性[①]

横看成岭侧成峰，远近高低各不同，三千佳丽谁最美，唯有甄嬛惹心怦。

如果市场都是标准的 a+A+b+B+c，A、B 的中枢级别一样，那这市场也太标准、太不好了。市场总有其复杂的地方，使得市场的走势呈现一种多义性，就好像诗词中文字的多义性一样。如果没有多义性，诗词都如逻辑一样，那也太没意思了【扫地僧：正是有了多义性，才使得缠论犹如艺术，最终靠的是个人的修养等综合素质，否则完全可以量化，所有人都一样，趋同性必然使得最终市场不存在了。这里也提示一下，所谓的缠论量化的指标、公式、系统什么的，其结果只能是工具，一个辅助工具，绝不会是交易系统，所以如果有人说开发了缠论的量化交易系统，请远离他，因为艺术是不可能量化的】。而所有走势的多义性，都与中枢有关【扫地僧：缠论中大部分的难点也都和中枢有关，归根结底，大多是多义性造成的】。

例如，5 分钟级别的中枢不断延伸，出现 9 段以上的 1 分钟次级别走势。站在 30 分钟级别的中枢角度，3 个 5 分钟级别的走势重合就形成了，而 9 段以上的 1 分钟次级别走势，每 3 段构成一个 5 分钟的中枢，这样也就可以解释成这是一个 30 分钟的中枢。这种情况，只要对中枢延伸的数量进行限制，就可以消除多义性。一般来说，中枢的延伸不能超过 5 段，也就是一旦出现 6 段的延伸，加上形成中枢本身那三段，就构成更大级别的中枢了。

另外一种多义性，是由模本的简略造成的。不同级别的图，其实就是对真实走势不同精度的模本。例如，一个年线图当然没有 1 个分笔图的精确度高，很多重要的细节都不可能在大级别的图里看到。而所谓走势的级别，从最严格的意义上说，可以从每笔成交构成的最低级别图形不断按照中枢延伸、扩展等的定义精确地确认出来，这是最精确的，不涉及什么 5 分钟、30 分钟、日线等【扫地僧：

① 原文来源：http：//blog.sina.com.cn/s/blog_486e105c010008x4.html，2007-03-02 15：20：37。

注意，交易的最基本的元素就是一笔交易而已，和时间周期没有关系，因此，从每一笔的交易上递归出来的走势才是最精确的，而K线图是将一段时间周期内的交易合并了，并非建立在每一笔的交易上，因此，只要是K线图，必然存在一定程度的失真，只不过1分钟图的失真程度比周线、年线图的失真程度要小得多而已】。但这样会相当累，也没这个必要。用1分钟、5分钟、30分钟、日线、周线、月线、季线、年线等的级别安排，只是一个简略的方式，最主要的是现在可以查到的走势图都是这样安排的。当然，有些系统可以按不同的分钟数显示图形，例如，一个7分钟的走势图，也完全可以。这样，你完全可以按照某个等比数列来弄一个级别序列。不过，可以是可以，但没必要。因为，图的精确并没有太大的实质意义，真实的走势并不需要如此精确的观察【扫地僧：说明对于实际操作而言，大部分情况对走势的观察是没必要做到毫无偏差的，大体差不多就可以了，核心还是分析的逻辑】。当然，一些简单的变动也是可以接受的，例如去掉30分钟，换成15分钟和60分钟，形成1分钟、5分钟、15分钟、60分钟、日线、周线、月线、季线、年线的级别安排，这也是可以的。

虽然没有必要精确地从最低级别的图表逐步分析，但如果你看的图表的缩放功能比较好，你可以把分笔图或1分钟图不断缩小，这样，看到的走势越来越多，而这种从细部分到全体的逐步呈现，会对走势级别的不断扩张有一个很直观的感觉，这种感觉，对你以后形成一种市场感觉是有点帮助的【扫地僧：同花顺的缩放功能就不错】。在某个阶段，你可能会形成这样一种感觉，你如同站在重重叠叠的连绵走势中，而当下的趋向，仿佛照亮着层层叠叠的走势，那时候，你往往可以忘记中枢之类的概念，所有的中枢，按照各自的级别，仿佛都变成大小不同的迷宫关口，真正的路只有一条，而你的心直观当下地感应着。说实在的，当有了这种市场清晰的直觉，才算到门口了【扫地僧：还是多看图吧，这种直觉一定是经过大量练习而得到的，不下苦功难得真经】。那时候，就如同看一首诗，如果还从语法等去分析，就如同还用中枢等去分析一样，而真正的有感觉的读者，是不会计较于各种字句的纠缠的，整体的直观当下就呈现了【扫地僧：真正的高手是不会纠结在分笔、分段、几分钟图形里的】，一首诗就如同一个自足的世界，你当下就全部拥有了。市场上的直观，其实也是一样的。只要那最细微的苗头一出来，就当下地领悟了，这才算是对市场走势这伟大诗篇一个有点合格的阅读。

在一名能充分直观的阅读者眼里，多义性是不存在的【扫地僧：这句话说明了能最贴近走势本身的解读只有一种，多义性的存在是由于还不能完全透彻地看懂走势】，而当这种最明锐的直觉还没出现时，对走势多义性的分析依然有必要，

因此也必须继续。换句话说，如果玩不了超逻辑的游戏，那只能继续在逻辑的圈子里晃悠。除了上面两种多义性，还有一种有实质意义的多义性，也就是走势分析中的多种合理释义，这些释义都符合理论内在的逻辑，因此，这种多义性反而不是负担，而是可以从多角度对走势进行分析【扫地僧：第一种多义性是由图表精度造成的，第二种多义性是由人自身的能力造成的，而第三种多义性是走势分析中的多种合理释义】。

例如，对 a+A+b+B+c，a 完全可以有另一种释义，就是把 a 看成是围绕 A 这个中枢的一个波动，虽然 A 其实是后出现的，但不影响这种看法的意义。同样 c 也可以看成是针对 B 的一个波动，这样整个走势其实就简化为两个中枢与连接两者的一个走势。在最极端的情况下，在 a+A+b+B+c 的走势系列类型里，a 和 c 并不是必然存在的，而 b 完全可以是一个跳空缺口，这样，整个走势就可以简化为两个孤零零的中枢。把这种看法推广到所有的走势中，那么任何的走势图，其实就是一些级别大小不同的中枢，把这些看成不同的星球，在当下位置上的星球对当下位置产生向上的力，在当下位置下产生向下的力，而这些所有力的合力构成一个总的力量，而市场当下的力，也就是当下买卖产生的力，买的是向上的力，卖的是向下的力，这也构成一个合力，前一个合力是市场已有走势构成的一个当下的力，后者是当下的交易产生的力【扫地僧：前者是历史走势构成的一个合力，后者是市场参与者当下交易的合力】，而研究这两种力之间的关系，就构成了市场研究的另一个角度，也就是另一种释义的过程。这是一个复杂的问题，以后会陆续说到，算是高中的课程了。

现在先别管什么力不力的，可以从纯粹中枢的角度对背驰给出另外的释义。对 a+A+b+B+c，背驰的大概意思就是 c 段的力度比 b 段的小了。那么，站在 B 这个中枢的角度，不妨先假设 b+B+c 是一个向上的过程，那么 b 段可以看成是向下离开中枢 B，而 c 段可以看成是向上离开中枢 B。所谓顶背驰，就是最后这个中枢，向上离开比向下离开要弱，而中枢有这样的特性，就是对无论向上还是向下离开的，都有相同的回拉作用，既然向上离开比向下离开要弱，而向下的离开都能拉回中枢，那向上的离开当然也能拉回中枢里，对于 b+B+c 向上的走势，这就构成顶背驰，而对于 b+B+c 向下的走势，就构成底背驰。对于盘整背驰，这种分析也一样有效。其实，站在中枢的角度，盘整背驰与背驰，本质上是一样的，只是力度、级别以及发生的中枢位置不同而已【扫地僧：盘整背驰的力度和级别都比趋势背驰的小，趋势背驰的中枢至少有两个，盘背只有一个】。

同样，站在纯中枢的角度，a+A+b+B，其中 B 级别大于 A 的这种情况就很简

单了，这时候，B 后面并不必然接着原方向继续，而是可以进行反方向的运行。例如，a+A+b+B 是向下的，而 a+A+b 其实可以看成是对 B 一个向上离开的回拉，而对中枢来说，并没要求所有的离开都必须按照上下上下的次序，一次向上的离开后再一次向上的离开，完全是被允许的【扫地僧：很多没有背驰段的走势就是这样的，形态上就是箱型顶/底】，站在这个角度，从 B 直接反转向上，就是很自然的。那么，这个反转是否成功，不妨把这个后续的反转写成 c，那么也只要比较一下 a+A+b 与 c 这两段的力度就可以，因为中枢 B 对这两段的回拉力度是一样的，如果 c 比 a+A+b 弱，那当然反转不成功，也就意味着一定要重新回到中枢里，在最强的情况下也至少有一次回拉去确认能否构成一个第三类买点。而 a+A+b 与 c 的力度比较，与背驰的情况没什么分别，只是两者的方向不同而已。如果用 MACD 辅助判别，背驰比较的黄白线和柱子面积都在 0 轴的一个方向上，例如都在上面或下面，而 a+A+b 与 c 就分别在不同的方向上，即使这样，也不存在黄白线回拉的问题。但有一点是肯定的，就是黄白线至少要穿越一次 0 轴。这几天大盘的走势，就对这种情况有一个最标准的演示。简略分析一下。

由于相应的 a+A+b 是一个 1 分钟的走势，那天故意在开盘前发帖子，等于是现场直播 B 的形成，但 1 分钟的走势，估计能看到或保留的不多，那就用 15 分钟图来代替。2 月 27 日 9：45 到 2 月 28 日 9：45，刚好 4 小时，构成 a+A+b，其中的 A，在 15 分钟图上看不清楚，在 1 分钟图上是 2 月 27 日 13：06 到 2 月 27 日 13：37，中枢的区间是 2877~2894 点，中枢波动的高点也就是 b 的起跌点是 2915 点。c 段大致从 2 月 28 日 11：00 算起，这个 c 要反转成功，在相同级别内至少要表现出不比 b 的力度小，这可以从 MACD 来辅助分析，也可以从一个最直观的位置来分析，就是必须能重新回到 b 的起跌点，这就如同向天上抛球，力度大的如果还抛不高，那怎么能算力度大？至于 c 能不能回到 b 的起跌点，那可以分析 c 内部的小级别，如果 c 出现顶背驰时还达不到该位置，那自然达不到了，所以这种分析都是当下的，不需要预测什么。有人问为什么要看2915 点，道理就是这个。至于还让大家看 5 日线，只是怕大家看不懂的一个辅助办法，有了这么精确的分析，所有的均线其实都没什么意义了。而 c 的力度不够，那就自然要回到 B 里，所以后面的走势就是极为自然的。站在这个角度，2888 点的第一卖点没走，那么 3 月 1 日 11：00 的 2859 点也该走了，也可以看成是对 B 的再次离开，这力度显然更小，当然要走了，等回跌以后看情况再回补，而后面又出现了 100 点的回跌，然后出现底背驰，这就是一个完美的回补点了。

【扫地僧：这段讲解其实是比较难的，图 1 不够清晰，重新截了一个，这里

最大的难点是B段的划分。注意：由于此时还没有讲到线段，因此，看这里时先不要有线段的概念。那么这里可以看到B从底部上来大体有上下上下四部分，第一个上和第二个下是力度较大的一笔，这是后面的概念，此时可以看作单独的上和下。从这个角度看，B段是成立的】

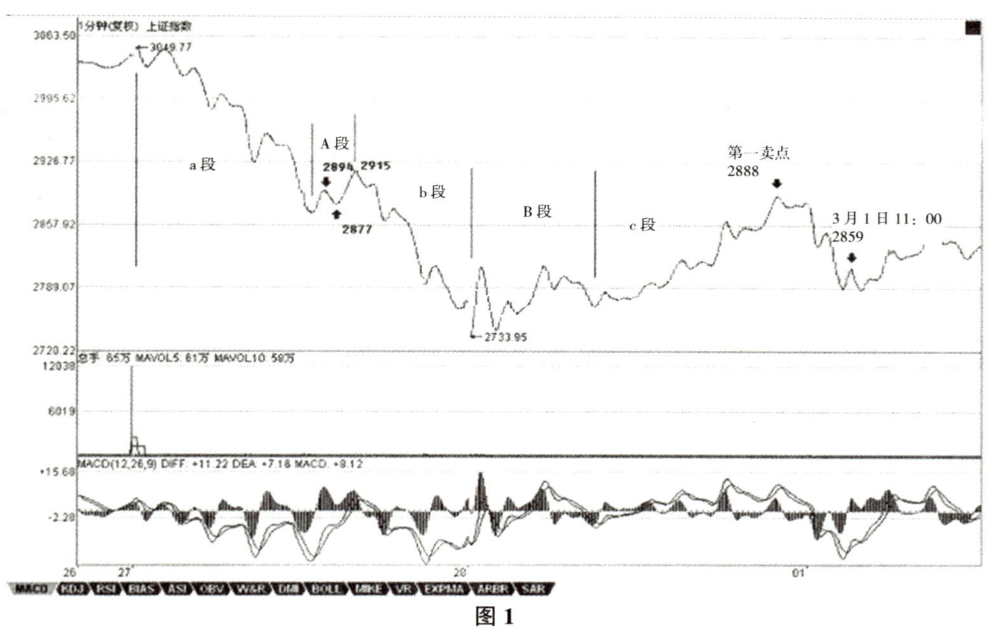

图 1

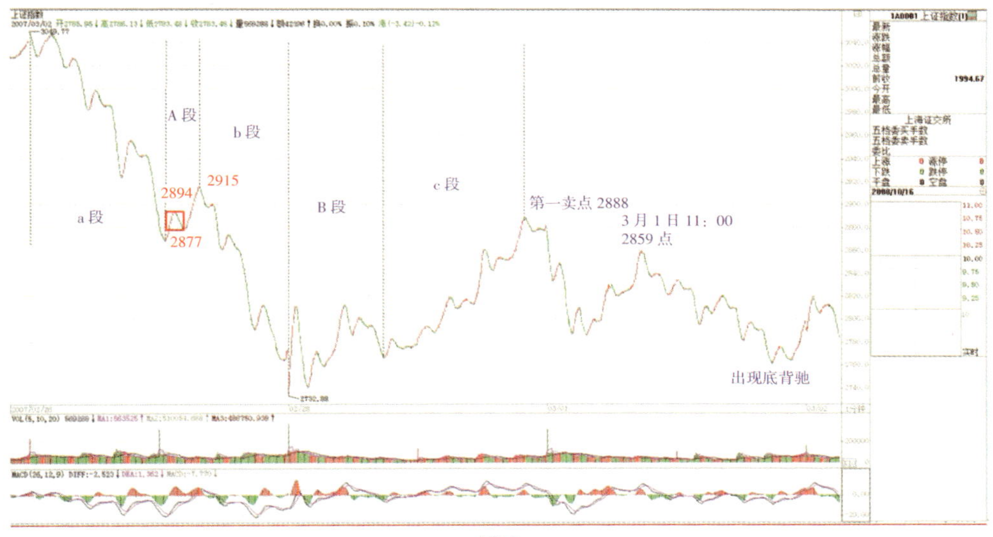

图 2

（扫码获取更多学习资料）

总体围绕中枢的操作原则很简单，每次向下离开中枢只要出现底背驰，那就可以介入了，然后看相应回拉出现顶背驰的位置是否能超越前面一个向上离开的顶背驰高点【扫地僧：对应上面的例子就是 c 段是否能超越 b 的高点】，不行一定要走，行也可以走，但次级别回抽一旦不重新回到中枢里，就意味着第三类买点出现了，就一定要买回来。而如果从底背驰开始的次级别回拉不能重新回到中枢里，那就意味着第三类卖点出现，必须走，然后等待下面去形成新的中枢来重复类似过程。围绕中枢的操作，其实就这么简单【扫地僧：这里是中枢震荡操作的方法，需要注意的是中枢的级别是否上升】。当然，没有本 ID 的理论，是不可能有如此精确的分析的，就像没有牛顿的理论，人们只能用神话讲述一切关于星星的故事。

不过，这些分析都是针对指数的，而个股的情况必须具体分析，很多个股，只要指数不单边下跌，就会活跃，不爱搭理指数，所以不能完全按指数来弄。其实，对于指数，最大的利益在期货里。不过，期货的情况有很大的特殊性，因为期货是可以随时开仓的，和股票交易凭证数量的基本稳定不同，所以在力度分析等方面有很多不同的地方，这在以后再说了【扫地僧：期货的分析方法有所不同，所以不能单纯地用分析股票的方法去做期货】。

【扫地僧点评】

这节课是一个难点，多义性也是缠论中多数人感到迷糊的地方，但正如文中所讲，没有别的捷径，多看多分析，最终走势如何演化形成自己的直觉。

教你炒股票34：宁当面首，莫成怨男[①]

正闻方可有正见，正学正行才能倩，不做面首和怨男，只做野兽吃独饭。

面首，一种职业【扫地僧：《辞源》解释“面首”为：“面，貌之美；首，发之美。面首，谓美男子】；怨男，一种自虐。面首常有，怨男更常有。怨男，不分贵贱，无关学问。李后主，一国之君，人生长恨水长东地成就一代怨词，也算怨得有点声色；以后主为隔代知己的王某，一头扑入不能长东只能长恨的死水里，比起清华园后来那些因阴阳失调而成就的千万怨男，也算怨得有点动静。清华男的脑子多不好使，在逻辑与数据的迷宫中迷失自我，是否与此阴阳失调相关且不论，但北大男如面首，清华男如怨男，却是不争的事实。宁要面首，莫要怨男，这也是北大比清华出色的地方。站在消费者的角度，面首总比怨男可爱得多。最不可爱的，当然就是怨男里的面首或面首中的怨男。那一片记录着中国人耻辱的残园【扫地僧：清华北大都在圆明园旁边】附近的两种男人，就如同股市中的失败男人一样。股市中的失败男人，只有两种，面首与怨男，当然也就包括其中最不可爱的两者交集。

面首，被股票所消费者，被股票所玩弄者，被股票忽悠着从阳亢到阳痿间不断晃悠者【扫地僧：暗指上上下下坐电梯】。非怨男的面首有一好处，就算不太精液了也还很敬业，到处想方设法也要找点这鞭那鞭嚼嚼又可以继续傻乎乎、乐呵呵地敬业了。怨男，有两种：一种是当面首时被用废的，能用的只剩下嘴了，或者去当当股评卖卖假阳具去骗骗人，或者每天对着股市这镜子顾影自怜，或者就编编故事对着往昔的梦境再梦里阳亢一把；另一种是拍AV的、说评书的、当狗崽的、玩裸聊的，总之，都不是能玩真的，都是些企图用口眼就能制造快感的发育不良者。要快感就玩真的，真刀真枪来，总是当医疗器械的免费宣传者那算什么事？

---

① 原文来源：http：//blog.sina.com.cn/s/blog_486e105c0100090b.html，2007-03-07 15：09：54。

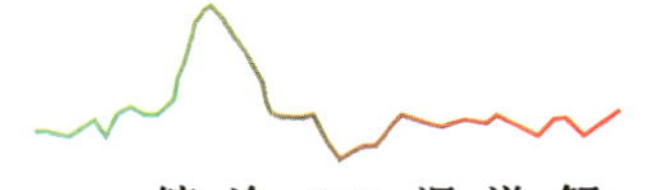

无论面首还是怨男，最大的共同点就是喜欢被玩，当一种面首或怨男的密码被输入后，这面首或怨男的程序就自动运行。其人，不过是傀儡而已，但竟然也乐在其中，也算天下之奇事。不摆脱被各种情绪操控的傀儡命运，就无人可言，但更可怕的是，很多人却深陷其中而不能自拔，甚至不能自知。很多人，从一开始就自闭其路，一开始就是死路一条。例如，自以为高明地把股市当赌场，这样，一双赌眼看股市，怎么闹都是一条赌命，其命运就由其最开始的所谓高明所决定了【扫地僧：一直戴着有色眼镜去看世界，怎么可能得到一个真实的世界呢？佛家提倡要放下偏见才能看到事物的真实，当人自以为是地来认知事物，自然不能得到事物的本源】。"闻见学行"，有如此闻，而有如此见，复有如此学，终有如此行，如此股市就因各人自渎的想象成为众多股市参与者的坟墓。

正闻、正见、正学、正行，无此四正，要在股市里终有成就，无有是处。正，不是正确的意思，所谓正确，不过是名言之争辩。正，是正是，是当下，只有当下，才是正是，才是这个。要当下闻、当下见、当下学、当下行，才是正闻、正见、正学、正行。而对于股市来说，只有走势是当下的，离开走势，一切都与当下无关。一切"闻见学行"，只能依走势而"闻见学行"，离开此，都是瞎闹。不符合当下走势的，上帝说正确也白搭。由此，入股市者，首先就要把所有面首、怨男的情绪、基因抛掉、化掉，如何能办到？离不开当下，也离不开在当下的走势中磨炼。当下的走势就是一切，一切股市的秘密就在其中【扫地僧：当下的走势是一切，很容易被理解为只看技术图形炒股。这是理解偏了，这个当下走势是你已经有了选择操作的对象后，对它的观察就只剩下走势了，但如何选择它，还记得前几课提到的三个独立系统吧，那时的基本面、比价等东西是在选择标的时来用的，所以，技术图形的用处是在完成选股之后，至于选股，可以只看技术图形，但并非是说只能看技术图形选股，这是不同的概念，对此一定要有清醒的认识】。这秘密，是大道，没有任何的遮掩，对任何人都一视同仁、明明白白地彰显，你还向外求什么？而无数的人，还是要争着玩骑驴找驴的游戏。

在股市中，钱的大小根本不重要，亏损是按百分比计算的，所有的钱，无论你是从哪里涨起来的，在任何一个位置，变成 0 的概率是一样的。这个概率是当下存在的，任何人、任何时候都不可能摆脱，这是"不患"的。当下的走势，就如同一把飞速滚动的屠刀，任何与之相反的，都在被屠杀之列，而与之顺着的，那被屠的血就成了最好的盛宴。也就是说，一旦你的操作陷入一种与当下走势相反的状态，任何该种状态的延续就意味着死亡，一旦进入这种状态，唯一正确的选择就是离开。当然，走势是千变万化而有级别性的，任何的当下，并不就意味

着1秒钟的变化，而是根据你的资金以及承受所可能的操作级别来决定的。一直所说的操作级别，就是针对此而说。例如，你根据资金等情况，决定自己的操作级别是30分钟的，那30分钟所有可能发生的走势都在你的计算之中，一旦你已有的操作出现与30分钟实际当下走势相反的情况，那么就意味着你将进入一个30分钟级别的屠杀机器里。这种情况下，只有一种选择，就是用最快的速度退出【扫地僧：当你发现走势和你预想的不同时，第一时间应该先退出，不要抱有什么幻想】。

注意：这不是止损，而是一种野兽般的反应。走势如同森林，野兽在其中有着天生般的对危险的直觉，这种危险的直觉总是在危险没发生之前，而野兽更伟大的本事在于，一旦危险过去，新的觅食又将开始，原来的危险过去就过去了，不会有任何心理的阴影，只是让自己对危险的知觉更加强大【扫地僧：上一个预判错了，就赶紧退出，这只是一次捕猎失败而已，并没有什么，此时全力做好下一次捕猎即可，这次的失败只不过是一次经验，让自己对风险的直觉又加强了一些而已】。没有任何走势是值得恐惧的，如果你还对任何走势有所恐惧、有所惊喜，那么，你还是面首、怨男级别的，那就继续在当下的走势中磨炼，让这一切恐惧、惊喜灰飞烟灭。这里，只需要正闻、正见、正学、正行，而不要面首与怨男，即使面首比怨男要可爱一丁点。

【扫地僧点评】

面首怨男都别当，要当就当一个凶残的野兽，专注于当下的每一次捕猎。

教你炒股票35：给基础差的同学补补课①

夜晚星空繁星密，星辰变幻有引力，上至星系下至尘，万物皆有其轨迹。

下午，媒体要开组建筹划会，本ID必须参加，先把帖子放上来。大盘走势昨天已提示“现在依然存在重新跌回这5分钟中枢，从而扩展成新的30分钟中枢的可能，所以2915点是不能有效跌破的，否则将扩展出新的30分钟中枢”。早上一典型的5分钟顶背驰让这情况变得天经地义【扫地僧：找到当时的1F图，见图1】。

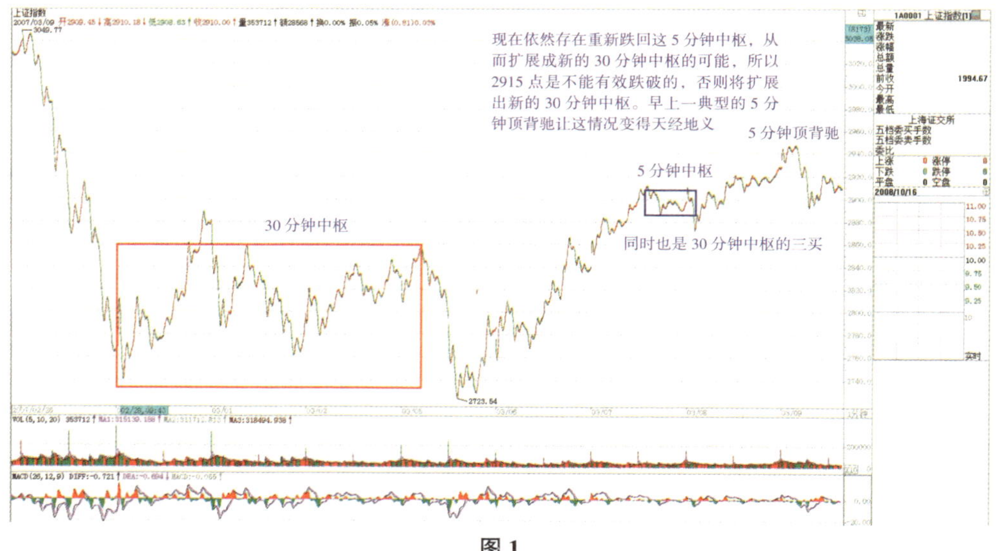

图1

图2是5分钟顶背驰最后一个1F走势内部。

① 原文来源：http：//blog.sina.com.cn/s/blog_486e105c01000914.html，2007-03-09 11：51：34。

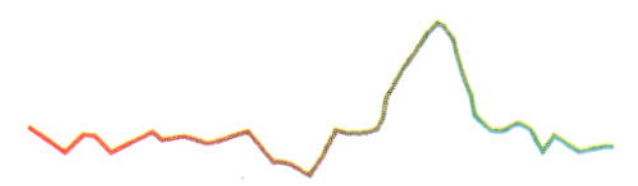

图 2

昨天第三类买点后，理论上两种可能之一就是演化成大级别中枢，今天就是一次经典演示。该中枢从7日13点多的2911点算起，形成后，和前几天下面那30分钟中枢操作一样，市场又给一次相同类型的操作机会。不多说，最近很忙，对大家照顾不周，抱歉了。

个人的理解能力相差太大，自然就有先后之别，因此用一堂课给基础差的同学补补课也是应该的，而且很多自以为基础好、明白的，看看也有益，有些细微处的理解也不一定能完全到位。前面课程，最基础的无非两方面：①中枢；②走势类型及其连接【扫地僧：中枢是走势类型的基础，有了中枢才有走势类型，搞定了中枢，才能确定走势类型。而确定了走势类型后，就是看走势类型之间如何连接，也就是如何将整个走势分解成为一个个的走势类型，所以这是相辅相成，环环相扣的】。这两方面相互依存，如果没有走势类型，中枢也无法定义；而没有中枢，走势也无法分出类型。如果理论就此打住，那么一个循环定义就不可避免。要解决该循环，级别的概念是不可缺少的。有了级别，一个严格的递归式定义才可以展开。

所谓的最低级别，就如量子力学的量子概念，物理世界不是想当然地无限连续的，而市场的交易同样如此。最严格去定义，每笔的交易是最低级别的，连续三笔相同价位的交易，就构成最低级别的中枢。有一个最低级别中枢的走势，就是最低级别的盘整走势类型；有两个最低级别中枢的走势，就是最低级别的趋势走势类型，如果第二个中枢比第一个高，那就是上涨走势类型，反之就是下跌走

势类型。一般来说，假设依次存在着 N（N>2）个中枢，只要依次保持着第 N 个中枢比 N-1 个高的状态，那么就是上涨走势类型的延续；依次保持着第 N 个中枢比 N-1 个低的状态，就是下跌走势类型的延续。显然，根据上面的定义，在最低级别的上涨里，只要也只有出现依次第 N 个中枢不再高于，即等于或低于第 N-1 个的状态，才可说这最低级别的上涨结束。最低级别下跌的情况与此相反。

上面就用最低级别的中枢把走势在最低级别上进行了完全分类【扫地僧：解决了递归函数里 A0 的定义】，而三个连续的最低级别走势类型之间，如果发生重叠关系，也就是三个最低级别走势类型所分别经过的价格区间有交集，那么就形成了高一级别的缠中说禅中枢。有了该中枢定义，依照在最低级别上的分类方法，同样在高级别上可以把走势进行完全的分类，而这个过程可以逐级上推，然后可以严格定义各级别的中枢与走势类型而不涉及任何循环定义的问题。但如果按严格定义操作，必须从最低级别开始逐步确认其级别，太麻烦也没多大意义，所以才有了后面 1 分钟、5 分钟、15 分钟、30 分钟、60 分钟，日、周、月、季、年的级别分类。在这种情况下，就可以不大严格地说，三个连续 1 分钟走势类型的重叠构成 5 分钟的中枢，三个连续 5 分钟走势类型的重叠构成 15 分钟或 30 分钟的中枢，等等。在实际操作上，这种不大严格的说法不会产生任何原则性的问题，而且很方便，所以就用了，对此，必须再次明确【扫地僧：也就是说用 1分钟、5分钟、15分钟等级别来定义级别本质上是不严格的，是有误差的，但对于实际操作来说，不会有任何原则性问题，不大影响操作】。

以上这些，都在前面反复提到，但很多人好像还是糊涂，不妨最后再说一次。显然，站在任意一个固定级别里，走势类型是可以被严格划分的。例如，一个 5 分钟的走势类型，显然不可能包含一个 30 分钟的中枢，因为按定义，一个单独的 5 分钟走势类型无论如何延续，也不可能出现一个 30 分钟的中枢。要形成一个 30 分钟的中枢，显然只能是 3 个以上 5 分钟走势类型的连接。走势类型与走势类型的连接，这两个概念不能有任何含糊的地方。5 分钟走势类型，必须包含也最多包含 5 分钟级别中枢，至于是 1 个还是 5 个，都不影响它是 5 分钟走势类型，只不过可被分类成是 5 分钟级别的盘整类型还是趋势类型而已。

显然，一个高级别的走势类型必然就是由几个低级别的走势类型连接而成，但不一定都是次级别的走势类型【扫地僧：这是非同级别分解的方式，非同级别分解走势，其实是特别能够表现出走势的花开花落，每一个级别的中枢就像前面的比喻，就像一个个大大小小的星球，有着自身的引力，最终所有的加在一起构

成一个当前的走势合力。练习非同级别分解，有助于形成那种没有多义性的最敏锐的直觉】，例如，a+B+b，B是30分钟中枢，由3个5分钟走势类型构成，a、b是1分钟走势类型，那么a+B+b这个30分钟走势类型就能分解成2个1分钟走势类型和3个5分钟走势类型的连接。但我们还可以通过拆散重分，使得一个高级别的走势类型必然就是由几个次级别的走势类型连接而成，由于中枢里至少有三段次级别走势类型【扫地僧：这就是同级别分解，同级别分解的意义有两个：①按照自己设定的级别来操作，自己操作级别以上的级别就忽视了；②同级别分解也是为了让高级别的走势更加清晰，尤其是在构筑高级别中枢内部时，很多走势是杂乱无章的，通过同级别分解，使得这个杂乱无章的高级别中枢构建过程被几个同级别的走势分解了，就变得非常清晰】，所以就有了缠中说禅走势分解定理二：任何级别的任何走势类型，都至少由三段以上次级别走势类型构成。

例如，还是上面a+B+b的例子，估计很多人怎么都看不出为什么这条分解定理一定成立。其实，不妨假设B中有三段5分钟走势类型，分别表示为B1、B2、B3，那么a+B+b=a+B1+B2+B3+b=（a+B1）+B2+（B3+b），显然（a+B1）、B2、（B3+b）都是5分钟走势类型，这就是该分解定理所说的东西。学过一点抽象代数的都容易理解上面的话，用抽象的话说，就是走势类型连接这种运算是符合结合律的。但走势类型的连接运算不符合交换律，这就是该运算的特别之处【扫地僧：因为走势本身具有时间特性，时间只能向前走，无法后退，所以走势类型的连接自然不能符合交换律】。只要明白了走势类型连接运算的结合性，那就不难同时明白缠中说禅走势分解定理一：任何级别的任何走势，都可以分解成同级别"盘整"、"下跌"与"上涨"三种走势类型的连接。

其实，就像量子力学有多种数学的处理形式，本ID的理论，同样可以用抽象代数的方法来处理，只是那样的话，就更少人能看懂了。而抽象的方法，不仅简洁，而且更能暴露其实质。这些以后再说了，现在还是用比较简单的、类似几何的方法去理解吧。

注意：走势是客观的，而用什么级别去分析这走势却是主观的。根据缠中说禅走势分解定理一，任何级别的任何走势，都可以分解成同级别"盘整"、"下跌"与"上涨"三种走势类型的连接，那么就意味着，按某种级别去操作，就等于永远只处理三种同一级别的走势类型及其连接。还是上面a+B+b的例子，站在5分钟级别的角度，这里有三个走势类型的连接，站在30分钟级别的角度，就只有一个走势类型。那么，前面反复说的，确定自己操作的级别，就是确定自己

究竟是按什么级别来分析、操作。例如，5 分钟级别上、下、上三段，意味着在 5 分钟级别上有 2 个底背驰、2 个顶背驰【扫地僧：第一个底背驰就是第一个 5 分钟级别上的起点】，按买点买、卖点卖的原则，就有 2 次的完整操作；而按 30 分钟级别看，这里就没有买卖点，所以就无须操作。

从纯理论的角度，操作级别越低，相应的效率越高，但实际操作级别是不可能随意低的，而究竟按什么级别来分析、操作，和你的资金等具体条件相关。例如，T+1 的情况下，按 1 分钟以下级别操作，就面临着不能顺利兑现的风险，而系统的操作，要把所有可能的情况都考虑其中，因此完全按 1 分钟以下级别的操作是不可能的，除非是 T+0。此外，级别越小，平均的买卖点间波幅也越小，因此，那些太小的级别，不足以让交易成本、交易误差等相对买卖点间波幅足够小，这样的操作，从长期的角度看是没有意义的。所谓的交易误差，可以包括很多，例如从你看见买点到你实际操作完成，必然有一个时间差，因此也就有了价位上的差别，这对于大级别无所谓，但对特小级别，那就需要特别精确，而这是不可能长期达到的【扫地僧：所以尽量将级别放大一些，这样受外力干扰的情况也会少很多，因为在很小的级别上，一个大户的一个操作可能就会影响走势分析】。

因此，根据各种情况，你就可以相应定好自己的操作级别，这样就可以按照相应的级别分析、操作。也就是说，一旦该级别出现买卖点，你必须进入或退出。也就是说，在你的操作级别上，你是不参与任何调整或下跌走势类型的。有人曾问本 ID 为什么 2001 年后四年都不看股票，那很简单，就因为在本 ID 的操作级别上出现卖点，所以就全部退出，等有相应买点再说。制定了相应级别，是否按照次级别以下进行部分操作，那是操作风格问题，而实际上是应该安排这种操作的，特别当进入一个你的操作级别的次级别盘整或下跌，这是你可以忍受的最大级别非上涨走势，当然要操作一下来降低自己的成本。如果你的操作级别很大，那么其次级别的次级别，也可以用来进行部分操作。这样，整个操作就有一定的立体性，从而更降低其风险，也就是能进行把成本降低这唯一能降低风险的活动，只有当成本为 0 时，才算真正脱离风险【扫地僧：虽然我们是散户，但建议也按照大资金的级别来做，只是其中的次级别甚至次次级别我们也参与，这样到最后，如果资金量真的变大了，也不至于遇到瓶颈】。

根据缠中说禅走势分解定理，很容易就证明缠中说禅买卖点级别定理：大级别的买卖点必然是次级别以下某一级别的买卖点。

这个证明很简单，具体就不写了，还用上面的例子来说明：a+B+b=a+B1+

B2+B3+b=（a+B1）+B2+（B3+b），最后的（B3+b）形成30分钟的买卖点，那么自然其极限点在b上，对b进行分解，如果该极限点不是b的买卖点，那么就意味着b还没完成，还要延伸下去，那么这极限点自然也不会是（B3+b）的极限点，这就矛盾了。但注意：大级别的买卖点不一定就是次级别的买卖点【扫地僧：这句话特别重要，因为在这节课开头的解盘里讲到的“早上一典型的5分钟顶背驰让这情况变得天经地义”，这个5分钟的顶背驰其实是一个1分钟段内的背驰。而在实际操作中也会经常遇到这种情况】，在这个例子里，b可以是1分钟级别的，就不是30分钟级别的次级别了。所以只能说是次级别以下某一级别的买卖点。这也是为什么有时候一个1分钟的背驰就会引发大级别下跌的原因。在最规范的走势中，该大级别的买卖点刚好是下面所有级别的买卖点。当然，这还是一个很粗糙的定理，在以后的课程里，还有更精细的。

【扫地僧点评】

本课重点回顾了走势类型的结合，并首次涉及了同级别分解和非同级别分解的概念，有点难理解，但本课的细节对中枢震荡操作有很大帮助。

教你炒股票36：走势类型连接结合性的简单运用①

走势变幻似迷宫，头脑发蒙路不通，牢记原理和定理，条条大路皆轻松。

上堂课提到走势类型连接运算的结合性，也就是走势类型的连接符合结合律，即A+B+C=（A+B）+C=A+（B+C），A、B、C的走势类型级别可以不同。因此，站在多义性的角度，根据该结合律，就不难知道，任何一段走势，都可以有很多不同的释义。必须注意，多义性不是含糊性，一个含糊的理论，其分类、概念等呈现出的含糊性，只是证明该理论基础的含糊。而多义性，是站在一个严格、精确的理论基础上，用同一理论的不同视角对同一现象进行分析。

一个最简单的释义角度，就是级别，任何一段走势，都可以根据不同的级别进行分解，不妨用An-m的形式表示根据n级别对A段进行分解的第m段，就有，A=A1-1+A1-2+A1-3+…+A1-m1=A5-1+A5-2+A5-3+…+A5-m5=A30-1+A30-2+A30-3+…+A30-m30=A日-1+A日-2+A日-3+…+A日-m日等，显然这些分解都符合本ID理论。而根据某级别进行操作，站在纯理论的角度，无非等价于选择该等式列中某个子式子进行操作，这在上一课中已经有具体说明【扫地僧：这就是所谓的同级别分解】。

还有一种应用，就是关于走势的当下判断。当下判断，其基础在于采取的分解方式。例如，一个按5分钟分解的操作角度与一个按30分钟分解的操作角度，在同一时间看到的走势意义是不同的。更重要的是，在5分钟分解中完成的走势，在30分钟却不一定完成。例如A+B，A、B都是5分钟的走势类型，那么A+B走势，对于30分钟的分解就是未完成的。根据走势必须完美的原则，未完成的走势必完成，也就是说，在不同的分解角度，可以在当下看到不同级别的未完成走势根据走势必完美原则产生的运动，这方面的仔细分析留待专门的课程

① 原文来源：http：//blog.sina.com.cn/s/blog_486e105c0100093a.html，2007-03-13 09：00：49。

【扫地僧：这是由于不同级别完美的条件不同，最简单的例子，上一个 30F 趋势结束后，当前只走了一个 5F 走势，那么站在 5F 角度，当前 5F 走势结束后，就完全可以不理它了，而站在 30F 角度，由于只走了一个 5F，后面至少还有两个，因此完全可以等下一个向下的 5F 走势结束时进去】。

还有一种应用，就是把走势重新组合，使得走势更加清晰。很多人一看走势就晕，最主要的是不了解走势连接的结合性，任何的走势，在结合律上，都可以重新组合，使得走势显示明显的规律性。假设 A+B+C+D+E+F 中，A、C、E 是 5 分钟级别的，B、D、F 是 30 分钟级别的，其中还有延伸等复杂情况。这时候，就可以把这些走势按 5 分钟级别重新分解，然后按中枢的定义重新组合走势，按结合律的方法，把原来的分解变成 A′+B′+C′+D′+E′+F′，使得 A′、B′、C′、D′、E′都只是标准的 30 分钟级别，而最后的 F′变成在 30 分钟意义上未完成的走势，这样进行分析，就会很明晰了。当然，具体的组合有很多可能，如何根据当下的走势选择一种最有利于指导操作的，就是考功夫的事情【扫地僧：这个也是走势分解的最核心的问题，如何分解成最有利于指导操作的，这没有固定的标准，所以是靠个人的功夫。本段的应用其实就是针对近期的中枢和走势组合来指导操作】。

而这种根据结合律的最佳组合，是根据市场当下的走势随时变化的，而所有的变化，都符合理论要求且不会影响实际操作，是对实际操作更有力的帮助。例如，在最近走势中，30 分钟图上，2760~2858 点这 30 分钟中枢，2007 年 3 月 8 日 10：00 的 5 分钟回抽确认了一个第三类买点，然后就继续走出一个新的 30 分钟中枢，而 3 月 8 日 10：00 的 5 分钟回抽低点 2871 点比上一中枢的最高点 2888 点要低，而后来关于 3 月 7 日 13：30 开始的这个 30 分钟中枢出现延伸，这样，我们就可以对这个分解进行重新组合，给出一个更清晰的组合方法，把 3 月 8 日 10：00 的 5 分钟回抽组合到 3 月 5 日 13：30 开始的这段 5 分钟走势中，形成一个 5 分钟的上涨，然后新的 30 分钟中枢就从 3 月 9 日 10：30 开始，这样的好处在于，这个中枢震荡的低点 2892 点比 2888 点高，如果其后的震荡不出现跌破 2888 点的走势，那么就是一个 30 分钟的上涨走势形成了。但在这个新的中枢被一个新的第三类买点有效突破前，依然存在震荡跌破 2888 点甚至最终确认中枢扩展。但这样的重新组合，对看图就有了帮助。当然，站在纯中枢的角度，依然可以坚持让新中枢从 3 月 7 日 13：30 开始，这样对具体的操作也没有太大影响，但在判断上就没有重新组合的看起来方便了【扫地僧：这段分析要反复研读，然后找大盘或者个股的图形来练习，这里重点就是如何组合走势和中枢使得分析和操作是最有利的】。

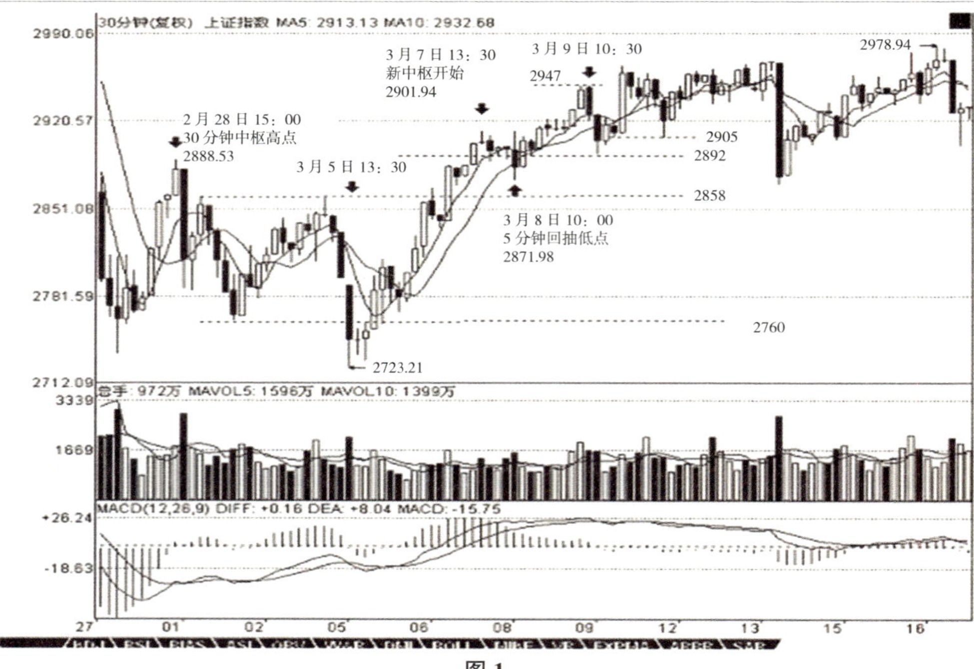

图 1

注意：这种重新组合，不涉及任何预测性，有人可能要问，那么为什么不一开始就把 3 月 8 日 10：00 的 5 分钟回抽组合到 3 月 5 日 13：30 开始的这段 5 分钟走势中？因为这种组合不利于操作，站在这种组合下，3 月 8 日 10：00 的 5 分钟回抽的第三类买点意义并没有被揭示，仅仅被局限在一个小的 5 分钟走势范围内，按照这种组合，就会很恐慌地等待背驰，之所以这样，是因为对走势的理解不够深刻，看不到不同组合反映的意义【扫地僧：这就是前面说的最有利于指导操作的组合。此外，会经常遇到所谓的小转大，如果站在高级别的角度去看，很多小转大也是发生在大级别的买卖点上，尤其是三买】。而任何组合的反映都是有意义的，对这些组合意义的全面把握，就是一个功夫上的长进了。此外，组合的一个要点在于，尽量避繁就简【扫地僧：这点很重要，最后往往会发现，最有利的组合往往就是最简单明了的】，因为中枢扩展比较复杂，如果有组合使得不出现扩展，当然采取该种组合就更有意义。有人可能要问，那么中枢扩展的定义是否不适用？当然适用，中枢扩展的定义是在两个中枢都完全走出来的情况下定义的，而实际操作中，往往第二个中枢还没有走完，还在继续延伸中，所以，除非出现明确的、符合理论定义的破坏，就可以根据有利于判断、操作的原则，

对走势进行当下的组合【扫地僧：这句话太有用了，也就是说，当一个中枢没有被明确扩展或者出现第三类买点之前，都还算中枢的延续，这个时候采用组合时，尽量避免再借用别的走势中的部分，使得该中枢被“扩展”了，这样不仅复杂，也不能清晰表达当前的走势，这种组合尽量避免，否则很容易晕掉】。但必须强调的是，当下采取什么组合，就要按该种组合的具体图形意义来判断、操作，例如，现在把 3 月 9 日 10：30 当成新 30 分钟中枢的起点，那么中枢的位置就变成 2947~2905 点，这样后面第三类买点的位置就有了新的标准。当然，你依然可以还是按 3 月 7 日 13：30 开始 30 分钟中枢，这样，中枢的位置就是 2911~2892 点，这样，第三类买点的可能位置就不同了。

还有一种更重要的应用，就是在中枢的震荡中，围绕中枢的震荡，不一定都是次级别的，例如，一个日线中枢，围绕它的震荡，完全可以是 30 分钟以下的任意级别，甚至是一个跳空缺口，例如有些股票，完全可以今天一字涨停，明天一字跌停，跳来跳去的。这种走势，一般人看着就晕了。但如果明白走势连接的结合性，就知道，无论怎么跳，最终都要形成更大级别的，只要不脱离这日线中枢，最后都至少会形成 30 分钟级别的走势。任何围绕日线级别的震荡，最终都必然可以按如下方式进行分解：A30-1+A30-2+A30-3+…+A30-m30+a，a 是未完成的 30 分钟走势类型，至少 a 依然围绕日线中枢继续震荡，那 a 最终一定会完成 30 分钟的走势类型。显然，这里，m30<9，否则就会变成周的中枢了，这样整个的分解就要按日线来，而道理是一样的【扫地僧：核心原理还是走势终完美】。

不过，更有实际意义的是，上面的 a 如果不再围绕日线震荡，例如，假设 a 是一个 5 分钟级别的，而其后一个 5 分钟级别的反抽也不回到中枢里，按照日线中枢，这并不构成第三类买卖点，但对于 A30-m30，可能就构成 30 分钟的第三类买卖点。由于走势都是从未完成到完成，都是从小级别不断积累而来，因此，对于真正的日线第三类买卖点来说，这 A30-m30 的第三类买卖点，肯定在时间上要早出现，对于 A30-m30，这绝对安全，但对日线却不一定，因为这 A30-m30 的第三类买卖点后完成的 30 分钟走势，可以用一个 30 分钟走势又重新回到日线中枢里继续中枢震荡。但这个 A30-m30 的第三类买卖点依然有参与的价值，因为如果其后的 30 分钟出现趋势，最后如果真出现日线的第三类买卖点，往往在 30 分钟的第二个中枢附近就形成了，根本回不到这 A30-m30 的第三类买卖点位置，因此，这样的买卖点，即使不符合你的操作级别，例如，如果你是日线级别操作的，但一旦这样的 A30-m30 的第三类买卖点出现，至少要引起你充分的

重视，完全可以适量参与了，一旦其后出现趋势走势，就要特别注意了【扫地僧：这就是为什么很多时候平台突破后，稍微停顿一下就继续加速，这个停顿就是相对这个大平台中枢的小级别三买卖点，所以从这个角度来说，突破大平台大级别中枢的小级别三买是要参与的】。

不应该对走势进行任何的预测，但所有已走出来的走势，却可以根据级别与结合律等随意组合，无论任何组合，在该组合下，都必然符合本 ID 的理论，而任何最终的走势，都在所有组合中完全符合本 ID 的理论，这也是本 ID 理论的神奇之处，无论你怎么组合，都不会出现违反本 ID 理论的情况。但能否找到最合适的组合以适应操作，以及根据不同的组合，对走势进行综合分析，这就和经验有关了【扫地僧：这是和人的修为、经验等有关的，不可简单复制的】。这些最适合的分解，都是有相应答案的，关键是你能否看出来，而这根本不涉及任何的预测，只是对已有走势的分解，与对理论的把握与图形的熟悉度相关。而这些都是一些最基本的功夫，但必须在当下的走势中不断磨炼才能真正掌握。如果真能把握这些最基本的当下走势的最合理组合以及用不同组合进行综合分析，那就可以开始继续读初三了。

【扫地僧点评】

本课原文讲解得已经非常细致了，总结一下，走势类型连接结合性的几种应用：

（1）同级别分解。

（2）不同级别的走势完美。

（3）针对近期的中枢和走势组合来指导操作。

（4）中枢震荡中的走势完美。

（5）小级别第三类买卖点在大级别上的应用。

教你炒股票 37：背驰的再分辨[1]

走势终结背驰到，背驰形态分两套，一个三段有盘背，一个标准区间套。

现在如果要摆脱目前的中枢，没有金融股的配合基本是不可能的【扫地僧：发文当天是 3 月 16 日，是周五，3 月 19 日银行股就开始大涨，帮助大盘突破了中枢，如图 1~图 3 所示】。但金融股由于某类人掌握得比较厉害，短线的攻击没问题，但一个持续的攻击就有点困难了。不过金融股在中线角度，依然还是早晨的观点，以工行为例，就是围绕 5 元上下的一个大级别震荡，要大跌，打压的人是要付出代价的。顺便说一句，中行里的“汉奸”实力弱点，中行有奥运概念，业绩也较好一点，能否改造成一个反汉奸的武器，成为一个突破口，还需要很大的努力。其实这改造已经不是一天两天的事情，中行这几天已经连续比工行股价高了，这就是成绩【扫地僧：汉奸是想要打压股价的，以便买到更多的便宜货】。具体的细节就不说了。总之，斗争是残酷的，是复杂的，不能赤膊上阵，要用最充分的耐心去消耗汉奸的实力。

背驰问题说过多次，但发现还有很多误解。不妨以最典型的 a+A+b+B+c 为例对一些经常被混淆的细节进行说明。

没有趋势，没有背驰，不是任何 a+A+b+B+c 形式的都有背驰的。当说 a+A+b+B+c 中有背驰时，首先，a+A+b+B+c 是一个趋势。而一个趋势，就意味着 A、B 是同级别的中枢，否则，就只能看成是其中较大中枢的一个震荡。例如，如果 A 的级别比 B 大，就有 a+A+b+B+c=a+A+（b+B+c），a 与（b+B+c）就是围绕中枢 A 的一些小级别波动。这样，是不存在背驰的，最多就是盘整背驰。当然，对于最后一个中枢 B，背驰与盘整背驰有很多类似的地方，用多义性，可以把 b、c 当成 B 的次级波动。但多义性只是多角度，不能有了把 b、c 当成 B 的次级波动这一个角度，就忘了 a+A+b+B+c 是趋势且 A、B 级别相同的角度。多义性不是含

① 原文来源：http：//blog.sina.com.cn/s/blog_486e105c01000974.html，2007-03-16 11：51：32。

(扫码获取更多学习资料)

图 1

图 2

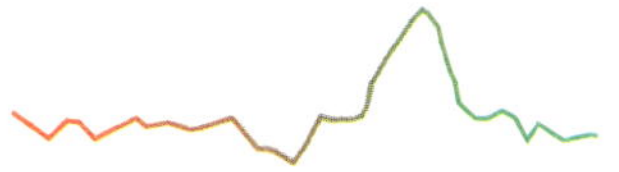

图 3

糊性，不是怎么干怎么分都可以，这是必须不断反复强调的【扫地僧：多义性是从多个角度来观察走势，并不是一个走势的多种可能性】。

其次，c 必然是次级别的，也就是说，c 至少包含对 B 的一个第三类买卖点，否则，就可以看成是 B 中枢的小级别波动，完全可以用盘整背驰来处理【扫地僧：c 内部包含 B 的第三类买点这个问题也是困扰很多人的一个问题，这个问题后面会有详细说明，在这里先直接给出结论：c 有两种形式，第一种是由 c1、c2、c3 组成的，其中 c2 包含了 B 的第三类买点，第二种形式是 c 内部是一个趋势，其第二个中枢可以看做是对 B 的第三类买点，看图 4】。而 b 是有可能小于次级别的，力度最大的就是连续的缺口，也就是说，b 在级别上是不能大于 c 的。例如，如果 b 是次级别，而 c 出现连续缺口，即使 c 没完成，最终也延续成次级别，但 c 是背驰的可能性就很小了，就算是，最终也要特别留意，出现最弱走势的可能性极大。

最后，如果 a+A+b+B+c 是上涨，c 一定要创出新高；a+A+b+B+c 是下跌，c 一定要创出新低。否则，就算 c 包含 B 的第三类买卖点，也可以对围绕 B 的次级别震荡用盘整背驰的方式进行判断。对 c 的内部进行分析，由于 c 包含 B 的第三类买卖点，则 c 至少包含两个次级别中枢，否则满足不了次级别离开后次级别回拉不重回中枢的条件。这两个中枢构成次级别趋势的关系，是最标准最常见的情况【扫地僧：这就是前面所说的，c 的第二种形态，即 c 也是一个标准的两中枢

(扫码获取更多学习资料)

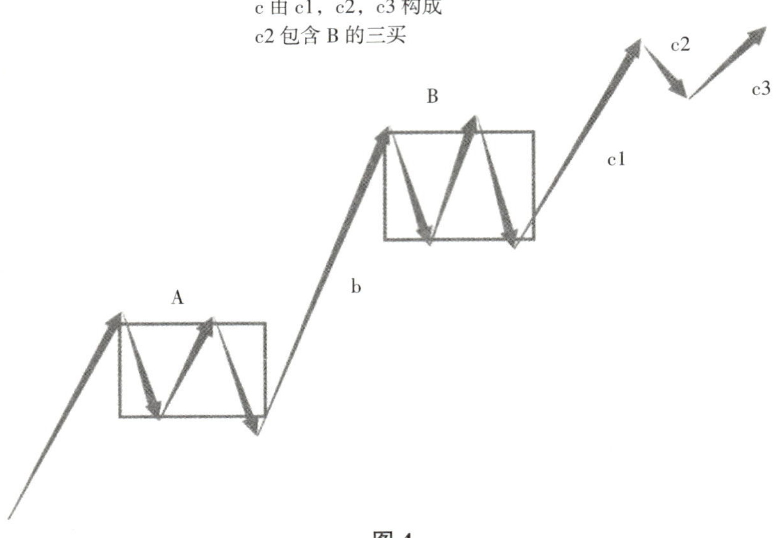
c 由 c1，c2，c3 构成
c2 包含 B 的三买
A
B
b
c1
c2
c3

图 4

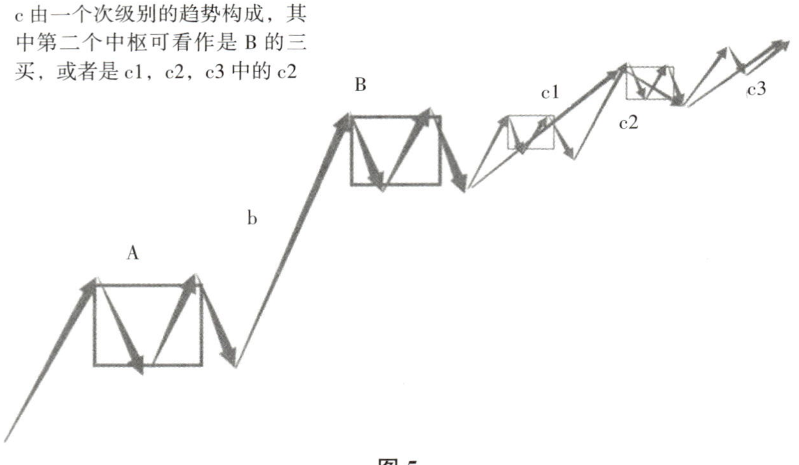
c 由一个次级别的趋势构成，其
中第二个中枢可看作是 B 的三
买，或者是 c1，c2，c3 中的 c2
A
B
b
c1
c2
c3

图 5

趋势】。在这种情况下，就可以继续套用 a+A+b+B+c 的形式进行次级别分析确定 c 中内部结构里次级别趋势的背驰问题，形成类似区间套的状态，这样对其后的背驰就可以更精确地进行定位了【扫地僧：补充一个观点：为什么趋势背驰要包含最后一个中枢的第三类买卖点？因为背驰的本意就是一个离开中枢的走势出现了力度减弱，比中枢之前的那个趋势力度弱了，表达为 c 比 b 背驰了。要有一个第三类买卖点来证明这是离开中枢的走势，并非是围绕中枢的波动，因此，c 要

包含一个 B 的第三类买卖点】。

最近太忙，不能写太长了。补充两句关于大盘目前的走势，说实在的，现在如果要摆脱目前的中枢，没有金融股的配合基本是不可能的。

下午一收盘就要去开反汉奸利器出炉的最后一次会议，就来不了了。大盘走势，很简单，在第三类买点出现前，继续震荡，这种走势已经反复很多次了，应该熟练应对了，所以也没必要多说了。

【扫地僧点评】

本课重点讲背驰段是什么。

教你炒股票38：走势类型连接的同级别分解[①]

走势中枢乱如麻，多个级别更难拿，同级分解更清晰，无视牛熊收益拔。

站在纯操作的角度，由于任何买卖点，归根结底都是某级别的第一类买卖点，因此，只要清楚如何判断背驰，然后选好适合的级别，当该级别出现底背驰时买入，顶背驰时卖出，就一招鲜也足以在市场上混好了。不过，任何事情都应该究底穷源，这有点像练短跑，跑到最后，提高 0.01 秒都很难，所以越往后，难度和复杂程度都会越来越深，如果一时啃不下来，就可以选择有把握的，先按明白的选择好操作模式，等市场经验多了，发现更多需要解决的问题，有了直观感觉，再回头看，也不失为一种学习的办法【扫地僧：学缠习缠是一个反复的过程，就像杨过练剑，从轻到重，又从重到轻，反复 N 遍，方可大成】。当然，都能看懂并能马上实践，那最好。

前面谈了有关走势类型连接结合的多义性问题，虽然已多次强调多义性不是含糊性，但不少人依然产生误解，认为走势就可以胡乱分解了，这是不对的。多义性是与走势的当下性密切相关的，但对已完成走势类型连接进行相应的分解，就如同解问题设定不同的参数，虽然参数的设定有一定的随意性，但一个好的参数设定，往往使得问题的解决变得简单【扫地僧：多义性只存在于未完成的走势的多种解读，对于已经完成的走势，其实是不存在多义性的】。根据结合律，如何选择一种恰当的走势分解，对把握当下的走势极为关键。显然，一个好的分解，其分解规则下，必须保证分解的唯一性，否则这种分解就绝对不可能是好的分解。其中，最简单的就是进行同级别分解。所谓同级别分解，就是把所有走势按一固定级别的走势类型进行分解。根据缠中说禅走势分解定理，同级别分解具有唯一性，不存在任何含糊乱分解的可能。

---

① 原文来源：http：//blog.sina.com.cn/s/blog_486e105c010009be.html，2007-03-21 15：23：21。

同级别分解的应用，前面已多有论述，例如，以30分钟级别为操作标准的，就可用30分钟级别的分解进行操作，对任何图形，都分解成一段段30分钟走势类型的连接，操作中只选择其中的上涨和盘整类型，而避开所有下跌类型。对于这种同级别分解视角下的操作，永远只针对一个正在完成着的同级别中枢，一旦该中枢完成，就继续关注下一个同级别中枢【扫地僧：只关注最近的一个中枢，围绕该中枢操作】。注意：在这种同级别的分解中，是不需要中枢延伸或扩展的概念的，对30分钟来说，只要5分钟级别的三段上下上或下上下类型有价格区间的重合就构成中枢。如果这5分钟次级别延伸出6段，那么就当成两个30分钟盘整类型的连接，在这种分解中，是允许盘整+盘整情况的。注意：以前说不允许盘整+盘整是在非同级别分解方式下的，这在下面的课中会讲到，所以不要搞混了。

有人可能马上要问，同级别分解的次级别分解是否也是同级别分解的。答案是，不需要【扫地僧：由于对本级别来讲，次级别内部是什么样子是无须关心的，所以没必要一定是同级别分解或者是非同级别分解】。这里在思维上可能很难转过弯，因为一般人都喜欢把一个原则在各级别中统一运用，但实际上，你完全可以采取这样的分解形式，就是只要某级别中进行同级别分解，而继续用中枢扩展、延伸等确定其次级别，这里只涉及一个组合规则的问题，而组合的规则，是为了方便操作以及判断，只要不违反连接的结合律以及分解的唯一性，就是允许的，而问题的关键在于是否明晰且易于操作【扫地僧：个人经验是，操作级别用同级别分解，次级别用非同级别分解递归上来】。

说得深入一点，走势分解、组合的难点在于走势有级别，而高级别的走势是由低级别构成的，处理走势有两种最基本的方法，一种是纯粹按中枢来，另一种是纯粹按走势类型来【扫地僧：按中枢的，就是非同级别操作；按走势的，就是同级别分解操作】，但更有效的是在不同级别中组合运用。因此，完全合理、不违反任何理论原则的，可以制定出这样的同级别分解规则：在某级别中，不定义中枢延伸，允许该级别上的盘整+盘整连接；与此同时，规定该级别以下的所有级别，都允许中枢延伸，不允许盘整+盘整连接；至于该级别以上级别，根本不考虑，因为所有走势都按该级别给分解了。

按照以上的同级别分解规则，用结合律很容易证明，这种分解下，其分解也是唯一的。这种分解，对于一种机械化操作十分有利。这里，无所谓牛市熊市，例如，如果分解的级别规定是30分钟，那么只要30分钟上涨就是牛市，否则就是熊市，完全可以不管市场的实际走势如何，在这种分解的视角下，市场被有效地肢解成一段段30分钟走势类型的连接，如此分解，如此操作，如此而已。

(扫码获取更多学习资料)

注意：这种方法或分解是可以结合在更大的操作系统里的。例如，你的资金有一定规模，那么你可以设定某个量的筹码按某个级别的分解操作，另一个量的筹码按另一个更大级别的分解操作，这样，就如同开了一个分区卷钱的机械，机械地按照一个规定的节奏去吸市场的血。这样不断地机械操作下去，成本就会不断减少，而这种机械化操作的力量是很大的。

其实，根本无须关心个股的具体涨幅有多少，只要足够活跃，上下震荡大，这种机械化操作产生的利润是与时间成正比的，只要时间足够长，就会比任何单边上涨的股票产生更大的利润。甚至可以对所有股票按某级别走势的幅度进行数据分析，把所有历史走势都计算一次，选择一组历史上某级别平均震荡幅度最大的股票，不断操作下去，这样的效果更好。这种分解方法，特别适合于时间充裕的小资金进行全仓操作，也适合于大资金进行一定量的差价操作，更适合于庄家的洗盘减成本操作。当然，每种在具体应用时，方法都有所不同，但道理是一样的【扫地僧：这里看起来很美，但必须要提醒一下：①这个级别不能太小，否则会有 T+1 流动性的风险。②级别稍大的时候，耐心是最重要的。③虽然操作的是当前级别，但高级别的状态也要考虑，要明白高级别是处在什么状态，这对当前级别走势的预判很有帮助】。

具体的操作程式，按最一般的情况列举如下。注意：这是一个机械化操作，按程式来就行：不妨从一个下跌背驰开始，以一个 30 分钟级别的分解为例，按 30 分钟级别的同级别分解，必然首先出现向上的第一段走势类型，根据其内部结构可以判断其背驰或盘整背驰结束点，先卖出，然后必然有向下的第二段，这里有两种情况：①不跌破第一段低点，重新买入；②跌破第一段低点，如果与第一段前的向下段形成盘整背驰，也重新买入，否则继续观望，直到出现新的下跌背驰【扫地僧：画了一张图来说明上面的叙述，更直观一些，见图 1】。在第二段重新买入的情况下，然后出现向上的第三段，相应面临两种情况：①超过第一段的高点；②低于第一段的高点。对于第二种情况，一定是先卖出。第一种情况又分两种情况：①第三段对第一段发生盘整背驰，这时要卖出；②第三段对第一段不发生盘整背驰，这时候继续持有【扫地僧：继续看图识字，见图 2】。这个过程可以不断延续下去，直到下一段向上的 30 分钟走势类型相对前一段向上的走势类型出现不创新高或者盘整背驰为止，这就结束了向上段的运作。向上段的运作，都是先买后卖的。一旦向上段的运作结束后，就进入向下段的运作。向下段的运作刚好相反，是先卖后买，从刚才向上段结束的背驰点开始，所有操作刚好反过来就可以。

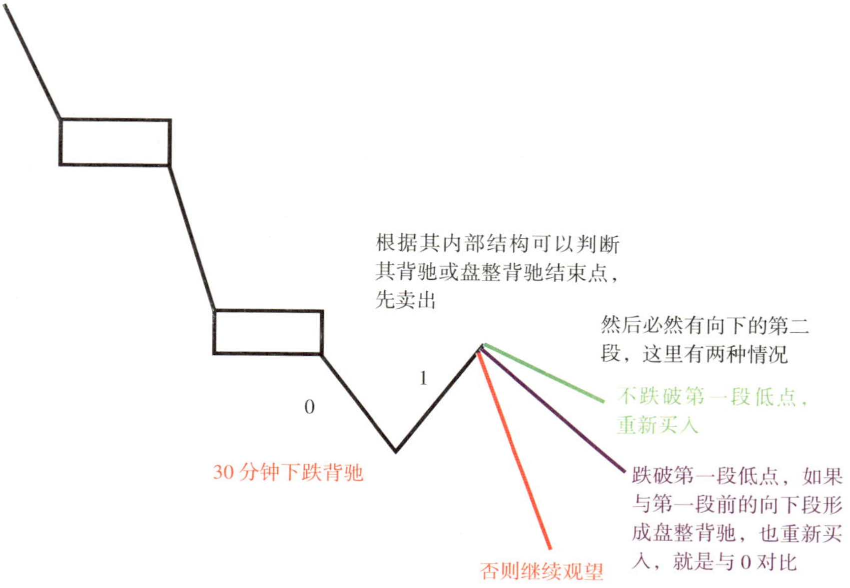

根据其内部结构可以判断其背驰或盘整背驰结束点，先卖出

然后必然有向下的第二段，这里有两种情况

0

1

不跌破第一段低点，重新买入

30 分钟下跌背驰

跌破第一段低点，如果与第一段前的向下段形成盘整背驰，也重新买入，就是与 0 对比

否则继续观望

图 1

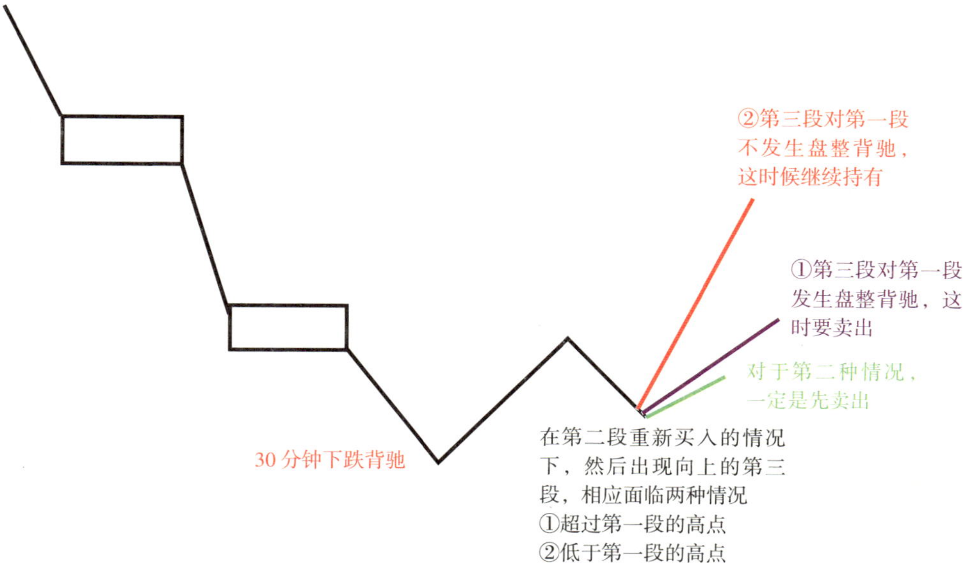

②第三段对第一段不发生盘整背驰，这时候继续持有

①第三段对第一段发生盘整背驰，这时要卖出

对于第二种情况，一定是先卖出

30 分钟下跌背驰

在第二段重新买入的情况下，然后出现向上的第三段，相应面临两种情况
①超过第一段的高点
②低于第一段的高点

图 2

【扫地僧点评】

本课重点讲如何用同级别分解操作。

教你炒股票39：同级别分解再研究[①]

同级分解真机械，两种情况分别列，强势走势等一等，其余后列比前列。

股票都是废纸，还怕有钱买不着废纸？因此，对于任何操作来说，只要赚钱卖出，是无所谓错误的；反过来，股票是吸血的凭证，没这凭证，至少在股票市场里是真吸不了血的，因此，只要卖了能低价位回补，就无所谓错误。至于卖了可能还涨，回补可能还跌，这是技术的精确度问题，就像练短跑，如果你永远只会撒腿乱跑，那你不可能达到高层次，而基础的练习都很枯燥，甚至100米，每段怎么跑，多少步，可能都要按一个机械的要求来，最终形成一个韵律，这才有可能达到高层次。股票的操作一样，首先就要培养这样一个韵律，不排除在这个培养、训练的过程中，开始还比不上以前撒腿乱跑的速度，但坚持下去，等韵律感形成，那进步就不是撒腿乱跑的能比了【扫地僧：坚持不下去，主要是刚开始被亏损吓怕了，开始怀疑，然后又看到其他各种龙头战法、涨停板战法等，开了小差，就像狗熊掰玉米，忙乎到最后也没有形成自己的东西。个人建议完全可以拿很少的钱做练习，就当这笔钱是学费，总是要交给市场的，亏完了再认真总结一下问题出在哪里，是自己的问题还是方法的问题，之后再决定是否要再投入。此外，大部分上班族是不适合做的，除非把级别放得比较大，但由于级别大，对个人的耐心是个考验，因为交易频率很低，期间就会受到其他各种因素的干扰，很难真正地坚持下来。如果真心想学缠，必须要克服这些，否则最后都不会有什么收获】。

上文说了一个机械的操作程式，这有一个基本的韵律，其中最大的是向上段先买后卖与向下段先卖后买的韵律，如果这个韵律都错了，那操作就一团糟。很多人的买卖其实都是靠天吃饭，买了，赌的就是上下两面，因此不管位置、不管时间、不管当下的走势结构，胡乱瞎买，然后又胡乱瞎卖。大的韵律把握了，还

① 原文来源：http：//blog.sina.com.cn/s/blog_486e105c010009d5.html，2007-03-23 15：16：51。

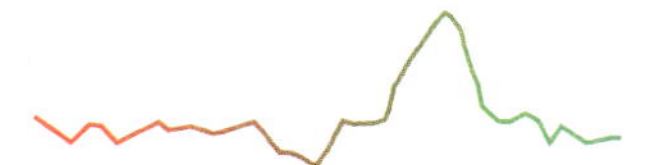

有就是每向上向下段中每小段间操作的韵律，显然，只要其中一步错了，这舞步就乱了。这时候，唯一正确的选择就是停止操作，先把心态、韵律调节好了再继续。而且，当你按这个机械节奏不断操作下去，人身体的生物节奏都会慢慢有所感应，甚至可以达到这种程度，就是那种该操作的图形出现时，生理上就仿佛有感应一般。其实，这一点都不神秘，就好像有些人睡觉，无论多晚，早上到点都会自动醒来，而股票的操作，都有一定的紧张度，而同级别走势类型分解的节奏，大致有一定的周期性，长期下来，生理上有自然的反应就一点都不奇怪了【扫地僧：一个级别的走势，其周期相差得不会太远，所以是有节奏的，那么你的持股和持币的时间周期就比较接近，操作的次数多了，就会形成一种感觉，这其实是被训练出来的】。

注意：下面的分析，如果对数学推理陌生的，大概要迷糊透顶，所以请先准备纸和笔，对着画图，才能搞清楚。

按同级别分解操作，还可能有更广泛、更精确的操作。对 5 分钟的同级别分解，以最典型的 a+A 为例子，一般情况下，a 并不一定就是 5 分钟级别的走势类型，但通过结合运算，总能使得 a+A 中，a 是一个 5 分钟的走势类型，而 A，也分解为 m 段 5 分钟走势类型，则 A=A1+A2+…+Am。先考虑 a+A 是向上的情况，显然，Ai 当 i 为奇数时是向下的，为偶数时是向上的，开始先有 A1、A2 出现【扫地僧：看图 1】，而且 A1 不能跌破 a 的低点，如果 A2 升破 a 的高点而 A3 不跌回 a 的高点，这样可以把 a+A1+A2+A3 当成一个 a′，还是 5 分钟级别的走势类型【扫地僧：先看图 2：这个地方有一点笔误，应该是把 A+A1+A2 当成一个 A′，因为 A3 是向下的，显然不属于 A′，是个明显的笔误。此外，这里的分析也解决了困扰缠界的一个问题：三段无中枢走势和五段有中枢走势的级别是否相同？如图 3 所示：这个问题的根源还是在于视角，站在同级别分解的角度来说，只要有三段就随时可以完美，三段和五段的级别相同。而在非同级别分解中，这里面就有区别了，下面的内容要听好：在非同级别分解中，如果是大级别中枢之外的走势，三段和五段的级别不同，五段的级别更高，而如果是在大级别中枢构造过程中，三段和五段的级别是相同的，听起来比较拗口，用图 4 表示。为什么？因为在中枢构造时，内部的次级别走势可以是无方向的，只要次级别的数量够了，中枢级别就够了，那么构造中枢的次级别完全可以只有三段，而这三段就构成了次级别的中枢，它和五段的效果是一样的。但是在不是构造中枢时则不同，这个走势是有方向的，它的级别就是自己内部的最大中枢级别，那么当只有三段时，它内部的最大中枢级别就是每一段的中枢，而五段走势的中枢则是三段重合构

(扫码获取更多学习资料)

成，级别自然要大。所以，今后再遇到三段的级别大还是五段的级别大的问题时，首先要考虑的是它们所处的位置】。因此，这里可以一般性地考虑 A3 跌破 a 的高点情况，这样，A1、A2、A3 必然构成 30 分钟中枢。因此，这一般性的

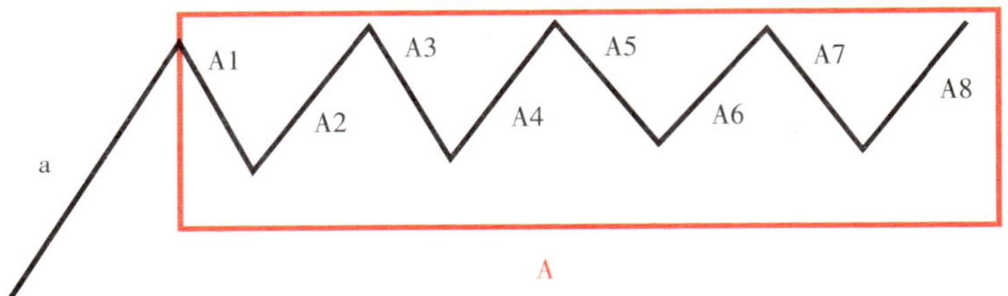

a 并不一定就是 5 分钟级别的走势类型，但通过结合运算，总能使得 a+A 中，a 是一个 5 分钟的走势类型
例如图中可以将 a+A1+A2 看作 a
而 A，也分解为 m 段 5 分钟走势类型，则 A=A1+A2+…+Am。想考虑 a+A 是向上的情况，显然，Ai 当 i 为奇数时是向下的，当 i 为偶数时是向上的，开始先有 A1、A2 出现，而且 A1 不能跌破 a 的低点
a
A1
A2
A3
A4
A5
A6
A7
A8
A

图 1

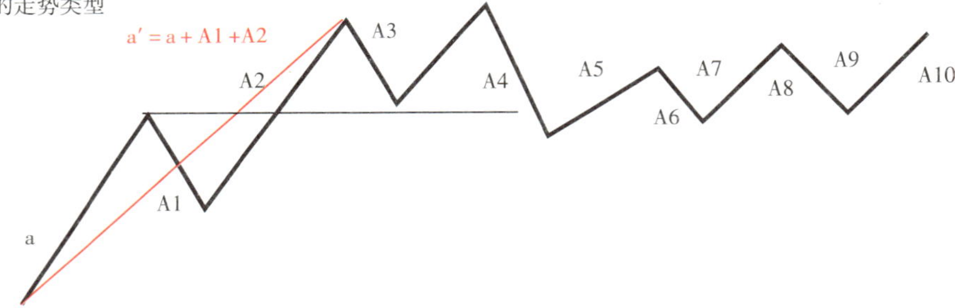

如果 A2 升破 a 的高点而 A3 不跌回 a 的高点，这样可以把 a+A1+A2+A3 当成一个 a′，还是 5 分钟级别的走势类型
a′ = a + A1 +A2
a
A1
A2
A3
A4
A5
A6
A7
A8
A9
A10

图 2

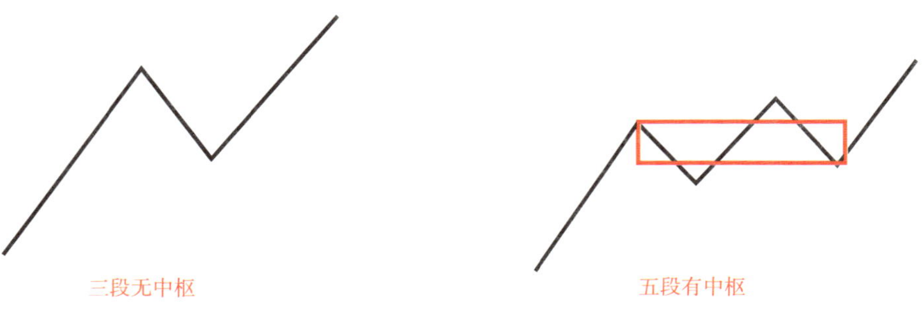

这两个走势的级别是否相同？
三段无中枢
五段有中枢

图 3

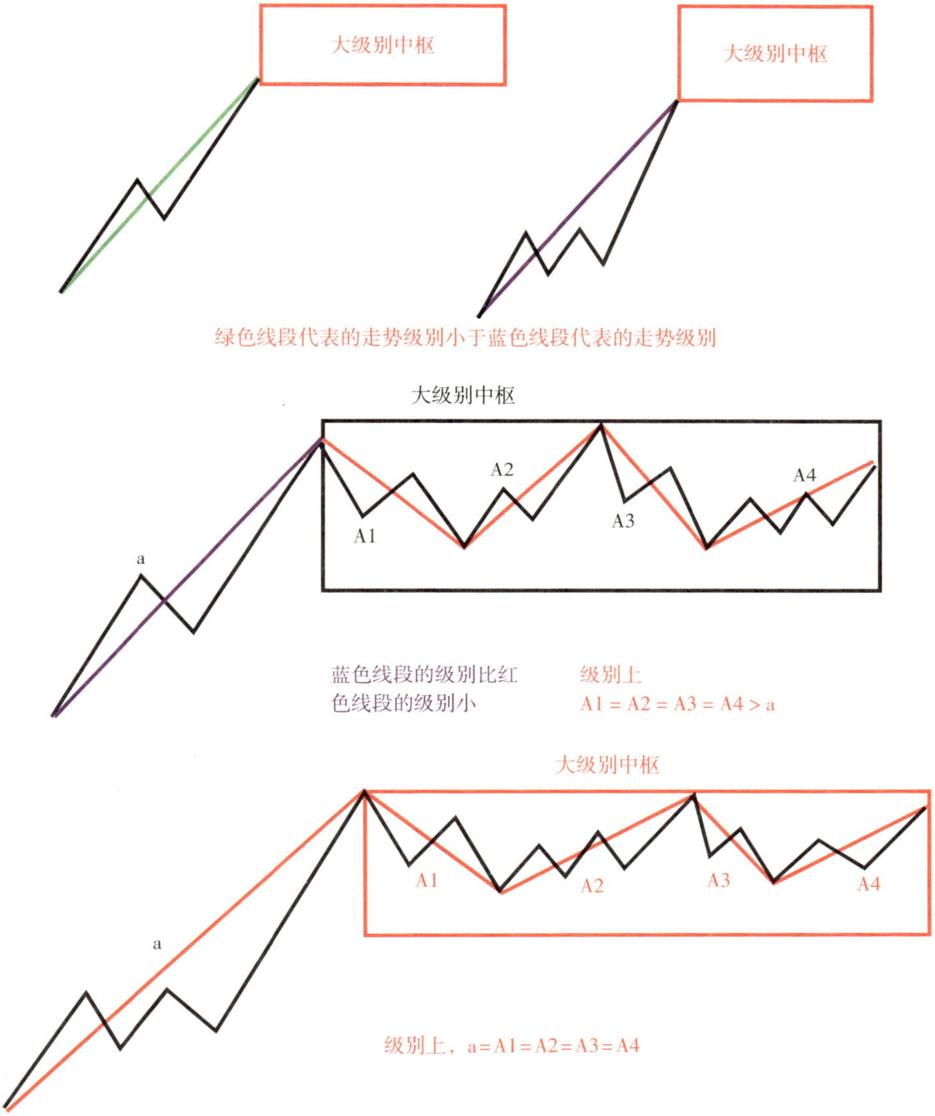

大级别中枢

大级别中枢

绿色线段代表的走势级别小于蓝色线段代表的走势级别

大级别中枢

a

A1

A2

A3

A4

蓝色线段的级别比红色线段的级别小

级别上
A1 = A2 = A3 = A4 > a

大级别中枢

a

A1

A2

A3

A4

级别上，a=A1=A2=A3=A4

图 4

a+A 情况，都必然归结为 a 是 5 分钟走势类型，A 包含一个 30 分钟中枢的情况。

把 a 定义为 A0，则 Ai 与 Ai+2 之间就可以不断地比较力度，用盘整背驰的方法决定买卖点。这和前面说的围绕中枢震荡的处理方法类似，但那不是站在同级别分解的基础上的【扫地僧：中枢震荡处理是围绕中枢的前后两个同向走势的

（扫码获取更多学习资料）

比较，这个就是与上一个同向的同级别走势进行比较】。注意：在实际操作中下一个 Ai+2 是当下产生的，但这不会影响所有前面 Ai+1 的同级别唯一性分解【扫地僧：就是说同级别分解操作中，当确定了 Ai+2 的起点时，Ai 和 Ai+1 就是确定的，没有多义性】。这种机械化操作，可以一直延续，该中枢可以从 30 分钟一直扩展到日线、周线甚至年线，但这种操作不管这么多，只理会一点，就是 Ai 与 Ai+2 之间是否盘整背驰【扫地僧：这个盘整背驰的判断方法请温习“教你炒股票 24：MACD 对背驰的辅助判断”】，只要盘整背驰，就在 i+2 为偶数时卖出，为奇数时买入。如果没有，当 i 为偶数时，若 Ai+3 不跌破 Ai 高点，则继续持有到 Ai+k+3 跌破 Ai+k 高点后在不创新高或盘整顶背驰的 Ai+k+4 卖出，其中 k 为偶数；当 i 为奇数时，若 Ai+3 不升破 Ai 低点，则继续保持不回补直到 Ai+k+3 升破 Ai+k 低点后在不创新低或盘整底背驰的 Ai+k+4 回补。

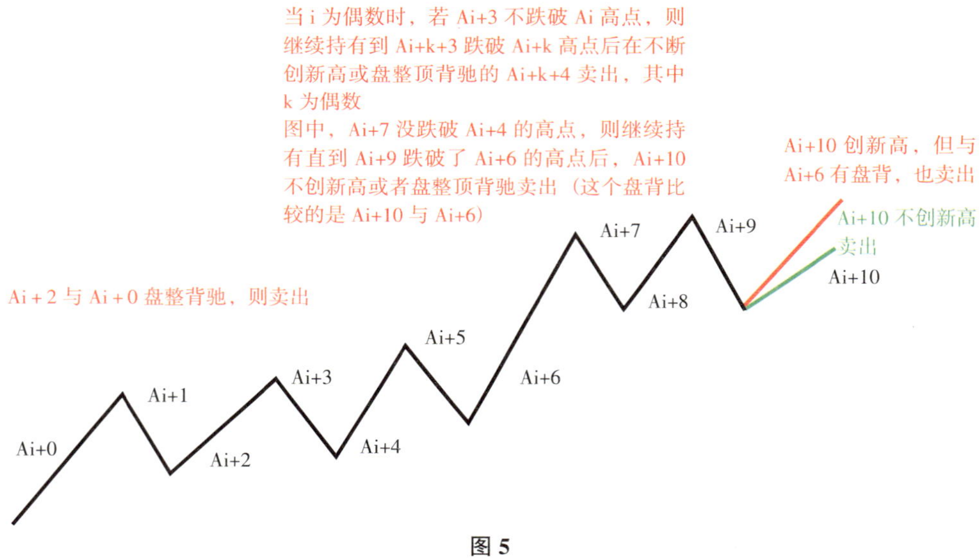
当 i 为偶数时，若 Ai+3 不跌破 Ai 高点，则继续持有到 Ai+k+3 跌破 Ai+k 高点后在不断创新高或盘整顶背驰的 Ai+k+4 卖出，其中 k 为偶数
图中，Ai+7 没跌破 Ai+4 的高点，则继续持有直到 Ai+9 跌破了 Ai+6 的高点后，Ai+10 不创新高或者盘整顶背驰卖出（这个盘背比较的是 Ai+10 与 Ai+6）
Ai+10 创新高，但与 Ai+6 有盘背，也卖出
Ai+10 不创新高卖出
Ai + 2 与 Ai + 0 盘整背驰，则卖出
Ai+0
Ai+1
Ai+2
Ai+3
Ai+4
Ai+5
Ai+6
Ai+7
Ai+8
Ai+9
Ai+10

图 5

看完上面这段，至少 90%以上的人都心跳加速，头晕眼花。不过没办法，这是最精确的表述，画着图应该不难明白。以上方法最大的特点是，在同级别分解的基础上将图形基本分为两类，一类是“当 i 为偶数 Ai+3 不跌破 Ai 高点”或“i 为奇数 Ai+3 不升破 Ai 低点”；另一类是“Ai 与 Ai+2 之间盘整背驰”。对这两种情况采取不同的操作策略，构成了一种机械的操作方法【扫地僧：这两类比较的对象不同，“当 i 为偶 Ai+3 不跌破 Ai 高点”，最后比较的是 Ai+k+4 与 Ai+K，而“Ai 与 Ai+2 之间盘整背驰”，比较的是 Ai+2 与 Ai】。

附 录

今天大盘没什么可说的，周四、周五的血战已经在周三提前预告【扫地僧：在“教你炒股票 38：走势类型连接的同级别分解”一文的回复中，缠师提到：“周四、周五，血战少不了，就看汉奸如何出手了，本 ID 在等着，大不了再震荡一次，本 ID 陪着汉奸玩 20 年，一直玩上 30000 点，时间多的是，本 ID 不急。”】。今天中行主动示弱，不让汉奸有借利好出货的机会，为大盘以后的发展留下很大的余地【扫地僧：3 月 23 日当天，中国银行出年报，净利润增长 52%，是一个利好，但当天的分时图如图 6 所示】。不过汉奸不会因为这两天的折腾而死心，那两个高点的连线依然在上面，没有效突破前，依然会人心浮动【扫地僧：如图 7 所示】，汉奸依然会随时发难，所以耐心是最重要的，而震荡是稳定人心的最好办法。

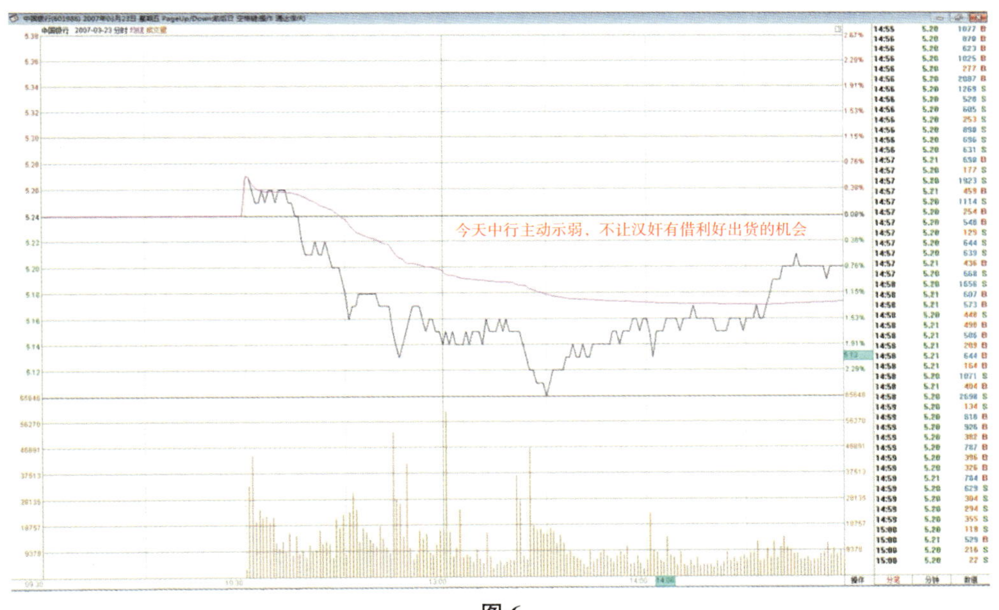

图 6

各股方面，具体的不能说了，免得汉奸有口实，最近打小报告的人太多，而这又是汉奸的强项。反正前面说的那 5 个板块，加上最近说的旅游、科技之类的都会陆续表现的。瓜田李下，本 ID 就不多说，说的都是梦话，如此而已。

(扫码获取更多学习资料)

图 7

【扫地僧点评】

本课是对上一课的补充说明，依然是同级别分解操作，并且本课将同级别分解操作形成了数学语言，并指明了具体比较的对象，更详细具体了。

教你炒股票 40：同级别分解的多重赋格①

腕上一块小手表，三根针在同时跑，每针自有其节奏，完美配合真叫好。

投资，往往碰到这样两难的事情，就是一个小级别的进入，结果出现大级别的上涨，这时候怎么办？这时候有两个选择：①继续按小级别操作，这样的代价是相当累，而且小级别操作的问题是对精确度要求比大级别高，而且资金容纳程度低；②升级为大级别操作基础上部分保持小级别操作。对于资金比较大的投资，后者是比较实用的【扫地僧：不仅仅对大资金适用，对于小资金，也建议这么做，原因是等成长为大资金时依然适用，而不至于不习惯，而且由于级别大一点，对锻炼耐心也是很有帮助的】。

上节课中的“Ai 与 Ai+2 之间盘整背驰”，将演化出“当 i 为偶数 Ai+3 跌破 Ai 高点”或“i 为奇数 Ai+3 升破 Ai 低点”。

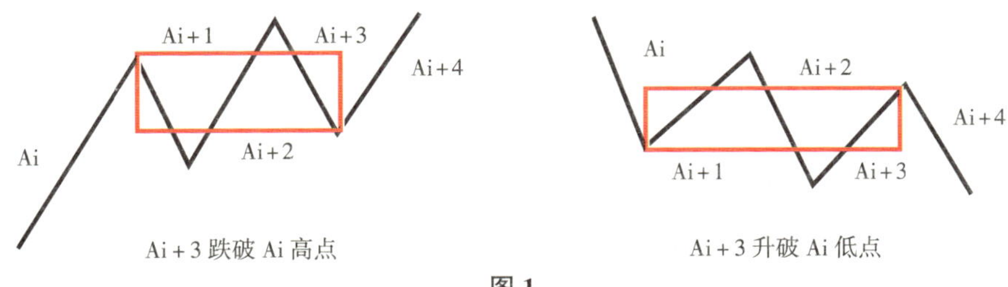

图 1

因而相应演化出高一级别的中枢，例如在该例子里，Ai+1、Ai+2、Ai+3 就是 30 分钟的中枢，而所有更大的中枢，当然是先有高一级别才可能有，否则连 30 分钟的中枢都没有，哪里来日、周、月的？但这个现象就保证了，在同级别分解下，一个小级别的操作可以按一个自动模式换挡成一个高级别的操作。

① 原文来源：http：//blog.sina.com.cn/s/blog_486e105c010009fp.html，2007-03-27 12：53：22。

(扫码获取更多学习资料)

一般情况下，在上面 5 分钟同级别分解的例子中，只要从 A0 开始到某个 At，使得 A0+A1+…+At=B1+B2，后者是 30 分钟级别的同级别分解，这时候就可以继续按后一种分解进行相应的操作。当然，是否换挡成后一种级别的操作，与你的时间、操作风格、资金规模有关。但本 ID 还是建议，可以进行这种短线变中线的操作，即使你的资金量很小，但如果出现一种明显的大级别走势，这种操作会让你获得稳定的大级别波动利益【扫地僧：能拿得住股】，因此，根据当下的情况去决定是否换挡，就如同开车时根据路况等决定挡位一样。

对于大资金来说，这种级别的操作可以一直延伸下去，可以变成 N 重层次的操作，每一重都对应着一定的资金与筹码，而相应对应着不同的节奏与波动。如果对古典音乐有点了解的，就知道，这如同赋格曲，简单的动机、旋律在 N 个层次上根据不同的转位、移位、对位等原则运动着，合成统一的乐曲。市场的走势，其实就是这样的多重赋格，看似复杂，其实脉络清晰，可以有机地统一在多层次的同级别分解操作中。

在这种同级别分解的多重赋格操作中，可以在任何级别上进行操作，而且都遵守该级别的分解节奏与波动，只是在不同级别中投入的筹码与资金不同而已。对于大资金所具有的整体筹码与资金来说，就永远是一种有活动的多重赋格，实际的市场操作，成了一首美妙的乐曲演奏，能应和上的知音，就能得到最大的利益与享受。而每一层次的操作都是独立又在一个整体的操作中，对这种操作如果没有什么直观感觉，那就去听听巴赫的音乐，那不仅是音乐的圣经，对股票的操作同样有益【扫地僧：百度一下巴赫，他的音乐特点如下：巴赫把西欧不同民族的音乐风格融为一体。他集意大利、法国和德国传统音乐中的精华，曲尽其妙，珠联璧合，天衣无缝。巴赫在作曲上最初应用十二平均率音阶。“十二平均率音阶”就是把一音阶的音程作十二等分，定其一分为半音，二分为全音。这乐理是法国音乐理论家拉摩所倡导的。但它只是一种理论，未曾实行。巴赫是最初应用这种乐理于作曲，并收到满意效果的人。平均率的使用，使转调（固定某调子的作曲，在途中转变为别的调子）非常自由，复调音乐的赋格，因而非常发达】。

【扫地僧点评】

本课将一个级别中的同级别分解操作，扩展出多个级别同时做同级别分解操作。缠师花了三节课一口气讲同级别分解，说明这部分内容是比较重要的。

教你炒股票41：没有节奏，只有死[1]

买点买来卖点卖，把握节奏永不败，若是节奏跟不上，贪婪恐惧是障碍。

市场的节奏只有一个：买点买、卖点卖。这么简单的问题，一直遵守的人能有几个？是什么阻止你倾听市场的节奏？是你的贪婪与恐惧。买点，总在下跌中形成，但恐惧阻止了你；卖点，总在上涨中形成，但贪婪阻止了你。一个被贪婪与恐惧所支配的人，在市场中唯一的命运就是：死！

市场中，买点上的股票就是好股票，卖点上的股票就是坏股票，除此之外的好坏分类，都是瞎掰。你的命运，只能自己去把握，没有任何人是值得信任的，甚至包括本ID。唯一值得信任的，就是市场的声音、市场的节奏，这需要你用心去倾听，用一颗战胜了贪婪与恐惧的心去倾听。

市场的声音，永远是当下的，任何人，无论前面有多少辉煌，在当下的市场中，什么都不是，只要有一刻被贪婪与恐惧阻隔了对市场的倾听，那么，这人就走入鬼门关了。除非，此人能猛醒；否则，等待他的只有：死亡。记住：1万亿元与1万元，变成0的速度是一样的，前者甚至可以更快。

买点买，买点只在下跌中，没有任何股票值得追涨，如果你追涨被套，那是活该；卖点卖，没有任何股票值得杀跌，如果你希望瘦身，那就习惯砍仓杀跌吧。即使你搞不懂什么是买点卖点，但有一点是必须懂的，就是不能追涨杀跌。就算是第三类买卖点，也是分别在回调与反弹中形成的，哪里需要追涨杀跌？

买卖点是有级别的，大级别能量没耗尽时，一个小级别的买卖点引发大级别走势的延续，那是最正常不过的。但如果一个小级别的买卖点和大级别的走势方向相反，而该大级别走势没有任何衰竭，这时候参与小级别买卖点，就意味着要冒着大级别走势延续的风险，这是典型的刀口舔血【扫地僧：所以在做小级别操作时，一定要结合大级别的状态，否则很容易做丢筹码或者抄底被套】。市场中

---

① 原文来源：http：//blog.sina.com.cn/s/blog_486e105c010009i4.html，2007-03-30 15：17：22。

不需要频繁买卖，战胜市场，需要的是准确率，而不是买卖频率，只有券商与税务部门才喜欢买卖高频率。

市场不是赌场，市场的操作是可以精心安排的。当你买入时，你必须问自己，这是买点吗？这是什么级别的什么买点？大级别的走势如何？当下各级别的中枢分布如何？大盘的走势如何？该股所在板块如何？而卖点的情况类似。你对股票的情况分析得越清楚，操作才能更得心应手【扫地僧：这其实就是一个交易决策过程，记下这几个问题，在每次交易前都回答一下】。

至于买卖点的判断，如何提高其精确度，那是一个理论学习与不断实践的问题，但这一套程序与节奏，是不会改变的。精度可以提高，但节奏可不能乱，节奏比精度更重要【扫地僧：节奏代表着成功率，是大是大非的问题，而精度只是利润多少的问题】。无论你对买卖点判断的水平如何，即使是初学者，也必须以此节奏来要求自己。如果你还没有市场的直觉，那么就强迫自己去执行；否则，就离开。

对于初学者，一定不能采取小级别的操作，你对买卖点的判断精确度不高，如果还用小级别操作，不出现失误就真是怪事了【扫地僧：这句话非常重要！初学者至少要做 30 分钟级别的，凡是上来就想玩小级别的，归根结底就是贪念在作怪】。对于初学者，按照 30 分钟来进出，是比较好的，怎么也不能小于 5 分钟，5 分钟都没有进入背驰段，就不能操作。级别越小，对判断的精确要求越高，而频繁交易而导致的频繁失误只会使心态变坏，技术也永远学不会。先学会站稳，才考虑行走，否则一开始就要跑，可能吗？

节奏，永远地，只有市场当下的节奏；谁，只要与此节奏对抗，只有痛苦与折磨在等待，一定要注意：所谓的心态好不是如被虐狂般忍受市场节奏错误后的折磨。很多人，错了，就百忍成钢，在市场中是完全错误的。市场中，永远有翻身的机会，前提是你还有战斗的能力。一旦发现节奏错误，唯一正确的就是跟上节奏【扫地僧：发现做错了，毫不犹豫地先认错，留得青山在不怕没柴烧】，例如，错过第一买卖点，还有第二买卖点，如果你连第三买卖点都错过，连错三次，死了也活该。

为什么有三类买卖点？市场太仁慈了，给你三次改错的机会，你如果连这都不能改正，那就休息去、喝茶去，三次都不能改错，还犯同样的错误，不休息、不喝茶，还能干什么？那些一只股票上涨 N 倍后还问能不能买，甚至还追高买，这种人，还能说什么？难道上涨 N 倍还看不到卖点吗？看着很多散户，在连续拉升后还赌后面的所谓涨停，只能毫不客气地说：死了活该。

市场是残酷的，对于企图违反市场节奏的人来说，市场就是他们的死地；市

场是美好的，市场就是巴赫的赋格曲，那里有生命的节奏。节奏，永远是市场的节奏，一个没有节奏感的市场参与者，等待他的永远都是折磨，抛开你的贪婪、恐惧，去倾听市场的节奏。周末了，放下一切，去倾听大自然的节奏，生命的节奏，音乐的节奏，然后再回来倾听这市场的节奏。与市场共舞，你的贪婪与恐惧一一剥落，你会变得光明无比【扫地僧：习武之人，讲究的是身体与万物自然的和谐，交易之人，讲究的就是交易与市场的和谐】。

附录

今天大盘对市场双方都可接受，汉奸无法如愿拉长阴，而月、季略带上影，也是本 ID 可接受的。后面震荡依然，毕竟，汉奸还有实力去制造下一月、季的下影。

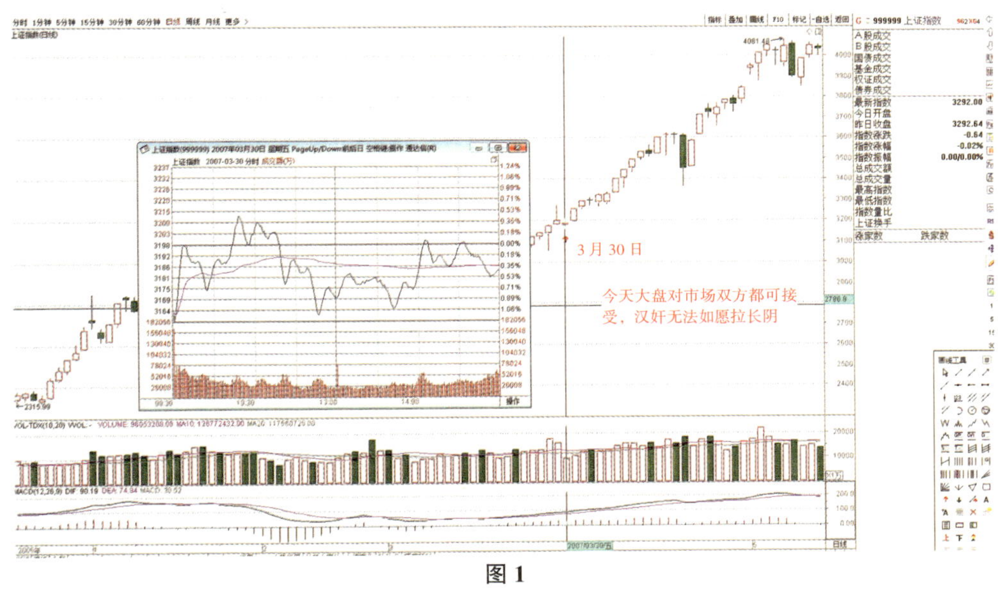

图 1

对于本 ID 来说，在 3000 点上再玩一次 3000 点下的震荡盘整，是最有利的。玩震荡，汉奸没什么水平，而现在管理层、散户都恐高，需要时间治疗。

个股方面，三线已经被管理层监管警告，一线大盘打架不可能被散户接受，这两天就是例子【扫地僧：看看当时的工行、中行和联通这些一线大盘股在 3 月 29 日那天的情况】，因此，二线是最好的平衡，谁都能接受，一些有中线潜力的二线已创新高，这就是点火，能否燎原，那是另外的问题。

(扫码获取更多学习资料)

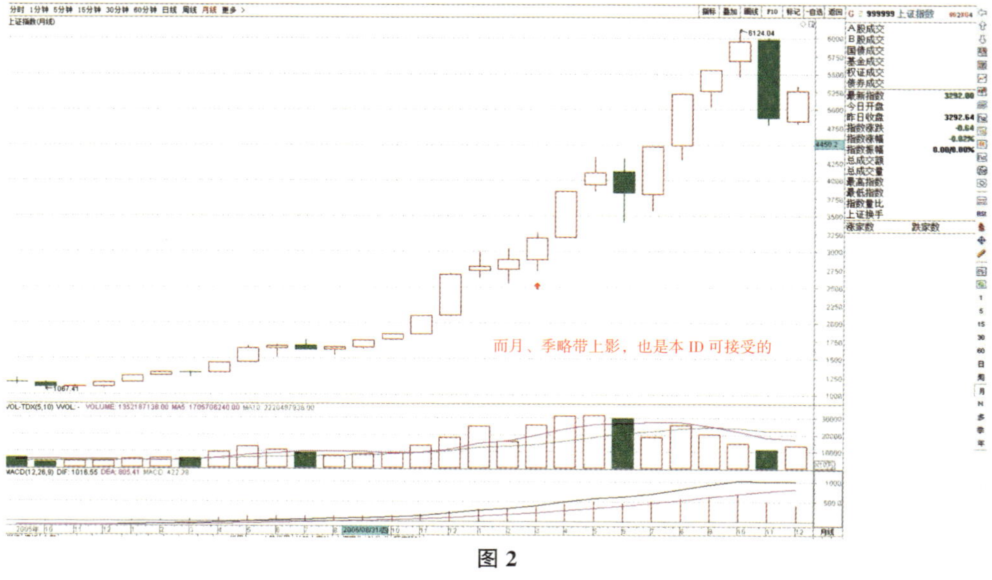

图 2

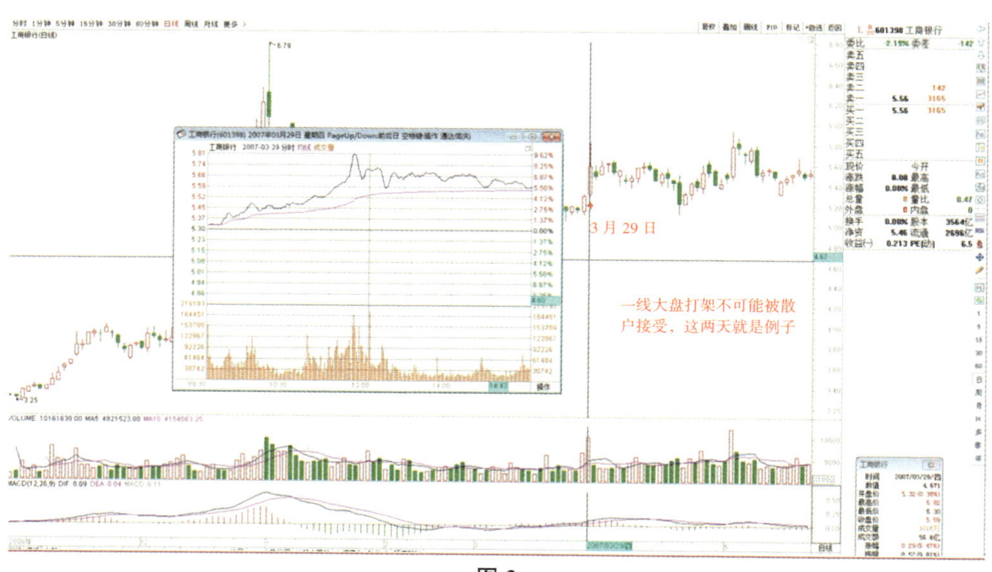

图 3

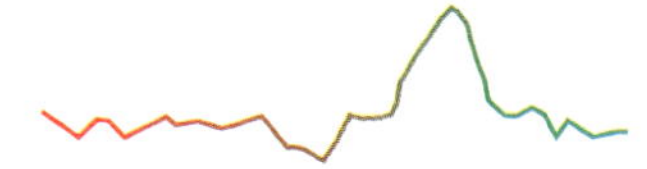

3 月 29 日
一线大盘打架不可能被散户接受，这两天就是例子

图 4

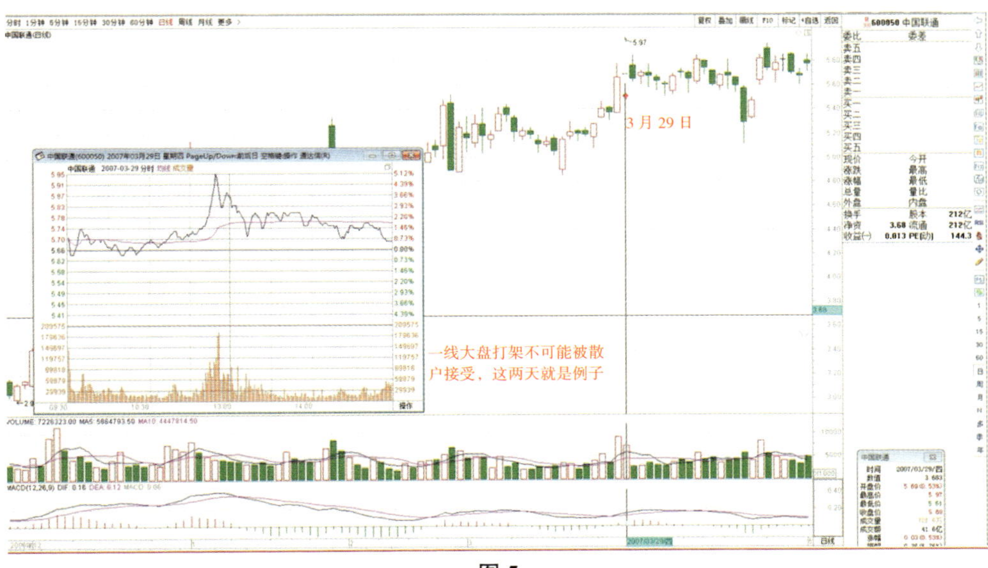
3 月 29 日
一线大盘打架不可能被散户接受，这两天就是例子

图 5

今天 16：00 有会，必须走，先下，再见。

【扫地僧点评】

节奏就是买点买，卖点卖，之所以难把握，最主要的原因是被贪婪和恐惧所左右，解决的根本之道还是自身的修养。

教你炒股票42：有些人是不适合参与市场的[①]

市场大门皆敞开，无人不想好运来，七亏两平仅一赚，皆因恶习早日埋。

2006年在中国证券市场竟然可以亏损累累，最后被迫转战香港，这种奇人绝对是2006年市场的最大奇迹。前几天，本ID有幸听闻此人后，真有一睹为快的冲动。当被告知此人为一50岁的老男人后，才打消此念头。细想，这其实也不奇怪，一个心态有极端问题的人，确实是不难创造2006年全年严重亏损奇迹的。例如，一洗盘就砍仓，开涨的时候不敢买，一买就买个顶，然后又砍，这样来回几次，不严重亏损就怪了。最奇的是，此人到香港后竟然能挣点钱了，他的招数就是，一旦看到国内拉某只股票，就去买香港相应的股票，然后T+0出来，绝对不敢过夜，这市场还有这样的妙人，也算有趣【扫地僧：这个市场中形形色色的人太多太多，还有专门坑配资公司的人，专门挑那种交易量极少的期货品种，在配资公司放最大的杠杆配一笔资金，然后用自己另外的资金来做对手盘，一个涨跌停就把配资的账户爆仓了，自己的账户就赚了，然后再找下一家配资公司。被坑过一次后，现在的配资公司都聪明了，不让交易这些品种，所以现在这招也不好使了】。

本人曾反复说过心态的磨炼对于市场操作的重要性，但这件事情要分开看。有些人，心态就是这样的，改无可改，天性如此，到了关键时刻就是顶不住。例如，明明脑子里知道不能买了，但手就是发痒，像毒瘾发作一般，不受控制。现在的买卖操作又特简单，以前最早时，无论机构还是大户，都有报单、红马甲之类的东西，现在随便一个散户，在网上1秒钟就可以完成买卖，只要扛不住那1秒，什么技术、理论都白搭【扫地僧：太有感触了，您是否会有明明计划做得很好，但临时兴起，瞬间就随意改计划的时候】。这时候怎么办？最好的办法，当

① 原文来源：http：//blog.sina.com.cn/s/blog_486e105c01000918.html，2007-04-04 15：31：30。

然是去“戒毒”，这必须从最基础的心理训练开始，但这不是任何人都有条件办到的。还有，就是远离股市，股市只是生活的一部分，没有股市的生活依然是生活，活着就好。还有，就是换一个环境，例如像上面那奇人那样，到了香港，找到一个偏方，病虽好不了，但至少不那么难受了。

从某种意义上说，操作并不一定能磨炼心态，这事就如同治疗某种男性隐疾一样，根子上病了，那是很难有好办法的。最好的办法就是退出，至少不会被江湖郎中反复欺骗而花冤枉钱。当然对于是否适合市场，也只有当下的意义，并不是说真是永远没救了，但有些特别严重的，确实不适宜留在市场中治疗的，必须先远离市场一段时间，彻底“洗心革面”，才有可能改善。

这里不妨给出 10 种不适合在市场上的人：

（1）耳朵控制大脑型。这种人，一旦听到什么，就可以完全不经过大脑，立即由耳朵就直接操纵手，如果你每一次的买卖几乎都是这样完成的，那么，你根本不适合在市场上。

（2）疯狂购物型。这种人，最大的特点就是可能只有几万元的资金，竟然可以拥有十几甚至几十只股票，什么股票都想拥有，什么股票涨了，都说我也有，以此来安慰自己，这种人，根本不适合在市场上。

（3）不受控制型。每次操作，明明知道不对，就是控制不住自己，心里有一股顽劲，一到需要抉择的关键时刻就掉链子，这种人，根本不适合在市场上【扫地僧：参考《欢乐颂》里的小蚯蚓】。

（4）永远认错型。典型的永远认错，死不改错，同样的毛病，可以永远犯下去却永远改不了。而在市场中，一个毛病就足以致命，一个死不改错的人，是不适合市场的。

（5）祥林嫂型。这种人，永远就是唉声叹气，甚至会演变成特别享受这种悲剧情调，市场中不是受罪来的，何必这么折腾，市场外的天空广阔着，离开吧【扫地僧：一般女生多一些】。

（6）赌徒型。对于他来说，市场就是赌场，这种人根本没必要在市场里，不说远的，现在澳门新来不少赌场，珠海的某个岛建桥连过去，该岛将建成大型度假地，白天过桥就可以参赌，晚上回来睡觉，参与该建设的，其背景是美国某大型集团的人，在国内刚收购某大型旅游企业，以后是一条龙服务，很方便的。

（7）股评型。市场中喜欢吹嘘的人多了去了，有些人，明明亏得一塌糊涂，就是爱吹，市场对于他来说不是用来操作的，是用来侃用来吹的，这种人，不适合在市场，当股评去吧【扫地僧：这种人的危害最大，几乎每个群里都有几个这

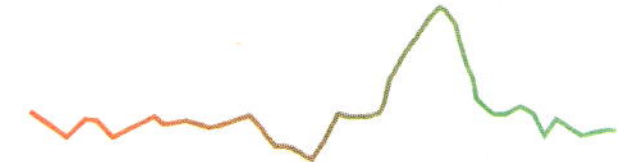

样的人，一些无脑的会视他们为股神，赚钱了就会对他们更加崇拜，亏钱了反而会被他们骂，说什么人家早就提示了，或者是早走了，你还死扛什么，最可恶的就是这类人】。

（8）入戏太深型。这种人，把股市的波动当成电视连续剧，每一个细微的变动都可以让他情绪失控，上涨也失控、下跌也失控、盘整也失控，开盘 4 小时，就煎熬 4 小时，这种人，在市场上太累，还是回家看肥皂剧好。

（9）偏执狂型。这种人，就爱认死理，万头牛拉不回。偏执，对搞理论或其他事情可能影响不大，甚至有好处，但在万变的市场中，偏执狂是没有活路的【扫地僧：很多学缠的容易犯这个毛病，尤其是理科生】。

（10）赵括型。市场操作，不同于纯粹的理论研究。市场就是市场，就如同战场，赵括之流同样是没有活路的。

以上 10 种人是特别不适合在市场中的，当然，并不是有这种表现的就一定要永远离开市场，关键是先要调节过来，所谓功夫在诗外，市场中也一样，真正能在市场上登顶并长期领先的，有可能是一个大傻瓜、心理有顽疾的吗？

所谓性格决定命运，这两节课没讲有关技术的问题，说了些似乎无关的东西，其实是大有关联的。要认清市场，首先要认清自己，知道自己的弱点在哪里，自己在市场中的每个行为，都要清楚地意识到。每天收盘后，都找 10 分钟，把自己当天的操作以及看盘时的心理过程复一次盘，这是十分必要的【扫地僧：最好是能够写下来，日积月累必有收获】。

【扫地僧点评】

这节课列出了炒股中不好的习惯和性格，请大家对照一下，自己有的一定要改正。

教你炒股票43：有关背驰的补习课[①]

缠论难点小转大，实在不懂别害怕，最大用处在顶底，一旦加速小变大。

发现很多人对最基础的背驰问题还是不大清楚，周末，来一补习。关于如何判断背驰，背驰与盘整背驰的区别之类问题就不说了【扫地僧：可温习“教你炒股票24：MACD对背驰的辅助判断”】，这个太基础，连这都没搞清楚，那最好的办法就是重修，而不是补习。

转折必然由背驰导致，但背驰导致的转折并不一定是同一级别的。在“教你炒股票29：转折的力度与级别”中有：“缠中说禅背驰—转折定理：某级别趋势的背驰将导致该趋势最后一个中枢的级别扩展、该级别更大级别的盘整或该级别以上级别的反趋势。”这是一个十分重要的定理，这个定理说明了什么？就是某级别的背驰必然导致该级别原走势类型的终止，进而开始该级别或以上级别的另外一个走势类型。

由于不允许“上涨+上涨”、“下跌+下跌”的情况，所以，这个定理对实际操作就很有意义了。例如，一个1分钟级别的顶背驰，就意味着必然导致一个至少1分钟级别的盘整或下跌走势类型，这就为背驰以后可能的走势以及级别给出了很明确的划定。有人经常问，为什么1分钟顶背驰后还涨，那有什么奇怪的，只要有一个1分钟的盘整，那就可以继续涨，这是1分钟顶背驰后可能的情况之一。当然，还有其他可能的情况。例如，最极端的，制造出一个年线级别的下跌，但不能说这个制造是由于1分钟顶背驰造成的，因为这是1分钟顶背驰后，形成的盘整或下跌逐步级别扩张，最后才慢慢形成的，如果随便看到一个1分钟顶背驰就说要形成年线级别大调整，那就是脑子有问题。如果市场的转折与背驰都有着在级别上的一一对应关系，那这市场也太没意思、太刻板了，而正是这种小级别背驰逐步积累后有导致大级别转折的可能，才使得市

① 原文来源：http：//blog.sina.com.cn/s/blog_486e105c010009mm.html，2007-04-06 15：31：28。

场充满当下的生机。

注意：这两种不同的转折方式的区分是十分关键的【扫地僧：这两种不同的转折方式就是下面提到的：①背驰级别等于当下的走势级别；②背驰级别小于当下的走势级别。这里的“当下的走势”是指出现背驰以后，当下的走势】。所有的转折都与背驰相关，但加上背驰的级别与当下走势级别的关系，就有了这两种不同的转折方式。由于背驰的级别不可能大于当下走势的级别，例如一个 30 分钟级别的背驰，只可能存在于一个至少是 30 分钟级别的走势类型中，所以就有这两种不同转折方式的明确分类。

一、背驰级别等于当下的走势级别

例如，一个 30 分钟的走势类型，出现一个 30 分钟级别的背驰，那么这个背驰至少把走势拉向该 30 分钟走势最后一个中枢，当然就会跌破或升破相应的高点或低点。注意：这种情况包括进入背驰段的情况【扫地僧：就是指当下走势的背驰段跌破或升破上一个 30F 最后一个中枢】，例如，一个 30 分钟的走势类型，在 30 分钟级别进入背驰段，当然，这个背驰段并不一定就演化成背驰，因为，小级别的延伸足以使得大级别最终摆脱背驰，这与当下的走势判断相关。

二、背驰级别小于当下的走势级别

这种情况下，是走势已经明显没有相应级别的背驰，例如，一个 30 分钟的走势类型，明确显示没有出现 30 分钟的背驰，也就是背驰段最终不成立，但却出现一个 1 分钟级别的背驰，用一个最简单的形式向上的 a+A+b+B+c，A、B 是 30 分钟中枢，在 c 中出现 1 分钟背驰，而 c 对 b 在 30 分钟级别并没有出现背驰，这时候并不必然保证 c 的 1 分钟转折的最终走势就一定不跌回 B 里，但即使这个回跌出现，其形式也和第一种情况不同。这第二种情况，必然要先形成一个比 1 分钟级别要大的中枢，然后向下突破，最终形成回跌到 B 中的走势【扫地僧：这里不能理解为必须先形成比 1 分钟大的中枢后再回到 B 中，而是由于当下的走势级别大于背驰的级别，那么这个 1 分钟的背驰形成后，至少要形成比这个 1 分钟背驰大的级别的中枢】。

有人可能要问，第一种情况中如果是 5 分钟级别的回跌，也会形成一个比 1 分钟级别大的中枢，那和第二种情况有什么区别？这区别太大了，在第一种情况中，其回跌是必然的，而第二种情况，在形成一个比 1 分钟大的中枢后，并不必然回跌，可以往上突破，使得 a+A+b+B+c 继续延伸【扫地僧：第一种情况，回

跌到 B 中，这是理论所保证的，因为背驰的级别和反向走势级别相同；而第二种情况是，背驰的级别小，比如是 1 分钟级别，反向走势的级别大，比如是 5 分钟级别，那么只要反向的走势的级别出现完美，随时可以继续沿原来的方向走，而不必然跌回到上面举例中的那个 30 分钟的 B 中枢内】。这种小级别背驰最终转化成大级别转折的情况，最值得注意的，是出现在趋势走势的冲顶或赶底之中，这种情况一般都会引发大级别的转折，这种例子前面都说过，例如 2007 年 1 月 4 日的工行，2006 年 12 月 7 日的北辰实业、2007 年 1 月 22 日的水井坊等【扫地僧：这是小转大的重要应用场景，由于股票最后的疯狂其力度已经很大，第 7 课中也提到一旦股票开始加速，就要时刻关注卖点，此时如果看大级别一定是不背驰的，所以在加速赶顶时会经常出现小转大。看图 1~图 3】。

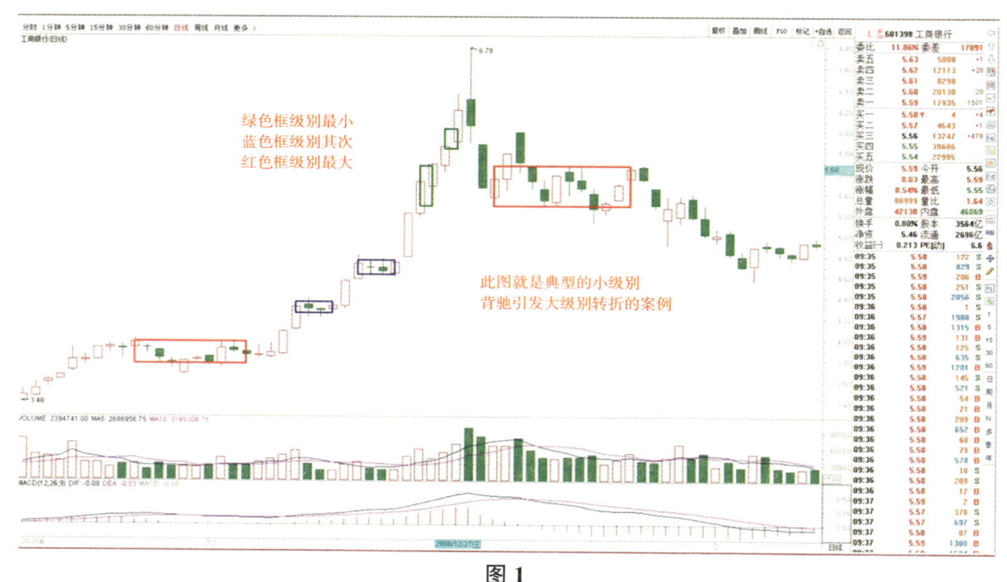

图 1

以上两种情况，对走势的分解也是很有意义的，例如对一个 30 分钟的走势类型，其完结也同样有相应的两种情况，最普通的一种，例如出现一个 30 分钟的背驰，从而完成一个 30 分钟级别走势类型，在这种情况下，对该走势类型的分解就不存在任何含糊的地方，前后两个走势类型，就以该背驰点为分界；至于小级别背驰引发大级别转折的情况比较复杂，但分解的原则是一致的，就是：

缠中说禅走势类型分解原则：一个某级别的走势类型中，不可能出现比该级

红色框级别最大
蓝色框级别其次
绿色框级别最小

图 2

图 3

别更大的中枢，一旦出现，就证明这不是一个某级别的走势类型，而是更大级别走势类型的一部分或几个该级别走势类型的连接。

这里，把上面第二种情况下的分解可能分析如下：

不妨还是以上面向上 30 分钟级别的 a+A+b+B+c 为例，在 c 中出现一个 1 分

钟级别背驰，不妨假设后面演化出一个 30 分钟中枢 C，如果 C 和 B 没有任何重叠，那就意味着原来的 a+A+b+B+c 并不是一个完成了的 30 分钟走势类型，该走势类型将延伸为 a+A+b+B+c+C，相应的分解要等到该走势类型完成了才可以进行；如果 C 和 B 有重合，那么 a+A+b+B+c+C=a+A+b+（B+c+C），其中（B+c+C）必然演化成一个日线中枢，那么 a+A+b+B+c 只是一个日线级别走势类型的一部分，如果一定要按 30 分钟级别来进行同级别分解，那么该分解点就是那 1 分钟的背驰点，a+A+b+B+c+C=（a+A+b+B+c）+C【扫地僧：这是一个重要的同级别分解原则，同时也说明了同级别分解时，每一个走势的起始和结束是按非同级别分解来确定的】。

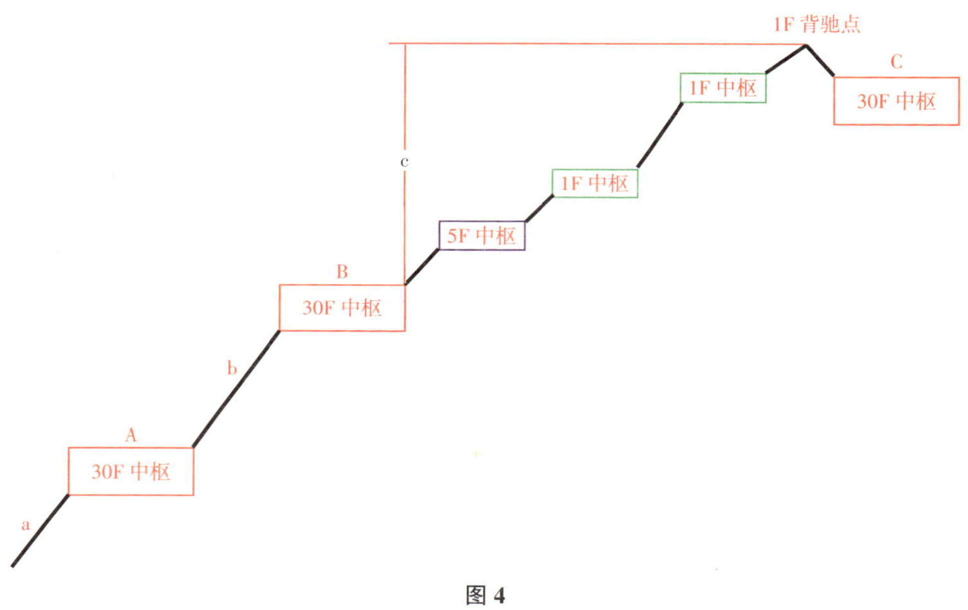

图 4

有了以上的例子，就大概了解了如何用背驰对走势分解的基本原则，熟悉了这些分解方法，市场的走势图就不会是天书了，而是如自己的掌纹一样清晰可辨。

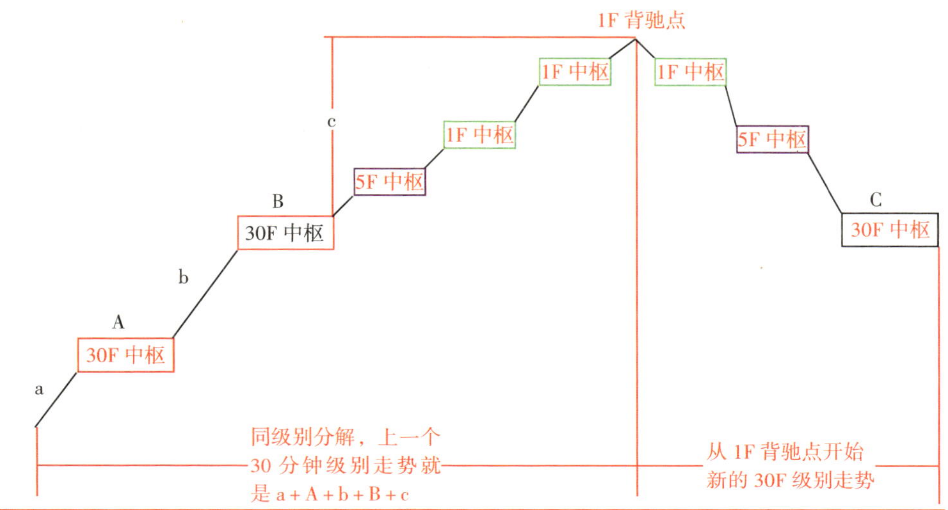

图 5

【扫地僧点评】

本课重点讲的是小转大是什么，也是为下一课做铺垫。

教你炒股票44：小级别背驰引发大级别转折①

> 小级背驰终转大，屏气凝神深吐纳，盯好最后次中枢，出现三卖赶快炸。

有了上一课，对“背驰级别等于当下的走势级别”这一最一般的情况，应该能很好地把握了，唯一可能出现困难的，就是“背驰级别小于当下的走势级别”这种情况，也就是所谓的小级别转折引发大级别转折。对这种情况，还应进行进一步的分析。

还是用上次的例子，向上30分钟级别的a+A+b+B+c，如果c是一个1分钟级别的背驰，最终引发下跌拉回B，这时候，c究竟发生了什么事情？

c至少要包含一个5分钟的中枢，否则，中枢B就不可能完成，因为这样不可能形成一个第三类的买点【扫地僧：这句话所包含的内容比较多，首先，c必须包含对B的三买，否则不能确定B的完成，也就不能认为c是离开B的背驰段。其次，这句话的另一个含义是可以将一个在B之上的5F中枢看做对B的三买，这也是很多人所讲的“类三买”的理论依据】。不妨假设c′是c中最后一个5分钟的中枢，显然，这个1分钟的顶背驰，只能出现在c′之后，而这个顶背驰必然使得走势拉回c′里【扫地僧：这里并不是说一个1F级别的顶背驰必然使得走势拉回到最后一个5F的中枢，而是由于前提是1分钟顶背驰后，走势最终回到了30分钟的B中枢里，而最后一个5F中枢必然在B中枢上方，因此走势必然要跌破最后一个5分钟中枢】。也就是说，整个运动，都可以看成围绕c′的一个震荡，而这个震荡要出现大的向下变动，显然要出现c′的第三类卖点。

因此，那些小级别背驰后能在最后一个次级别中枢正常震荡的，都不可能转化成大级别的转折，这个结论很重要，所以可以归纳成如下定理。

---

① 原文来源：http：//blog.sina.com.cn/s/blog_486e105c010009oo.html，2007-04-10 15：23：46。

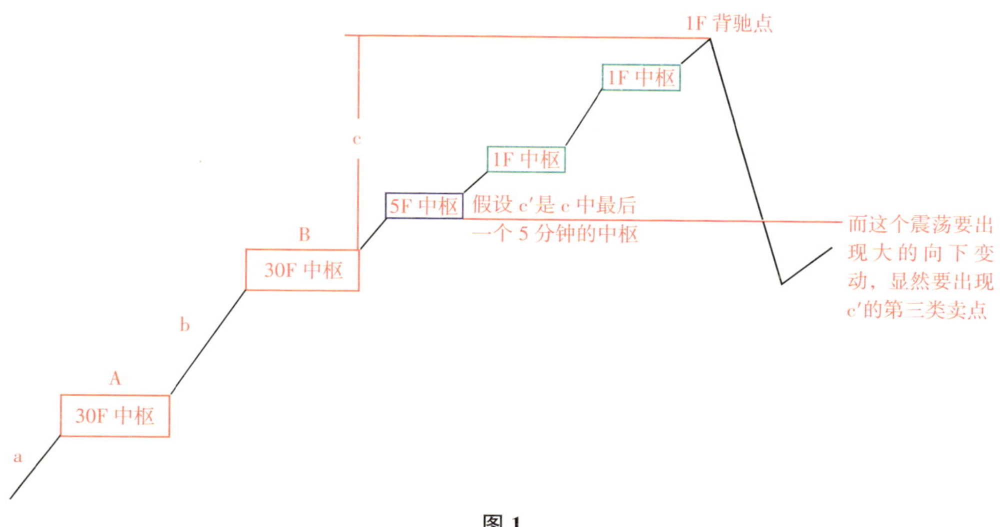

图 1

缠中说禅小背驰—大转折定理：小级别顶背驰引发大级别向下的必要条件是该级别走势的最后一个次级别中枢出现第三类卖点；小级别底背驰引发大级别向上的必要条件是该级别走势的最后一个次级别中枢出现第三类买点。

注意：关于这种情况，只有必要条件，而没有充分条件。也就是说，不能有一个充分的判断使得一旦出现某种情况，就必然导致大级别的转折。小级别顶背驰后，最后一个次级别中枢出现第三类卖点并不一定就必然导致大级别的转折，在上面的例子里，并不必然导致走势一定回到最后的该级别中枢 B 里【扫地僧：也就是说，当出现了最后一个次级别中枢的第三类卖点时，也不必然保证走势一定回到该级别中枢 B 里】。

显然，这个定理比起“背驰级别等于当下的走势级别”必然回到最后一个该级别中枢的情况要弱一点，但这是很正常的，因为这种情况毕竟少见而且要复杂得多。因此，在具体的操作中，必须有更复杂的程序对付这种情况。而对于“背驰级别等于当下的走势级别”，如果你刚好是以该级别为操作级别的，只要在顶背驰时直接全部卖出就可以。

对于“背驰级别小于当下的走势级别”的情况，为了简单起见，不妨还是用上面例子。如果一个按 30 分钟级别操作的投资者，那么，对于一个 5 分钟的回调，必然在其承受的范围之内，否则可以把操作的级别调到 5 分钟。那么，对于一个 30 分钟的走势类型，一个小于 30 分钟级别的顶背驰，首先至少要导致一个 5 分钟级别的向下走势，如果这个向下走势并没有回到构成最后一个 30 分钟中

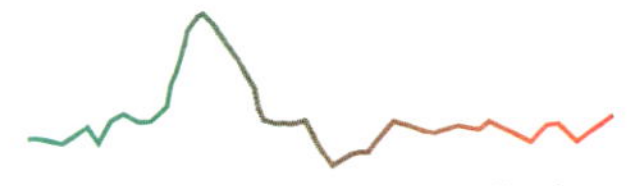

(扫码获取更多学习资料)

枢的第三类买点的 5 分钟向下走势类型高点，那么这个向下走势就没必要理睬，因为走势在可接受的范围内【扫地僧：如图 2 所示】。

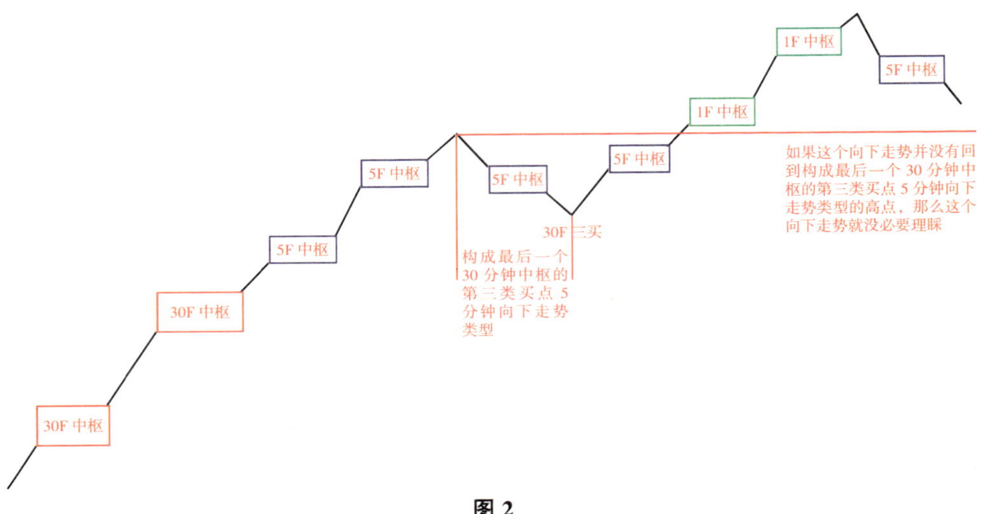
1F 中枢
5F 中枢
1F 中枢
5F 中枢
5F 中枢
5F 中枢
如果这个向下走势并没有回到构成最后一个 30 分钟中枢的第三类买点 5 分钟向下走势类型的高点，那么这个向下走势就没必要理睬
30F 三买
5F 中枢
构成最后一个 30 分钟中枢的第三类买点 5 分钟向下走势类型
30F 中枢
30F 中枢

图 2

当然，在最强的走势下，这个 5 分钟的向下走势，甚至不会接触到包含最后一个 30 分钟中枢第三类买点 5 分钟向上走势类型的最后一个 5 分钟中枢，这种情况就更无须理睬了【扫地僧：如图 3 所示】。

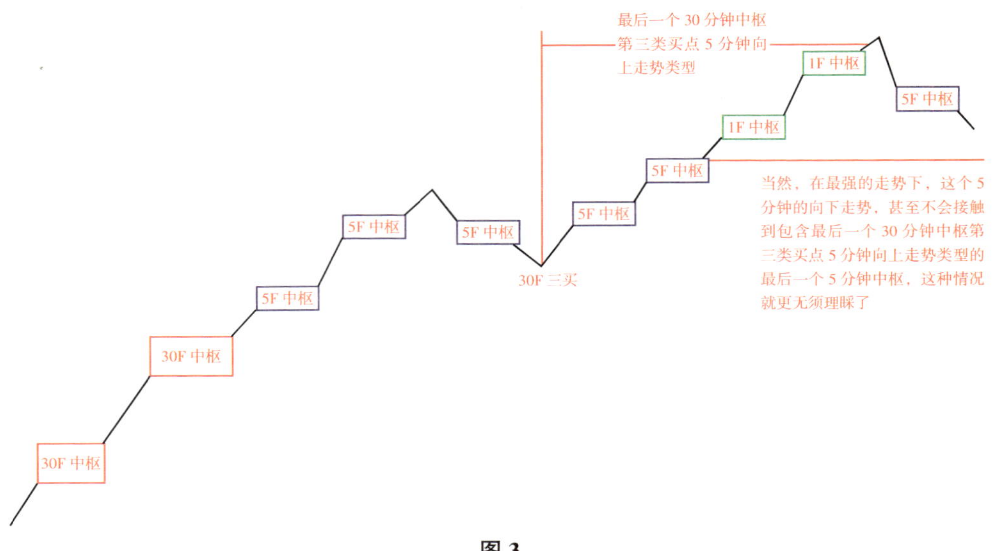
最后一个 30 分钟中枢第三类买点 5 分钟向上走势类型
1F 中枢
5F 中枢
1F 中枢
5F 中枢
当然，在最强的走势下，这个 5 分钟的向下走势，甚至不会接触到包含最后一个 30 分钟中枢第三类买点 5 分钟向上走势类型的最后一个 5 分钟中枢，这种情况就更无须理睬了
5F 中枢
5F 中枢
5F 中枢
30F 三买
5F 中枢
30F 中枢
30F 中枢

图 3

如果向下的 5 分钟走势跌破构成最后一个 30 分钟中枢的第三类买点 5 分钟回试的 5 分钟走势类型的高点，那么，任何的向上回抽都必须先离开【扫地僧：如图 4 所示】。

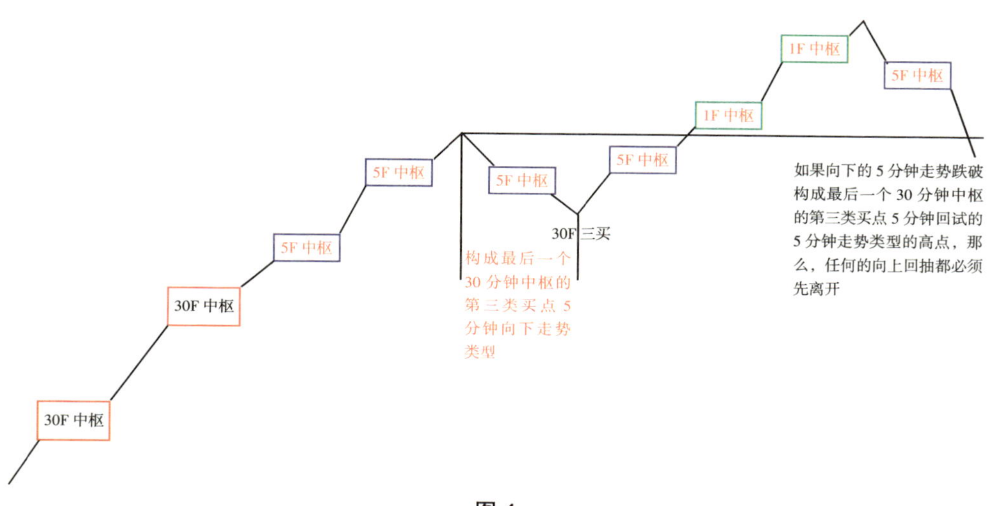

30F 中枢
30F 中枢
5F 中枢
5F 中枢
5F 中枢
30F 三买
构成最后一个30分钟中枢的第三类买点5分钟向下走势类型
5F 中枢
1F 中枢
1F 中枢
5F 中枢
如果向下的 5 分钟走势跌破构成最后一个 30 分钟中枢的第三类买点 5 分钟回试的 5 分钟走势类型的高点，那么，任何的向上回抽都必须先离开

图 4

以上这些是全仓操作的处理方法，如果筹码较多，那么当包含最后一个 30 分钟中枢第三类买点 5 分钟向上走势类型的最后一个 5 分钟中枢出现第三类卖点，就必须先出一部分，然后在出现上一段所说的情况时再出清【扫地僧：如果那向下的 5 分钟走势跌破构成最后一个 30 分钟中枢的第三类买点 5 分钟回试的 5 分钟走势类型高点，那么，任何的向上回抽都必须先离开】。当然，如果没有出现上一段所说的情况，就可以回补，权当弄了一个短差【扫地僧：如图 5 所示】。

有人可能问，为什么在 1 分钟背驰的时候不出，这与你假定操作的级别相关，而走势不能采取预测的办法，这是不可靠的，由于没有预测，所以不可能假定任何 1 分钟顶背驰都必然导致大级别的转折，其实这种情况并不常见，你不可能按 30 分钟操作，而一见到 1 分钟顶背驰就全部扔掉，这就变成按 1 分钟级别操作了。如果你的资金量与操作精度能按 1 分钟操作，那就没必要按 30 分钟操作，而按 1 分钟操作，操作的程序和按 30 分钟的一样，只是相应的级别不同而已【扫地僧：也就是说小转大不可预测，只有走出来之后才知道，我们要做的是预防】。

(扫码获取更多学习资料)

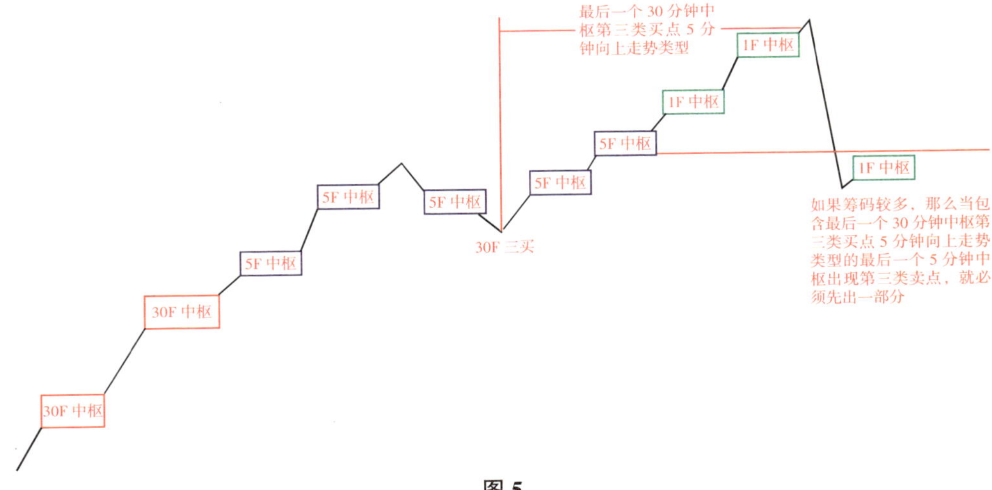

图 5

当然，对于有一定量的资金来说，即使按 30 分钟操作，当见到 1 分钟的顶背驰时，也可以把部分筹码出掉，然后根据后面的回调走势情况决定回补还是继续出。这样的操作，对一定量的资金是唯一可行的，因为这种资金，不可能在任何一定级别的卖点都全仓卖掉。至于底背驰的情况，将上面的反过来就可以。

(待续)

【扫地僧点评】

本课重点讲的是如何处理小转大的情况。

教你炒股票45：持股与持币，两种最基本的操作①

病去抽丝需时间，春播秋收多日寒，百中九九是等待，买卖只在一瞬间。

发现很多人都有这样的糊涂概念，以为买入卖出才是股票的操作，是股票操作的所有了。其实，对于每一笔交易来说，买入卖出，1秒都不用就完成了，更多、更长时间的，填充在买入与卖出之间两种最基本的操作：持股与持币，这才是更重要的操作【扫地僧：持股和持币也是最难的，中间有太多的干扰和诱惑】。

假设你是按30分钟级别操作的，那么，在一个30分钟的买点买入后，就进入一个持股的操作中，根据本ID的理论，你很明确地知道，一个30分钟的卖点必然在前面等着，该卖点宣告从30分钟买点开始的走势类型的结束。在这个卖点到来之前，你就只在持股这唯一的操作里。当这个30分钟的卖点出现时，卖出，然后就进入持币的操作里，直到一个30分钟的买点出现。持股与持币，归根结底是一种等待，等待那个被理论绝对保证的买卖点。所有股票的操作，归根结底，只有两个字：等待【扫地僧：等待从本质上讲就是第四个维度——时间，我们人类认知的世界是四维的，事物的发展也是四维的，那么就注定了事物从一个状态到另外一个状态必然要经历时间。做股票和农民种地是一个道理，春天播种也要等到秋天收获，至于是风调雨顺还是灾害连连，都无法预知，你能做的只有等待和观察，只是当灾害来的时候，要做好最坏的打算】。

等待市场的买卖点和等待彗星的到来不同，后者，可以很精确地知道具体的时间，而市场的买卖点是生长出来的。买卖点的生长过程，是一个具体的走势类型的生灭过程。这些过程，不妨用一个30分钟第一类买点a开始的30分钟走势类型如何生灭为例子进行说明。

一个30分钟的走势类型，最低标准，就是要形成一个30分钟的中枢，一旦

① 原文来源：http：//blog.sina.com.cn/s/blog_486e105c010009q2.html，2007-04-12 15：39：04。

这一中枢形成，该走势类型随时结束都是符合理论的。这样，最弱的走势类型，就是该中枢一完成就结束，在该例子里，就是从 a 点开始，三段重叠的 5 分钟走势类型结束后，该 30 分钟走势类型就结束了。用 A1、A2、A3 来依次代表这三段 5 分钟走势类型，显然，从 a 开始的这 30 分钟走势类型就可以用 A1+A2+A3 表示。那么，在实际操作中，如何事先知道，是否真的将形成这种最弱的走势？答案是否定的，不仅不可能事先知道是否真的要出现这种最弱的走势类型，而且走势类型的任何可能性都不可能被事先确认，这说明什么？说明预测是毫无意义的，走势是操作出来的，是市场合力的结果，而不是被上帝所事先确定的，市场中没有上帝，市场的方向只能由所有参与者的合力决定，大资金或高技巧，可以用自己的力量去引导市场，按照自己的剧本来演绎，但没有上帝可以完全事先确定市场走势类型完成的所有细节【扫地僧：大部分人的预测思维是根深蒂固的，尤其是仅从技术层面来预测未来走势的空间，这是没有意义的，那如何避免介入的股票走势很弱，其实就是前面课程里的如何避免 ED 男，可以用三个独立系统，技术只是其中之一，但需要注意的是，另外两个系统本身必然包含了周期级别，比如基本面和比价，其影响必然不会是很小的级别，所以这两个系统仍然无法解决小级别 ED 的问题。这也是为什么操作的级别要大一点的原因】。

那么，如果一切都不可以预测，那本 ID 理论的意义何在？一切虽然不可以预测，但一切走势的可能结构与类型却是可以分类的，每一类之间都有着明确的界限，因此，你唯一需要的，就是观察市场当下的走势，让市场去选择可能的结构与类型，然后根据市场的选择来选择。注意：这对于大资金来说是一样的，无论任何规模的资金，归根结底都只是市场的分力，不是合力本身，企图把自己当合力本身，把自己装扮成上帝的，最终的结局都是死无葬身之地。只要是分力，就要观察市场当下的反应来选择【扫地僧：犹如中医看病，每吃一段时间的药之后，还需要调方，这就是根据当下的病情做当下的诊断，道理相通】。

例如，本 ID 可以点火二线股，可以把超级大盘股编写在剧本里，但本 ID 从来不会觉得自己是上帝在操控市场，本 ID 不过是在和市场互动，一旦市场某方面的能量被引导耗尽，自然就要选择相反的操作来互动市场，这是一个复杂的当下感应过程，必须最敏锐地察觉市场能量的变动。

当第一个中枢形成后，走势类型可以随时结束，后面的分类比较复杂，今天时间太紧，写不完，在下堂课中将详细论述。但今天的课程，是一个思维上的关键，必须明确两点：①买卖点操作后，等待是一个最关键的过程，必须密切关注相应的走势类型的生长与分类选择，这一切都是当下的。②买卖点本质上是由走

势类型的生长状况与分类决定的，反过来，某些买卖点的出现，又使得走势类型的生长状况分类有一个明确的界定，这些都是观察市场细节的关键之处。

【扫地僧：第一类买卖点是走势终结点，第三类买卖点是中枢终结点，所以买卖点的出现使得走势类型的生长状况分类有明显的界定】

【扫地僧点评】

等待就是操作，不是盲目等，而是时刻观察走势的演化、生长，当出现了买卖点时再执行瞬间的买卖动作。

教你炒股票46：每日走势的分类[①]

八根K线是一天，三根重合中枢现，最强走势无中枢，一个中枢最常见。

本来要继续写上节课所遗留的第一个中枢形成后走势类型的分类问题，但发现太多人，连每天如何看盘都搞不清楚，这件事情可能更迫切，所以先说一下。

当然，如果是按某级别的严格操作，每天具体怎么走关系不大，走势不会因为交易是按天来的就有本质的不同。但针对每天的走势进行一些分类，至少是一个好的辅助。

一天的交易时间是4小时，等于由8根30分钟K线组成的一个系统。把3根相邻30分钟K线的重叠部分当成每天走势上的一个中枢，显然，任何一天的走势，无非只有三类：只有一个中枢；两个中枢；没有中枢，其力度依次趋强。

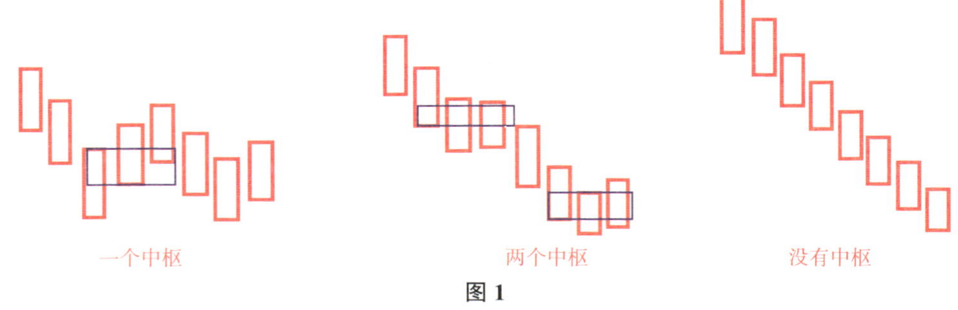

图1

一、只有一个中枢

这种走势，是典型的平衡市，一般情况下，开盘后前三根30分钟K线就决

---

① 原文来源：http://blog.sina.com.cn/s/blog_486e105c010009uy.html，2007-04-18 15：36：09。

定了全天的波动区间，而全天的极限位置，基本上，至少有一个出现在前三根 30 分钟 K 线上，不是创出当天高点，就是创出当天低点【扫地僧：因为开盘时所有人经过一晚上的思考，基本对第二天都有了自己的计划和判断，因此前三根 K 线基本决定了第二天的格局】。当然，这不是完全绝对的，因此可以对这种情况进行更细致的分类。

（一）在前三根 30 分钟 K 线出现当天高点

这可以称为弱平衡市，其中最弱的是当天低点收，注意：这和当天是否红盘无关，高开最后红盘收也可以形成这种最弱的弱平衡市。次弱收在中枢之下，收在中枢是一般的弱平衡市，收在当天高点附近的是最强的一种。

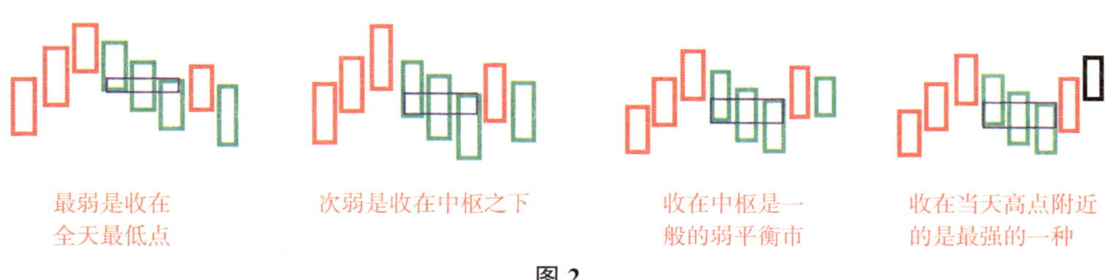
最弱是收在全天最低点
次弱是收在中枢之下
收在中枢是一般的弱平衡市
收在当天高点附近的是最强的一种

图 2

（二）在前三根 30 分钟 K 线出现当天低点

这可以称为强平衡市，其中最强的，就是以当天高点收，同样，这与当天是否红盘无关。次强是收在中枢之上，收在中枢是一般的强平衡市，收在当天低点附近的是最弱的一种。

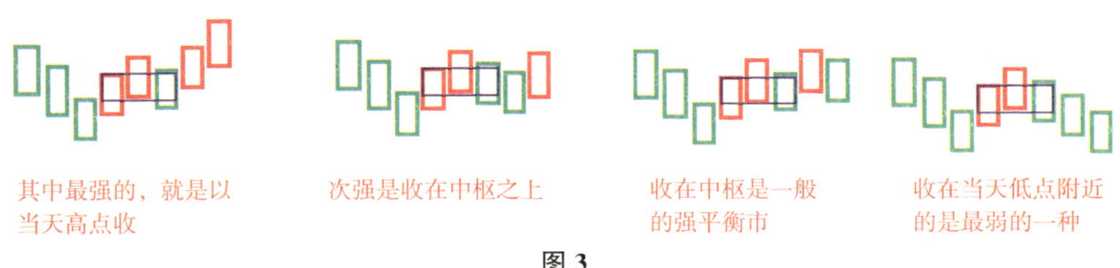
其中最强的，就是以当天高点收
次强是收在中枢之上
收在中枢是一般的强平衡市
收在当天低点附近的是最弱的一种

图 3

（三）在前三根 30 分钟 K 线不出现当天高低点

这可以称为转折平衡市，同样可以像上面情况一样根据收盘位置定义其强弱。

注意：以上三种情况中枢的位置不一定是前三根 30 分钟 K 线的重叠，可以是后面几根的。

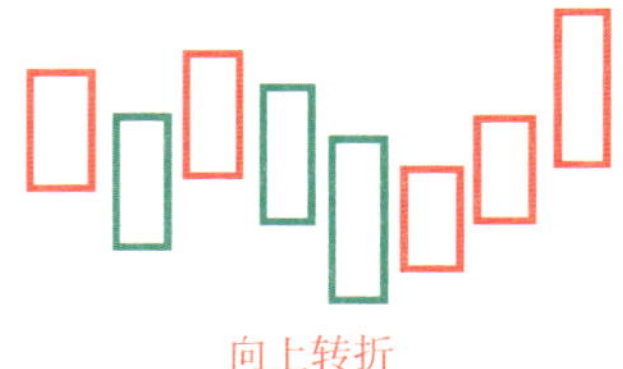

图 4

二、两个中枢

显然，根据两个中枢的前后方向可以分为向上、向下两种。一般地，讨论向上的情况，向下的情况反过来就是。

两个中枢，显然不能有重叠的地方，否则就会转化成前面的情形。因此，这种形态，最大的特点是两个中枢之间至少有一个 30 分钟 K 线，其中有部分区间不属于两个中枢的任何一个，这个区间，成为单边区间，这是这种走势最重要的特点，是其后走势的关键位置。注意：具有单边区间的 K 线不从属任何一个中枢【扫地僧：也就是说，具有单边区间的 K 线不可以与其他两根 K 线构造成中枢】。

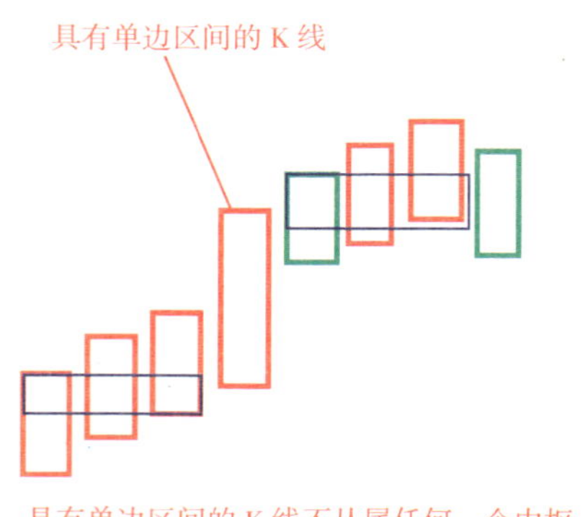

图 5

由于只有 8 根 30 分钟 K 线，根据单边区间所在位置，无非是两种可能：①单边区间在第 4 根 30 分钟 K 线；②单边区间在第 5 根 30 分钟 K 线。由此可知，为什么所有出现单边走势的，变盘时间都在中午收盘的前后 30 分钟之内。

当然，第 4、第 5 根 30 分钟 K 线可以同时具有单边区间。如果只有第 4 根 K 线具有单边区间的情况，那么第 8 根 K 线，有可能出现穿越单边区间的情况，

例如，2007 年 4 月 17 日的走势。

图 6

显然，对于上涨的情况来说，最强的是收盘在第二个中枢的上方，最弱的是第 8 根 K 线出现在穿越单边区间的情况，最终收在第一个中枢之下。然后根据收盘的位置，可以依次定出其他的强弱。

三、没有中枢

这是最强的单边走势，8 根 K 线，没有相邻 3 根是有重叠部分的，一旦出现这种情况，就是典型的强烈走势，一旦出现这种走势，该日 K 线就具有重要意义【扫地僧：以打仗为例更容易理解，单边区间 K 线从本质上就是多空双方争夺的城池之间的真空地带，中枢就是争夺的城池，在争夺城池 A 的战役中，一方大胜，乘胜追击，一口气又打到了 B 城池，然后再次进入相持阶段，而如果守方最终胜利，还能反过来一口气又杀回 A 城池，则说明形势逆转，而如果反扑连 AB 之间的一半都打不到，说明优势依然在攻方，因此 AB 城池之间的这个真空地带就具有比较强的参考意义】。一般来说，这种走势很不常见。例如，2 月 27 日那天就是【扫地僧：注意，2007 年 2 月 27 日那天的 30F 图有 3 根 K 线重合，如图 7 所示。为什么说这天无中枢？因为在 1 分钟图里可以看到只有一个反向段。也就是说虽然定义 3 根 30 分钟 K 线重合为中枢，但本质上还是要看小级别的走势，并非无脑地认为只要重合就是中枢】。但别以为出现这种走势就一定会继续趋势，往往很多骗线就是故意用这类走势构成，特别是在大的日 K 线中枢中出现这种情况，更大可能是骗线，例如 2 月 27 日。

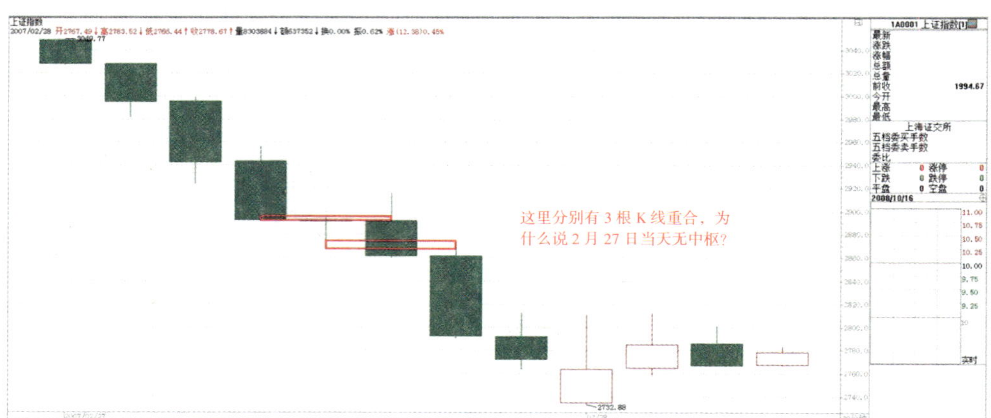

图7

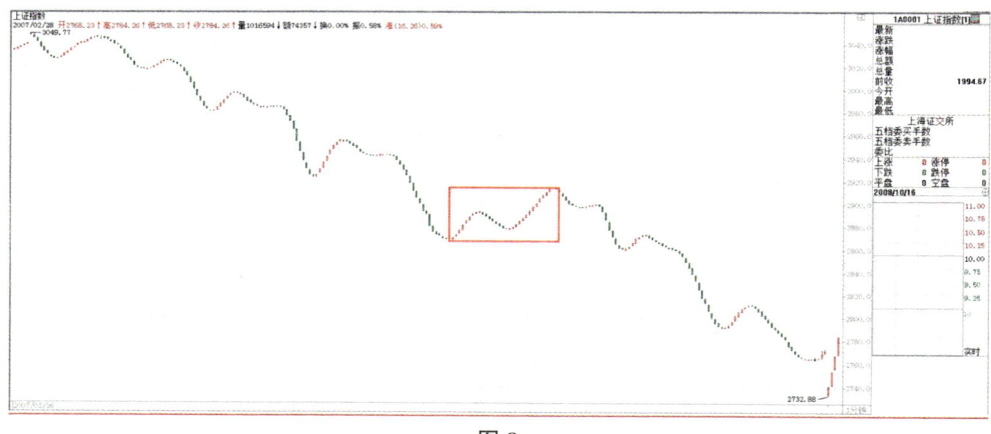

图8

当然，如果是在一个第三类买卖点后出现这种走势，出现大级别的强势趋势的可能性就极大了【扫地僧：三买之后的加速，出趋势的概率自然大】。

时间紧，不能写太多，如何利用每天走势图进行辅助操作，在周五的课中说。

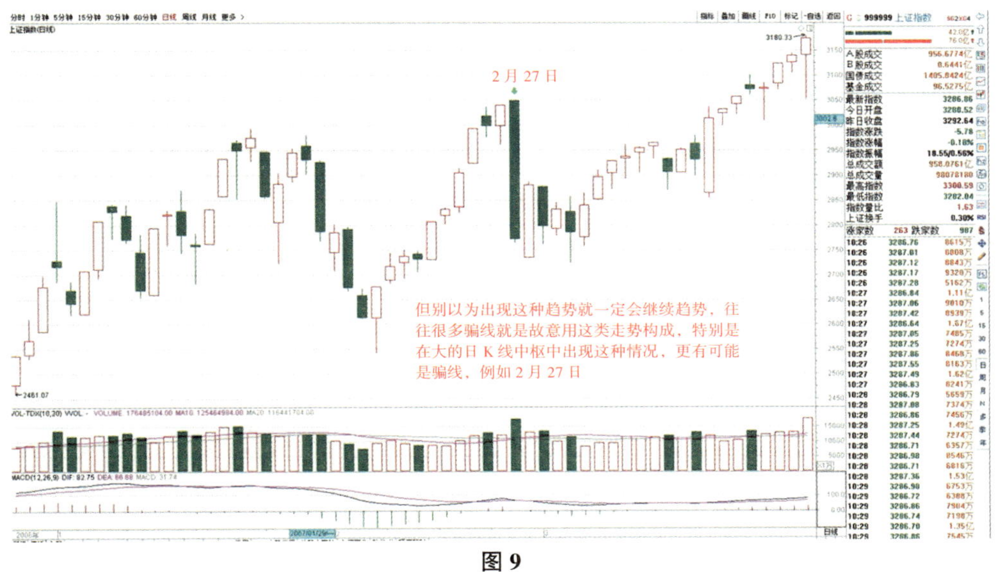

图 9

【扫地僧点评】

本课介绍了一个将日内走势按照中枢的数量进行分类的方法，用于辅助看盘。

教你炒股票47：一夜情行情分析[①]

一夜销魂多激情，高潮迭起久难平，桃运可遇不可求，艺高胆大不沽名。

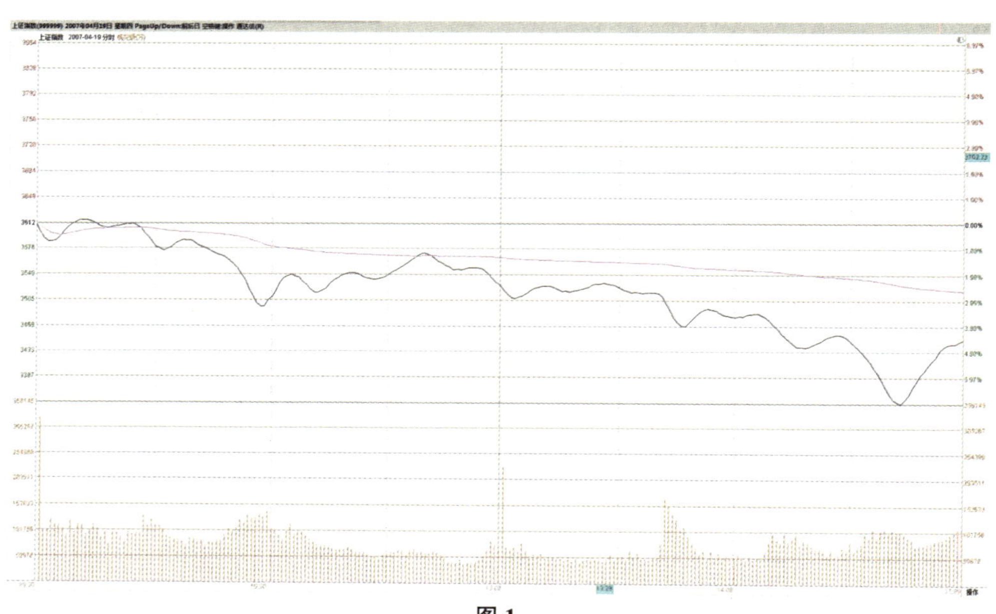

图1

一个很显然的道理，对市场了解越多，对走势的把握越精确。例如，昨天（2007年4月19日）的一夜情行情，跌破5日线后有一个反抽，在11：08刚好构成对前一天中枢的第三类卖点【扫地僧：如图2所示】，这就是最后的、被本ID理论所保障的离开机会。那么，后面走势，就完全与本ID的理论无关了，在一个下跌里，除了最后那一个位置，所有的卖出都是对的，但这和本ID的理论无关。这类似赌博，就赌不是最后的位置。当然，赌博也是一种方法，但这种把

① 原文来源：http：//blog.sina.com.cn/s/blog_486e105c010009wz.html，2007-04-20 08：51：58。

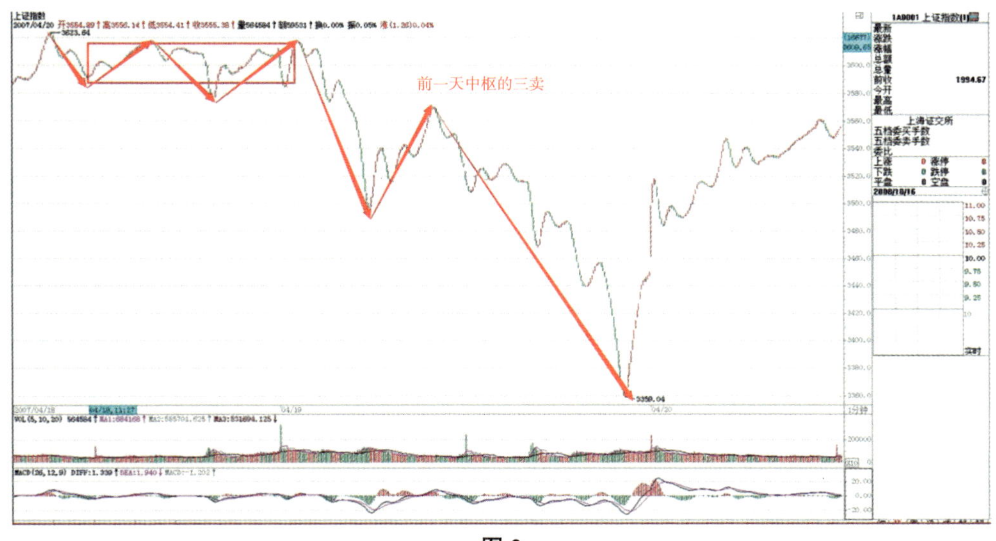

图 2

握，不在本 ID 的讨论范围内。

有人可能要问，就算跌破 5 日线，也可能很快就拉起来，确实，存在这种可能性，但市场是否选择这种可能性，就是当下的。如果很快拉起来，那自然会有一个符合本 ID 理论的买点出现，这只要市场自己去选择，既然已经卖出，就耐心等待。而其中，当然与分析的精确度有关，有些人分析不到位，回补早了，那很正常，技术更熟练的，当然应该享受更精确的买点【扫地僧：这就是每个人功夫高低的问题了，学而时习之，学了还要不断练习才会产生出自己的东西，否则就只能永远停留在理论上】。但节奏是重要的，站在小级别操作的角度，就算你补早了，也比没走傻看着强。补早了，以后应多总结经验，使自己的技术精度更高。

不过，必须强调的是，上面说的，都是针对资金比较小、操作级别比较小的情况。如果按日线级别操作，那这些震荡根本无须理会。如果真按日线操作，就应该从 1000 多点一直持有到现在，因为日线级别的卖点并没有出现，等出现再说。而用周线级别操作的大资金，那就更无所谓了。此外，这里只是以指数为代表说一种方法，个股在自己的图上是一样分析的。

其实，如果你对市场了解得更多些，就应该知道，这一夜情走势的当天低点，其实是很容易把握的。这就和上节课所说的当日走势分类有关。最后一个第三类卖点对 5 日线进行反抽出现在 11：08。前面 3 个 30 分钟 K 线，没有重叠

【扫地僧：如图 3 所示】。也就是说，下面走势显然不可能出现存在两个中枢的单边走势，三大类里，第二类是不可能出现了【扫地僧：虽然第 2、3、4 根 K 线有重合，但从 1 分钟图中可以知道，第 3 根 K 线就是第 2 根 K 线尾盘的反弹，还是属于同一个反弹走势，因此中枢不应该从第 2 根 K 线开始】。对于第一类，平衡市的走势，最好的情况只能是当日中枢在 11 点后那个 K 线范围内。至于出现第三类，也就是没中枢的走势，则意味着后面有巨大跌幅。而第三类卖点后面，至少都会出现一个次级别的跌势，也就是一个 1 分钟以下级别的向下走势必须完美。所以，站在纯理论推理的角度，可以 100%确定地安排后面可能的回补，也就是说，从 11：08 开始的向下走势至少要出现走势的完美。注意：这些分析，在 11：08 后马上可以给出，并不需要预测或事后编排，都是可以根据本 ID 理论严格分析出来的。

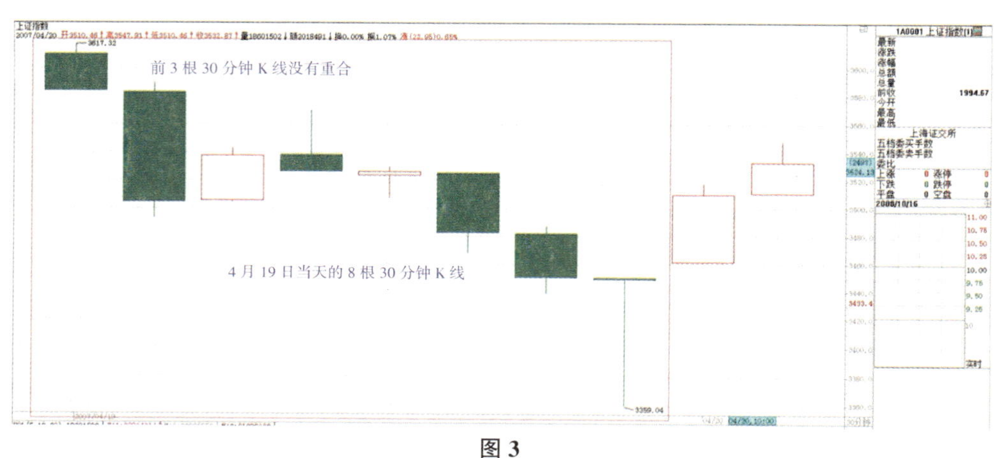

图 3

下午开盘后，13：30 就知道，第三类走势可能不存在了，因为当日一个连续 3 个 30 分钟 K 线的重合已经出现，即当日的中枢出现了。也就是说，13：30 市场已经自己做出了选择，市场不可能出现 2 月 27 日那天的无中枢下跌，最多就是一个弱的平衡市，因此，10：30~13：30 这个中枢【扫地僧：中枢如上面的分析，是由第 3、4、5 根 K 线重合部分构成的】，是最值得关注的。用中枢震荡的观点，需要比较的就是 10：30 前的下跌与 13：30 后的下跌。这时候，大盘还没有真正对该中枢破位，但已经可以 100%肯定地知道，一旦破位，需要去看什么而决定买卖点。用 MACD 辅助，显然 1 分钟图并不适合看，因为 10：30~13：30，这个 MACD 已经有绿柱子了，看起来费劲，可以选择更大级别的图

【扫地僧：这里是个技巧，如果在某个图中要用 MACD 比较中枢前后的走势，那么先看中枢区间内，MACD 有没有红绿柱切换，如果有，则不方便看，应切到高级别图中，如图 4 所示】，5 分钟的。在 5 分钟图上，10：30 前的下跌刚好构成一个绿柱面积，而 10：30~13：30 刚好出现回拉，所以黄白线没有明显到 0 轴，但红柱是有了，所以，用中枢震荡的看法，后面的下跌，出现的背驰不会是 5 分钟级别的，只能是 5 分钟以下级别的，甚至就是分笔级别的最小背驰，然后引发大幅度回拉该中枢附近。当然，如果是特小级别的背驰，并不一定有足够力度决定其一定能拉回该中枢。但由于该中枢的存在，其力度是可预期的【扫地僧：又是一个实战技巧，中枢对应的 MACD，如果黄白线回拉 0 轴，则用背驰的比较看法，否则就是中枢震荡的看法，如图 5 所示】。

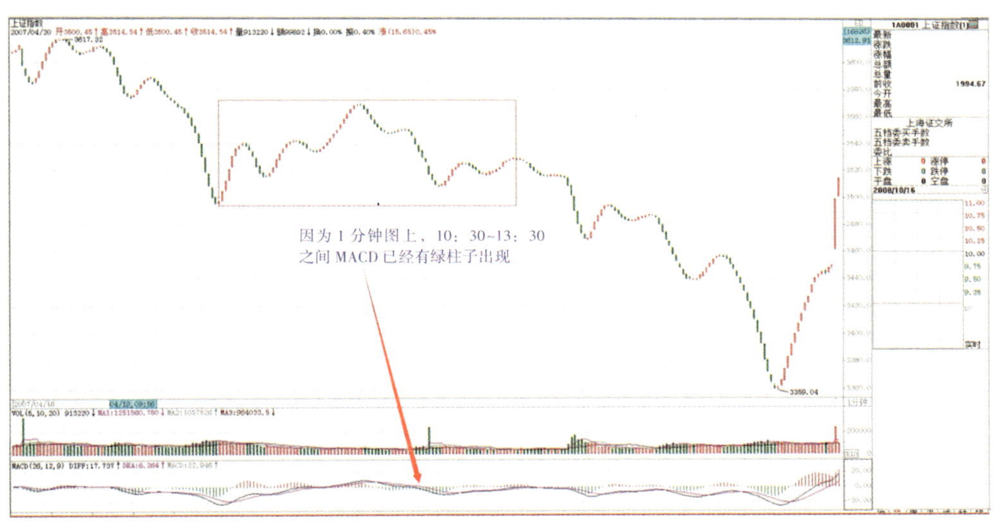

因为 1 分钟图上，10：30~13：30
之间 MACD 已经有绿柱子出现

图 4

上面的分析，在大盘 13：30 没真正继续破位前，可以 100%明确地给出，里面都是纯逻辑的推理，和任何预测无关。假设你已经在 11：08 的第三类卖点卖出，而且你又是小级别操作者，那你需要的就是回补，所以有了如上分析，你就可以耐心等待，看 5 分钟图去比较其力度了。而且，你应该知道，强力回拉，并不一定需要一个 1 分钟的背驰，在大幅度下跌后，一个分笔的背驰就足以引发盘中大幅回拉该中枢【扫地僧：这里是一个实战经验：在大幅下跌后，一个小级别的背驰如果发生在中枢之外，就足以引发大反弹】。特别是，由于 10：30 前下跌引发的反抽也是由一个分笔的背驰造成，一般来说，中枢震荡都有对称性【扫地

(扫码获取更多学习资料)

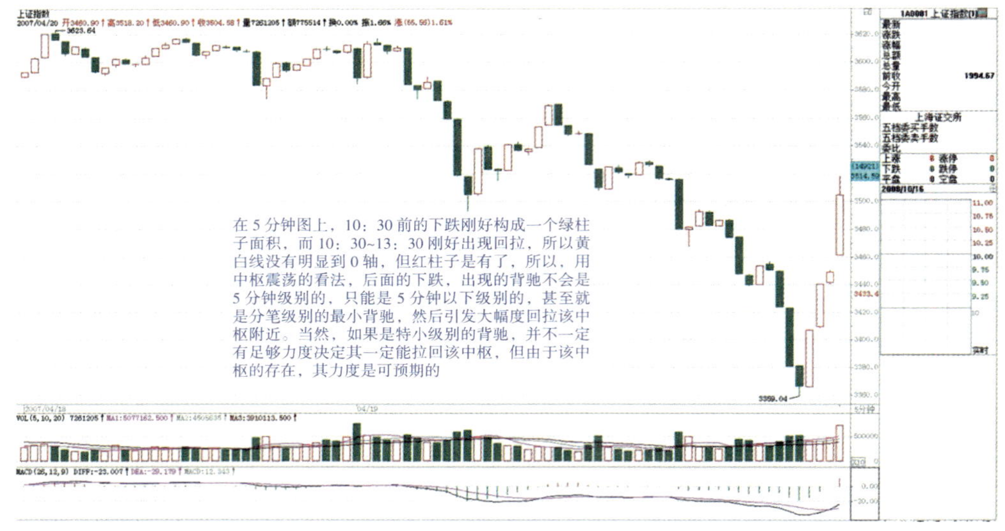
上证指数
在 5 分钟图上，10：30 前的下跌刚好构成一个绿柱子面积，而 10：30~13：30 刚好出现回拉，所以黄白线没有明显到 0 轴，但红柱子是有了，所以，用中枢震荡的看法，后面的下跌，出现的背驰不会是 5 分钟级别的，只能是 5 分钟以下级别的，甚至就是分笔级别的最小背驰，然后引发大幅度回拉该中枢附近。当然，如果是特小级别的背驰，并不一定有足够力度决定其一定能拉回该中枢，但由于该中枢的存在，其力度是可预期的
3623.64
3359.04

图 5

僧：再一个经验：中枢震荡具有对称性】，虽然不是绝对的，但已经足以让你不会忽视分笔背驰引发小级别转大级别的极大可能（分笔背驰，一般可以用 1 分钟 MACD 柱子的长度来辅助）。

在大盘进入再次下跌时，你已经有足够的准备去等待。而且，你可以很明确地知道，在跌破 10：30~13：30 的中枢后，首先会有一个小的第三类卖点出现。小的第三类卖点后，有两种演化的可能，一种是变成一个大一点级别的盘整，另一种是形成下跌，至少再有两段向下。对第一种情况，在盘整出现后，有足够的时间去选择介入，所以不用着急。而后面市场的真实选择，现在都很清楚了，就是第二种，在一个小的第三类卖点后，再出现两波下跌【扫地僧：说得简单点就是：一种是三卖后又回到了中枢内，发生了扩张；另一种是三卖后走趋势了，如图 6 所示】。

对于一个跌破中枢的下跌来说，第三类卖点后再来两波就可以随时完美。这个完美，由于该下跌是 1 分钟以下级别的，因此从该下跌的细部找不到根据 1 分钟背驰而确认的买点，只可能根据分笔背驰。根据预先知道的中枢震荡看法，唯一需要确认的是，13：30 后的下跌与 10：30 前下跌的力度比较。从 5 分钟 MACD 两柱子面积的比较可以看到【扫地僧：这里只比较面积，不比较黄白线和 MACD 高度，因为黄白线没有拉回 0 轴】，前者并不比后者的力度大，这一点，参考深圳成指的图更明显（见图 7）。所以，可以断言，13：30 开始的下跌，一

定会有强力回拉。

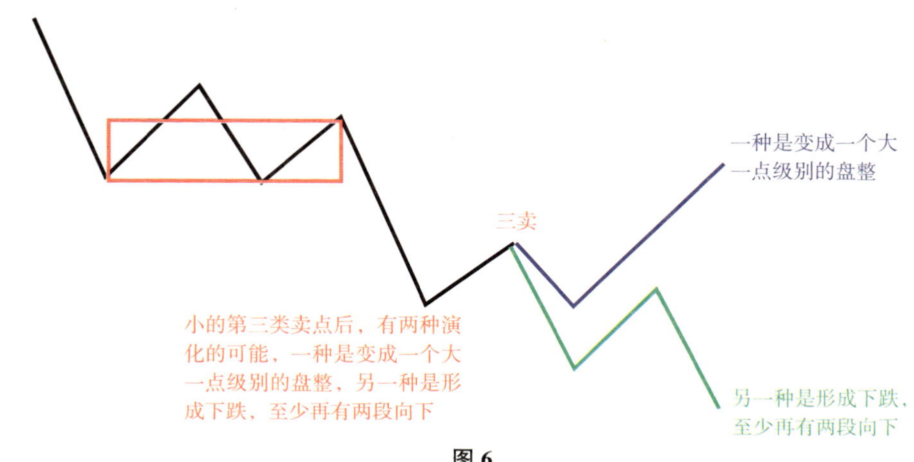
一种是变成一个大
一点级别的盘整
三卖
小的第三类卖点后，有两种演
化的可能，一种是变成一个大
一点级别的盘整，另一种是形
成下跌，至少再有两段向下
另一种是形成下跌，
至少再有两段向下

图 6

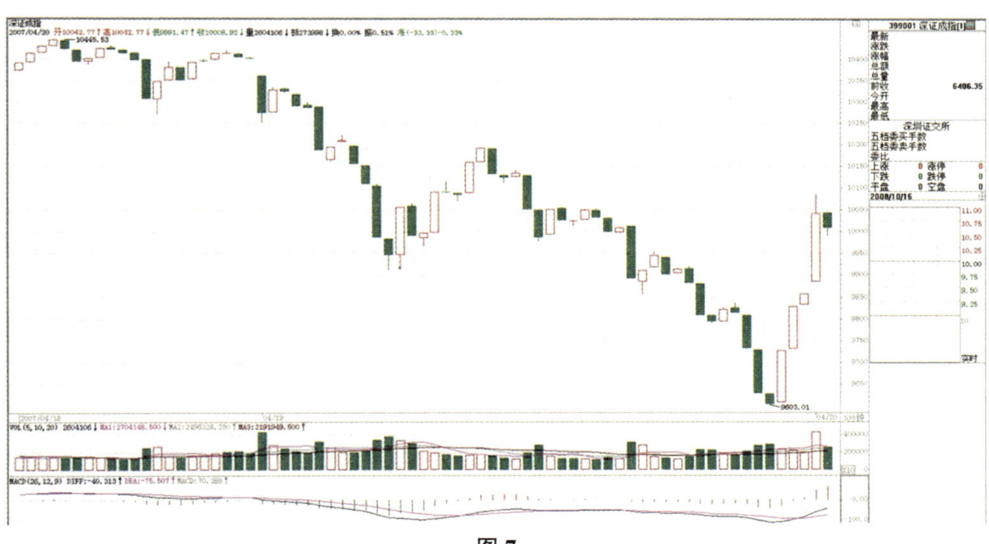

图 7

实际走势，在第二波的分笔背驰（看 1 分钟图 1443 的 MACD 柱子，该 K 线还是所谓的早晨之星）后【扫地僧：这里看 MACD 柱子，就是出现了价格新低，但 MACD 柱子没有新低的情况】，大盘出现大幅度回拉，这其实是理论 100%保证的事情。注意：并不是下跌的分笔背驰就一定存在大幅回拉，而是由这天的当日平衡市的走势类型的中枢位置与时间决定的。而且，反抽的最低位置也很清楚，即下跌最后一个反弹处，结果收盘也真的在该位置，这其实也是理论所

（扫码获取更多学习资料）

保证的。

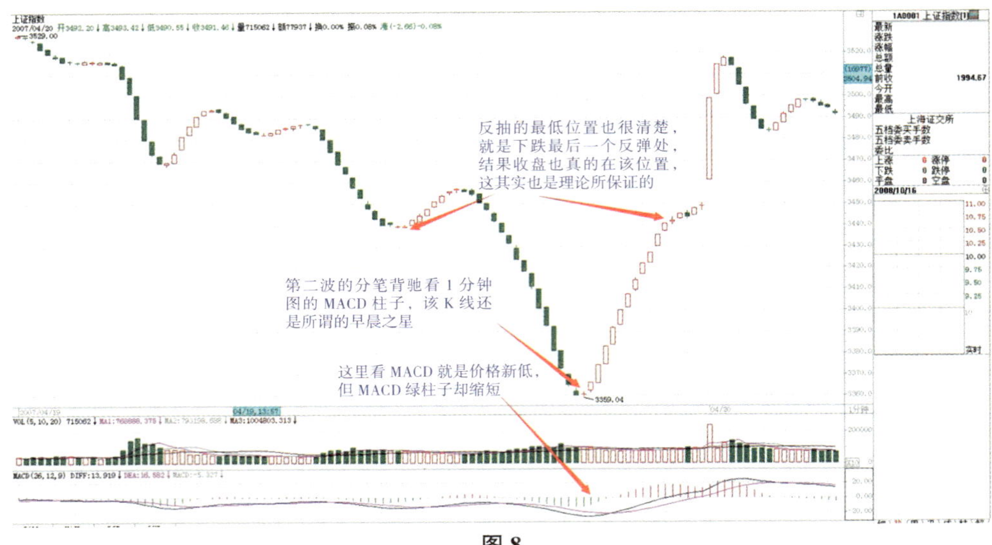
反抽的最低位置也很清楚，
就是下跌最后一个反弹处，
结果收盘也真的在该位置，
这其实也是理论所保证的
第二波的分笔背驰看 1 分钟
图的 MACD 柱子，该 K 线还
是所谓的早晨之星
这里看 MACD 就是价格新低，
但 MACD 绿柱子却缩短
3359.04

图 8

当然，如果你懂的东西更多点，对该最后位置的确定是可以很精确的。首先，日线的布林通道中轨和 20 日线都在 3351 点【扫地僧：如图 9 所示】，按一般的技术分析，这是一个强力支持位置，而实际低点在 3358 点。另外，在 1 分钟图上的下降通道下轨，也在该位置，几个因数相配合，该位置出现反抽就完全

日线的布林通道中轨和 20 日线都在 3351 点
4335.96
2691.27

图 9

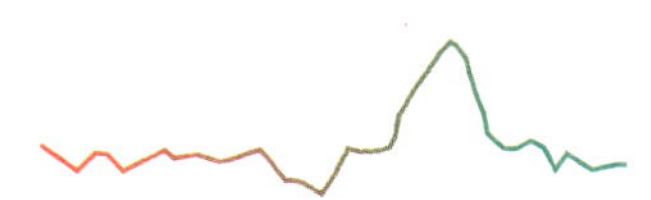

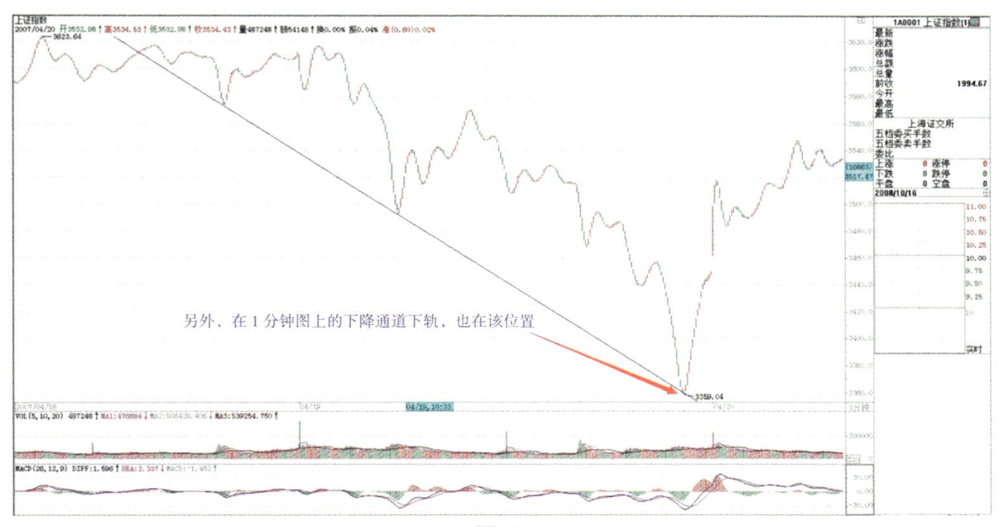

图 10

确定了。

后面的走势很简单，关键是中枢，由于分笔背驰只保证回抽到下跌最后一个反弹处，收盘已达到，而分笔背驰并不 100%支持对该中枢的完全回拉，所以理论上，依然完全存在继续跌出一个更大级别的背驰再回拉的可能，当然，也可以直接上去，这必须由市场选择。但无论哪种情况，该中枢都是一个新的中枢形成前的判断关键【扫地僧：新中枢形成前，分析所依靠的只能是当下的中枢】。而 4 月 20 日当天中枢的位置，决定了今后走势可能的演化。

以上，是一个分析的范本。这些分析，都是可以当下进行的，里面不涉及任何预测，市场当下的每一步走势，都相应给出分析的选择。对本 ID 理论熟悉的，其实 1 秒就可以把当下情况分析清楚，然后采取最正确的操作。但必须强调，这只是为了说明如何去分析，并不是鼓励所有人都去操作这种超级短线【扫地僧：这点一定要注意，并不是鼓励做超级短线，而是要能够熟练掌握理论，对当下的走势能够正确分析并做出相应的反应，虽然在讲 1 分钟图，甚至是段内、笔内该如何定位结束，但这只是为了讲方法，并不是说要用 1 分钟的笔、段来操作，且不说通道费用能否覆盖，就是由于有 T+1 的规则，也不可能用如此小的级别操作。所以不要误解，这里只是为了讲方法，而非鼓励超短线交易】。当然，如果你连这么精确的分析都能完成并指导自己的操作，那么那些大级别的操作就更没问题了。如果有 T+0，对于小资金来说，这些就是有绝对实战意义的事情，当然，在 T+1 的环境下，就算在 3358 点买的，在第二天，也有出不掉的风险。而如果是 T+0，那就不存在了，因为对于超级短线来说，回拉最后反弹位置就可以出来，然后看市场下一步的选择再选择下一个买点。再次强调，这只是为了说明理论，并不是说都要按这么小级别去操作，只不过大级别的分析是一样的，切记。

当然，如果你对当日走势的辅助判断有更深的了解，那么用当日对冲等方法来降低成本，也是可以做到的，但这只能在下节课继续了。有时间，可以去研究一下与大盘节奏不同个股的走势，感受一下大盘这外在因数对个股的影响如何，首先必须有个股的内在原因，例如，大盘的下跌反而使得某些股票构造出第二、第三类买点，而在中枢上移强力延伸的股票，甚至不搭理大盘。也可以去参考一下，那些随大盘下跌的股票，本来就存在卖点，大盘只是加大了卖点后向买点运动的幅度，但并不会改变卖点与买点的内在逻辑结构。明白了这一点，对本 ID 理论的理解会更深点【扫地僧：这里提供了一条思路，就是个股具有不同的结构时，大盘对其的影响是不同的，有时是共振加强，有时是反向的，但核心还是个股自己本身的结构】。

今天下午一收盘就有一个会议，收盘分析只能在晚上 9：30 写，抱歉。

附录

抓紧时间写两句，今天晚上有两拨事情，9：30 前回不来。

大盘今天的走势太正常不过了，今天，几乎就是一个无中枢的上扬走势，昨天已经说了，今天只要重新站稳 3520 点，就继续原来走势。今天前 1 小时就确认了这点，如果这种走势还害怕，那就是心态问题了。整天惊弓之鸟一样，怎么参与市场？

【扫地僧：这是 4 月 20 日当天的 1 分钟图，基本就是全天震荡上涨】

当然，为了让稍微中线点的人安心点，就看 5 周均线，这线不破，稍微中线点的人基本可以不看盘。当然，短线还应确认 5 日线的重新站稳，这是下周的主要任务，站不稳，还继续震荡，对于短线，只要看好 5 日线就可以。

当然，技术好点的，可以继续用中枢震荡的方法看大盘走势。马上要开会了，就不多说了，请把本文好好研究一下，方法是一样的。

周末腐败快乐。

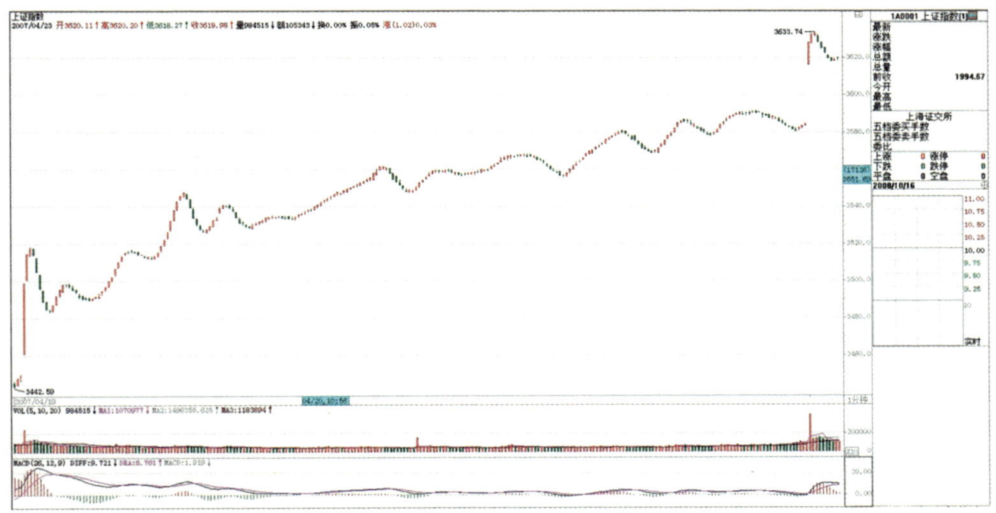

图 11

【扫地僧点评】

本课拿 2007 年 4 月 19 日当天的暴跌走势作为案例，讲述了如何利用缠论分析以及操作，虽然是一个超短线操作，但原理和中线长线是一样的。

教你炒股票48：暴跌，牛市行情的一夜情[①]

> 一日暴跌不可怕，要看牛二或熊大，如若牛二叫得欢，降低成本节奏踏。

前面在每天的行情分析中，曾不客气地说道，对于空头日夜盼望的暴跌，其实永远与空头无关，因为真跌了，空头就只会口头上快感一下，心理上满足一下，但人的思维惯性，使得空头永远没机会在他们满意的地方获得满意的筹码【扫地僧：出现暴跌时，人往往还会认为有更低的位置，这个思维惯性归根结底就是贪念】。暴跌，对于牛市行情来说，就如同一夜情，猛烈而刺激，但实质上，一夜情就是一夜情，过后该干什么还是干什么。

就如同性能量的积聚，牛市调整能力的积聚，也需要宣泄。这种宣泄，与熊市最大的不同，就是“419”化。“419”，总是猛烈而疯狂，否则就没必要“419”了。牛市中的调整也一样，来就狂风暴雨，这和熊市中的大反弹是一样的。最出名的熊市大反弹，大概就是停国债期货那次，3 天时间，指数从 550 点不到翻上 920 点上，结果，后面依然继续下跌回来【扫地僧：如图 1 所示】。而牛市中的暴跌，最出名的算是 1996 年 12 月那次，由于政策打击，连续跌停下来，从 1250 点上几天跌到 850 点附近，结果依然继续上涨【扫地僧：见图 2】。所有真正的大顶，都是反复冲击出来的，有足够的时间让你去反应判断，那种 V 形顶，在大型走势中基本不会构成真正的顶部，就如同一夜情最后天长地久的机会基本为 0【扫地僧：能量的耗尽不会是突然的，因为人的群体观念的转变也不是突然的，必然是多次上冲，最后发现真冲不上了，这个整体观念才会改变】。所以，那些天天希望暴跌的人，就如同天天期望一夜情的人一样，都有着滥交的潜意识倾向，滥交之人，最终都会被废掉，不会有好结果的。

---

① 原文来源：http：//blog.sina.com.cn/s/blog_486e105c01000a1n.html，2007-04-24 08：52：02。

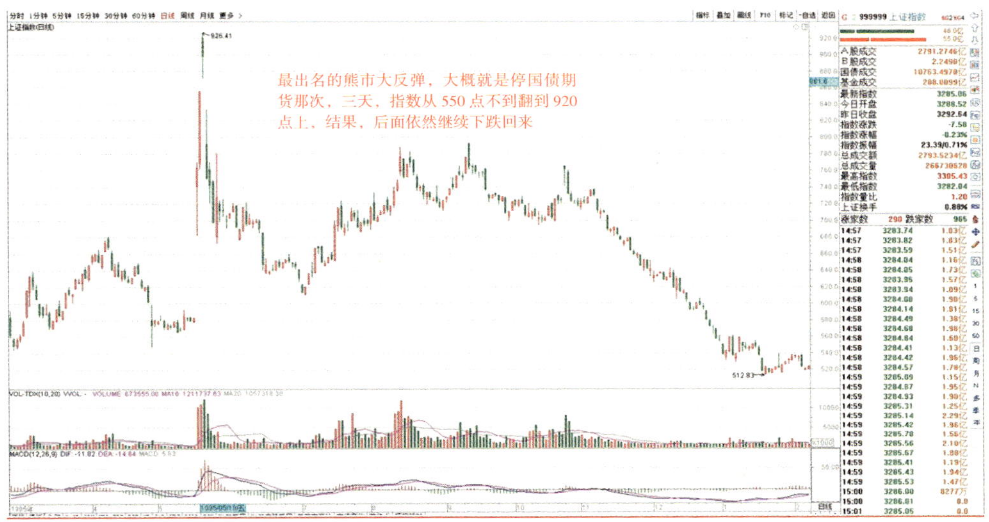
最出名的熊市大反弹，大概就是停国债期货那次，三天，指数从 550 点不到翻到 920 点上，结果，后面依然继续下跌回来
926.41
512.83

图 1

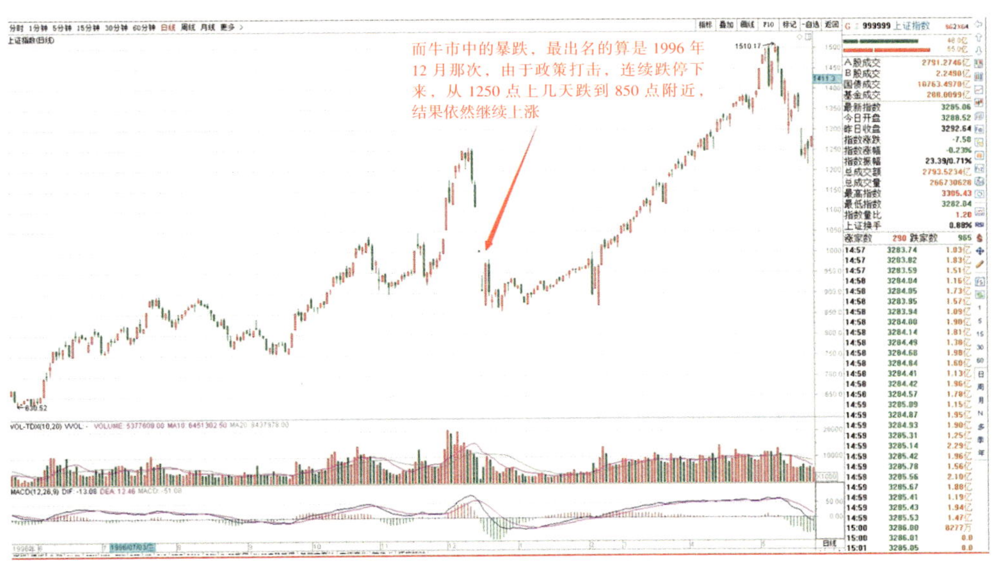
而牛市中的暴跌，最出名的算是 1996 年 12 月那次，由于政策打击，连续跌停下来，从 1250 点上几天跌到 850 点附近，结果依然继续上涨
1510.17

图 2

(扫码获取更多学习资料)

1993 年的顶，下跌得也不顺
畅，后面还有一大波反弹

图 3

2001 年的大顶，也是反复冲击出来的

图 4

图 5

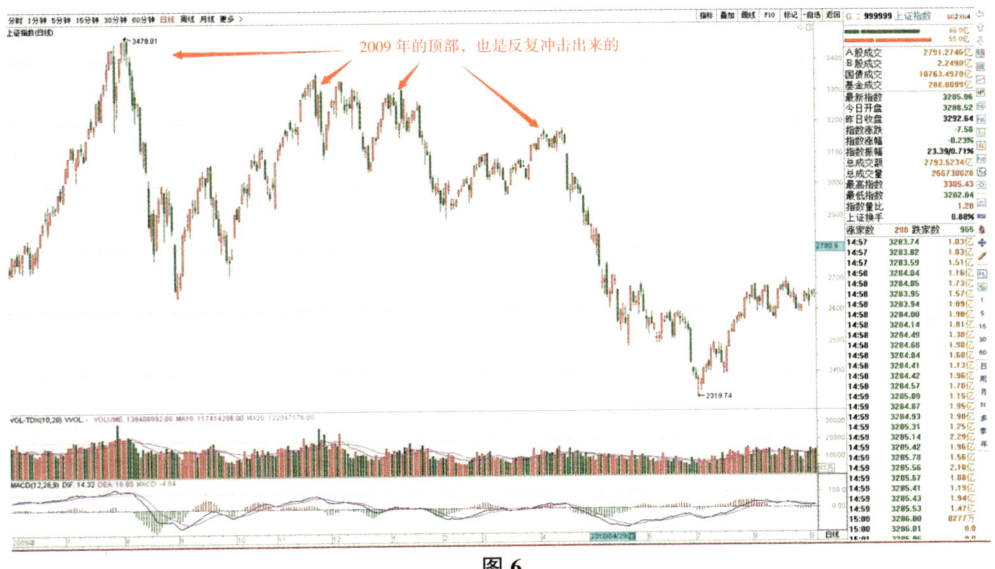

图 6

(扫码获取更多学习资料)

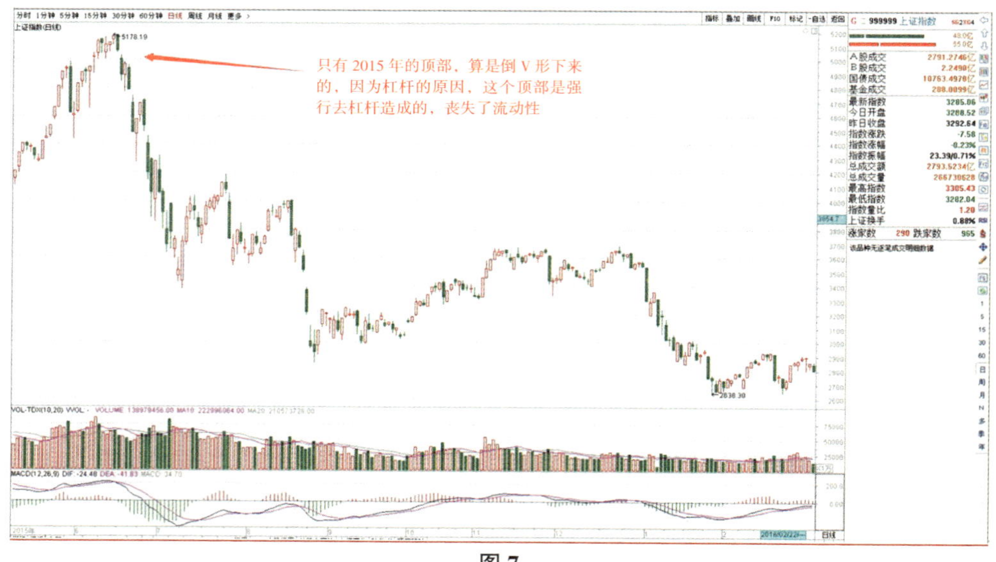
5178.19
只有 2015 年的顶部，算是倒 V 形下来的，因为杠杆的原因，这个顶部是强行去杠杆造成的，丧失了流动性
2638.30

图 7

有一种对风险的错误观点，仿佛股价、市盈率高了风险才大，股价、市盈率低了风险就小了，却不知道股价、市盈率都是些变动的因数，并没有任何绝对的意义【扫地僧：这一点价值投资者肯定不认同，但说实话，价值投资者的信仰归根结底也是赌，赌企业的成长，赌行业的向好。那么赌也是艺术，也很难复制，世上也只有一个巴菲特】。本 ID 曾多次强调，风险对于市场是绝对的，任何时候都在风险之中，如果你对本 ID 的理论有所理解，那么，不仅能让风险在操作级别的绝对控制之中，而且还能利用风险降低成本。无风险是可以创造出来的，0 成本就是绝对的无风险。如果不理解，那么最简单均线系统就可以控制住风险。

但站在社会财富增长的绝对性上，最大的风险就是你的财富增长赶不上社会平均财富的增长，站在资本市场这个子系统，道理是一样的。因此，在一个大牛市中，筹码的积累甚至更重要。一个大的上涨，3 元有 1 万股，到 4 元只有 1000 股，后来到了 30 元，一股没有，这就是最大的风险，因为市场的上涨并没有为你制造应该的总体利润，你的筹码丧失了，没有筹码，在市场中就没有盈利的准入证，在没有做空机制的市场中，做空最后还是为了做多【扫地僧：直到现在，虽然我们有了股指期货和上证 50 期权，但股指因为股灾的原因被废掉，期权也只是个试验品，现在的 A 股还是没有健全的做空机制】，除非你永远退出市场，特别在牛市行情依然的情况下，这点更重要了。没有筹码，用嘴是不能盈利的。

最好的情况，当然就是前面所说的，在成本为 0 前不断降低成本，在成本为 0 后不断挣筹码，这样股价越上涨，你的筹码越多，你的真正市值才会越来越大。有人问本 ID，你以后怎么出货，本 ID 反问，为什么要出货？每一次震荡，都成了本 ID 降低成本、增加筹码的机会，知道最高的境界是什么吗？就是等大牛市真正结束那天，你拥有股票的数量最多而成本是 0，然后……（后面删去 419 字）【扫地僧：在大牛市结束时，还是要全部卖掉】。市场从来不是慈善场所，要战胜市场，必须有正确的大思路与总体的方法。

正确对待震荡、调整，显然，在大盘中短线能量耗尽后，大盘会出现大规模的调整，如果说 2 月 27 日、4 月 19 日都是在日线上一夜情，那么在周线上、月线上、季线上甚至年线上出现一夜情的可能性在这长达至少 20 年以上的大牛市中，都是绝对存在的。但这绝不是空头用嘴欢呼的借口，而是真正操作者降低成本、增加筹码的大好时机。当然，操作的精确度是一个技术问题，技术高的人，能把成本降得更低，筹码增得更多，这是绝对正常的事情，技术高的就该有更好的收益，这是天经地义的。但精确度可以用市场磨炼达到，而思路、方法的错误，则是不可救药的，这才是问题的根源。

站在纯技术的角度，把握一夜情的级别很重要。一个日线上的一夜情与一个年线上的一夜情，显然力度上不一样。在这次从 2005 年中开始的大牛市行情中，至今为止，本质上，在周线上都没有出现过一夜情的暴跌，周线上两次大的调整，周跌幅都是 7%，还赶不上 2 月 27 日一夜情，月线上更是连一次真正有意义的下跌都没有。但为什么这么多人，天天依然如惊弓之鸟一般？

如果你把握不住日线的一夜情，证明你的技术程度达不到把握日线一夜情的程度，那么就去把握周线、月线的，那对技术精确的要求要低。给自己安排一些力所能及的活动【扫地僧：一定要对自己有充分的认识和了解，不要干力所不能及的事情】，一夜情也是有级别的，能否在各级别的一夜情中游刃有余，是对你技术把握度的考验。

事情往往相通，无论技术还是其他，精度都是练出来的。今晚，是否也要“419”一把？

附录

今天大盘在昨天的一个小中枢 3688~3692 点受到支持，下午的 5 分钟盘整顶背驰，应该不难把握。

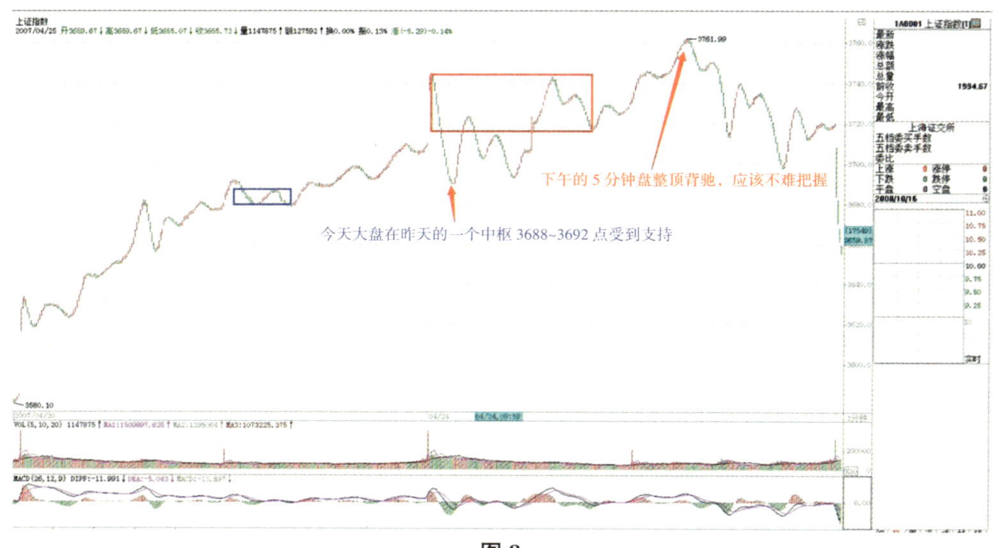
上证指数
3761.99
3580.10
下午的 5 分钟盘整顶背驰，应该不难把握
今天大盘在昨天的一个中枢 3688~3692 点受到支持

图 8

可知，每天的当日走势，还是有一定技术意义的。今天，一个平衡市，收得一般，由于 5 日线明天就上来了，所以关键还是 5 日线，站稳就寻机上攻，否则就要受到昨天缺口的吸引。

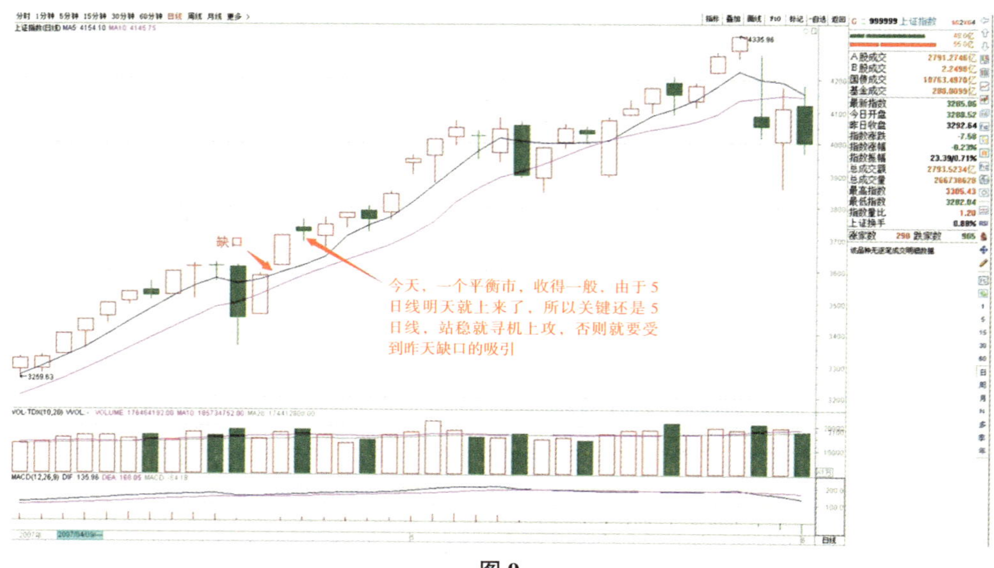
4335.96
3259.63
缺口
今天，一个平衡市，收得一般，由于 5 日线明天就上来了，所以关键还是 5 日线，站稳就寻机上攻，否则就要受到昨天缺口的吸引

图 9

今天这种平衡市却是巨量的走势，关键要有效向上突破今天的中枢，否则大幅震荡不可避免。今后两天走势十分关键。睁大眼睛看好明后两天的走势，否则3688~3692 点小中枢不能有效被跌破。

目前就是前面本 ID 所说，二线拉开空间，三线补上来的走势，但这种走势，必须有一个转换，使得成份股能重新启动，否则震荡也是难免。目前走势，不要随意换股，该换的早该换了，否则 T+1 节奏一错就会大乱【扫地僧：说明换股最好是中线的，中线持有，短线做短差】。如果是短线的，就要注意今天中枢最后的演化方向来决定进出，中线的就无所谓了，看 5 周均线。

今天很忙，马上有事情要谈，晚上 9：00 再上来回答问题。

先下，再见。

【扫地僧点评】

连续两课讲 4 月 19 日的暴跌，最主要的是要告诉我们：①市场的趋势不会被短期的暴跌所改变；②无论市场怎样，按照买卖点来就是最好的风控。

教你炒股票49：利润率最大的操作模式①

利润最大双模式，提款犹如吸血蛭，模一吸干每滴血，模二临幸不隔日。

本周就不解《论语》了，并不是本ID不想写，而是五一长假，对那些希望多学点本ID理论的人，是一个好的机会，本ID多写这方面的，给有需要的多准备点，毕竟，这对于大多数人来说更迫切。前面说了那么多情况，从实用角度，为了厘清实际操作中的基本思路，先穿插这堂课【扫地僧：注意，这堂课比较实用，目的是厘清实际操作中的基本思路】。

一个人，拿着本来想去"419"的钱准备入市，那么，首先要明确，自己要按什么级别操作，这个问题，前面已经反复说过了，不妨假设这级别是30分钟。那么，进到市场，打开走势图，首先要找什么？就是找当下之前最后一个30分钟中枢。这其实对任何新进的股票，道理是一样的。例如，你出了某只股票，重新选择一只新的，那就会面对相同的情况【扫地僧：因为实际操作就是关注买卖点，第一类买卖点是中枢之后的背驰产生，第二类买卖点是一类买卖点之后的反向走势结束，和第一类买卖点有关，而第三类买卖点是离开中枢后次级别回调不回中枢，因此三类买卖点都和中枢有关系，那么打开走势图，自然首先找中枢】。

显然，这将会出现三种情况：①当下在该中枢之中；②当下在该中枢之下；③当下在该中枢之上。注意：这最后的30分钟中枢，是一定可以马上确认的，无须任何预测，当然，前提是你首先要把本ID前面说的理论学好，如果连中枢都分不清楚，那就没办法了【扫地僧：如何确定中枢级别，在缠论实战干货系列中有介绍，可在公众号里查找】。

第一种情况，显然，这中枢在延伸中，而后两种情况，分别可以用第三类买卖点分为两小类。对于第二种，有当下之前未出现该中枢第三类卖点以及当下之

① 原文来源：http://blog.sina.com.cn/s/blog_486e105c01000a52.html，2007-04-26 08:16:56。

前已出现该中枢第三类卖点（正出现也包括在这种情况下，按最严格的定义，这最精确的卖点，是瞬间完成的，而具有操作意义的第三类卖点，其实是一个包含该最精确卖点的足够小区间）。对于第三种，类似有当下之前未出现该中枢第三类买点以及当下之前已出现该中枢第三类买点。

对于第一大类，因为在中枢里，由于这时候怎么演化都是对的，不操作是最好的操作，等待其演化成第二、第三类。当然，如果你技术好点，可以判断出次级别的第二类买点，这些买点很多情况下都是在中枢中出现的，也是可以参与的【扫地僧：就是这个30F走势的第二类买点，大部分情况这个第二类买点是构成第一个中枢的第一个次级别走势】。但如果没有这种技术，那就等有了再说。只把握你自己当下技术水平能把握的机会，这才是最重要的【扫地僧：当前价格在中枢内时，最好的操作就是等待，等第三类买卖点出现】。

对于第二种第一类【扫地僧：第一类是未出现第三类卖点】，由于中枢震荡依旧，因此，先找出该中枢前面震荡的某段，与之用类似背驰比较力度的方法，用MACD辅助判断，找出向下离开中枢的当下该段走势，看成背驰判断里的背驰段，然后根据该段走势的次级别走势逐步按区间套的办法确定尽量精确的买点。注意：用来比较的某段，最标准的情况是前面最近向下的【扫地僧：还记得前面的同级别分解操作里的Ai与Ai+2的比较吗?】，一般情况下，中枢震荡都是逐步收敛的，这样，如果继续是中枢震荡，则后面的向下离开力度一定比前一个小。当然，还有些特殊的中枢震荡，会出现扩张的情况，就是比前一个的力度还要大，但这并不必然一定会破坏中枢震荡，最终形成第三类卖点，这个问题比较复杂，在后面谈论中枢的各种图形形状时，才能详细说明。一般来说，这种情况，用各种图形分解与盘整背驰的方法就可以完全解决【扫地僧：扩张的情况大部分到最后还是要有收敛出现，从本质上，中枢就是代表分歧，多空力量的博弈，这个博弈大多数最终会趋于一种平衡，大多数的中枢是逐步收敛，道理就在此】。

对于第二种第二类，由于该中枢已经结束，那就去分析包含该第三类卖点的次级别走势类型的完成，用背驰的方法确定买点【扫地僧：就是去抓三卖后，那个次级别下跌的走势的买点】。当然，还有更干脆的办法，就是不参与这种走势，因为此后只能是形成一个新的下跌中枢或者演化成一个更大级别的中枢，则完全可以等待这些完成后，再根据当时的走势决定介入时机。这样，可能会错过一些大的反弹，但没必要参与操作级别及以上级别的下跌以及超过操作级别的盘整，这种习惯，必须养成【扫地僧：这也提供了一个选股思路：大级别不是处于下跌走势中】。

(扫码获取更多学习资料)

对于第三种第一类，这时候不存在合适的买点，等待。对于第三种第二类，如果离该买点的形成与位置不远，可以介入，但最好是刚形成时介入，若一旦从该买点开始已出现次级别走势的完成并形成盘整顶背驰，后面就必须等待【扫地僧：如图 1 所示】，因为后面将是一个大级别盘整的形成，按照上面的习惯，可以不参与的，等待该盘整结束再说。当然，如果整个市场都找不到值得介入的，而又希望操作，那么可以根据这些大点级别的中枢震荡操作，这样可以获得安全的收益。

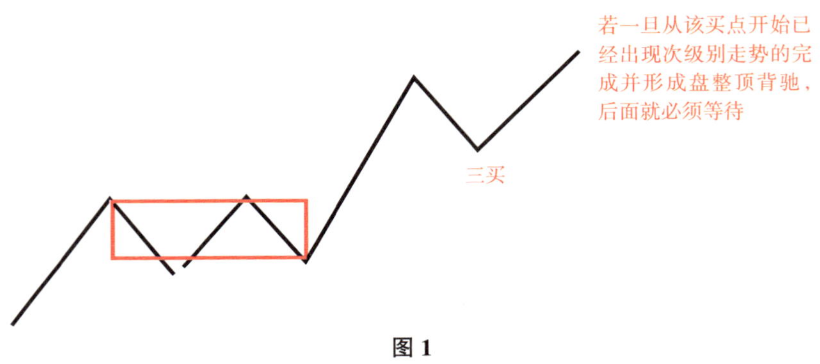
若一旦从该买点开始已
经出现次级别走势的完
成并形成盘整顶背驰，
后面就必须等待
三买

图 1

上面已经把一个固定操作级别的可能操作情况进行了完全分类与相应分析，显然，对于一个中枢来说，最有价值的买点就是其第三类买点以及中枢向下震荡力度出现背驰的买点【扫地僧：注意，并不是说第一、二类买点没价值，而是对于一个中枢而言，最有价值的是第三类买点和中枢震荡买点】。前者，最坏的情况就是出现更大级别的中枢，这可以用其后走势是否出现盘整背驰来决定是否卖出，一旦不出现这种情况，就意味着一个向上走势会形成新中枢的过程，这种过程当然是最能获利的。至于后面一种，就是围绕中枢震荡差价的过程，这是降低成本、增加筹码的。

注意：很多人不知道如何操作差价，似乎所有机会都可以去操作。但如果从最严格的机械化操作意义上说，那么只有围绕操作级别中枢震荡的差价才是最安全的，因为肯定能做出来，而且绝对不会丢失筹码【扫地僧：在操作级别的中枢震荡时做差价，除此之外的差价本质上要么升级别、要么降级别】。在成本为 0 后的挣筹码操作中道理是一样的。也就是说，在确定了买卖级别后，那种中枢完成后的向上移动时的差价是不能做的，中枢向上移动时，应该满仓，这才是最正确的仓位。而在围绕中枢差价时，在中枢上方仓位减少，在中枢下方仓位增加。

注意：前提是中枢震荡依旧，一旦出现第三类卖点，就不能回补了，用中枢震荡力度判断的方法，完全可以避开其后可能出现的第三类卖点的震荡。

那么，如果这个中枢完成的向上移动出现背驰，就要把所有筹码抛出，因为这个级别的走势类型完成，要等待下一个买点了。如果不背驰，就意味着有一个新中枢的形成。注意：小级别转大级别其实并不复杂，一样可以看成一个新中枢，只是该中枢有可能和前面的重合，而趋势中是不可能出现的。该中枢可以继续用中枢震荡的方法做短差，然后再继续中枢完成向上移动，直到移动出现背驰。

其实，可以用严格的方法证明。

缠中说禅第一利润最大定理：对于任何固定交易品种，在确定的操作级别下，以上缠中说禅操作模式的利润率最大。

该模式的关键是只参与确定操作级别的盘整与上涨，对盘整用中枢震荡方法处理，保证成本降低以及筹码不丢失（成本为0后是筹码增加，当然，对于小级别的操作，不会出现成本为0的情况），在中枢第三类买点后持股直到新中枢出现继续中枢震荡操作，中途不参与短差。最后，在中枢完成的向上移动出现背驰后抛出所有筹码，完成一次该级别的买卖操作，等待下一个买点出现【扫地僧：补充一点，有的走势是没有背驰段，上去之后第二个中枢震荡后，直接出三卖然后转折，但这种情况也没有问题，因为在中枢震荡操作时，出三卖之前的那个下跌一般不会回补，即使那里回补了，也可以在三卖的时候出掉，所以也没有漏洞。此外，这种模式的操作有一个前提，那就是级别不能小，否则中枢震荡操作时，由于T+1的原因，会走不掉】。

这里必须注意，中枢震荡中出现的类似盘整背驰的走势段，与中枢完成的向上移动出现的背驰段不同，两者分别在第三类买点的前后，在出现第三类买点之前，中枢未被破坏，当然有所谓的中枢震荡，其后，中枢已经完成就无所谓中枢震荡了，所以这个问题必须弄清楚，是有严格区分的，不能搞糊涂了【扫地僧：中枢震荡与背驰段的严格区别，就是离开中枢的走势是否包含第三类买卖点，如果不包含，那就是中枢震荡，如果包含了，那就是背驰段，并非所有离开中枢的走势都是背驰段。那么在比较时的区别就在于，背驰段比的是中枢两端的趋势，而中枢震荡比较的可以是最近同向的次级别走势，也就是比较Ai与Ai+2，具体的比较方法请看“教你炒股票24：MACD对背驰的辅助判断”】。

还有，在中枢震荡中，本质上应该全仓操作，也就是在中枢上方全部抛出筹码，在下方如数接回，当然，这需要高的技术精度，如果对中枢震荡判断错误了，就有可能抛错了。所以对此不熟练的，可以不全仓操作。但这里有一个风

险，就是中枢震荡后，不一定就能出现第三类买点，可以直接出现第三类卖点就下跌，这在理论与实际中都是完全允许的。这样，如果在中枢震荡上方没完全走掉，那有部分筹码就可能需要在第三类卖点处走，从而影响总体利润。如果完全按照以上缠中说禅操作模式，就不存在这个问题了。至于能否达到这缠中说禅操作模式的要求，是技术精度的问题，是需要在实际中磨炼的问题【扫地僧：理论的要求可以看作是努力的目标，但一定不要一上来就给自己定下高的标准，很容易打击积极性，也不要拿这个标准去要求别人，实际的精度，只能是每个人自己磨炼的结果，没有什么可比性，如果要比，也是自己与自己的过去比】。

当然，有一种磨炼方式是可行的，就是宁愿抛错了，也要严格按方法操作，毕竟就算你的技术判断能力为 0，抛错的概率也就是 50%，后面还有一个第三类买点可以让你重新买入，如果抛对了，那可能每次的差价就是 10%以上。别小看这中枢震荡的力量，中枢震荡弄好了，比所谓的黑马来钱快而且安全，可操作的频率高，实际能产生的利润更大【扫地僧：因为盘整和趋势在整个走势中的比例基本都在 2：1 以上，也就是说市场大部分的时间是在做盘整，做中枢震荡，因此如果能够把中枢震荡做好了，利润自然不比趋势差】。

以上的方法是对固定操作品种来说的，也就是不换股。还有一种更激进的操作方法，就是不断换股，也就是不参与中枢震荡，只在第三类买点买入，一旦形成新中枢就退出。例如，操作级别是 30 分钟，那么中枢完成向上时一旦出现一个 5 分钟向下级别后下一个向上的 5 分钟级别走势不能创新高或出现背驰或盘整背驰，那么一定要抛出，为什么？因为后面一定会出现一个新的 30 分钟中枢，用这种方法，往往会抛在该级别向上走势的最高点区间。当然，实际上能否达到，那是技术精度的问题，是需要操作多了才能做好的。

其实，同样可以用严格的方法证明。

缠中说禅第二利润最大定理：在不同交易品种交易中，在确定的操作级别下，以上激进的缠中说禅操作模式的利润率最大。

注意：并不是说第二定理就比第一定理更牛更有意义，这里所说的利润率，是指每次操作的平均利润/需要占用资金的平均时间，但真正能产生的总体利润，还与操作的频率有关，第二定理虽然激进，但也需要有激进的市场机会，如果市场上没有可操作级别的第三类买点，那也只能干等，而第一定理不需要这么严格的市场条件，基本上，除了最恶劣的连续单边下跌、连大点的中枢都没有的，都可操作，所以在实际操作中，两者不能偏废【扫地僧：很多学缠者都向往这种模式，认为每天换股，每天都有拉升，多爽的一件事！但是，这里缠师已经说了前

提条件，那就是需要有激进的市场机会，在市场不好时，第三类买点的机会非常非常少，甚至没有。因此，第一种模式其实更适合大部分人，只不过由于人的喜新厌旧，以及乐于表现等心理因素，使得内心还是向往第二种模式，所以一定要清楚这两种模式的优缺点，不可盲目】。

显然，对于大资金，以上的方法需要有特殊的处理，资金越大，利润率显然越低，因为很多级别的操作不可能全仓参与，会影响资金的总体利用率。一般来说，小资金增长可以极为迅速，用本ID的方法，无论牛市熊市，最笨的人，完全随机挑股票，完全找不到所谓的黑马，每年保持200%以上利润一点问题都没有。如果你技术精度高，即使在熊市里，每年有500%的增长，也是不难的。因为熊市里中枢震荡的机会反而多，而且大反弹，本质上也就是大级别中枢震荡的机会不少，处理好了，并不比牛市赚钱慢【扫地僧：这里缠师的标准要求得比较高，大部分人能达到200%就已经不得了了，何况还是部分牛熊市，这里就当做激励自己的目标好了。还是那句话，收益率是靠自己的磨炼出来的，不和别人比，重要的是比自己以前有所进步】。但这种增长只能维持几年，一旦资金大到一定程度，就会遇到资金增长瓶颈。如何突破该瓶颈，这是另一个问题，以后会说到。

附录

大盘今天又是一个典型的平衡市，高低都在前三根30分钟K线出现，这种走势的处理很简单，就不多说了。明天只要能站稳3745点，就继续向上发展，现在这种5日线都不破的走势，确实没有什么可说的。

说实话，本ID现在就想放假了，交易所也够“混”的，下周一还单独开一天，这样周线上就有一个量特别小，看起来一点都不美观，还不如明天结束，7日开盘。你说你还开盘，本ID又不能离开，免得被人捣乱，大概很多人都有这种想法，简直无聊透了。

今天有空，可以研究一下上面的文章，真掌握了，就算初步有点结果了。本ID马上要去中关村谈件VC方面的事情，约好16：00，不能不走，晚上回来回答问题。

晚上9：00再见。

(扫码获取更多学习资料)

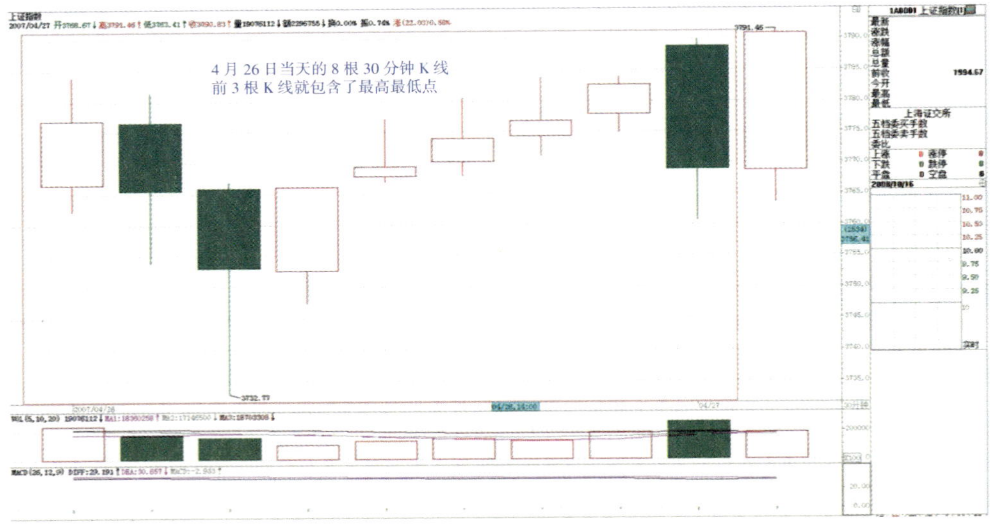

图 2

【扫地僧点评】

这节课讲了两个用缠论实战操作的模式，重点是第一个模式，也是最实用最适合的模式。

教你炒股票50：操作中的一些细节问题[①]

学习理论树信念，历史分析方法练，循序渐进再模拟，最后一步是实战。

五一前都说股票了，五一后再恢复正常，继续解《论语》还有诸如“419”、体液之类的东西。今天说点实际的问题，因为，任何理论最终都要落实到操作上。而操作中一些细节问题，是必须要搞清楚的。

首先，你无论如何都应该能看到走势图，至于最小只能看到1分钟还是分笔图，甚至连5分钟都看不到，这些问题都不是太大。其次，只要是正常的软件，没有不能看MACD的，有一个很重要的问题，很多人搞不清楚，就是如何选择看几分钟的MACD。必须明白一个道理，就是MACD的计算方法决定了，1分钟的和30分钟的MACD之间并没有实质的区别，只是计算的周期不同而已，而相应的计算是线性的，只是稍微灵敏与迟钝的区别，没有太大的区别【扫地僧：完全可以通过修改参数，使得1分钟图上的MACD与30分钟图上的MACD一样】。问题的关键是，MACD只是力度比较的辅助，因此，事先定好比较哪两段走势，然后选择看是1分钟的还是30分钟的MACD更适宜辅助判断（关系到灵敏度）【扫地僧：先确定哪两段走势需要比较，这是前提，也是最重要的，比较的对象搞错了，什么MACD都没用】。例如，两段走势，在1分钟上形成很复杂的MACD柱子和黄白线变化，而在30分钟上是很明显的两个柱子面积以及标准的黄白线变化，那当然选择用30分钟看。虽然由于MACD与K线价格相关，所以一般情况下，30分钟级别的走势变化，经常对应在30分钟的MACD上，但这不能因此而改变先根据中枢与走势运动的分析，然后选出需要比较力度的走势段，最后才用MACD辅助判断的顺序原则【扫地僧：实操顺序是：①先找中枢；②根据中枢做分析；③选出要比较力度的两段走势；④用MACD辅助判断力度

① 原文来源：http：//blog.sina.com.cn/s/blog_486e105c01000a5i.html，2007-04-27 08：42：51。

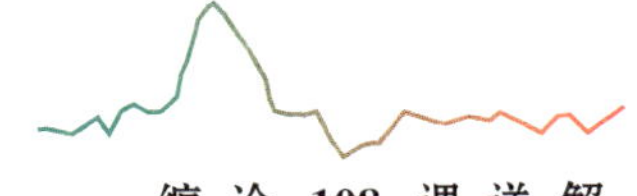

的背驰】。

以上是些小的技术细节，但更重要的是一些操作心理上的细节。操作上，最开始，一定都是患得患失的。为什么一定要把理论搞清楚？就是先从根子上解开自己的疑惑，知道为什么本 ID 的理论是如几何般严格精确的，否则，例如你对平面三角形内角之和为 180 度的证明有疑惑，一定要丈量每一个平面三角形去证明才舒服，这样，就永远有心理阴影，是无法去进行正常操作的【扫地僧：理论是为了从数理上证明买卖点的逻辑性，让你理解你的钱是从哪里赚的，解决根子上的问题，操作只是执行，不需要再对理论有所怀疑，如有怀疑，应重读理论部分】。理论的探讨，是为了树立操作的信心，当然，还为了对走势有一个精确的分析去指导操作，但其心理层面的意义也是极为重要的。这绝对不能迷信，因为相信本 ID 而相信本 ID 的理论，那就是绝对的错误了。而是要把道理、逻辑等彻底搞清楚，这样才能无疑地去操作，而不用瞻前顾后。

对本 ID 理论对走势分析以及操作的绝对性有把握后，以后解决的都是操作精确度的问题。一个正确的理论，应用到实践中，特别是面对瞬息万变的市场，因为应用人的经验与心理状态不同，其结果自然有很大差异。如何提高操作的精确度，是一个长期实践的问题【扫地僧：每次看到这个都忍不住要提醒，提高精度是一个长期实践的问题，修行在个人】。但无论如何，只有在操作中才能解决这个问题，否则永远都是纸上谈兵，那是毫无意义的。

一种最常见的心理就是，看到是买点或卖点了，但买了还跌、卖了还涨，所以下次就不敢尝试了。这在操作不熟练的人中太正常了。因为，对买卖点的判断，开始时，一定都达不到理论所确立的精确度。毕竟是人，人总有盲点与惯性。例如，对于习惯性多头来说，经常就是买早卖晚；而习惯性空头，就是买晚卖早。就算对理论在认识上没问题了，这种习惯性因数也会导致真正的操作与理论所要求的操作时间上有偏差。要改变这种习惯性力量，不可能是一两天的事情。

一般来说，应用理论开始实际操作前，要先看懂所有曾有的走势，能用理论对已有的走势进行分析，如果这都达不到，那操作一定乱【扫地僧：这点很重要，当你对静态的历史的图形分析多了之后，最起码是对理论的把握没有问题了，而动态的当下就需要真实的交易来锻炼了，但前提是你先学会基础的招式】。这一步基础达到后，先不用真正买卖，可以进行一定的模拟，市场一周 5 天开着，当下去模拟操作，每次的操作都记录下来，然后不断根据后面的走势总结，发现自己对理论当下理解上的问题，不断修正。当模拟操作有足够把握后，再开

始真正的买卖操作。如果一开始就真正买卖，由于绝大多数人，在真的钱上都会方寸大乱，无论操作成功、失败，都会迷失在输赢上，而忽略了操作上的问题【扫地僧：这是循序渐进的过程，其实很简单，只是很多人嫌慢，不愿脚踏实地一步步来，如果按照这个循序渐进的过程，2~3 年后就会大不一样】。

所以，首先要把静态的、已有的图形分析清楚，其次进行动态的、当下的分析把握，最后才是实际的操作，这样就比较稳妥了。当然，这过程不是一两天完成的，所以，本 ID 在 2006 年 12 月下旬开始就说了些股票，当时是让各位学习时，能安心，买了就扔那里，边赚钱边学习，本 ID 不需要各位的学费，但各位实际操作的时候可能会交给市场一些学费。本 ID 告诉的股票让各位拿着，就是把可能要交给市场的学费都给各位准备好了，因为，毕竟最后都要靠各位自己，而在市场上学习，先交点学费，然后不断进步，最后应用自如，这是很正常的过程。

所以心态要平稳点，不要整天去计算今天少挣多少诸如此类的问题，说白了，如果你没有一套有效的方法，只要你在市场里，你赚的钱从本质上就不是你的，只是暂时存在你那里。而要把自己培养成一台赚钱机器，就如同前锋把自己培养成射门机器一样，方法学了都会，但却不一定都是神射手，这需要更多的努力。市场的技术需要磨炼。关键是真正掌握技术，只要掌握了，赚钱就成了自然的事情，只要有足够的时间，就自然产生足够的钱，为什么？因为这已经被本 ID 的理论如几何般严密地保证了。

另外，学本 ID 的理论，并不荒废任何其他的东西，但那些东西都只能是辅助【扫地僧：这是更高阶了，完全可以将缠论和其他的理论、战法等结合，但前提是要对缠论的理解以及对其他理论、战法的本质有深入了解，然后从缠论的角度思考这些理论、战法的合理性和不合理性在哪里？有没有可优化可改进的地方？它们的命门和漏洞在哪里？如何避免？是否需要额外的知识、技术或者硬件条件等】。甚至，你可以去听消息，去追炒概念，怎么都可以，但必须不能违反本 ID 的理论。为什么？因为本 ID 的理论是市场真实的直接反映，违反本 ID 的理论，最终都会被市场教训。如果不相信，那你就在本 ID 理论的第一买点卖，第一卖点买，来回坚持，如果按一个较大级别去操作，一般来说，N 次以后你就可以离开市场了。有了本 ID 的理论，就算去跟风，追炒，都会有章法，都会进退自如。

（待续）

（扫码获取更多学习资料）

附 录

今天大盘跌破 3745 点，所以无法形成第三类买点，大盘的震荡依旧，因此下午的突然拉起，就是一个好的短差机会【扫地僧：如图 1 所示，3745 点是 5F 的中枢上沿，27 日当天的回调，可以看作是离开这个中枢后的 1F 级别的回抽，但破了中枢，就构不成三买了】。下午的冲高力度，技术上应该和 4 月 26 日 9：30 那次比，显然 MACD 没有同时创高，所以那就是一个震荡的卖点【扫地僧：在 5 分钟图里比较 MACD 更明显】，如图 2 所示。当然，这都是很短线的活动了。只是用当下的例子说明一下理论的用法。

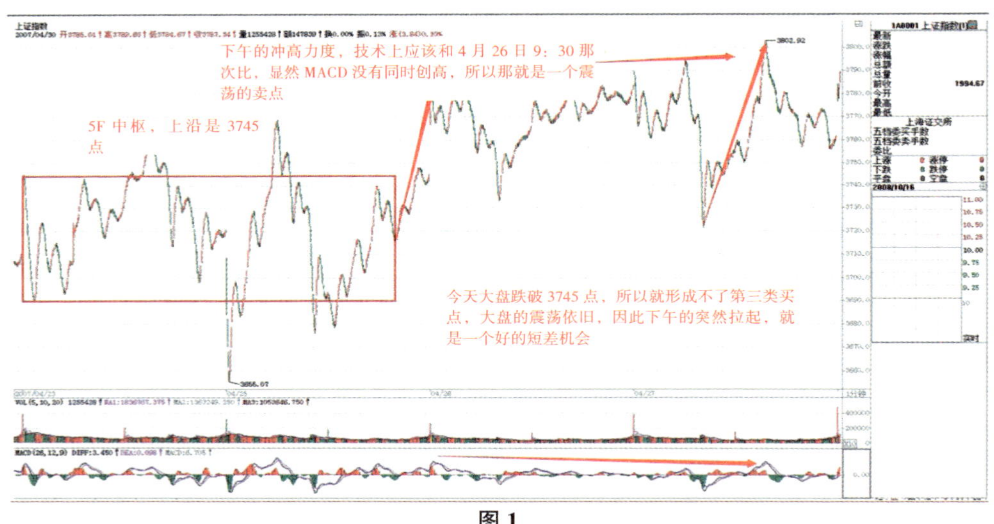

图 1

目前 3745 点为上边的 5 分钟中枢已经扩展为 30 分钟的，3720~3761 点，短线就是该中枢的突破方向【扫地僧：因为该 5 分钟中枢的高点是 3745 点，每次离开该 5 分钟中枢后的回抽都又回到了中枢之内，最终扩展成 30 分钟中枢，如图 3 所示】。虽然放假前只有一天，但并不意味着就天下太平。春节前，汉奸最后一天最后十几分钟还发难，所以最后一天的走势，并不是高枕无忧的【扫地僧：看一下春节前一个交易日的走势】。本 ID 真想现在就出去玩，那一天爱怎么走就怎么走，本 ID 都不想管了。汉奸都算短期利益，本 ID 根本不想看短期利益，最后一天还要干活，真无聊。

周末，都腐败去吧。

先下，再见。

图2

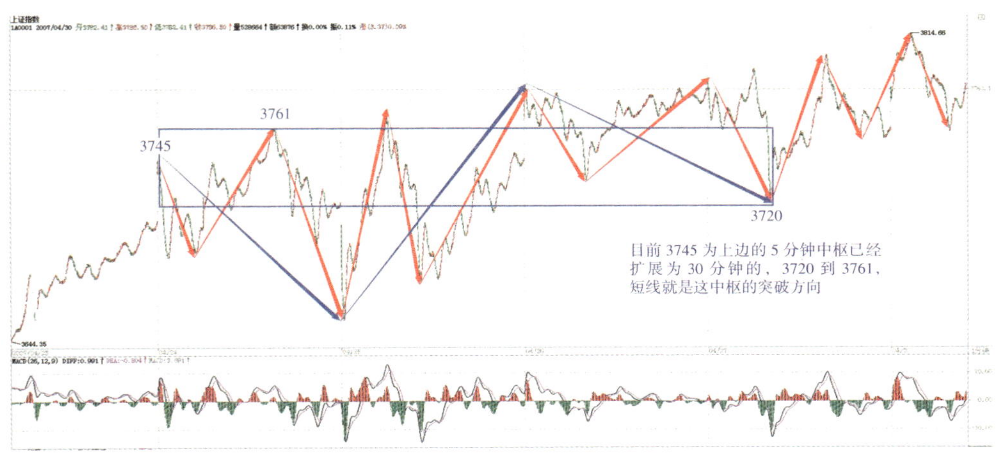
3761
3745
3720
目前3745为上边的5分钟中枢已经扩展为30分钟的，3720到3761，短线就是这中枢的突破方向
3814.66
3644.35

图3

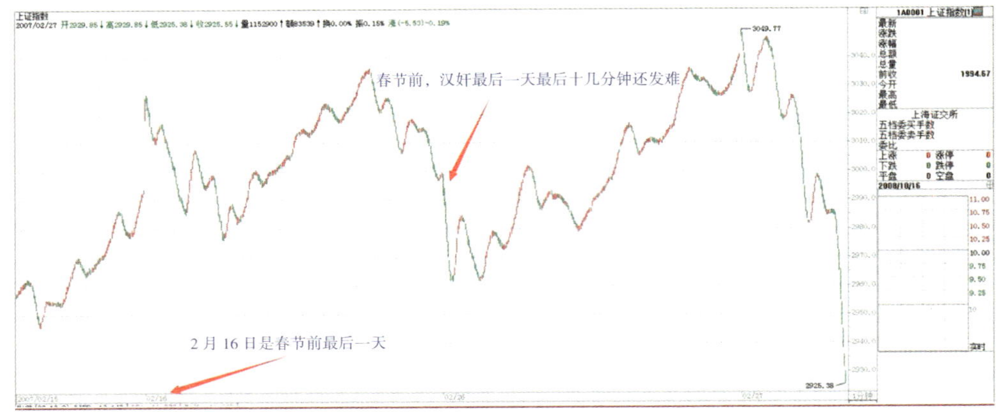

图 4

【扫地僧点评】

这节课讲了以下几个实战操作中的细节问题：

（1）先根据中枢选择比较的走势，再用 MACD 比较力度，顺序不能变。

（2）心理细节，信心不强。先明白理论本质的东西，这是信念，然后通过不断练习提高精度，信心会随着你的精度的提高自然加强。

（3）可以用缠论与其他理论结合，但这是高级阶段。

教你炒股票 51：短线股评荐股者的传销把戏[①]

传销把戏最简单，手法拙劣一般般，天上本无馅饼落，利用人性喜欢贪。

国人，赌博心理特重，一个六合彩就可以横扫大半个中国，连那些偏僻的山村都可以为之痴狂，而这里包含的某种特点，正是任何群体性运动的基础【扫地僧：这种特点就是贪念啊，看到别人赚钱了，眼红，认为自己也可以做到，一旦有个别的成功案例，在群体中的传播扩散非常快】。股票市场中，那些短线股评荐股者，如传销，也是利用群体性癫狂达到目的。

有一种最弱智的，就是为所谓的庄家出货卖嘴的，这种长久不了，一两次后就没戏，只能改换门庭，由于没有可持续性，所以不值得专门研究，而且靠找人卖嘴才能出货的庄家，智力水平太低，没资格让本 ID 去谈论。

现在说的是这样一种具有可操作性的把戏，不妨假设有一痴呆儿，在每天浏览量超过 10 万的网站或电视上随机地推荐短线的股票，有 5%的人相信并尝试第二天开始半小时内买入，也就是有 5000 人，每人平均的买入量是 2000 股，也就是有 1000 万股的买入量，这个买入量，对于绝大多数的股票来说，足以使得该股票具有了极大的支持而呈现大涨。而另外的 95%，有些因为高了而拒绝买入，但至少有一个印象会留下，这股票推荐得真准，在下次荐股游戏中，这就是新的资源。而有一部分胆子大的，会在更高的价位买入，这样，一个资金的流动输入就产生了，而买入挣钱的，都爱到处忽悠，所以，相应人群就会不断增加，直到资金流入与筹码的松动达到平衡。

【扫地僧：目前这种模式已经相当成熟，而且还在进一步发展，假设每天推荐 10 只股票，上涨的概率为一半，那么 10000 人中，有 5000 人看到的结果是上涨的，然后第二天再对这 5000 人继续推荐，假设还是一半的概率，那么有 2500

---

① 原文来源：http：//blog.sina.com.cn/s/blog_486e105c01000ah1.html，2007-05-09 08：30：16。

人看到的结果是上涨的，同理，第三天人数变成 1250 人，试想，当一个人连续 3天给你推荐的股票都是上涨的，你是否会动心呢？是不是也会觉得太神奇了，而这归根结底就是概率问题，并非他有什么神奇的预知能力，而是你很幸运地在这 1250 人中而已。这也是为什么现在总会接到这种“先生，请问您做股票吗？我们是××证券研究中心，现在有要拉升的股票推荐给您……”骚扰电话，你也许不信，但中国的人口基数这么庞大，而且确实是连续几天都说对了，人的贪婪的本性就会让他想尝试一下，而这种模式一般都是要收什么会员费的，一旦交了会员费之后，就会发现它们没那么准了。还有一些是不收会员费的，但要和你谈提成，最终也是概率问题，10000 个人中，有 500~1000 人给提成也很不错了，成本非常低，就是打几个电话，在 QQ 上聊天而已。所以，以后如果遇到这种骗局，就长点心，天上哪有掉馅饼的好事，而且还天天砸到你头上。这是个“吃人”的市场，不是慈善天堂】

这样一个系统，可改进成组织更严密的传销：先建核心的第一级会员，会员，当然都要交会费，得到的回报是可以先买到第一批的货，在广泛向外推荐前，可以优先得到购买权。而更精细的系统，可以把会员分为不同的等级，这样，可以让购买流量得到一个更好的控制，取得逐步扩散的传销效果。这种有精细结构的传销系统，可以支持一个较长时间的操作，大致就演化成一种庄家行为，只是这庄家是由很多不同等级的人构成的一个有联系的组织，这比一般的庄家有一个好处，就是不存在一个人挂一大堆虚账号的监管风险；坏处之一，就是这样一个结构，其稳定性是有问题的，一有困难，很容易树倒猢狲散。

对于特别的短线，经常换股的传销系统，由于最终必然最大量的人被套，这样来回几次后，就会使得外围的传销者资源逐步枯竭，最终整个系统崩溃，所以，那些经常在电视、网站上，每天 N 股的人，一般来说其流传寿命都不会长，一轮大的调整，就可以消灭一大批。当然，每轮行情起来，都可以看到类似的人出现，然后消失，如此而已。而比较长线，有着精细结构的传销系统，就会逐步演化成所谓的私募基金【扫地僧：最核心的会员就当作私募基金的客户了，靠外围的人来输血做业绩】，这是比上述传销系统更稳定、更能长久的结构，这就是市场里这类无聊把戏的生命演化进程。

而市场中绝大多数的股民，都不过是在参加一种无意识的传销游戏，为最终的炮灰提供足够的人肉人骨。而在基金等层面上，那是另一种游戏，但其天生的弱点就是有许多可攻击的地方。因此，基金会逐步演化成对冲基金或更稳定的合伙制结构，这里的赎回或对风险的忍受程度有着更大回旋余地，因此有着更高层

次的市场生命【扫地僧：对冲基金和合伙制私募大多都有锁定期，也就是对赎回加了一定的限制，此外，在对风险承受程度上也有所提高】。

市场如同大海，这里有各种生命形态，本ID之所以说这些，是要让各位对市场中各类资金的生存状态有一定的认识，这些生存方式都存在，不会出现某种形式一统天下的状态。有人可能要问本ID属于哪种形态，本ID哪种形态都不是，如果一定要说，那本ID属于猎鲸者的那种，你必须对所有猎杀对象有着最清楚的认识，才能找到最好的攻击点，然后杀之。而本ID只对大海里最大的生物感兴趣，本ID只猎鲸，特别对鲸群有兴趣，一次只杀一鲸的游戏，早玩腻了【扫地僧：再给大家介绍一种模式：市场上还存在着这么一批人，他们以消息准确为特点，他们一般的操作都是中线，标的股票基本都是一些重组、定增、收购等有资本运作的。他们的消息往往比较准确，10只股票里有六七只甚至七八只都兑现了消息，他们的客户基本都是一些有钱的大户，而且完全免费，一直不收钱。那这背后的玄机是什么呢？首先，消息源大多数是券商里做投行的，上市公司要做资本运作一般绕不开投行，有了消息源，就可以先养客户了，专门发展有钱的客户，数量也不用太多，几十人到上百人足矣，因为每个客户的资产量基本都是几百万元以上，整体的盘子下来也有几亿元。因为消息准确，完全免费，发展客户不是很难，等养到了一定阶段，就可以找庄家兑现利润了，和一些庄家谈好分成，确定接货的量，然后就让客户去买，因为以前的消息十分准确，客户基本不会犹豫，接完货之后，拿到分成，然后让客户卖掉，就说上市公司临时决定不做了，而且，这也仅仅是众多消息中少有的不准确的一次而已，大家也都知道消息不可能100%准确，还都比较理解，认为这样才靠谱，于是这个游戏还可以继续玩下去】。

有人又要问本ID不也推荐过股票吗？那只是本ID希望各位能专心学习，除了那14只，还有一些最大盘的，但告诉各位只是用来打架，散户没必要介入的，最后明确说过的，就是VC股600635（5元多说的）和北京旅游股000802（10元多说的）【扫地僧：从图1、图2看推荐股票的时机：发现没有，基本上都是加速前，某个级别的三买的位置推荐的】，3月19日加息后1个多月到现在，从来不说具体股票了。为什么？因为这里的人越来越多，本ID再说具体股票，就成了传销或被人利用成传销了，本ID又不需要任何人来抬轿子。注意，本ID是猎鲸的，而不是那鲸鱼。

当然，本ID说过的，都会负责到底，因为本ID自己依然在猎鲸中。但绝对不是说让各位现在才去追高买，其实，本ID是猎鲸中的或不是猎鲸中的，方法

(扫码获取更多学习资料)

图 1

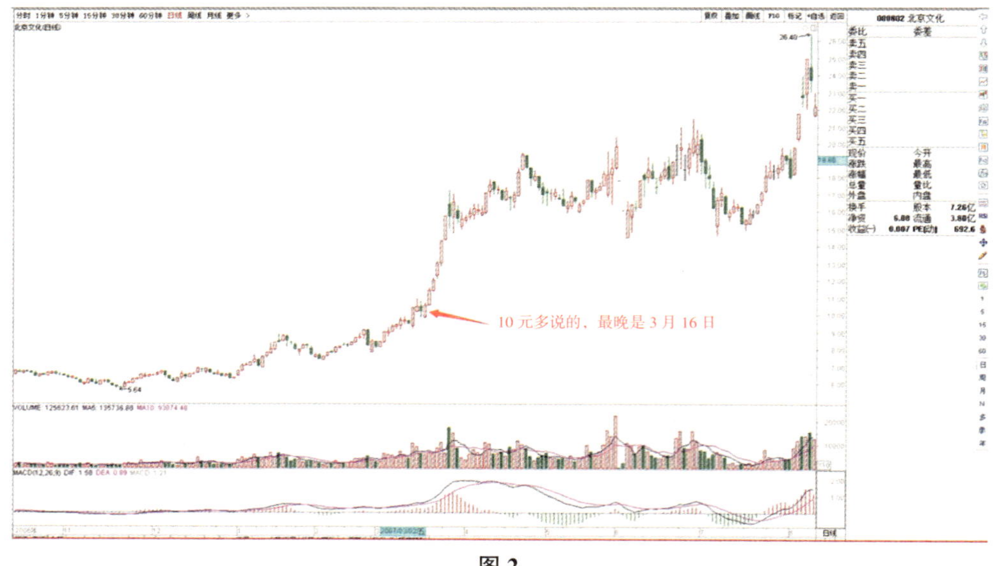

图 2

是一样的，本 ID 是要把渔的方法告诉各位，让各位自己去找鱼吃，关键是有什么级别的买卖点而不是对象。至于刚好发现本 ID 也在猎着的买点，那当然也可以介入，但不是让各位集体无意识地都聚集在本 ID 的猎鲸对象上，这不又成了变相的基金了？猎鲸船本来就比鲸鱼大，把本 ID 变成鲸鱼那不太小看本 ID 了？

本ID做事情从来都不想含糊，加上600635、000802，总共16只，依然是本ID猎鲸船所追杀的物体。当然，实际上，这猎鲸船追杀的目标还不止这16只，具体的结构，当然不能说了。这里汉奸这么多，记得2000多点时某人对本ID说“要把他打到满地找牙夹死他时”说过什么吗？把这16只分类一下，最早一批是2006年12月底，最后一只是3月中旬，现在是5月初，说过以后的涨幅大致分类一下，这不是为了炫耀，而是让后面来的知道本ID猎杀的介入位置，从中也可以发现一些技巧性的问题。本ID介入的位置和说的位置大致一样，先来的当时买的，基本和本ID的成本是一样的，因为本ID的货多，当然成本不可能比各位低。但是，现在可就不一样了，因为本ID的成本不断在下降，这是最厉害的方法，本ID在课程里可是毫无保留地说过的，就不知道有多少人能够做到了。

基本200%及以上：000416、000777、000999、600432、600635、600578、000099；

150%以上：000778、600777、000915；

100%以上：000600、600649；

50%以上：000802、600343、000938、000998。

【扫地僧：股票代码都有了，打开行情图分别去看看历史走势，感受一下缠师做的这些股票的走势】

股票不过是小道，但条条小道通大道，本ID在这里费口舌，有一个目的，希望通过学习以及自我磨炼，最终能成为猎鲸者。其次，更重要的，要小道而大道，这才不枉来这里一趟【扫地僧：虽然股票是小道，但通过小道而不断自我磨炼，最终提升了自我的修养，钱也不过是这磨炼过程的一个附属产物罢了】。至于想把这个变成传销场所或来这里希望找点传销玩意的，那就入错门了，本ID这里不需要这么多人，至于那些希望小道而大道或至少有志成为猎鲸者的，也没必要留在本ID这里。本ID只对面首感兴趣，而且只在“419”的时候对面首感兴趣，对徒子徒孙，从来没兴趣。各位自便吧，本ID这里门前草深三尺也无妨。

附录

各位今天爽吗？这样的震荡简直是一个最好玩的游戏，这一点，昨天已经给予最大的提示了【扫地僧：在这篇文章的前一天（5月8日）缠师发表的《周行长的尴尬》一文的评论中，缠师给了提示：“缠中说禅 2007-05-08 15：28：53

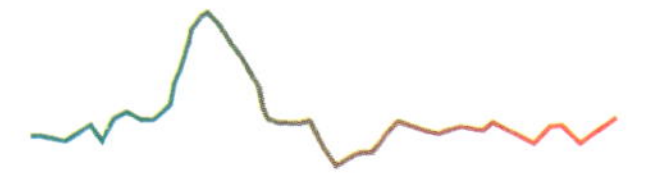

今天的走势，用脚趾都能预测到，但依然无须预测。而实际出现的走势，却并不像所表现的那么强，因为大盘只是出现一个强的平衡市，这种留下大的缺口后的放量平衡市，意味着今后几天，下面的缺口都是大盘短线一个挥之不去的心病，大盘震荡难以避免"】。今天没把缺口完全补上，问题不太大，主要是今天看着缺口来的人太多了，个个争着提前量。至于技术不好的，昨天也说了，看 5 日线，不破就上上下下享受一下，也不错。

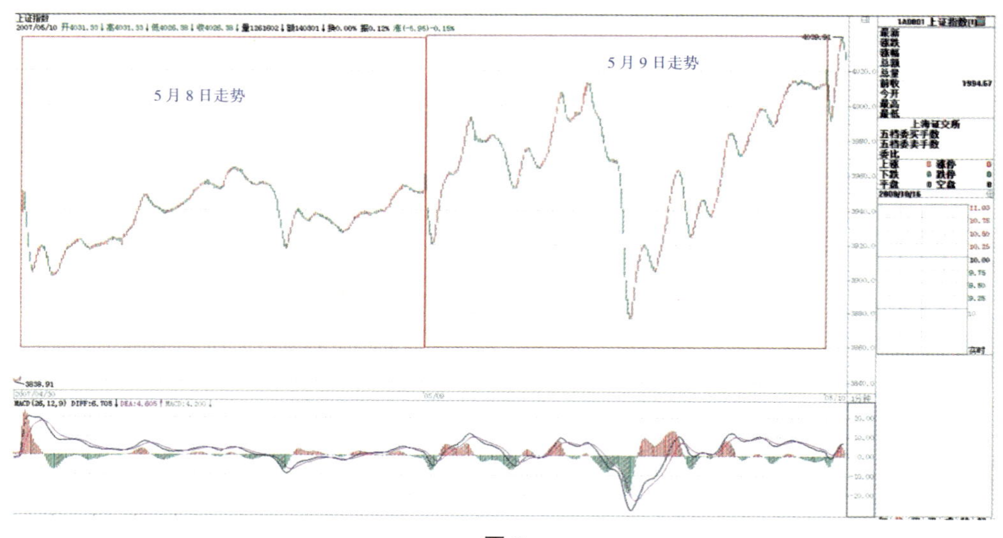

图 3

当然，4000 点的突破不可能一下就确认完成，这里的震荡依然少不了，技术点说，就是要在这里形成一个有效的有点级别的中枢，然后出现该中枢的第三买点，才能确认突破的有效性。这个过程在理论上当然有失败向下形成第三卖点的可能，所以一切无须预测，看图操作是唯一正确的【扫地僧：一个实战上的经验：一些重要点位的突破确认，需要某个级别的中枢的三买来确认】。

个股没什么可说的，只是很八卦地提一个问题，那些在春节前后，称 5 元都不让联通上的人，今天会怎么想呢？关于春节前联通在这里的现场直播，不会都忘了吧？

【扫地僧：5 月 9 日那天中国联通来了一个涨停】

图 4

【扫地僧点评】

这节课主要介绍了短线股评、荐股者这样的把戏，也从侧面告诉大家不要有偷心，还是要自己对自己负责，在市场中磨炼自己的同时顺道把钱赚了，而不是靠歪门邪道。

教你炒股票52：炒股票就是真正的学佛[①]

贪嗔痴疑慢，市场千千万，如要真学佛，炒股度苦难。

本ID一直强调无须预测，并不是说市场走势就绝对不可预测，相反，市场走势当然可以绝对预测。不过，这里的预测和一般所说的预测并不是同一意义，一般的预测建立在一个机械的、上帝式的思维基础上，这种思维，把市场当成一个绝对的、不受参与者观察所干扰的系统，由此而形成一套所谓的预测标准，一个建立在错误的思维基础上的标准。这种预测，本来就不存在【扫地僧：这种上帝式思维就是前面所讲到的那种“因为什么，所以可以得到什么结果”这种线性式的思维，这种预测是毫无意义的，也很容易可以证明，如果存在符合这种思维的模式，那么这个市场也就不会存在】。关于这点，如果你对量子力学的历史发展有点了解，不难理解。

市场的预测、观察、参与者，恰好又是市场走势的构成者，这就是市场预测的最基本起点。因此，市场的走势模式，归根结底就是市场预测、观察、参与者行为模式的同构，这意味着，唯一并绝对可以预测的，就是市场走势的基本形态【扫地僧：或者说是走势形态的同构性】。不学无术之辈，喜欢谈论所谓的点位，却不知道，点位只是基本形态演化的一个结果，是当下形成的，形态是“不患”的，点位是“不患”之“患”，只要把握了这“不患”，其“患”自然就在当下的把握中。那种追求对点位的非当下把握，绝对是“脑子进水”，因为点位都是当下形成的，这是一个“不患”【扫地僧：点位的把握只能是当下的，因为点位是当下形成的，是当下的市场合力形成的结果，这个结果只可能当下形成，不可预测】，企图逃离这个“不患”而谋其“患”，不是“脑子进水”是什么？正因为点位都是在基本形态的演变中当下形成的“不患”，才有点位的“不患”之“患”。

---

① 原文来源：http：//blog.sina.com.cn/s/blog_486e105c01000amw.html，2007-05-18 08：49：05。

明白了这个道理，才算是有了市场预测的“正眼”，无此“正眼”，都是瞎说。而实际操作中，最基础的，就是对基本形态的最基本把握，这是“不患”的，只有立足于“不患”上，才有对点位之“患”当下的把握。说白了，所有的操作练习，归根结底是在此之上。所以，本 ID 说自己只是一个训练者、引导者，因为当下，只能是你的当下，离开你的操作当下，根本是不存在的【扫地僧：这个当下是包含了所有参与者的当下，没有你的操作的当下也没有任何意义】。由此，不难理解另外一个操作上的“不患”，就是你事先确立的操作级别，这是“不患”的。市场，归根结底只是你的市场【扫地僧：你眼中的市场是你观察的市场，是你所理解的市场，你的操作只能基于你观察的市场、你所理解的市场】，就像一个人“看花只能看到花”的眼睛，那自然看花就是花，不会把花看成猴子，科学，就是要先假设所有的被科学定义为眼睛的物体都只能把花看成花【扫地僧：正是由于每个人的市场都是自己的市场，而科学的前提是所有人的市场是同一个市场，就像西医看病，只要是感冒，开的都是同一种药一样】。

所有的市场，都必然只能是你当下观察、操作中的市场，离开你当下的观察、操作，市场对于你来说并不存在，或者说毫无意义。而你的观察、操作，必须有一个“不患”的前提，就是你的操作级别。这种操作级别，就等于一双把花看成花或把花看成猴子的眼睛，在你的世界里，把花看成花与把花看成猴子所包含的基本模式是同构的，关键是这个模式，而不是花还是猴子的不同设定【扫地僧：就是说关键的是递归函数，而非 A0 是什么】。所以，本 ID 的理论可以适用于任何操作级别的人，因为不同级别之间的基本模式是同构的，这是市场的一个基本特征。注意：这个特征不是理所当然的，这个特征之所以存在，归根结底，是因为市场参与者有着基本相同的结构，这结构归根结底就是贪嗔痴疑慢【扫地僧：因为有了贪嗔痴疑慢，才构成了买卖点之外的走势，才有了走势的花开花谢，如果没有这贪嗔痴疑慢，市场将趋同，最终消亡】。甚至可以这样说，在六道轮回中，任何的类市场形态，本 ID 的理论都适用其中，因为，这贪嗔痴疑慢是同构的。所以，如果本 ID 这理论的种子种下后，就算你轮回到其他道上，那里恰好有一个股票市场，你也可以在其中如鱼得水。

那么，市场的基本形态是什么，最基础的，就是反复说的以中枢、级别为基础的趋势与盘整。而背驰的级别一定不小于转折的级别，是市场预测的最基础手段【扫地僧：这里说的背驰的级别是指产生背驰的走势，如果转折的级别小于这个走势，则说明这个走势没走完，这就与走势背驰而发生转折相矛盾了】。例如，你是一个 30 分钟级别的操作者，那么，任何 30 分钟级别下跌及 30 分钟级别以

上的盘整，你都没必要参与。因此，当一个 30 分钟的顶背驰出现后，你当然要绝对退出，为什么？因为这个退出是在一个绝对的预测基础上的，就是后面必然是一个 30 分钟级别下跌或扩展成 30 分钟级别以上的盘整，这就是最有用、最绝对的预测，这才是真正的预测【扫地僧：或者说这预测就是对未来走势的分类】，这是被本 ID 的理论绝对保证的，或者说这是被市场参与者的贪嗔痴疑慢所绝对保证的。

本 ID 的理论，归根结底，就是研究这贪嗔痴疑慢的问题。由此也就知道，为什么市场的操作，归根结底是人自身的比较，为什么本 ID 可以把理论大肆公开而不会影响本 ID 自己的操作，因为，只要这世界依然有贪嗔痴疑慢，本 ID 就如鱼得水。有人整天痴谈学佛，其实，炒股票就是真正的学佛，不在这贪嗔痴疑慢的大烦恼中如鱼得水、得大自在，你那佛，有啥用【扫地僧：股票市场也正是一个每天都汇聚了无数的贪嗔痴疑慢的地方，每天能在这样污浊的地方磨炼自己，也会加速自己的修佛之路，这才是大勇猛】。

附录

今天，只有脑子都是水的人，才会觉得上证指数要新高。用脚趾头思考都知道，周末消息面的压力会让走势在这里犹疑。今天的平衡市走势，无非就是对此的一种正常反应【扫地僧：消息指的是周末加息的消息。看当时的 1 分钟图，由于 5 月 17 日走了一个 1F 的上涨趋势并有背驰出现，所以技术上也不支持新高】。技术上，管了指数已经 N 天的 4040 点依然站不住，当然，这只是为了对中枢不了解的人给出的点，如果大家正常分析，可以找到更精确的点【扫地僧：这个 4040 其实是前几天形成的 5F 中枢的上沿，如图 2 所示】。

下周初，大盘的这种震荡一定要选择方向了，一个最简单的原因是 5 日线对 10 日线之吻已经春情荡漾了。这种方向的选择，最终将导致震荡区间的加大，技术点说，就是形成一个更大级别的震荡【扫地僧：一个技巧：均线唇吻形成时，往往要选择方向】。

深圳证券指数最近之所以比上海证券指数强，只是因为对应上海 1/2 线的深证成指的 1/2 线在 13700 点，还是有较大空间的【扫地僧：1992 年 5 月，深证成指是 2900 点，到 2007 年 5 月一共 180 个月，每个月 60 点，所以 2900 + 180 × 60 = 13700（点），而上证的 1/2 线是 1429+180 × 15 = 4129（点），5 月 18 日当天深证成指收 12100 点，还差 13%，上证收 4030 点，只差 2.5%】。所以，后面走势无非两种选择，深圳指数把上海指数带起来或相反，这种两个市场的

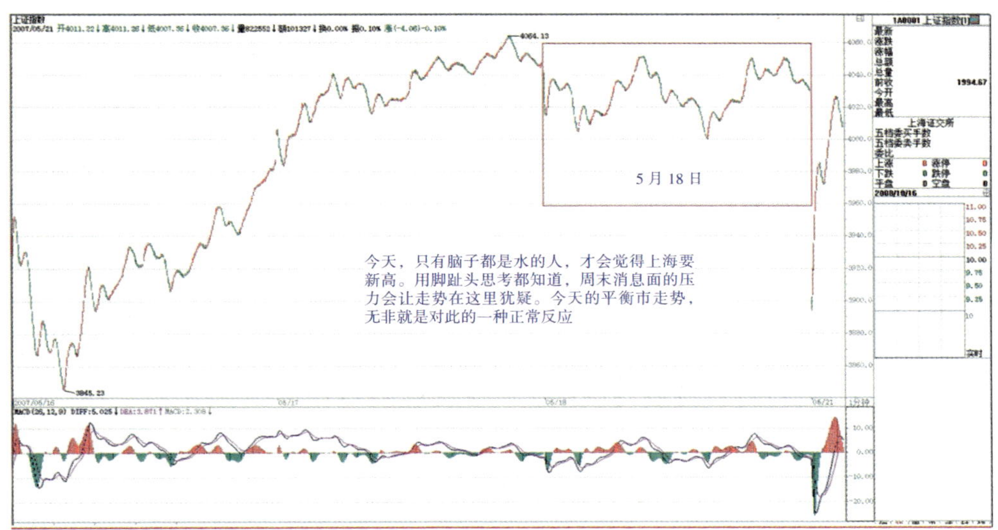
4084.13
5 月 18 日
今天，只有脑子都是水的人，才会觉得上海要新高。用脚趾头思考都知道，周末消息面的压力会让走势在这里犹疑。今天的平衡市走势，无非就是对此的一种正常反应
3845.23
上海证交所

图 1

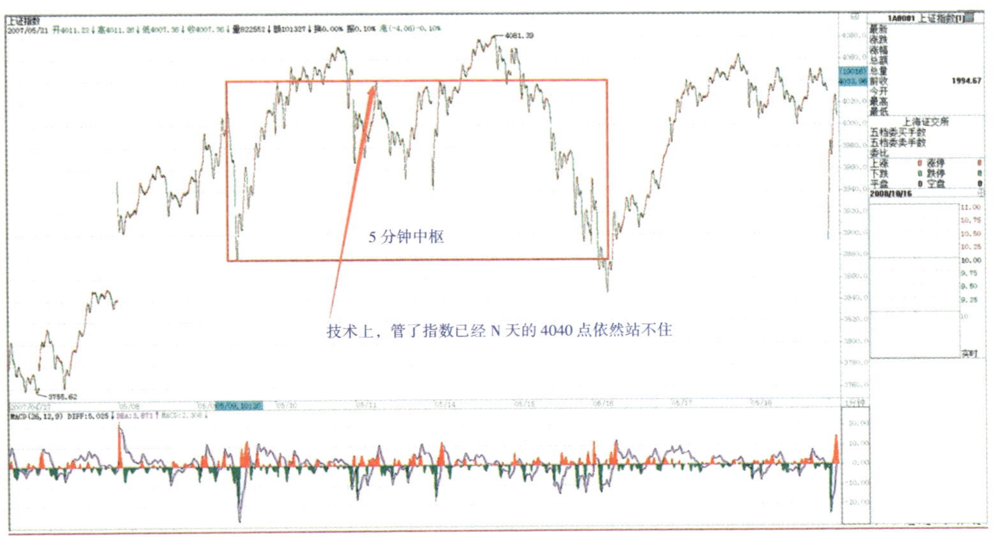
4081.39
5 分钟中枢
技术上，管了指数已经 N 天的 4040 点依然站不住
3755.62
上海证交所

图 2

(扫码获取更多学习资料)

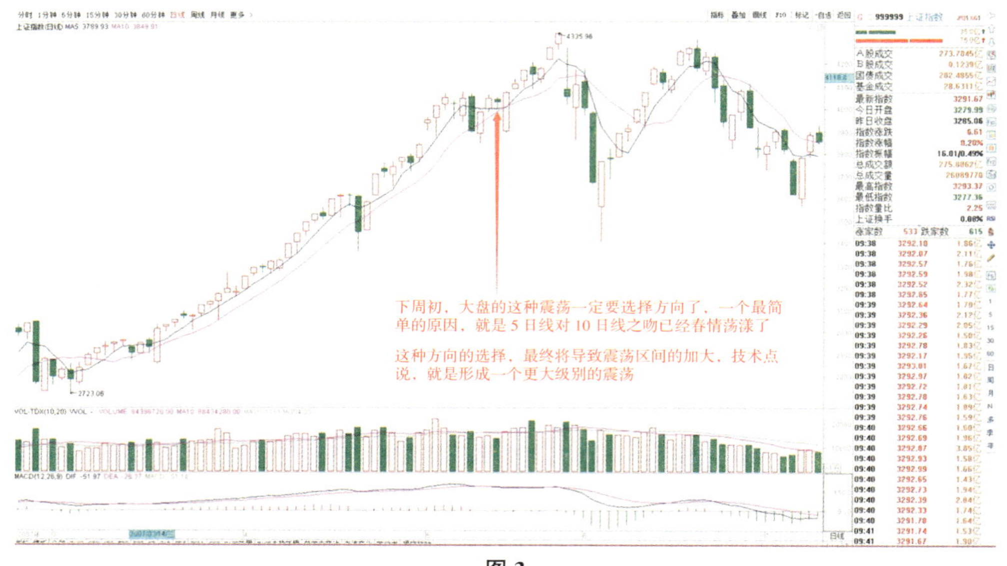

图 3

背离走势，是不可能再延续的。

大盘每天的走势都是本 ID 理论的最好注释，像上海今天的 05181326，当下如何判别，用什么方法可以精确地把握。如果你还搞不清楚，那么就证明你需要复读。答案很简单，一个中枢震荡的两段间的力度判别，05171430~05181000 与 05181058~05181326，用 1 分钟的 MACD 辅助，然后考察后一段的细部，用类似区间套的方法就可以精确定位【扫地僧：首先比较两段的 MACD，很明显是背驰，其次在 05181326 那根 K 线时，也出现了指数新低但 MACD 不再新低的情况，这就是精确的定位】。注意：这一切都可以当下完成，无须事后解释。如果上述方法你一无所知或根本搞不清楚，那放假两天继续补课。

本 ID 最近比较无聊，放假是有点不可能了，今晚、明后两天都排满了。为了高兴一下，八卦一个消息，就是 5 月 10 日写文章那老熟人结婚了，这消息今天应该公布了，网络上应该都有，由此就知道此人文章的分量。最后再八卦一下，本 ID 国安永远争第一的股票【扫地僧：指的是中信国安（000839）】，究竟在今年涨幅排第几了？前面还有多少先进需要超越，让本 ID 也有个努力的目标。

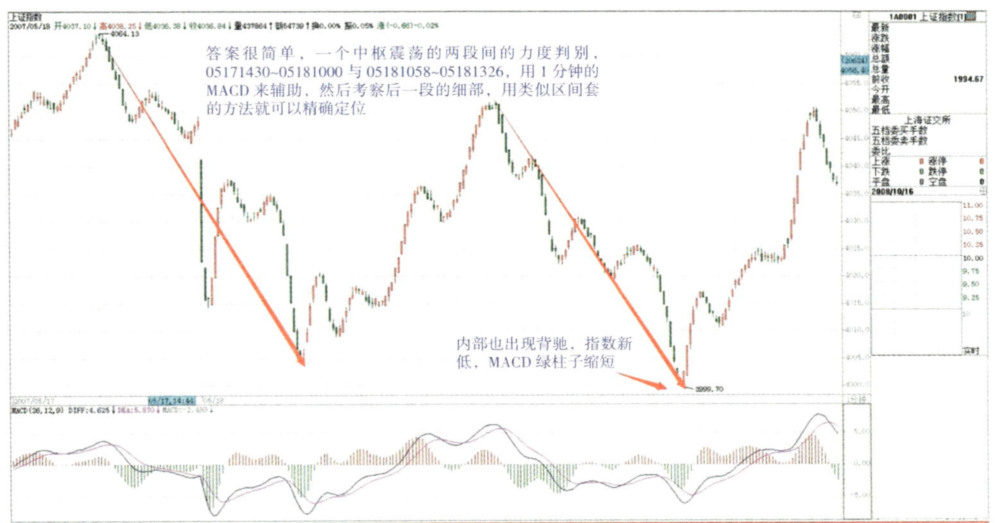

图 4

【扫地僧点评】

市场中到处都是贪嗔痴，到处都是大苦难，归隐山林是小度，在这大污浊的市场中度苦难才是真勇猛、真学佛。

教你炒股票53：三类买卖点的再分辨[①]

一个走势三买卖，三次机会真仁爱，原理级别真搞懂，抓好节奏立不败。

由于新来的人越来越多，请先把课程看一遍再讨论问题。另外，在分析时一定要搞清楚中枢的递归定义，这是基础中的基础，连这都搞不清楚，那根本就不可能继续学下去【扫地僧：向别人请教问题也是一样的，连基础的东西都懒得弄懂直接就问，这不仅是对对方的不尊重，也是对自己的不尊重。对方可以一两次地耐心回答，但次数多了，谁也没有义务当妈妈式的老师，自然要把你拉入黑名单，这等于自己把路走绝了。做人、做事、做生意都是一个道理，凡事还是要自己先做好功课，才能事半功倍】。

再者，关于级别的问题，如果想不明白，可以当成用不同倍数的显微镜去看一滴水，由此会看出不同的精细度，级别与走势也一样。一个最简单的例子，三个 5 分钟级别的走势重叠构成一个 30 分钟中枢，站在 30 分钟级别的角度，5 分钟的走势都可以看成是一个线段，没有内部结构，这个线段的高低点就对应 5 分钟走势的高低点；而站在 5 分钟的次级别 1 分钟上看，每段 5 分钟的高低点都不绝对是在 5 分钟走势的结束或开始位置。当然，按 1 分钟的级别用结合律重新组合，总能让高低点分别在开始或结束的位置，但站在分笔的级别上，这又不同了。为什么？因为当我们用 1 分钟的级别重新组合时，其实就先把分笔上的级别都看成没有结构的线段了。这是十分自然的，就像我们研究猴子的行为时，如果还考虑其中的每个细胞里包含的分子里的原子里的电子的走势问题，那猴子就不是猴子了。所以，这个原则是必须明确的，例如你决定用 30 分钟操作、观察时，其实就已经先假定把所有完成的 5 分钟走势都看成线段了【扫地僧：这段话一定要反复读，直到理解为止，为什么？因为这段话就完全解释了看图的问题，有太多的人总是问这一类的问题：30 分钟的一笔不是对应 5 分钟的一段吗？为什么

① 原文来源：http：//blog.sina.com.cn/s/blog_486e105c01000aqw.html，2007-05-23 08：47：18。

这个图里30分钟一笔是一个次级别走势，而不是次次级别走势？原因都在上面的论述里，就是因为视角不同，此外不同的分钟图，就像显微镜，其精度也不同，30分钟的精度自然没有5分钟1分钟图的精度高。30分钟的一笔，有时在5分钟图里是一段，有时也会是三段，那么是一段的30分钟笔和是三段的30分钟笔自然不同。对于高低点是否对应走势起始结束点的问题，可以用一个简单的三角形整理的例子解释，当出现了一个三角形整理，由于至少有三段，因此可以看作一个本级别走势，但这三段呈现三角形，也就是第三段完全被第一段所包含，那么高低点是第一段的高低点，而终点是第三段的结束点，但站在高级别看，内部是什么不用关心，只需要知道高点和低点即可】。

注意：这里和区间套定理是没有冲突的，当30分钟进入背驰段，为了更精细地定位，用倍数更大的显微镜看这段走势，是极为自然的。只要知道该在什么时候用什么倍数去看就可以。再例如，在看30分钟的第三买卖点时，由于要涉及次级别5分钟的判断问题，所以那时候就不能仅用30分钟级别的显微镜，同样要转换成5分钟的。但无论这些显微镜如何转换，一个原则是不变的，就是当你用一个级别的显微镜时，就等于先把次级别的当成线段了。也就是说，次级别不在该级别的观察中。

当然，这最精细、最严格的方法，是从最低级别的分笔中逐步组合分析，这样就不存在上面的问题。但这样太累，而且毫无必要。理论是用的，只要不违反理论的基础与绝对性，当然要选择更简单的用法。对这个问题，必须要了解，否则一下30分钟、一下1分钟、一下年线，非把自己换晕了不可【扫地僧：在大级别图里寻找次级别甚至次次级别，这是练习的结果，只有通过大量的练习才能有感觉，刚开始需要多个图来回切换验证，操作得多了，慢慢就熟练了，也就不用来回切换了】。

对于背驰与盘整背驰，前者是有着最基础意义的，而后者，只是利用前者相应的力度分析方法进行的一个推广用法，主要用在与中枢震荡相关的力度比较中【扫地僧：换句话说，趋势背驰有理论保证，其转折的级别大，而盘整背驰相比较而言就差了一个级别】。注意：a+B+c中，a和c的盘整背驰，其实都可以看成是B的中枢震荡，虽然a存在时，B还没出现，但也不妨这样看。

至于第一、第二、第三类买卖点，归根结底都可以归到第一类买卖点上，只是级别不同。那么为什么不只说第一类买卖点，因为这样，就会涉及不同的级别，等于同时用不同级别的显微镜去看，太乱，实际用起来更乱，因为不同级别的买卖点意义是不同的，因此要统一在一个级别上研究才有三类买卖点的分别。

当然，最充分的操作是按分笔的买卖点，这样所有波动的最细微波动都可以把握，但这在实际中是不可能的，人需要反应的时间、有交易成本等。因此，忽略掉某些波动，按更大的级别统一操作，就是客观条件的必然要求。本 ID 的理论可不是什么先验理论，而是根据客观条件充分反映当下可能的充分可操作性的理论，这必须要彻底明确。因此，三类买卖点，都不能偏废，不能说哪一个更重要，站在同一级别上，三者都重要【扫地僧：三个买卖点就是三次交易的机会，对于机会而言，其重要性都是相同的，只有级别上的不同，在相同级别中，重要性相同】。

第一类买卖点，就是该级别的背驰点，这足以应付绝大多数的情况，但有一种情况是不可以的，就是前面反复强调的小级别转大级别的情况。为什么？因为当小级别背驰时，并未触及该级别的第一类买卖点，所以无须操作。对这种情况，需要第二类买卖点来补充。该买卖点，不是专门针对这种小转大情况的。一般来说，高点一次级别向下后一次级别向上，如果不创新高或盘整背驰，都构成第二类卖点【扫地僧：这个在实战中很有用，因为现在很多股票在高位并不形成中枢，而是上去后，做个双头就回来，那么这个双头的第二个头就是这个所谓的第二类卖点。为了能区分标准的二卖，可以将这个二卖称为类二卖】，而买点的情况反过来就是了。所以，在第一类买卖点的情况下，第一类买卖点是最佳的，第二类只是一个补充；但在小级别转大级别的情况下，第二类买卖点就是最佳的，因为在这种情况下，没有该级别的第一类买卖点。

第二类买卖点，站在中枢形成的角度，其意义是必然要形成更大级别的中枢，因为后面至少还有一段次级别且必然与前两段有重叠。而对于第三类买卖点，其意义是对付中枢结束。一个级别的中枢结束，无非面对两种情况，转成更大的中枢或上涨下跌直到形成新的该级别中枢。第三类买卖点就是告诉我们什么时候发生这种事情，而在第二、第三类买卖点之间，都是中枢震荡，这时候，是不会有该级别的买卖点的。因此，如果参与其中的买卖，用的都是低级别的买卖点【扫地僧：再温习一遍：第一类买卖点是趋势的终结，第二类买卖点是由于走势完美产生的，是第一类买卖点的补充，第三类买卖点是中枢的终结】。

实际操作中，最干脆的做法，就是不参与中枢震荡，只在预先设定的买卖点上买卖【扫地僧：中枢震荡操作对技术的要求比较高，因为各种奇怪的走势基本都是在中枢震荡中产生的，如果对这些奇怪的走势不能很好把握，中枢震荡操作很容易做错】。但对于大资金来说，或者对于有足够操作时间和熟练度的资金来说，中枢震荡当然是可以参与的，而且如果中枢级别足够，其产生的利润往往更

大而且稳定。而在趋势的情况下，一般小级别的买卖点并不一定要参与，但如果技术特别好或大资金，同样可以参与，这只是为了提高资金的利用率，加快成本变 0 或增加筹码的过程。当然，这种小级别的参与，与该级别能容纳的资金量有关，这就涉及仓位调配控制的问题了【扫地僧：资金量与操作级别必然是匹配的，这点在前面曾反复提到过】。

附 录

今天大盘没什么可说的，一开盘就去再次考验昨天的缺口位置，然后回来。你只要看看 9：45 以及 10：45 这两个时间在 4129 点的表现，就知道大盘走势是有语言的，这么清楚的语言，必须要看懂。10：45 后，在 4129 点横拉了七八分钟，然后就义无反顾地往上去了，这看懂了没有？【扫地僧：4129 点是大盘 1/2 线的压力位，在 9：45 时，顶在 4129 点几分钟后下探回补当日的缺口，然后回拉，在 10：45 时突破 4129 点的确认，然后继续上行】当然，对 4129 点的突破，还需要确认，但现在大盘的走势就十分简单了，看着 5 日线就可以。

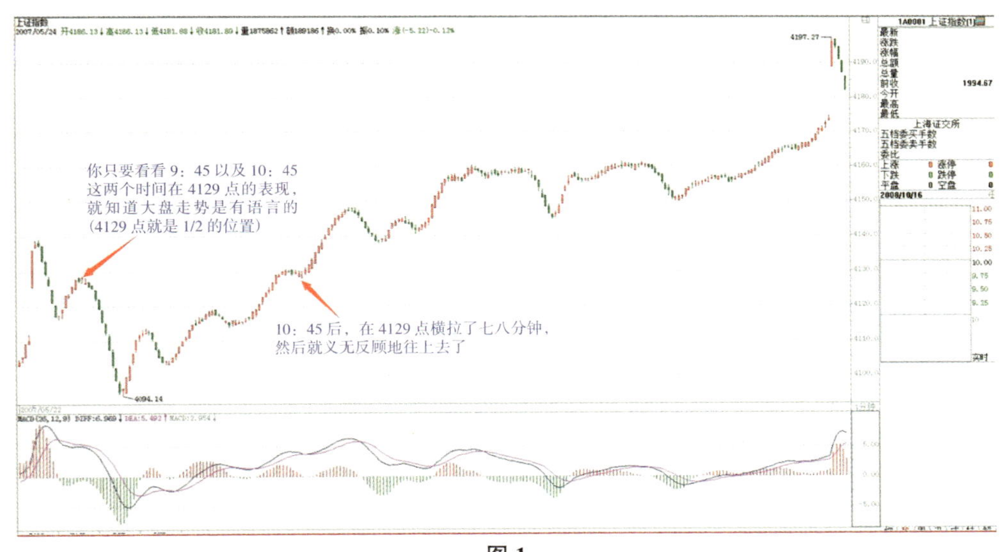

图 1

个股方面，更没什么可说的，只是如果有人辜负了本 ID 昨天一大早的提醒，那就有点不好了。

【扫地僧点评】

本课又对三类买卖点重新做了一次梳理，三类买卖点都是在同一个级别里的，第一类买卖点是趋势的终结，第二类买卖点是第一类买卖点的补充，由走势终完美推理出来，第三类买卖点是中枢的终结。

教你炒股票 54：一个具体走势的分析[①]

走势组合变化多，买点卖点一波波，精通理论每一个，遇到机会不后缩。

今天本不该说股票，连续两天都说股票太浪费资源，不过回帖里有人提出这个问题很有代表性，所以有必要回答一下。今天等着看足球，十分无聊，上网“419”，还不如把这帖子给写了，先贴出来，让等着看球的人先消耗点无聊的时间。

注意：看下面分析之前，不能太饿也不能太饱，不能太兴奋也不能太不兴奋，否则一定晕。由于一般的图都没有这么复杂，所以看完之后千万别信心受到打击，而是应该信心百倍，知道只要精通本 ID 的理论，这么细微、古怪的图，都可以当下精确分析并指导操作，从而对本 ID 理论关于走势的绝对把握有一个更清楚的认识。后面就是要多看图、多磨炼的问题了。

如果概念不清，看到这样的图，基本都会晕头转向。好了，大家开始深呼吸，放松神经。

图 1 有个条件，就是 d1=g2，d2=g4。其实这条件有还是没有，并不影响分析，但有这些条件，就会增加分析的难度。这里，就从 18.5 元（设为 g0）开始分析。

昨天刚好谈到，当你以某级别分析图形时，就先假设了次级别是线段。图 1 里，除了最后一个，其余每一个 dngn、gndn+1 都是 1 分钟以下级别的，所以都可以看成没有内部结构的线段【扫地僧：这时其实还没有笔和段的概念，所以这里的线段并非后面大家所熟悉的线段。这也说明了，并非只有严格按照后面所讲的笔、段来划分走势才能分析和操作，没有后面的笔和段，也一样可以分析操作】。

我们从 g0 开始进入图形中。显然，当下走到 g1 时，由于只有两段，所以不形成任何中枢。当然，如果你是一个分笔操作者，那么 g1 就构成一个第二类卖

① 原文来源：http：//blog.sina.com.cn/s/blog_486e105c01000arw.html，2007-05-24 01：37：31。

(扫码获取更多学习资料)

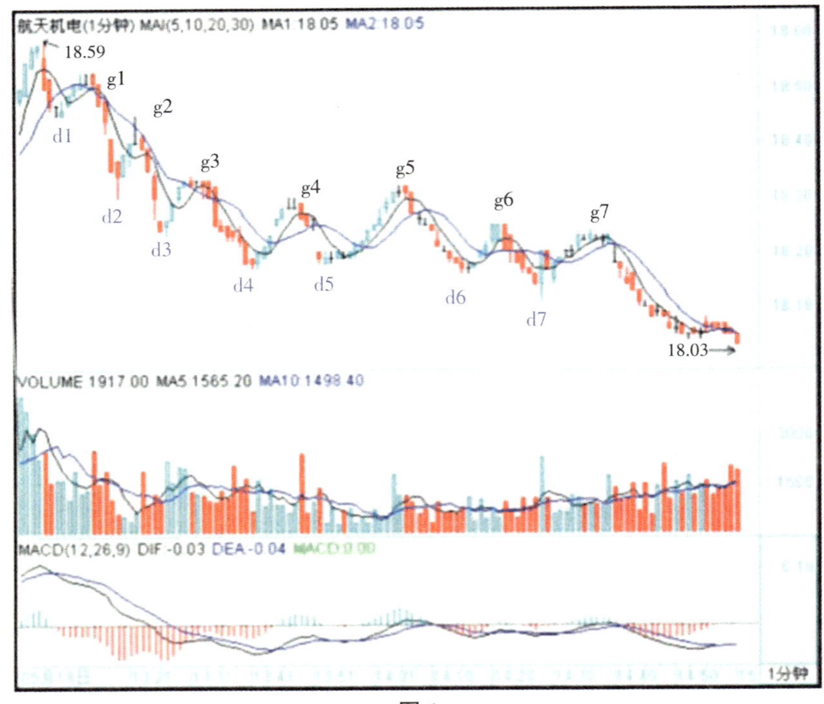

图 1

点了。当走势发展到 d2 时，一个 1 分钟级别的中枢就形成了，区间是 [d1，g1]。后面出现的线段，就要以该区间来决定是中枢震荡还是第三类买卖点。由于 d1=g2，那么 d2g2 这段就属于 [d1，g1] 中枢的震荡。而到 d3g3 这段时，显然已经不能触及 [d1，g1]，所以 g3 就是第三类卖点。当然，如果前面 d1>g2，那 g2 就是第三类卖点了【扫地僧：那时就以 d1g1 与前一个向上的段的重合区域为中枢了】。

其实，由于 d1=g2，所以当行情发展到 d3，就可以当下用结合律对走势进行多样性分析。这时候，有如下等式：

g0d3=(g0d1+d1g1+g1d2)+d2g2+g2d3=g0d1+(d1g1+g1d2+d2g2)+g2d3

括弧里的是中枢。在后一式子看来，该中枢就是 [d1，g2]，也就是一个价位。这时候，也并不影响前面关于 g3 就是第三类卖点的分析。而这种分解，比较符合一般的习惯，所以是可以采取的。

显然，以 MACD 辅助判断，力度上，g1d2>g2d3>g3d4，相对来说，后者都是前者的盘整背驰。当然，在 1 分钟图上，这种背驰没有什么操作意义，但如果是

日线甚至年线图上，就有了。

分解图形，有一个原则是必须知道的：两个同级别中枢之间必须有次级别的走势连接，例如，g0d4=g0d1+(d1g1+g1d2+d2g2)+(g2d3+d3g3+g3d4) 这样的分解是不被允许的，因为括弧中的两个同级别中枢之间没有次级别的连接（注意：这与下面三次级别构成中枢的情况不同，这种情况下，是允许三个括弧相加而之间没有次级别，因为那是扩展成高一级别中枢的情况，和这里两个同级别的情况不同）。【扫地僧：在扩展成高级别中枢时，高级别中枢的次级别走势可以用三个次次级别走势组合而成，而且中间无须有独立走势的连接。换个角度理解：扩展成高级别中枢时，是用同级别分解来组合，而连接两个同级别中枢的情况，是非同级别分解，两个同级别中枢之间必须有走势连接】

当行情在当下 d4 点时，根据上面的原则，无非有两种可能的分解：

g0d4=g0d1+(d1g1+g1d2+d2g2)+g2d3+d3g3+g3d4

=g0d1+d1g1+g1d2+(d2g2+g2d3+d3g3)+g3d4

d4g4 是盘整背驰后的正常反弹，针对上面第一种分解，这只是第三类卖点后向一个新的同级中枢移动或形成更高级别中枢的一个中间状态，g4d5 这段也是；针对第二种分解，由于 g4=d2，所以 d4g4 是（d2g2+g2d3+d3g3）的中枢震荡，d5g5 这段如此【扫地僧：这也是分析操作时尽量参考最近的中枢的理论依据】。

有人可能要问，在这种情况下，采取哪种分解？其实，哪一种都可以，但第一种由于在中间状态，没有一个确定的标准，所以对短线操作指导不足，而第二种，由于是中枢震荡，操作起来指导明确，所以从方便操作的角度可以用第二种。这就是反复强调分解多样性的好处，一般来说，对于具体操作，一定要选择当下有明确意义的分解，例如是中枢震荡的，或有第三类买卖点的，一定要注意，所有的分解必须符合分解的原则，否则就乱套了【扫地僧：参考最近中枢的作用，最主要是这种分解是有利于当下操作的，因为其他分解时没有操作机会，而这种分解时有操作机会，那么就以当前有操作机会的分解优先】。

对于第二种分解，d5g5 这段属于中枢震荡，但对于第一种分解，d5g5 这段就有了一个重大的意义。因为第三类卖点出现后的中间状态，在 d5g5 这段出现后就彻底消除了，一个更大级别的中枢就给确定了。具体如下：

g0g5=g0d1+{(d1g1+g1d2+d2g2)+(g2d3+d3g3+g3d4)+(d4g4+g4d5+d5g5)}

三个小括弧里的 1 分钟中枢重叠构成了大括弧里的 5 分钟高一级别中枢。中枢的区间是［d2，g5］，注意：这时候要把 1 分钟的走势当成线段，小括弧里的都是线段，高低点是这线段的端点【扫地僧：所以在对付中枢扩展时，中枢区间

的确定就很简单了，以上面为例，第一个 1 分钟走势是 d1g1+g1d2+d2g2，最高点是 g1，最低点是 d2，那么就可以将 g1d2 看作是这个 1F 走势，内部不用关心长什么样。同理，第二个 1 分钟走势的高低点是 g2d4，第三个高低点是 g5d4，那么这三个 1F 走势的重合区间就是 d2g5，这个区间就是 5F 中枢的区间】。这样一来，后面的走势就十分简单了。例如，g7 就是一个第三类卖点（d7g7，其中第 2、第 3 根 K 线有一个较大的回试，然后有第 5、第 6 根 K 线两个小十字星停在该区域，由此知道这肯定构成 1 分钟中枢了，也就是内部可以画出一个 1 分钟以下级别的三段。当然，具体的如果有 1 分钟以下图就可以把握，特别对于级别大的图，这时候都可以通过小级别的图去确认，如果经验多的，一般看到这种情况，不用看小级别的就知道怎么回事）【扫地僧：这个地方，缠师是将d7g7 看作一个 1F 的走势，而并不仅仅是一个 1F 的段，也就是说 d7g7 的级别比 g6d7 或者 d6g6 这样的级别大，原因在于 d7g7 的内部 K 线并非像其他笔那样流畅，第 2、第 3 根 K 线有较大回试，第 5、第 6 根 K 线两个小十字星正好和第 2、第 3 根 K 线重合，这就是内部的中枢。由此可见，即使后面学了笔、段，无非是对小级别的杂音做过滤，但要想真实地看懂最贴近市场的走势，还应根据实际走势的情况，而不是生搬硬套】。

按照第二种分解，相应的 5 分钟中枢要到 g6 点才完成，这样：

g0g6=g0d1+d1g1+g1d2+{(d2g2+g2d3+d3g3)+(g3d4+d4g4+g4d5)+(d5g5+g5d6+d6g6)}

相应的 5 分钟中枢区间是［d3，g5］，在这种情况下，d7g7 也是一个中枢震荡，但不构成第三类卖点，因为不符合条件（为什么？本 ID 写了这么多，这么简单的问题，就当作作业请各位回答）【扫地僧：因为 g7 回到了 5 分钟中枢区间［d3，g5］内，而且 g6d7 不是次级别离开】。

注意：并不是说一定要形成该级别第三类卖点后才能大幅度下跌，完全可以用该级别以下小级别的第三类卖点就突破中枢【扫地僧：在实战中，一个大级别中枢上方的一个次级别三买或者次次级别的三买就值得注意了。因为在加速时，级别一定很小，而要出现大级别三买，基本主升浪就快完了】，只要足够长时间，该级别的这第三类卖点是一定会出现的。当然，在最极端的情况下，这个卖点离中枢很远的位置了，但有一点就是该卖点后一定继续向下，而上涨的情况相反，第三类买点后一定继续向上，一个最好的例子就是 600477 在 2007 年 4 月 9 日这个小级别的第三类买点【扫地僧：如图 2 所示】，该买点离 2 月的中枢很远了，但依然有效，而且还是在这么大监管的条件下，本 ID 的理论继续发挥作用，为什

么？因为那些监管并没有破坏本 ID 理论成立的两个最基本的前提。可以看 600837 在 2007 年 2 月 6 日的例子【扫地僧：如图 3 所示】。至于暴跌的例子，现在很难找到，老一点的投资者应该都记得庄股跳水后，第一次反抽后再继续更大幅度下跌的例子，那就是第三类卖点【扫地僧：看一下当年的德隆三驾马车，由于湘火炬已经退市，就看另外两个：合金投资和新疆屯河（现在是中粮糖业）】。

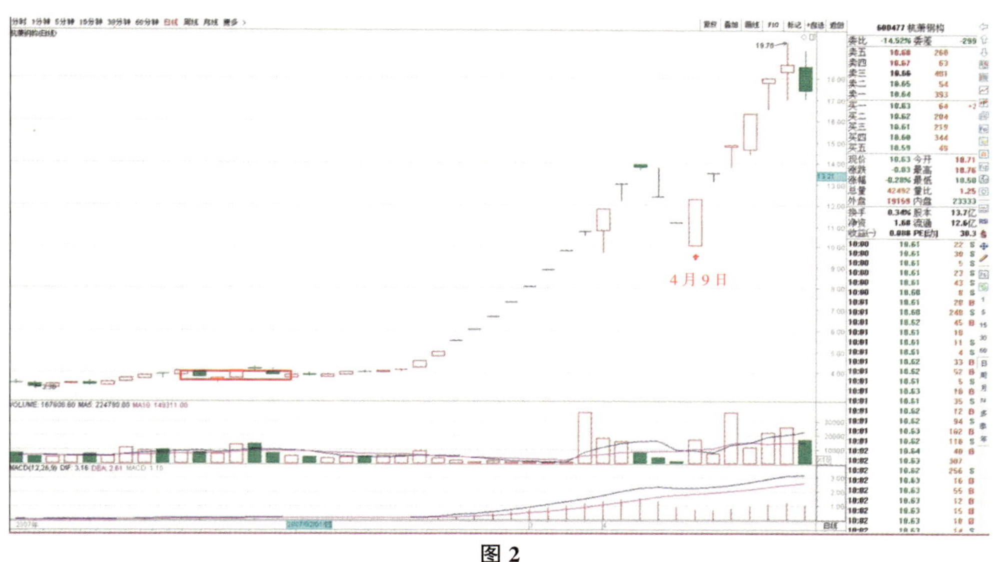

图 2

图 3

（扫码获取更多学习资料）

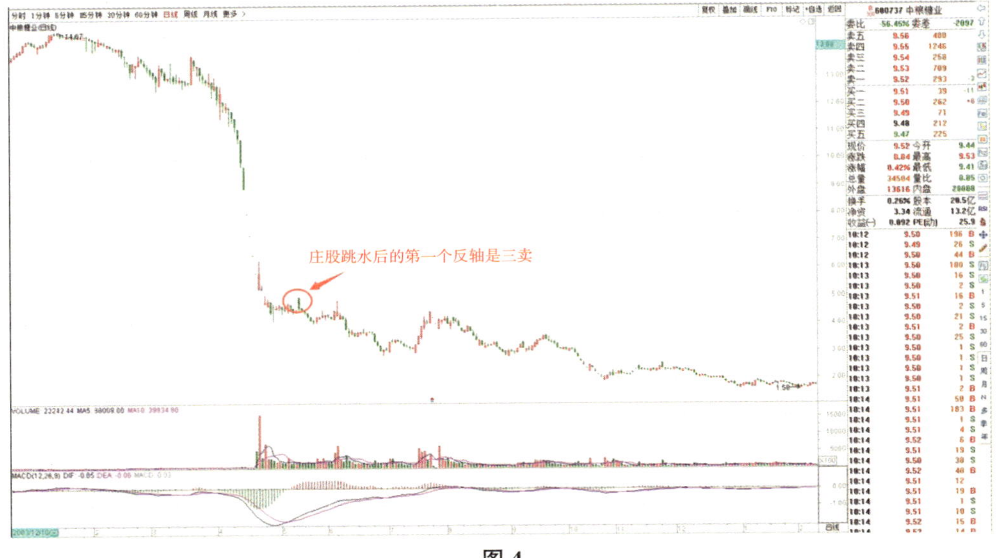
庄股跳水后的第一个反轴是三卖

图 4

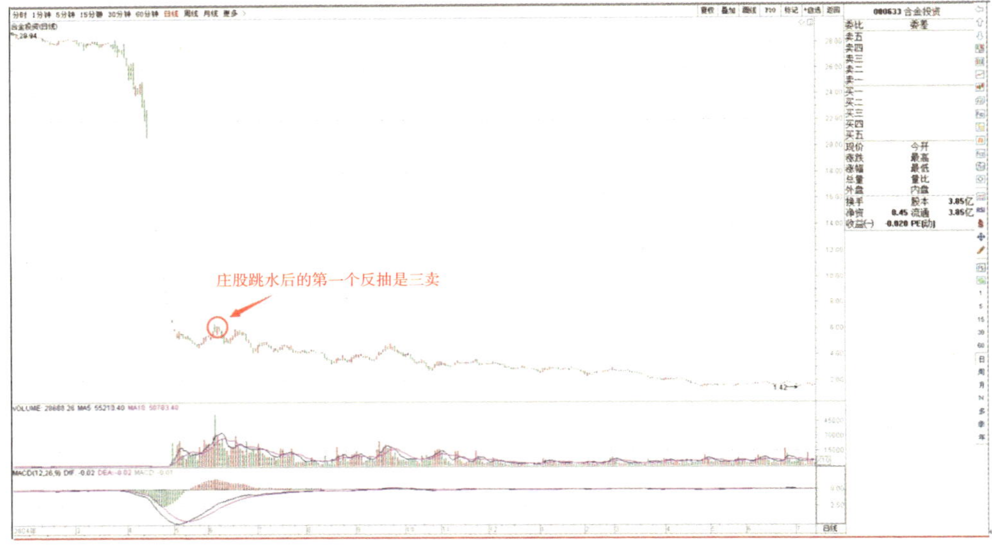
庄股跳水后的第一个反抽是三卖

图 5

必须注意：在这种大幅快速波动的情况下，一个小级别的第三类买卖点就足以值得介入。例如，对一个周线中枢的突破，如果真要等周线级别的第三类买卖点，那就要一个日线级别的离开以及一个日线级别的反抽，这样要等到何年何月？因此，一个 30 分钟甚至 5 分钟的第三类买卖点都足以介入了，这是基本的

前提，这种小级别的大幅突破必须和一般的中枢波动分开，这种情况一般伴随最猛烈快速的走势，成交量以及力度等都要相应配合【扫地僧：一个小级别的三买如果也突破了大级别中枢，并伴随着猛烈快速的走势，那么一定要参与，否则可能就错过了主升段。但要注意：一定是猛烈快速、成交量配合的三买，而不是疲软的，而且这个只是小级别三买，而非很多人所说的什么类三买。图6是缠师曾做过的华润三九（000999），缠师介入的位置就是那个5分钟中枢的三买。兔宝宝（002043），图7中红色框是日线中枢，白色框是30分钟中枢，第一个白色圆圈是30分钟三买，第二个白色圆圈是日线级别三买。合肥城建（002208），如图8所示，红框是日线中枢，白框是30分钟中枢，白色圆圈是30分钟三买，红色圆圈是日线级别三买，可以看到日线级别的三买距离30分钟三买已经很久了，而且价格还更低】。这种操作，如果理论把握不好，有一定风险，就是和一般的中枢震荡搞混了，因此理论不熟练的，还应先按最简单的来，例如对周线中枢的突破，就老老实实等周线的第三类买点【扫地僧：这种操作不仅需要理论，还需要经验，因为很容易把级别搞混。虽然这种操作很诱人，但还是要循序渐进地来，把基础的东西搞熟练了再研究这个】。注意：卖点的情况，理论不熟练的，要按小的来，因为宁愿卖早，决不卖晚【扫地僧：风险第一，宁可少赚，不要多亏】。不过，对于大级别中枢来说，如果还要等到第三类卖点才卖，那反应已经极端迟钝了，那第一、第二卖点去哪儿了？市场里可不能随地睡觉。

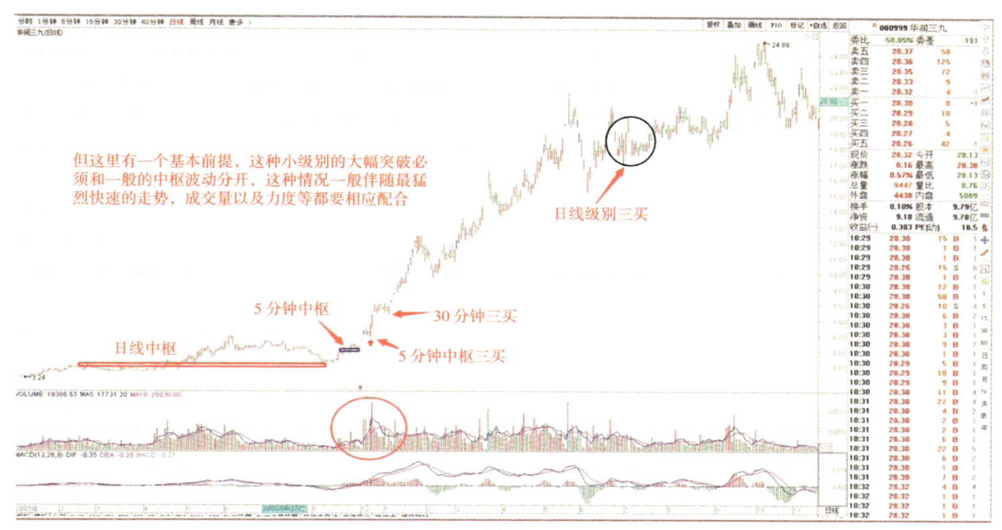

图6

(扫码获取更多学习资料)

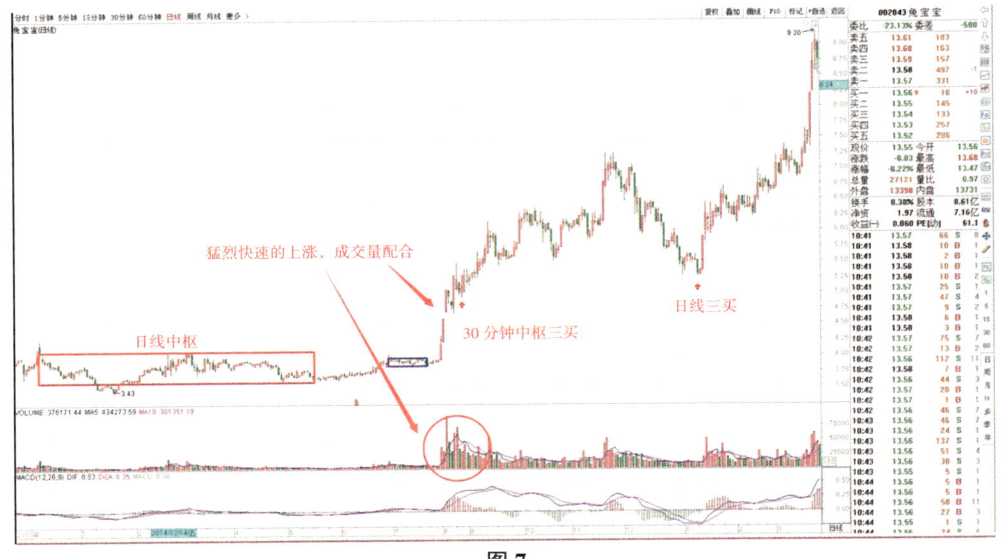

图 7

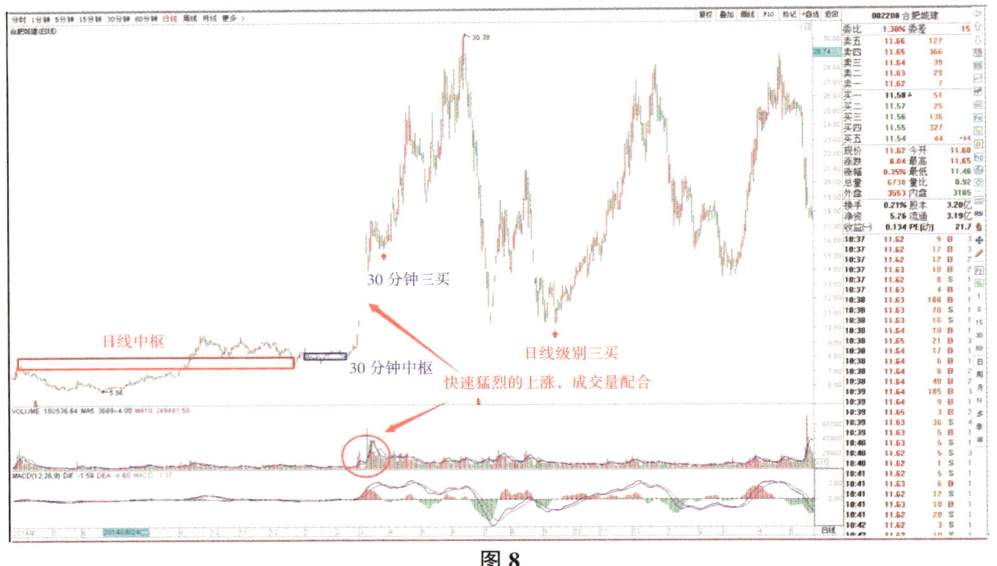

图 8

还有一种极端的例子，就是大幅度的中枢震荡，例如 5 分钟的中枢在 10000 元，最极端的，甚至可以次级别以下震荡到 0.01 元，又拉回来，即使连续跌停到 0.01 元，然后连续涨停至 100000000 元，再跌回来 10000 元，这也是 5 分钟的中枢震荡。当然，这样的例子也只能是理论中的。由此可见本 ID 理论的涵盖

面之广。所以中枢震荡的操作，一定是向上时力度盘整背驰抛，向下力度盘整背驰回补，而不是杀跌追涨，否则真出现这样的情况，那就真有问题了。

关于追涨杀跌，如果在中枢震荡中，一定输。但如果是在第三类买卖点后，就不一定了，因为中枢的移动，并不一定恰好在你买卖的位置就结束了，就算是后面也还有中枢震荡出现。因此，在这种情况下追涨杀跌，也有活的机会【扫地僧：现在市场中最被认可的打板玩法，也可以用缠指导，只有出三买的板才值得打、值得追，并不是说一定获利，而是风险收益相对较好并不是任何的板都可以打，如果你也玩打板，完全可以用是否出三买做一个过滤，可以提高成功率】，但这都不是长远之计，为什么有好好的第三类买卖点不用，一定要追涨杀跌？就算是追涨杀跌，也可以利用小级别的买卖点进去，为什么一定要瞎蒙呢？

回到上面的两种分解，其实这两种分解对于 g7 点来说，结论是一样的，而从 MACD 辅助看，这种两次拉回 0 轴都冲不上去的走势，而且第二次红柱子还面积小了，这种情况也预示着后面有麻烦【扫地僧：又一个实战经验：在反弹无力，MACD 黄白线双回拉 0 轴都上不去的话，一般都会有一波下跌，相反，在上涨时该经验同样适用，如图 10 所示】。但多种分解，其实并不是什么麻烦事，反而是相互印证的好办法。不过再次强调，分解必须符合规范，不能胡乱分解。

图 9

(扫码获取更多学习资料)

MACD 双次回拉都不能回到 0 轴下方，第二次的绿柱子面积比第一次还小，一般走势还将延续

图 10

按严格标准说，如果你能熟练地讨论任何图形、能当下快速地按以上标准来分解并指导操作，那么对于本 ID 理论的学习，就大致可以“小学毕业”了。

附录

虽然今天本 ID 见到什么股票都想当 AC 痛打，10：00 的第一卖点与 11：15 的第二卖点，就和前文的 g0/g1 是一回事，只是前面是 1 分钟以下级别的，而这里是 1 分钟级别的【扫地僧：看当时的 1 分钟 K 线图，如图 11 所示。这里说的第一类卖点是盘整背驰的第一类卖点，就是针对图 11 中第一个红框这个中枢】。11：15~14：12 就是第三段，从而构成一个大的 5 分钟中枢。第三段是一个典型的趋势，两个中枢，最后一段在 1 分钟图上标准的 1 分钟以下级别背驰（看其中 MACD 的绿柱子面积），后面的拉回就是对这 5 分钟中枢的震荡。【扫地僧：对照图 12 看】

明白了上面，明天的走势就太简单了，即关于这中枢的震荡直到出现第三类买卖点。至于大的走势，还是 4129 点的 1/2 线问题，一定要震荡稳定后才谈论向上发展，这是一个大前提。

今天 635 涨停究竟买不买。一定要在买点买，短线也是一样的。就像本 ID 16 只股票里前期最弱的 998 和 343，998 在三四月盘整的时候，无数人在唠叨，有那时间唠叨，还不如问自己，那盘整究竟是什么级别的第三类买点，然后去分

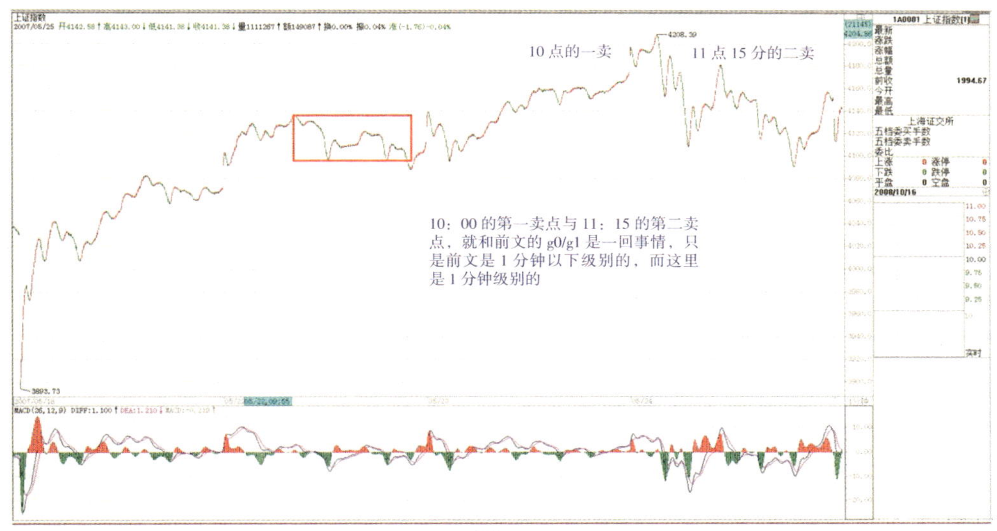
10点的一卖
11点15分的二卖
10：00的第一卖点与11：15的第二卖点，就和前文的g0/g1是一回事情，只是前文是1分钟以下级别的，而这里是1分钟级别的

图 11

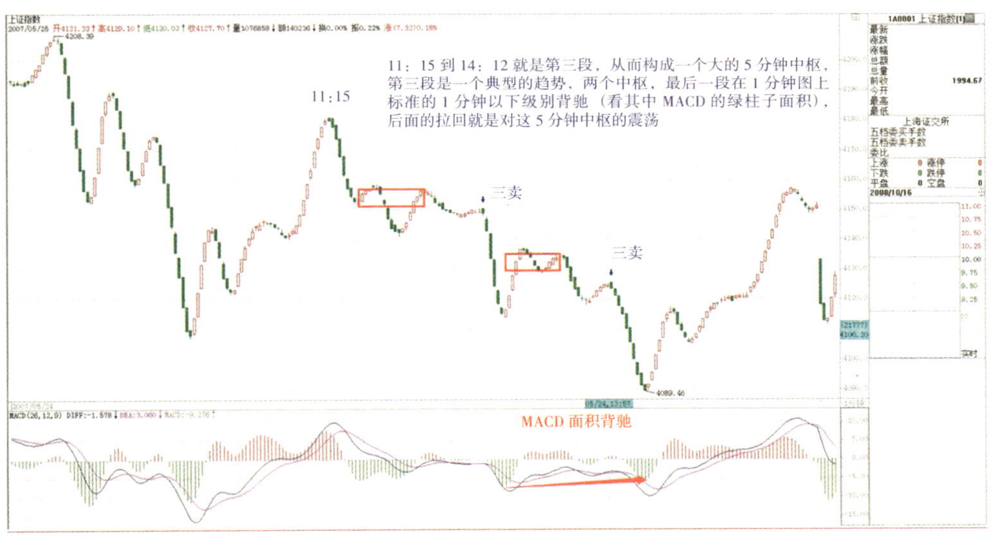
11：15到14：12就是第三段，从而构成一个大的5分钟中枢，第三段是一个典型的趋势，两个中枢，最后一段在1分钟图上标准的1分钟以下级别背驰（看其中MACD的绿柱子面积），后面的拉回就是对这5分钟中枢的震荡
11:15
三卖
三卖
MACD面积背驰

图 12

析细部，找出启动的点。按照本ID的理论，3月30日的那个点根本就不难找，请看看日线下的MACD变化【扫地僧：看图13。那里的横盘，形成了对下方日线中枢的第三类买点，MACD黄白线刚好回拉0轴附近，是个双回拉】。其他个股也是一样的。3月的盘整是什么？MACD刚回拉0轴就起来，这够标准吗？为什么有时

间埋怨没时间研究？【扫地僧：看图 14。3 月的盘整也是一个日线三买，也是 MACD 黄白线刚回拉 0 轴】

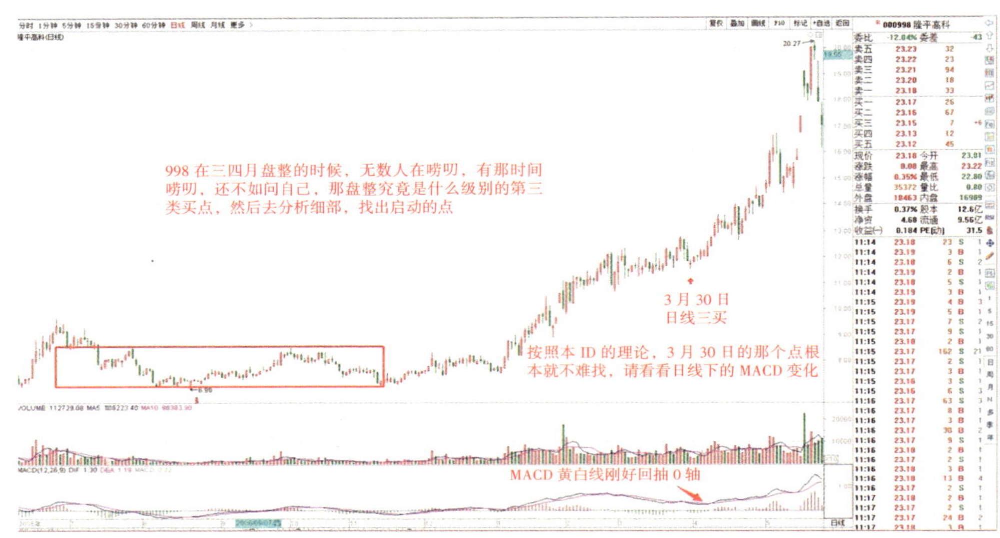

998 在三四月盘整的时候，无数人在唠叨，有那时间唠叨，还不如问自己，那盘整究竟是什么级别的第三类买点，然后去分析细部，找出启动的点
3 月 30 日
日线三买
按照本 ID 的理论，3 月 30 日的那个点根本就不难找，请看看日线下的 MACD 变化
MACD 黄白线刚好回抽 0 轴

图 13

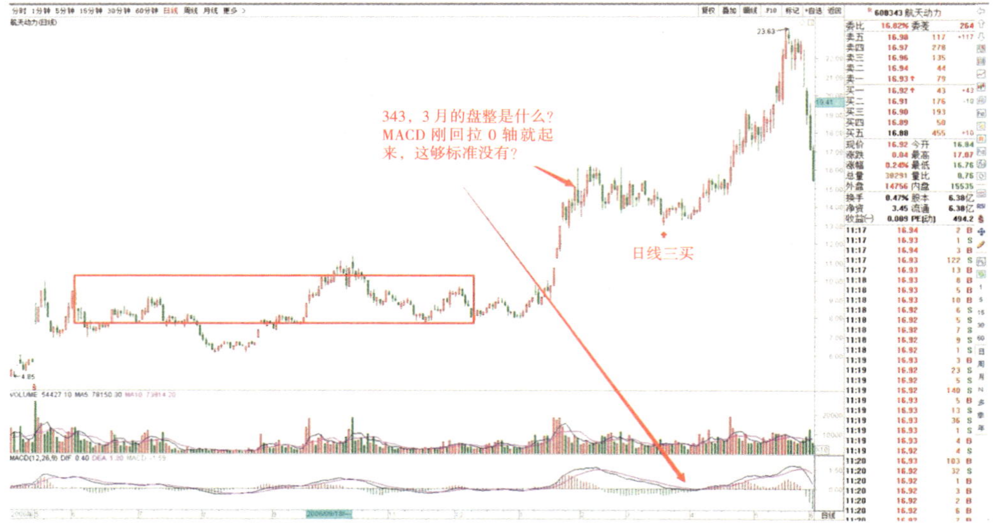

图 14

有时间，请多研究，功夫还是要下的。

【扫地僧点评】

这节课是走势结合律用法的详细说明，而且也教大家如何分析走势以及找出相应的买卖点。

教你炒股票55：买之前戏，卖之高潮[①]

炒股犹如啪啪啪，关键要把秉性抓，前戏充分皆投入，高潮方能擦火花。

人的行为如同性，把性研究清楚，人的行为也就略知一二了。股票买卖，不过是人的行为之一，当然不例外，这是在极为严肃地讨论这个问题。

首先，先给股票定性别，为什么本ID总爱说股票是面首，因为他确实是面首，他是他，而不是她，股票的性别是男的，所以难。难什么？难在高潮之不可持续，高潮之后必有不应【扫地僧：由于一只股票上的投资者是一群人，那么其波动轨迹必然具有群体性动物的某些特征，群体性行为的一个特点就是信息或认知在群体中的传播，一般是刚开始非常缓慢，当达到某种临界点时，之后的传播是爆发式指数级的，这也是为什么大多数股票会走出先缓慢上涨或者横盘，然后突然爆发，这其实也是群体性人群的特征】。而投资者应该是什么性别，投资者应该是她而不是他，投资者的投资能力就应该如女性性能力般可持续，无不应【扫地僧：个体投资者的投资能力自然是可持续，每个月的工资发下来就可以投资，直到死亡】。以女“性”可持续之洪大去折服男“性”不可持续之弱小，这就是投资之道。

投资的关键就是女性，就是可持续，这与股票本身的男性不可持续构成了投资中最大的矛盾。投资之道，就是驾驭面首之道，就是御男之术，就是采阳补阴之方。采阳，要讲究其火候，火候太嫩，采之难以成丹，太老，同样是废物，如果是阳气外泄，化为污浊之精，则更是大煞风景。股票也一样，太早买入，一阳未生，则纯粹折腾，毫无趣味【扫地僧：这也是为什么缠师说，年线以下的股票就先别看了，等到先上年线再说的原因。底部是大资金建仓改造股性的过程，这个过程往往非常磨人，没必要跟着耗】；待到高潮之时不能及时采补，则阳气尽去，污精尽泄，烂蛇死鳝，反受其困【扫地僧：这理解起来就简单了，股票的加

---

① 原文来源：http：//blog.sina.com.cn/s/blog_486e105c01000aur.html，2007-05-28 08：12：41。

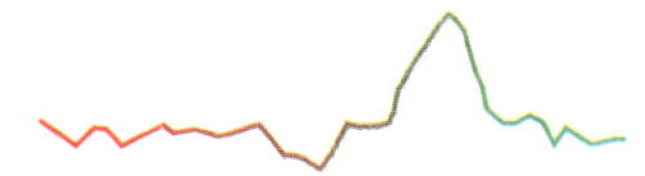

速期、亢奋期往往不会太久，一定要注意及时止盈，别坐过车站，此刻要克服的是贪念】。由于男“性”之不持续，则女“性”采补之关键，就是要取其精华，何谓其精华？一阳复始采之，阳极阴生弃之。用更通俗的话说，就是买之前戏，卖之高潮。

买和卖，是不对等的，相应的策略也是不一样的，为什么？因为买卖的前后状态是不同构的。在市场里，买是钱换筹码，卖是筹码换钱，钱是与时间无关的，1 元，今天是，明天还是，只要还是钱，就是不变的。而筹码不是，今天的筹码价值与明天的不同，而筹码的数量不变是没意义的，因为最终算的还是钱。由于时间的不可逆转，因此（钱—筹码）与（筹码—钱）这两个结构不是同构的。这个道理十分简单，谁都明白，但却是操作逻辑的基础，最基础的往往最简单。

因此，对于一个大级别的买的过程，或者说一个大的建仓过程，买必然是反复的，买中有卖，不断灵活地根据当下的走势而调整建仓的成本与数量，底部区域可以进行最复杂的中枢延伸与扩展，唯一的目的只有一个，取得足够的、成本不断降低的筹码【扫地僧：底部这个区域是最难把握的，走势非常不规整，此时整个市场也处于犹豫的氛围内，很不好做】。这不一定和坐庄有关，当然也可以相关。一个大级别的买的过程，某种程度上还兼备着改造这只股票股性的任务，而且这也是一条底线，也就是能顺利退出的底线【扫地僧：因为经过前戏已经把成本降得足够低，即使出现意外情况，也能全身而退，所以说这是能顺利退出的底线】，在这个底部区域的股性改造中，也就是一个前戏的过程，没有好的前戏，不会有好的高潮。注意：底部不一定是在一个平衡的水平线上中枢震荡，还可以是比较复杂的通道式上升。当然，一般来说，这种通道都是斜率很小的，充满激烈的震荡【扫地僧：这符合在第 7 课里提到的，先缓慢爬升，当出现加速上涨就要注意卖股票】。

一个好的、具有诱人前戏的买，当脱离底部区域时，其成本应该早在该区域之下，而在大级别中枢上移中，只会减少成本，只有最愚蠢的拉抬，才会增加其成本。其后的活动，本质上只是股“性”不断激发，如同蜂王散发诱惑引发群雄蜂的追逐，这更如同一个壮观的 NP 过程，N 不断增大，各种裂口、长阳，将这 NP 活动推向高潮。对于刚脱离底部的股票，第一次的高潮就如同一个淫乱狂欢夜的序幕，只不过是为第二、第三、第四、第五、第六甚至第十次高潮进行铺垫。第一次高潮后的不应期往往很短，但可能很猛烈，震荡很激烈，不应期中还有继续高潮的冲力【扫地僧：这往往就是三买的构筑过程，因此要想做三买，就一定要多看股票在第一次加速时的表现】。这种股票，就如同刚被开发的面首，

(扫码获取更多学习资料)

只有第二、第三次，甚至第四、第五次的高潮才会渐入佳境。而一个出色的卖，就是在那大级别高潮的后继乏力、背驰中退出，一个好的庄家或大资金操作者，最好的状态就是在那大级别的最后疯狂中被疯狂的雄蜂把货给抢光了【扫地僧：对庄家来说，最大的困难就是出货，因为那么多筹码如何能换成钱而使股价还不至于跌回来，要么是在亢奋期时成交量巨大，要么是通过时间消化，也就是在高位构筑平台，慢慢出】。

注意：本 ID 在上面是否正在进行一个 AV 的解说，这并不重要，重要的是，股票就是这样每天现场直播着这 NP 级别的 AV。对于一般的散户投资者，在一些较大级别的介入中，例如日线以上的介入中，并不一定都要在第一类买点介入，因为，其后的前戏过程，并不一定是一般的散户可以忍受的【扫地僧：可以翻一翻股票的 K 线图看看底部都是如何构筑的，花了多长时间】，一般地，可以在第二类买点出现后才考虑介入，或者更干脆的是第三类买点出现再介入。但如果资金有一定规模，需要一定数量的筹码，或者要为以后的猎鲸活动储备经验，一个至少从第二类买点开始利用部分前戏的介入是必须的，其中也要如大资金一样，有利用前戏的震荡降低成本、增加筹码的必要。这有什么好处？最重要的一个好处，就是熟悉其股性，一个前戏都不参与的，怎么可能在后面的 N 次高潮与不应中得心应手？【扫地僧：每个庄家都有相应的操盘手，操盘手也是人，是人就会有自己的喜好，一只股票的股性其实也是它背后操盘手的性格】

股票运转的模式，归根结底，就是不同级别的中枢震荡与移动的组合，并最终构成相应的前戏—高潮模式【扫地僧：这很像非同级别分解，非同级别分解中，就是中枢与中枢之间的连接，对应的就是前戏—高潮】，都一样，但在一样之中，每只股票都有其股性，涉及频率、幅度、形态复杂度等【扫地僧：这就是股性，每只股票都有自己的股性，从缠论学习者的角度看，可以对走势和中枢的频率（周期）、幅度、形态对股性加以描述】，这些，对于每只股票都是独特的，这也就是为什么依据同一模式展开的走势，却呈现千差万别的最终图形。

附录

周末没什么消息，憋了两天的能量在今天爆发，所以就搞出一个大缺口来，但其后的走势并不是太强，依然只是一个平衡市，所以该缺口的吸引力以及该平衡市所构造的新的中枢引力，使得后面三天的技术压力不可忽视【扫地僧：如图 1 所示】。周四是月线收盘的位置，刚好也是缺口在技术上需要 3 天考验的时间，所以后面 3 天，多空的搏杀将极为惨烈【扫地僧：第三天正好是

530 暴跌】。

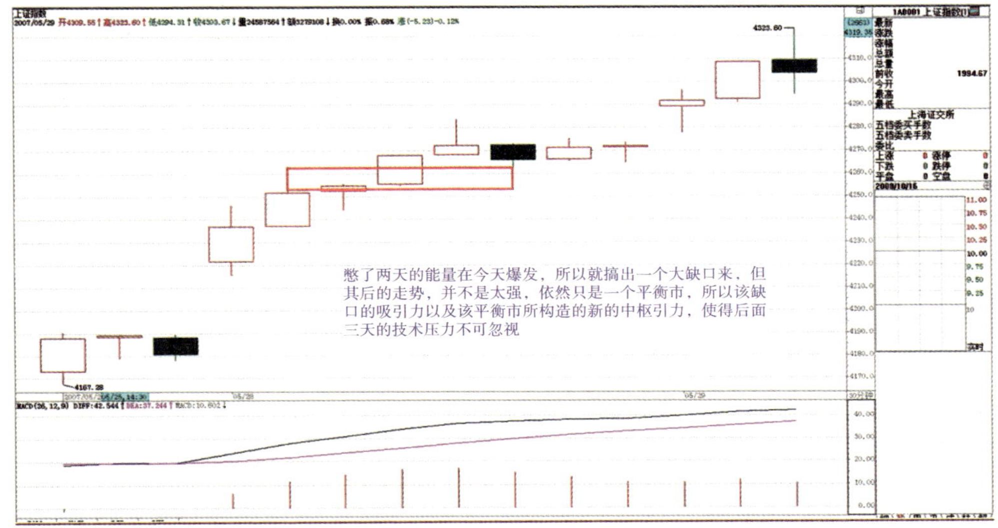
上证指数
4323.60
4167.28
憋了两天的能量在今天爆发，所以就搞出一个大缺口来，但其后的走势，并不是太强，依然只是一个平衡市，所以该缺口的吸引力以及该平衡市所构造的新的中枢引力，使得后面三天的技术压力不可忽视
上海证交所

图 1

从大的方面看，4129 点的 1/2 线在 6 月将上移到 4144 点，该线的突破在日线上的回试确认并不能完全保证周线、月线上的回试确认【扫地僧：还是级别的原因，这是大级别的趋势线，自然需要大级别的 K 线确认】，从最严格的意义上讲，在月线上至少需要 3 个月才能确认该线的真正有效突破。这就像 1~3 月在 1/4 线时所呈现的走势一样【扫地僧：2007 年 1 月，1/4 线的位置=1429+152×7.5=2569，3 月 1/4 线上移到 2584 点，图 2 是 2007 年 1~3 月的月线图】。当然，最理想、最强的走势就是 5 月收光头阳线，6 月以下影线的方式是确认该线的突破，7 月继续长阳最终确认该突破的完全有效，但这只是最理想的情况，市场最终并不一定能走出来【扫地僧：这个版本就是将回试放到 6 月，并且以下影线的方式说明 6 月下探后又收回来了，7 月长阳自然确认突破有效。但最终很遗憾，由于 530 的暴跌，5 月收了上影线】。

政策方面，关于操纵的条例周末已经在报纸上有所曝光，说实话，这条例才是一个真正的狠招，其中有些规定，对市场的格局有严重的影响。在本 ID 看来，这才是这两年来市场上飘来的真正的第一朵乌云，只是现在市场中散户太多，一般反应比较迟钝，所以没什么感觉。由于该条例只是一个草案，所以还有纠正的可能。下面，真正有意义的事情，就是对该条例进行无情打击，深入揭发，让该条例中严重危害市场的条款不能实施【扫地僧：2007 年 3 月 27 日，证监会内部

(扫码获取更多学习资料)

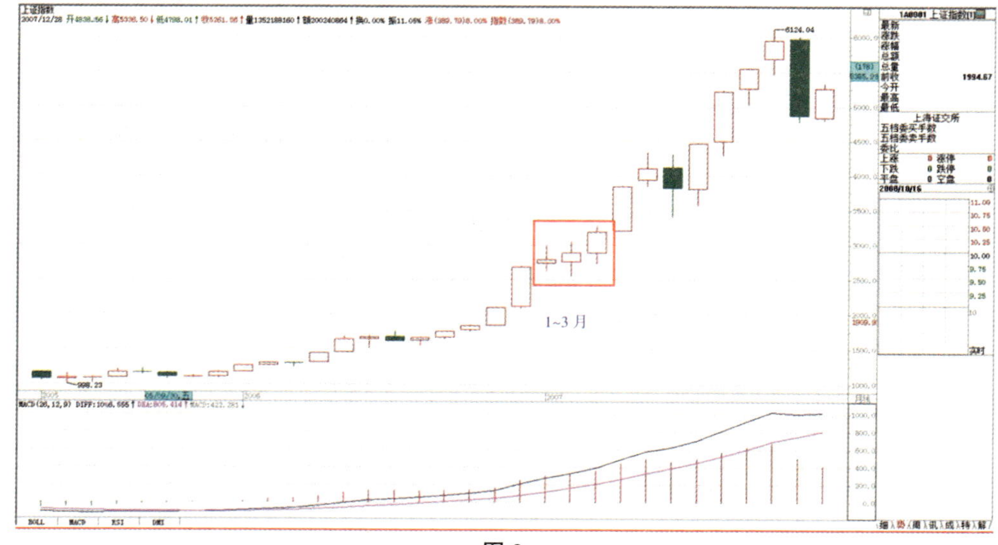

图 2

发布《证券市场操纵行为认定指引（试行)》】。

如果大盘本月不能收出光头阳线，该条款以及今后几天的一些政策动态是主要的原因。但大家的心态要平和点，毕竟政策也是市场合力的一部分，他们也不容易，就原谅他们吧【扫地僧：在 530 那天，调整印花税这样的“半夜鸡叫”使得当天出现暴跌，这就是政策这个市场分力的表现】。

今天应该已经收到一些东西，具体的本 ID 不能说，内容当然也是和调控股市有关的，估计这几天就会出来了。但这些警示性的东西有多大作用，就看市场反应了，这也刚好配合了技术面上的要求【扫地僧：不知是不是关于调整印花税的消息】。

【扫地僧点评】

本课用性行为来形容股票的运行，生动形象抓本质。

教你炒股票56：530印花税当日行情图解[1]

半夜鸡叫政策闹，巨幅震荡心惊跳，倘若技术还过关，震荡要比单边妙。

说说530印花税当日行情如何在当下分析。

本来这个问题十分简单，而且本ID一大早7：00不到就发帖子提醒，要在第二、第三卖点把仓位减掉，很高兴看到不少人都能发现9：48那第二类卖点。注意：为什么同时强调第三类卖点，因为有些特别弱的股票，可能就是一个第三类卖点，大盘的走势是一个平均走势，而且当天比很多只股票都强，所以大盘是第二类卖点，并不意味着个股是第二类卖点【扫地僧：关键还是对形态的把握要到位，总共就那第一、第二、第三类买卖点，把握住了中枢，第三类买卖点是最容易判断的】。

很多人大概到现在都不明白为什么本ID的理论中要有三类卖点，其实，第二类卖点除了在小级别转大级别上比第一类卖点优越，在一些特殊的突发情况下，就是最佳的卖点【扫地僧：由此可见，第二类卖点在处理意外或者突发情况时是最好的，小转大在某种程度上讲也是意外】。例如这次，就是一个很好的例子。因为529那天，虽然30分钟明显进入背驰段，但由于当天尾盘是高收的，所以用区间套定理并不能确认当时就是背驰了，毕竟还有第二天的走势【扫地僧：看图1】，而晚上的突发消息，使得这个背驰被立刻确认，这时候，第一类卖点已经不可能在实际操作中存在，那么，唯一可以进行操作的只能是第二类或第三类卖点。这在开盘前就可以有一个确定，也就是说。一旦大幅度低开，现实的、能被理论完全保证的卖点就是第二类或第三类卖点。

---

① 原文来源：http：//blog.sina.com.cn/s/blog_486e105c01000awo.html，2007-05-30 22：49：10。

（扫码获取更多学习资料）

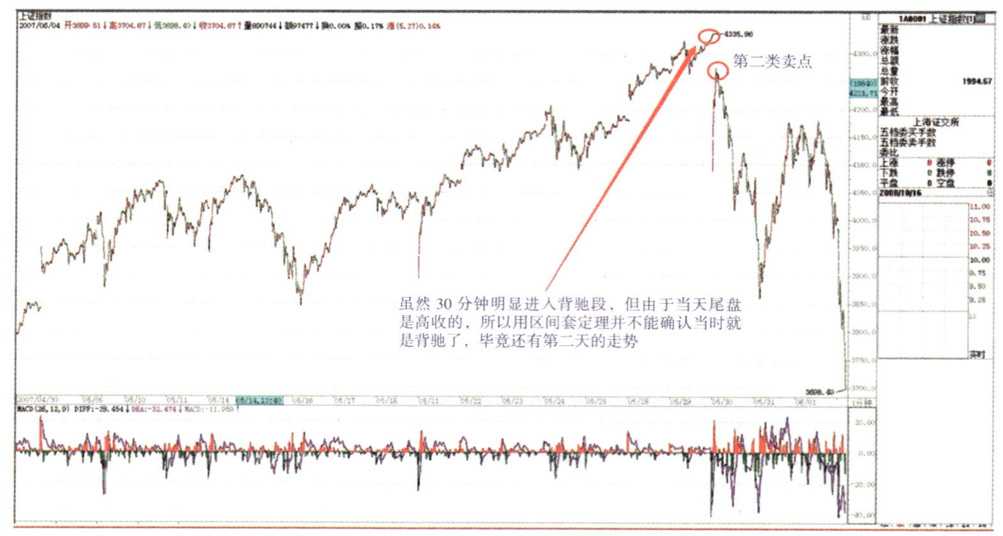
第二类卖点
虽然 30 分钟明显进入背驰段，但由于当天尾盘是高收的，所以用区间套定理并不能确认当时就是背驰了，毕竟还有第二天的走势
4335.96
3698.40

图 1

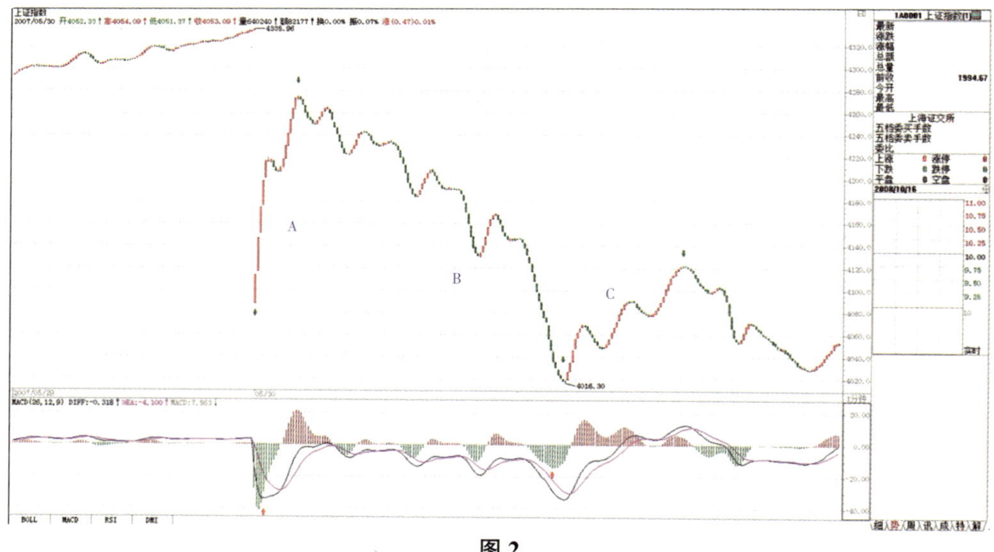
A
B
C
4335.96
4016.30

图 2

图 2 是昨天走势的 1 分钟图。缺口，被看成最低级别的，而 1 分钟以下级别在 1 分钟图上被看成没有内部结构的线段，所以缺口和 1 分钟以下级别在 1 分钟图上是同级别的【扫地僧：这是因为站在 1 分钟级别这个角度看缺口，这个缺口就可以看作是 1 分钟级别的次级别】。图 2 上绿箭头都指着两个 1 分钟以下级别的分界点，两相邻绿箭头之间都是 1 分钟以下级别的走势类型。其中 B 段，看似

要形成 3 个 1 分钟的中枢，但由于每一个的第三段其实都是向下倾斜下去的，其实都是第二段向下的一部分，不能算是形成中枢。昨天走势其实就这么简单，就是 5 个 1 分钟以下走势类型的组合【扫地僧：如图 3 所示】。

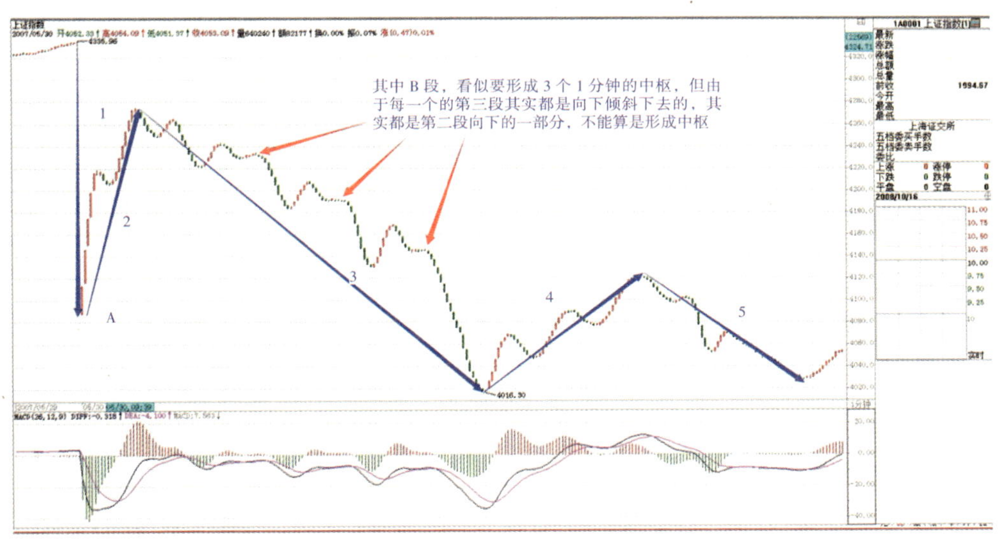

图 3

显然，这第一段的 1 分钟以下级别走势类型是以向下缺口的形成构成的，根据第二类卖点的定义可知道，一旦一个 1 分钟以下级别的向上过程不能创新高或背驰，都将构成第二类卖点。因此，当图 3 中 A 段走势出现时，一个构成第二类卖点的走势就当下地形成中【扫地僧：这段话很容易误解，这其实是因为缺口的原因，如果没有缺口，而是由一个 1 分钟的段跌到了 A 的起点，那么这个二卖就非常标准和清晰。这里重点强调的是，向下的跳空缺口之后，只要出现一个向上段不创新高，就是二卖】。

有人可能有疑问，怎么知道这 A 段一定会构成第二类卖点而不是直接创新高强烈上升，这很简单，具体的方法和区间套定理是一样的，就是看 A 段的内部结构。一旦内部出现背驰而当时位置没创新高或与前面走势产生盘整顶背驰，那么一定是第二类卖点。在昨天的具体走势中，A 段在内部出现上—下—上的内部结构时，其中的第二段向上明显出现背驰走势，这可以通过成交量或从第一个红箭头所指的 MACD 绿柱子与后面红柱子绝对值大小比较辅助判断。因此，这个第二类卖点，可以用理论完全明确地确认，一点含糊的地方都不会有。如果当时当下不能明白，那就要抓紧学习了，因为这个问题确实太简单了【扫地僧：如图4

(扫码获取更多学习资料)

所示，为什么要用这里的绿柱子和红柱子作比较？因为绿柱子在达到最低的那根时已经表达了下跌的力度，那么一个反弹上去，其返回 0 轴的力度也就体现在绿柱子缩小回 0 轴的力度，所以绿柱子这里的面积基本能代表第一段上涨的力度】。

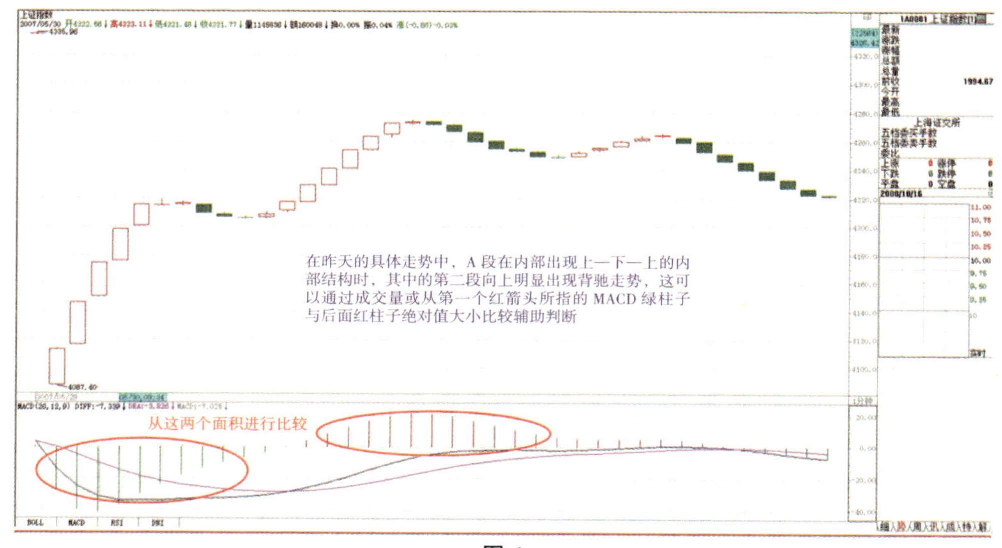

图 4

第二类卖点后，从第二绿箭头开始的 B 段走势，其力度要和缺口那段对比，比较 MACD 上两个红箭头指的绿柱子面积。注意：第二个要把前面的三个小绿柱子面积也加上。可以看出，即使这样，后者的力度也大不过前者【扫地僧：三个小绿柱子面积加起来等于 2430145，而缺口对应的绿柱子面积为 2582871】，由此就知道了 B 段构成了盘整背驰，也就是后面的反弹一定回到第一个绿箭头位置之上（注意：这里是 1 分钟以下级别的力度对比，只需要比较柱子面积，如果是 1 分钟级别的，就要同时考虑黄白线回抽 0 轴的情况【扫地僧：很多人不知道什么时候只比较面积，什么时候黄白线和面积都需要比，这就是答案。也就是说，次级别比较时只需要比面积，而当前级别比较时，要考虑黄白线】）。而后面 C 段的走势也证明了这一点。此外，C 段的高点，用 C 段下方对应的 MACD 柱子高度对比不难用背驰的方法判断。由此，A、B、C 三段就有了重叠，因此构成了一个 1 分钟的中枢，区间在 4087~4122 点。这就成了直到后面、包括明天走势的最关键地方，究竟是中枢震荡，还是形成第三类买卖点，进而构成更大中枢或趋势，都以此为基准。而这是被理论当下严格保证的，没有可以含糊的地方。

有些更细致的地方，其实还是可以说的。例如，C 段的高点，没有重回 B 段内部最后一个反弹的起始位置，这并不违反理论，因为在 B 段内部，最后一段向下并没有背驰，它的转折，完全是小级别转大级别造成的（由于级别太小，可以从柱子的缩短参考看出），这自然就不一定能回到最后一个反弹的起始位置。而在 B 段内部，从绿柱子一个比一个面积大，可知道前面的向下都不会形成背驰而使 B 段结束，因此就可以当下地等待最后跌破 A 段低点，形成 B 段与缺口段的盘整背驰【扫地僧：这段话是对小级别走势分析的最细致的描述了，看图 5 理解更好】。这个例子说明，一个大的盘整背驰段的内部结构，完全可以不必有该级别的背驰，完全可以小级别转大级别【扫地僧：在大级别的盘整背驰段内部，没必要一直区间套到最小级别，完全可以小转大，只要大级别的盘整是有背驰的，那么当次次级别出现背驰时就可以结束了】。

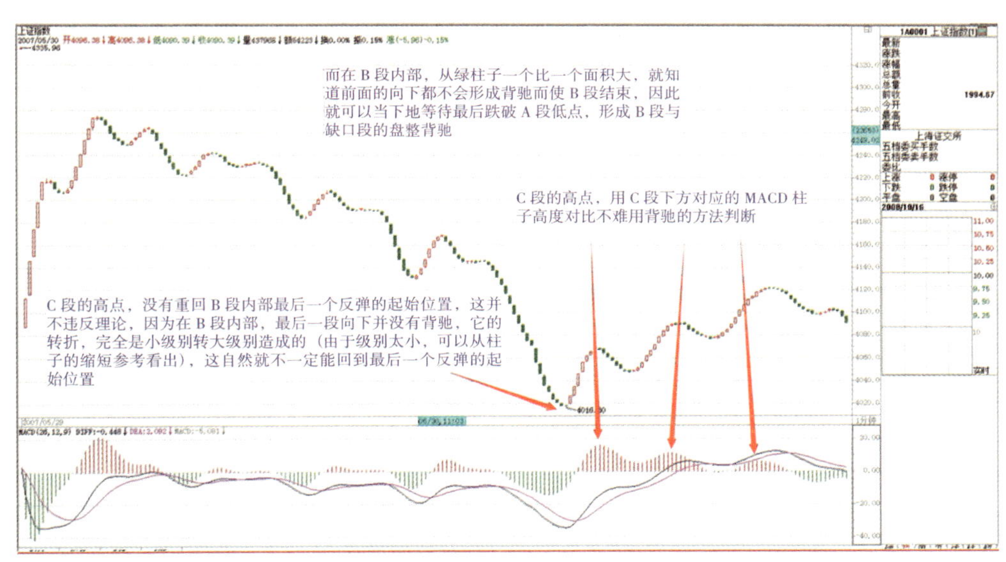

图 5

在实际操作中，第二类卖点后，B 段盘整背驰造成的买点是否要参与回补，这与你的操作级别有关，如果是股指期货，对应的是 100 点的空间，当然是可以参与的，但由于 T+0，而且现在交易成本提高了，对于股票是否参与，这就与你实际操作的股票有关了，必须根据自己的情况灵活处理。但只要你明白了小级别的情况，大级别的操作是一样的，而且大级别的安全性、可操作性更高，操作的频率更低而已。本 ID 说这里的例子，只是让大家对理论能更清楚地了

(扫码获取更多学习资料)

解【扫地僧：以上的走势分析非常精彩，尤其是如何抓精确的买卖点的地方，多多研习必有收获】。

附录

昨天 4087~4122 点的中枢，今天一大早的上冲没有触及 4087 点，所以就构成了该中枢的第三类卖点。后面三波的下跌，与昨天的 B 段比，明显背驰，其内部，最后一波，在 1 分钟图上，绿柱子明显缩短，所以内部也背驰，根据区间套就可以当下定位 10：02 低点。这是本 ID 理论中最简单的技术了【扫地僧：早上的上冲看似是级别不够，但是由于有一个缺口，所以可以看作是 1 分钟次级别的走势，看图 6】。

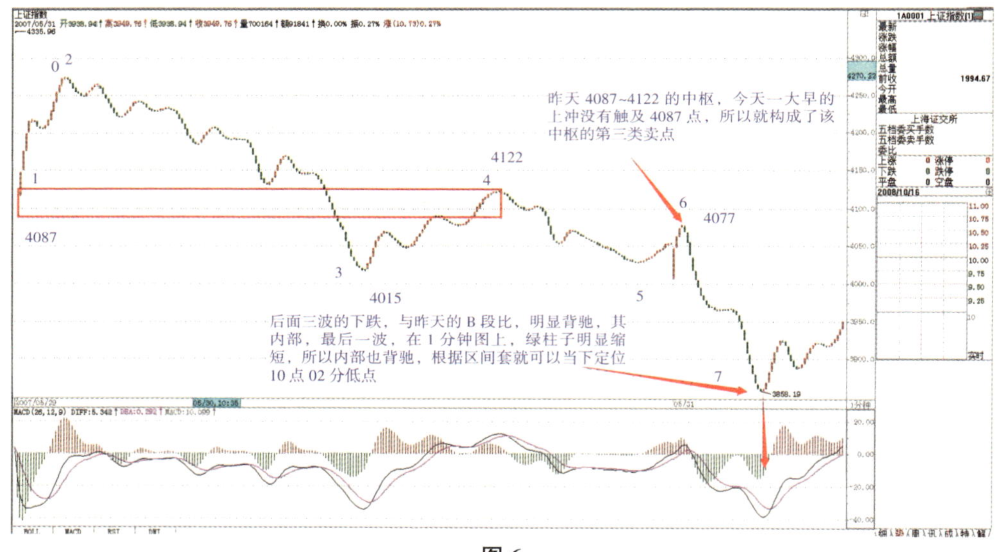

图 6

后面的反弹，如本 ID 所指出的，第三类卖点后不趋势就构成更大中枢，所以原来的 1 分钟中枢现在已经扩张到 5 分钟中枢。区间是 4015~4122 点，后面就是该中枢的震荡直到第三类买卖点出现。

大方面看，本 ID 反复强调的 1/2 线，依然是最重要的位置，大盘的强弱，以此为标准。目前，该线刚好在这次大震荡的中间位置上，由此知道该线的意义有多大。在 5 月初的文章里已经明确说过，该线至少要管大盘 3 个月，这观点不变。

今天的月线收盘，已经足够好了，至少上影线不太长，比最恶劣的倒 T 要好

多了，因此下月，至少有了很大的画图回旋的余地。注意：最近的行情，又将以质优的一二线成份股为主，三线股一定要等到大盘基本稳定下来，才会慢慢恢复元气【扫地僧：实战经验：当市场出现大的调整时，率先启动的一般还是一二线的成份股，三线的股票是等大盘比较明朗了之后才会走好。也比较好理解，和牛市第一阶段是成份股先涨的道理是一样的，那是带头大哥，红旗不倒，其他小弟才敢跟上】。但明天和周一，今天反弹比较弱的，会逐步表现，这和轮动是一个道理【扫地僧：反弹时也有轮动】。

明天是周五，消息面又成了最大的心理压力，整个市场震荡要稳定下来，需等到下周了。当然，这种大幅震荡，就是本 ID 理论的天堂，在这里可以得到比单边更大的利润。注意，别以为本 ID 的理论只会震荡，而是该震荡的时候震荡，该单边的时候单边。

【扫地僧点评】

本课以 530 当天和第二天的案例详细讲解了盘中的买卖点以及遇到意外情况时的处理，非常好的案例，其中也有不少实战中的干货和经验。

教你炒股票57：当下图解分析再示范①

笔和线段是工具，核心要把中枢遇，何处成笔何处段，时间力度皆考虑。

今天就这两天的1分钟图，说说如何进行图解。当然，这些图解都是可以当下进行的。今天看回帖，好像有人希望本ID在QQ上即时发布什么提示之类的，这绝对不可以【扫地僧：这和直接送钱有啥区别？决不助长贪念】，QQ对于本ID来说只是用来419的，用来说股票也太浪费了，而且，本ID那4小时是不能打扰的。说句不太客气的话，本ID的资金，大概比来这里所有人的资金之和都多，本ID忙着上QQ，出问题了谁负责？所以，最多就这种形式了，很多事情，还是要靠自己多练习，本ID就是一个陪练的。

再次强调，不熟练的投资者，一定不能全仓进行操作，基本的仓位应该拿着中长线的股票，部分仓位可以用来练习，否则全仓操作，一旦来几次半生不熟的折腾，到时候连本都没了【扫地僧：拿着中长线的票的前提是牛市阶段，熊市中不可如此】。注意：卖点是在涨的时候出现的，不是追杀出来的，如果你砍了地板价，那一定不是在卖点上。只要是赚钱的，就没有卖错，宁愿卖早，不要卖晚。如果卖错了，就不看这只股票，除非有新的买点。

用本ID的方法，如果你选择年线级别操作，那比巴菲特还巴菲特，大概一个年线的买点后，至少要等几十年才有卖点，你就拿几十年吧，就怕你拿不住。还有，如果你是按周线级别操作，那这两年，至少指数上你根本没有卖点。至于按30分钟操作的，在一个30分钟第三买点后的中枢上移中，如果这上移是从10元开始，只要不形成新的30分钟中枢，那么就算到了100000元，你还是要拿着，为什么？没有卖点。所以那些说学了本ID理论就拿不住股票的，自己好好反思一下，究竟你学了什么？【扫地僧：级别和时间没有必然的关系，但大多数的情况，某一个级别的走势基本还是在一定时间范围之内的，

① 原文来源：http：//blog.sina.com.cn/s/blog_486e105c01000ax3.html，2007-05-31 22：35：44。

所以可以这么理解：级别和操作时间没有必然联系，但有一定的间接关系】如图 1 所示。

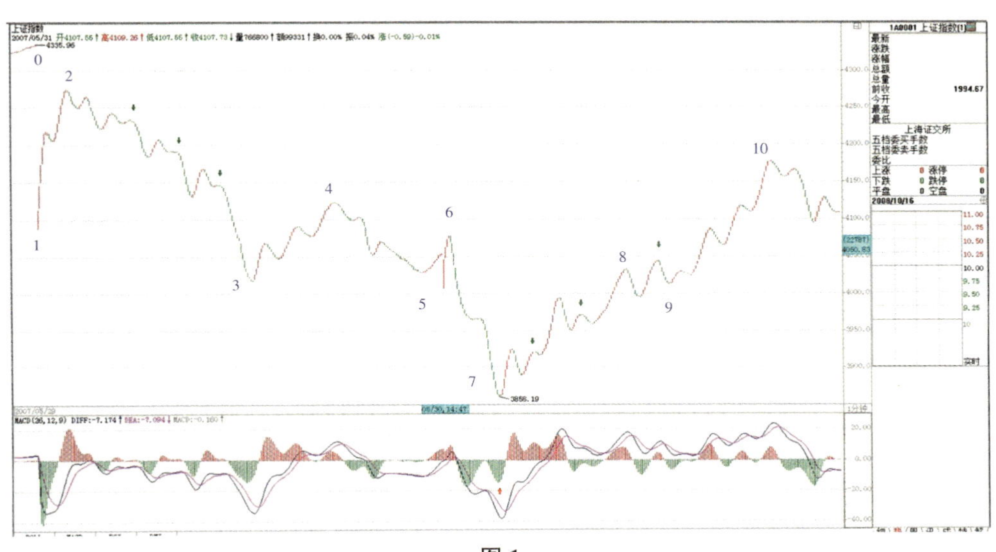

图 1

如图 1 所示，首先要确定最小分析级别，也就是说，这级别以下的都可以看成是线段，而站在最小分析级别的角度，每一线段就是其次级别走势类型，三个线段重合部分构成最小分析级别的中枢。

当然，这些线段本身，可能都属于不同级别，这问题在前面已经说过了。例如图 1，最小分析级别先规定为 1 分钟级别的，所以所有 1 分钟级别以下的，都是线段，在图上标记着数字，所有的［N，N+1］都是线段。有人可能要问，0~1 段是跳空缺口，2~3 段是上上下下，很复杂，怎么都是线段？因为这都不是 1 分钟的走势类型，里面没有 1 分钟的中枢，所以都是 1 分钟以下级别的，虽然缺口是最低级别的。当然，比 2~3 段这种要低级别，但在 1 分钟级别显微镜下，没有区别，都可以看成是没有内部结构的线段。当然，如果你要考察 2~3 段的内部结构，也是可以的，但那就不是站在 1 分钟级别的基础上了。

由此可见，图 1 可以看成是 10 段线段构成的，线段中的波动，至少在分析 1 分钟级别的角度，是可以忽略不计的【扫地僧：这就是不同级别的视角问题，从高级别看，次级别内部什么都不重要，可以忽略】。这里有一个地方可能有疑问，在 2~3 段、7~8 段 5 个带绿箭头指着的地方，似乎可以看成是一线段，但为

什么没有？因为这似乎是在三段的结构中，第三段都太微弱，把图形缩小后几乎就看不到了，对比一下 8~9 段带绿箭头的地方，第三段明显不同，所以这是一个 1 分钟以下级别的上、下、上结构，而前面的不是。当然，如果你一定要说 7~8 段那箭头的地方很明显，那么 7~8 段、8~9 段就合成一线段的上涨趋势了，这也可以，只是如果你按这个标准，那么所有和 7~8 段箭头位置微弱程度一样的，都要这样处理。本 ID 还是按图上的标记线段【扫地僧：很多人在纠结这张图，都在拿后面的笔和段的定义来说 8~9 那里不成段，但在此课时，还没有涉及笔和段的定义，而且笔和段只是为了统一一种划分方法，这种方法在有的时候并不是实际走势最佳的描述。比如图 1 中的 5~6 段和 8~9 段，这两段如果按照定义是不成段的，但却是最佳描述实际走势的划分而且可以得到较好的买卖点，一个是三卖，一个是二买。这是需要功夫的，没有达到这种地步之前，还是以严格的笔、段划分为准，但要明白那未必是最贴近市场的划分】。

线段有了以后，一切都好分析了。当然，在当下时，例如在今早 9：30 是没有后面的线段的，但线段的标准是一样的。你可以很精细地分析 5~6 段，是一个上、下、上的内部结构，其中下一段是跳空缺口，但无论如何，这就是一个线段。不过，由于前面 1~2 段、2~3 段、3~4 段构成的中枢只有 1 分钟级别，那么其构成第三类卖点的次级别就是 1 分钟以下级别的线段，这时候，要考察一个有上、下、上结构的 1 分钟次级别结构，而 5~6 段显然符合这个结构，有明显的上、下、上，而 4~5 段也是符合 1 分钟次级别的要求。注意：当考察 1 分钟的次级别时，不能笼统地把所有 1 分钟以下的都看成 1 分钟的次级别，因为这里的视点已经不同【扫地僧：还是强调视角的问题，而视角这个问题也是最让人发懵的，可以想象自己带了几个不同倍数的放大镜，不同级别的视角就是用不同的放大镜看走势】。显然，这里的 4~5 段、5~6 段就构成了标准的次级别离开中枢与反抽中枢，而该 1 分钟中枢的区间是［4087，4122］，而 5~6 段只到了 4077，所以这就是第三类卖点了。

当然，在具体操作中，还可以特别精细地分析这个问题，5~6 段里的上—下—上，后上对前上的力度，从下面对应的 MACD 的柱子面积比就可以判断出不足，因此这里就有很小级别的背驰，这都可以用当下分析的。当然，这样的精确度，需要操作者十分熟练，并且反应与通道都十分快，并不要求每个人都有这个可能，这里只是进行分析，对大的级别，道理是一样的【扫地僧：有的时候，虽然第二个上有盘背，但一笔下之后又继续新高，很多人要纠结该如何精确到最后的一笔，其实这是陷进去了。由于操作级别不能无限小，对于这种笔级别的走

势，如果单纯从该级别判断，很容易出错，此时要多个级别联立，如果高级别和当前级别都有背驰，那么在一个段内的笔背驰成为该段结束点的概率自然大许多。在该案例中，就是因为出现了 1 分钟级别的三卖，而这个三卖内又出现了笔背驰，所以才值得操作】。

同样道理，6~7 段里的内部结构下—上—下，后下力度也比前下弱，这从下面红箭头所指两绿柱子面积的对比就可以知道，所以内部就有了背驰。注意：这 6~7 段中的上，幅度上也很微弱，但时间比较长，是一个小的时间换空间的反弹，所以可以看成一个上的。更重要的是，这个上使得绿柱子回缩到 0 轴，更证明了这是一个不能忽视的有技术分析意义的反弹【扫地僧：一个横盘即使不成笔，只要时间够，使得 MACD 颜色变换，也可以认为是一笔】。

当行情走到 6 点时，3~4、4~5、5~6 这三段，就可以看成是一个 1 分钟中枢了。当然，这种分法和原来［4087，4122］中枢的分解不同，但站在多义性的角度，这绝对符合结合律，当然是一个分解的方法。这分法，就使得 2~3、6~7 段成为该中枢的一个震荡，从而可以用力度的方法发现背驰。对于 2~3、6~7 段下所有绿柱子面积之和，显然后者小【扫地僧：计算多块绿柱子面积可以将所有绿柱子的值加一起】，所以就知道，6~7 段只是针对［3~4、4~5、5~6］中枢的一个震荡，至少回抽中枢附近，而对 6~7 段内部用区间套的方法进行精确定位，具体得看上一自然段的分析。按这种方法，7 那个买点的把握就是很简单的事情了。注意：这都是可以当下分析的，根据当下的走势，自然能把握。如果把 7 当成是第一类买点，那么 9 就是第二类买点，这符合次级别上，次级别下，不创新低或盘整背驰的定义，对比一下 2 点和 9 点，一卖一买，都是第二类的。当然，在 7~8 段里，其中的下也是一个第二类买点，但该买点的级别比 9 点要低。

显然，这 10 个线段，已经组成了一个更高级别的 5 分钟中枢，结合方式如下：(1~2+2~3+3~4)+(4~5+5~6+6~7)+(7~8+8~9+9~10)，该中枢的区间是［4015，4122］。这一点其实由 6 这个第三类卖点的存在以及后面的背驰可以知道，该中枢级别的扩展是必然的【扫地僧：6 点是三卖，三卖之后紧跟着一个盘背，意味着原来的下跌 1F 走势结束，下面要走一个上涨的 1F 走势，就会将下跌的 1F 中枢级别扩张升级】。

注意：这是为了示范才分析 1 分钟的图，这类图是最复杂的。一般来说，级别越大的图越简单，而操作上，技术不好，通道不好的，一般不用 1 分钟的图，要把级别放大点，这点必须明确【扫地僧：级别越小，意外的分力影响越大，

使得出现古怪的走势越多，级别越大，其中的单个分力影响越小，走势自然越简单】。

附录

今天的走势是［4015，4122］的中枢震荡，至少指数是不难看明白的。周五出现这样的走势很正常，各种心怀鬼胎的人到处散播各种消息，散户就如惊弓之鸟了。但今天的走势，对今后是有利的。这次的问题并不在于国家公布了什么，而是其公布的手法【扫地僧：这种手法至今依然存在，一个稳定的政策环境和行政环境对资本市场同样重要，这也是一个市场是否成熟的标志，就像在赌场里玩，赌场总是突然修改规则，这样的赌场谁还敢来玩】。周五开始，舆论将逐渐转向，一轮新的反思将开始。还要注意一点，这两天同时公布的是财政部国债的发行，所以，经过这次风险教育，应该能分流些人去买国债了。

不过散户确实需要点教育，前段时间，不是有人叫嚣散户已经统治市场了？但跌了两天，散户就蔫了。大资金永远都是市场的中流砥柱，没有大资金，就没有这几天的聚会，像这几天北京股的走势能出现？【扫地僧：看看北辰实业、王府井在 530 当天的走势确实要强】看那些企图限制大资金的政策还出不出？有些大资金，管理层换了几茬了，依然不倒，还不断壮大，这些政策，除了害散户，能害得了谁？

对于散户，这几天确实心理压力大了点，但这其实也没什么，本 ID 前面反复提到这样的典故：1996 年连续 3 天指数跌停，后来还创出新高。所以，那天公布消息，本 ID 早 7：00 不到就上来，告诉股民一定要在第二、第三类卖点卖掉，大反弹是必然有的，以后的位置一定比这个位置高，关键是该走的时候，就不要有幻想【扫地僧：当买卖点出现的时候，抱有幻想是常有的事，但一旦抱有幻想，往往就会后悔，这样的后悔事经历得多了，就不相信幻想了】。

注意：那种杀已经跌了 30%，去追买不跌反涨的所谓强势股，知道有补跌这种概念吗？【扫地僧：注意：这是指一波大的调整，对于一般的调整这个原则不适用，只有大的调整时才有补跌这一说。为什么？因为大部分股票都跌了很多，这时的比价效应就出来了，没跌的自然要补跌】在混乱的市场中，更应该专一。可以很理性地讨论这个问题，一只股票下跌 40%，第一次反弹回 20%，出一半或 2/3，下来再买回来，再一次反弹上去，基本走的位置，就和没跌的时候差不多了，如果你现在有资金，在一只股票下跌 40%时补仓。这只股票又不是什么被查庄股，那么，这样的操作基本风险很小，如果技术再好一点，看准一些买卖点，

那么基本就等于高位走掉了。当然，以后再碰到这种情况，一定要在第二、第三卖点抛掉。

其实，纯技术上，现在的大走势并不坏，6 月的调整没什么可说的，本 ID 那 1/2 线，现在也在 4144 点了，下面，这次上涨 1/3 的位置在 3734 点，这位置是第一支持位。没有特别的事情，这位置有很强支持。否则就要考验一半的位置，3434 点。但至少现在，没有任何看到该位置的理由。

从短线上看，还是［4015，4122］的中枢震荡，有技术的，继续按这震荡操作。下周最大的机会，就是暴跌个股的大反弹，特别注意那些下跌到年线、半年线等关键位置的个股，这些反弹的力度会厉害点。

大浪淘沙，能从容面对本周情况的，是你投资生涯重要的一课，好好珍惜、体会。

【扫地僧点评】

继续讲解 530 之后的当下走势如何分析，尤其是如何用多义性分析以及线段划分的实战经验。

教你炒股票58：图解分析示范三[①]

大幅调整莫慌张，二三卖点把狼防，中枢位置是关键，位置越高越健康。

大盘大跌，除了清洗筹码，还可以清洗一下人。本ID说过，这里没必要有这么多人，来这里的，如果不是希望成为猎鲸者的，就没必要来了。那种跌个40%就惊慌失措的，也不大适合市场。市场从来都是血腥场所，这点在前面已经反复说到，见不了血腥场面的，还是把钱存好去买国债，这样比较安心。股票就是废纸，该卖的时候不卖，把股票当宝，这是投资的最大软肋。如果你看图形操作时，做不到无我无股票，只有走势图形，那基本可以不看图了，因为有我有股票，被自己的贪婪恐惧所牵引，你看的图，也不过就是自己的贪婪与恐惧，那何必看图【扫地僧：要想做到眼中只有走势图，就必须忘掉账户里的数字，忘掉股票的信息，就只有走势图，一旦夹杂了其他因素进来，其实只是夹杂了你的贪婪和恐惧而已，如果自己控制不住，有个方法：在电脑屏幕上把显示股票名称和代码的地方拿张纸贴上，就只有走势图信息了】。

说一个最简单的例子，就算你没技术，只按最简单的跌破5日线走，那请看看你该在什么时候走，且不说对于具体的个股了。这次是一个很好的实习机会，请回想一下那些卖点时，你自己究竟在干什么？心里是不是有很多幻想，被幻想蒙蔽了眼睛【扫地僧：用心回忆一下，当某个技术信号发出了卖出信号时，你的内心是怎么想的，是不是还有一堆理由要你再等等看？等到又跌下去了，是不是又觉得跌得太多了，再等一个反弹？等反弹出现后，是不是又会幻想这也许是反转？好好想想吧，控制情绪才是最难的部分，技术只是辅助而已】。看图操作，唯一的对象只有图，谁说都没用，市场是当下发生着的，没有人能替你去反应。

① 原文来源：http：//blog.sina.com.cn/s/blog_486e105c01000az8.html，2007-06-04 22：34：47。

先把市场放一边，继续图解分析，把这次跌势的图形连续分析下去，这样大概对大家的理解与分析有一定的帮助。请看图 1。

图 1

有人可能还会对如何确定线段有很大疑惑，图 1 上已经用数字标记了从 30 日开始的 1 分钟图上的线段。为什么这样标记？例如 14~15 带红绿箭头这一段为什么不是线段？这很简单，因为这段中的下—上—下—上—下中，没有任何的重合，也就是第二个上的终点没有触及第一个上的起点，这种图形和直接的一个下没有任何区别，而一个线段，除非是缺口，否则必须由至少上—下—上或下—上—下的三折组成，只要互相相邻的上或下不重合，则这个模式可以一直延伸下去且依然还是一个线段。这里就不难明白 14~15 为什么只是一段线段了。

那么为什么 14~15 这线段不构成合适的买点，因为在下面的 MACD 辅助中，可以看出这一段的力度比前面所有的都大（这从黄白线就一目了然了），那当然不构成任何的 1 分钟以上的背驰，最多就是 1 分钟以下最小级别的背驰。在 15 点下 MACD 小红箭头处，比较绿柱子的面积，就可以发现这个小的背驰，因此就有了 15~16 段的反弹，该反弹在 14~15 段最后一个上附近受阻，十分技术。

而站在 10~13 段构成的 1 分钟中枢看，15~16 段这反弹反而是构成一个第三类卖点，本 ID 看了一下留言，有个叫 CCTV 的人也看出这是一个第三类卖

点，但他的理由好像是这反弹没突破 7，所以是第三类卖点，这是不对的，因为如果是那一点，那对应的中枢就乱了。注意：第三类买卖点必须是次级别离开，次级别反抽，而且是针对该级别中最近的那个中枢【扫地僧：这句话很重要，只是针对该级别中最近的中枢，在运用结合律时一定要注意这个原则】，而我以前也曾说过，对于一些快速变动的行情，往往第三类买卖点离开的距离会很远。

从 16 点开始的一段，有进入背驰段的可能，但由于明天的行情没有开始，所以如果明天突然加速下跌，就可以破坏这可能，具体是否背驰成立，还要看明天走势的内部区间套的当下定位。如果出现背驰，那么一个反弹至少重新回到 15 点上，这样就从 15 点开始至少形成一个 1 分钟的中枢了。

而对于 1~10 段这个 5 分钟中枢，该反弹如果不能重新回到 4015 点之上，就会形成一个 5 分钟的第三类卖点【扫地僧：这个反弹和上一段中所假设的从 16 点开始的一段如果出现背驰则出现的反弹不是同一个级别，这里说的反弹是一个 1 分钟级别的反弹，而上段中所说的反弹是 1 分钟级别以下的反弹】。从目前的情况看，这种可能性很大，所以这也预示着，今后几天，任何在 4000 点下的反弹，都会构成一个卖点并至少引发一个更大级别的中枢，甚至是新一轮的下跌，除非这反弹能重回 4000 点之上【扫地僧：这里讲的 4000 点是一个大概的点位，更确切地说应该是 4015 点上方】。显然，从中枢的分析中，可以很绝对地分析出今后一段走势的一些操作性质。

站在更大的层面上，大盘要重新站稳，就要形成一个较大级别的中枢，而从 10 点开始，一个新的 5 分钟中枢都没形成，如果新的 5 分钟中枢最终和 1~10 段这个 5 分钟中枢没有重合，那么就形成一个 5 分钟级别的下跌，其后的压力就更大了【扫地僧：为什么压力大？因为如果走了下跌 5 分钟趋势，那么后面出现高级别中枢的位置就会更低了，中枢具有支撑和压力的作用，其位置低，压力自然大了】，所以，那个叫 CCTV 的人也蒙对了一点，就是 7 有着极强的技术含义，如果一个 5 分钟背驰引发的反弹都能重回该点之上，那么大盘的走势就会有好转的可能，否则短线压力依然【扫地僧：回到 7 点之上则说明两个中枢可以扩张成高级别中枢了，这个高级别中枢的位置在第一个 5 分钟中枢附近，位置不算太低，大盘走势出现好转的可能性就比较大】。

别看本 ID 理论的分析似乎很复杂，但其中绝对条理清晰，每个结论都是严格的，没有任何含糊的。但关键是，首先要把图分解对，否则就乱套了。这点必须多看图、多实践。所以，今后一段课程，都继续把这图分解下去，至少看到一个

日线中枢的生成为止。有这样的具体分析，对各位的理解和把握应该有所帮助。

附 录

本 ID 要马上开车去 419 的地方，不能多说。今天，如果你还看不明白昨天说的背驰段，然后今天如何精确定位，那就好好学习吧。图 1 的 19 段结束位置是 3404 点，后面的走势，上面已经提及，下午走的是第 20 段，该段结束后，就进入上面说的中枢震荡中。明天的任务，就是看好第 20 段的结束【扫地僧：原文中缺少图片，现在补上】。

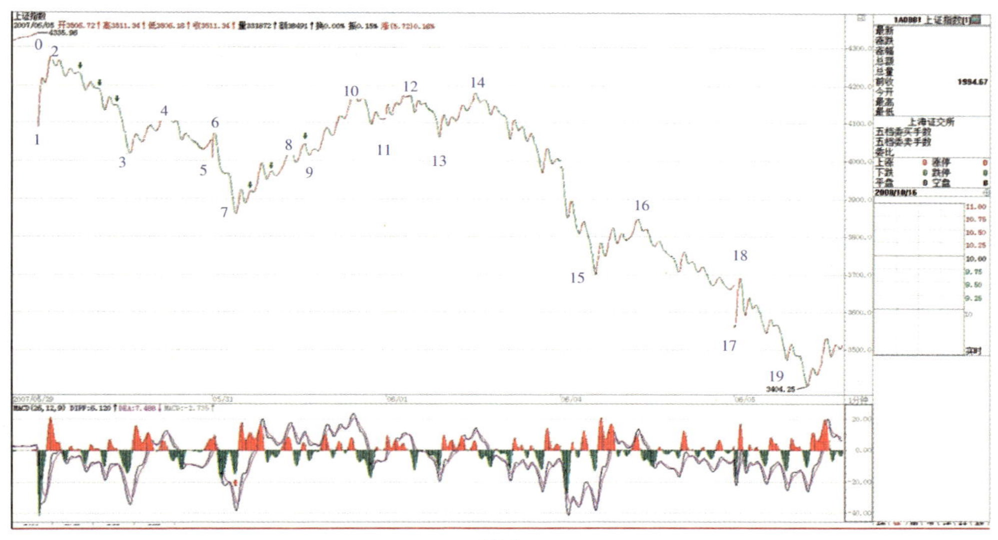

图 2

大走势，就是月线的 5 均线，今天盘中假突破，而且还是 3434 点一半的位置【扫地僧：3434 是自 2541 的 2 月 6 日到 4335 点，大概回调预计涨幅 1800 点的一半的位置，即 4335－900＝3434 点】。

对不起，不能多说了，本 ID 该干的干了，该说的说了，是否能成为你自己的东西，那就不是本 ID 所能决定的了。

(扫码获取更多学习资料)

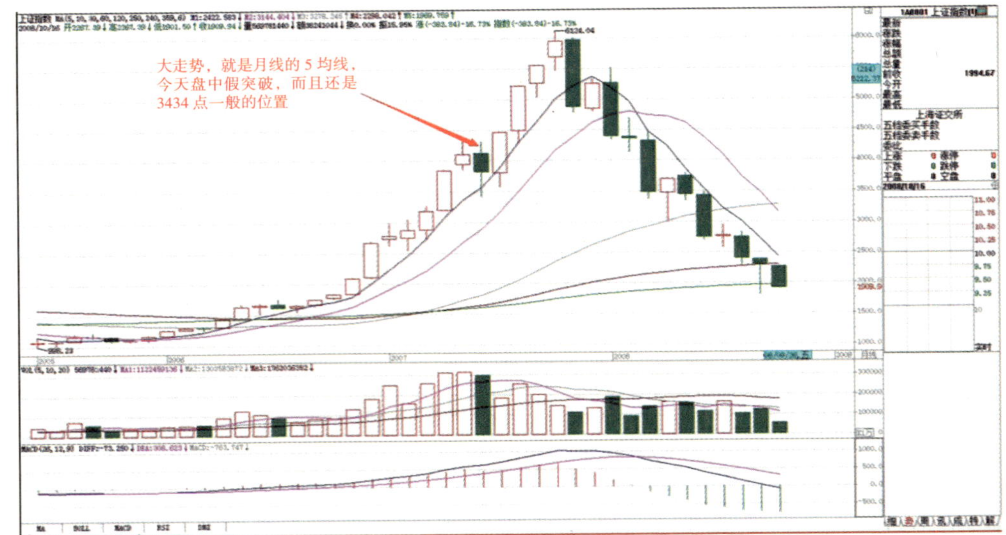

大走势，就是月线的 5 均线，
今天盘中假突破，而且还是
3434 点一般的位置

图 3

【扫地僧点评】

继续讲解 530 之后的当下走势如何分析，本课重点是根据当前的中枢和中枢级别，推演后面可能出现的情况。

教你炒股票59：图解分析示范四[①]

中枢升级并不难，无非扩张和扩展，扩张上下重合处，扩展九段分三三。

有人可能要问，为什么有些线段延续上百点甚至更多，而有些很短。这没什么奇怪的，是否线段，关键要看走出来的形态，如果任何低点比前一个高点都高【扫地僧：注意，这里写的是低点都比前面的高点高，这和前几课定义的趋势不同，趋势里是低点比前面低点高，高点比前面高点高。这与“教你炒股票57：当下图解分析再示范”中8~9段并不矛盾】，那么即使这种情况无限延续下去，也依然只是一线段，这和幅度没关系。

还有，前后两线段间不可能是同向的，同是向上或向下不可能构成两个前后相邻的线段。而且，由于线段都至少呈现上—下—上或下—上—下，所以线段不存在一条直线走平的可能，由此可以知道，为什么一字涨停，无论如何延续，还是低于线段的级别，是最小级别的。

下面，先把三张图列出来，三者之间是连续的，根据上面的标记可以明白。由于K线太多，不能放到一张图上，否则看不清楚。

图1中，20~23段构成的1分钟中枢产生延续，29点是这中枢的第三类买点【扫地僧：由于三类买点只能是针对最近的中枢，这里29点不能跌破24和26的较低者】。图2中，33是28~31段，37是32~35段的1分钟中枢第三类买点。图3中，由于红箭头处比绿箭头高，所以不能确定该线段已经完成【扫地僧：这里不能确定该线段结束的原因有两个：①由于红箭头比绿箭头高，这里没有笔中枢，这样的话，红箭头后面的向上笔力度虽然弱，但构不成标准的盘整背驰；②红箭头后面的下跌笔没有跌破红箭头，而红箭头后第二个向上笔突破了红箭头后面第一个向上笔的高点，线段仍在延续】，还要看后面走势，由此可知道如何把握线段的结束：一般来说，线段的结束与大级别的走势段是一样

---

① 原文来源：http：//blog.sina.com.cn/s/blog_486e105c01000b52.html，2007-06-14 08：23：43。

(扫码获取更多学习资料)

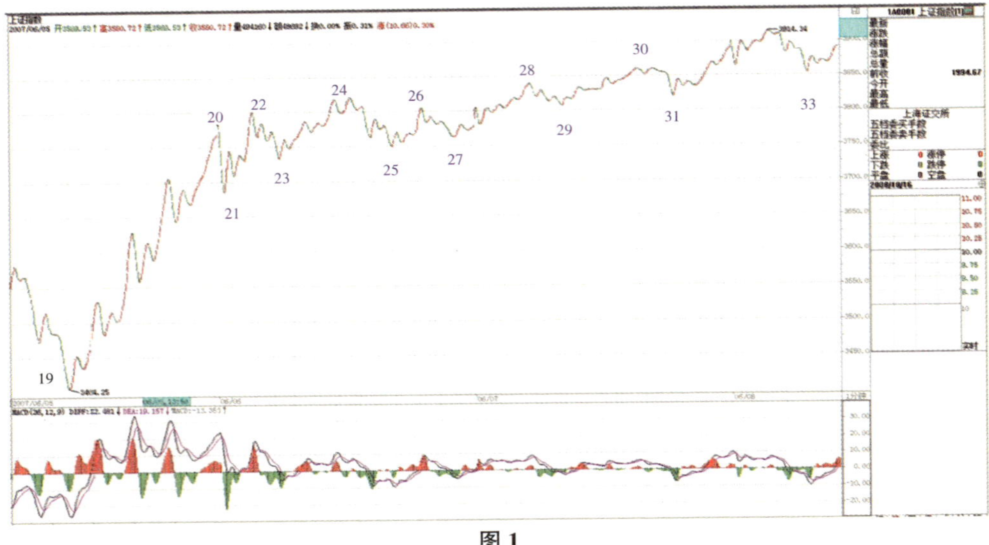

图 1

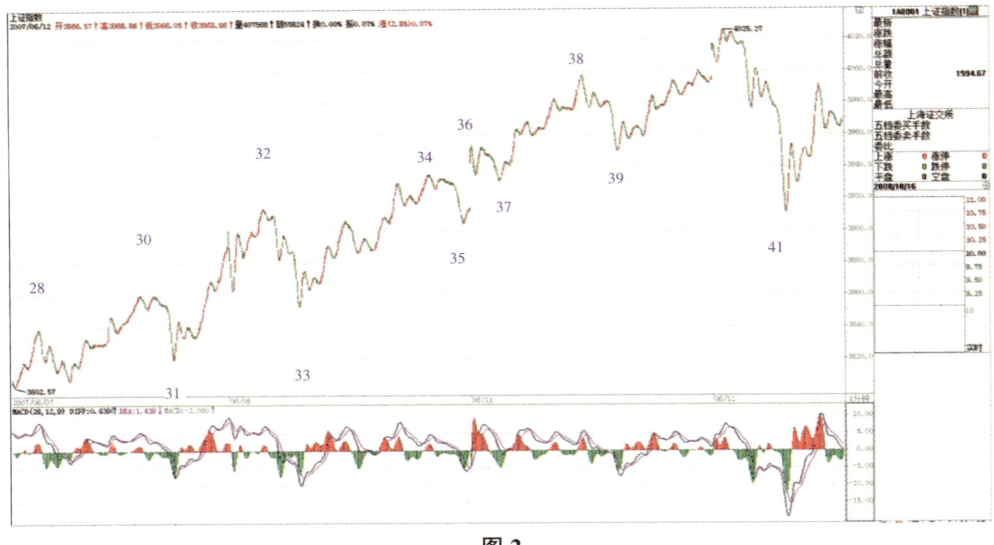

图 2

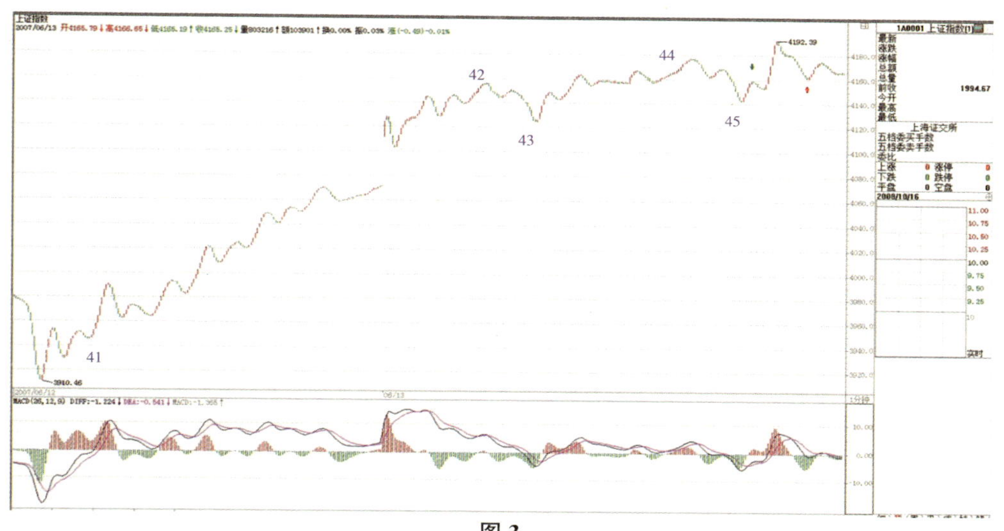

图 3

的，在趋势中用背驰确认，其他情况用盘整背驰确认，如果有突发性事件，要看第二类的买卖点，其道理是一样的，只是所用到的级别特别小而已。而对于图 3，后面的走势，与 42~45 段的 1 分钟中枢相关，无非是中枢震荡直到出现其第三类买卖点。

注意：在前面一课的 7—8—9 中，由于 8 点下来的低点 3994.57 与 7 点中最后一个高点 3994.21 极为相近，如果点数只用到个位的精度，两者是完全一样的，所以在这种情况下可以看成是有重合的，因此可以分成三个线段【扫地僧：先看图 4，暂且将 7 点后面的最后一个高点叫 A，8 点后面的低点叫 B，如果 B 高于 A，则根据后面线段的标准定义，这属于特征序列的第二种情况，也就是特征序列的顶分型有缺口的情况了，这样如果算成段，就不能描述走势的强势了】。当然，如果精度要求到小数点后两位，那么这 7—8—9 其实可以看成是一个线段。一般来说，如果这两者如此相近，而且 8 点中也带着明显的下—上—下，所以还是看成三线段比较好。当然，如何看，关系到你事先确认的精度，关键是统一去看，至于按哪种精度，都没有任何实质影响【扫地僧：这里缠师解释 8~9 是否成段，其实也是变相地承认 8~9 不成段也是成立的，而且如果按照后面课程中对线段的标准定义，这里 8~9 是不成段的，但此时还未涉及线段的数学定义，再加上 8~9 是否成段对后面的走势分析不造成太大影响，所以就无所谓了。当时认为 8~9 成段的一个最主要的原因是可以把握 9 点这个比较好的二买的位置，如果不成段，那么二买就到了 11 点，那个位置显然是不利的。而且可以推测，后面

线段的数学定义，应该是缠师为了有一个标准的统一的分解方法而现设计的，并非一开始就设计好的】。

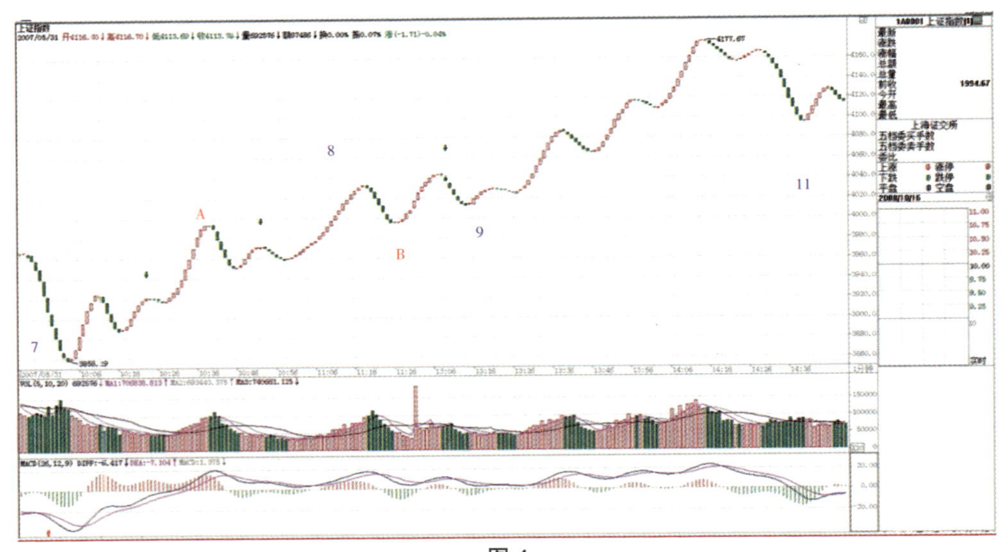

图 4

有人可能又要问，怎么总是说 1 分钟的图？其实，看什么图并不重要，从 1 分钟图看起，只不过意味着分析的基础有 1 分钟图的精度前提，在这个前提下，当然要看 1 分钟的图，而这不影响对大级别的分析。例如，1~19 就构成一个 5 分钟的走势类型，而这走势，最终确认并没有形成两个 5 分钟的中枢，所以只能算是一个盘整。而从 19 点开始到 45 点，由于 41 点低于 32 点，所以这走势至少有一个 5 分钟的中枢，但这新的 5 分钟走势类型并没有最终完成【扫地僧：补上前面缺失的包含有 16~19 的图：这期间缠师由于出差，没有对 19 之前的走势进行详细的分析。现在我们来补充上：根据前面的课程指导，1~10 点是一个 5F 中枢，为了看起来清晰，可以将 1~14 看作 5F 中枢，由于 18 点低于 15 点，因此 14~19 是离开这个中枢的 1 分钟趋势。此时可以看到没有盘整背驰，14~19 的力度最大。而从 14~19 的内部来看，18~19 这里的力度也要大于 16~17，只是在 18~19 内部有一个小背驰，因此 19 点这里是一个小转大，根据前面小转大的处理方式，我们知道，19 点起来的反弹重点参考 17 点这个位置，而 20 点直接站到了 18 点之上。也就是说，当 19 点有了一个内部的小级别背驰之后，一个线段的反弹就站到了 17~18 之上，此时就应该提防小转大的可能了，后面走到 24 点

时，此处的反弹已经升级为 1 分钟级别的了，那么此时要关注的有两个重要点位 3 点和 7 点，如果能上 7 点，则意味着 5F 中枢要升级（这隐含了一个前提就是从 19 点起来的走势是一个 5F 级别的），如果这个 1F 级别走势结束时上不到 3 点，则是一个 5F 的三卖，那么后面问题的焦点就在于 19 点起来的这个 1F 走势如何结束了。根据下段的分析，当走到 31 点时，这个 1F 走势中枢就升级了，也就排除了三卖的问题】。

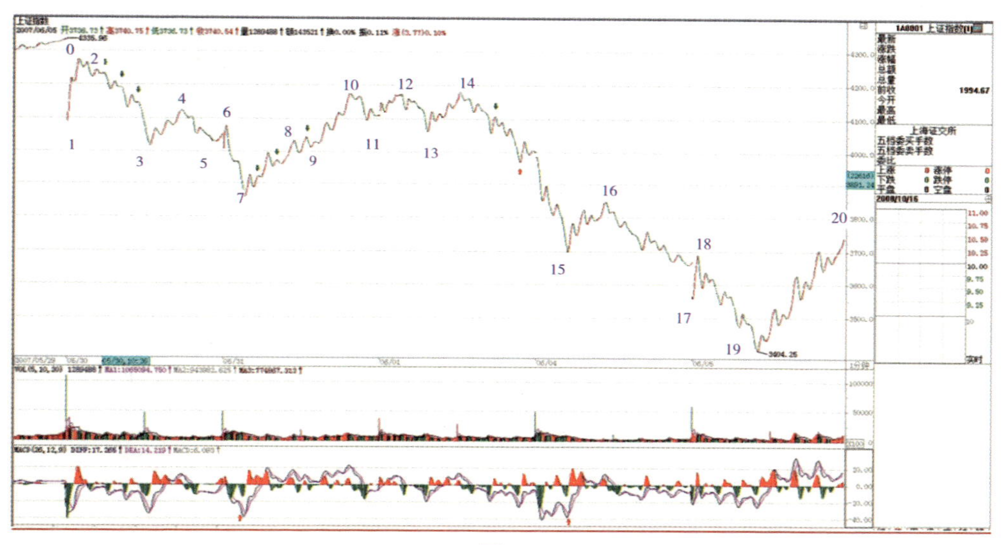

图 5

对于 19~45 这个未完成的 5 分钟走势类型，可以进行仔细的研究。由于 29 点比 24 点低，则 22~31 也构成一个 5 分钟中枢，而该中枢，就对应着另一种分解【扫地僧：由于 29 点比 24 点低，因此 20~29 可以分为 20~23、23~26、26~29 这 3 个 1F 走势，虽然 29 点比 26 点高了 0.91 点，但由于这是在 5F 级别的视角，作为次级别的 1F 走势内部是什么样子是可以忽略的。当然，如此分解确实有些让人不舒服，那么后面的 31 点低于了 30 点，则这个分解就可以变成一个看起来更舒服的分解方式：22~25、25~28、28~31，22~31 就是这种分解方式的 5F 中枢，中枢区间是 24~29】。但无论如何分解，19~45 至少是一个未完成 5 分钟走势类型的结论不变。当然，站在这种分解下，41 点就是 22~31 这 5 分钟中枢的第三类买点【扫地僧：因为 38 点是一个 ABC 盘整背驰，A=31~32，B=32~35，C=35~38，因此 31~38 是一个 1F 的离开，38~41 是 1F 的返回，从而构成 5F 三买】。

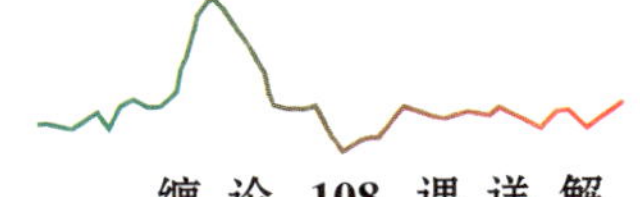

(扫码获取更多学习资料)

因此，如果 41 点开始的上升最终形成 5 分钟中枢后不与 22~31 这 5 分钟中枢重叠，那么这 19 点开始的走势类型就是 5 分钟的上涨趋势了。

由上面的分析，对短线的走势就有一个明确的结论：只要关于 42~45 的 1 分钟中枢的震荡不出现第三类卖点，或者即使出现，但其后扩张的走势不触及 22~31 这 5 分钟中枢震荡区间，那么大盘的震荡就是强势的，即使最终形成 30 分钟以上级别中枢，也至少是围绕 42~45 的 1 分钟中枢发展而来的。否则，大盘将以 22~31 这 5 分钟中枢震荡区间为基础扩张出 30 分钟级别的中枢，相应的走势就比较弱了【扫地僧：这里的区别就在于这个 30F 级别的中枢的位置，一个是在 42~45 附近，靠上，一个是在 22~31 这里，靠下】。而具体的操作，可以按照中枢震荡的手法，根据自己操作的级别，选择相应的中枢级别进行操作。

附录

今天的走势没什么可讲的，昨天已经描述得很清楚了。技术、心理、政策等压力，都需要在这里震荡消化。由于今天没完全补上缺口，因此该位置依然是短线的关键。当然，上面说的 42~45 的 1 分钟中枢已经延伸了 9 段，成为一个 5 分钟中枢，后面具体的分析在上面的文章里已经写了，就不再多说。深圳指数受到 13700 点的吸引，短线，能否站稳该线对大盘走向有极大的引导作用。

【扫地僧：当天发此文时是早晨 8 点多，而附录是收盘后对当天走势的补充，如图 6 所示】

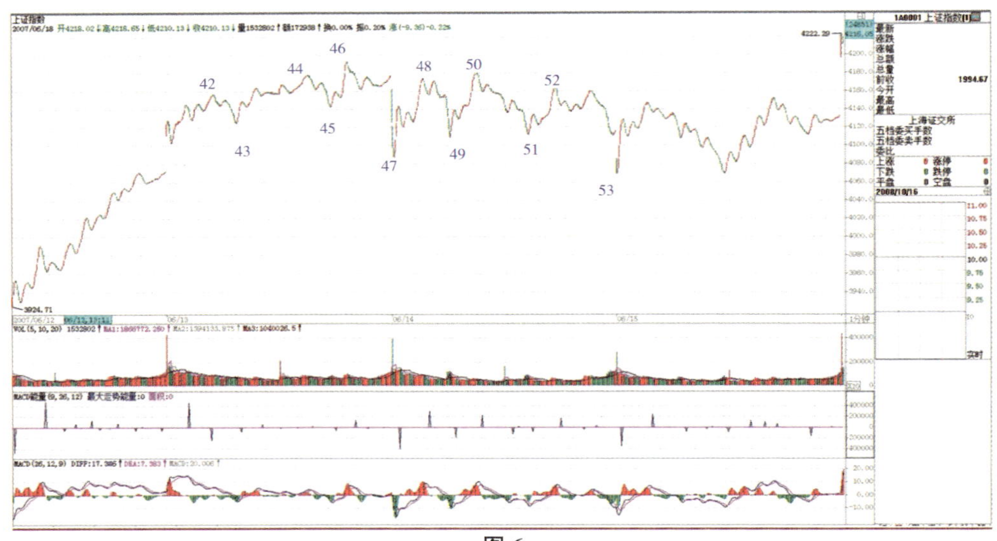

图 6

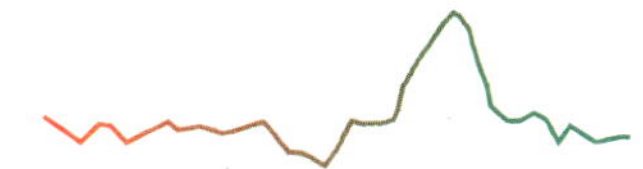

注意：在中枢震荡中，安全的做法应该是先卖后买、形成节奏。其实这问题很简单，从低位上来的筹码，当发现单边走势结束，进入较大级别震荡的时候，其标志是出现顶背驰或盘整背驰，这就要求减磅，然后等震荡下来，出现底背驰或盘整背驰再回补，这样差价才出来，成本才下降。如果是先买后卖，那唯一可能就是在单边的时候，你的仓位不高，所以才会不卖股票也有资金，这其实是节奏错了的表现。

当然，这些都需要通过练习才能熟练。而且必须注意，一旦震荡的力度大于前面有可能形成第三类卖点时，就一定要停止回补，等待第三类卖点引发的下跌出现买点时再介入，很多人经常出问题，就是心里先假设一个可能的跌幅，觉得肯定跌不深。这都是大毛病。一定要养成只看图形操作的习惯【扫地僧：一个简单的“不预测”，要想真正地做到还是很难的，交易最大的敌人就是自己】。

还是那句话，无论是政策、心理还是消息等，都是市场的分力，而走势是合力的结果，这才是问题的关键之处。

【扫地僧点评】

继续讲解 530 之后的当下走势如何分析，本课重点是当前中枢的演化升级。

教你炒股票 60：图解分析示范五[①]

走势波动有意义，本乃预期之合力，心理本有贪嗔痴，学佛修行才真谛。

其实，枯燥的图形里面包含着很深的心理学意义。走势，本质上是预期的合力。而预期，本质上是心理层面的。只不过对于市场来说，可以被当成分力去形成市场合力的预期，都是被外化为市场买卖行为的。你的恐惧，如果只是在那里恐惧而没有实际的行动，那并不构成市场的交易行为。因此，所有市场行为，其实已经被如此的心理模式过滤一遍了【扫地僧：走势就是所有市场参与者的心理预期的合力轨迹，走势不可预测的根本原因是所有市场参与者的心理预期不可预测】。

举一个简单的例子，同级别走势从 B0 下跌到 A1 反弹到 B1，再跌破下跌到 A2，再反弹到 B2，这可以分为两类：B2 低于 A1；B2 不低于 A1。显然，第二种情况会构成某更大级别的中枢，而第一种情况没有，因此这两种情况是有本质区别的。在心理层面上，A1 第一个反弹的起点，有着很强的心理暗示意义，而再次的跌破，使得这 A1 的价格成了一个很重要的心理位【扫地僧：在心理层面，人们总会习惯于设定某一个锚定的对象作为参考，这里 A1 其实就是从 B2 起，遇到的第一个锚定值。如果不能反弹回 A1，则期待在 A1 上解套的人会非常后悔，原本持股的会有一部分发生倒戈，而原本观望想买股票的看到反弹力量这么小，即使想买股票，也会将买的价格预期得更低，从而继续观望。多种因素叠加，使得加速下跌，这样从走势的级别上说，由于连一个让多空博弈的空间都没有，那么级别自然就更低。相反，如果回到了 A1 上，使得多空双方有了一个博弈的、筹码交换的空间，这个空间由于有上下两个锚定值，双方的博弈和换手更加充分，那么一旦离开了这个空间，这个空间的心理锚定作用显然会比一个 A1 的点大得多，表现为中枢级别要大】，而交易本质上都是预期的，该价位构成了

① 原文来源：http：//blog.sina.com.cn/s/blog_486e105c01000b83.html，2007-06-19 08：04：06。

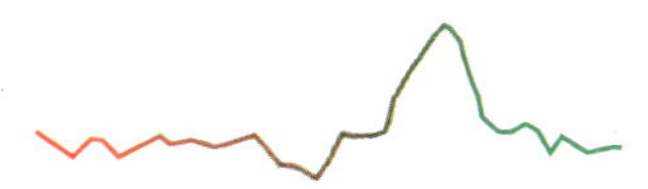

一种实在的预期分类：①预期能重新上去 A1 并实际交易；②预期不能重新上 A1 并实际交易；③观望。第三种，在实际的走势中不产生实际的交易，因此第一、第二种心理预期构成了市场合力，而市场的走势是这合力的当下痕迹，因此这两种心理预期的大小，并不需要实际去测量，因为市场的走势已反映出来了。例如，如果实际上不能重新上去，出现第一种 B2 低于 A1 的情况，那么显然在当时的情况下，第二种心理预期大于第一种。

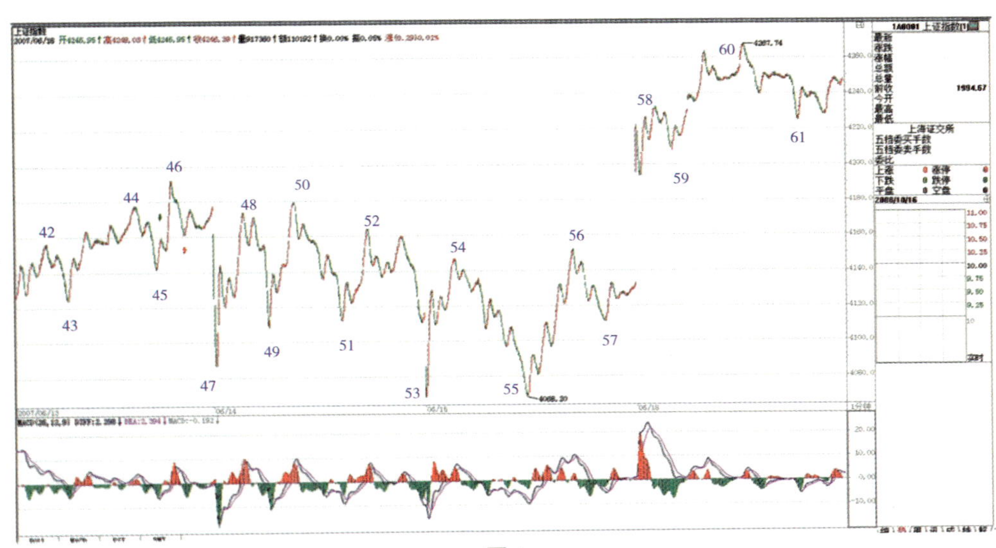

图 1

消息面、政策面、资金面、这面、那面，最终作用的都是人心，人心因预期而交易，这里关系的是人的贪婪与恐惧、人的贪嗔痴疑慢【扫地僧：消息面、政策面、资金面、这面、那面最终都会被人所处理，经过处理后转变为具体的操作动作，那么这个处理过程夹杂了人的贪婪恐惧、人的贪嗔痴疑慢，使得走势自然是所有人的贪嗔痴疑慢的合力】。而本 ID 的理论从不预测、没有预期，只跟随着市场合力、市场走势而行，这里无须贪婪恐惧，看图作业，如此而已。但仅知道这点还远远不够，因为没有预期可能就是最大的预期，没有贪婪恐惧可能就是最大的贪婪恐惧。不预测、不预期，并不是不可预测、不可预期，而是不为贪婪恐惧而预期、预测，是根据走势的自身规律进行【扫地僧：预期预测的依据只能是走势的自身规律，而不是主观意淫】。

走势是有规律的，这规律是不患的，这不患的根源在于人贪嗔痴疑慢的不患。为什么本 ID 要强调当下分解的多样性？因为走势本身就是当下形成的，是

市场各种预期的合力当下画出来的，而每种画法都是不患的，都源自人的贪嗔痴疑慢【扫地僧：每一种画法的前提是符合理论，而不是随意，因为理论保证了走势最终都被分为了趋势和盘整，至于趋势和盘整用什么视角去看，只要符合其定义，也就是分解原则即可，所以多义性也就是多个视角、多个角度去观察】，因此每种多样性的分解都是符合理论的，多样性不是模糊性，而是多角度让市场本身画地为牢，由此使得市场的走势万变不离本 ID 理论的控制，而这，恰好是市场自身的规律之一。

观看图 1，上一课刚好说到“红箭头处比绿箭头高，所以不能确定该线段已经完成，还要看后面走势，由此可以知道如何去把握线段的结束”，有人可能会问，为什么在这个位置不可以去预测、预期？因为市场自身并没有完成。但这里的未完成，是站在人观察的级别上说的，因为所谓的走势，首先是你观察的走势，没有离开你观察的走势。不同倍数的显微镜下的世界是不同的，但市场操作的成本、交易通道、资金规模等限制了人观察并能实际操作走势的显微镜倍数不可能无限小下去，所以必须确定一个最低级别的线段，把其下一段波动给抹平了【扫地僧：缺口、包含关系的处理的依据也是如此，把以下级别的一切波动给抹平了，原因在于人的观察级别不可能无限小，而且我们用的软件也具有局限性，看图软件最小的一般都是 1 分钟图，那么自然就会把 1 分钟以内的交易都抹平，也就是说，只要我们用 K 线图看走势，就会在一定程度上将最真实的交易和走势做模糊处理】。当然，根据严格的理论，用每笔成交当成最低级别，然后以此构筑线段【扫地僧：这个每笔成交是每一单的成交，而不是走势图上的所谓的笔，以此构筑线段，也就是说，线段是构成最低级别中枢的次级别走势】，这样可以严格地分辨任何级别的走势，但这根本不具有操作性，特别是现在交易成本增加，可操作的级别必然要增大，因此，一些可操作级别下的波动，必须要忽视掉。

站在最严格意义上，45~46 线段构成 43~44 线段的盘整背驰（注意：力度比较的是下面所有红柱子的面积之和）。而细致分辨线段以下级别，可知道 45~46 其实是一个小级别转大级别，而红箭头后第一次拉起不创新高，就可以抛掉了，为什么，因为后面必然形成下—上—下的重叠结构，也就是有一个小中枢了，而线段以下级别的同级别操作，是不参与这类中枢的。当然，这是按最严格的，并没有太大操作意义的分析。而实际的操作中，大概真正有意义的操作，都至少是 1 分钟以下线段级别的。因此，在该图中，如果你是按 30 分钟级别操作的，46~47 的波动是可以不管的，从 3404 点开始的反弹，一个标准的 5 分钟级别的上涨，因此你的持有至少等待这 5 分钟级别的上涨出现背驰或突发破坏为止。

显然，46~55 是一个 5 分钟的中枢，55 点跌破 53 点后明显盘整背驰。各位也不难发现，如果把 55 点当成第一类买点（严格来说，盘整背驰无所谓第一类买点，只是这样来类比），57 点就是一个第二类买点【扫地僧：54~55 与 52~53 盘背的同时，52~55 还与 46~49 有盘背，所以 55 点是个区间套，其后至少走一个上涨的 1F 走势，因此才有 57 点是第二类买点之说】。55~60 是一个标准的线段级别的上涨，59~60 的背驰足够标准，看看下面 MACD 标准的黄白线回拉 0 轴，然后 60 点新高，而柱子面积与黄白线高度都不如前面。因此，按照理论，60 点后必然有调整回拉 58 点之下，而实际上 61 点就比 58 点低，也就是说，58~61 形成一个新的 1 分钟中枢，该中枢是否扩展成 5 分钟的，以及上一个 5 分钟中枢的最高点，也就是 46 点，是否被重新跌破，都是今后走势的关键。如果 46 点不再被触及，那就是超强走势，意味着 3404 点开始的 5 分钟上涨走势依然延续。

这里必须强调突发消息对市场走势以及操作的影响是不必过于在意的，本质上，任何突发的消息，不过增加了一个市场预期的当下分力，因此，最终还要看合力本身，或者说是市场走势本身。一般情况下，由于背驰的精确定位需要用区间套的方法，所以突发消息最不幸的是在精确定位期间出现，例如这次 530，就是这样。当然，这是一种小概率事件，更多情况，突发消息在背驰的精确定位后出现，这种突发消息对操作的影响就是 0 了【扫地僧：因为背驰时已经操作了，突发消息对操作已经没有影响了，而且大多数的时候这个突发消息会顺着你操作的方向起到加速的作用】。对于那种最不幸的情况，用一个第二类卖点就足以应付，因此，突发消息出来后，在实际的操作中就不能放过第二类卖点。不过要注意，并不是任何第二类卖点都需要反应的，这和级别有关，例如你是月线级别的，则这次所谓的大跌，看都不用看，爱跌不跌，随他去。即使你是 5 分钟级别操作的，如果某突发消息连一个 1 分钟的中枢都没破坏，只制造了 1 分钟以下级别的震荡，那么在所谓的第二类卖点也是不用管的。原因很简单，任何消息，都只是分力，关键是看对合力的影响，看它破坏了多大级别的走势，这一切都反映在实际走势中，看图作业就可以了。

注意：突发消息破坏的级别越大，越不要等相应级别的第二类卖点。例如，一个向下缺口把一个日线级别的上涨破坏了，那么，消息出来当天盘中的 1 分钟，甚至线段的第二类卖点，都是一个好的走人机会。如果要等日线级别的第二类卖点，可能就要等很长时间，而且点位甚至还比不上这一点，因为走势是逐步按级别生长出来的【扫地僧：这和三买的道理是相同的，尤其在风险面前，宁可

少利润，也不要将自己置于风险上】。还有，级别只是区分可操作空间的，为什么按级别？因为级别大，操作空间按通常情况下就大。在快速变动的行情中，一个 5 分钟的走势类型就可以跌 50%，例如这次大跌。因此，一个这样的 5 分钟底背驰，其反弹的空间就比一般情况下的 30 分钟级别的都大，这时候，即使你是按 30 分钟操作的，也可以按 5 分钟级别进入，而不必坐等 30 分钟买点了【扫地僧：当小级别出现大幅波动时，由于空间够，完全可以将级别放小一些，尤其是股票最后疯狂的加速期，如果等大级别的卖点就会错过很好的卖出时机】。

附录

今天的走势昨天已经说得很清楚了，4224 点下不出现第三类卖点，就是强势震荡。今天的走势，显然符合这个要求。4224 点，就是图 1 中 61 这个位置，从 60 开始的 1 分钟中枢［4224，4254］，今后两天就看该中枢的第三类买卖点【扫地僧：看图 2】。换言之，还和昨天说的一样，只要不在 4224 点下出现 1 分钟级别的第三类卖点，那就是强势，至于大盘要展开新一轮上攻，就应在 4254 点上出现 1 分钟级别的第三类买点，否则大盘就在该区间内震荡，继续中枢震荡延伸。

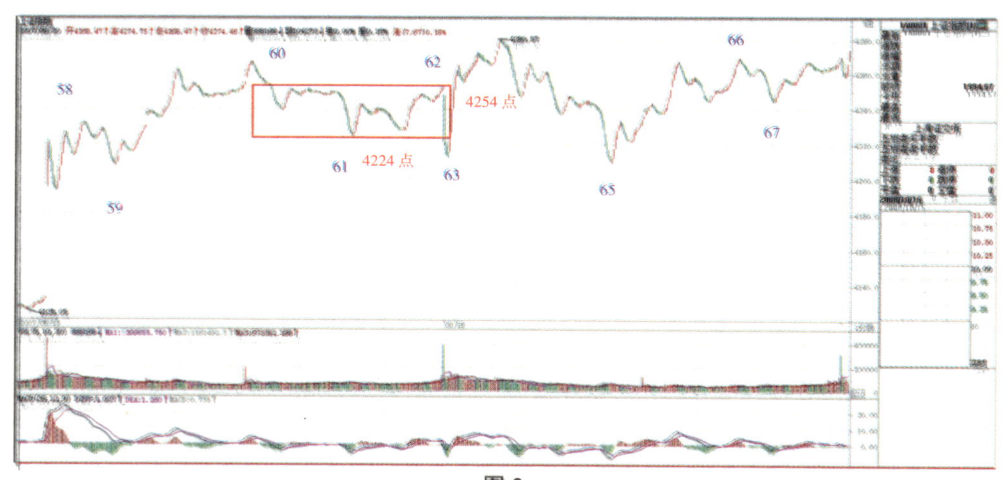

图 2

关于大盘的剧本不变，但个股之间显然会有分化，因此不能光看大盘，现在的股票，在技术上无非几类：①创新高后回试的，这可以用第三类买点把握；②在前期高位下盘整蓄势的，这可以用小级别的第三类买点把握其突破，或在震

荡低点介入；③反弹受阻拉平台整理的，这跟第二同样处理，只是位置与前期高位有距离；④依然在底部构筑双底、头肩底之类图形的，这可以用第一、第二类买点把握【扫地僧：经过一波大幅下跌后，个股的表现有分化，只要大盘的走势依然良好，就可以将个股按照以上方式进行分类，根据不同的类型制定不同的操作计划】。

具体个股就不说了，来这里，如果希望一点脑子都不动，那是不行的。动脑子得到的东西是你自己的，否则永远都不行。

【扫地僧点评】

继续讲解 530 之后的当下走势如何分析，本课重点是讲解走势背后的心理意义。

教你炒股票61：区间套定位标准图解（分析示范六）①

缠论本来不深奥，皆因杂念心中闹，精确定位非难事，巧用走势区间套。

有人经常担心，万一人人都学会本ID的理论，那么本ID的理论还有用吗？问这种问题的，基本就没搞明白本ID的理论【扫地僧：前面的课程里讲过，由于人的差异，即使都学会了，也有功力深厚的问题，必然不可能所有人都在同一个时间同一个价格买卖】。而且，人人都学会本ID的理论，这本来就是一个假命题，像孔男人这样的文科生，本ID从来都觉得他们能学会的机会比较渺茫。注意：本ID这里是有定语的，没有打击所有文科生，而是说孔男人这样的文科生【扫地僧：不要说文科生，即使是理科生，能学会的也少，更何况每个人还都有自己的贪嗔痴疑慢没根除】。

有些无聊问题总是被提问，诸如中枢的意义是什么？对于一个实际操作者来说，中枢的意义就是没有意义，而没有意义就是最大的意义，因为你只要根据中枢的实际走势去反应，问题的关键是你应看明白走势的分解而不是中枢的意义，更重要的是根据走势的分解而采取正确的反应。如果孔男人之类的文科生想探讨什么中枢意义，那就让他们探讨好了。股票是用来操作的，而不是用来议论的。

还有些人会不断地问，为什么1分钟的顶背驰，有时候跌幅很大，有时候很小，究竟什么时候该走？这种问题是典型的垃圾问题。如果你的操作级别是1分钟级别的，那么1分钟的顶背驰你就该走了，至于后面的跌幅是大是小，就不用再管了？你只要耐心等待市场走出新的1分钟底背驰就可以。反之，如果你的操作级别是月线的，那么1分钟的顶背驰和你就没关系了，你既然已经决定是按月线进出的，那么1分钟级别的所有震荡都是可以接受的，可以忽略的。别说1分

① 原文来源：http：//blog.sina.com.cn/s/blog_486e105c01000b9n.html，2007-06-21 08：13：21。

钟的，就算这次 530 所谓的大跌，如果你真是月线级别操作的，看都不用看，这种级别的震荡根本就在月线可忍受的范围内，如果你按年线的级别，那么你比巴菲特还要巴菲特，关键是你有没有这样的耐心【扫地僧：看 1 分钟的图是为了用来讲解，而且每天都有变化，第二天怎么走也不知道，但通过每天的解盘分析，对第二天的操作提前计划，这才能体现缠论的强大，如果用长周期的图，既不能马上验证，其状态改变也要好久，那教学岂不是 N 年也教不完】。

好了，看图 1，一个区间套定位的标准图解。如果上学时学过基本的数学分析课程，应该不难明白区间套定位，如果没学过，那就费点劲，虽然前面的课程已经反复说过，但当昨天（2007 年 6 月 20 日）13：30 前后大盘走势实际走出来时，能当下看明白的有几个人？因此，以下分析请仔细研究。

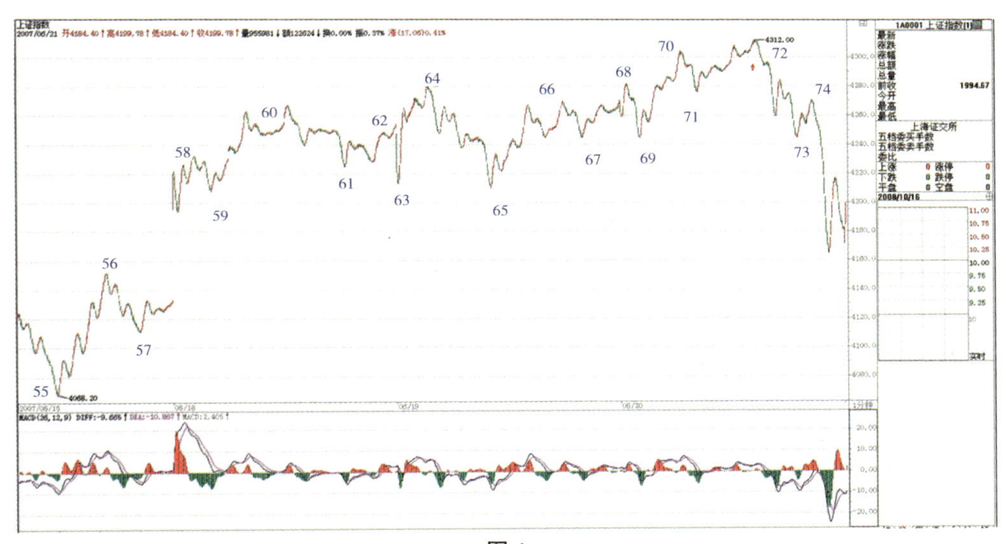

图 1

要比较力度，发现背驰，首先要清楚是用哪两段进行比较，其实，只要是围绕一中枢的两段走势都可以比较力度。显然，对于 60~65 这个 1 分钟中枢，55~60 与 65 点开始的一段之间就可以比较【扫地僧：注意，为什么是 60~65 这个中枢，而不是 60~63，最主要的原因是 62 点小于 60 点，如果将中枢定在 62~65，比较的仍然是 55~60；而如果将中枢定为 60~63，那么 63 点开始的走势分析与 65 点开始的走势分析基本相同，都是在 71 点出现三买，但从 65 点开始的分析更清晰】。在实际操作中，65 点开始的走势，由于没实际走出来，所以在和 55~60 比较时，都可以先假设是进入背驰段。而当走势实际走出来时，一旦力度大

于前者，那么就可以断定背驰段不成立，也就不会出现背驰。在没有证据否定背驰之前，要观察从 65 点开始的一段其内部结构中的背驰情况，这种方法可以逐次下去，这就是区间套的定位方法。这种方法，可以在当下精确地定位走势的转折点。

对于 65 点开始背驰段的内部走势，当下走到 69 点时，并不构成任何背驰，为什么？因为背驰如果没有创新高，是不存在的。所以，只有等 70 点出现时，大盘才进入真正的背驰危险区。由于 69~70 段与 67~68 段比并没有盘整背驰，所以 70 点并没有走的理由，除非你是按线段以下级别操作的【扫地僧：这个解释有一些牵强了，如果按照这个逻辑，那么在 530 第二天的 7 点的位置也不应该有买入。个人认为真正的原因是在区间套的级别不够，因为盘整背驰中，ABC 三段，B 和 C 的级别相同，那么站在 55~60 点是 A，60~65 点是 B，65 点开始的走势是 C的角度，ABC 的级别都够了，但从 65 点开始的走势内部来看，65~66 点是 A，66~69 点是 B，69 点开始的走势刚到 70 点，只有一段，此时没有标准的盘整背驰，当然，走势走到 70 点就完全可以转向，但此时只要有一段的下跌就还可以继续向上，而到 72 点时，由于是多重区间套，其反转的级别自然要大，这才是主要原因】。而 71 点构成对 66~69 这 1 分钟中枢的第三类买点。按照本 ID 的理论，其后无非只有两种情况，中枢级别扩展或者走出新的中枢上移。对后者，一个最基本的要求是，从 71 点这第三类买点开始的向上段不能出现盘整背驰，而在实际中不难发现，71 点开始的走势力度明显比不上 69~70 段，而对于 65~66 段，69 点开始的走势力度明显比不上，这从两者下面对应的 MACD 红柱子面积之和可以辅助判断。

因此，65 点开始的走势是第一重背驰段，69 点开始的是第二重背驰段，也就是 65 点开始背驰段的背驰段，而 71 点开始的是第三重背驰段，也就是 65 点开始背驰段的背驰段的背驰段，最后考察 71 点开始的走势，从走势上红尖头以及 MACD 上红尖头可以知道，71 点的内部背驰也出现，也就是第四重的背驰段出现了。由此可见，72 点这个背驰点的精确定位，是由 65 点开始背驰段的背驰段的背驰段的背驰段构成的，这就构成一个区间套的精确定位，这一切，都可以当下地进行【扫地僧：这个多重区间套的划分一定要反复推演，在实战中特别有用，当然，前提是走势的分解是没问题的，这需要刻苦地练习】。

对于实际的操作，72 点四重背驰点出现后，卖是唯一的选择，而区别只在于卖多少。当然，如果是按 5 分钟级别及其以下级别操作的，当然就全卖了，因为后面至少会形成 5 分钟的中枢震荡，实际上，60~69 就是一个 5 分钟中枢。而

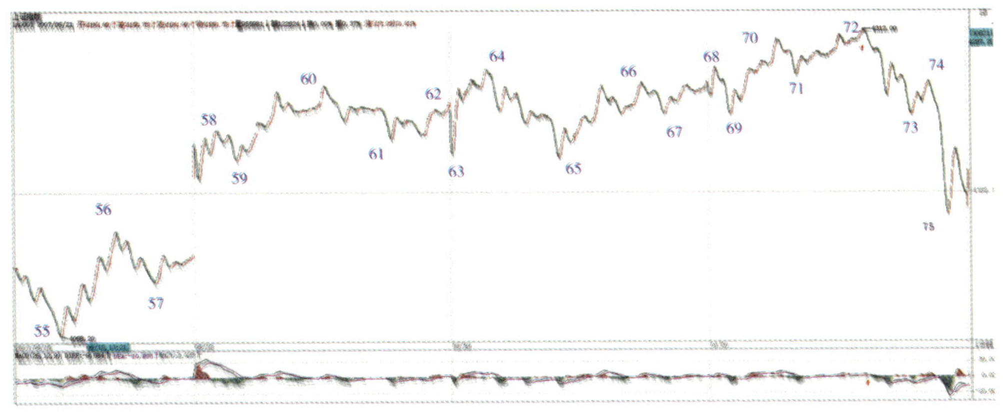

图2

对于大级别操作的，显然不可能因一个5分钟震荡而清仓，所以可以根据5分钟震荡容纳的数量进行对冲操作。小资金的利润率，在相同操作水平下，显然要远高于大资金。例如，像这样的卖点，小资金就可以全仓操作，大资金是不可能的。

如果说72点的判断有点难度，需要知道区间套的精确定位，那么74点的第二类卖点，就一点难度都没有了。唯一需要分辨的就是，这第二类卖点，同时又是一个1分钟中枢的第三类卖点，究竟哪个是中枢？显然不是70~73这个，因为这里需要满足结合律。一个第三类买卖点，至少需要有五段次级别的，前三段构成中枢，第四段离开中枢，第五段构成第三类买卖点。其实，这里的答案很简单，74点是69~72这个中枢的第三类卖点。也就是说，74点既是一个第二类卖点，又是一个第三类卖点，以前的课程已经说过，一旦出现第二、第三类买卖点同时出现的情况，往往后面的力度值得关注。实际上，74点后面出现更大力度的下跌，这并没有任何奇怪的地方【扫地僧：在实战中一定要对第二、第三买卖点重合的情况加以重视，这都是非常宝贵的实战经验】。

对于60~69点这个5分钟中枢，69点的4244点是一个关键位置，如果在其下出现第三类卖点，那么走势至少将扩展成一个30分钟中枢，调整的幅度与压力就大了。而对于72点开始的走势，73点很重要，要重新走强，必须冲破73点，该点位置恰好也是4244点。因此，短线的4244点十分关键，重新站稳，大盘最多是5分钟中枢的延伸震荡，否则即使不演化成5分钟级别的下跌，也将扩展成30分钟级别的中枢震荡【扫地僧：这个点位重要性的分析很有用，原则是看中枢的级别如何升级，触碰到哪个位置时会触发扩展扩张的中枢升级】。

不管学什么，是否愿意学，首先请先把学的东西搞明白，否则浪费自己的时间，还不如不学。本 ID 的理论，你爱学不学，就像无论你是否相信万有引力，无论你是谁，该存在的依然存在。本 ID 的理论亦如此，无论任何人学与否，无论你是庄家、管理层还是什么，都不增一分、不减一分，都一样。

附录

上面说到的 4244 点的技术意义，在今天的走势中表露无遗，早上的杀跌补缺口，就是一个明显的区间套底背驰定位【扫地僧：如图 3 所示，72~77 是个趋势，77 点是趋势背驰】。

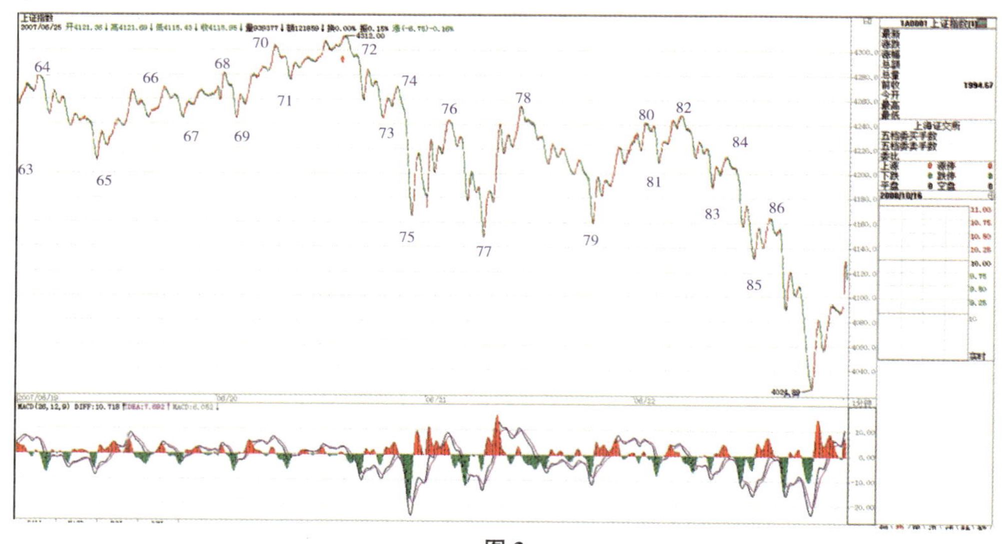

图 3

明天还是这个 4244 点，站稳就走强，否则继续 5 分钟的中枢震荡，并且要小心出现第三类卖点。明天又是周末，利空又准备漫天飞。本 ID 在前面说过，这里必须用震荡来化解技术、心理、政策的压力，如果还是周一看没消息就跳空，然后继续不断震荡等周五，最后周末等消息，这样轮回下去，是走不出坚定有力的行情的，所以关键还是心态，整个市场的心态必须在震荡中修复【扫地僧：震荡就是在构筑中枢，中枢就代表着分歧，市场的心态必然是在分歧中逐渐修复的，一旦趋于一致，就是摆脱中枢走趋势的时候了】。今天最低 4147 点，和本 ID 反复说的 1/2 线 4144 点相差不远，中线关键还是看这线，不破就是强势。

个股方面，本 ID 说的是 16 只，已经有 8 只创新高，今天还有 3 只涨停的。

为什么不 16 只一起进行呢？首先，这操作不过来，其次，这样是资金利用率最高的，如果你按照这节奏去轮动操作，对于小资金，你这次反弹的收益率如果少于 100%，那你的毛病就大了。为什么要看买卖点，为什么要强调节奏，最终都是为了资金的安全与利用率，这对大资金是同样的道理，而对小资金，掌握了节奏，你的效率会更高。

注意：本 ID 的意思不是你一定要买本 ID 买的 16 只股票，只是事先告诉并直播本 ID 的操作节奏，让大家把握其中资金运用的道理。要有效率，必须有节奏，要有节奏，首先要把握好买卖点，这里的逻辑关系，请好好思考明白。

【扫地僧点评】

本课讲了一个四重区间套的案例，这个案例从走势划分到区间套的逐级定位都堪称经典。

教你炒股票 62：分型、笔与线段[①]

分型成笔终成段，只为中枢小构件，熟知理论尚未懂，又陷失真小 K 线。

有位叫石猴的网友写了帖子解释什么是线段，他的理解还行，但不够严密。其实，本 ID 的线段是可以最精确定义的，本 ID 的理论，本质上是一套几何理论，其有效性就如同几何一般，本 ID 理论当然有失败不严谨的时候，但这前提是几何的基础失败不严谨，不明白这一点，就不明白本 ID 的理论。这里，就把本来是后面的课程提前说说【扫地僧：缠论主要分为形态学和动力学，只有和背驰相关的部分是动力学的东西，其余的所有的都是形态学，而形态学就是几何。接下来的笔和段的定义，其实就是为了给最小级别一个严谨的几何定义，而这不是说有了严谨的几何定义就可以做到对走势的 100%把握，这个理解是不对的。因为这个定义的基础也是 K 线，而最小级别的 K 线是 1 分钟的，那么这个 1 分钟以内的走势实际上已经被忽略了，因此这个严谨的几何定义是建立在忽略了部分走势波动的前提下的严谨，并不是从交易的最小颗粒递归来的。再者，对走势百分之百的把握也和人的功力有关系，不能认为只要把笔、段画好了就能 100%了，这个思维是不对的】。

下面的定义与图都适合任何周期的 K 线图。先看图中的第一、二线段，图中的小线段代表的是 K 线，这里不分阳线、阴线，只看 K 线高低点。

图 1

① 原文来源：http：//blog.sina.com.cn/s/blog_486e105c01000bf2.html，2007-06-30 09：49：51。

图 2

像图 1 这种，第二 K 线高点是相邻三 K 线高点中最高的，而低点也是相邻三 K 线低点中最高的，本 ID 给一个定义叫顶分型；图 2 这种叫底分型，第二 K 线低点是相邻三 K 线低点中最低的，而高点也是相邻三 K 线高点中最低的。看不明白定义的，看图就明白了【扫地僧：像不像麻将牌中的三条】。

顶分型的最高点叫该分型的顶，底分型的最低点叫该分型的底，由于顶分型的底和底分型的顶是没有意义的，所以顶分型的顶和底分型的底可以简称为顶和底。也就是说，当我们以后说顶和底时，就分别是说顶分型的顶和底分型的底。

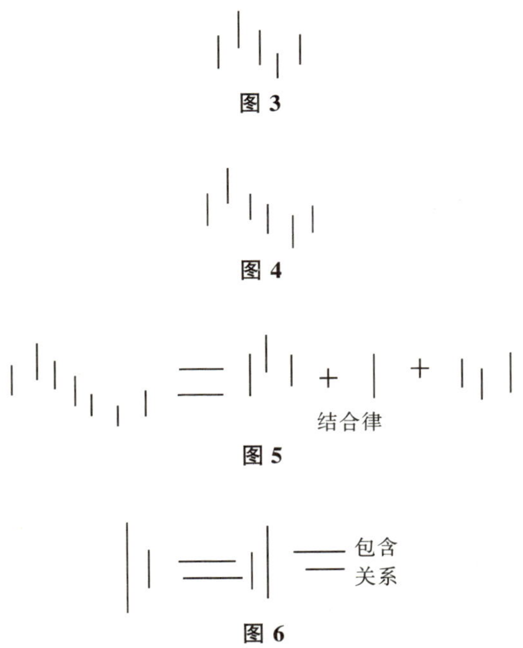

图 3

图 4

图 5

图 6

两个相邻的顶和底之间构成一笔，所谓笔，就是顶和底之间的其他波动，都可以忽略不算，但注意，一定是相邻的顶和底，隔了几个就不是了。而所谓的线段，就是至少由三笔组成。但这里有一个细微的地方要分清楚，因为结合律是必须遵守的，像图 3 这种，顶和底之间必须共用一条 K 线，这就违反结合律了，所以这不算一笔；而图 4，就仅是顶和底了，中间没有其他 K 线，一般来说，也最

(扫码获取更多学习资料)

好不算一笔；而图 5，是一笔的最基本的图形，顶和底之间还有一根 K 线。在实际分析中，都必须把顶和底之间至少有一根 K 线当成一笔的最基本要求【扫地僧：总结一下，相邻的顶和底之间，至少有一根独立的没有当作顶分型或底分型中一部分的 K 线】。

当然，实际图形里，有些复杂的关系会出现，就是相邻两 K 线可以出现如图 6 这种包含关系，也就是一 K 线的高低点全在另一 K 线的范围里。这种情况下，可以这样处理，在向上时，把两 K 线的最高点当高点，而两 K 线低点中的较高者当成低点，这样就把两 K 线合并成一新的 K 线；反之，当向下时，把两 K 线的最低点当低点，而把两 K 线高点中的较低者当成高点，这样就把两 K 线合并成一新的 K 线。经过这样的处理，所有 K 线图都可以处理成没有包含关系的图形【扫地僧：此外，包含关系的处理顺序是从左向右依次处理。包含关系比较让人头疼，但刚开始要有耐心，一根一根 K 线进行处理，熟练了之后用眼睛大概一扫就可以了】。

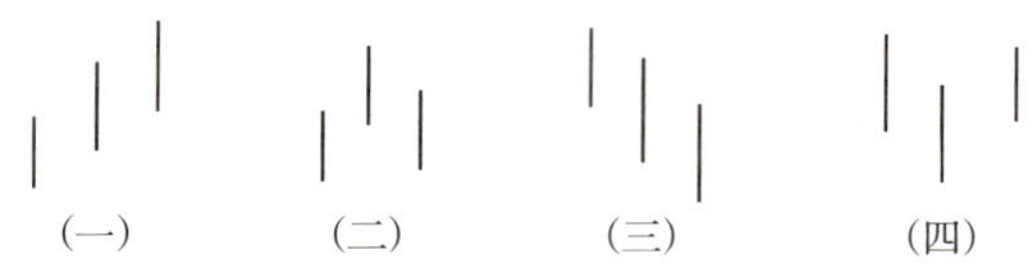

图 7　非包含关系的三 K 线完全分类

而图 7，就给出了经过以上处理，没有包含关系的图形中，三相邻 K 线之间可能组合的一个完全分类，其中的（二）、（四），就分别是顶分型和底分型，（一）可以叫上升 K 线，（三）可以叫下降 K 线。所以，上升的一笔，由结合律，就一定是底分型+上升 K 线+顶分型；下降的一笔，就是顶分型+下降 K 线+底分型。注意：这里的上升、下降 K 线，不一定都是 3 根，可以是无数根，只要一直保持这定义就可以。当然，简单的，也可以是 1 根、2 根，只要不违反结合律和定义就可以【扫地僧：这就是笔的简单定义：底/顶分型+上升/下降 K 线+顶/底分型，其中分型和上升/下降 K 线必须是独立的，不可以共用】。

图 8　线段的基本形式

图 9　线段破坏的基本形式

至于图 8，就是线段的最基本形态，而图 9，就是线段破坏，也就是两线段组合的其中一种形态【扫地僧：这里只是简单地给了一个线段的案例，还没有来得及讲线段的定义，给大家留个基本的印象，详细的定义后面会讲】。有人可能要说，怎么有点像波浪理论。这不仅是波浪理论，所有关于股市的理论，只要是关系到图形的，本 ID 的理论都可以严格推论，因为本 ID 的理论是关于走势图形最基础的理论，谁都逃不掉【扫地僧：以上只是提到了笔的简单定义和线段的案例，此时缠师只是设计出了雏形，后面的章节是对这个雏形进行完善，毕竟在实际走势中，会遇到很多特殊情况，后面的完善主要是针对这些特殊情况而设计的】。

【扫地僧点评】

本课讲了分型的定义、笔的简单定义和线段的案例。

教你炒股票63：替各位理理基本概念①

走势级别如何定，需要不同显微镜，K线图形是成像，多看方可知本性。

一个对象的确立，特别是一个数学和几何对象的确立，首先要证明其存在性，如果你说的东西根本就不存在，那还说什么？例如中枢或走势类型这对象，如果不能证明其一定存在，而且是按级别存在的，那谈论就没意义了。所以，前面关于中枢的递归定义，就是解决这个问题的，是解决存在性问题【扫地僧：只要设定好了递归函数的A0，那么就解决了中枢的存在性问题】。也就是说，中枢是可以递归式地定义出来的，而该定义是可操作性的，该定义实际上是如何找出中枢的一种方法，按照这种方法，就肯定能找出定义中的中枢。

但是，仅是存在性定义或定理没什么意义，所谓的可操作性，有时候只是理想化或者数学化的，例如，可以证明自然数的质数分解是唯一的，而且可以很理想化地去设计这种寻找，但实际上用最大的计算机也往往不可能完成，因此就需要变通的方法来方便实际操作。同样道理，对于中枢和走势类型，也就有了关于不同级别的图形的研究。否则，都从最原始的分笔成交去逐步定义、寻找，那这可操作的操作也没什么操作性了【扫地僧：不同级别的图形，就是用这种变通的方法来方便实际操作，注意，是变通的方法，并不是最精确的那个方法】。

于是，就有了不同级别显微镜的比喻。而实际上，一般能得到的图，最多也就是1分钟级别的，因此，可以从这个图入手。当然，也可以从5分钟，甚至更高入手，但这等于把显微镜倍数调小了，看到的东西自然没有1分钟的多且清楚。再次强调，什么级别的图和什么级别的中枢没有任何必然关系，走势类型以及中枢就如同显微镜下的观察物，是客观存在的，其存在性由上面所说最原始的递归定义保证，而级别的图，就如同显微镜，不同倍数的看这客观的图可看到不

① 原文来源：http：//blog.sina.com.cn/s/blog_486e105c01000bgd.html，2007-07-02 00：07：39。

同的精细程度，如此而已【扫地僧：大部分的初学者都容易犯晕，不明白图形和走势是什么关系，不同分钟的 K 线图只是这个客观的唯一的走势的不同精细程度的显微镜中所看到的图像而已，并不是这个客观的，由一笔笔交易组成和递归的那个走势本身，而什么 1 分钟、5 分钟、30 分钟级别走势，只是为了方便而给某个级别起一个名字，这个名字基本对应着几分钟 K 线图，完全可以叫 N1 级别、N2 级别、N3 级别，重要的是定好 N0 这个最小级别是什么】。所以，不能把显微镜和显微镜观察的东西混在一起。

如果我们首先确立了显微镜的倍数，也就是说，例如我们把 1 分钟图作为最基本的图，那么就可以开始定义上一课说的分型、笔、线段等。有了线段，就可以定义 1 分钟的中枢，然后就是 1 分钟的走势类型，最后按照递归的方法，可以逐步定义 5 分钟、30 分钟、日、周、月、季度、年的中枢和走势类型。而有的人总是不明白，例如总是在问，5 分钟图怎么看，30 分钟图怎么看，其实，如果你选择 5 分钟或 30 分钟为最基本的图，那么和 1 分钟的看法一样，只不过你的显微镜倍数比较小，看起来比较粗糙而已。而如果你已经选择 1 分钟作为最基本的图，也就是选定了 1 分钟这个倍数的显微镜，那么看 1 分钟图就可以，所以，本 ID 也就不断在 1 分钟图上进行线段的记号来示范【扫地僧：以上这段话就清晰地解释了几分钟图和走势的关系到底是什么，就是显微镜和被观察的物体之间的关系，用什么倍数的显微镜取决于自己对精度的要求，而在显微镜中看到的图像，只是客观真实的走势在这个倍数的显微镜下的成像而已，并非走势本身】。

那么，有人可能要问，如果用 1 分钟图，那么 5 分钟、30 分钟等图还有用吗？当然也是有用的，例如走出一个 1 分钟的走势类型，已经完成了，就可以在 5 分钟图上相应记号，这样的一个好处就是帮助记忆，否则当 1 分钟图上的线段成千上万时，肯定要抓狂的。而有了 5 分钟、30 分钟、日线等图，就把相应已经完成的走势类型记号上，实际上，在 1 分钟图上需要记住的，只是最近一个未完成的 1 分钟走势类型。当然，由于分解的多样性，实际上需要知道的要多点，这里只是站在一种分解的角度说的。另外一个好处是看 MACD 辅助判断时，不用对太多的柱子面积进行相加，可以看大级别的 MACD 图，这样一目了然。日线的背驰，其实在 1 分钟图上也可以看出来，只不过需要把所有相应对比段的 MACD 都加起来进行处理，这当然是不切实际的，因此可以看日线图的 MACD。在理论上没有任何特别之处，只是为了方便，如果用 1 分钟的 MACD 把参数调到足够大，效果其实是一样的，而实际上不可能。一般软件上，MACD 的参数有

上限限制，所以实际上也限制了日线的背驰不能用 1 分钟的图解决【扫地僧：就好比是工厂生产汽车，1 分钟这个小组生产好了一颗螺丝钉，就将螺丝钉交给 5 分钟小组，5 分钟小组用这颗螺丝钉以及其他各组的零件组装出了一个汽缸，然后又将该汽缸交给 30 分钟小组，30 分钟小组用该汽缸以及其他各小组的零件组装出发动机，以此类推，直到一辆完整的汽车下线，这种模块化的生产是最科学、最清晰的生产方式】。

有人可能又要问，为什么 5 分钟图上不记号 5 分钟的走势类型？因为在大级别图上记号次级别的走势类型有一个好处，就是能让你清晰地看到该级别的中枢和走势类型是如何形成的，这样会更直观。当然，如果在 5 分钟图上，你愿意记号 30 分钟甚至年线的走势类型也没什么，这是个人爱好问题。如果你有超强的记忆和分析力，甚至在 1 分钟上记号就可以，如果你更牛一点，对图形过目不忘，像计算机一样自动就可以分类合并，那么你在 1 分钟图上连记号都不用了【扫地僧：在学会跑之前，还是先学爬和走吧】。

说点更实际的问题，一般人面对一只股票，不可能先看 1 分钟图，大概都是先从日线，甚至周、月、季、年入手，这样等于先用倍数小的显微镜，甚至是肉眼先看一下，然后再用倍数大的，进行精细的观察。因此，对于大级别的图，上一课中的分型、笔、线段等同样有用，不过，一般这个观察都是快速不精细的，所以大概精确就可以，而且，一般看图看多了，根本就不需要一步步按定义来。例如，打开日线图，1 秒钟如果还看不明白一只股票大的走势，那就是算慢的了【扫地僧：很多人总说自己看不懂走势，可是有没有想过，自己认真地从小级别图一直递归分析到大级别图这个过程做了几次？当你做过几百次几千次之后再试试。总想速成，可是你的大脑没有经过大量的训练，永远不可能达到这个境界，而且没有速成的办法，偷心不死难学成】。综上所述，如果图看多了，成了机械反应了，一看到熟悉的图，就如同看到熟人一样。一见钟情，科学研究说大概不需要 1 秒，股票如同面首，如果不能在 1 秒之内一见钟情，估计这股票也和你没什么缘分，最多就是有缘无分空折腾了。

人这身体都是从性而来，股票的道理和性的道理没什么区别，这道理在前面的课程里已经说过。如果你能把你的性能量转化到股票上，有了那种一见钟情的直觉，那么就算是有点入门了。而前面的理论分析，最终还要归到这种直觉上去。说得更直接一点，例如在 419 这种事情上，无论男女，其实决定是否 419，都是在 1 秒内决定的。当然，有些 419 让人后悔终生，有些让你终生难忘，这和股票是一个道理。而真正的 419 高手，一眼就要把一个人给看透，而且知道自己

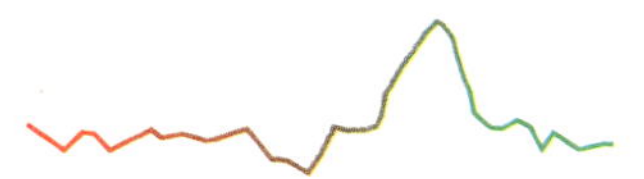

需要什么，该要什么，不该要什么，要了的要甩得开，如雁过长空，否则就不是 419 了。股票也一样，股票的走势如同面首在搔首弄姿，一眼要看穿其把戏。当然，股票比面首可爱的地方在于，面首的搔首弄姿只有一个方向，而股票有三种可能的状态，这也决定了，面首是有厌倦的时候，而股票则不一定。

但在没有看破一切的眼前，就别把自己当情圣了，老老实实在家里抱孩子吧，花心萝卜是需要功力的。玩股票如果没有这超越的直觉，还是老老实实去分析，在大级别图粗略选定攻击目标后，就要选好显微镜，进行精细的跟踪分析，然后定位好符合自己操作级别的买点建仓，按照相应的操作级别进行操作，直到把这只股票了解透彻或者又发现新的更好的可投的股票。而站在纯理论的角度，没有任何股票是特别有操作价值的，中枢震荡的股票不一定比相应级别单边上涨的股票产生的利润少【扫地僧：换句话说，在功夫没有下到之前，或者说在真正成为高手之前，先老老实实地下苦功，一步一步地打怪升级，当经验值、功力都修到位了，自然就可以上升一个段位，追求那种直觉了】。

只有坏的操作者，没有坏的股票。股票只是废纸，本质上都是垃圾，如果技术、心态不到位，任何股票都可以让你倾家荡产。当然，对于小资金来说，一定要选择股性好的股票【扫地僧：股性好的股票振幅波动大，这样产生的利润也就多，有助于小资金快速成长】；而对于大资金来说，股性是可以改造的，任何股票的股性都可以被改造，只不过需要的能量不同而已。

【扫地僧点评】

本课重点讲述了走势和 K 线图的本质关系，还在纠结看几分钟图的，这课必须要搞明白。

教你炒股票64：去机场路上给各位补课①

机场路上补节课，实战干货一摞摞，买卖分析并不难，基础知识要掌握。

现在的课已经越来越精细，特别是最小的1分钟，一般的理论，在这么精细、偶然性那么大的图上都要乱套了，但却恰好能显示本ID理论的有力。别说1分钟图，分笔图也没问题，这就是本ID理论所构筑几何结构的力量。世界都是几何的，别说那几张走势图了。

看图1，为什么下午的分段是这样？大概很少人现在就能全部搞清楚，所以，为了让各位能睡一个踏实觉，本ID在去机场的路上用本本给各位补上一课。

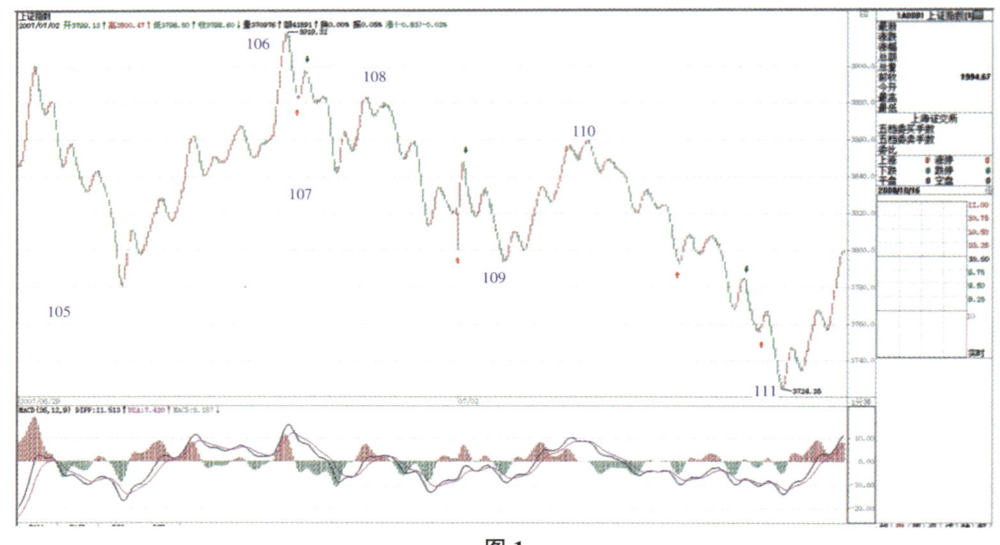

图1

① 原文来源：http：//blog.sina.com.cn/s/blog_486e105c01000bgx.html，2007-07-02 21：37：44。

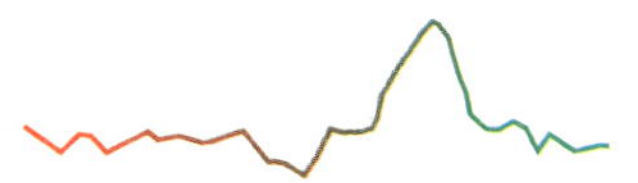

106~107 这一段箭头所指的那一笔，用的是取整的前提，所以，只要你仔细去分析，就知道那一定是重要的一笔。这个问题，本 ID 瞧了一下，见一位叫快乐 VS 菜虫的网友已说到。当然，你可能要问为什么一定要取整？这没有什么必然性，只是预设的前提，你可以严格到小数点后两位的精确度，但其实不同软件对 1 分钟这么精细的图都会有数值上的细微差别，所以，所谓的精确，往往不一定是，而在这么快速变动的市场中，数值有点细微差别，其实没什么不同。例如，还可以用这样的区别方式，就是两者相差 0.5 点内的看成是一样的。所有预设精度，唯一必须遵守的，就是精度一旦预设，就一定要一路保持【扫地僧：设好固定的规则，或者说设好 A0 是什么，然后就按照这个设定好的规则来，虽然根据上一课的内容我们知道，这方法未必完全反映走势，但在没有形成那种直觉之前，就先按照固定规则来练习】。

注意：没有什么精度是十全十美的，例如用相差 0.5 点内看成是相同的，那么如果是 0.51 呢？这和 0.49 也没有多大区别。所以这些细节，其实问题都不大，关键是要统一，不要变来变去。由于现在只是示范，为了方便各位学习，就一直继续采用取整的精度，各位可以根据自己的情况来调整。

至于 108~109，带箭头那笔为什么不被算成一段？也就是 108~109 为什么不是三段？这很简单，因为段必须至少由三笔构成，缺口如果包含在一笔中，像今天早上低开的缺口，没有破坏昨天那笔，是顺着昨天那笔下来，所以这种缺口和一般的走势没什么区别，缺口还是包含在昨天的一笔里【扫地僧：缺口顺着原来笔的方向，就是原来笔的延伸，所以并没有改变什么，而如果逆着原来笔的方向，就是力度上的改变，此时自然要考量是否是反向一笔或者一段。而究竟是反向笔还是反向段，其实主要看反向的力度，如果反向只是包含了上一笔，就可以看作反向一笔，而如果反向包含了上一个段或者走势类型，则可以看作段，530 那次就是如此】。但有些突然性的逆着走势来的缺口，就像 530 那个，就必然要当成一段，而不能光当成一笔或一笔里的了。有人可能说，缺口没有三笔？那你可以这样去看，就像 0=0+0+0，缺口可以看成是三个缺口的叠加，这样就有三笔以上了。还有，有位叫袖手旁观的网友理解得也不错，线段必须要被破坏才算结束，但必须要强调的是，线段必须要被线段破坏才算是真破坏，单纯的一笔是不能破坏线段的，这就避免了一些特偶然因素对走势的干扰。

至于 110~111。红箭头那两个为什么不是最终精确定位的背驰点？这些都是以前就应该解决的简单问题。像第一个红箭头位置，第一次略微跌破 109 点的位置，这时候把已经出现的面积和前面 108~109 的对应面积之和对比，已经十分接

(扫码获取更多学习资料)

近，也就是说 110~111，刚起跌，这力度已经和前面的 108~109 差不多了，这恰好说明这一段的力度是很强的【扫地僧：这是一个实战经验，当两段之间的背驰不明显时，尤其是背驰段刚刚新低或新高，段内也没有明显的趋势结束的迹象时，此时背驰段往往没走完】，不但不可能是对 108~109 背驰，而且站在中枢震荡的角度，这种力度，一定是小级别转大级别以时间换空间或与更大力度的对比产生的背驰才能化解的【扫地僧：也就是说，在中枢震荡中，一个力度较大的走势要想被转折无非两种形式：①小转大，使得花时间走出反向走势的高级别中枢，这就是以时间换空间；②与更大力度的对比产生背驰，就是与中枢前的那个力度大的走势对比，从而产生背驰发生转折，如图 3 所示】。后面这种情况，在这个实际的图形中，就是与前面 104~105 的下跌力度比。110~111 这段，相比较的是 104~105 这段，中枢震荡的中枢是 105~110。因此，这里根本不存在与 108~109 对比的问题。站在 105~108 这个中枢的角度，110 点虽然不构成第三类卖点，但也极为接近，这种对中枢的离开，力度一般都很大【扫地僧：道理很简单，因为这段的起点就在中枢下沿附近，也就是说上一段的反弹也就能将价格推到中枢下沿附近，说明多头力量已经非常弱，基本就是变盘的时刻，所以一旦向下，其力度一般都很大】，所以就算你不清楚和哪段比，也至少要等这段的结构被破坏，才有介入的可能，而后面，上—下—上的两次反抽，根本就没有破坏其结构，因此后面的破位下跌是天经地义的。

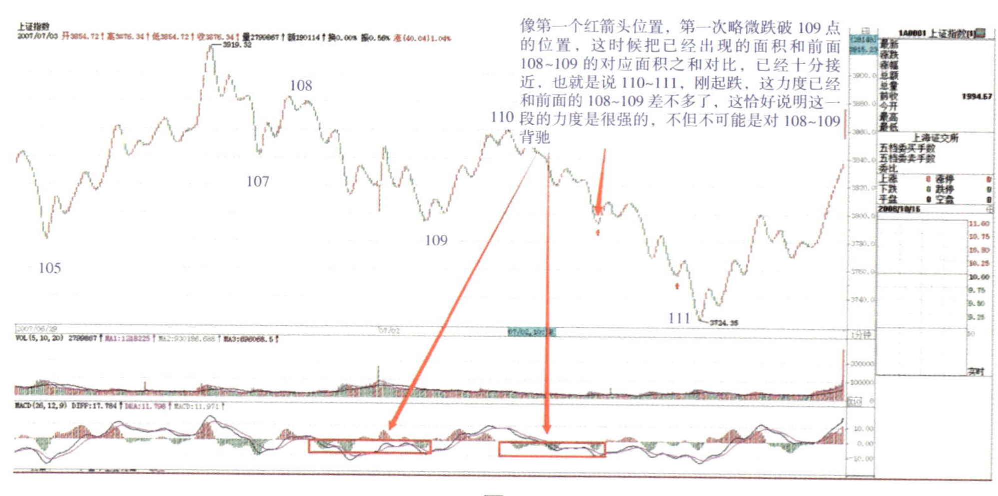

图 2

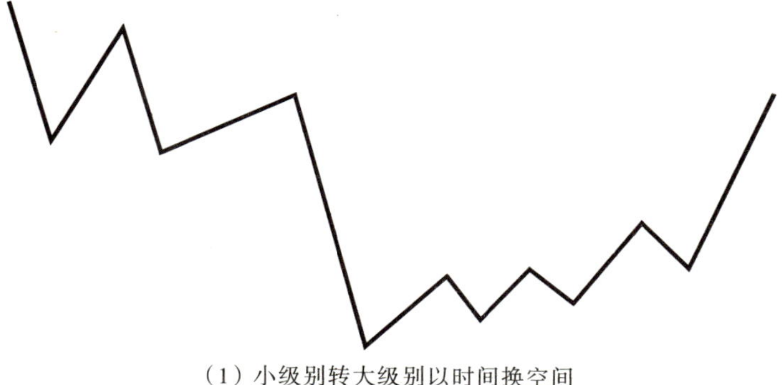

（1）小级别转大级别以时间换空间

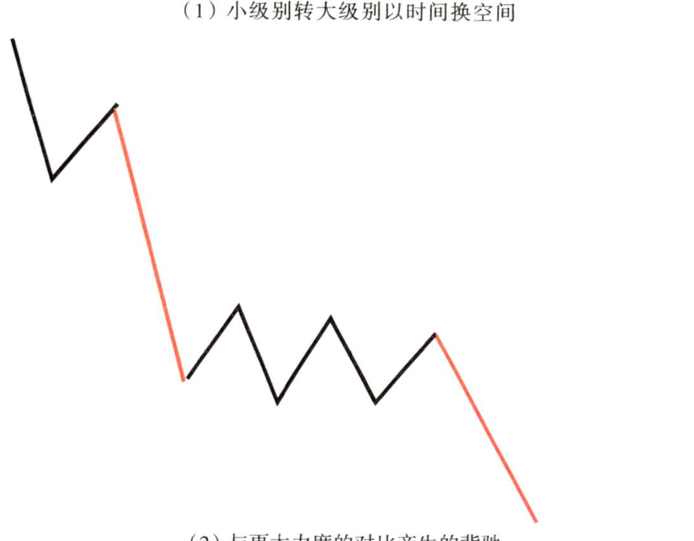

（2）与更大力度的对比产生的背驰

图 3

至于第二个红箭头，就更不可能了。绿箭头那次反抽，等于对前面破位前那上一下一上的微型类中枢（注意：从严格意义上说，线段以下是没有中枢的，所以说是类中枢）的一个第三类卖点，后面有两种变化，就是转大级别类中枢或类中枢移动直到形成新类中枢为止【扫地僧：就是三卖之后的两种变化：一种是三卖后盘背，然后向上回到原来的中枢内；另一种是走向下趋势，形成新的中枢，如图 4 所示】。而下面的黄白线，是一个典型的下—上—下结构中的第二下刚破上的低点，这是力度最大的一下，怎么可能有背驰出现？MACD 第一个红箭头就指这大的下—上—下破的一下，这时候除非出现线段结构的突发性破坏【扫地僧：线段结构的突发性破坏，就是能使 MACD 黄白线也能回拉到 0 轴附近】，否则不可能有什么背驰出现。而后的回拉，其实刚好构成一个奔走型的上—下—上

(扫码获取更多学习资料)

结构（也就是第二上刚和第一上的低点稍微重合），这其实也就构成另一个微型类中枢。这和第一个红箭头指的那个一起，刚好构成两个类中枢的下跌走势【扫地僧：如图 5 所示】。然后，后面的背驰判断就很简单了，和一般的趋势中背驰的判断一样。针对第二个奔走型的微型中枢的前后两段，MACD 两个红箭头对应的绿柱子的比较一目了然（千万别再问这时候为什么不看黄白线之类的问题，这类问题回答过 N 次了）【扫地僧：因为级别太小，MACD 黄白线没有返回 0 轴】。

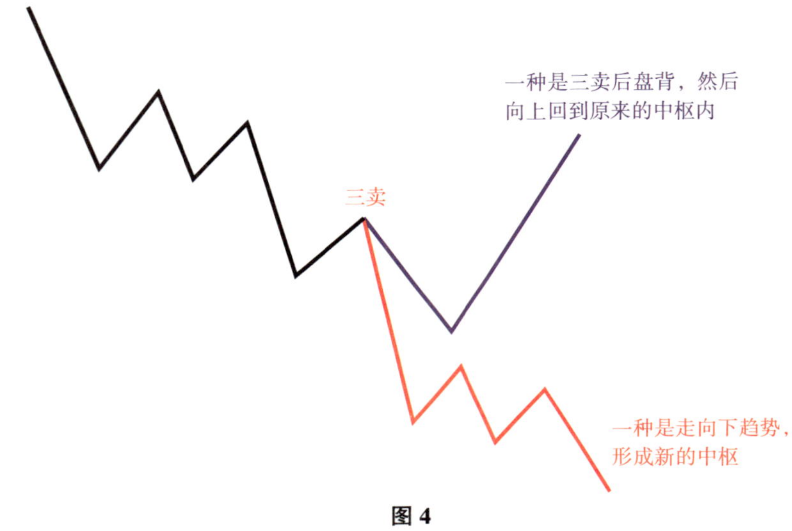

图 4

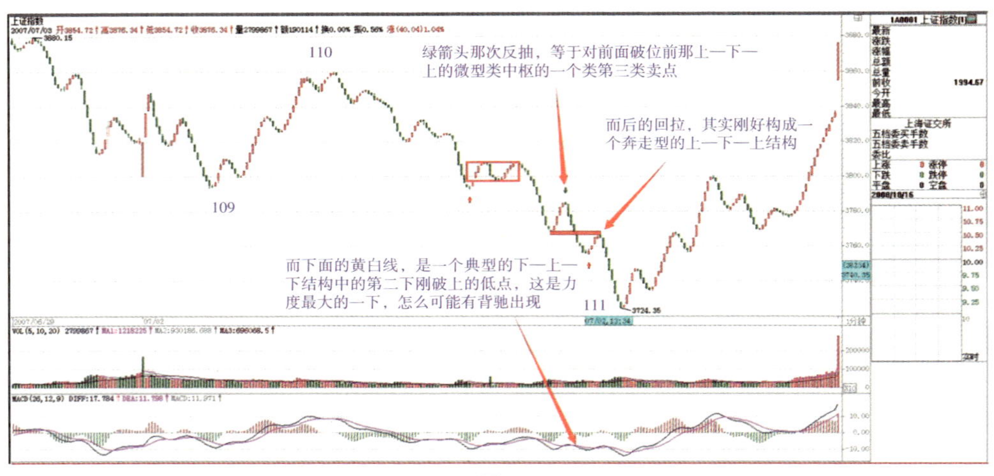

图 5

请各位好好把各类情况消化好，特别是一些最基本的知识，一定要掌握，第 62 课、第 63 课，要完全吃透，而且能当下应用。当然，这需要不断练习、不断研究不同的图形。

【扫地僧点评】

本课重点讲了走势和 K 线图的本质关系，还在纠结看几分钟图的，这课必须要搞明白。

教你炒股票65：再说说分型、笔、线段①

分型分笔和线段，走势中枢基本件，几何概念要搞清，唯一分解不会乱。

如果真明白了前面的，这课就不必再说了。本ID理论的关键是一套几何化的思维，因此，你需要从最基本的定义出发，而在实际操作的辨认中，这一点更重要。所有复杂的情况，其实，从最基本的定义出发，都没有任何的困难可言。

例如，对于分型，里面最大的麻烦，就是所谓的前后K线间的包含关系。同时，有点简单的几何思维，根据定义，任何人都可以马上得出以下的一些推论：

（1）用［di，gi］记号第i根K线的最低和最高构成的区间，当向上时，顺次n个包含关系的K线组，等价于［maxdi，maxgi］区间对应的K线，也就是说，这n个K线，和最低最高的区间为［maxdi，maxgi］K线是一回事情；向下时，顺次n个包含关系的K线组，等价于［mindi，mingi］的区间对应的K线【扫地僧：如图1所示，从左到右，要依次进行包含处理，d1~g1与d2~g2包含处理，取高点的高点和低点的高点，即d2~g1，然后再与d3~g3包含处理，得到d3~g1，然后与d4~g4包含处理，得到d4~g1，然后与d5~g5处理，得到d5~g1，d5~g1是被d6~g6所包含，于是再包含处理后就成了d5~g6，这个就是经过一系列包含处理后所得到的独立K线】。

（2）结合律是有关本ID这理论中最基础的，在K线的包含关系中，当然也需要遵守，而包含关系，不符合传递律，也就是说，第1、第2根K线是包含关系，第2、第3根也是包含关系，但并不意味着第1、第3根就有包含关系。因此在K线包含关系的分析中，还要遵守顺序原则，就是先用第1、第2根K线的包含关系确认新的K线，然后用新的K线去和第3根比，如果有包含关系，继

① 原文来源：http：//blog.sina.com.cn/s/blog_486e105c01000bpo.html，2007-07-16 22：14：16。

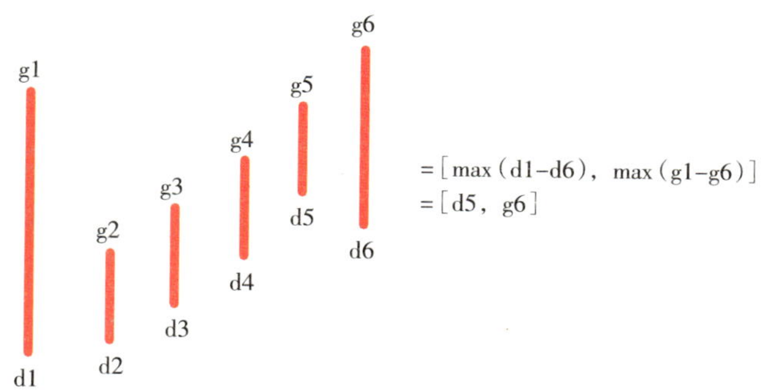

图 1

续用包含关系的法则结合成新的 K 线，如果没有，就按正常 K 线去处理。

（3）有人可能还要问，什么是向上？什么是向下？本 ID 的理论是严格的几何理论，对向上向下，也可以严格地进行几何定义。

假设，第 n 根 K 线满足第 n 根与第 n+1 根的包含关系，而第 n 根与第 n−1 根不是包含关系，那么如果 gn≥gn−1，那么称第 n−1、第 n、第 n+1 根 K 线是向上的；如果 dn≤dn−1，那么称第 n−1、第 n、第 n+1 根 K 线是向下的【扫地僧：注意，这里的方向仅仅是当遇到了有包含的情况时，要处理包含的第一根 K 线与前面的 K 线的位置，如果是上涨的，则就是向上，如果是下跌的则就是下跌，这和笔的方向没有关系】。

有人可能又要问，如果 gn<gn−1 且 dn>dn−1，算什么？那就是一种包含关系，这就违反了前面第 n 根与第 n−1 根不是包含关系的假设。同样道理，gn≥gn−1 与 dn≤dn−1 不可能同时成立。

上面包含关系的定义已经十分清楚，就是一些最精确的几何定义，只要按照定义来，没有任何图是不可以精确无误地、按统一的标准去找出所有的分型来。注意：这种定义是唯一的，有统一答案的，就算是本 ID，如果弄错了，也就是错，没有任何含糊的地方，是可以在当下或任何时候明确无误地给出唯一答案的。答案与时间无关，与人无关，是客观的，不可更改的，唯一的要求就是被分析的 K 线已经走出来。

从这里，本 ID 理论的当下性也就有了一个很客观的描述。为什么要当下的？因为如果当下那些 K 线还没走出来，那么具体的分型就找不出来，相应的笔、线段、最低级别中枢、高级别走势类型等就不可能划分出来，这样就无从分析了。而一旦当下的 K 线走出来，就可以当下按客观标准唯一地找出相应的分型结构，当下的分析和事后的分析是一样的，分析的结果也是一样的，没有任何的不同。

因此，当下性，其实就是本 ID 理论的客观性【扫地僧：或者说是不包含有未来函数，如果是编写过指标公式的应该知道什么是未来函数，通俗点说，就是当前出了指标信号，但事后随着后面走势的变化，这个信号会消失，如果看历史，信号准确率非常高，但其实是掩盖了这些消失的信号】。

有人可能要问，如果看 30 分钟图，可能 K 线一直犬牙交错，找不到分型。这有什么奇怪的，在年线图里，找到分型的机会更小，可能十几年找不到一个也很正常，这还是显微镜倍数的比喻问题。确定显微镜的倍数，就按看到的 K 线用定义严格来核查，没有符合定义的，就是没有。如果希望能分析得更精确，那就用小级别的图，例如，不要用 30 分钟图，用 1 分钟图，这样自然能分辨得更清楚。再次强调，用什么图与以什么级别操作没任何必然关系，用 1 分钟图，也可以找出年线级别的背驰，然后进行相应级别的操作。看 1 分钟图，并不意味着一定要玩超短线，把显微镜当成被显微镜的，肯定是有问题【扫地僧：关于显微镜的问题必须要搞懂，很多新人会陷入其中，札记第 67 课有详细解释，一定多看然后搞懂】。

从分型到笔，必须是一顶一底。那么，两个顶或底能构成一笔吗？这里，有两种情况：第一种，在两个顶或底中间有其他的顶或底，这种情况，只是把很多笔当成了一笔，所以只要继续用一顶一底的原则，自然可以解决；第二种，在两个顶或底中间没有其他的顶或底，这种情况，意味着第一个顶或底后的转折级别太小，不足以构成值得考察的对象，在这种情况下，第一个的顶或底就可以忽略其存在了，可以忽略不算了。

所以，根据上面的分析，对第二种情况进行相应处理（类似对分型中包含关系的处理），就可以严格地说，先顶后底，构成向下一笔；先底后顶，构成向上一笔。而所有的图形，都可以唯一地分解为上下交替的笔的连接。显然，除了第二种情况中的第一个顶或底类似的分型，其他类型的分型，都分别属于相邻的上下两笔，是这两笔间的连接。用一个最简单的比喻，膝盖就是分型，而大腿和小腿就是连接的两笔。

有了笔，那么线段就很简单了，线段至少有三笔，线段无非有两种，从向上一笔开始的和从向下一笔开始的。

对于从向上一笔开始的，其中的分型构成这样的序列：d1g1d2g2d3g3…dngn（其中 di 代表第 i 个底，gi 代表第 i 个顶）。如果找到 i 和 j，j≥i+2，使得 dj≤gi，那么称向上线段被笔破坏【扫地僧：看图 2 更直接一些，同样，图 2 中 i=1，j=3，d3<g1，在 d3 时已经出了笔破坏】。

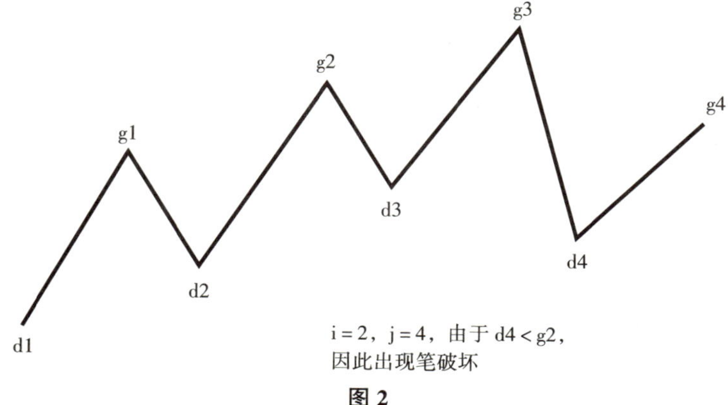

图 2

对于从向下一笔开始的，其中的分型构成这样的序列：g1d1g2d2…gndn（其中 di 代表第 i 个底，gi 代表第 i 个顶）。如果找到 i 和 j，j≥i+2，使得 gj≥di，那么称向下线段被笔破坏【扫地僧：看图 3：同样，这图中 i=1，j=3，g3>d1，在 g3 时也已经出了笔破坏】。

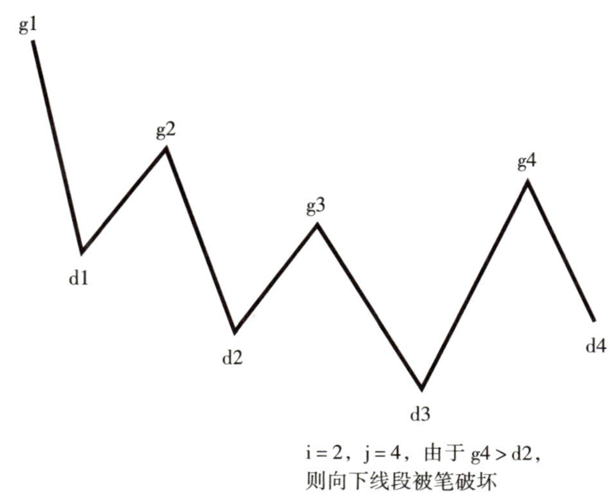

图 3

线段有一个最基本的前提，就是线段的前三笔，必须有重叠的部分，这个前提在前面可能没有特别强调，这里必须特别强调一次。线段至少有三笔，但并不是连续的三笔就一定构成线段，这三笔必须有重叠的部分。由上面线段被笔破坏

的定义可以证明：

禅中说禅线段分解定理：线段被破坏，当且仅当至少被有重叠部分的连续三笔的其中一笔破坏。而只要构成有重叠部分的前三笔，那么必然会形成一线段，换言之，线段破坏的充要条件，就是被另一个线段破坏。

【扫地僧：以图 4 为例：根据前面的定义可以知道，d2~g3 笔破坏了下跌段，d2~g3、g3~d3、d3~g4 这三笔有重合，因此 d2~g4 线段破坏了 g1~d2，也就是说 d2~g4 线段成立。这个结论和很多人所认知的都不相同，但先不要急着反驳，再等讲特征序列时会解释清楚。这个结论也解释了为什么前面课程中有的分段很奇怪】

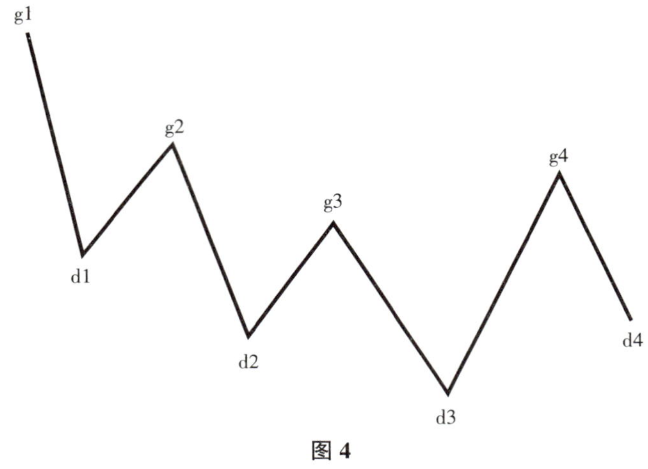

图 4

以上都是些最严格的几何定义，要想把问题搞清楚，就请根据定义多多自己画图，或者对照真实的走势图，用定义多多分析。注意：所有分析的答案，只和你看的走势品种与级别图有关，在这客观的观照物与显微镜倍数确定的情况下，任何的分析都是唯一的、客观的，不以人的意志为转移的。

如果分型、笔、线段这些最基础的东西都没搞清楚，都不能做到在任何时刻，面对任何最复杂的图形当下地进行快速正确的分解，那么要掌握本 ID 的理论就是胡说。

【扫地僧点评】

本课重点讲了笔和段的几何定义。

教你炒股票66：主力资金的食物链[①]

野生动物生态圈，蚂蚁老虎各一边，蝼蚁力小数量多，老虎独行霸深山。

因为画图要浪费时间，下一课再说有关线段的问题。今天，说一些宏观点的东西，说说主力资金的食物链。

市场每一时刻的走势，都由当下的合力构成，如果1亿人参加的市场，每一分力都是相等的、都是独立的，那么市场的整个运转和现实的情况，当然有所不同。现实的情况是，有些分力大于其他的分力，在这种情况下，对合力的分析，不能脱离对这些特别巨大分力的分析【扫地僧：也就是说对主力的分析是有必要的】。

如果现实的系统中这种特别巨大的分力只有一个，其他分力与之相比都可以忽略不算，那么市场的所谓合力，就与这分力基本无异了。例如，在那些控盘程度极端高的股票中，就往往呈现这种情况。而这种一个分力远大于其他分力的系统，其稳定性是会产生突变的。关于个股的情况，以后会说到，这里先说说关于大盘合力与分力的关系。

有一种很流行却纯粹出于想象的说法，是关于所谓市场主力资金的。在这种流行的谬误中，似乎市场中的主力只有一拨人，他们控制着市场的走势，画着每天大盘的分时图中每分每秒。而事实上，这种所谓的主力，从来没存在过【扫地僧：所以那些阴谋论的观点可以不用看了】。市场从来都分裂着不同的利益集团，所谓的主力资金，从来都是分派别的，各派别之间，会有联手，会有默契，但也有暗算、互相拆台等，黄雀、螳螂、蝉的游戏也一点都不新鲜。

主力资金层面的运作，当然也不是单纯的技术分析可以包括的。用打仗来比喻，技术分析，不过是一些战术性问题，而战略性问题，就不是技术分析可以解决的【扫地僧：战略性的问题，通常是市场之外的问题，市场是打仗的地方，但

① 原文来源：http：//blog.sina.com.cn/s/blog_486e105c01000c05.html，2007-07-30 22：42：05。

粮草、兵员、外援、外交等都是市场之外的事情】。例如，如果你是一个散户，你只要把本 ID 的技术理论搞清楚，在市场中就可以游刃有余了。但如果仅把本 ID 的技术理论搞清楚，是运作不了主力资金的【扫地僧：已经明确说明，只有技术理论是运作不了主力资金的，也就是说只有战术层面的东西而没有战略层面的东西，是运作不了主力资金的】。当然，技术层面是一个基础，只是一个方面。但无论什么资金，站在市场走势的角度，不过就是构造出不同级别的买卖点而已。因此，对于散户来说，你无须知道这天上掉下的馅饼是怎么制造的，只需要知道怎么才能吃到这馅饼。

必须明确任何的主力资金，无论什么背景、级别，最终都不可能逆整个经济的大势而行。资金不是一拨，山头就那么多，10 年前的主力，如果不随着市场去发展，到现在就什么都不是了。所以，任何主力资金，无论什么背景、级别，还有一个特点，就是要折腾【扫地僧：就是要做事情，积累人脉、资源等，没有这些哪有江湖地位】。不折腾，就没有江湖地位，唯一不同的，只是折腾什么，只是不同市场、板块的变换。

在单一的股票市场中，不同风格、背景、势力的资金，各自控制着不同的板块，最大的几个构成食物链的最上层。一般来说，这几拨资金都是“老油条”，互相也知根底，其根底往往不在市场中，而在市场之外，一般情况下，各方都是保持江湖规矩，不会轻易与某一方开战。但绝对不是说，最大的主力间就没有战争，而是这战争无时不在，只是都在等着一方出现破绽，余下的一拥而上，分而吃之。在中国资本市场的历史上，出现过好几次这样的事情。

当然，最大的主力，也不是一成不变的，不同的年代也会改变点包装，换些名头。

从食物链的最高端开始，逐级下去，到最后的散户个体，分着好几个层次。对于最大的主力来说，对下面几个层次的生态状态，会保持一定的维持。一般来说，一个新的最高级别的势力出现，是没有人愿意看到的。因此，那些在次一级别中特别活跃，特别有上升苗头的，都会被重点绞杀【扫地僧：去年的宝能、恒大的举牌，稍有苗头，立刻被重点绞杀或者摁下去】。对于最高级别的主力来说，一个各层次的生态平衡是最有利的。站在这个意义上，如果有些对散户特别恶劣的，要把散户或某层次赶尽杀绝的，那么肯定成为最高级别主力绞杀的对象。这种事情，在资本市场上也太常见了。一般来说，这种绞杀对象，都类似暴发户，最高级别的主力，就如同贵族，贵族当然看不起暴发户，特别是当这暴发户影响了整个市场的生态平衡时，不对之株连九族，斩草除根，那还怎么当贵族？这种

绞杀，当然可以是市场化的，却不一定是市场化的【扫地僧：这些暴发户最多的就是所谓的游资，而近期的监管趋严，也在重点打击这些打板的游资】。

【扫地僧点评】

本课简要地讲了一下现在中国的资本市场里的生态食物链，由于很多事情比较敏感，不便展开说。

教你炒股票67：线段的划分标准[①]

数学方法划线段，特征序列是关键，两种情况要分清，缺口出现巧分辨。

笔的划分标准在前面已经严格给出，因此，下一关键问题，就是如何划分线段。下面，给出类似笔划分，但有重大区别的划分标准。用S代表向上的笔，X代表向下的笔。那么所有的线段无非两种：一种是从向上笔开始；另一种是从向下笔开始。简单起见，以向上笔开始的线段为例子说划分的标准。

以向上笔开始的线段，可以用笔的序列表示：S1X1S2X2S3X3…SnXn。容易证明，任何Si与Si+1之间，一定有重合区间。而考察序列X1X2…Xn，该序列中，Xi与Xi+1之间并不一定有重合区间，因此，这序列更能代表线段的性质【扫地僧：向上段中，向下笔更能代表段的性质，向下段中，向上笔更能代表段的性质】。

定义：序列X1X2…Xn成为以向上笔开始线段的特征序列；序列S1S2…Sn成为以向下笔开始线段的特征序列。特征序列两相邻元素间没有重合区间，称为该序列的一个缺口。

关于特征序列，把每一元素看成是一K线，那么，如同一般K线图中找分型的方法，也存在所谓的包含关系，也可以对此进行非包含处理。经过非包含处理的特征序列，成为标准特征序列。以后没有特别说明，特征序列都是指标准特征序列【扫地僧：注意，这个包含处理过程，也是从左向右依次进行】。

参照一般K线图关于顶分型与底分型的定义，可以确定特征序列的顶和底。注意：以向上笔开始的线段的特征序列，只考察顶分型；以向下笔开始的线段的特征序列，只考察底分型。

在标准特征序列里，构成分型的三个相邻元素，只有两种情况：

第一种情况：特征序列的顶分型中，第一和第二元素间不存在特征序列的缺口，那么该线段在该顶分型的高点处结束，该高点是该线段的终点；特征序列的

---

① 原文来源：http：//blog.sina.com.cn/s/blog_486e105c01000c16.html，2007-08-01 22：31：55。

底分型中，第一和第二元素间不存在特征序列的缺口，那么该线段在该底分型的低点处结束，该低点是该线段的终点【扫地僧：还记得“教你炒股票 65：再说说分型、笔、线段”里讲到的笔破坏吗？对于从向上一笔开始的，其中的分型构成这样的序列：D1G1D2G2D3G3…DNGN（其中 DI 代表第 I 个底，GI 代表第 I 个顶）。如果找到 I 和 J，J≥I+2，使得 DJ≤GI，那么称向上线段被笔破坏。其实特征序列的分型中，第一、第二元素之间没有缺口，就是线段的笔破坏，而第三元素又跌破第二元素的低点，则变成了线段破坏，线段破坏的定义还记得吗？缠中说禅线段分解定理：线段被破坏，当且仅当至少被有重叠部分的连续三笔的其中一笔破坏。而只要构成有重叠部分的前三笔，那么必然会形成一线段，换言之，线段破坏的充要条件，就是被另一个线段破坏。这就是特征序列的理论基础。看图 1 更形象】。

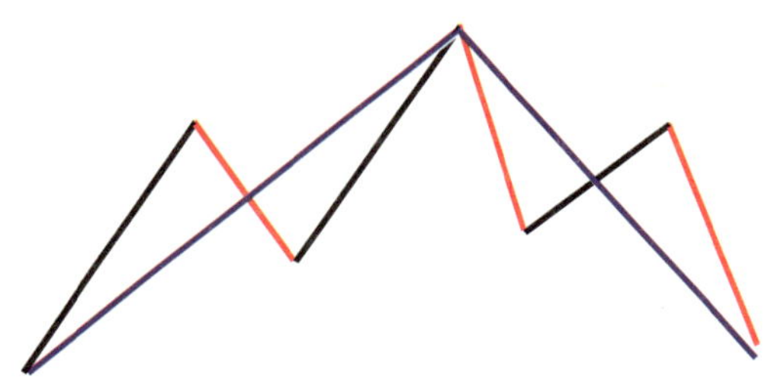

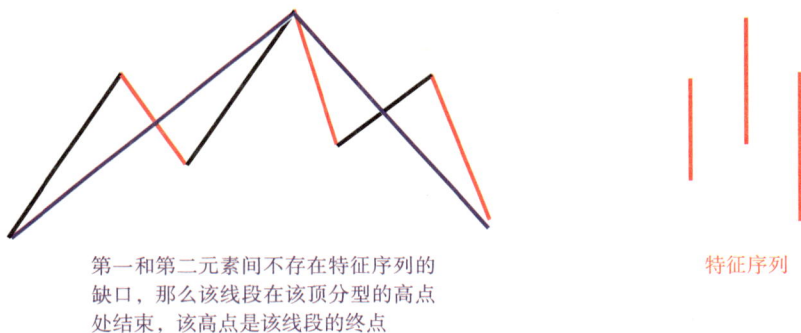

第一和第二元素间不存在特征序列的缺口，那么该线段在该顶分型的高点处结束，该高点是该线段的终点

特征序列

图 1

第二种情况：特征序列的顶分型中，第一和第二元素间存在特征序列的缺口，如果从该分型最高点开始的向下一笔开始的序列的特征序列出现底分型，那么该线段在该顶分型的高点处结束，该高点是该线段的终点；特征序列的底分型中，第一和第二元素间存在特征序列的缺口，如果从该分型最低点开始的向上一笔开始的序列的特征序列出现顶分型，那么该线段在该底分型的低点处结束，该低点是该线段的终点【扫地僧：这种情况是线段划分的难点，看图 2。图 2 分成 3 段的案例，还有一种是该线段在该顶分型的高处没有终结的情况，如图 3 所示，此图中，从高点下来的下跌段的特征序列，第一元素被第二元素所包含，经过包含处理后，此时无法形成底分型，故从高点下来的线段不成立，因此该图从起点到最后只有一段】。

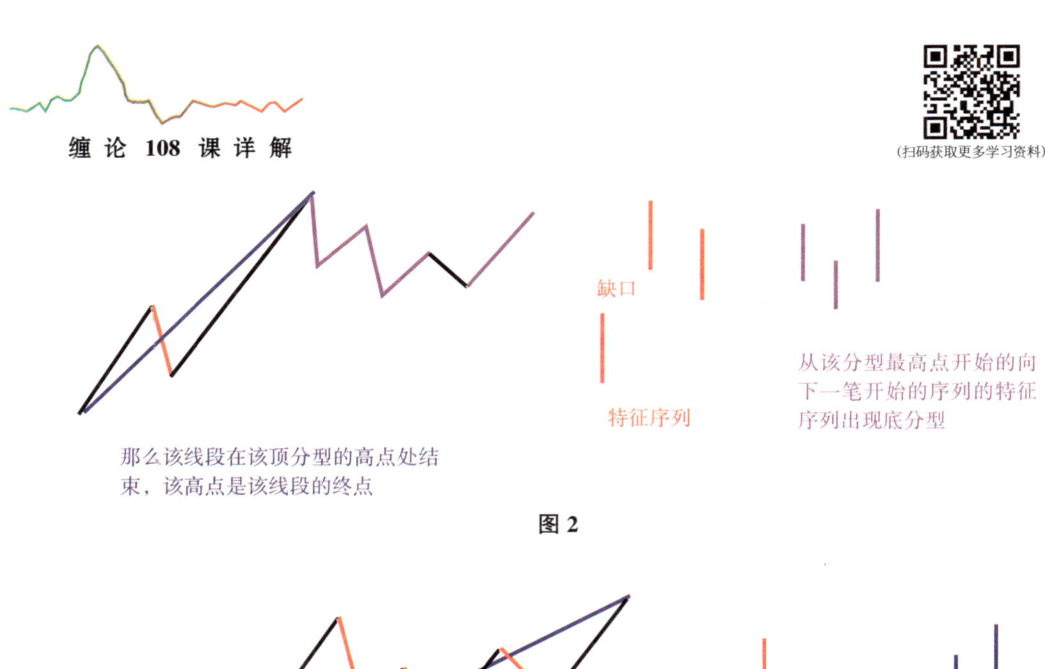
缺口
特征序列
从该分型最高点开始的向下一笔开始的序列的特征序列出现底分型
那么该线段在该顶分型的高点处结束，该高点是该线段的终点

图 2

该图从起点到最后只有一段
前一个特征序列
后一个特征序列由于第一元素和第二元素有包含，因此，无法形成底分型

图 3

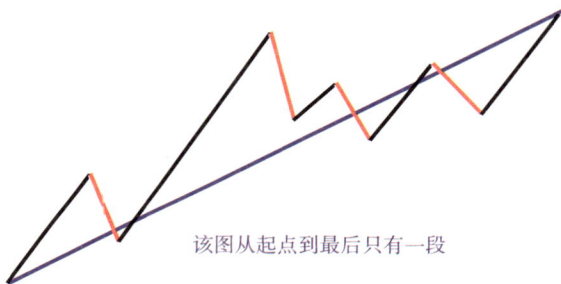

强调：在第二种情况下，后一特征序列不一定封闭前一特征序列相应的缺口，而且，第二个序列中的分型不分第一、第二种情况，只要有分型就可以【扫地僧：看图 4 容易理解。也就是说，在有缺口的情况下，这个缺口用不用回补是无关紧要的，重要的是第二个特征序列要有分型，这个分型就不用再考量是第一种情况还是第二种情况了，也就是说此时不需要考虑这个特征序列有没有缺口的问题了。这个结论还是来自于缠中说禅线段分解定理，也就是说线段被另外一个线段破坏】。

上面两种情况，给出所有线段划分的标准。显然，出现特征序列的分型，是线段结束的前提条件。本课就是把前面“线段破坏的充要条件就是被另一个线段破坏”精确化了。因此，以后关于线段的划分，都以此精确的定义为基础【扫地僧：以前的划分方法是不精确的，不量化的，从此往后，都以该方法为标准】。

这个定义有点复杂，首先清楚特征序列，然后清楚标准特征序列，最后清楚标准特征序列的顶分型与底分型。而分型又以分型的第一元素和第二元素间是否有缺口分为两种情况。一定要把这个逻辑关系搞清楚，否则一定晕倒。

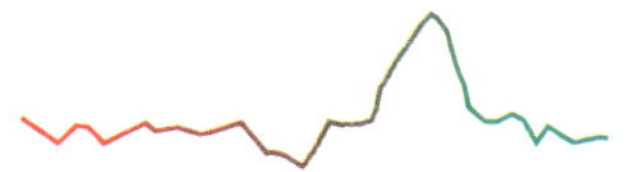

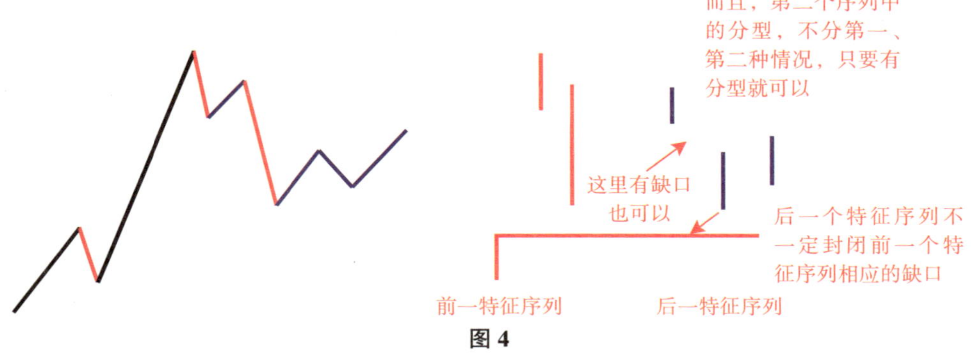
而且，第二个序列中
的分型，不分第一、
第二种情况，只要有
分型就可以
这里有缺口
也可以
后一个特征序列不
一定封闭前一个特
征序列相应的缺口
前一特征序列
后一特征序列

图 4

显然，按照这个划分，一切同一级别图上的走势都可以唯一地划分为线段的连接，正如一切同一级别图上的走势都可以唯一地划分为笔的连接一样。有了这两个基础，那么整个中枢与走势类型的递归体系就建立起来了。这是基础的基础，请务必搞清楚，否则肯定学不好【扫地僧：其实就是解决了 A0 应该如何唯一地建立起来】。

最后，尽量画点图，让各位分清楚上面的一些概念，但最好把定义看清楚，图只是一个辅助。前两个图形中标出了线段的划分。

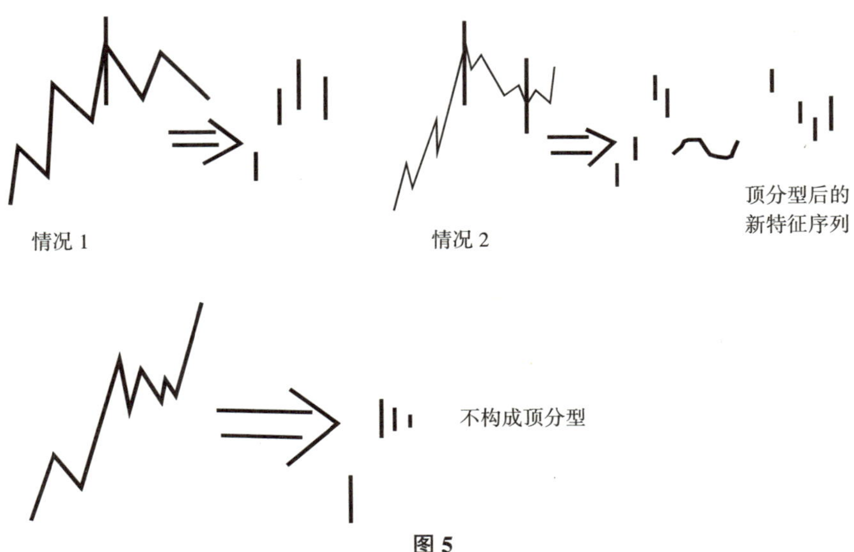
情况 1
情况 2
顶分型后的
新特征序列
不构成顶分型

图 5

(扫码获取更多学习资料)

【扫地僧点评】

本课将线段的划分方法用数学的方式表达出来，使得线段的划分变成唯一，不再具有多义性。

教你炒股票 68：走势预测的精确意义①

章鱼保罗昙花现，皆是概率本赌念，当下分类当下选，不测而测乃真见。

今天说说预测，何谓预测？一般的预测是什么？而科学严密的预测究竟是怎样的，本 ID 的理论是如何成为最精确、最当下预测的，都要在这里说明。真正的预测，就是不测而测。当然，这和一般通常的预测不是一个概念。在通常预测概念的忽悠、毒害下，很多人那根爱预测之筋总爱不时不自主地晃动几下，这里也算给那些被预测毒害的人治疗【扫地僧：预测是个动词，其后隐含了宾语，也就是说你要预测什么？大部分人都理所当然地认为预测就是要预测最终的结果，无论是球赛还是大盘的点位，其预测的是最终的结果，也就是比分和点位，这种预测结果是不对的，因为不具有普适性，蒙对一次两次甚至 10 次 20 次都是概率的问题，过后就是过眼云烟，没有什么意义，而真正的预测是其结果出现前的所有过程，这并不是说事先预知整个详细的过程，而是对出现的各种可能的结果所必经的过程做出相应的节点分类，有点像二叉树，从根出发，预测的不是最终落到了哪片叶子上，而是要根据当前的情况罗列出未来可能出现的所有的关键路径，这个预测，就是一个二叉树的动态遍历】。

市场的所有走势，都是当下合力构成。例如，前几天，认沽权证突然停牌导致的走势，就是由于规则分力有了突发性改变当下构成的。由于一般情况下，政策或规则的分力，至少在一个时间段内保持常量，所以，一般人就忘记、忽视其存在。但无论是常量还是随着每笔成交变化的变量，合力都是当下构成的，常量的分力用 F(t) 表示，只是表示其值是一个常量或者是一个分段式常量【扫地僧：政策本身是不具有连续变化性，所以其值就是一个分段式的常量，每次政策的变动，都是这个常量值发生变化，然后直到下一次变动】。对于任何一个具体的 t 来说，这和变化的分量在合成规则与合成的结果来说，没有任何的区别。

---

① 原文来源：http：//blog.sina.com.cn/s/blog_486e105c01000c2h.html，2007-08-05 10：36：28。

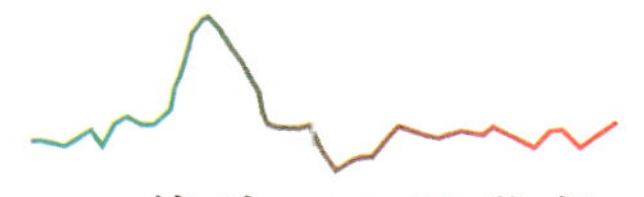

但这些常量的分力，并不是永恒的常量，往往是分段式的，其变化是有断裂点的，很多基本面上的分力，都有这个特点，这些断裂点，构成预测上的盲点。当然，进行基本面分析，对宏观面进行大面积的考察，可以尽量减少这些盲点，但不可能完全消除【扫地僧：不存在完全消除的方法】。这一因素的存在，已使得所有一般意义上的精确预测可能变成一个笑话。

更重要的是，基本面上的因素，也是合力的结果。政治、经济等方面，哪个不是合力的结果？现在的世界政治、经济格局，就是众多合力的结果，一个国家就更是这样了。很多人一根筋思维，总是假设政策是不需要合力的，里面没有各种利益的斗争，所有结果都如同一个预设的机器给出的。所有一般意义上精确预测的理论，实质上都是以类似的一根筋思维为前提的【扫地僧：在国外，主要是在野党和执政党之间的斗争，只要有人的地方，就会有分歧有斗争，而最终斗争出来的政策也是这种合理的结果，少一点阴谋论，多思考市场对合力的反应如何】。

比前面这些更深刻的，站在哲学的角度，预测也是一个分力，就如同观察者本来就被假定在观察之中，所有观察的结果都和观察者相关、被观察者所干预，以观察者为前提，预测也以同样的方式介入到被预测的结果之中。正如同量子力学的测不准原理，任何关于预测的理论，其最大的原理就是测不准【扫地僧：因为预测者和预测的结果之间不是孤立的，预测的结果最终要被预测者所干预，有点像索罗斯的反射理论，或者说是一种带正反馈的机制】。

有人可能会说，很多人都有预测准确的经历，这是为什么？其实，这不过是一个概率事件。因为走势可以发生的情况，按任何标准来分类，其可能情况都是有限的。一般来说，就是三四种情况。而喜欢预测游戏，到处宣布自己预测如何如何准的人比全世界正在被面首的人都多，瞎猫还能碰到死耗子，就算有人连续碰对了，也依然在概率的范围内，有什么大惊小怪的【扫地僧：只要基数大，再小的概率也会有人碰上，连续碰对也是概率的问题，基数足够大就可以了】。而所有号称自己预测如何如何的人，不过都是玩如此的招数或被如此的招数玩而不自知，至于那些把错的藏起来，只把忽悠对的到处吹嘘，那就更等而下之了。

其实，预测一点都不神秘（注意：这涉及不可知事件预测，本 ID 对此的准确性没有任何信心）。所有预测的基础，就是分类，把所有可能的情况进行完全分类【扫地僧：这句话是本课的中心思想、核心内容】。

有人可能说，分类以后，把不可能的排除，最后一个结果就是精确的。这是脑子锈了的想法，任何的排除，等价于一次预测，每排除一个分类，按概率的乘

法原则，就使得最后的所谓精确变得越不精确，最后还是逃不掉概率的套子【扫地僧：排除也是根据动态的当下发生的情况来排除，并非预先排除】。

对于预测分类的唯一正确原则就是不进行任何排除，而是要严格分清每种情况的边界条件。任何的分类，其实都等价于一个分段函数，就是要把这分段函数的边界条件确定清楚。例如下面的函数：

$f(X)=-1$，$X\in(-\infty, 0)$，$f(X)=0$，$X=0$，$f(X)=1$，$X\in(0, \infty)$

关键要清楚 f(X) 取某值时的 X 的范围，这个范围就是边界条件。在走势的分类中，唯一可以确定的是不可能取负值，也就是从［0，∞］进行分类，把该区域分成按某种分类原则分为 N 个边界条件。

有人可能要说，股票怎么可能变到 0？这有什么奇怪的，股票停了算什么？别说股票，钱都可以变成 0，你说 1950 年时的金圆券值多少？当然，如果你的子子孙孙能把一张金圆券守到宇宙爆炸的最后一刻，那时候，这金圆券会值 N 元的，这个 N 元，大概也会趋向一个恐怖数字的，那就等着吧。

不仅股票是废纸，本质上货币也是废纸，其所谓的价值区间和股票是一样的，0 同样是可能的取值。甚至按最精确的理论来说，还可以取负值，例如，如果有某朝或某国政府规定，私藏前朝或别国钱钞股票的一律死罪，那你说这钱钞或股票是不是负值？至于具体股票变 0 的情况，在权证上就经常发生。

边界条件分段后，就要确定一旦发生哪种情况就如何操作，也就是把操作也同样给分段化了。然后，把所有情况交给市场本身，让市场自己去当下选择。例如，前几天，本 ID 用前期两高点和 10 日线进行分类，那自然就把走势区间分类成跌破与不跌破两种。然后预先设定跌破该怎么操作，不跌破该怎么操作，如此而已。这就是最本质的预测，不测而测，让市场自己去选择【扫地僧：不测而测就是让市场自己去选择，你所要做的就是定义好分类以及边界条件即可】。最后市场选择了不跌破，那就继续持有。

有人说，万一它上去后又跌破怎么办？这是典型的瞎预测思维。任何一个市场的操作者，一定不能陷入这种无聊思维之中。市场不跌破是一个事实，你的操作只能根据已经发生的事实进行，如果跌破，那就等跌破成为事实再说，因此在本 ID 意义下的预测里，你已经把如果跌破的情况该干什么预设好了，这种情况没成为事实，就是另一种情况成为事实，那就该干什么干什么。

一般来说，喜欢预测的人，通常都是神经过敏，操作低下，喜欢忽悠之辈。那些从 2000 点就开始测顶的，如果说错一次割一块肉，现在都可以去当假冒羊蝎子了。所有的操作，其实都是根据不同分段边界的一个结果，只是每个人的分段边界不同而已【扫地僧：每个人的分段边界其实就是每个人的功力问题了，分得合理不合理，是否是最适用的，这些都和每个人的功力有关，需要自己下功夫练的】。

因此，问题不是去预测什么，而是确定分段边界。例如，前两天用前期两高点分类有意义，现在再用，就没什么意义了，现在就可以完全用均线系统分类，所以本 ID 接着强调 5 日、5 周、5 月的原则。有了分段的边界原则，按着操作就可以，还需要预测什么？又有什么可预测的【扫地僧：所以重点就是这个分段的边界原则以及相应的操作，这是一切的基础，有了这个基础预测与否是无关紧要的】。

世界金融市场的历史一直在证明，真正成功的操作者，从来都不预测什么，即使在媒体上忽悠一下，也是为了利用媒体。真正的操作者，都有一套操作的原则，按照原则来，就是最好的预测。

那么，本 ID 理论中的分型、笔、线段、中枢、走势类型、买卖点等是不是预测呢？这个不好确定。因为本质上本 ID 的理论是最好的一套分段原则，这一套原则，可以随着市场的当下变化，随时给出分段的信号【扫地僧：分型、笔、段、中枢和走势类型，就是从几何上对市场来分类，买卖点就是分类所对应的操作信号】。按照本 ID 理论来的，其实在任何级别都有一个永远的分段：X=买点，买入；X=卖点，卖出；X 属于买卖点之间，就持有，而这持有的种类，如果前面买点，卖点没出现，就是股票，反之就是钱。按照分段函数的方法，本 ID 的理论就有这样一个分段操作的最基本原则。

因此，如果你真学习和按本 ID 的理论来操作，就无须考虑其他系统，或者说其他系统都只能是参考。本 ID 解盘的时候，之所以经常说均线、高点连线之类的，只是为了照顾没开始学本 ID 理论的人，并不是本 ID 觉得那种分类有什么特殊的意义。本 ID 的理论，任何时候都自然给出当下操作的分段函数，而且这种给出都是按级别来的，所以本 ID 反复强调，你先选择好自己的操作级别，否则，本来是大级别操作的，看到小级别的晃动也晃动起来，那就乱了阵脚【扫地僧：级别越做越小也是一个通病，要么是总想抓住每一个波动，要么是不断区间套分析把最初的级别忘了，对于初学者，或者一般的散户，级别不能小，至少做个 30F 级别，太小的很容易自己乱了】。

给出分段函数，就是给出最精确的预测，所有的预测都是当下给出的，这才是真正的预测【扫地僧：回归本课中心思想，真正的预测就是分类，当下的分类，这个思想在论语、佛学、中医中都有体现，万法归一，在哲学层面它们都是

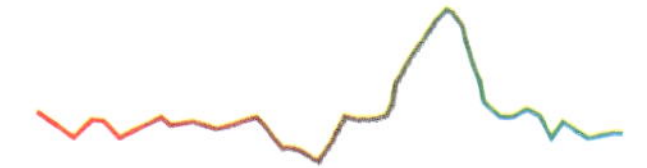

相通的】。这种预测，不需要任何概率化的无聊玩意，也没有所谓预测成功的忽悠或兴奋。这种预测的成功每一当下都发生着，每一当下都要忽悠兴奋一下，这人脑子早锈掉了。所谓碧空过雁、绿水回风，哪个是你本来面目？

【扫地僧点评】

本课中心思想：给出所有的分类/分段函数，这就是最精确的预测。

教你炒股票69：月线分段与上海大走势分析、预判①

小小分型不简单，顶底之间一片天，步步推理辅操作，走势完美是关键。

分型、笔、线段，在1分钟图上可以分辨，在月线图上的道理是一样的。但用月线图分辨，等于用一个精度超低的显微镜，只能看一个大概，但这个大概却是最实质性的，是一个大方向【扫地僧：级别越大，短期分力的影响就越小，越能反映长期的大方向】。

图1就是上海证券交易指数的月线图。绿箭头指着的是顶分型，红箭头指着的是底分型。打“×”的就是该分型不符合笔所要求分型的规范，这里只有两条：①顶和底之间没有至少一K线；②不满足顶必须接着底或底必须接着顶【扫地僧：此时不考虑K线包含的情况，只考虑顶底分型之间是否有一根K线，顶底分型是否是交替的。因为在大周期上，就没必要按照精细的分笔来，精细的分笔是用来解决最小周期上A0的问题，大周期上没有这个必要，只要能反应出大概的力度即可。所以，以后在看大周期图时，不要纠结于笔和段是否严格符合定义，本身的显微镜倍数就不够，还要严格划分笔和段，这就是本末倒置了】。

例如，第一个红箭头和第二个绿箭头之间显然不能构成一笔，也就是说，这两个只能取一个：如果取第一个红箭头，那么第二个绿箭头就不是笔中分型，第二个红箭头显然是一个底分型，因此形成两个底分型连续的划分。显然，这时候，第一个就不算了，这和前面说取第一个红箭头对着的底分型矛盾。所以，这里只能取第二个绿箭头。这时，第一个绿箭头对应的顶分型，自然就不算笔中的顶了【扫地僧：看图2】。

① 原文来源：http：//blog.sina.com.cn/s/blog_486e105c01000c5b.html，2007-08-09 23：03：22。

图1

图2

后面的各分型，带“×”的，都可以按照上面两个原则分析。

有人可能要问，这样分型的确定，在当下如何完成？这必须在当下去完成。例如，当走势走到第一个红箭头时，显然，第一个绿箭头的顶分型也可以暂时看成是确定的顶分型。但当第二个绿箭头走出来后，这个问题就有了可修改的地方

(扫码获取更多学习资料)

【扫地僧：注意，并不是说当走到第二个绿箭头那根 K 线时就有了变化，而这个绿箭头后面的一根 K 线破了绿箭头那根 K 线的最低价的当下，因此此时已经使得绿箭头在这里变成了顶分型】。

有人可能要问，这样分型是否随时可以修改？答案是否定的。一旦完成了图形，再修改就不可能了。分型可修改，证明图形没完成。例如，当第二个红箭头分型出现后，前面三个分型的取舍就是唯一的。这个分型的可修改性，反而是一个对走势判断极为有利的性质。例如，第二个绿箭头走出来后，该图形未完成的性质就确定了，但所有图形必然完成，走势必完美。如何才能完美，在理论的框架下，只有极少的可能，而这些可能，就成为综合判断的关键条件【扫地僧：就是根据图形的分笔原则来做逻辑推理，如图 3 中 1 点和 3 点分别对应着第一和第二个绿箭头，2点和 6 点分别对应着第一和第二个红箭头。当走到 4 点时，3 点这个顶分型出现，2 点和 3 点之间由于只有 4 根 K 线，不满足一笔的条件，此时如果向上破 3 点新高，3 点这个顶分型被破坏，使得 2 点开始的向上笔延续。而到 5 点时，3~5 可以构成向下的一笔了，后面如果向下破 2 点创新低，那么就是两种划分：①以 1 点为上一个顶分型，1 点新低为下跌一笔；②1~2 不成笔，以 3 点为第一个向上笔的终点和向下笔的起始点。由于 3 点比 1 点高，而根据笔的起始结束点分别是高低点的原则，那么第一种划分是不成立的，因此只有第二种划分是合理的，这就是经过逻辑推理使得可能性逐步减少，从而具有了可操作性】。然后根据各级别图形的未完成性质，就可以使得走势的边界条件极端的明确与狭小，这对具体操作是极为有利的。注意：这和概率无关，是百分之百的纯理论保证，最终所依据的，就是在本 ID 理论最早反复强调的走势必完美原则。

其实，本 ID 的理论关键不是什么中枢、走势类型，而是走势必完美，这才是本 ID 理论的核心【扫地僧：除了前 30 课不断强调走势必完美是核心，之后的课程重点讲了其他延伸出来的知识，现在走势必完美这个核心再次被提起，也是提醒大家别忘了缠论的核心】。但要真正理解这个关键，可不是看字面意思就能明白的。

显然，目前月线上的第 1、第 2 段已经走出来，其中，按照线段里笔的类背驰，1 的结束顶与 2 结束底都是很容易判断的。上海证券交易指数的历史大顶与底，根据这线段的划分，都不是秘密。那么，对现在依然进行中的第 3 段走势，有什么可百分之百确定的呢？

（1）显然，这一段要成为段，至少要三笔，而现在连一笔都没走完，因此，

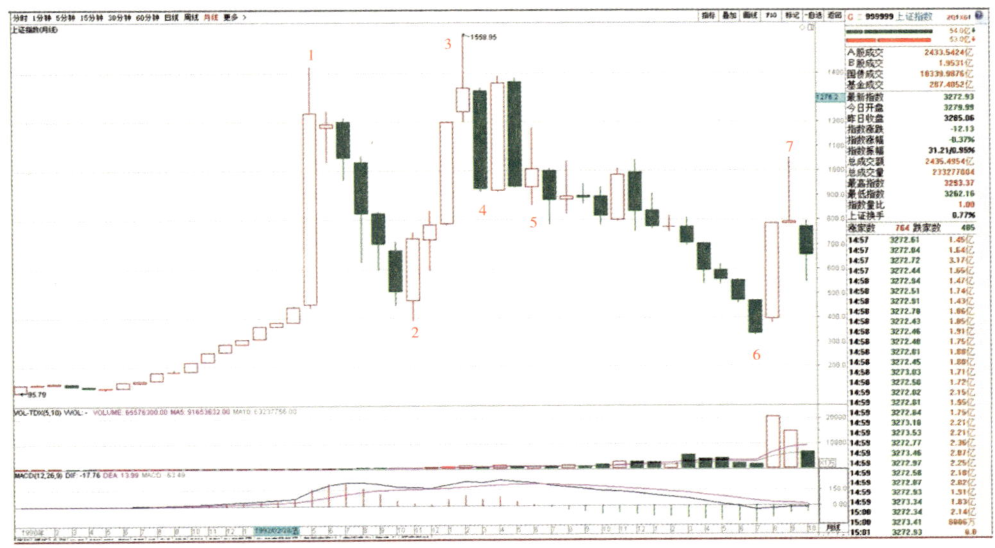

图 3

这轮行情的幅度可想而知。也就是说，即使该笔走完一个笔的调整后，至少还有一个向上的笔【扫地僧：后来的走势是一个笔的调整直接跌到了 1664 点，然后又一笔反弹至 3478 点，这带来一个警示：虽然大级别上未完美，但大级别是用来辅助判别大方向的，由于国内股市的趋同性较强，最后的疯狂结束时未必一定是大级别上的完美，那么在卖出时，级别不能放得太大，通俗点讲：买在大级别，卖在小级别】。

（2）2245~998 点是线段的类中枢，也就是说，只要调整那笔不跌破 2245 点，那么，将构成一个线段的类第三类买点，这也支持至少要走一笔【扫地僧：后来的走势是跌破了 2245 点，三买没有了】。

（3）笔的完成，必须要构成一个顶分型。而一个月线的顶分型将如何构成？这意味着什么，这个问题就当成是一个作业，各位去思考一下，然后给出这个结论对应的操作策略。从中也可以亲自实践一下，去明白一下理论指导下操作的力量【扫地僧：月线的顶分型要想成立，首先不能新高，其次要跌破上月的低点，也就是顶分型中间那根 K 线的低点。那么这个结论所对应的操作策略就有了：在周线或日线上看当前的走势是出于上涨还是下跌，如果是上涨，那么重要的参考点位就是上月的高点，或者说是月线顶分型中间 K 线的高点，如果上涨出现背驰，但高点不能突破，则减仓，否则月线向上笔继续。而如果当前走势是下跌，则要参考的点位就是上月的低点，如果下跌出现背驰但未创新低，则可以回补，

否则继续等待。如果跌破了顶分型中间 K 线的低点，那么下一个重要的参考位置就是顶分型左侧 K 线的低点，这是走反向笔的一个重要参考点位】。

最后，再提一个思考题：为什么本 ID 在 7 月要大搞满江红，而 8 月以后就放手坐轿子，请利用分型的原理给本 ID 的行为一个技术上的解释【扫地僧：先看图 4 中 5、6、7、8 分别代表着每根 K 线的月份，6 月走完可以知道 4、5、6 构成了顶分型，5 月是顶分型的中间 K 线，那么 7 月大搞满江红就是为了让 7 月的高点突破 5 月的高点，使得顶分型被破坏，向上笔延续，7 月的高点最终高于 5 月，那么月线向上笔延续下去，因此 8 月自然就可以放手坐轿子了】。

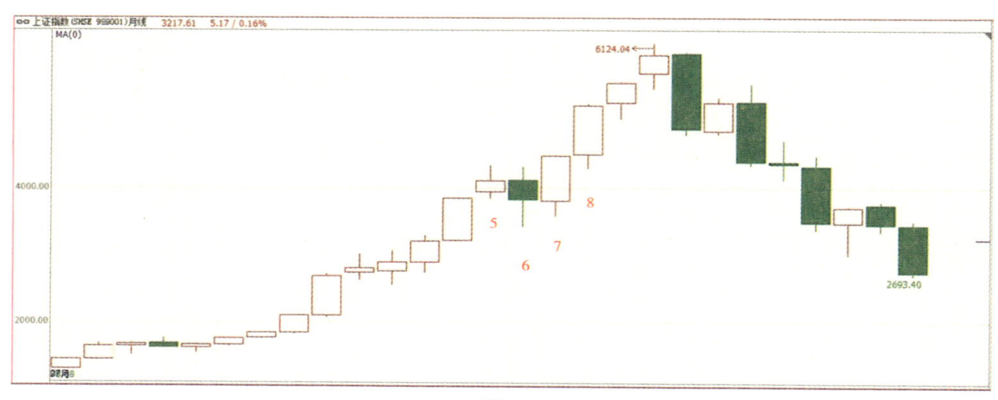

图 4

【扫地僧点评】

即使是分型如此简单的东西，也可以通过分类和逻辑推理在大级别上指导操作。

教你炒股票 70：一个教科书式走势的示范分析①

本课案例公认难，复杂中枢窥一斑，未完走势存多义，优先选择最简单。

首先，今天下午太匆忙，37 点后就直接标记 39 点，晚上回来才发现，已经改过来了。

在前面的课程里，本 ID 反复说过结合律是至关重要的。这里的人，认真学过抽象代数的人少，所以不大明白运算规则的选择对研究对象的决定性意义。对于走势来说，结合律就是连接走势之间关系最重要的规则【扫地僧：因为有了结合律，使得走势连接也变得动态起来，从而可以在走势不完全明朗时也有可分析的依据】，不深切明白这一点，如何能明白走势本身？

无论如何结合，本 ID 的理论对走势的分析原则是不变的。可以这样认为，本 ID 的理论，就是走势保持结合律下具有变换不变性的一套理论，而且可以严格地证明，是唯一能保持分解变换不变且保持结合律的一套理论。如果有点现代数学常识，对这理论的意义应该能多点了解【扫地僧：摘抄了一些关于变换不变性的解释：变换与不变是数学里面最令人神往的一对矛盾统一。所谓"变换不变性"，以不变刻画变化，其核心深刻反映了这种对偶的关系。更多请查看 http://blog.sina.com.cn/s/blog_9548fdc50101717v.html】。

这几天，随着走势的当下发展，本 ID 不断变换着所看的中枢，这根本的原因就在于结合律，因为结合律，我们可以对走势进行最有利观察的分解【扫地僧：如何进行最有利观察的分解，就是多看多练多想】，这样才能更容易明白走势究竟在干什么？

例如，到今天，走势一种最明显的划分已经自动走出来，就是 8~17 构成 5 分钟中枢，该中枢是 4300 点那个 5 分钟中枢上来后的一个新的 5 分钟中枢，这

① 原文来源：http://blog.sina.com.cn/s/blog_486e105c01000c86.html，2007-08-15 22：41：35。

个中枢在刚形成时，我们已经指出，而且任何学过本 ID 理论的，都可以当下指出。一般来说，形成这个 5 分钟中枢后，在理论上只有三种走势：

（1）向上出现第三类买点，走出 1 分钟向上走势类型，然后构成新的 5 分钟中枢。

（2）向下出现第三类卖点，走出 1 分钟线向下走势类型，构成新的 5 分钟中枢。

（3）中枢延伸，或出现第三类买卖点后扩展成大级别的 30 分钟中枢。

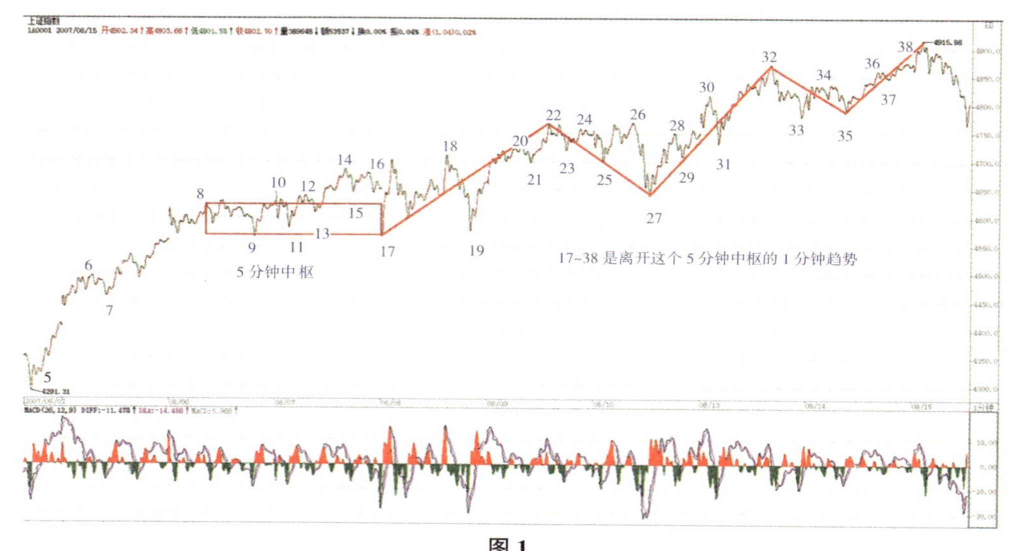

图 1

显然，在行情发展中，没必要去预测走势选择什么，走势自然选择，只需要观察就可以。现在，走势自然选择了第一种，为什么？因为 17~38 构成完美的 1 分钟上涨走势，目前，围绕这 1 分钟上涨走势的最后一个 1 分钟中枢 32~35，正扩展出新的 5 分钟中枢的雏形【扫地僧：缠师的分解如图 1 中所示，这个分解方式如果对同级别分解和非同级别分解，不熟练的是很难想到如此分解走势的。这里我们一步步来分析：8~17 可以划分成为 5F 中枢，中枢区间为［10，17］，也可以将 10~19 看作 5F 中枢，中枢区间为［10，19］，可以看出这两种分解方式的中枢上沿都是 10 这个点，而对于离开这个 5 分钟中枢的走势无非是从 17 点开始还是从 19 点开始的问题，而无论从哪点开始，都是到 22 点结束，所以，这两种中枢的划分没有什么区别，可以忽略掉。

接下来的分解有两种方式：①17~22 是离开 5F 中枢的 1F 走势，22~27 是

回抽 5F 中枢的 1F 走势；②18~27 又构成了一个 5F 中枢，后面的操作以该 5F 中枢为参考。而这两种分解中，27 点都是一个关键点位，一个是 1F 回抽的结束位置，一个是 5F 中枢的结束位置，先不看这两种分解哪种好，先看后面的走势。

27~38 的走势也有两种分解：①27~38 就是一个 1F 走势，30~33 是中枢，33~38 是背驰段；②27~32、32~35、35~38 分三个 1F 走势。对于第一种分解，由于 38 点只是 27~38 这个 1F 盘整走势内部的盘整背驰，只能保证后面有一段回调。

对于第二种分解，需要考虑 27 点之前的分解，也就是上一段话中所提到的两种分解方式，对于第一种，17~22、22~27、27~32、32~35、35~38 这五个 1F 走势构成了一个上涨趋势，38 点是趋势背驰，这个趋势最大中枢是 1 分钟级别的，因此级别也是 1 分钟的趋势背驰，后面至少有一个 1 分钟级别的下跌或盘整。而站在 8~17 这个 5 分钟中枢来看，17~38 是离开该中枢的 1F 趋势，与前面 5~8 这个 1F 走势进行比较，有盘整背驰，在 15 分钟图上看比较明显。

图 2

对于第二种，18~27 是 5F 中枢，27~32 是离开的次级别，35 点是回抽次级别不破中枢构成三买，35~38 构成盘整背驰，27~38 要与 5~18 进行力度的比较，也明显有盘背。如图 3 的分解。由此可见，将中枢定为 8~17 或者 18~27，其效果是相同的，这也说明了条条大路通罗马，各种分解最终都要殊途同归，只是本

(扫码获取更多学习资料)

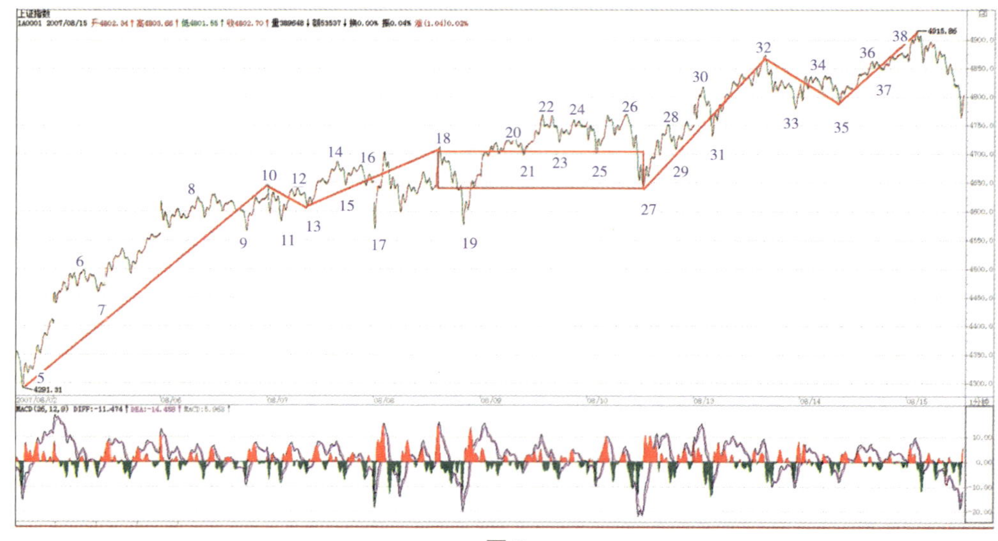

图 3

课中缠师用的是第一种分解而已】。

这个 5 分钟中枢，最终至少要完成的，至于是否继续扩展出大的 30 分钟中枢，还是出现新 5 分钟中枢的第三类买点继续上涨，再形成新的 5 分钟中枢，这无须预测，与 8~17 那 5 分钟中枢一样对待，如此而已。

如果是按 30 分钟操作的，这些 5 分钟的中枢移动、震荡之类的活动根本无须理睬，只要看明白就是，根本无须操作；如果按 5 分钟级别操作，那么就是不参与大于 5 分钟级别的震荡，那么就等 5 分钟上涨出现背驰后走人；如果是按 1 分钟级别操作，那么今天早上就该先走，为什么？因为 1 分钟的上涨出现背驰，按照本 ID 的理论，后面必然回抽到最后一个 1 分钟的中枢之内，从而至少形成一个新的 5 分钟中枢，然后根据 5 分钟震荡的走势进行回补就可以。

注意：按照多样性分解原则，新的 5 分钟中枢，暂时先从最后一个 1 分钟中枢开始算起，后面的操作先以此为准，等走势走出最自然的选择再继续更合理的划分【扫地僧：这是走势分解的经验，先从最后一个中枢开始，然后等待走势的发展再选择最合理的划分】。按照这暂时的划分，并不影响任何操作，5 分钟中枢该怎么操作就怎么操作，如此而已。

在今天的背驰判断中，关键是知道与哪一段相比，这个图很显然是 27~32 段与 35~38 段这两段相比。而实际的对比中，看 1 分钟图，去加两段对应的那些 MACD 太麻烦，所以可以看 5 分钟图。把 5 分钟图中相应对比的两段已经标记出

来，下面 MACD 的红箭头，对应是回抽那一下，对应走势，就是最后一个 1 分钟中枢形成的时候前面两段的对比。

其实，只要基本概念明确，这些分析在当下都不是什么难事。这里必须提醒一下，1 分钟图上 38 标记的位置用红箭头给出，显然，那不是最高的位置。为什么？没有人规定分段的结束位置一定是最高、最低的，关键要有至少三笔，因为从 37 开始到最高的位置，没有三笔，所以不能认为线段已经完成。但在 1 分钟级别上看，37~38 这一段，就结束在最高的位置，为什么？线段的存在，是为了让图形规范化，就如同在 5 分钟中枢里，看 1 分钟走势类型的重叠，是把整个

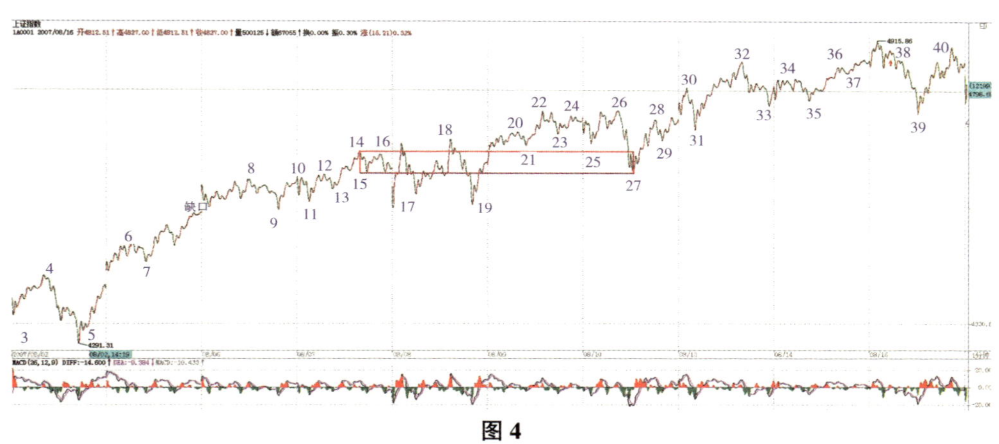

图 4

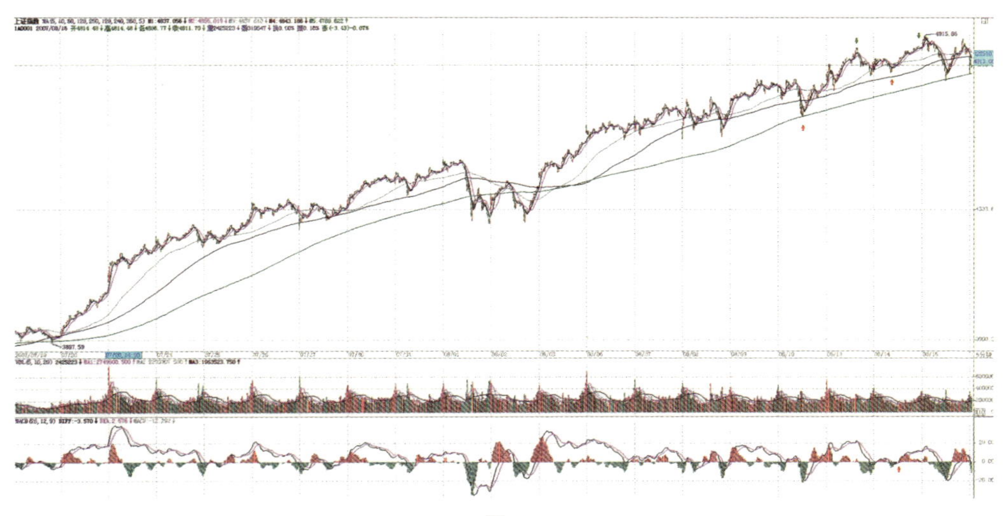

图 5

走势类型的波动区域算在一起看，道理是一样的【扫地僧：这就是视角的不同，你看待走势的细致程度也不同，在大的视角上看小级别走势，内部高低点就可以认为是起始结束点，但在小的视角上看，起始结束的位置该是哪里就是哪里，未必就是最高最低点了】。

【扫地僧点评】

本课中心思想：给出所有的分类/分段函数，这就是最精确的预测。

更多缠论干货内容请关注作者微信公众号“扫地僧读缠札记”。

教你炒股票71：线段划分标准的再分辨[①]

线段划分难点多，皆因原理未琢磨，特征序列本为相，上段结束下段破。

虽然67课已经给出了线段划分的标准，但由于那里用的是比较抽象的类数学语言，所以理解上可能还有困难，因此，逐一进行再分辨。

首先要分辨的是特征序列中元素的包含关系。注意：特征序列的元素包含关系，前提是这些元素都在同一特征序列里，如果两个不同的特征序列之间的元素，讨论包含关系是没意义的。显然，特征序列的元素的方向，和其对应的段的方向刚好相反。例如，一个向上段后接着一个向下段，前者的特征序列元素是向下的，后者是向上的，因此，根本也不可能存在包含的可能【扫地僧：线段特征序列的元素包含关系的前提是都属于同一个线段内的特征序列】。

那么，为什么可以定义特征序列的分型呢？因为在实际判断中，在前一段没有被笔破坏时【扫地僧：笔破坏的定义请参考“教你炒股票65：再说说分型、笔、线段”，没有被笔破坏，则意味着两个特征序列之间必然有缺口】，依然不能定义后特征序列的元素，这时存在前一特征序列的分型，由于还在同一特征序列中，因此，序列元素的包含关系是可以成立的；而当前一段被笔破坏时，显然，最早破坏的一笔如果不是转折点开始的第一笔，那么，特征序列的分型结构也能成立。因为在这种情况下，转折点前的最后一个特征序列元素与转折点后第一个特征元素之间肯定有缺口，而且后者与最早破坏那笔肯定不是包含关系，否则该缺口就不可能被封闭，破坏那笔也就不可能破坏前一线段的走势【扫地僧：这段话太容易晕了，还是看图1比较清晰】。这里的逻辑关系很明确，线段要被笔破坏，那么必须其最后一个特征序列的缺口被封闭，否则就不存在被笔破坏的情况。

---

① 原文来源：http：//blog.sina.com.cn/s/blog_486e105c01000c8i.html，2007-08-16 23：02：06。

(扫码获取更多学习资料)

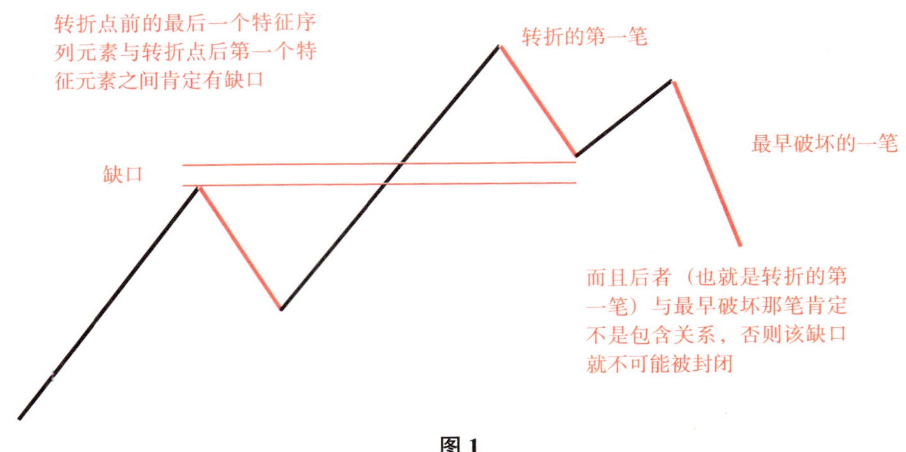
转折点前的最后一个特征序列元素与转折点后第一个特征元素之间肯定有缺口
转折的第一笔
最早破坏的一笔
缺口
而且后者（也就是转折的第一笔）与最早破坏那笔肯定不是包含关系，否则该缺口就不可能被封闭

图 1

那么，现在只剩下最后一种情况【扫地僧：上下文的逻辑是这样的：先提出问题，为什么可以定义特征序列的分型？因为当没有出现笔破坏时，特征序列可以认为仍然在一段内，因此考虑分型是可以的。如果出现了笔破坏，第一种情况是破坏的一笔而不是转折的第一笔，就是上段所讲的情况，那么还剩下一种情况，就是接下来要讲的】，就是最早破坏那笔就是转折点下来的第一笔，这种情况下，这一笔，如果后面延伸出成为线段的走势，那么这一笔就属于中间地带，既不能说是前面一段的特征序列，更不能说是后一段的特征序列，在这种情况下，即使出现似乎有特征序列的包含关系的走势，也不能算【扫地僧：是指特征序列分型中的第一、第二种元素不用包含关系处理】。因为这一笔不是严格地属于前一段的特征序列，属于待定状态，一旦该笔延伸出三笔以上，那么新的线段就形成了，那时候谈论前一线段特征序列的包含关系就没意义了。

总之，上面说得很复杂，其实就是一句话，特征序列的元素要探讨包含关系，首先必须是同一特征序列的元素，这在理论上十分明确【扫地僧：为什么讲了这么多，就是为了得到一句：同一特征序列的元素才可以探讨包含关系。这是因为复杂的线段，或者说容易划分出错的线段基本都是由于特征序列有包含关系，那么这里给出了一个重要原则，就是为了在遇到复杂线段时能够根据该原则正确划分】。

从上面的分析可以知道，从转折点开始，如果第一笔破坏了前线段，进而该笔延伸出三笔来，其中第三笔破点第一笔的结束位置，那么，新的线段一定形成，前线段一定结束。

这种情况还有更复杂一点的情况，就是第三笔完全在第一笔的范围内，这样，这三笔就分不出是向上还是向下了，这样也就定义不了特征序列，为什么？因为特征序列是和走势相反的，而走势连方向都没有，怎么知道哪个元素属于特征序列？这种情况无非有两种结果：①最终还是先破了第一笔的结束位置，这时候，新的线段显然成立，旧线段还是被破坏了【扫地僧：如图 2 所示】；②最终先破第一笔的开始位置，这样旧线段只被一笔破坏，接着就延续原来的方向，那么，显然旧线段依然延续，新线段没有出现【扫地僧：如图 3 所示】此外还有第三种情况，如图 4 所示。这种情况本来是在后面的课程中有专门讲解，但由于本课专门讲线段划分中的原则和思路，现在就先讲了 4~5 笔破坏原线段，之后的 6~7、8~9、10~11 都在 4~5 这笔范围内，因此 4~5、6~7、8~9、10~11 都只能算中间状态，而 2~3 是明显属于原来的上涨段，因此虽然 4~5 包含了 2~3，但是不能做包含处理，这在本课第四段中专门提到，那么做包含处理只能是 4~5 与后面的 6~7、8~9、4~5 与 6~7 包含处理，根据高高的原则（取高点的高点，低点的高点），新的笔为 4~7，那么 8~9 就破了这个包含处理后的笔，此时上涨段的特征序列就出现了顶分型。但由于 9 点没有破 5 点的低点，高点也没有破 4 点，因此，此时仍然属于一个中间状态，直到 12 点出现，向上突破了 4 这个高点，那么此时首先确定了 2~3、4~7、8~9 这个特征序列的顶分型，又因为 9~10 笔破坏了 4~9 这段，11~12 突破了 10 点，形成向上的一段，因此，4~9 就可以确定为下跌段，9~12 是上涨段。而如果 10 点直接突破 4 点，则 9~10 只有一笔，那么这个中间状态也结束了，但 2~3、4~7、8~9 这个顶分型不成立，那么 1~10 只是一段，后面的特征序列顶分型则从 10 开始】。

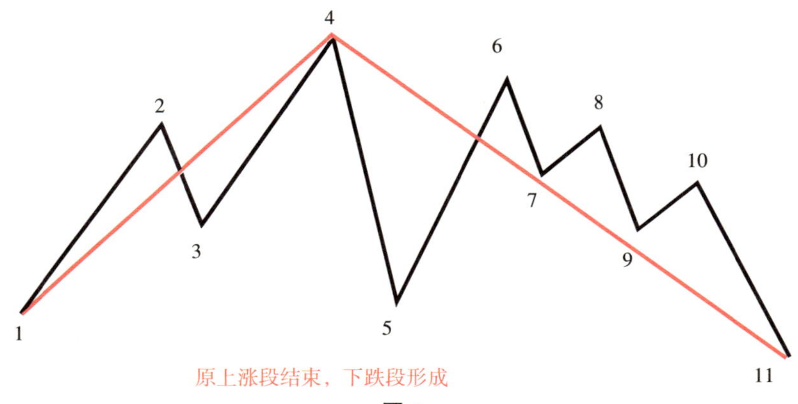

图 2

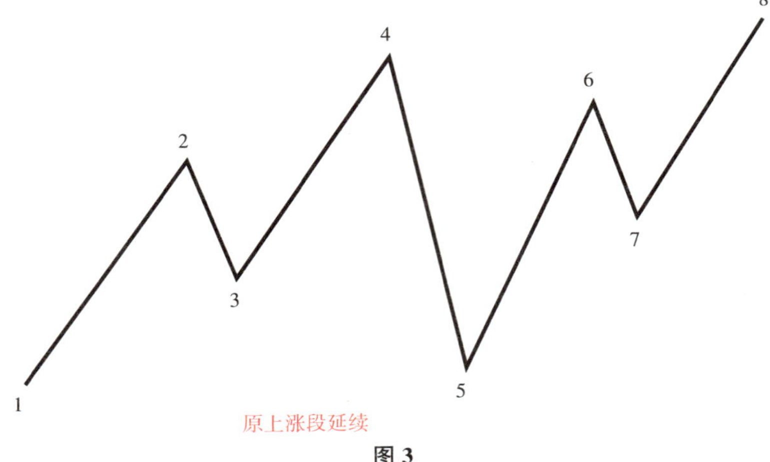

图 3

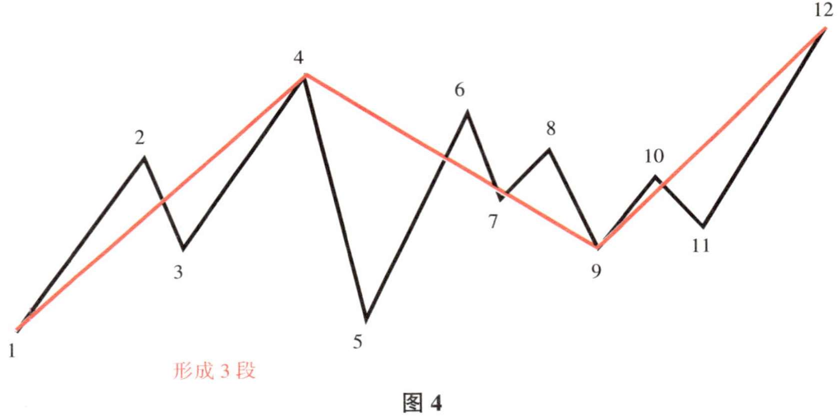

图 4

在 67 课里，把线段划分为两种情况，显然，分清楚是哪种情况对划分线段十分关键。其实，在那里已经把问题说得很清楚了，判断的标准只有一个，就是在特征序列的分型中，第一和第二元素间是否存在特征序列的缺口。从上面的分析可以知道，这个分型结构中所谓特征序列的元素，其实是站在假设旧线段没有被破坏的角度说的【扫地僧：因为有缺口，意味着没有出现笔破坏，那么即使有特征序列顶分型，也不认为线段已经被破坏，这也是为什么还要考察从特征序列第二元素后的反向段是否成立的原因】，而就像所有的分型一样，就算是一般 K 线，都是前后两段走势的分水岭、连接点。这和包含的情况不同，包含的关系是对同一段说的，而分型，必然属于前后的。这时候，在构成分型的元素里，如果

线段被最终破坏，那后面的元素肯定不是特征序列里的，也就是说，此时分型右侧的元素肯定不属于前后任何一段的特征序列【扫地僧：这就得出一个结论：在处理包含关系时，分型的第一、第二元素之间不可以进行包含处理】。

这个道理其实很简单，例如前一段是向上的，那么特征序列元素是向下的，而在顶分型的右侧元素，如果最终真满足破坏前线段的要求，那么后线段的方向就是向下的，其特征序列就是向上的，而顶分型的右侧元素是向下的，显然不属于后一段的特征元素，而该顶分型的右侧元素又属于后一段，那么显然更不是前一段的特征元素。所以，对于顶分型的右侧特征元素，只是一般判断方面的一种方便的预设，就如同几何里面添加辅助线去证明问题一样，辅助线不属于图形本身，就如同顶分型的右侧特征元素其实不一定属于任何的特征元素，但对研究有帮助，当然是要大力去用的，如此而已。

其实，线段的划分，都是可以当下完成的，假设某转折点是两线段的分界点，然后对此用线段划分的两种情况去考察是否满足【扫地僧：就是特征序列分型的第一、第二元素之间是否有缺口】，如果满足其中一种，那么这点就是真正的线段的分界点；如果不满足，那就不是，原来的线段依然延续，就是这么简单。

特征序列的分型中，第一元素是该假设转折点前线段的最后一个特征元素，第二元素就是从这转折点开始的第一笔，显然，这两者之间是同方向的，因此，如果这两者之间有缺口，那么就是第二种情况，否则就是第一种，然后根据定义来考察就可以了。

这里还要强调一下包含的问题，从上面的分析知道，在这假设的转折点前后那两元素，是不存在包含关系的，因为，这两者已经被假设不是同一性质的东西，不一定是同一特征序列的；但假设的转折点后的分型的元素，是可以应用包含关系的。为什么？因为这些元素间，肯定是同一性质的东西，或者就是原线段的延续，那么就同是原线段的特征序列中，或者就是新线段的非特征序列中，反正都是同一类的东西，当然可以考察包含关系【扫地僧：就是前面提到的第一、第二元素之间不能考察的包含关系】。

看了上面的话，估计很多人更晕了。下面有几个图，各位可以仔细揣摩一下。但最好还是习惯从定义出发【扫地僧：看图 6】。另外，大盘网友问到的那个图，显然，根据定义，是两个线段，而今天 42–44 的分段，显然也是成立的。

(扫码获取更多学习资料)

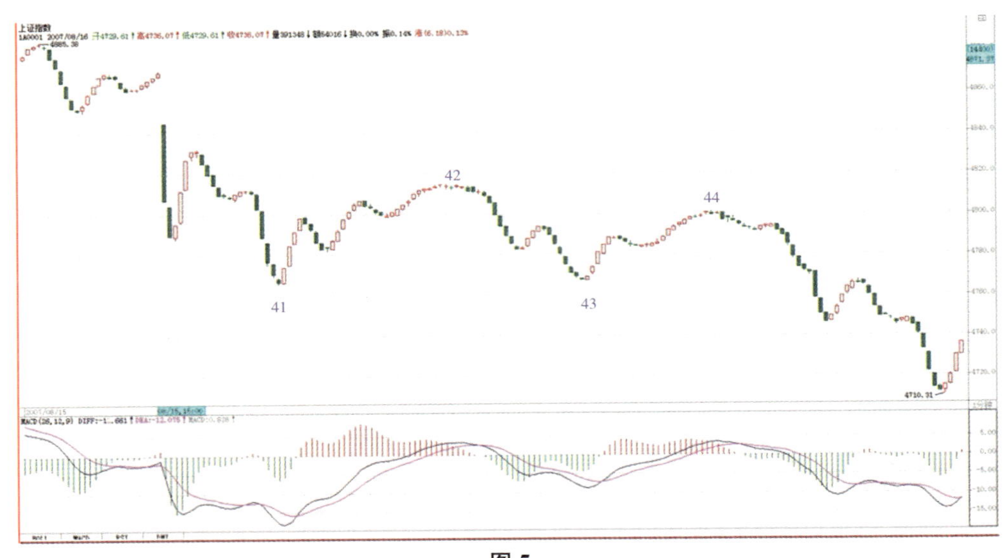

上证指数
41
42
43
44
4710.31

图 5

注意：图 6 最后一个有问题，请看 81 课里的更正说明。

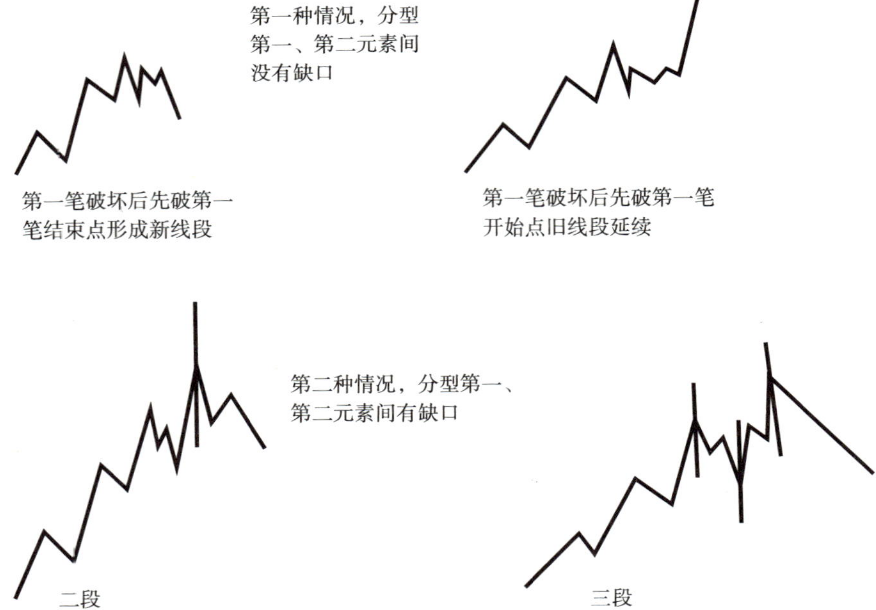

第一种情况，分型
第一、第二元素间
没有缺口
第一笔破坏后先破第一
笔结束点形成新线段
第一笔破坏后先破第一笔
开始点旧线段延续
第二种情况，分型第一、
第二元素间有缺口
二段
三段

图 6

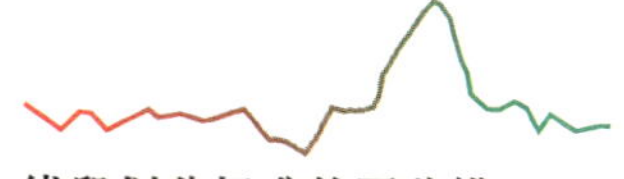

【扫地僧点评】

本课从线段破坏的原理上深入讲解线段划分的本质考虑和原则，为复杂线段的划分提供了方法。

教你炒股票 72：本 ID 已有课程的再梳理[①]

一百零八真经课，皆因缘起网上乐，随性而写简入繁，重新梳理易把握。

写关于股票的事情，对于本 ID 来说，不过是把本 ID 这十几年天天干的事情复述一下【扫地僧：如果能十几年如一日天天磨炼，也应该可以有所小成了，技术上不难，难的是心的磨炼】。

和股票相关的事情千奇百怪，本 ID 是什么都经历过，所以，开始写的时候，并没有什么主题，只是漫谈。但对一般散户来说，听些掌故没什么实质意义，说消息面，肯定也没什么意义。如果你消息灵通到公布什么利好利空前都是第一时间知道，那就没什么可说的。而对于散户来说，那种靠拿着原始股就可以翻几十几百几千倍的时代早过去了。靠研究公司基本面买股票，那种积累速度太慢，只适合大资金【扫地僧：如果你能够满足年化百分之十几或二十几的收益，也可以用所谓的价值投资，但前提是不能有一次重大失误，否则积累的速度将会大大延长。其实，对于价值投资也有个认识上的陷阱，好像只要做价值投资，最终就都可以获得正收益，但现实是，A 股里，茅台、格力这类股票就只有几只，经过长时间的检验，它们最终跑赢了市场，那么敢于重仓投资这几只的人自然就成了价值投资的典范，但实际上还有 N 多人投资的是其他股票，虽然也按照价值投资的方法，但最终没有选中这几只股票，那么他们就是不成功，收益也比较惨，一将功成万骨枯，不能只看成功者，还要看失败者有多少】。其实，一切关于基本面的研究，最终都归于行业或总体经济的发展。最简单、最不伤脑筋的方法，本 ID 也说过，就是买指数基金或者具体行业、板块的基金。对于散户来说，你对基本面的研究能力要超过一个好的基金团队的可能性是微乎其微的。至于指数基金，那就更不用说了，至少你肯定不会跑输指数【扫地

① 原文来源：http：//blog.sina.com.cn/s/blog_486e105c01000cbj.html，2007-08-21 22：37：20。

僧：本人更推荐指数基金，可以是行业类的指数，而行业或者板块的基金，也会存在人为的因素，比如老鼠仓、帮人接货等，而指数型的就不存在这个人为因素的问题】。

对于散户来说，最终能战胜市场、获得超越市场的回报的，只有在本ID所说的乘法原则下的技术面操作。技术面是三个独立系统里的一个，而另外两个，例如比价关系与基本面，可以配合决定你的介入种类。但当介入到一个品种后，技术面在操作上就起着决定性的意义。为什么？因为其他的面，变化的频率都没有技术面高，像基本面，其变化大致是有一定的稳定性的，不可能天天都是奇点、断裂点。比价关系也一样，一种比价确立后，就基本保持稳定了，不可能天天都变化。所以这种变化少的系统，不需要花太多精力去研究，而技术面显然不同【扫地僧：三个系统是决定买什么品种的，买入之后，由于基本面和比价变动的频率很低，那么在它们下一次变动之前，就基本保持稳定了，此时技术面就是最主要的参考，这段时间刚好可以用技术将成本降下来，从而保证自己的绝对安全】。

开始时，本ID并没有认真想写整套理论，所以开始写技术的，当时说的只是均线系统，那东西和本ID的理论没什么关系。当然，如果真掌握了均线系统，也可以应付一定的情况了，例如，在日线单边走势中，最偷懒的方法就是看着一个5日线就可以，而5周线就更是中线的关键，5月线是长线的关键。例如，为什么现在牛市的第一轮肯定没走完？很简单，你什么时候见过牛市的第一轮调整不跌破5月线的？这两年多，这5月线被有效跌破过吗？显然没有。而第一次跌破5月线后，下面的10月、30月线上来，自然构成新的调整底部，后面自然还有一波大的【扫地僧：最后实际情况是直接从6124点跌到1664点，大约在月线的144均线处止跌】。

后来开始写与本ID理论有关的东西，开始只是想把一些有用的结论告诉各位，因此课程都不是按正式的理论框架写的。本ID的理论本质上分形态学和动力学，两者结合更好。如果按正式的课程，那肯定要先讲形态学。但如果不说动力学，那至少背驰是没法讲了，然后中枢震荡也不可能用类背驰的方法去判别，第一类买卖点也无法说了。而所有买卖点，归根结底都是第一类买卖点，这样，要把形态学和动力学都说完，才说第一类买卖点【扫地僧：也就是说，整个“教你炒股票108课”并非是按照系统框架写的，是缠师一时兴起随笔而写，随着逐渐深入，从最初直接写结论，到最后写出形态学的证明，是一点点逐步深入进来，这样可接受程度也较好，但动力学的部分只是讲了结论，而没有讲原理，这

(扫码获取更多学习资料)

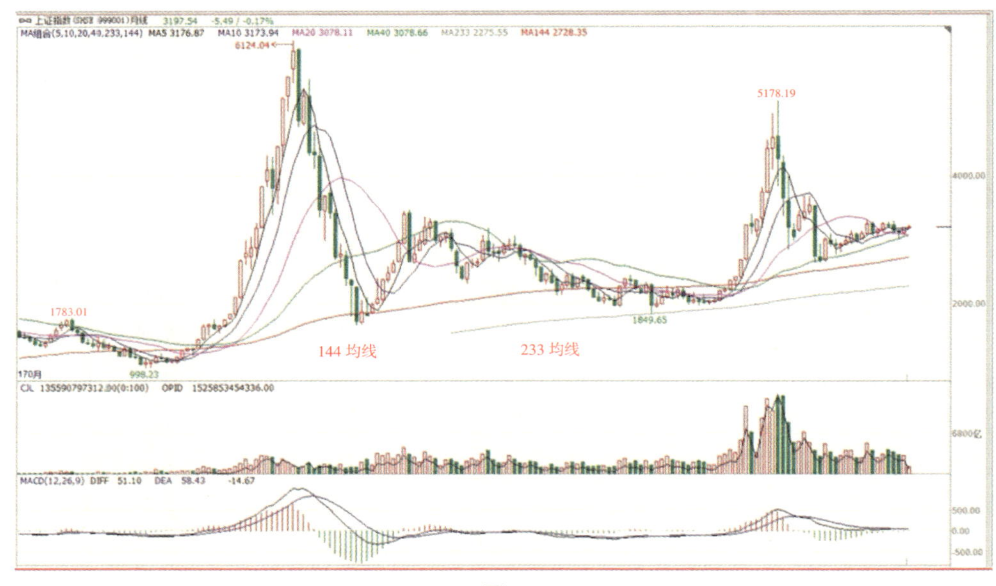

图 1

也是缠论中的一个遗憾】。

所以，当时把与初学者有用的一些简单结论先说了，就是让各位有点实践的乐趣，当时 000999 刚好在 6 元【扫地僧：看看推荐时的位置，如图 2 所示】，还很明确地说了，买这只股票，就当本 ID 把你要给市场交的学费都给各位准备好了，就是让各位耐心学下去，拿着一个长线股票，至少比你到处乱跑要强点。这样安心学习，也是不错的。当然，有能力的，也就可以边学边实践，这没有任何需要统一规划的地方。

站在纯理论的角度，形态学是最根本的。形态学，从本质上说就是几何，这部分内容是无须任何前提的。以前说的本 ID 理论成立的前提，其实并不是针对这部分的，主要是针对动力学部分。因此，就算一个庄家自己全买了，一个人天天自我交易，也永远逃不出形态学画的圈圈。而动力学方面的东西就不同了，必须有本 ID 要求的那两个前提：价格充分有效市场里的非完全绝对趋同交易。

动力学，是属于物理范畴的，但站在更高的层次上看物理，物理的本质就是几何【扫地僧：推荐大家看一本书《大宇之形》，看看物理的本质为什么是几何】，当然，这是所有物理学家都不可能认同的，但如果用一些几何结构就可以把所有物理的常量给搞定，那物理学家不认同也是白搭。同样道理，本 ID 理论里的动力学部分，本质上也是几何，只是这种几何比较特别，需要把价格充分有

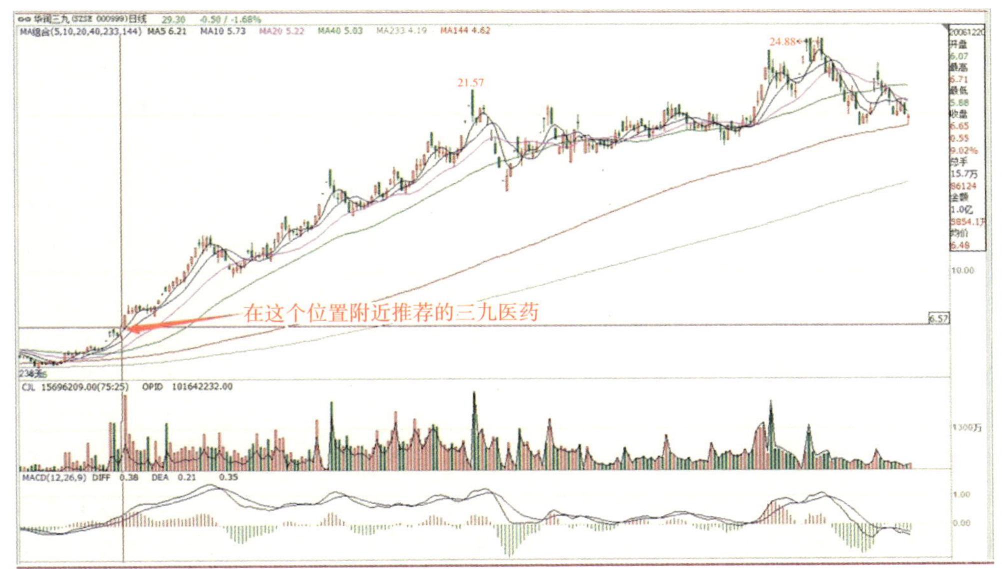

图 2

效市场里的非完全绝对趋同交易作为前提转化为某些几何结构，然后构造出理论的证明来。

本 ID 理论在整体上依然只是几何，只是需要有价格充分有效市场里的非完全绝对趋同交易的前提。而且，最终的理论，当然不会涉及那些基本上谁看都会晕的几何结构，而是谁看都能看明白的当下的走势【扫地僧：最终的理论是数学上的证明，若非专业学数学的，一般是看不懂，希望日后能有数学专业的牛人可以证明】。理论和理论的证明是两回事情。费马猜想谁都看得懂，但费马猜想的证明，能全看懂的人不会超过千万分之一。

当然，本 ID 的课程，基本的逻辑顺序还是一直坚持的，不过，如果是最终的课程，那么最开始的一章肯定是形态学，和这课程的顺序大为不同。但现在，由于已经写成这样一种形态学和动力学混着说的状态，当然只能一直混下去。

所谓形态学、动力学，其实很好分辨，任何涉及背驰的，都是动力学的范围，背驰是动力学的基本点之一。另外，中枢、走势的能量结构之类的东西，也属于动力学【扫地僧：中枢的能量结构指的是中枢的形态，走势的能量结构则是走势的力度】。而形态学，就是中枢、走势类型、笔、线段之类的东西。

其实，仅用形态学就足以形成一套有效的操作体系。只是在形态学中，由于没有背驰的概念，所以第一买卖点是抓不住了，但第二买卖点肯定没问题。单纯

用形态学去操作，就是对最后一个中枢的回拉后第一个与回拉反向的不创新高或新低的中枢同级别离开，就是买卖段。

就算按照这么简单的方法，也可以很容易判断现在在日线上的操作思路，例如，去年 5 月和今年 5 月后的调整，算是同级别的，那么，其后的卖点就是万一回拉 4335 点之下，任何第一次向 4335 点上的与回拉级别相同的不创新高的反抽都是卖点。如果一直没有回拉到 4335 点，又在上面形成新的同级别中枢，那么操作的标杆就进一步提到那个中枢上，以此类推【扫地僧：看大盘当时的日线图，如图 3 所示。实际走势是一卖之后，并没有回抽到中枢高点 4335 下，然后一个反抽，二卖出现，这是趋势中最强的一种，也就是一卖后，"第一个下"不回到中枢，然后出现二卖，缠师只是讲了大多数的情况，这种最强的情况没有单独列举】。按照这种方法，从 2005 年中到现在，你都应该持股不动，为什么？因为没有卖点。当然，实际操作要针对具体个股，说指数只是举例子。个股上，看 000777 在日线，6 月 20 日前后的一段，就可以看出类似的效果【扫地僧：看图 4 红色框是最后一个中枢，股价跌破最后一个中枢后的一个反弹，不创新高即卖出】；但如果你是看周线图的，那么现在的卖段还没有出现【扫地僧：如图 5 所示。周线上只是构筑第二个中枢，卖段还没有出现】，而且可以明确地看出，其 6~7 月的调整，不过是突破历史高位后的回抽过程，站在更大的视野上，看到更大的方向，如此而已【扫地僧：如图 6 所示】。

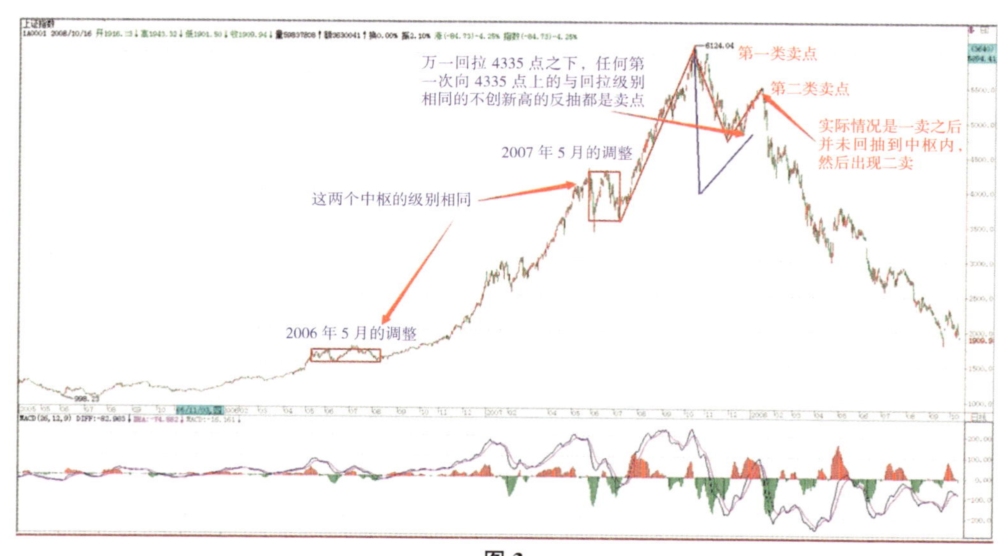

图 3

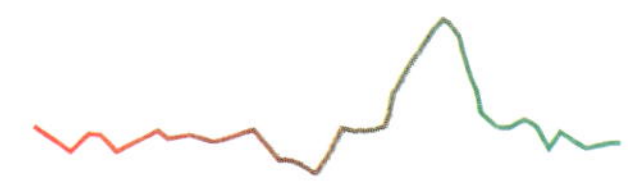

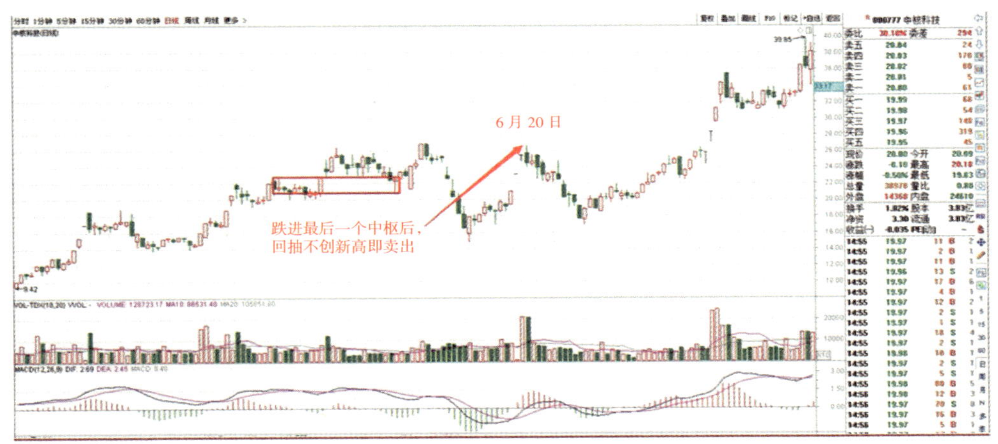

图 4

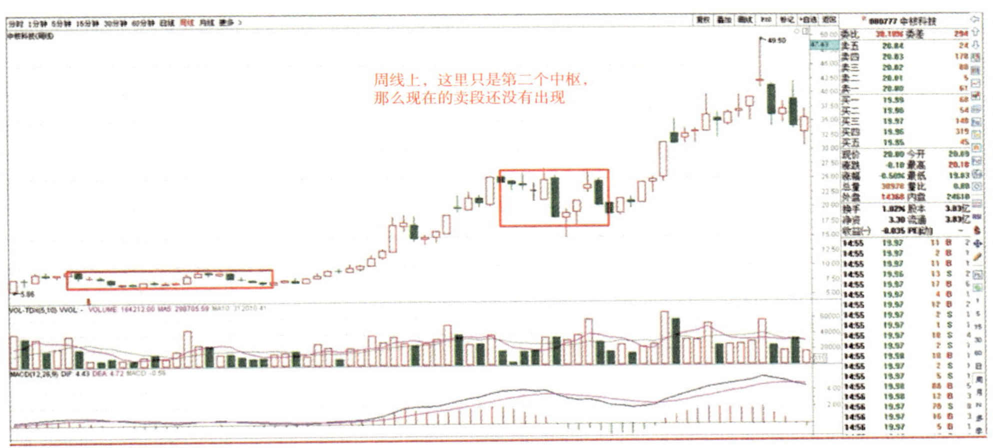

图 5

当然，上面只是说如果只用形态学，也可以进行操作，但实际上，当然是动力学、形态学一起用更有效。所以，千万别认为以后就只用形态学了。不过这里有一个用处，就是那些对背驰、区间套没什么信心的，可以先多从形态学着手。而且，形态分析不好，也动力不起来。

站在实际应用的角度，关于中枢的递归定义以及与从分型、笔、线段开始的最小级别定义之间的区别之类的东西，也是可以不管的，但这样，逻辑上就容易乱，所以，搞清楚没坏处。如果你实在太懒，那就从分型学起，这也可以【扫地僧：递归函数中，A0 是什么，如何定义并不是最重要的，最重要的还是递归函

（扫码获取更多学习资料）

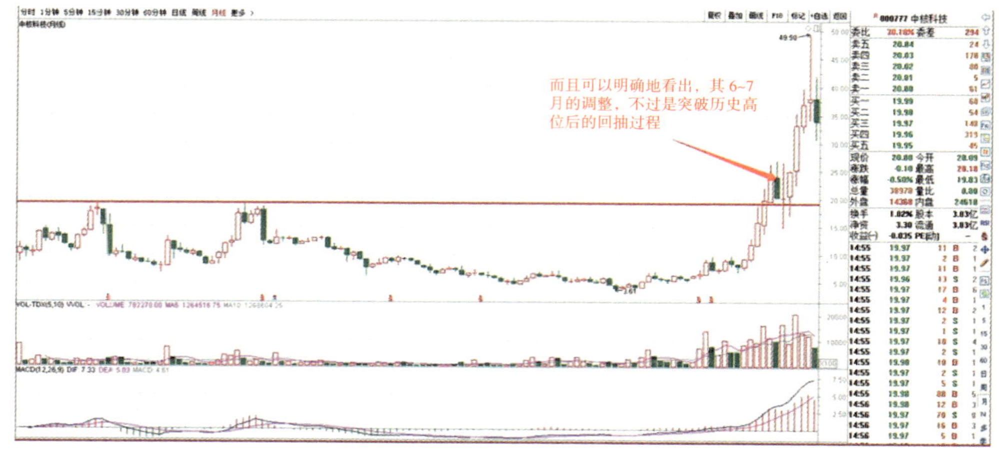

图 6

数本身，但为了使逻辑上不混乱，才定义了分型、笔、线段，对于高阶的可以玩超逻辑的高手而言，这些定义并非是必须要严格遵守的】。

下面，本 ID 给出一个懒人线路图：分型—笔—线段—最小级别中枢—各级别中枢、走势类型。

上面几个是形态学中最基本的，完全没有办法再简略了，所以无论多懒，如果真想学本 ID 的理论，那请先把这几样东西搞清楚。

关于形态学，后面还有很多内容，最主要是关于各种与结合律相关的问题【扫地僧：关于形态学上，还有很多内容值得去研究，主要是关于各种与结合律相关的问题，大家在研究时可以朝着这个方向努力】。当然，还包括世界上所有有关股票的理论中关于形态部分的理论，根据本 ID 的形态学，例如什么 K 线理论，波浪理论之类的，都可以从本 ID 的形态学中严格推出，而且，本 ID 还可以指出他们的缺陷以及原因。这个工作是必须要做的，彻底穷源的其中一个方面就是要包罗万象。

注意：有时候课程是由浅入深，前面不严格的，后面引进新概念后，就可以严格定义了。例如，最开始时，说上涨、盘整，都是用高、低点之类的东西，因为当时没说中枢，所以不可能严格定义，后来说了中枢，就可以给出严格定义。

再如，64 课里，由于没说特征序列的元素之类的概念，所以里面关于线段一些论述都如同用高、低点定义上涨、盘整一样，不太严格，到 67 课说了特征序列之类的东西后，定义就是严格的，所以在 67 课里，本 ID 说本课就是把前面“线段破坏的充要条件就是被另一个线段破坏”精确化了。因此，以后关于线段

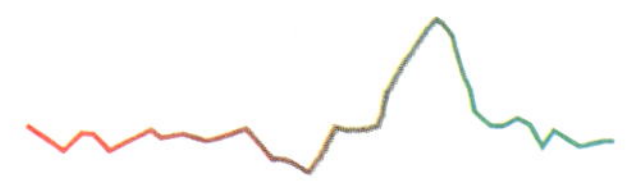

的划分，都以此精确的定义为基础。

为什么说原来的不精确，因为按照原来没有特征序列的定义，线段里都要继续存在类似小级别转大级别的情况，而有了特征序列后，就不再需要这种情况了，这样才能把线段给精确划分。

由于本 ID 目前的讲课，一开始就没有按正常课程应该的顺序，所以，这种开始不精确后来再精确的情况才会发生【扫地僧：前面的课程中有一些分段会比较奇怪，这只是由于后面才给出精确定义】。本 ID 愿意先不引进复杂的概念，先把大方向介绍了，然后再介绍复杂的概念。这样有一个好处就是，如果理解能力差的，可以接受简单、不太精确的方式，这样也没什么问题，也可以用。例如，像特征序列的分型这样的概念，可能能理解的人不多，所以，如果不能理解精确的，就用不精确，等有理解力了，对市场了解深了，再学精确的也可以。

关键是精通一样东西，精通就好，就怕半通不通。所以，以后有问题，一定要问，把所有想解决的问题都解决了才行。当然，本 ID 无法回答所有问题，但有代表性的，一定会安排回答的【扫地僧：最好的学习方法是：自己哪里不懂，把问题一一列出，然后先在原文中寻找相关的知识点，要学会自己找答案，这也是本人的学缠方法，按照这个方法，笔者读缠论的次数应该不下百遍，现在缠师不在了，想问也没有机会了，只能靠自己】。

【扫地僧点评】

本课将写“教你炒股票”的前因后果，以及先后顺序做了一番梳理，并对已写出的内容也做了一个简单梳理。

动力学部分的内容请关注作者微信公众号“扫地僧读缠札记”。

教你炒股票73：市场获利机会的绝对分类[①]

中枢上移与震荡，市场获利效果棒，无论一分或年线，皆逃不过此两样。

说起获利，最一般的想法就是低买高卖就获利，但这是一种很笼统的看法，没什么操作和指导意义。任何市场的获利机会，在本ID理论下，都有一个最明确的分类，用本ID理论的语言来说，只有两种：中枢上移与中枢震荡【扫地僧：对应的一二三类买卖点，第一、第二类买卖点的获利本质上靠的是中枢震荡，第三类买卖点的获利靠的是中枢上移】。

显然，站在走势类型同级别的角度，中枢上移就是意味着该级别的上涨走势，而中枢震荡，有可能是该级别的盘整，或者是该级别上涨中的新中枢形成后的延续过程。任何市场的获利机会，都逃脱不了这两种模式。

在你的操作级别下，中枢上移中，是不存在任何理论上短差机会的，除非这种上移结束进入新中枢的形成与震荡。而中枢震荡，就是短差的理论天堂。只要在任何的中枢震荡向上的离开段卖点区域走掉，必然有机会在其后的中枢震荡中回补回来，唯一需要一定技术要求的就是对第三类买点的判断，如果出现第三类买点你补不回来，那么就有可能错过一次新的中枢上移，当然，还有相当的机会，是进入一个更大的中枢震荡，那样，你回补回来的机会还是绝对的【扫地僧：注意，这是中枢震荡向上的离开段卖点区域走掉，这包含了两个信息：①是中枢的向上离开段；②卖点区域，通俗点说就是一个次级别走势离开中枢，并且在该次级别走势结束的位置卖掉，后面要么是回到中枢继续震荡，要么形成三买】。

很多人，经常说自己按本ID的理论做短差买不回来，这也没什么奇怪。如果你连中枢都没分清楚，级别也没搞懂，中枢上移与中枢震荡也分不清楚，第三

① 原文来源：http：//blog.sina.com.cn/s/blog_486e105c01000ccr.html，2007-08-23 22：35：20。

类买点就更糊涂，那也能短差成功，只能说你刚好运气好【扫地僧：中枢震荡是做短差的最佳时机，但前提是对走势的划分必须准确】。

以上只是在某一级别上的应用。用同一级别的视角去看走势，就如同用一个横切面去考察，而当把不同的级别进行纵向的比较时，对走势就有了一个纵向的视野【扫地僧：对于走势，可以看作一个三维空间，价格是一个维度，时间是一个维度，级别是一个维度，同级别的视角就是在级别这个维度上取一个横切面，在这个横切面上只有价格和时间组成的曲线，那么在 5 分钟级别这个横切面上，时间的刻度比较小，在周线级别上，时间刻度比较大。而对多级别纵向的比较，就是在时间这个维度上，取一个横切面，这个横切面上只有价格和级别，此时考察的是当前价格分别是在不同的级别上所处的位置】。

一个月线级别的上涨，在年线级别上，可能就是一个中枢震荡中的一个小段。站在年中枢的角度，如果这上涨是从年中枢之下向中枢的回拉，那么，中枢的位置，显然就构成需要消化的阻力；如果是年中枢之上对中枢的离开，那么中枢就有反拉作用。这都是一个最简单的问题。下面谈论的，是如何选择超大的机会。

人生有限，一个年中枢的上移，就构成了人生可能参与的最大投资机会。一个年的中枢震荡，很有可能就要 100 年，如果你刚好落在这样的世界里，简直是灾难。而能遇到一个年中枢的上移机会，那就是最牛的长线投资了。最牛的长线投资，就是把一个年中枢的上移机会抓住了。

当然，对于大多数人的生命来说，可能最现实的机会，只是一个季线级别的上涨过程，这个过程没结束，没见到那新的年中枢，人已经没了。这个年中枢的上移过程，有时候需要 N 代人的见证。看看美国股市的图，现在还没看到那新的年中枢，依然在年中枢的位置上移，想想美国股市有多少年了【扫地僧：道琼斯指数是 1884 年开始编制的，1897 年分为道琼斯工业指数和运输指数，由于只能看到 1928 年以后的道琼斯工业指数，这时还看不到年线中枢】。

所以，对于一个最现实的获利来说，一个季度甚至月线的中枢上移，已经是足够好的、一生最大的在单个品种上的长线获利机会。

一个季度中枢的上移，可能就是一个十年甚至更长的月线上涨，能有如此动力的企业，需要怎么样的素质？即使在全球化的环境下，单个企业的规模是有其极限的。而一个能获取超级上涨的公司，也不可能突破那个极限。因此，顶已经是现实存在的了，根据企业的行业，其相应的极限还有所不同。对于操作来说，唯一需要知道的，就是哪些企业能向自己行业的极限冲击。

（扫码获取更多学习资料）

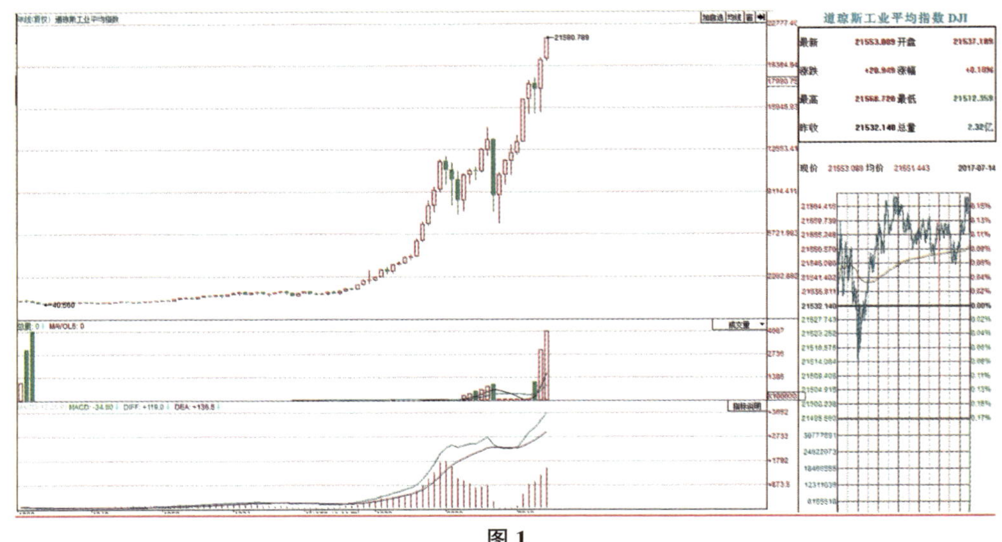

图 1

针对中国的企业、上市公司，我们还可以给出一个判断，就是几乎所有的行业，都必然有至少一个中国的上市公司会去冲击全球的行业理论极限。这就是中国资本市场的现实魅力所在。因为，几乎有多少个行业，就至少有多少只真正的牛股【扫地僧：现在的问题有两个：①哪些企业能向自己行业的极限冲击；②这个行业的理论极限市值是多少。对于第二个问题可以参考目前全球各个行业的龙头企业的市值。对于一些新兴行业，有可能整个行业还处于向上的发展过程中，其理论极限还远未到来，那么这个行业中的龙头企业就很可能会走出超大级别的中枢上移】。

不过，有些行业，其空间是有限的，因此可以筛选出去。这种行业的企业，注定了是没有季线甚至月线以上级别中枢上移的，除非它转型。因此，远离那些注定没有季线甚至月线以上级别中枢上移的行业，这些行业的企业，最终都是某级别的中枢震荡。这里，就涉及基本面的分析与整个世界经济的综合判断，谁说本 ID 的理论是只管技术的？但任何的基本面，必须在本 ID 几何理论的关照下才有意义，在这个视角的关照下，你才知道，究竟这个基本面对应的是什么级别、什么类型的获利机会【扫地僧：因此，对于一些传统的周期性行业，其空间决定了只能是某级别的中枢震荡，只需要确定是哪个级别的中枢震荡，然后用“教你炒股票 27：盘整背驰与历史性底部”中的方法确定买点】。

找到了行业，就该找具体企业了。对于长线投资者来说，最牛的股票与最牛的企业最终是必然对应的。没有人是神仙，谁都不知道哪个是最后的获胜者。但

谁都知道，最终的获胜者最终必然要倒，例如10万亿元的市值，那么，他的市值必然要经过任何一个低于10万亿元的数【扫地僧：10万亿元是个比喻，目前阿里巴巴、腾讯的市值是两万多亿元，中国工商银行、中国石油都是1万多亿元，苹果公司是4万多亿元，在目前的A股中，1000亿元市值是一个大的门槛，千亿市值以上的企业一般都是行业内的龙头】。

这就足够了，马上可以推理出，这个企业，或者是当下的龙头，或者是在今后某一时刻超越当下龙头的企业。有这样一个推论，本ID就可以构建出一个最合理的投资方案。

（1）用最大的比例，例如70%，投在龙头企业（可能是两家）中，然后把其他30%分在最有成长性（可能是两三家）的企业中。注意：在实际操作中，如果龙头企业已经在基本面上显示必然的败落，那当然就选择最好的替代者，以此类推。

（2）只要这个行业顺序不变，那么这个投资比例就不变，除非基本面上出现明显的行业地位改变的迹象，一旦如此，就按等市值换股。当然，如果技术面把握好，完全可以在较大级别卖掉被超越的企业，在其后的买点再介入新的龙头已经成长企业【扫地僧：也就是说即使是换企业，也未必是卖掉这个企业的同时去买另外的企业，而是可以根据买卖点，拉出一个时间差】。

（3）这就是本ID理论的独门武器了，充分利用可操作的中枢震荡（例如日线、周线等），把所有投资成本变为0，然后不断增加可持有筹码。注意：这些筹码，可能是新的有成长或低估价值的公司【扫地僧：短差赚筹码的操作还是不能丢，赚的筹码未必是重仓的那龙头股，可以是有成长性的或者低估的公司】。

（4）密切关注比价关系，这里的比价关系，就是市值与行业地位的关系，发现其中低估的品种【扫地僧：这里终于提到了比价系统的关键因素，就是市值与行业地位，那么比价系统就可以按照市值和行业地位的关系来构建，市值是确定的可量化的东西，比较简单，难的是行业地位的衡量，这是比价系统中的核心】。

注意：任何的投资，必须是0成本才是真正有意义的。

以上这个策略，就是基本面、比价关系，与技术面三个独立系统完美的组合，能这样操作股票，才有点按本ID理论操作的味道。

当然，以上只适合大资金的操作，对于小资金，其实依然可以按照类似思路，只是只能用简略版，例如，就跟踪龙头企业，或者就跟踪最有成长性的那家。

对于原始资本积累的小资金，利用小级别去快速积累，这是更快速的方

法，但资金到了一定规模，小级别就没有太大意义了【扫地僧：不同的级别所容纳的资金量是不同的，小级别容纳的资金量有限，当资金量大了之后，自然要提升级别】。

有人可能说，你怎么不说政策面？政策面不过是制造最多周线级别的震荡，这正是提供技术上降低成本、增加筹码的机会。1929 年、两次世界大战都没改变美国股市年线级别的中枢移动，政策面又算得了什么【扫地僧：政策只是一个分力，是一个具有割裂性的分段函数，其对走势的影响大多是短期的，因为政策改变的频率毕竟比较低，短期冲击市场后，其影响会被市场逐渐消化】。

【扫地僧点评】

本课中心思想：盈利机会只有两种，中枢上移和中枢震荡。

教你炒股票 74：如何躲避政策性风险[①]

政策风险不可躲，半夜鸡叫难把握，与其费力去预测，不如短差成本破。

政策性风险，属于非系统风险，本质上是不可准确预测的，只能进行有效的相应防范【扫地僧：非系统性风险是指对某个行业或个别证券产生影响的风险，它通常由某一特殊的因素引起，与整个证券市场的价格不存在系统的全面联系，而只对个别或少数证券的收益产生影响，也称微观风险。系统性风险是指金融机构从事金融活动或交易所在的整个系统（机构系统或市场系统）因外部因素的冲击或内部因素的牵连而发生剧烈波动、危机或瘫痪，使单个金融机构不能幸免，从而遭受经济损失的可能性】。

首先，中国政策性风险将在长时间内存在，这是由目前中国资本市场的现实环境所决定的。一个成熟的资本市场，应该是重监管、轻调控，而目前中国的资本市场，将在很长的时间内，监管和调控都是同等重要的，甚至在一些特定的时期，调控将成为最主要的方向。这是客观现实，是由中国经济目前的发展阶段决定的【扫地僧：这个理解可以说是最透彻的了，不在那个位置是看不到一些东西的。中国资本市场仅仅只有 20 多年，暂时的不完善也是发展阶段所决定的，即使再不满，也没办法改变，要么永远退出，哪个市场成熟去哪个市场，要么就接受现实，而且要明白，越是不完善的市场，其中的机会反而越多】。

调控，有硬调控与软调控两种。像发社论、讲话、严查之类的，就是明显的硬调控，这种调控方式是否永远不再发生，这谁都不敢保证；至于软调控，就是调控中不直接以资本价格为最直接的目的，而是结合更多更大的方面考虑，政策上有着温和和连续的特征。

当然，站在调控的角度，如果软调控不得力，而硬调控成为唯一选择的时候，这其实不是调控者的悲哀，而是市场的悲哀，当市场的疯狂足以毁掉市场

① 原文来源：http：//blog.sina.com.cn/s/blog_486e105c01000cej.html，2007-08-28 08：41：11。

时，硬调控也是不得已而为之。这方面，也要对调控者有足够的理解【扫地僧：还记得 2015 年 6~7 月时，连续 34 道金牌救市，最终不得不通过改变交易规则和大量资金入市才让市场止跌】。

有一种很错误的说法，就是中国的调控只调控上涨，不调控下跌，其实，站在历史实证的角度，这种说法是没有事实根据的。因为，实际上，调控下跌的情况一点都不少，最著名的，就是 1994 年的 325 点，三大政策的缺口【扫地僧：1994 年 7 月 30 日，《人民日报》发表证监会与国务院有关部门共商稳定和发展股票市场措施的文章，推出“停发新股、严控配股规模、成立中外合资基金”三大利好救市政策】，现在还在那里，这难道不是对过分下跌的调控吗？只不过，那是一次最成功的调控，而对下跌的调控，或者说是救市，经常都很失败，这只能说明调控的水平需要在实践中不断提高。

必须旗帜鲜明地反对这样的观点：调控者都是坏蛋，散户都是受害者，机构都是串在一起和调控者一起算计散户的。这不过是一些市场的失败者或别有用心者的谬论，根本没有任何事实的根据，纯粹出于自我想象【扫地僧：直到今天，这种观点依然盛行，不少人打着为广大股民着想的名义四处传播这种观点，最终不过是为了自己出名而已】。

一个政策的出台，决不是任何一个人拍脑袋就可以决定的。任何一个体制下，只要是一个体制，就有均衡，那种个人任意超越体制的事情，已经越来越没有发生的可能。而且，散户、机构都不是一个抽象的名词，企图用抽象的名词掩盖每个现实的实体而达到互相斗的结果，不过是某些运动逻辑的僵尸版【扫地僧：政策也是合力的结果，用抽象名词进行简单逻辑推理的都是对合力没有概念的，更不要提当下了】。

必须要明确，政策只是一个分力，政策不可能单独去改变一个长期性的走势。例如，就算现在有一个硬调控使得中短期走势出现大的转折，但最终也改变不了大牛市的最终方向。政策只有中短期的力量，而没有长期的力量【扫地僧：再次记住：政策只有中短期力量，因为一旦出台，就会在中短期被市场消化了】，这点，即使对经济也是一样的。经济的发展，由经济的历史趋势所决定。中国经济之所以有如此表现，归根结底是因为中国经济处于这样的历史发展阶段，任何国家在这样的阶段，都会有类似的发展。但并不是说政策一无所用，一个好的政策，是促进、延长相应的历史发展进程，是一个好的分力。

所以，政策是一个分力，其作用时间和能量不是无限的，而且，政策也是根据现实情况而来的，任何政策，都有其边界，一旦超越其边界，新的政策就要产

生，就会有新的分力产生。而且政策分力，即使在同一政策维持中，也有着实际作用的变化。一个政策，5000 点和 1000 点，效果显示不可能一样。

明白了政策的特点，对政策，就没必要如洪水猛兽，请注意以下几点：

（1）一个最终结果决定价格与价值的相关关系。当市场进入低估阶段，就更要注意向多政策的影响，反之，在市场的泡沫阶段，就更要注意向空调控的影响【扫地僧：这是一个很好的经验，牛市疯狂时一定要注意利空政策，熊市低迷时注意利多政策，例如 2015 年 4~5 月，证监会已经开始查场外配资的问题了，只是当时大家对这个消息都不是太敏感，6 月的股灾和强行去杠杆有很大的关系】。

（2）最终的盈利，都在于个股，一个具有长线价值的个股，是抵御一切中短分力的最终基础，因此，个股对应企业的好坏与成长性等，是一个基本的底线，只要这底线能不被破坏，那么，一切都不过是过眼云烟。而且，中短的波动，反而提供了长期介入的买点【扫地僧：这也是价值投资者的基础，只不过对于价值投资者来讲，只看重这个基础，而无视其他，最终也会有一定的片面性】。

（3）注意：仓位的控制。现在透支已经不流行，但借贷炒股还是不少见。这是绝对不允许的，把资本市场当赌场的，永远也入不了资本市场的门。在进入泡沫化阶段后，应该坚持只战略性持有，不再战略性买入的根本原则，这样，任何的中短波动，都有足够的时间去反应【扫地僧：现在场外配资很多，2015 年的疯狂也是被杠杆推起来的，最终引发的股灾也是相当惨烈，很多加杠杆的最终都归零了，一笔没有时间期限的自由资金是玩资本市场的基本要素】。

（4）养成好的操作习惯。本 ID 反复说了，只有成本为 0 的，才是安全的，这大概是彻底逃避市场风险的唯一办法。

（5）贪婪与恐惧，同样都是制造失败的罪魁祸首，如果你保持好的仓位，有足够的应对资金以及低成本，那么，就让市场的风把你送到足够远的地方。你可以对政策保持警觉，但没必要对政策如惊弓之鸟，天天自己吓自己【扫地僧：贪婪和恐惧是个人的修行问题了，只要能在这个市场中做到稳定盈利，一般都会战胜贪婪和恐惧，所以走向稳定盈利的路也就是个人的修行之路】。

（6）不要企望所有人都能在硬调控出台前提早一天跑掉。可以明确地说，现在政策出台的保密程度已经和以前大为不同了，很多政策的出台，都是十分高效保密的。当然，一定范围内的预知，肯定是有的，但这种范围已经越来越小，而且，经常能够反应的时间也越来越小。对于大资金来说，那点时间，基本无效。本 ID 可以开诚布公地说现在政策的公平性已经越来越高，有能力预先知道的，

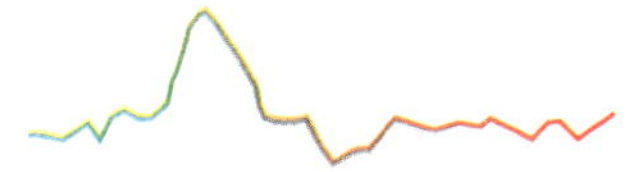

资金量很大，因而也没足够的时间去全部兑现，这在以前，有很长的时间去组织大规模撤退。

（7）必要的对冲准备，例如权证等，最近，认沽热销，也和一些资金的对冲预期有关【扫地僧：现在没有了权证，但有股指期货和期权】。

（8）一旦政策硬调控出现，则要在一切可能的机会出逃，在历史上，任何硬调控的出现，后面即使调整空间不大，时间也少不了【扫地僧：这是一个实战经验，2007 年的 530 就是一个案例】。

（9）关键还是要在上涨时赚到足够的利润，如果你已经有 N 平方倍了，即使用一个 10%~20%留给这飘忽不定、神神叨叨的非系统风险，那还不是天经地义的事情？成为市场的最终赢家，和是否提前一天逃掉毫无关系，资本市场，不是光靠这种奇点游戏就能赢的。心态放平稳点，关键是反应，而不是神经的预测【扫地僧：为什么要通过短差降成本，根本原因就是在于成本为 0 之前，都不是绝对安全的】。

【扫地僧点评】

本课详细讲解了政策性风险的本质和应对策略。

教你炒股票75：逗庄家玩的一些杂史（1）[①]

一朝天子一朝臣，韭菜庄家一轮轮，牛市风光无限好，熊市踪迹无处寻。

讲个故事，不过是让各位认识一下市场运行中一些更深层次的东西。走势是由合力构成的，但各分力后面代表的，都是真实的、有思想有感情的人，因此，了解一下人的心理层面的东西，还是有好处的【扫地僧：分力后面代表的是人，人的心理决定了其行为，所以合力归根结底就是所有心理的合力，了解一下某一个较大的分力其实就是从心理层面去了解该分力是如何形成的】。

当然，对于一般散户来说，多了解一点事情，并不能改变对走势完全严格客观的态度。为什么？因为对于一般的散户，其影响力对合力可以完全忽略不算，因此，其操作，当然就可以完全只看合力最终的结果，而不需要关心每一刻合力所对应的各分力间的博弈。

人必须要有远大的目标，不想成为大资金的散户，就如同不想成为元帅的士兵。最终能否达到，这和每个人的悟性、修炼、机缘等密切相关【扫地僧：注意，并非是悟性、修炼到了，就可以成为大资金，也需要有一定的机缘才可以上一个台阶】。但有时候结果并不一定重要，过程往往更加美好。如果说到结果，任何人的结果都是咸鱼一条，因此，任何人都没必要有任何负担与畏惧心理。只要按照正确的道路，就算最终只能登到山腰，也不枉这一行了。

市场上，存在一些资金，是可以影响到最终的合力的。实际操作中，资金量当然很重要，但更重要的是技巧，打仗还有以少胜多的。有时，1/10资金制造的效果，比10倍资金的都大，这就和操作者密切相关了。简单起见，这里只说在具体个股中的操作，对于大盘的操作，涉及的复杂程度大幅度增加，而且，这一般也不是一个人能完成的，都是一些集团式力量的结果，需要很大的人格凝聚力

① 原文来源：http://blog.sina.com.cn/s/blog_486e105c01000cf4.html，2007-08-29 22：00：23。

与历史信任感，这都不是一年半载所能够达到的【扫地僧：这个层次若非亲身参与一般是理解不了的】。

个股操作，涉及对合力产生影响的，无非两种资金：一种是庄家，另一种是玩庄家的人。一般的误区总是觉得，庄家最牛了，庄家如何凶煞，如何吃人不吐骨头。其实，都是人云亦云的无聊消息。确实，有不少所谓的庄家成功过，但有更多的庄家死了，死的庄家比最终活下来的多得多。庄家被整死，有很多种原因，其中一种很常见的就是给玩庄家的人整死的。

市场里有一种这样的人，这种人的资金实力当个庄家肯定是一点问题都没有，而且一般来说，这种人以前都是牛庄。但后来，因为证券法之类的法律出来，不想惹事，或者就太懒了，天天去算计散户太累，还不如算计一下大玩家，吃一顿够 N 顿了；或者就是无聊，看着别人当庄，就是想搞死，赚不赚钱倒是次要，一般这种人，钱不是问题，纯粹是为了开心或者就为了教训一下暴发户。

一般来说，这种人在资本市场里都有着最广泛的信息网络，这都是有资本市场从小苗开始就缠上的，如藤倚树，这资本市场的树长得多大了，藤也跟着绕了多长。一般来说，这市场上的大动静，都逃不过这些人的眼线耳线【扫地僧：这是信息上的优势】。

如何圈定猎物，这并不一定有固定的原则。当然，有些人比较死板，或者在这行里还是新手，所以比较注意攻击目标，至少不敢攻击太差的东西，否则万一搞砸了，连回旋的余地都没有。但对于老手来说，其实都无所谓，股票不过是一个游戏的凭证，玩输了也无所谓，大不了凤凰变乌鸡、乌鸡变凤凰地来回折腾几次，还不是越玩越有玩头？

说句实在话，操作股票，归根结底是资源组合的能力，功夫在诗外【扫地僧：这是最核心的能力，很多人都觉得只要技术足够高就可以坐坐庄，其实并非如此。记得有人曾问过：为什么那些大资金大机构不用缠论？因为到了那个层次，最终比拼的就是市场之外的能力，技术的东西不是最重要的，当然，如果资源组合能力强，技术也同样强，那是锦上添花的事情，但根本还是市场之外的能力】。组合能力强，资金能长期坚持，有什么不能成功的？本 ID 有一个不大好的习惯，就是对被淘汰的人和股票从来都不关心，但这两年，本 ID 不断发现，有几个 N 年前（注意，这个 N 有的都快到 10 了）被本 ID 淘汰的，竟然都坚持到了大牛市，都成了这两年最牛的股票之一。一打听，人还是那些人，歌还是那首歌，这些人身残志坚地把 N 年的生命都奉献给了某只股票，连本 ID 都不得不说，人的潜力真是太强大了，不得不佩服。

为了表彰这些残废人士的惊人业绩，本 ID 对其中几只不点名地表扬一下：

（1）那年夏天后，最后的一吻，市场就走入漫漫熊途，你也留下一个个向下的惊人缺口，大概除了本 ID，没有人知道你的痛苦，那高高的山冈，你只能用一个个除权缺口去追赶大盘下跌的速度，你在最悲壮时，依然站在实际的山腰之上，离那令你疼的顶峰依然不远。终于，你熬过那最后的血腥，春天来了，猫儿又开始叫春了，你跨过那一个个的缺口，冲出那曾经绝望的顶峰，原来，山峰之外依然有山峰，你应该释怀了【扫地僧：猜测该股是辽宁成大（600739）】。

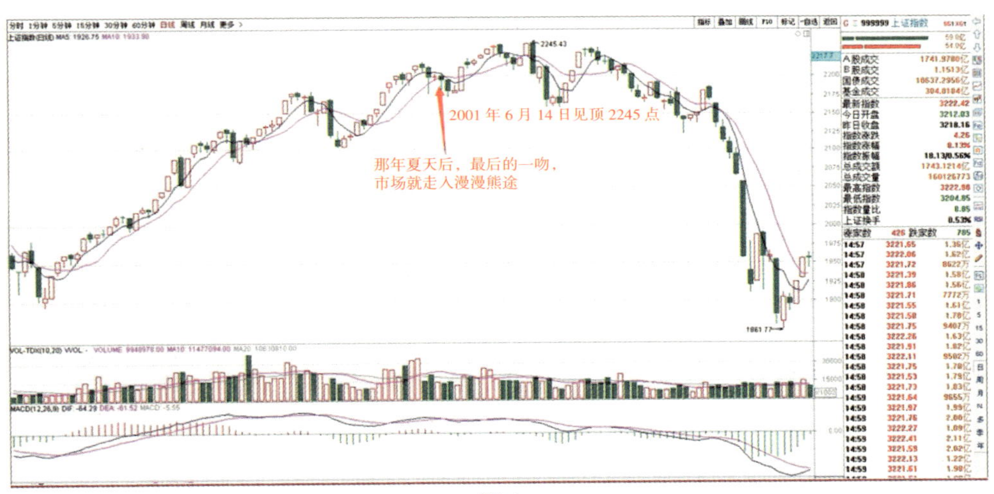

图 1

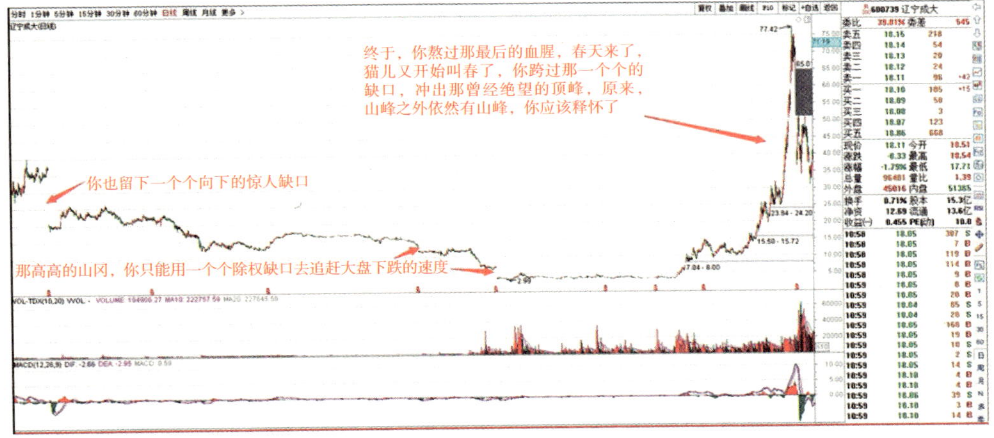

图 2

(扫码获取更多学习资料)

(2) 从山顶到山谷，90%多的落差并不一定是故事的终结。后来，你终于明白，从山谷回到山脚后，继续半年就可以飞升 1000%，就可以走上更高的山峰，这时候，这 N 年的煎熬，大概就是最好的人生回忆了，你现在最感谢的，是否就是那 N 年前给了你最好回忆机会的人【扫地僧：猜测该股为浪莎股份（600137），当时叫“ST 长控”，从 2001 年 5 月底的高点 26.5 元一直跌到 2.01 元，下跌幅度 90%多，2006 年 12 月 20 日重组停牌，股价 7 元多，2007 年 4 月复牌，当日股价最高冲到 85 元，上涨十几倍】。

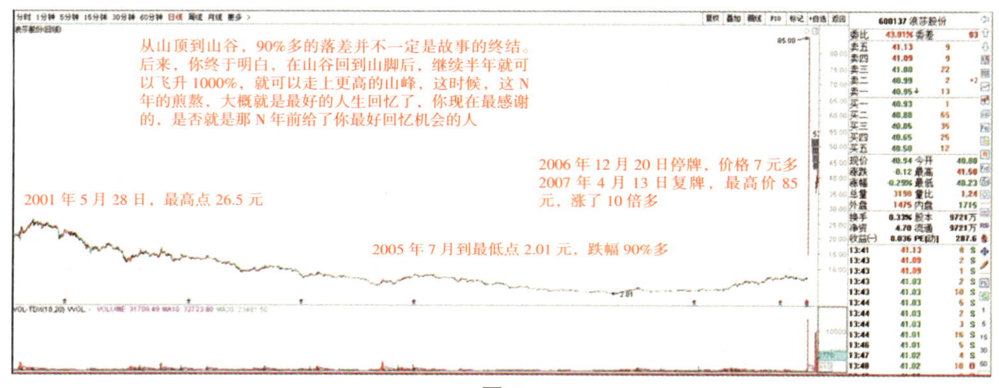

图 3

(3) 惨跌 80%多依然能站住的才能引来 2000%以上的升腾，本 ID 不会为曾经的残酷而有丝毫歉疚，但为了这能站住的，本 ID 给你五个字：还算爷们儿【扫地僧：猜测该股为哈投股份（600864），当时叫岁宝热电，从 2000 年 11 月的 38.15 元一直跌到 2005 年 5 月 10 日的 4.25 元，跌幅 80%多，但是到 2007 年 5 月，最高又涨到 83.38 元，上涨 20 倍】。

(4) 当你用一字涨停铺起台阶冲破所有顶峰时，又有多少人知道你 N 年前的痛苦？那些台阶已经名喧天下，而 N 年的那些日夜，究竟是用什么缝补那颗破裂的心？粗略看了一下，最大跌幅 94%，真是梅花香自苦寒来啊【扫地僧：猜测该股是 S 前锋（600733），从 2000 年 6 月最高 31.48 一直跌到 2005 年 7 月的 2.56，最终又在 2007 年 5 月涨到 52.08，真是梅花香自苦寒来】。

不要以为，庄家就是好差事，一般的散户，有上面四位优秀吃苦耐劳模范的一点功力，你想不成功都难了。看看人家，94%还可以梅花香自苦寒来【扫地僧：这也说明一个问题，那就是上面这几只股票在 2000~2001 年的高点时，庄家都没有走掉，从当时的成交量也可以看出来】。

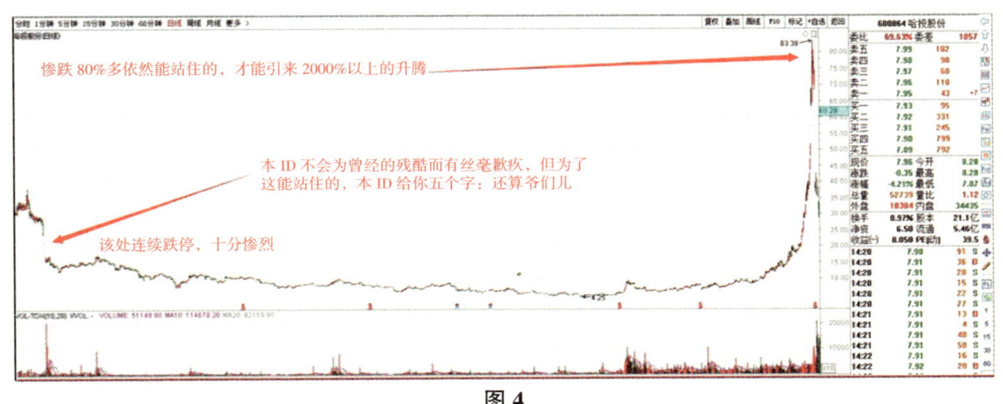
惨跌 80%多依然能站住的，才能引来 2000%以上的升腾
本 ID 不会为曾经的残酷而有丝毫歉疚，但为了
这能站住的，本 ID 给你五个字：还算爷们儿
该处连续跌停，十分惨烈

图 4

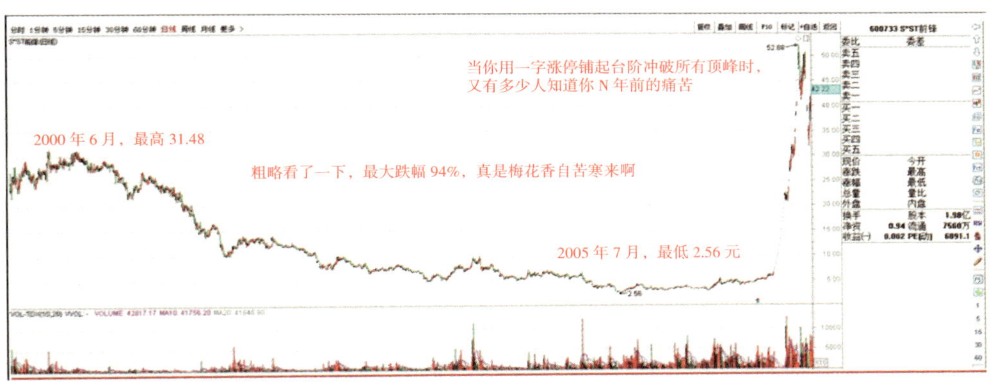
当你用一字涨停铺起台阶冲破所有顶峰时，
又有多少人知道你 N 年前的痛苦
2000 年 6 月，最高 31.48
粗略看了一下，最大跌幅 94%，真是梅花香自苦寒来啊
2005 年 7 月，最低 2.56 元

图 5

能熬住的少，熬不住的，最后都给人家做嫁衣了，那些在大峡谷底买货的新人，要知道，这些骨头里，可能最多的就是所谓的庄家。看着 100 元的 000338，本 ID 就仿佛看到铁窗下那唐家兄弟的身影，这里，就再重温一下，本 ID 在 000338 最低那天贴出来的五言诗偶见湘火炬广告牌，口占五绝（2007-05-15 15：14：19）【扫地僧：2007 年 4 月 17 日，湘火炬公布《潍柴动力股份有限公司换股吸收合并湘火炬汽车集团股份有限公司暨湘火炬汽车集团股份有限公司股权分置改革方案实施公告》，湘火炬退市，被潍柴动力合并了，原来的股东手中的股份以 3.53:1 的比例换成潍柴动力的股票，在湘火炬里套了 N 年的人自然希望能在潍柴动力上找补回来】。

玩死庄家，首先对其资金面、来路等方面有充分的了解。那些仅有几个钱，靠收买几个把刺史、郡守就蚁假猫威的暴发户，是最容易被玩的。一般来说，资

金上的弱点是攻击的最好前提【扫地僧：这两年来，又多了很多这种类型的暴发户，主要分两类：①某些上市公司老板；②靠做并购起家的投资人。尤其是第二种，做并购起家的这类人，他们的资金往往是加了杠杆的，而且杠杆加得很大，只要在市场环境不好的时候，将股价打到其强制平仓线下，它的麻烦就来了，当然，有的还有钱来补仓，但本质上也是打一次和打几次的问题。一旦最后没有钱补仓了，就只能强平，那也是最惨烈的时候了，基本就是N个跌停板】。当然，资金没什么弱点，也可以攻击，特别是那些水平不高的新庄家。在市场上，新人新猪肉，被吃是天经地义的。还有一种，就是刚成功了一把正在G点上G着的，这种是绝佳的猎杀对象。

当然，有些老狐狸，也是可以攻击的，但一旦介入，就要做好长期作战的准备。所以，除非有特别的理由或特别没事干，要找点乐，否则，一般不和老狐狸们玩。

晕，回头一看，这梦话也说得太长了，下次再继续说吧。

【扫地僧点评】

一波牛市一波韭菜，这韭菜不仅指散户，也指很多庄家。

教你炒股票76：逗庄家玩的一些杂史（2）[①]

庄家只是个头大，一样可以猎杀它，时间空间两方法，场外绞杀更手辣。

股票，公开的，谁都可以买卖，这就是其复杂所在。一般来说，单纯犯坏的难度当然比建设的难度小。如果你技术过关，你可能只拥有流通量5%，但你就能阻击一个有流通量50%的人【扫地僧：流通量50%是筹码，并不是钱，所以即使只有5%，但你的5%要面对的是对方手中的钱，因为你阻击的方向是向下，对方要想战胜你，是用钱来买你手中的股票，所以它持有的流通盘的数量的多少并不是主要原因，但一般都会留一部分钱用来拉升，而这部分钱往往和流通盘市值成一定比例，所以只是间接上的一些关联，要想阻击它，最好在位置稍高一点的地方阻击，那样它手里的钱能买到的筹码就不会太多，阻击成功的概率就大一些】。

要玩死一个庄家，归根结底有两种方法：一种是在时间上害死他；另一种是在空间上害死他。有些心理有毛病的庄家，最容易在时间上被害死。特别是那些有洁癖的，总是希望把盘给洗得一尘不染，这种人，最容易玩了。你只要不断在里面折腾，让他感觉到里面人特乱，筹码特乱，那么这些无聊的家伙就是洗呀洗的，洗到行情都走完了，还在那里洗。很多庄家，就是太有洁癖了而被害死的，特别是那些经验不足的，资金实力又有限的【扫地僧：就是因为经验不足，害怕里面筹码乱，自己搞不定，所以才要洗了又洗，资金实力不行的也类似，都是自身的问题】。

以前，要玩这些家伙，有一招一直都很有效，不过后来用多了，就不大好用了，现在基本没用。当时，喜欢用一个账号，齐刷刷就买一个巨大的惹眼的数量。能坐庄的，基本都能打单，这样一个账号，不可能不知道。一般来说，这样

① 原文来源：http：//blog.sina.com.cn/s/blog_486e105c01000chg.html，2007-09-03 19：19：43。

(扫码获取更多学习资料)

一件事情，对于那些新手，就够他们折腾一阵了。开始，不用在盘面上搞他们，等他们适应一段时间，有点麻木了，就要给点新的刺激。例如，再找一个新的账号买一个更大量的数量，注意：这些数量一般都控制在流通量的2%以下，不能大到影响这些家伙坐庄的信心。再折腾一段时间后，就要换手法，例如，在盘面上就要不时地玩他两下，一般都是在他将成功未成功的时候，狠狠来一下，让他以后欲成功时都留下后遗症【扫地僧：其原理就是让对方知道有几个账号的股票数量比较多，但刚开始不在盘面上动他，让他以为是长线的锁仓资金，当他要成功时，突然来一个放量，他看到这么大的量，即使想拉也会退缩了，因为放量的这些筹码他必须要考虑，如果是新手或者是资金实力不行的，基本是不敢拉的】。

注意：折腾人不是靠砸光买就可以的。其实，真操作的时候，就是来回折腾，那家伙砸的时候，就要敢接，拉的时候就要敢给，但那几个明目张胆的账号是不能动的，让他们搞不明白水的深浅【扫地僧：如果那几个明的账号动了，对方一般可以通过盘面的变动来推算出你的实力】。一般来说，阻击，只要拿流通量的10%以下就足够了，其实，都不需要那么多。原则就是有能力在出手的一天内倒出一个10%~20%的换手大量来，而且震荡的区间一定要足够大，有可能就涨停到跌停来回N次。一只股票，特别在准备成功时倒出这样一个大幅度震荡的大量，想不颓废都难了【扫地僧：大量的换手在一个大的波动范围内分布，庄家要想再次成功，基本都会在成功前让筹码沉淀下来，而大范围内的大成交量就意味着筹码沉淀的时间要拉长了，一旦错过市场的好时机，变ED的概率就太大了。从缠论技术上来说，大范围的波动，意味着中枢的扩张，走势的复杂度要大大增加，而成功时的图形又要做得漂亮才有人跟，那么修复这复杂的走势就需要时间】。

而倒出这样的量，实际需要的筹码并不要太多，因为，不可能全天的交易都是一方搞出来的。倒的时候，技术高的完全可以做到顺便就把差价给丢了而筹码尽量不丢。但注意：这种折腾，一定是在底部或相对底部的位置，这样，最好就在庄家成本的附近，这样操作的难度就小多了【扫地僧：一般庄家好不容易吃了这么多货，在没盈利的情况下一般不会把货都给你，因为它的资金也有成本，这样的话在这个位置基本就不会被狠砸】。如果庄家给你玩恼火了，不玩了，撤了，一定要捣乱，不能让他顺利出去。只要你能让他亏钱出去，就是成功了。一句话，就是不能让他挣了钱就跑。而且，在日常的折腾中，一定要用各种手段去垫高其成本。

有些手法和经验有关，不是一般人能干的。例如，要充分利用另外的分力的力量。庄家只是其中的一个分力，如果你能利用好其他分力，那庄家也只有给你折腾的份。

最狠的一种折腾，就是把这股票完全搞臭，也就是所有散户都知道这股票是不涨的，然后就形成两家或 N 家对垒。一般到这种地步，就是完全的强盗逻辑了。或者你就亏钱走，或者就送钱给大家花，否则大家就耗着，看谁怕谁。庄家比你拿得多，占的资金多，而且他的钱可能还来路不明，有期限的，这样折腾，100 个中至少 99 个要死掉。

当然还有更狠的，那就是功夫在诗外的玩法了，一般这种招数不能用。这种玩法，最普通的就是从资金面下手，只要能断了对方的资金来源，你想玩死谁不可以？当然还有更狠的【扫地僧：其他的手段有玩公司的，利用媒体弄点负面新闻之类的，还有的是玩人，把对该股票影响比较大的人玩掉，这样的手段就不是一般人能做出来的了】。

上面是说在时间上玩死，一般这种都是走出一个复杂的大级别中枢【扫地僧：让其始终走不出脱离该中枢的走势，或者是第三类买点】。而在空间上玩死，那就是另一种玩法了。这种玩法的基本原则就是：庄家要风，就助他风；要雨，就助他雨。这样，先养其骄。等到其觉得不可一世、春风得意时，突然出手，出手一定要稳、准、狠，一下就要其命。在纯技术的角度，这就是要先砸出一个相当狠的第一段，然后，引发散户恐慌盘后，回接。这里，出手的位置很关键，太低没有杀伤力，太高又太晚【扫地僧：这个出手是指砸第一段的位置，不是接恐慌盘的位置。太低的话，还在庄家成本附近，此时的砸盘正好给别人低吸的机会，太高的话，庄家有比较丰厚的盈利，有可能就跟着直接出货了】。因此出手的时机决定成败，这需要经验、判断、技术很多综合的因素，不是一般人能干的。

回接后，就是用来阻击庄家反扑。庄家给第一段出手后，肯定有反扑，这时候，就要有足够的子弹进行塔山阻击战。股票有一个好处，没有子弹，只要有钱，马上就可以采购，所以必须要利用好这一特性，控制好阻击的节奏、能量【扫地僧：说的技术点就是，一段猛烈下跌后，不能让其反扑更猛，让再次起来的力度逐渐减弱，形成类似小转大之后二卖的形态，至少也在这位置构筑大级别的第二个中枢】。

一定要注意：第一段后只能回接散户的恐慌盘，不能接庄家的抛盘。因为你先出手，所以如果庄家跟着也砸，你就要更狠地倒下去。最好直接倒出一个 V 形反转，这样，连塔山阻击战都省了【扫地僧：可以观察一下，凡是 2015 年

(扫码获取更多学习资料)

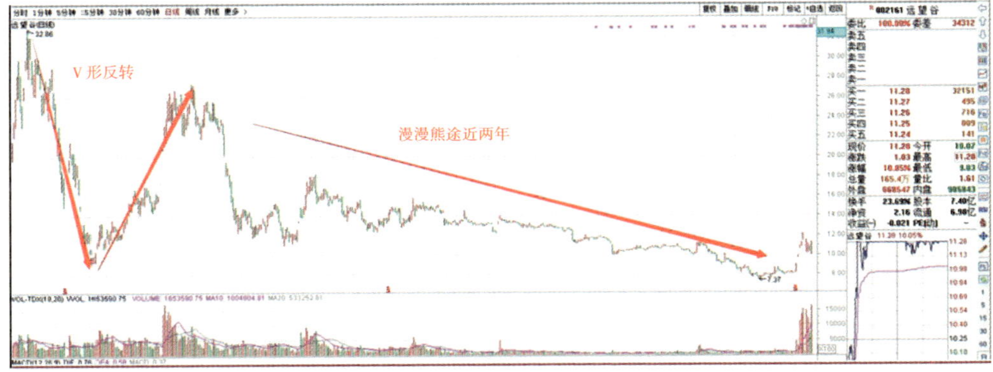

图 1

图 2

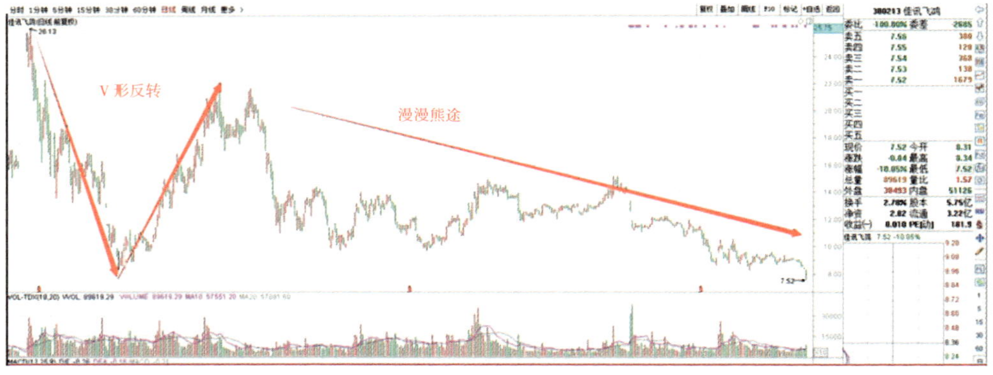

图 3

股灾时下来后，反弹到前期高点附近的股票，形态上都是 V 形反转，这类股票绝大部分后面的表现都不会很好】。

【扫地僧点评】

本课就是一篇猎杀庄家的操盘手册。

教你炒股票77：一些概念的再分辨[①]

苦口婆心再分辨，分型分笔与线段，分解方法固重要，数学本质是关键。

对一些概念进行再分辨，因为有些概念太基础，如果搞不清楚，后面永远就一个字：乱。为了不乱，希望是最后一次再把前面最基础的概念分辨一下。

先用缺口的例子说明基于严格分类基础上正确预测的思维方法。任何预测，都必须在严格分类的基础上，这是一个最基本的思维，否则，整天陶醉在纯概率的游戏中，只能是无聊当有趣。

例如，缺口，用一个向上的为例子。首先，要给缺口一个明确的定义，这定义是有利于分类的，只有明确的定义才有明确的完全分类。何谓缺口，就是在该单位K线图上两相邻的K线间出现没有成交的区间。例如，在上海指数日线单位的K线图里，1994年的7月29日与8月1日，就出现［339，377］这个区间没有成交。也就是说，［339，377］是一缺口。而缺口的回补，就是在缺口出现后，该缺口区间最终全部再次出现成交的过程。这个过程，可能在下一K线就出现，也可能永远不再出现。例如［339，377］这一缺口，虽然不敢说永远不再回补，但到股市被消灭前，大概也没什么机会回补了。像本ID之类有幸经历这一天的人，有福了。本ID还记得，当时在1994年7月29日大量买入的股票，深圳证券交易指数是老星源，上海证券交易指数是大飞乐【扫地僧：补上三张图】。

根据缺口的是否回补，就构成了对走势行情力度的一个分类。①不回补，这显然是强势的；②回补后继续新高或新低，这是平势的；③回补后不能新高、新低，因而出现原来走势的转折，这是弱势的。

一般来说，突破性缺口极少回补，而中继性缺口，也就是趋势延续中的缺口，回补的概率对半，但都一定继续新高或新低，也就是至少是平势的。而一旦

---

① 原文来源：http：//blog.sina.com.cn/s/blog_486e105c01000cih.html，2007-09-05 23：24：01。

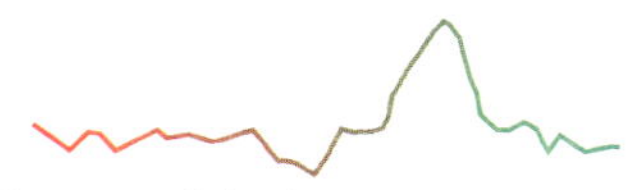

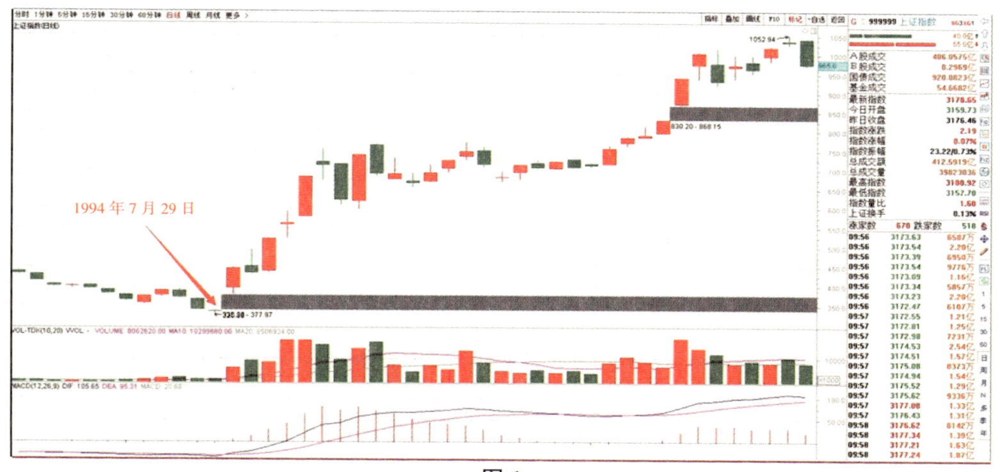

图 1

图 2

缺口回补后不再新高、新低，那么就意味着原来的趋势发生逆转，这是衰竭性缺口的特征，一旦出现这种情况，就一定至少出现较大级别的调整，这级别至少大于缺口时所延续的趋势的级别。也就是说，一个日线级别趋势的衰竭性缺口，至少制造一个周线级别的调整。而一个 5 分钟级别的衰竭性缺口，至少制造一个 30 分钟级别的调整【扫地僧：看图 4。300141 和顺电气在 2014 年 6 月 3 日出现了一个突破性缺口，该缺口后面没有回补，7 月 15 日又有一个中继性缺口，该缺口立刻被回补，之后继续新高，8 月 1 日出现衰竭性缺口，回补后，再也不能创新高，之后走了一个比上涨走势级别更大的调整】。

(扫码获取更多学习资料)

图 3

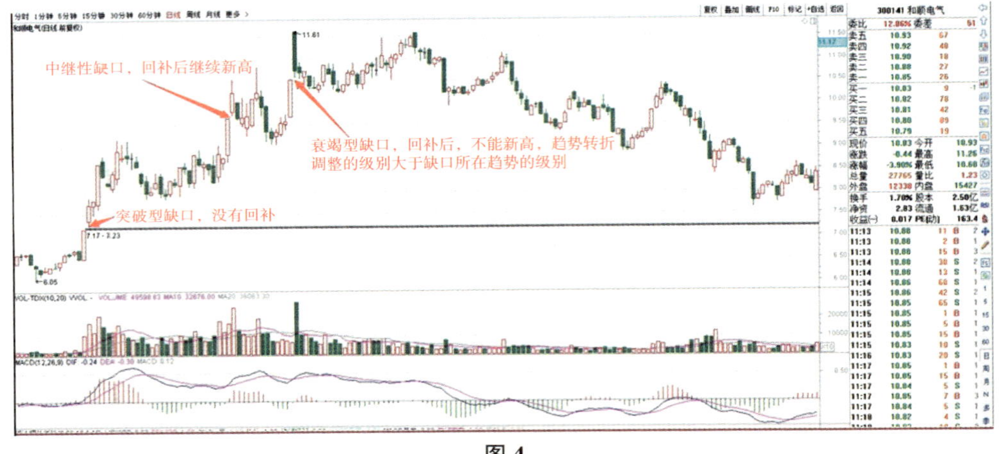

图 4

注意：这里的级别和缺口所在的 K 线图无关，只和本 ID 理论中的走势类型级别有关。不同周期 K 线图和走势的级别，就如同不同倍度数显微镜和显微镜所观察的物体。

显然，日 K 线图有缺口，在日线以下的任何周期的 K 线图都会相应有缺口，而回补日线的缺口，不一定能回补日线以下周期 K 线图上的缺口。另外，在盘整走势中的缺口，与在趋势中的缺口性质不同，属于普通缺口，这种缺口，一般都回补，而且没有太大的分析意义，唯一的意义，就是在中枢震荡中有一个目标，就是在回拉的过程中，几乎肯定能至少拉回补掉缺口的位置【扫地僧：在中枢震荡中，如果出现缺口，一般是要回补，那么就有了一个价格参考，可以作为操作

的辅助】。

缺口说完了，就再说分型、笔、线段的问题。

分型按定义，只要把包含关系理清。如果没有包含关系，3 个 K 线就可以决定一个分型，但注意：任何相邻的分型之间必须满足结合律，也就是说，不能有些 K 线分属不同的分型，这样是不允许的。

一般来说，对不熟悉的人，首先应该按定义把图中的分型按照包含关系以及结合律的最基本处理后给标记好，顶分型可以用向下的箭头、底分型可以用向上的箭头，这样就一目了然了。

有了上面的基础工作，那这个图就可以看成只有这些分型，分型之间的 K 线都可以暂时不用管。下面的工作，就是确定笔了。笔，必须是一顶一底，而且顶和底之间至少有一根 K 线不属于顶分型与底分型【扫地僧：这里有新笔和老笔的定义，对于老笔，该中间 K 线不能被顶分型或底分型中任意的 K 线所包含或被包含，而对于新笔，是可以有包含关系的，如图 5 所示】。当然，还有一个最显然的，就是在同一笔中，顶分型中最高的 K 线的区间至少要有一部分高于底分型中最低的 K 线的区间，如果这条都不满足，也就是顶都在底的范围内或顶比底还低，这显然是不可接受的【扫地僧：更严谨地说，应该是顶分型的顶至少高于构成底分型三根 K 线的最高点，底分型的底至少低于构成顶分型三根 K 线的最低点，如图 6 所示】。

老笔的中间 K 线不能被顶分型或底分型中任意的 K 线所包含或被包含
新笔的中间 K 线可以不考虑这种包含关系
老笔新笔都符合
不符合老笔，因为中间 K 线被底分型右侧 K 线包含了。但符合新笔
不符合老笔，因为中间 K 线包含了底分型右侧 K 线。但符合新笔

图 5

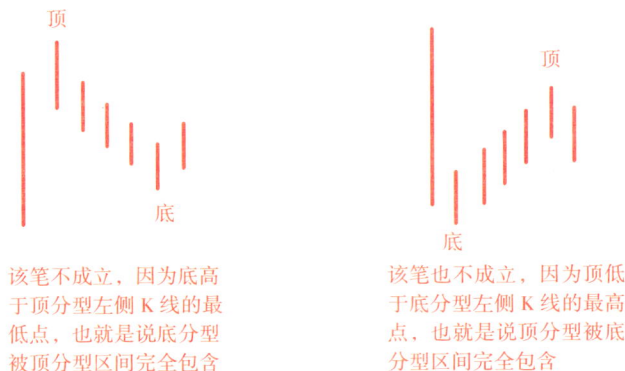

(扫码获取更多学习资料)

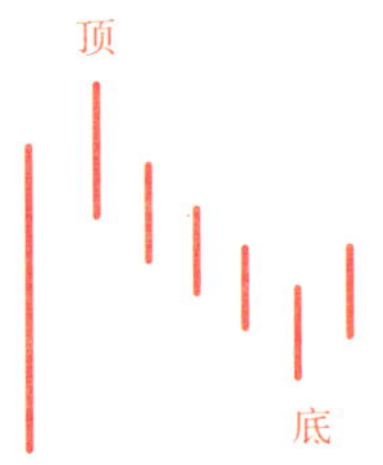

该笔不成立，因为底高于顶分型左侧 K 线的最低点，也就是说底分型被顶分型区间完全包含

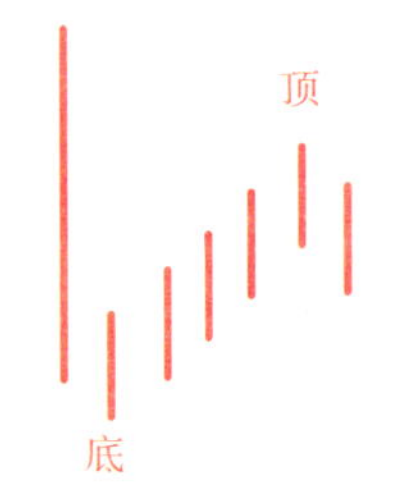

该笔也不成立，因为顶低于底分型左侧 K 线的最高点，也就是说顶分型被底分型区间完全包含

图 6

在确定笔的过程中，必须要满足上面的条件，这样可以唯一确定出笔的划分。这个划分的唯一性很容易证明，假设有两个都满足条件的划分，这两个划分要有所不同，必然是两个划分从第 N–1 笔以前都是相同的，从第 N 笔开始出现第一个不同，这个 N 可以等于 1，这样就是从一开始就不同。那么第 N–1 笔结束的位置的分型，显然对于两个划分的性质是一样的，都是顶或底。对于是顶的情况，那么第 N 笔，其底对于两个划分必然对应不同的底分型，否则该笔对两个划分就是相同的，这显然矛盾。由于分型的划分是唯一的，因此，两种不同的划分在第 N 笔对应的底分型，在顺序上必然有前后高低之分，而且在这两个底之间不可能还存在一个顶，否则这里就不是一笔了。

如果前面的底高于后面的底，那么前面的划分显然是错误的，因为按这种划分，该笔是没有完成的，一个底不经过一个顶后就有一个更低的底，这是最典型的笔没完成的情况。

如果前面的底不低于后面的底，那么如果再下面一个顶分型出现前，如果有一个底分型低于前面的底，那么，这两种划分都是不正确的，所划分的笔都是没完成的；如下面一个顶分型出现前，没有一个底分型低于前面的底，那么下面一个顶分型就必然高于前面的底，因此，前面的底和这个顶分型就是新的 N+1 笔，所以，第 N 笔和第 N+1 笔就有了唯一的划分，这个第 N 笔开始有不同划分矛盾。

关于第 N–1 笔结束的位置的分型是底的情况，可以类似去证明。

综上所述，显然，笔的划分是唯一的【扫地僧：以上几段话就是为了证明笔的划分是唯一的，也就是说用笔来分解走势的话，其分解是唯一的，不存在多种分解的方式。证明方法比较简单，随便找个走势图来对着画一下就知道了，那么同理，线段的划分也是唯一的，非同级别分解走势的划分也是唯一的，只有同级别分解时，会有不同的分解，但站在该级别内部去看走势，其分解又是唯一的。因此，缠论的走势分解可以说是唯一的】。

从上面笔划分的唯一性证明中，其实也知道了如何去划分笔的步骤：

（1）确定所有符合标准的分型。

（2）如果前后两分型是同一性质的，对于顶，前面的低于后面的，只保留后面的，前面那个可以去掉；对于底，前面的高于后面的，只保留后面的，前面那个可以去掉。不满足上面情况的，例如相等的，都可以先保留。

（3）经过步骤（2）的处理后，余下的分型，如果相邻的是顶和底，那么这就可以划分为一笔。

如果相邻的性质一样，那么必然有前顶不低于后顶，前底不高于后底，而在连续的顶后，必然会出现新的底，把这连续的顶中最先一个，和这新出现的底连在一起，就是新的一笔，而中间的那些顶都去掉；在连续的底后，必然会出现新的顶，把这连续的底中最先一个，和这新出现的顶连在一起，就是新的一笔，而中间的那些底，都去掉。

显然，经过上面的三个步骤，所有的笔都可以唯一地划分出来。

【扫地僧：以创业板的月线图为例，第一步，先画出所有的顶底分型，注意相邻的顶底分型不能共用K线，如图7所示：红色的是底分型，蓝色的是顶分型。然后再做第二步，处理相邻的性质一样的顶底分型，对于顶，去掉低的，对于底，去掉高的。处理完如图8所示。去掉的顶用蓝色圆圈代替，去掉的底用红色圆圈代替。接下来再进行第三步，去掉顶或底在上一个顶分型或底分型区间内的以及顶底分型之间没有独立K线的，处理后就是最终的笔的划分，如图9所示】

有了笔以后，就是线段了。线段划分的最基本原则，就是线段必须至少有三笔，这是十分显然的，否则，一笔都能构成线段，那笔和线段又有什么区别？至于两笔为什么不能构成线段，这理由更简单，因为两笔，那么线段的两端的分型的性质肯定是一样的，和笔一样，一个完整线段的两端的分型不可能是同性质的。也就是说，和笔一样，线段也不可能从一个顶开始结束于一个顶，或者从一个底开始结束于一个底。由此可见，线段中包含笔的数目，都是单数的。而且，线段开始的那三笔，必须有重合，开始三笔没有重合的，是构不成线段的。另外，线段必须被线段所破坏才能确定其完成。对于线段划分的第一种情况，如果第一笔出现笔破坏后，接着的一笔就创新高，而且接着的一笔，根本就不触及笔

(扫码获取更多学习资料)

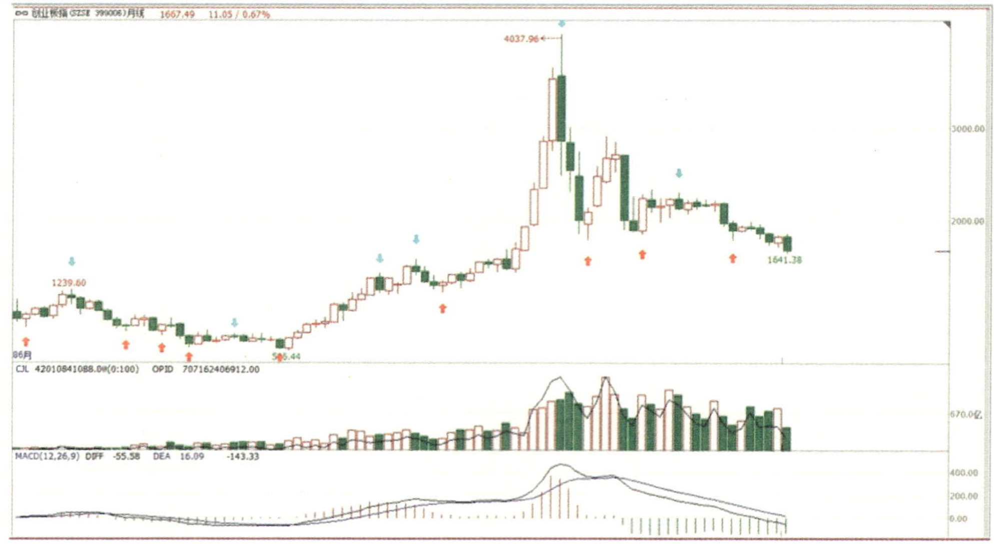

图 7

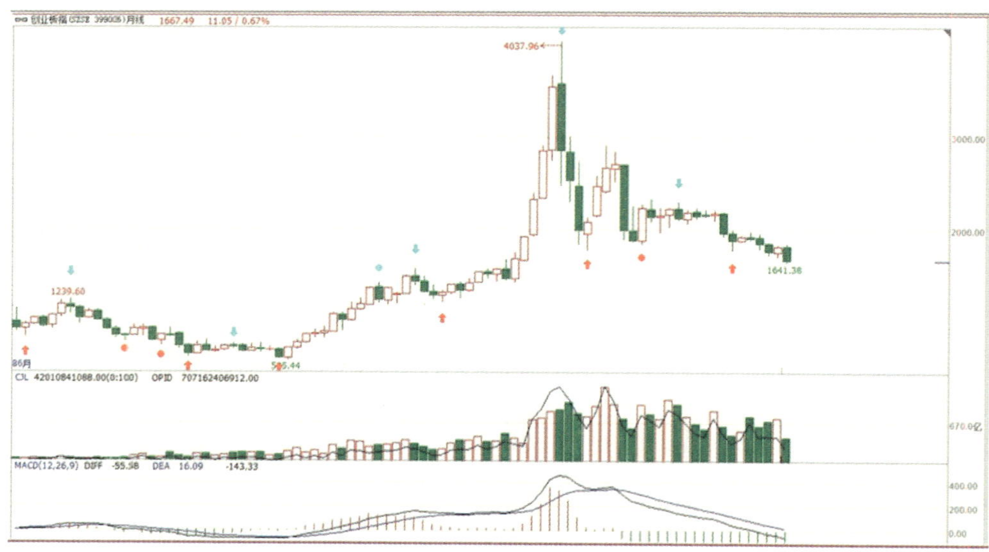

图 8

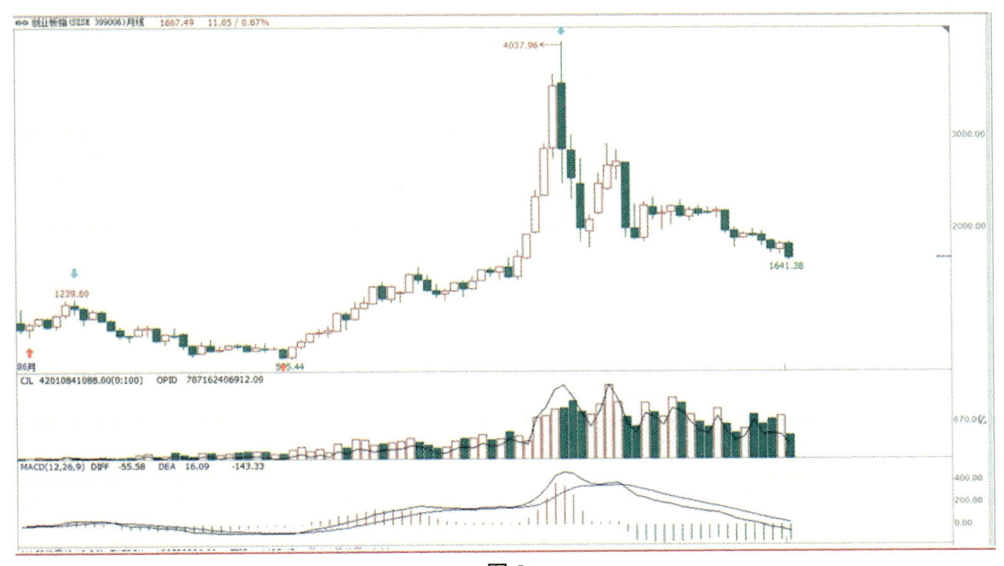

图 9

破坏的那一笔，那么，这时候显然构成不了线段对线段的破坏，因为后面这三笔没有重合，不可能构成一线段。

而这运用第一种情况的判断法就更明确了，上面这种情况根本不可能形成特征序列的分型，当然就不可能是线段的完成。

再者，线段被线段破坏，必须不能是被同一性质的线段所破坏，也就是从向上一笔开始的线段不可能被向上一笔的线段破坏，必须是被从向下一笔开始的线段破坏。

线段的第二种情况，其实就包含这种情况。也就是按第一种情况，线段 A 没有被接着的线段 B 破坏，但接着的线段 C 破坏了线段 B，因此，线段 B 是完成的，当然线段 A 也应该是完成的。注意：这里的线段 A、B、C 只是用结合律的原则先划分，括弧里面满足线段的基本性质，在这破坏关系没被确认之前，这只是一个假设的称呼【扫地僧：这段话解释了线段划分的第二种情况的逻辑，这么理解更容易一些】。

注意：在第二种情况下特别强调，第二特征序列其实是对应着线段 C 对线段 B 的破坏，不再分第一、第二种情况了。这其实是一个简化的方法。

如果我们坚持线段的最终破坏回补特征序列缺口情况，那么，如果线段 C 对线段 B 还是第二种情况，那么线段 C 的区间肯定就在线段 A 特征序列缺口与线段 B 特征序列缺口之间，以此类推，总会出现一个线段 X，使得对应前面的线段

是回补特征序列缺口，否则，这些线段的区间就会无限缩小，最后就会形成一个点，这显然是不可能的，学过极限的都应该能理解。所以，在一串相对前一线段是第二种情况的线段串中，比如最终会出现第一种情况的破坏，倒推回来，必然有这一串假定线段间的连续破坏【扫地僧：非常钦佩缠师的数学逻辑，这样小的细节都能够从数学逻辑上予以证明】。

正因为这样，所以在第二种情况下的第二特征序列判断中，就不再分第一、第二种情况了，省了有一串线段收敛后倒推回来的麻烦。这在数学上当然是绝对完美，但操作起来太麻烦，而且这种特殊的情况很少见，就更没必要了。

那么，为什么要区分第二种情况，因为是不希望在线段的层次上出现小级别转大级别这样不确定的情况，用第二种情况就能解决这个问题【扫地僧：因为特征序列第一元素和第二元素之间有缺口，如果是上涨，则说明最后一笔上涨的力度非常大，之后走出下—上—下三笔，这就是线段级别上的小转大，那么为了规避在线段级别上还要考虑这种小转大的问题，就设计了第二种情况，用心良苦】。

有一种复杂的情况，在今天的80~83的划分中就出现了。就是对80~81，出现了第一笔的笔破坏，然后接着是一个符合线段标准的走势A，但没有创新低，这样当然不能算是原线段的延续，但线段的破坏也不能算，为什么？因为没有符合要求的三笔。接着，一个反弹也满足线段的要求，然后就转头继续创新低。这里有一个细微的区别，如果这个反弹只是一笔，那么就没有破坏走势A，后面接着的新底，就意味着走势A依然延续，所以走势A就是原来80~81的延续【扫地僧：如图10所示。只是A之后的那个反弹到82点，放大了看，确实只有一笔，因此81~82实际是不成一段的，但重要的是思路】。

但现在的问题是，这个反弹把走势A破坏了，因此，说走势A依然延续显然不对，所以后面的走势和走势A无关，因此，唯一合理的划分就是把第一笔的笔破坏、走势A、一个反弹合成一个线段，这完全满足线段的定义，所以就有了81~82。

线段的划分，其实一点都不难，关键是要从定义出发。而且用线段划分的两种情况的规定，不难证明，线段的划分也是唯一的。

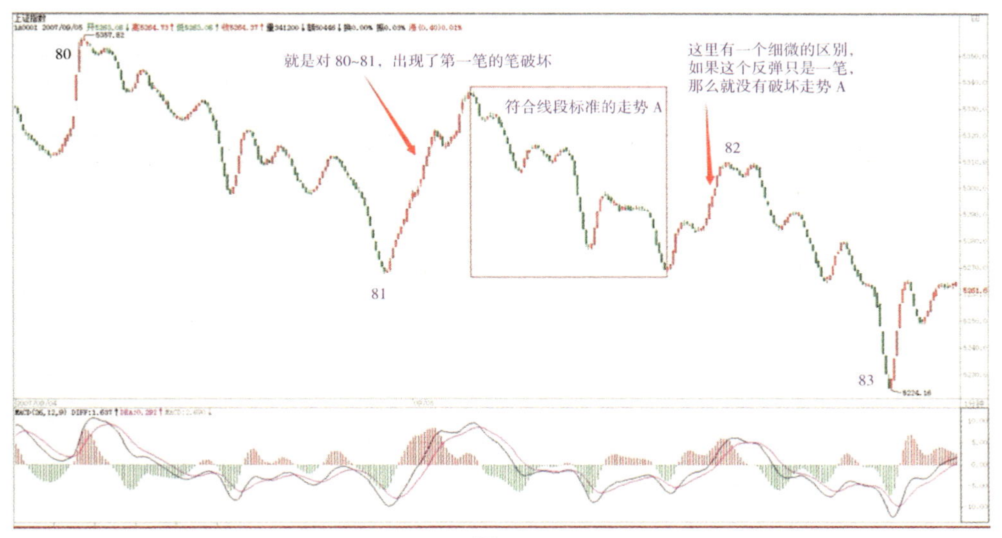
80
5357.82
就是对 80~81，出现了第一笔的笔破坏
符合线段标准的走势 A
这里有一个细微的区别，
如果这个反弹只是一笔，
那么就没有破坏走势 A
82
81
83
5224.16

图 10

【扫地僧点评】

本课又从头讲了一下从分型到线段的基本概念，以及划分方法。

教你炒股票 78：继续说线段的划分[1]

古怪线段真讨厌，中枢里面最常见，线段必被线段破，一句真言巧分辨。

【扫地僧：2007 年 9 月 6 日帕瓦罗蒂于当地时间凌晨 5 点在他位于意大利的寓所内逝世】

注意：各位有时候不要太神经质，本 ID 现在什么新股票都不会买，要买也只买原来低位买的。本 ID 最后一只股票，这里的人都知道，就是 002149，在上市第一天买的，当天贴了点成交记录，几小时后删除，后来怎么样，大家都看见了。

【扫地僧：西部材料（002149），上市第一天买的，然后有三个涨停板】

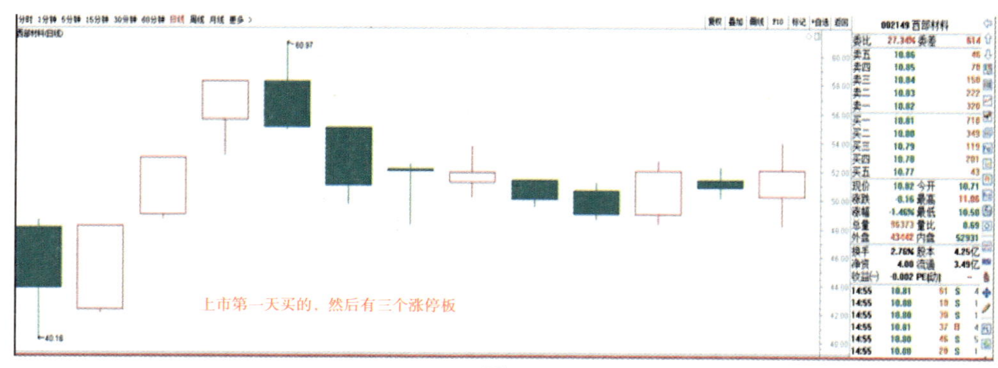

图 1

线段的划分，就是上面课程里的两种情况，根据这两种情况的完全分类进行，没有不能唯一去划分的。但一到实际划分，很多人基本的概念还是没搞清楚。

首先，线段和笔都是有方向的，从顶开始的笔一定结束在底，同样，以向上

① 原文来源：http：//blog.sina.com.cn/s/blog_486e105c01000cio.html，2007-09-06 22：28：31。

笔开始的线段一定结束于向上笔，不可能一个线段，开始是向上笔，结束于一个向下笔。由于向上的笔的开始分型是底，而向下笔的结束分型也是底。换言之，一个线段，不可能是从底到底或从顶到顶，这是一个最基本的概念。

同样，正如同一笔不可能出现顶低于底的情况，同一线段中，两端的一顶一底，顶肯定要高于底，如果你划出一个不符合这基本要求的线段，那肯定是划错了【扫地僧：但线段中，结束点未必一定是最高点或最低点，例如上节课中的那 82 点】。

由于图形不断延续，因此，除非是新股上市后最开始的一段，否则任何一段都是破坏前一段的，如果你的划分，不能保证前面每一段都是被后一段破坏，那么该划分肯定不对。线段的破坏是可以逆时间传递的，也就是说被后线段破坏的线段，一定破坏前线段，如果违反这个原则，那线段的划分一定有问题【扫地僧：如果被后线段破坏的线段没有破坏前线段，则被后线段破坏的线段与前线段合起来还是一个线段，这与前提不符】。

当然，实际划分中没必要都从上市第一天开始，一般都是从 K 线图中近期的最高点或最低点开始，例如，如果你今天才开始进行划分 1 分钟图，那么，就可以从昨天下午跳水的最低点 5224 点开始，但这样，肯定对大的走势不可能有正确认识，要对这波行情有明确的分析，即使不从 7 月 6 日的 3563 点开始，也要从 8 月 17 日的 4646 点开始【扫地僧：如图 2 所示】。

图 2

选择好了开始点，就可以进行分段了。如果熟练了，就可以直接分段，因为分型、笔都可以心算，直接进行分段；但如果不熟练，还是先从分型开始，然后笔，再线段，这样比较稳妥。

在实际划分中，会碰到一些古怪的线段。其实，所谓的古怪，是一点都不古怪，只是一般人心里有一个印象，觉得线段都是一波比一波高或低，其实，线段完全不必要这样。一般来说，在类似单边的走势中，线段都很简单，不会有太复杂的情况，而在震荡中，线段出现所谓古怪的可能性大增【扫地僧：从大量的案例来看，大部分的古怪线段都出现在中枢震荡中】。

所有古怪的线段，都是因为线段出现第一种情况的笔破坏后最终没有在该方向由该笔发展形成线段破坏所造成的，这是线段古怪的唯一原因。因为，如果线段能在该方向出现被线段破坏，那就很正常了【扫地僧：就是上节课中的 81~82 那段的情况】。

注意：这里有一个细节，线段最终肯定都会被线段破坏，但线段出现笔破坏后最终并不一定在该方向由该笔发展形成线段破坏。

由最简单概念知道，任何线段都有方向的，例如线段 B，其方向是下，也就是由向下笔开始的线段，那么其结束笔肯定也是向下笔。因此，线段出现第一种情况的笔破坏，这破坏的一笔肯定是向上笔，但这一笔之后，没有形成特征序列的分型，满足不了第一种线段破坏的情况，因此，就在这个方向上形成不了线段的破坏。而线段，不可能被同方向的线段破坏，任何同方向的线段，或者互相毫无关系，或者就是其中一线段其实是前一线段的延续，也就是说前一线段其实根本没完成。

但线段出现第一种情况的笔破坏后最终没有在该方向由该笔发展形成线段破坏时，在上面例子中的向上破坏笔完成后，接下来肯定是向下的笔，这笔肯定会形成一个向下的线段，否则，就意味着前面那向上破坏笔能延续出线段，这和假设矛盾【扫地僧：这里说上面的例子就是一笔破坏之后最终没有在该方向由该笔发展形成线段破坏，这几段话都是在讲古怪线段的问题】。

这个向下的线段，如果破了该向上笔的底，那么，原来的线段 B 就是没结束，还在继续延续。这种情况下，如果那向上的笔突破线段 B 的高点，这时候就会出现，线段的开始点并不是最高点的情况（注意：和这个情况一样，昨天的贴图里，81 那点应该在 09051101 的 5268.74 位置上，而 82 的位置不变，因为原来标记的位置是一个急跌，当时的数据收集可能有点乱，用数据修正功能后发现实际上比 09051101 时高，因此必须有此修正）【扫地僧：如图 3 所示】。

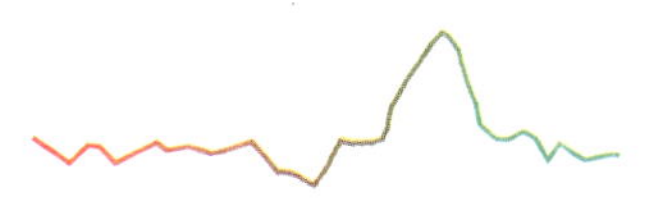

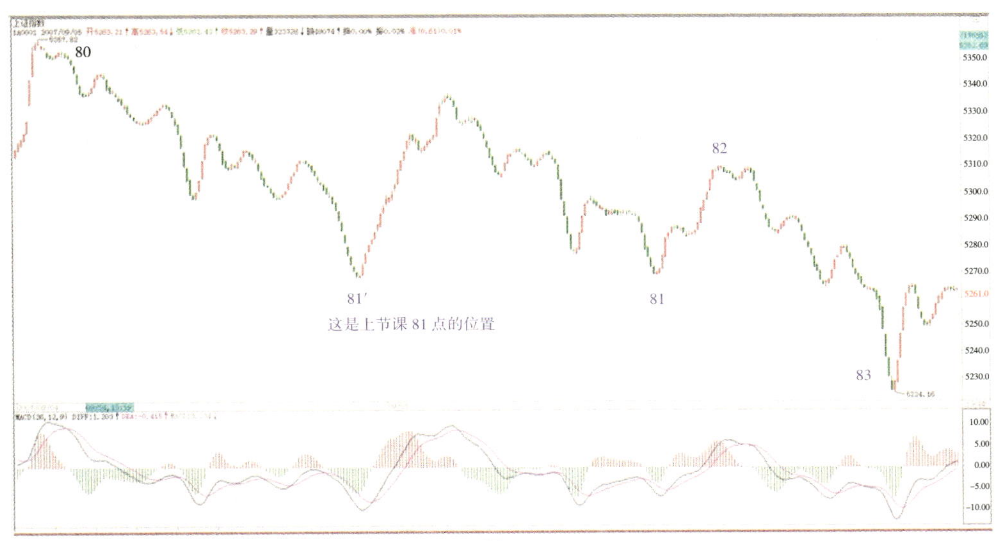

图 3

这个向下的线段，如果没破该向上笔的底，那么就可以肯定，由这向上的笔可以延伸出一个线段来，这时候，线段 B 肯定被破坏了。

【扫地僧：上面几段话都是在讲复杂线段的问题，一般人看到这里都会晕了，下面用图 4 解释上面几段话的内容：图 4 中，1~4 是向下的线段 B，4~5 是一笔破坏，第一种情况是 5 点后面又走出下跌的线段，并最终跌破了 4 点，也就是绿色线段所表达的，此时依然是线段 B 的延续，1~10 是一段。

第二种情况是 10 点没破 4 点，之后有一笔反弹，并且该笔反弹高于上一个向上笔 9 点，然后又继续下跌，最终跌破 4 点，就是图中红色线段所示，此时的争议在于，对于下跌线段 B 的特征序列，4~5、6~7、8~9 可以经过包含处理得到 4~9，然后由于 11 点高于 9 点，因此 2~3、4~9、10~11 构成 B 的特征序列的底分型，此时，线段 B 结束了，4~11 形成上涨线段，11~14 又是一个下跌线段。但如果是从“线段必须被线段破坏”这个定义来看，10~11 只是对 5~10 的笔破坏，而后面 12 点跌破 10 点和 4 点，依然是 5~10 这个下跌线段的延续，而 4~5 只是一笔破坏 1~4 这个线段 B，因此 5~14 还是 1~4 这个线段 B 的延续，那么 1~14 应该是一段。从上面的几段话内容来看，是支持 1~14 是一段的划分。

还有一种情况，从 10 点起来线段破坏了 5~10 这个下跌线段，此时由于 10~13（图中蓝色线段所示）已经破坏了 5~10，因此 10~13 必然是一个向上的线段，

无论此时 13 点是否高于 5 点都是线段破坏，都符合定义，因此，此时的划分为 1~4 是一个下跌线段，4~13 是一个上涨线段】。

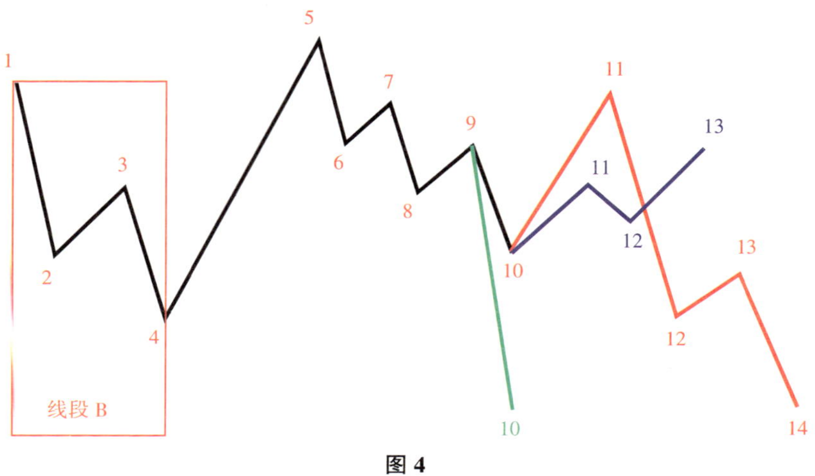

图 4

注意：这个例子中有一个最关键的前提是线段 B 已经确认线段破坏了它前面的线段，如果线段 B 对前面线段的破坏都没确认，那就先确认，这里的分析都不适用了。

从这个例子可以知道笔破坏与线段破坏的异同。对于线段破坏的第二种情况，例如，线段 B 对线段 A 是第二种情况，而线段 C 没有形成第二特征序列的分型又直接新高或新低了，这时候，不能认为这是三个线段，线段 A、B、C 加起来只能算是一个线段【扫地僧：如图 5 所示，1~4 是 A 段，4~7 是 B 段，7~10 是 C 段，由于 5 点高于 2 点，因此，此时特征序列顶分型是第二种情况，有缺口，那么当出现 7~8 这一笔破坏直接新高，此时 A、B、C 加起来只能算一个线段，也就是 1~10 只算一段】。

另外，一定要注意，对于第二种情况的第二特征序列的分型判断，必须严格按照包含关系的处理来，这里不存在第一种情况中的假设分界点两边不能进行包含关系处理的要求。因为在第一种情况中，如果分界点两边出现特征序列的包含关系，那证明对原线段转折的力度特别大，那当然不能用包含关系破坏这种力度的呈现。而在第二种情况的第二特征序列中，其方向是和原线段一致，包含关系的出现，就意味着原线段的能量充足。而第二种情况，本来就意味着对原线段转折的能量不足。这样一来，当然就必须按照包含关系来【扫地僧：在第二种情况

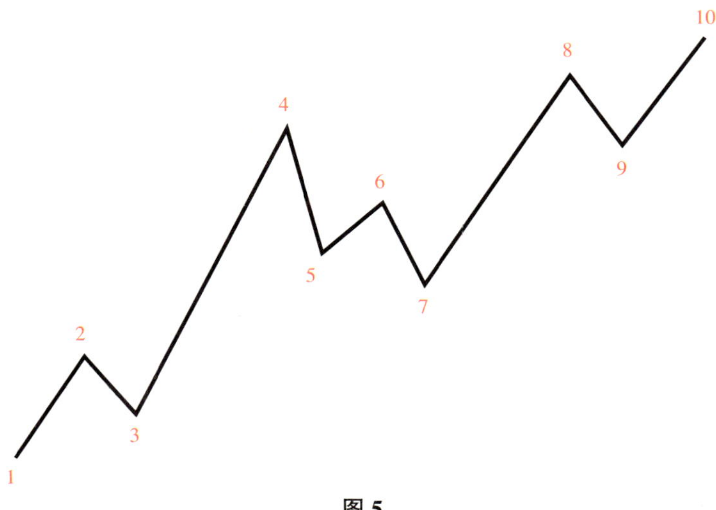

图 5

的第二特征序列时，第一、第二种元素是可以有包含关系的，因此图 6 中只要 8 点高于 6 点，第二特征序列的底分型就不能存在，那么 1~10 就是一段。

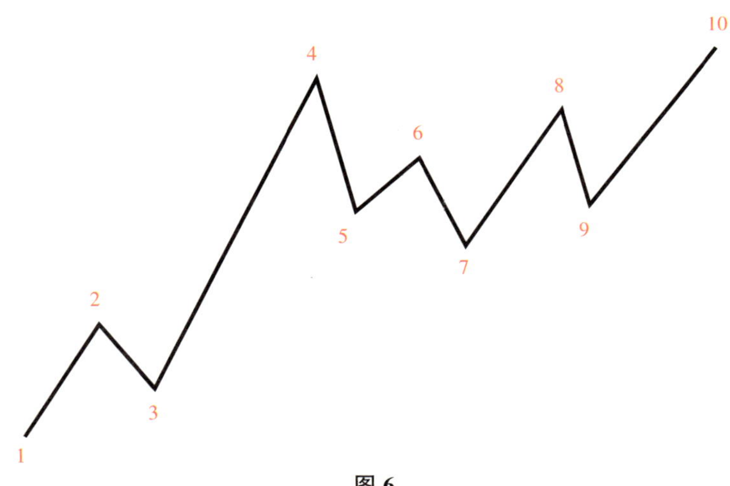

图 6

还有一种情况如图 7 所示。

相比图 7，从 4 点下来走了 5 笔，那么此时这个第二特征序列是 5~6、7~8、9~10、11~12，由于 9~10 包含了 7~8 但并未包含 5~6，因此包含处理后，这个特征序列底分型成立，此时是三个线段】。

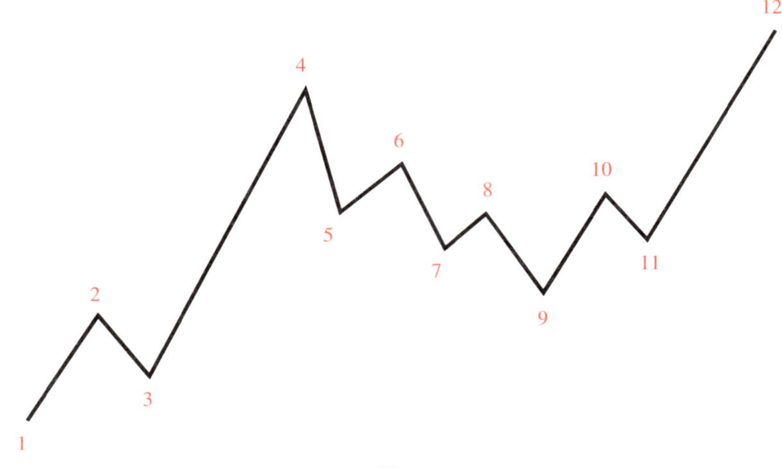

图 7

通过上面的讲解，应该没有任何线段问题能难倒大家了，当然前提是明白上面的内容。

注意：这里必须提醒一句，如果线段中，最高点或最低点不是线段的端点，那么，在任何以线段为基础的分析中，例如把线段为基础构成最小级别的中枢等，都可以把该线段标准化为最高低点都在端点。因为，在以线段为基础的分析中，都把线段当成一个没有内部结构的基本部件，所以，只需要关心这线段的实际区间就可以，这样就可以只看其高低点。

经过标准化处理后，所有向上线段都是从最低点开始到最高点结束，向下线段都是从最高点开始到最低点结束，这样，所有线段的连接，就形成一条延续不断、首尾相连的折线。这样，复杂的图形，就会十分的标准化，也为后面的中枢、走势类型等分析提供了最标准且基础的部件【扫地僧：经过这样的线段定义，使得走势的线段划分一定是一个唯一的划分，不会存在多义性】。

【扫地僧点评】

本课详细讲解了线段的划分方法，尤其是古怪线段的划分方法。

教你炒股票79：分型的辅助操作与一些问题的再解答①

分型看似很简单，如若用好非常难，分型并非难点处，走势才是核心源。

最近发现还有很多人对一些最基本问题犯晕，所以必须再解答一下。然后再说分型的辅助操作。

任何人进入市场，都不能要求拥有一个万能的宝贝，然后抱着想得到什么就得到什么的想法。本ID的理论，只是其中的因素，利用本ID理论操作的人对理论的把握程度，是一个因素，利用本ID理论操作的人的资金规模以及操作时间，又是一个因素，这些因素加在一起的合力，才是最终用本ID理论操作的结果。世界上的一切事情，都是各种因素和合而生，没有任何因素是主宰，是唯一的决定力量，这是必须明确的【扫地僧：大部分人只将注意力放在结果上，而忽视了中间过程，对缠论的把握程度以及实战中的经验、个人的心态修养等都是影响最终结果的重要因素，只看结果而不注重影响结果的这些因素肯定是不行的】。

（1）对于很忙，根本没时间操作的人，最好去买基金。但本ID对基金没有任何信心，而且可以肯定地说，有些基金要被清盘，最终严重影响市场等，这都是正常的事。美国每年死掉的基金还少吗？中国为什么就不能有基金死掉？证券公司可以死，基金公司凭什么就不能死？

但对基金，是可以对指数基金进行定投，这样等于直接买了中国资本市场这只股票，对该股票，本ID还是有信心的。这样，如果最终牛市上到三四万点，那么至少你不会丢掉指数的涨幅【扫地僧：从历史的视角来看，中国处于一个长期的上升趋势中，在如此大的趋势下，中国的经济和综合实力都会一直增长，那么股市的长期上涨也是确定的，跟踪指数至少可以获得平均收益，而且无须担心"踩雷"和基金管理人的问题】。

---

① 原文来源：http：//blog.sina.com.cn/s/blog_486e105c01000ck3.html，2007-09-10 22：37：13。

其次，一定要投那些与指数关系不大的成长股。因为如果你投了指数基金，再投和指数关系特别大的基金，就没什么意义了。而成长股，往往在熊市或指数表现不好时有大表现【扫地僧：看看近期的茅台、格力、美的等成长股的表现，越是在熊市中，这类股票越有好的表现】，关键是这些成长股有足够的成长性。但唯一不能确定的是，你买的基金的管理者是否有足够的能力去找到有足够成长性的股票组合。

如果很忙，就用这两种方式进行一个基金组合，例如 60%买指数基金，40%买高速成长股的基金，这样就不用自己操作股票了。采取的方式很简单，就是定投，每个月投一次。这对一般的散户投资者是最好的，你至少能买到市场波动的平均【扫地僧：本人也非常推崇定投，还曾研究过如何优化定投的开始、结束以及卖出点，使得通过定投可轻松获得年化 8%以上的收益。定投最大的好处就是不费什么精力，让自己轻松受益】。

买基金，等于把自己托付给别人，是生是死，就看你的运气了，不过指数基金稍微好点，毕竟对管理者的要求比较低。

（2）对于有充足时间的散户，如果交易通道还行，那就用本 ID 在前面说过 N 次的第三买点买卖法：

1）选定一个足够去反应的级别，例如，30 分钟或 5 分钟的，或者干脆就用日线级别的，这样选择的目标相对少点，不用太乱。

2）只介入在该级别出现第三类买点的股票。

3）买入后，一旦新的次级别向上不创新高或出现盘整背驰，坚决卖掉。这样，只要级别足够，肯定是赚钱的。走了以后，股票经过二次回抽可能会走出新的行情，即使这样也节省了时间，有时间就等于有了介入新股票的机会【扫地僧：如图 1 所示】。

4）如果股票没出现 3）的情况，那一定是进入新一轮该级别的中枢上移中，一定要持有到该上移的走势出现背驰后至少卖掉一半，然后一个次级别下来（这里可以回补，但如果有新股票，就没必要了），再一个次级别上去，只要不创新高或盘整背驰，就一定要把所有股票抛出。注意：有一个最狠的做法，就是一旦上移出现背驰就全走，这样的前提是你对背驰判断特别有把握，不是半桶水，这样的好处是时间利用率特别高【扫地僧：详细解释如图 2 所示】。

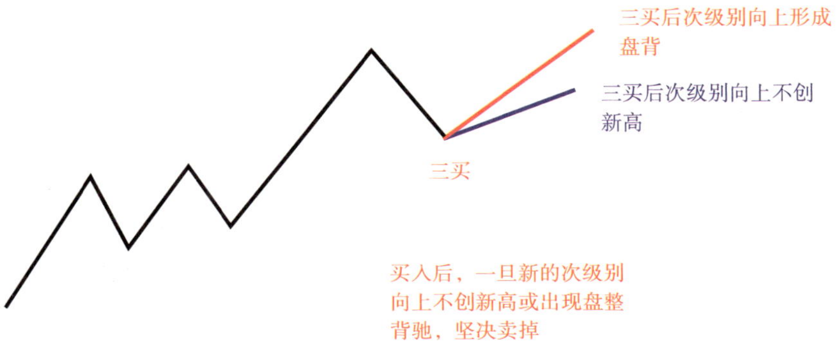

三买后次级别向上形成盘背

三买后次级别向上不创新高

三买

买入后，一旦新的次级别向上不创新高或出现盘整背驰，坚决卖掉

图 1

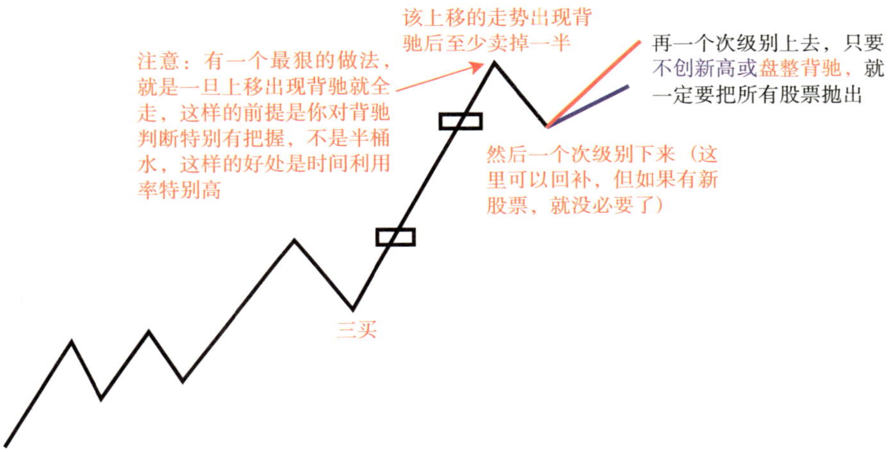

该上移的走势出现背驰后至少卖掉一半

注意：有一个最狠的做法，就是一旦上移出现背驰就全走，这样的前提是你对背驰判断特别有把握，不是半桶水，这样的好处是时间利用率特别高

再一个次级别上去，只要不创新高或盘整背驰，就一定要把所有股票抛出

然后一个次级别下来（这里可以回补，但如果有新股票，就没必要了）

三买

图 2

5）尽量只介入第一个中枢的第三类买点。因为第二个中枢以后，形成大级别中枢的概率将急促加大【扫地僧：一般不参与第二个中枢的三买，除非该中枢距离第一个中枢很近，涨幅不大，没有出现加速，此时可以考虑第二个中枢的三买】。

6）采用本方法，一定不能对任何股票有感情，所有股票只是烂纸，用这套有效方法去把纸变黄金。卖了以后，股票经过盘整可能还会有继续的新的中枢上移，这是否要介入，关键看高一级别中枢的位置，如果该继续是在高一级别中枢上有可能形成第三买卖点，那介入就有必要，否则就算了【扫地僧：这里指的是一个小级别的三买操作后，按照上面的方法在小级别中枢上移的高点抛出，之后出现一个同级别的盘整，而该盘整刚好构成大级别的三买，如缠师操作的中核科

(扫码获取更多学习资料)

技（000777）在2007年初的走势，如图3所示】。

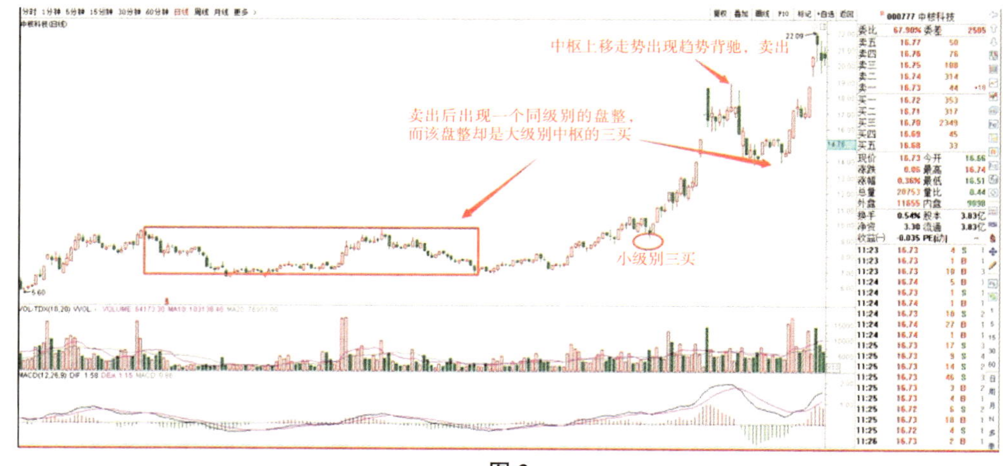

图 3

（3）对于资金量比较大的大散户，这时候，用所有资金去追逐第三类买点已经不切实际了，那么就可以对基本面上有长期价值的股票进行附骨抽髓式的操作，例如各种级别的中枢震荡去减低成本增加筹码。这样，资金效率肯定没有第二种散户的高，但资金量不同，操作方法自然不同【扫地僧：三买所容纳的资金量有限，当达到瓶颈时要切换到这种附骨抽髓式的操作，并且所选标的要加入基本面的研究】。

（4）专门的猎手，经过（3）的训练和操作，资金量变得比较庞大了，就可以对选定目标进行猎杀式的攻击。有些人会问，把庄家都杀死了，有什么好处？这不是好不好的问题，资金大了，又不坐庄，又要快点把资金效率提高，唯一的办法就是吃大鱼，吃小鱼还不够塞牙缝，有什么意思？【扫地僧：这时，除了技术层面之外，还要多考虑博弈方面的东西，而且也要思考自己作为主要分力的一部分如何去影响和引导走势】

（5）就是组织大规模的战役，这必须要有（4）的良好基础，否则根本做不了。但这种做法，有时候法律的界限比较模糊。例如，对一个或N个板块进行攻击，这和坐庄是什么关系？当然，如果对原来潜伏在一个或N个板块中的所谓大鳄进行围歼式攻击，那么很多时候，解决问题的就不仅是盘面本身了。

（6）全局式的战争，这涉及的方面太多，没有一场全局式的战争是靠市场本身就能解决的，而且，资本市场的全局战争，更多时候是更大范围的金融战争的

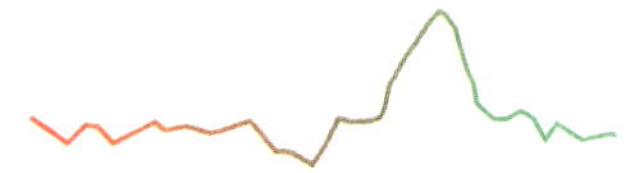

一部分，这是全方位的立体战争，主要考虑的，反而不是市场本身了【扫地僧：（5）和（6）的情况，二级市场的战场只是很小的一部分，对于（5），更多考虑的是政策、资金、人脉和资源，而对于（6），则是国与国之间的政治、经济等全方位的斗争了】。

本 ID 的理论，适用于各种层次的游戏。当然，在越高的层次技术面的因素就越来越不重要，因为技术面不过是合力的结果，而如果你有高超的调节各种分力的能力，那么一切的技术面都可以制造出来。但必须注意，任何制造出来的技术面都无一例外不能违反本 ID 技术理论中的最基本结论。有人可能会提这样无聊的问题，在背驰的地方让它不背驰继续上涨难道不可以吗？没有任何地方是该背驰的，背驰是一个合力的结果，如果合力最终的结果把可能的背驰给破坏了，就证明这地方没出现背驰，这也是合力的结果。

注意：任何力量，即使能调节合力结果本身，但绝对调节不了合力结果的结果，除非这是一个完全没有对手的，一个人的交易。

下面再分辨一下两个图，见图 4、图 5。

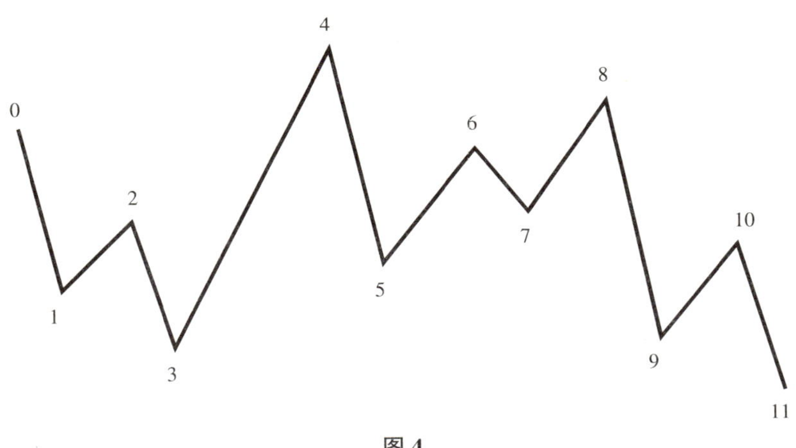

图 4

其实，明白了上几节课，这两个图一定都不难分辨。首先，前提是这两个图的前面都没有其他走势了，否则这种分析没意义，前面有其他走势，就有很多不同的可能变化。

这些图形好像很复杂，其实，只要找到其特征序列就可以。由于 3~4 段都有第一种类型的笔突破，所以后面的特征序列就很清楚了，3~4 段、5~6 段、7~8 段，其中前两者可以进行包含关系处理，因此可以合并为 3~6 段（指区间），所

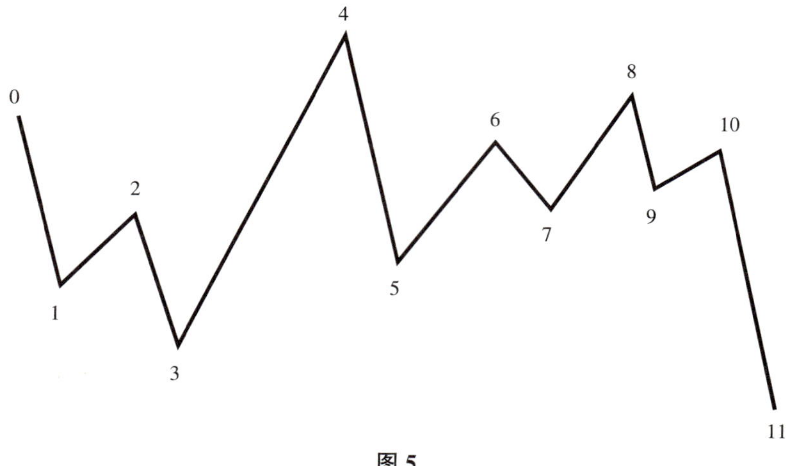

图 5

以 7~8 段显然和 1~2 段、3~6 段构成底分型，第一种类型笔破坏后延伸出标准的特征序列分型，那显然满足线段破坏的标准。上面的分析，对两个图都是成立的，因此，两者都至少有两个线段【扫地僧：参考上节课中专门讲古怪线段的划分原则，关键看线段是否被线段所破坏，由于 5~8 已走出向上线段，因此 0~3 这个线段已经被线段破坏了，那么 0~3 这个线段就已经结束了】。

对于图 4，显然 8~9 属于第一种情况的笔破坏，后面也延伸出特征序列分型，图 4 第二线段也被破坏了，所以就是三线段。

图 5 中，由于 9~10 是 7~8 的包含关系，所以可以认为线段二延伸到了 10，而后面的 10~11 只有一笔，因此必须再看两笔才知道是否满足第一种类型后继续延伸出特征序列分型的基本线段破坏要求，所以该图属于未完成的图。如果 9 点跌破 7 点，而 10 点的位置不变，那么就显然是三线段了【扫地僧：这个地方是最有争议的，主要原因就在第二段的特征序列到底取向上笔还是向下笔。如果 4 点是在 5~6 之间，那么第二段的特征序列毫无疑问是取向下笔，但由于 4 点是最高点，那么如果取向下笔，则经过包含处理后，特征序列只有两个，就是 4~9、10~11，显然构不成顶分型，那么此时如果采用向上笔作为特征序列，则有两个包含处理，分别是 3~4 包含 5~6、7~8 包含 9~10，经过包含处理后，为 3~6 和 7~10，也构不成顶分型，因此第二张图是未确定的状态，而第一张图，3~6、7~8 和 9~10 构成了顶分型，因此是三段。将向上笔作为特征序列的理论依据在于 3~4 这一笔是最高最低点，其他一切的波动都在该笔的范围内，因此可以看作是无方向，那么为了将 4 这个最高点通过包含关系的处理消融掉，就只有用向上笔作

为特征序列来进行包含处理】。

线段的划分其实一点不难，关键从概念出发就可以。

最后说说如何利用分型进行一些辅助判断的问题。一般都至少用日线以上 K 线图上的分型，当然，如果你不觉得麻烦，30 分钟也是可以的。但那些变动太快的，准确率就有问题了。

本 ID 也不避嫌疑，都用本 ID 持有的股票为例子：

000778，2007 年 8 月 27 日，高开后，没有突破前一天高位，构成了典型的顶分型走势。

【扫地僧：如图 6 所示】

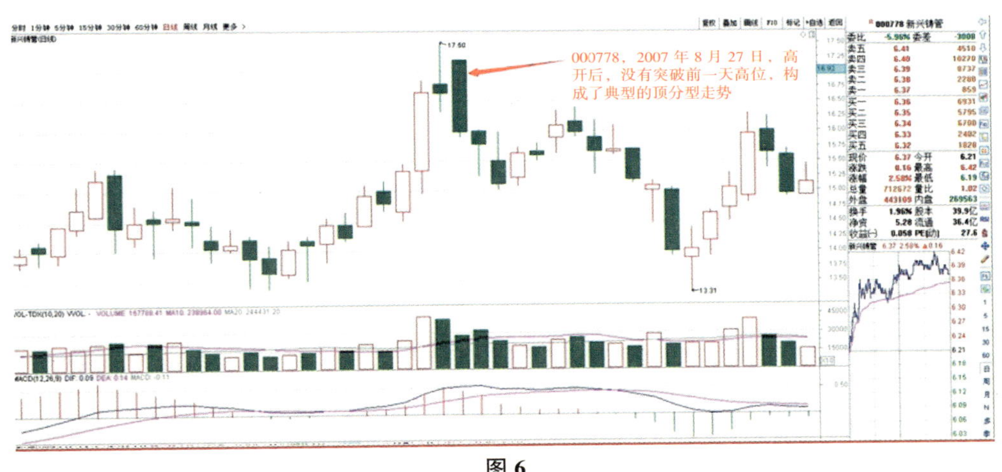

图 6

600139：看周线，9 月 7 日这周高开后，没有突破前一周高位，形成典型的顶分型走势【扫地僧：如图 7 所示】。

600737：看日线，这属于复杂的，有所谓的包含关系。2007 年 9 月 4~6 日三天，是典型的包含关系，然后 7 日这天，破坏包含关系，并没有创 14.28 元新高，形成典型的顶分型结构【扫地僧：如图 8 所示】。

注意：顶分型结构后不一定有底分型结构与顶分型结构非共用的 K 线，也就是不一定构成笔，但一般来说，如果顶分型后有效跌破 5 日线，那就没什么大戏了，就算不用画个笔出来，也会用时间换空间，折腾好长时间【扫地僧：这个经验可以用来做短线上的离场条件】。

（扫码获取更多学习资料）

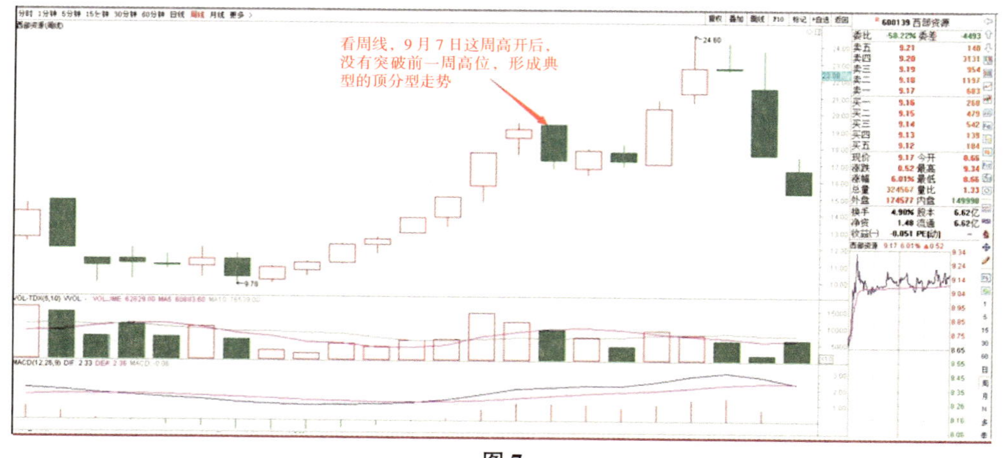
看周线，9 月 7 日这周高开后，没有突破前一周高位，形成典型的顶分型走势

图 7

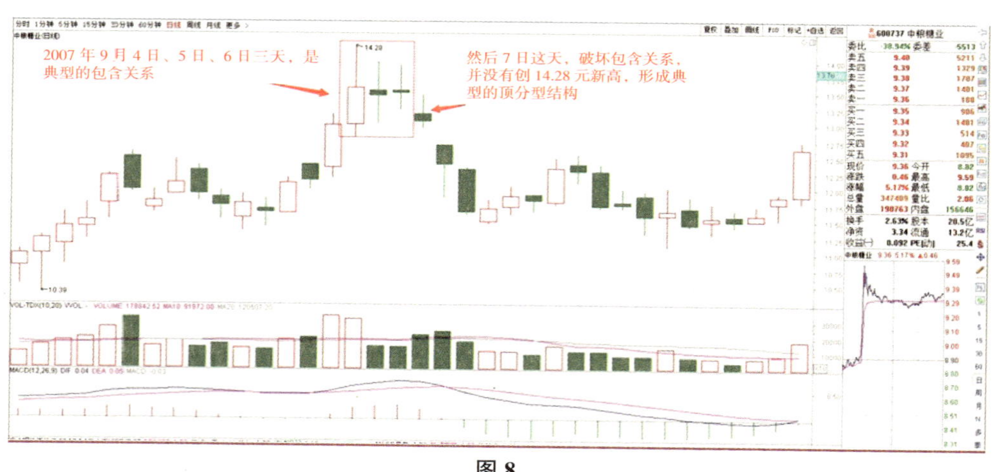
2007 年 9 月 4 日、5 日、6 日三天，是典型的包含关系
然后 7 日这天，破坏包含关系，并没有创 14.28 元新高，形成典型的顶分型结构

图 8

000802，日线，2007 年 8 月 9 日，形成典型的顶分型结构，后面没有形成笔，但在 5 日线上下折腾了好几下，使得几条均线吻起来，才再次兴奋【扫地僧：如图9 所示】。

但如果没有有效跌破 5 日线，那往往只是中继。

000938，2007 年 9 月 4 日构成顶分型，然后假突破 5 日线后继续上攻【扫地僧：如图 10 所示】。

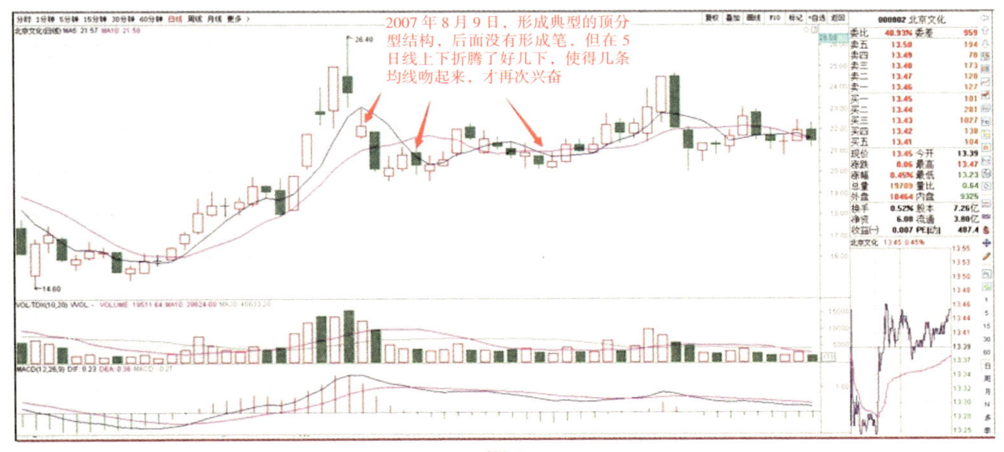

图 9

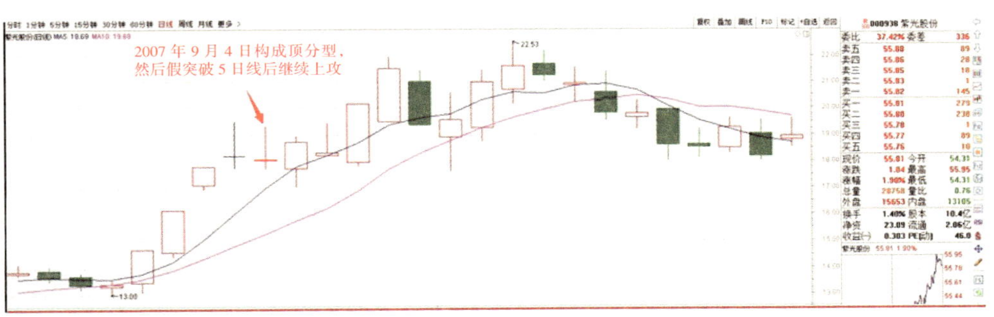

图 10

注意：利用顶分型进行操作时，必须配合小级别的图。本质上，分型都是某小级别的第一、第二买卖点成立后出现的。用卖点来说，如果第二卖点后次级别跌破后不形成盘整背驰，那么调整的力度肯定大，如果时间一延长，就画出笔来了，特别是日线上的向下笔，都是比较长时间的较大调整形成的，那肯定是要有效跌破 5 日线的，而第二卖点后次级别跌破形成盘整背驰，那调整最多就演化成更大级别的震荡，其力度就有限，一般 5 日线不会被有效跌破【扫地僧：核心还是走势本身，只不过小级别的走势可以用大级别的分型来辅助操作而已，分型只起辅助作用，有具体的点位可参考，包括 5 日均线也一样，只是参考的位置，核心还是走势】。

利用上面的性质，实质上并不需要在顶分型全部形成后再操作，例如 000938，9 月 4 日，不需要等到收盘，而在其冲高时，看其前一天高位下形成小

级别卖点，就可以坚决抛出，然后下来形成顶分型，等跌破 5 日线后，看是否出现小级别的盘整背驰，一旦出现，就回补，所以就有了 9 月 5 日的走势，这样，等于打了一个 10%多的短差【扫地僧：由于分钟级别的 K 线看不到了，我们就看一下 9 月 4~5 日的分时图，见图 11。可以看到，9 月 4 日从高点 19.28 元下跌至 18.05 元附近，跌幅 1.2 元多，第二天在 18 元附近做小级别中枢，午后从 17.9 元附近跌至 17 元，跌幅 0.9 元，是个小盘背，可以回补】。

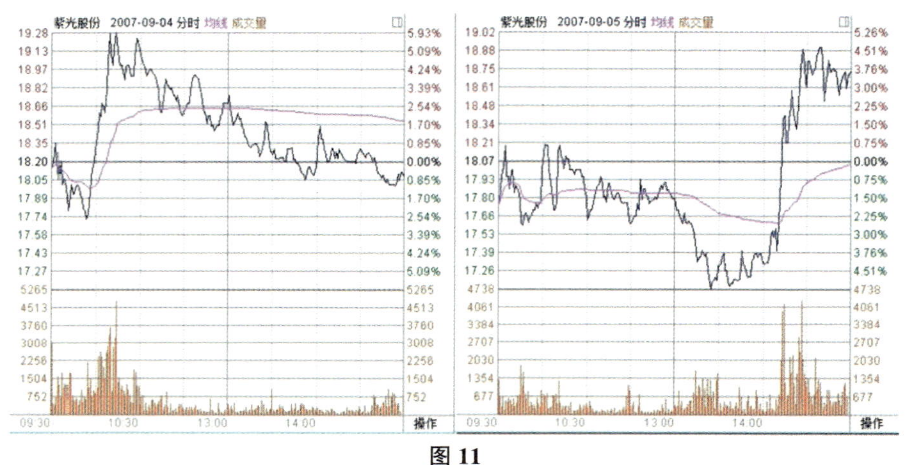

图 11

注意：操作的难点在于：

（1）必须与小级别的第二买卖点配合看，如果小级别看不明白，只看今天冲起来没破前一天高位或没跌破前一天低位，这样操作的效果不会太好【扫地僧：核心仍然是走势本身】。

（2）要利用好盘整背驰，这样就不会漏掉回补，或者是非盘整背驰而回补早了，一般来说，非盘整背驰的，一定要等待背驰出现才可以回补。买点的情况反过来就是了。

注意：大级别的分型和某小级别的第一、第二买卖点并不是绝对的对应关系，有前者一定有后者，但有后者并不一定有前者，所以前者只是一个辅助。

最后可以看一个综合的例子，600008。

8 月 8 日，顶分型后跌破 5 日线，然后调整到均线吻起来再启动。9 月 3 日，顶分型后没有有效跌破 5 日线，然后继续上涨，第二天有一个盘整背驰的回补点【扫地僧：分别截取了当时的日线图和 8 月 30 日至 9 月 4 日的分时图，如图 12 所示】。

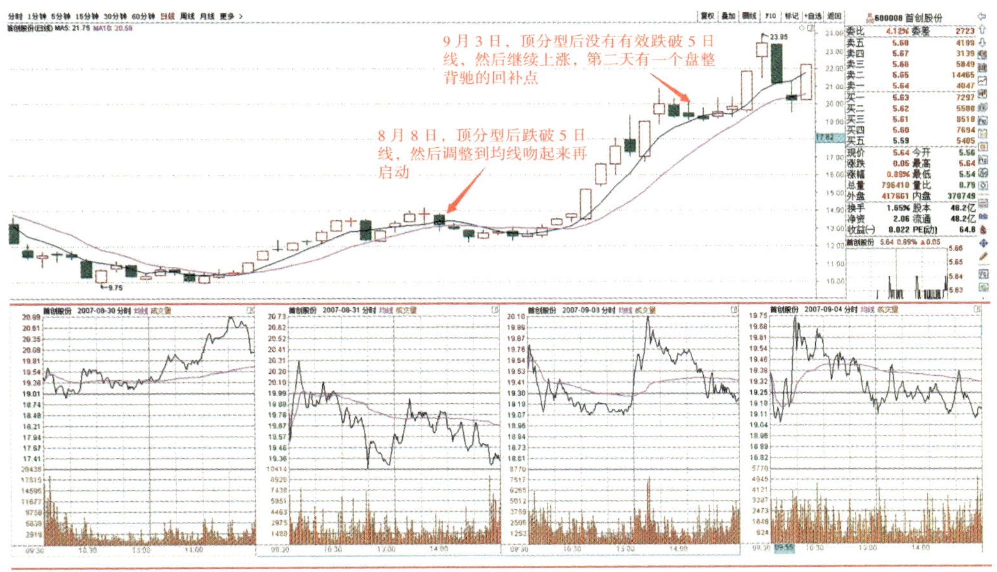

图12

注意：顶分型的时候是形成顶分型那天冲高卖，而不是收盘等顶分型都很明确了再走，例如在600008的9月3日的例子里，只要当天不破20.9元，肯定就是顶分型，这不需要收盘才知道，没开盘就知道了。关键是结合小级别的走势，当下确认这卖点。然后第二天的回补关键看5日线是否有效跌破，而判断的关键，其实不在5日线，而在小级别的是否盘整背驰上【扫地僧：日线分型操作的级别对于新手来说太小，建议从月线或周线的分型开始练习，步骤：①先看当前是向上还是向下笔；②确定当前笔的最高最低点；③看本周/月的内部小级别走势是否有相应的买卖点，如果有并且不能创新高/低，则进行操作】。

这些细微的技术问题，需要不断磨炼才能操作自如，现在，最好多找些图看，先感受一下，否则一点概念都没有，操作什么？

【扫地僧点评】

分型操作的核心还是小级别的走势本身，分型只是一个辅助判断的工具。

教你炒股票80：市场没有同情，不信眼泪①

会哭小孩有奶吃，市场之中效果失，若想长久立不败，钢铁战士勤练之。

今天本应该说点别的，但市场一跌，大多数人都没什么心情看别的了，所以不妨再说一下股票。而股票又何曾就是股票？把股票只当成股票，那当然会被股票所缠。

股票从来就不是股票，而是你的贪嗔痴疑慢；没有任何的失败相关于股票，而只有关于你的贪嗔痴疑慢，股票不过是一个幌子，一个道具【扫地僧：股票就像打高尔夫球，最大的对手只有自己，除非你坐庄或者猎庄】。

在西方，真正在资本市场上有成就的，基本都成了哲学家。没有对市场的洞察，靠整天这消息、那题材地折腾，永远只能在散户的区间中震荡【扫地僧：从哲学的角度去看市场，就是在寻求市场的本质本源，消息题材不过是市场这大海溅出的一滴水而已】。有此眼界，不一定能达此高度，毕竟眼高手低也是通病；但无此眼界，就一定不可能达到此高度。

本 ID 有时候喜欢用一些刺激性的词语，就如棒喝，就是要刺痛你，激发你的贪嗔痴疑慢，这样你才有醒的一天。所有希望来市场寻找温情、同情、眼泪的，注定会失望。

在市场里要成功，除了比市场还要强悍，别无他法。市场出现卖点，你还幻想着火星，那就回火星去吧，地球需要的是手起刀落的强悍【扫地僧：在残酷的环境中出头的唯一途径就是比别人更凶残】。

这次，提供了一个绝佳的例子，那么，不妨看看所有不够强悍的究竟都犯了什么毛病？注意：这是严肃的解剖，无论你现实中具体如何操作，都有解剖的必要。

市场，没有逻辑，本 ID 的理论给了市场以逻辑。

① 原文来源：http：//blog.sina.com.cn/s/blog_486e105c01000ckk.html，2007-09-11 21：38：07。

一、所有的顶点都必然是顶分型

这是本 ID 理论的一个最简单的结论。从这可以严格推导出什么？就是一旦出现顶分型，离开是唯一的选择。至于顶分型后是否形成笔，那是离开后再判断的事情【扫地僧：假设当前顶分型是顶点时，后面回调至少 10%，而当前顶分型不是顶点时，假设每次操作损失 1%，那么在一段行情中，如果每次顶分型就走，那么 10 次失败的效果和最终没走的效果是相同的，况且 10 次顶分型没延伸出笔的操作中未必每次都亏损，在一个日线笔中，连续出现 10 次顶分型没延伸出笔的概率也非常小，因此出现顶分型就离开是最好的选择】。顶分型后，无非两种选择：①形成笔，也就是构成一个底分型与顶分型间有不共用的 K 线；②不形成笔，也就是构成的底分型与顶分型之间只有共用的 K 线。

但无论哪种选择，都有足够的空间让你做出反应，如果是第一种，那调整是大的，如果是第二种，调整是小的，这个在昨天，本 ID 专门写的课程里有很多例子反复说明了。本周 3600 点以来第一次有绝大的可能出现周线上的顶分型，这可不是今天才说的【扫地僧：图 1 是周线图】。

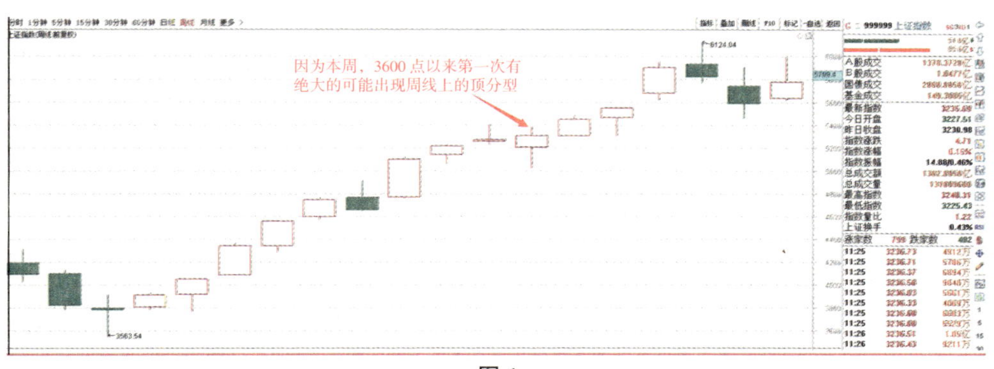
因为本周，3600 点以来第一次有
绝大的可能出现周线上的顶分型
6124.04
3563.54

图 1

那么，明确地知道了这一点，按照市场的逻辑，正如昨天的课程里反复强调的“顶分型的时候是形成顶分型那天冲高卖，而不是收盘等顶分型都很明确了再走”，那么对于周 K 线，这一点是一样的。

而日线上，大盘在 9 月 7 日的顶分型已经明白无误。

二、中枢震荡的卖点都是出现在向上离开中枢时

这也是本 ID 理论中最简单的结论了，在最近形成的 5 分钟中枢中，任何向

(扫码获取更多学习资料)

上离开 5333 点的震荡，最终都将形成卖点。当然，该卖点后回抽如果回不到 5333 点，可能形成第三类买点，但这是卖点后的事情，没有任何可能比当下的卖点更重要。而且，股票的交易规则，没有规定卖了就不能再买【扫地僧：如图 2 所示】。

图 2

现在，我们可以很客观地面对这样一个问题，一个离开 5333 点的中枢震荡把指数带到了 5395 点，该震荡对应的线段出现明显的类背驰，然后出现明显的破坏，这时候，我们可以很理智地判断当下的形势：

（1）周 K 线顶分型可能不成立，也就是可以突破 5412 点，和 5395 点相差的距离就 17 点。

（2）周 K 线顶分型一旦成立，那么，即使不形成周线图上的笔，也将至少调整到出现一个底分型，至少去碰一次 5 周均线，而一旦出现笔，调整的幅度就至少是对 3600 点以来的总调整，最强势的 1/4，也要有 450 点，更不用说 1/3、1/2 的比例了【扫地僧：从 3600 点涨到 5400 点，涨幅 1800 点，回调 1/4 就是 450 点的空间】。

（3）短线中枢震荡已经出现卖点，如果在这个位置卖，就算后面周的顶分型不成立，也有震荡的低点以及第三类买点可以重新介入。

归纳上面三个最严格的判断，那么，该干什么还不是一目了然的事情？【扫地僧：现实情况是：①有了 5F 中枢；②出现了中枢震荡的卖点；③出现了周线顶分型的可能；④破坏顶分型的空间是 17 点，如果调整的话，最少也要有 200 多点空间（调整到 5 周线），根据以上情况，自然得出要卖的结论】

本 ID 在昨天特别强调，这时候宁愿卖错，绝对不能买错。为什么要这么强调，就是本 ID 知道，很多人，被自己的贪嗔痴疑慢所迷惑，宁愿用十几点去对赌几百点，用 1%的可能去对赌 99%的可能。如果 1%可以换来 100 倍的收益，那当然没问题，但事实上根本不是这样，那么，为什么还要坚持？说白了，只有五个字：贪嗔痴疑慢。

对于散户来说，本质上没有卖错，只有买错。为什么？卖错又不会亏钱，买错就不同了。卖错了，有钱，这么多股票可以被面首，为什么要一棵树吊死？

而且实际上，只要你不被自己的贪嗔痴疑慢所左右，根本也不存在卖错的问题，很多人，在连日顶分型的雏形都没有的情况下就卖，为什么？不过是贪嗔痴疑慢，觉得高了、觉得恐慌了、觉得惊吓了。而到真正的顶分型出来了，反而要假设这顶分型是假的，调整一下就可以突破的，就不觉得高了，不觉得恐慌了，不觉得惊吓了，人的颠倒，往往如此【扫地僧：为什么会产生这种颠倒？其实可以注意到，主要原因是上面说的“觉得”，觉得高了，觉得恐慌了，觉得惊吓了，这个“觉得”就是人的主观，而不是客观走势，也就是说，当决策建立在主观意识上时，出现颠倒很正常，唯有根据客观走势做决策，抛弃所有的主观意识，才可以把握节奏，与走势共呼吸】。

来本 ID 这里，首先要掌握本 ID 的理论，然后用该理论去操作，在操作中把自己培养成钢铁战士，钢铁战士的最基本标准是什么：

（1）买点总在恐慌的下跌中形成，但只要买点出现，就要义无反顾地买进。

（2）上涨总在不同情绪的交织中进行，抵抗住各种情绪的干扰，用钢铁般的意志把股票持住，决不中途抛下车。

（3）卖点总在疯狂的上涨中形成，只要卖点出现，手起刀落，让股票见鬼去。

（4）任何的操作失误只是一次跌倒，跌倒就爬不起来的，绝对不可能是钢铁战士。失误就要总结，绝对不在同一错误上犯两次【扫地僧：失败是成功之母，只有一次次跌倒，一次次爬起，长经验，打怪升级，想不钢铁都难】。

（5）买错比卖错严重，一旦确认买错了，一定要手起刀落，让股票见鬼去。如果市场给你一次改正错误的机会你没把握，也就是第二类买卖点，那就买豆腐回家；如果市场给你第二次改正错误的机会你没把握，也就是第三类买卖点，那就直接回家磨墙【扫地僧：有时发现买错了，没必要一定等第二第三类卖点出现再卖出，如果当前价格距离成本价不远，完全可以略亏着走，这样第一是心态立刻能恢复到正常状态，第二是节约了时间成本，赶快选择下一次机会】。

（6）市场只有你才能帮助你，被市场毁掉的是你，战胜市场的也是你，你比

市场强悍，市场就是你的；否则，你就是市场的点心。

（7）踏准市场的节奏，就可以在刀山火海中逍遥游。

本 ID 这里，人越少越好，草深三丈也无妨。如果不想成为钢铁战士，那就没必要来这里看任何有关股票的东西，其他东西可以看，别的地方可以去，何必来这里生气？

如果哪一天，你成为钢铁战士了，你也没必要觉得本 ID 教了你什么。本 ID 这里无授无得，本 ID 无一法给人，你只是你，你钢铁了，自然就成战士了，和本 ID 无关。

但你没成为钢铁战士之前，最好还是要有自知之明，本 ID 反复强调，如果你技术不行，没有手起刀落的修为，就先把仓位减下来。那么，很多没减的，又没有手起刀落修为的，是不是又被贪嗔痴疑慢？

没到那水平，未到能在刀锋上舞蹈的水平，就别玩悬的，干自己能力范围内的事情。市场中最大的毛病之一就是杀牛用鸡刀，屠龙用鸭刀，最后都被鸡了鸭了去了【扫地僧：眼高手低是大部分人的通病，眼中只看到那诱人的利润，却压根不考虑自己是否有能力去获取】。

市场上不是每一笔钱都适合任何人去赚的，面对市场的机会，少点贪嗔痴疑慢，认清自己的能力，这比什么都重要【扫地僧：有多大能耐干多大事，做自己能力范围之内的事】。

市场是连续的，高位走了不是天堂，高位没走不是地狱。大跌，不过是下一买点后大反弹的前戏。这一切，都逃不过本 ID 的理论，而是否参与，则与你的操作级别相关，也和你的操作能力相关。

没有人天生就是胜利者，也没有人天生就与失败为伍。人人是佛，无一人可度，无一人需救，人人有明珠一颗，照破山河大地，又何必憋屈了自己？

【扫地僧点评】

要想在市场中长期存活并且实现财务自由，必须成为钢铁战士。

教你炒股票81：图例、更正及分型、走势类型的哲学本质[①]

杂乱曲线无章法，自相似性同构它，走势何来自相似，贪嗔痴乃真冤家。

请首先看一个回帖：

［匿名］ 赚到了

2007-09-17 17：36：23

快乐 VS 菜虫

删除此人所有评论

2007-09-17 17：24：59

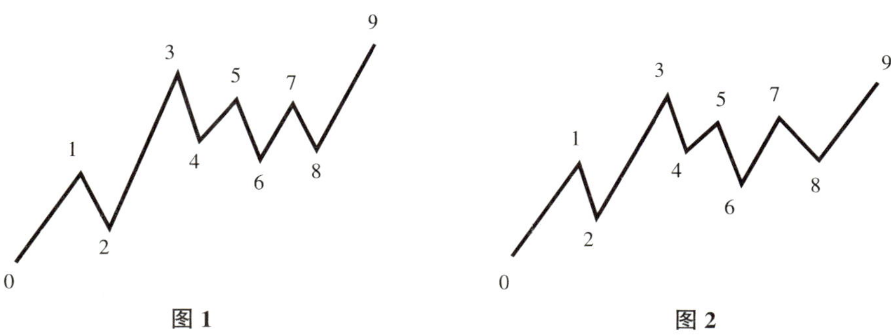

图1　　图2

缠姐，请问图1是几段，图2是几段？

如果5=7或者5低于7，都是一段，如果5高于7，都是3段。

【扫地僧：如果5=7或者5低于7，那么3点下来的第二特征序列有包含关系，使得底分型不成立，因此这一段比较简单。但笔者认为提问者的原意是想问6点低于1点和不低于1点时，是否有区别。其实这个问题在前面的课程分析中

① 原文来源：http：//blog.sina.com.cn/s/blog_486e105c01000cmz.html，2007-09-17 22：57：16。

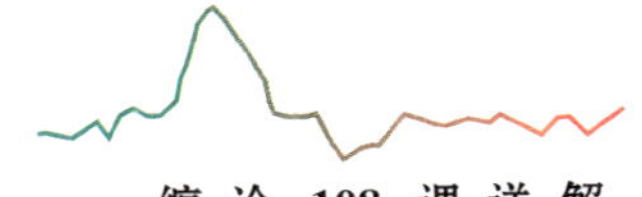

(扫码获取更多学习资料)

也提到过，缠师设计特征序列的第二种情况的本意，是想在线段这个层面规避小转大，那么当特征序列的缺口出现时，力度上的不背驰已经发生了，后面是否回补该缺口都不能改变当下，因此，特征序列的缺口是否回补与成不成一段没有关系，也就是说图 2 中，6 点低于 1 点对分段没有影响】

下午，本 ID 回答问题时，一边电话不断，所以给出的答案是不大完整的，因为本 ID 是按图中看出的 7 不低于 5 来回答的。晚上回来，发现已经有人把正确答案完整写出，所以必须给一朵大红花。

这两种情况，都属于线段破坏的第二种情况，必须考虑高点下来走势的特征序列，而且必须考虑包含关系，所以后来一位网友的回答才是完整的。

另外，有人提到 71 课里最后一个图，那个图显然是错的，问题就在于与这里类似的，把 7 的位置画高了，应该类似 7 的位置比类似 5 的位置低才对，那才是三段，当时画的时候，没特别注意。所以这里必须指出【扫地僧：图 3 是 71 课中的图】。

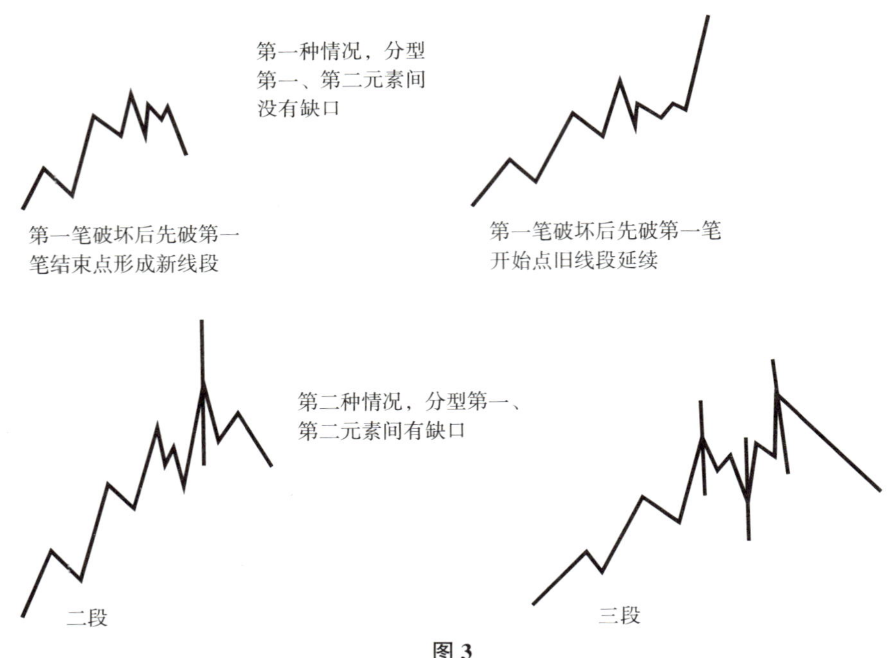
第一种情况，分型
第一、第二元素间
没有缺口
第一笔破坏后先破第一
笔结束点形成新线段
第一笔破坏后先破第一笔
开始点旧线段延续
第二种情况，分型第一、
第二元素间有缺口
二段
三段

图 3

所以，一切根据定义来，定义搞清楚了，一切都好办，就是本 ID 画错了，你也能一眼看出来。

另外，提一个问题，今天走势的划分，有一些特别的地方，本 ID 下午说的，有点问题，主要出在 10：17 的低点 5386.47 比前一分钟的 5386.39 点高，所以顶分型的顶在 10：17，所以那里就是一笔，但图形上粗略看顶在 10：16。下午写东西太快，没有仔细去比较，晚上回来，仔细对比一下数据才发现，那里应该构成一笔，所以整个划分就要有点改变，也就是今天形成 1 分钟中枢了。该中枢前面一段很简单，关键是第二、第三段，究竟怎么画的，能正确画出的，对线段划分也就有点及格了【扫地僧：该一分钟中枢如图 4 所示】。

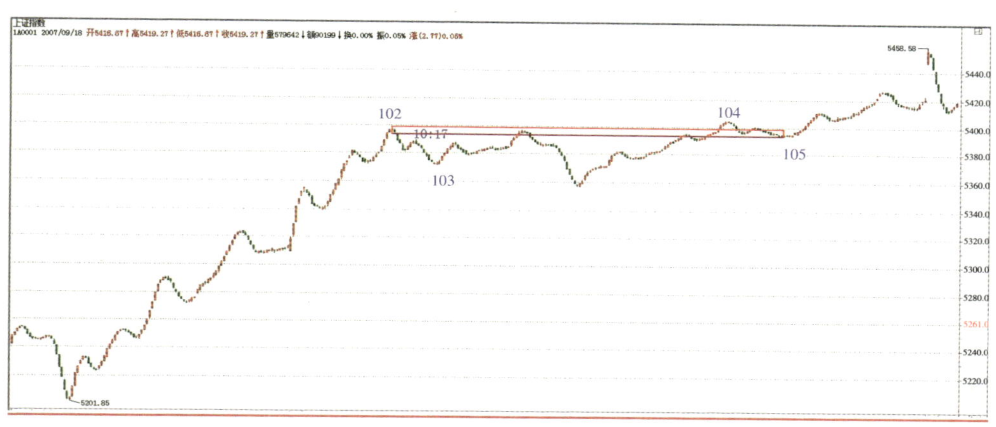

图 4

各位以后要吸取本 ID 失误的教训，对那些只有五六根 K 线的，一定要看好其中是否有包含关系，这样才不会出现大意，这是最容易出毛病的地方。

有人可能要问，难道 0.08 的差别就可以影响整个大盘？这有什么奇怪的，如果你知道某些物理学的理论，就知道在那些理论看来，我们的世界之所以这样，就是因为一些极其微小的差别造成的，没有那些差别，世界一定不是这个样子。另外，请注意，一定要用同一种软件，这样等于测量的精确度或误差是基本一致的，就保持整个划分是在同一误差或精确的基础上【扫地僧：在五维空间中，第五维度就是各种可能性，一点点的差别也会使得世界完全不同】。

为什么要研究分型、走势类型等东西，其哲学基础是什么？这就是人的贪嗔痴疑慢。因为人的贪嗔痴疑慢都是一样的，只是跟随时间、环境大小不一，所以，就显示出自相似性。而走势是所有人贪嗔痴疑慢的合力结果，反映在走势中，使得走势显示出自相似性。

分型、走势类型的本质就是自相似性，同样，走势必完美的本质也就是自

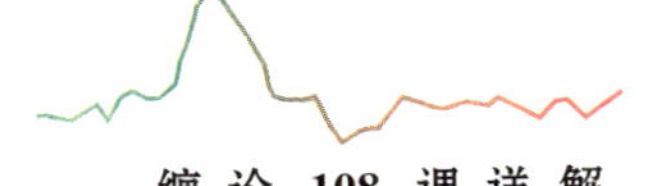

相似性。分型，在 1 分钟级别是这样的结构，在年线上也是这样的结构，在不同的级别上，级别不同，但结构是一样的，这就是自相似性。同样，走势类型也一样。

正因为走势具有自相似性，所以走势才是可理解的，才是可把握的，如果没有自相似性，那么走势必然不可理解，无法把握。要把握走势，本质上就是把握其自相似性。

自相似性还有一个最重要的特点就是自相似性可以自组出级别来。上面的话中，先提到级别，在严格意义上是不对的。级别是自相似性自组出来的，或者说是生长出来的，自相似性就如同基因，按照这个基因、这个图谱，走势就如同有生命般自动生长出不同的级别，不论构成走势的人如何改变，只要其贪嗔痴疑慢不改变，只要都是人，那么自相似性就存在，级别的自组性就必须存在【扫地僧：也正是由于自相似性才可以产生级别，如果没有了级别，也就没有了走势分析的基础】。

本 ID 理论的哲学本质，就在于人的贪嗔痴疑慢所引发的自相似性以及由此引发走势级别的自组性这种类生命的现象。走势是有生命的，本 ID 说“看行情的走势，就如同‘听一朵花的开放，见一朵花的芬芳，嗅一朵花的美丽’，一切都在当下中灿烂”，走势如同花一般的生命特征，走势确实在自相似性、自组性中发芽、生长、绽放、凋败。

因此，本 ID 的理论是一种可发展的理论，可以提供给无数人不断研究，研究的方向是什么？就是走势的自相似性、自组性。这里，可以结合现代科学的各门学科，有着广阔的前景以及可开发性。所以，本 ID 的理论，不是一些死的教条，而是一门生命学科。

只是，目前本 ID 只和各位讲述一些最简单的自相似性：分型、走势类型。

本 ID 的理论中，有一条最重要的定理，就是有多少不同构的自相似性结构，就有多少条分析股市的正确道路，任何脱离自相似性的股市分析方法，本质上都是错误的。

显然，分型、走势类型是两种不同构的自相似性结构，我们还可以找到很多类似的结构，但现在还是先把这两个最基础的结构给搞清楚。条条大路通罗马，只要清楚这两个结构，就能到达罗马。而其他结构的寻找、研究，本质上是一种理论上的兴趣。而不同的自相似性结构对应的操作的差异性问题，更是一个理论上的重大问题【扫地僧：用分型来辅助操作就是因为分型与走势类型的不同构，不同构的两个结构是可以互相印证相互辅助的】。

本 ID 的理论上还有一个暂时没有解决的问题，就是走势中究竟可以容纳多少自相似性结构，还有一个更有趣的问题是起始交易条件对自相似性结构生成的影响，如果这个问题解决了，那么，对市场科学的调控才能真正解决【扫地僧：不同的自相似性结构就是不同的递归函数，走势类型这个自相似性结构的递归函数可以表达为：三个次级别走势重合构成本级别中枢；走势分为趋势和盘整；盘整只有一个中枢，趋势有两个或两个以上中枢】。

本 ID 的理论还可以不断扩展，也可以精细化进行。例如，对于不同交易条件的自相似性结构的选择，就是一个精细化的理论问题【扫地僧：例如在有股指期货的情况下，对笔的定义就有老笔和新笔的区分，新笔就是为了应对股指期货对指数的影响】。

自相似性结构用处很大。一个最简单的结论：所有的顶必须是顶分型的，反之，所有的底都是底分型的。如果没有自相似性结构，这个结论当然不可能成立。但正因为有自相似性结构，所以才有这样一个对于任何股票、任何走势都适用的结论。

没有顶分型就没有顶；反之，没有底分型就没有底。那么，在实际操作中，如果在你操作级别的 K 线图上，没有顶分型，那你就可以持有睡觉，等顶分型出来再说。

另外，有了自相似性结构，那么，任何一个级别里的走势发展都是独立的，也就是说，例如，在 30 分钟的中枢震荡，在 5 分钟的上涨走势，那么两个级别之间并不会打架，而是构成一个类似联立方程的东西。如果说单一个方程的解很多，那么联立起来，解就大幅度减少了。也就是级别的存在，使得对走势的判断可以联立了，也就是可以综合起来系统地看了，这样，可能走势的边界条件变得异常简单。所以，看走势，不能仅看一个级别，必须立体地看，否则，就浪费了自相似性结构给你的有利条件【扫地僧：这也是为什么缠师的解盘中大部分情况都是至少两个级别的联立，而且用多级别分解来分析走势】。

【扫地僧点评】

本课中心思想：给出所有的分类/分段函数，这就是最精确的预测。

教你炒股票 82：分型结构的心理因素[①]

分型 K 线如三条，三次冲击无力高，中继反转怎分辨，三买三卖须用巧。

走势反映的是人的贪嗔痴疑慢，如果你能通过当下走势的呈现，而观照其中参与的心理呈现，就等于看穿了市场参与者的内心。心理，不是虚无缥缈的，最终必然要留下痕迹，也就是市场走势本身。而一些具有自相似性的结构，正好是窥测市场心理的科学仪器。

注意：分型不是分形，分形理论，是数学的一个分支，有人用该分支的一些研究成果硬套到市场走势上，得出来的结论没有太大意义。本 ID 理论的逻辑直接来源于市场走势本身，而不是一个先验的、市场之外的数学理论。至于这现实的市场逻辑显现出数学理论的结构，那是另一回事情。

世界，本来就是数学的。但本 ID 的理论，不是任何原有数学理论的应用，而是市场本身现实逻辑的直接显现，这是一个极为关键的区别。

显然，一个顶分型之所以成立，是卖的分力最终战胜了买的分力，而其中，买的分力有三次的努力，而卖的分力，有三次的阻击。用最标准的已经过包含处理的三 K 线模型：第 1 根 K 线的高点，被卖的分力阻击后出现回落，这个回落，出现在第 1 根 K 线的上影部分或者第 2 根 K 线的下影部分，而在第 2 根 K 线出现一个更高的高点，但这个高点，显然与第 1 根 K 线的高点中出现的买的分力一定在小级别上出现力度背驰，从而至少制造了第 2 根 K 线的上影部分。最后，第 3 根 K 线会再次继续一次买的分力的攻击，但这个攻击，完全被卖的分力击败，从而不能成为一个新高点，在小级别上，大致出现一种第二类卖点的走势【扫地僧：用图 1 来描述这个心理过程】。

由上可见，一个分型结构的出现，如同中枢，都是经过一个三次的反复心理较量过程，只是中枢用的是三个次级别。所谓一而再、再而三，三而竭，所以一

① 原文来源：http：//blog.sina.com.cn/s/blog_486e105c01000cq4.html，2007-09-24 21：31：06。

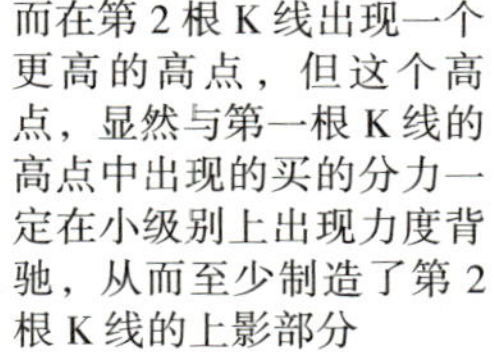

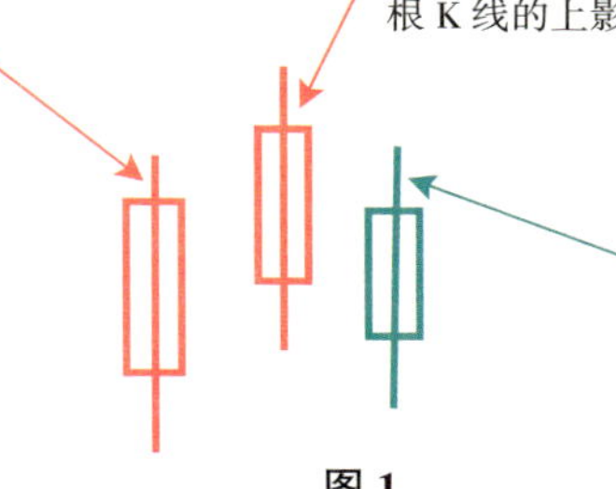

第 1 根 K 线的高点，被卖的分力阻击后出现回落，这个回落，出现在第 1 根 K 线的上影部分或者第 2 根 K 线的下影部分
而在第 2 根 K 线出现一个更高的高点，但这个高点，显然与第一根 K 线的高点中出现的买的分力一定在小级别上出现力度背驰，从而至少制造了第 2 根 K 线的上影部分
最后，第 3 根 K 线会再次继续一次买的分力的攻击，但这个攻击，完全被卖的分力击败，从而不能成为一个新高点，在小级别上，大致出现一种第二类卖点的走势

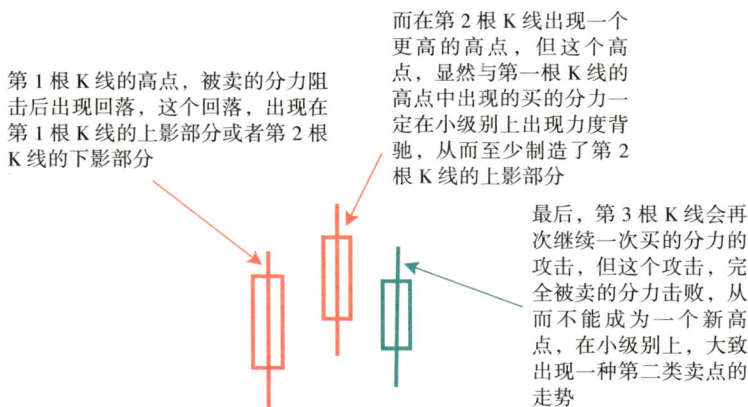

图 1

个顶分型就这样出现了，而底分型的情况，反过来就是。

现在，我们可以深入分析这三根 K 线的不同情况。首先，一个完全没有包含关系的分型结构，意味着市场双方都是直截了当，没有太多犹豫。包含关系（只要不是阳线直接把长阴线吃掉）意味着一种犹豫，一种不确定的观望等，一般在小级别上，都会有中枢延伸、扩展之类的东西【扫地僧：因为包含两种情况：①后面的 K 线把前面的 K 线包含了，后面 K 线的低点比前面 K 线的低点低，此时容易出现中枢扩张。②前面 K 线包含后面的 K 线，后面 K 线的波动完全在前面 K 线范围内，此时容易出现中枢延伸或扩展】。

其次，还是用没有包含关系的顶分型为例子。如果第 1 根 K 线是一长阳线，而第 2、第 3 根都是小阴、小阳，那么这个分型结构的意义就不大了，在小级别上，一定显现出小级别中枢上移后小级别新中枢的形成，一般来说，这种顶分型成为真正顶的可能性很小，绝大多数都是中继的。例如，上海证券交易日线 9 月 17~19 日三根 K 线组成的顶分型结构【扫地僧：如图 2 所示】。

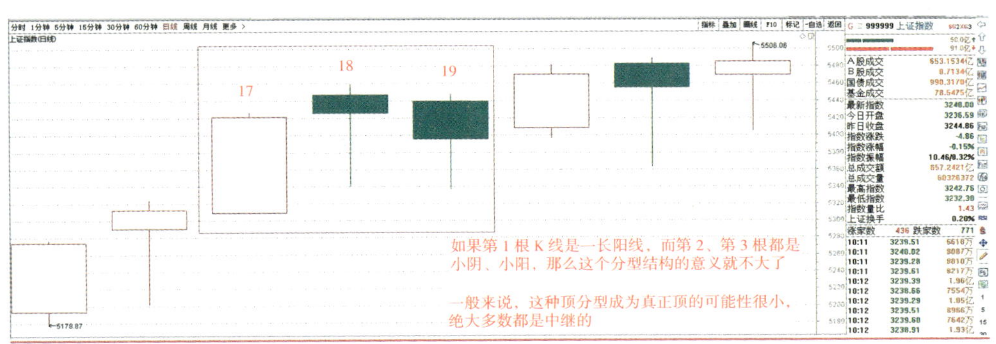

17
18
19
5506.08
5178.87
如果第 1 根 K 线是一长阳线，而第 2、第 3 根都是小阴、小阳，那么这个分型结构的意义就不大了
一般来说，这种顶分型成为真正顶的可能性很小，绝大多数都是中继的

图 2

(扫码获取更多学习资料)

但是，如果第 2 根 K 线是长上影甚至是直接的长阴，而第 3 根 K 线不能以阳线收在第 2 根 K 线区间的一半之上，那么该顶分型的力度就比较大，最终要延续成笔的可能性就极大了。例如，上海日线 6 月 18~21 日，里面有一个包含关系，但这包含关系是阳线直接把长阴线吃掉，是最坏的一种包含关系【扫地僧：如图 3 所示】。

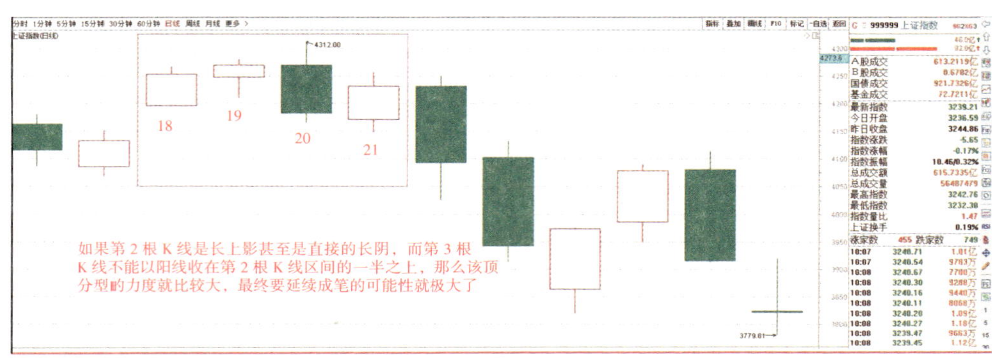
18
19
20
21
4312.00
3779.01
如果第 2 根 K 线是长上影甚至是直接的长阴，而第 3 根 K 线不能以阳线收在第 2 根 K 线区间的一半之上，那么该顶分型的力度就比较大，最终要延续成笔的可能性就极大了

图 3

一般来说，非包含关系处理后的顶分型中，第 3 根 K 线如果跌破第 1 根 K 线的底而且不能高收到第 1 根 K 线区间的一半之上，属于最弱的一种，也就是说这种顶分型有着较强的杀伤力。例如上海证券交易日线 5 月 28~30 日【扫地僧：如图 4 所示。做个总结：最强分型，第 1 根 K 线是一长阳线，而第 2、第 3 根都是小阴、小阳，是中继的可能大；较弱分型，第 2 根 K 线是长上影甚至就是直接的长阴，而第三根 K 线不能以阳线收在第 2 根 K 线区间的一半之上；最弱分型，第 3 根 K 线如果跌破第 1 根 K 线的底而且不能高收到第 1 根 K 线区间的一半之上】。

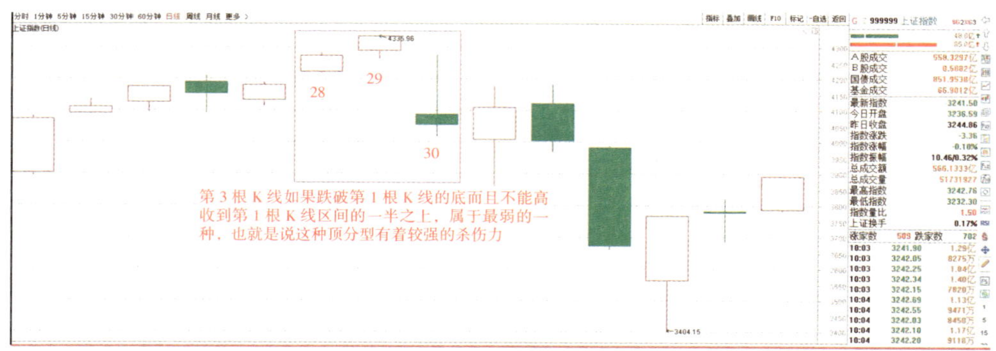
28
29
30
4335.96
3404.15
第 3 根 K 线如果跌破第 1 根 K 线的底而且不能高收到第 1 根 K 线区间的一半之上，属于最弱的一种，也就是说这种顶分型有着较强的杀伤力

图 4

分型形成后，无非两种结构：①成为中继型的，最终不延续成笔；②延续成笔。对于后一种，那是最理想的，例如在日线上操作完，就等着相反的分型出来再操作了，中间可以去研究别的股票，这是效率最高的。而对于第一种情况，前面说过，可以看是否有效突破5周期的均线，例如对日线上的顶分型，是否有效跌破5日均线，就是一个判断顶分型类似走势很好的操作依据。

不过，还有更精确简单的，就是该分型所对应的小级别中枢里，是否出现第三类买卖点，而且其后是否出现中枢移动。例如，对于一个顶分型，该顶分型成立后，对于该分型区间在小级别里一定形成某级别的中枢，选择其中最大一个，例如日顶分型后，可以找到相应的5分钟、1分钟中枢，一般最大的就是5分钟，30分钟不可能，因为时间不够。如果该5分钟中枢或1分钟中枢出现第三类卖点，且该卖点不形成中枢扩张的情形，那么几乎100%可以肯定，一定在日线上要出现笔了【扫地僧：三卖是否形成中枢扩张的区别如图5所示】。

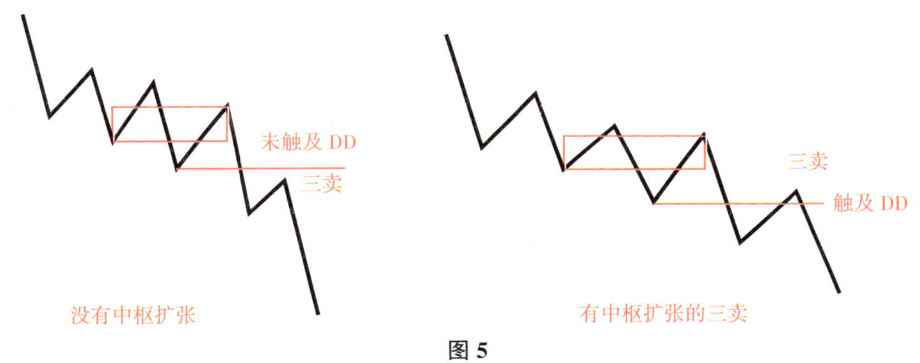

图5

可以100%肯定的是，若不出现笔并最终有效破坏该顶分型，那一定要出现某级别的第三类买点，否则就算有短时间的新高，也一定是假突破。所以结合小级别的中枢判断，顶分型是否延伸为笔，当下可以一目了然了。

如果你能有效地分辨中继分型，那么你的操作就会有很大的进步。

一般来说，可以把分型与小级别走势类型结合操作，例如日线与5分钟的。如果一个小级别的中枢震荡中连日K线都没出现顶分型结构，那么，这个中枢震荡就没必要走了，后者就算打短差也要控制好数量。因为，没有分型就意味着走势没结束，随时新高，你急什么？而一旦顶分型成立，必然对应着小级别走势的第一、第二类卖点，其后，关键看新形成中枢的第三类买卖点的问题：一般情况下，如果是中继的，都是第三类卖点后形成中枢扩展，也就是有一个绝妙的盘整

底背驰让你重新介入。这样，利用分型操作一个美妙的短差，又不浪费其后的走势，这就是一个比较及格的操作了。这种操作，其实我们都经历过，就是上海证券交易周线 9 月 7 日前后那个顶分型的操作，一个完美的中继顶分型，在假跌破 5 周均线以及相应小级别的背驰的共同作用下完成【扫地僧：如图 6 所示】。

图 6

注意：利用分型，例如顶分型，卖了以后一定要注意是否要回补，如果一旦确认是中继的，应该回补，否则就等着笔完成再说。

但一定要注意，中继顶分型后，如果其后的走势在相应小级别出现背驰或盘整背驰，那么下一顶分型是中继的可能性将大幅度减少。中继分型，有点类似刹车，一次不一定完全刹住，但第一次刹车后如果车速已明显减慢，证明刹车系统是有效的，那么第二次刹住的机会就极大了，除非你踩错，一脚到油门上去了【扫地僧：当前顶分型是第几个顶分型也是一个重要的考虑因素】。

【扫地僧点评】

分型操作看起来简单，但核心仍然是对走势本身的把握。

教你炒股票83：笔—线段与线段—最小中枢结构的不同心理意义[①]

一生二来二生三，三生万物宇宙间，中枢分型与线段，不外三次缠中禅。

一个最简单的问题，为什么不能由笔构成最小中枢？其实，这不是一个问题。实质上，我们是可以设计这样的程序，也就是用笔当成构成最小中枢的零件，但这样构造出来的系统，其稳定性极差。

众所周知，一笔的基础是顶和底分型，而一些瞬间的交易，就足以影响其结构。例如，突然有人打错单，或者有人给老鼠仓送货，那么全天走势的分析就大变样了。而由线段构成最小中枢，则不存在这个问题。一个线段的改变，不会因为一个偶尔一笔的错误而改变，也就是说，线段受偶尔性的影响比较少，想想要破坏一个线段的麻烦程度，就知道这一点【扫地僧：一笔的破坏并不能改变线段的方向】。

从心理上看，偶尔因素是允许发生的，只要不被再次确认，就证明偶尔因素对原来的心理合力没有太大影响，反过来确认了该合力的有效性。所以，线段破坏本身，其实就反映着一种微妙的心理结构的变化。特征序列分型的引入，本质上就是去勾勒这种心理结构的变化的。就像一般的分型，三次的确认才能构成，特征序列的分型，本质上也是一样的，这样的确认，其有效性就极大增加了。由此构成最小中枢的零件，才是合适的【扫地僧：特征序列的分型也代表着三次正向力量的衰竭】。

如果说三个K线的折腾就可以决定一笔的转折，那么一个线段的破坏转折，就需要三个特征序列分型的折腾，这样，市场买卖双方都有足够的时间去反应，从而体现出合力痕迹具有了一定的延续性。而一个线段至少由三笔组成，这也使得转折后的新线段同样可以让合力得到充分体现，而对比这两个不同方向的线

---

① 原文来源：http：//blog.sina.com.cn/s/blog_486e105c01000cqy.html，2007-09-26 21：28：05。

(扫码获取更多学习资料)

段，买卖双方在相应时间内的心理、实力对比，就一目了然了。

更重要的是，线段破坏的两种方式，是有着很大的心理面不同的。第一种破坏方式，第一笔攻击就直接攻破上一段的最后一次打击，证明这反攻的力量是有力的，再回来一笔，代表着原方向力量的再次打击，但反攻力量抗住并再次反攻形成特征序列的分型，证明这反攻至少构造了一个停歇的机会。最坏的情况，就是双方都稍微冷静一下，去选择再次的方向。而这就恰好构成了最小中枢形成的心理基础。

中枢，其实就是买卖双方反复较量的过程，中枢越简单，证明其中一方的力量越强大。中枢的复杂程度，是考察市场最终动向的一个很重要的依据。一个复杂的中枢过后，就算一方赢了，其后的走势也是经常反复不断的【扫地僧：这也可以作为一个选股的因素，尤其是选中枢内类二买的股票，一定选择中枢结构简单的】。而且，在同一趋势中，相邻两中枢的复杂程度、形态经常有所区别。人都有提前量，而提前量经常就是找最近的模本去抄袭，这样，等于在买卖的合力中，都加了一个提前的变量，从而造成整个结构的变化。这是一个很重要的原理，所谓不会二次跨进同一条河流，在本质上是由人的贪嗔痴疑慢造成的。

第二种破坏方式，本质上是以时间换空间，反攻开始的力量很弱，需要慢慢积累，这一方面代表原方向的力量很强，另一方面又要密切关注是否会形成骨牌效应，也就是开始的反攻力量很小，却能迅速蔓延开，这往往证明，市场原方向的分力，其结构具有趋同性，一旦有点风吹草动，就集体转向。这在投机性品种中经常能看到，经常是一个小 M 头就引发大跳水。趋同性，如果对于一般的品种来说，往往意味着庄家控盘程度高【扫地僧：这个经验非常重要，因为缠师设计线段的第二种破坏方式，是为了规避小转大带来的干扰，那么如果第二种破坏方式成功，说明小转大成功，小转大其实就是趋同性强的表现，因此，在看一只个股的庄家控盘程度，也可以用小转大发生的次数来作为一个重要参考】。

一些猛烈上涨或下跌的股票，往往由于一个 1 分钟的小的顶底分型就引发大跳水或大反弹，究其原因，就是这种分力的趋同性所引发的骨牌效应。一般来说，这种第二类的线段破坏，一旦出现骨牌效应，至少要回到前一高、低点范围，这就是市场上冲顶和赶底时发生的 V 形走势【扫地僧：也就是要把特征序列的缺口回补上】。

分力的趋同性所引发的骨牌效应，基本上就是表现为所谓的多杀多、空杀

空。特别在一些大的趋势之后，市场的力量一边倒，如果这时候突然来一个加速，一旦逆转，就会发生典型的多杀多、空杀空现象。

叛徒成为叛徒之前，必然是同志，甚至就是同志中的牛人。而最危险的敌人，总是志同道合的所谓同志的背叛，同一阵营内部的塌陷才是最有杀伤力的。无论多头空头，死的时候，沿着那滴血的刀看上去，那双眼睛，一定是你最熟悉的。

【扫地僧点评】

走势就是所有市场参与者的心理所画出的轨迹，不同的心理特征自然有不同的走势轨迹。上一课讲的是分型的心理意义，本课则讲笔、线段和最小中枢的心理意义。

教你炒股票84：本ID理论一些必须注意的问题①

归纳预测和先验，惯性思维头脑占，缠论哲学横空出，天妒英才留遗憾。

股票走势，归根结底是不可复制的，但股票走势的绝妙之处在于不可复制的走势却毫无例外地复制着自同构性结构，而这自同构性结构的复制性是绝对的，是可以用本ID的理论绝对地证明而不需要套用任何诸如分形之类的先验数学理论。这种同构性结构的绝对复制性的可绝对推导性，就是本ID理论的关键之处，也是本ID理论对繁复、不可捉摸的股票走势的绝妙洞察之一。

注意：自同构性结构，在前面不太精确地用了自相似性结构之类的词语，这很容易和数学里的分形以及利用这种先验性理论构造的理论中的一些术语相混淆，所以以后都统一为自同构性结构【扫地僧：分形这种先验数学理论是指当学了这种数学理论后，可以精确计算出任意部分的形态，而股票走势的自同构性则不同，只是知道未来必然会走势完美，但如何完美是无法提前预知的，这就是其中最大的差别】。

正因为有了自同构性结构，所以股票走势才可以被技术所绝对分析。而任何有效的技术分析，本质上都是本ID理论的分支，本ID还没看过任何有效的股票操作程序，是不属于本ID理论的。

本ID建议，除了看本ID的理论，一定要多看别人的书，这样才会有比较，本ID的理论不仅集所有技术分析理论的大成，更重要的是，本ID理论完全构建在不同的思维框架下。这就如同中印的古代几何都很牛，但真正逻辑化、推理化、系统化、理论化的是欧几里得的，这是一种完全不同的数学路线，不明白这个，那肯定白学了。

所以，学本ID的理论，关键是要找出所有技术分析以及操作程序在本ID理

① 原文来源：http：//blog.sina.com.cn/s/blog_486e105c01000cx4.html，2007-10-07 16：09：06。

论领域中的具体位置，由于本 ID 的理论对于任何技术分析以及操作程序具有一个绝对的视角，由此，可以绝对性发现所有分析与程序的优劣与缺陷【扫地僧：因为别的技术分析理论都有一个先验性的前提，这个先验性的前提就是最大的命门和缺陷】。

注意：可能会发现，本 ID 理论中的有些结论，似乎和别的一些理论有类似的地方，这恰好证明了本 ID 理论的涵盖面。例如，本 ID 的理论，可以解释波浪理论里一切的细节以及不足之处，但反过来不可能，因为本 ID 理论是一个更广阔的理论，波浪理论不过是一个有着巨大缺陷的不成熟理论【扫地僧：波浪理论中最大的缺陷就是对波浪本身的定义是不明确的，无法用数学语言描述的，那么带来的问题就是无法当下，只能事后分析】。

同样，可能在其他人的理论中，也有对 K 线组合定义类似分型的概念，但那些定义，都不过和一般的 K 线分析一样，是通过某种经验性的归纳而来，而本 ID 的分型定义，源自 K 线组合的一个完全分类，是一个纯理论的推导。正因为如此，本 ID 理论与其他任何理论相比，都有着绝对性与涵盖性，这一点，在以后的课程中会逐步揭示。

走势的不可重复性和自同构性结构的绝对复制性以及理论的纯逻辑推导，构成了本 ID 理论视角的三个基本的客观支点，不深刻明白这一点，很难有真正的理解。

走势的不可重复性，决定了一切的判断必须也必然是不可绝对预测的；自同构性结构的绝对复制性，决定了一切的判断都是可判断的，有着绝对的可操作性；理论的纯逻辑推导，就证明其结论的绝对有效性【扫地僧：走势不可预测是市场存在的逻辑基础，否则整个市场将崩塌；而自同构性结构的绝对复制性则意味着结构上是可以复制的，那么可操作的前提就是结构的复制性。逻辑非常清晰，无可挑剔】。

本 ID 的理论，是用 100%理论推导的方式证明了走势分解的唯一性，这从上面关于笔、线段等分解的唯一性证明就明白。这才是本 ID 理论的最强大力量所在，前两个客观点如果没有最后这第三点，都是不成立的。

其实，这三点，又何止是与股票走势相关，真明白了，对你的人生与社会操作有着同样的意义。每个人的生活，世界的变化，诸如此类，本质上离不开走势的绝对不可重复性和自同构性结构的绝对复制性以及相应不患的共业的绝对推理性。

看资本主义的必须崩溃，就如同看一个日线上涨走势的必然完结一样，本质

上没有任何区别。马克思，如同本ID一样，多空通杀。反马克思者如同那些疯狂做多的多头，反资本主义者如同那些疯狂做空的空头，他们之间的合力，就构成了资本主义的走势本身。这走势，可能不断地中枢上移，但这走势的结束，是可以精确判断的，其判断的标准，就是背驰，整个社会大结构的背驰。现在，资本主义还在全球化中大发展，哪里有什么背驰的迹象？【扫地僧：如同当下的商业社会，最大的慈善就是充分利用这商业社会中的商业规则进行财富和资源的重新分配】

但是，正如本ID所说的，多空通杀地去阻击任何的走势，资本主义的上涨，同样是可以阻击的，这方面的内容，以后在捍卫马克思系列里慢慢说。

任何阻击的关键，就是多空通杀地去壮大自己。任何一根筋思维的人，是永远不会明白这个道理的。当然，也没必要让他们明白，否则，没有一根筋思维的人，哪里去找通杀的对象？多头、空头，最终都不过是被杀的猪头。

多空通杀，不是根据自己的喜好，而是如一个零向量那样当下于走势的合力之中。零向量，加多少，都不会改变走势合力丝毫，这样，才能真正去感应市场合力本身、感应其转折、感应其破裂，在电光火石的一下中出手，如风行水，如电横空。不思多、不思空，如零向量般与合力随波逐流，才可能最终盖天盖地，多空通杀【扫地僧：佛学中的空也是一个道理，归根还是无住心、无处住、无所住，一切在当下，最自然、最自在】。

所以，最终比的是人本身。就如同都是玩独孤九剑的，和那些所谓五岳剑派的玩，当然见一个废一个。但如果最终同玩独孤九剑了，那就要比人本身了。本ID的理论的一章，就是不断地修炼，最终能到什么层次，最终是玩小资金还是大战役，都只能与此相关。但这还不够，仅是所谓身心的修炼，只不过是鬼窟里的活计，你的身心，非你的身心，所以为你的身心，从此开始，才可以百尺竿头、更进一步。

看走势的背驰、转折，不过是第一层次的东西，哪天能看明白社会经济、政治等结构的背驰、转折，那才是更高层次的东西。

自从结构与解构哲学流行，用结构的观点观察，就是一个最基本的思维方式，但问题的关键，很多所谓的结构性的思维，不过是一种归纳性的结果，不具有任何的理论系统性与有效性【扫地僧：尤其是当前诸多的经济学者，其研究结论大多都建立在归纳总结的基础之上，说到底仍然是先验性的猜想】。

这里，本ID必须再强调一次，分型与分形有着本质的不同，本ID所说的分型，是建立在一个K线组合的纯粹分类的基础上，任何与这个纯粹分类不同的都

必然是错误的，这一点必须明白。至于所谓的分形，当然也可能是一种结构，但这种结构，本质上都是归纳性的，因此都必然是有缺陷、划分不唯一的，和在一种完全分类基础上给出的绝对结论，有着本质的区别。

分型只是中枢与走势级别递归定义的一个启始程序，甚至可以说，并不是本ID理论中必然需要的东西，其目的，不过是在中枢等的递归性定义中给出其最开始的部分，完全可以用别的定义去取代。例如，我们可以用收盘的价位去定义顶分型、底分型结构，也可以用成交量给出相应的递归开始部分，只要能保证分解的唯一性，就可以。

本ID关于中枢等的定义，其实一直没有改变过，因为中枢定义的关键在于定义的递归性。一般的递归定义由两部分组成：f1(a0)=a1，f2(an)=an+1。关于第二条的中枢过程规则是一直没有任何改变的，而关于第一条，其实可以随意设置，都不会改变中枢定义的递归性。而且，有点数学常识的都知道，f1(a0)=a1之前是不需要再有什么递归性的，也就是说，1和2之间的f1、f2可以是完全不同的两个函数【扫地僧：以同比数列打个比方，假设同比数列A的A0=1，A1=A0×2，AN+1=AN×2，则该数列A={1，2，4，8，16，32，…}，数列B的A0=2，A1=A0×3，AN+1=AN×3，则该数列B={2，6，18，54，162，…}，可以看到，由于f1、f2的不同，两个数列自然不相同，对应到中枢的定义中，目前是以线段作为中枢的基本构件，那么完全可以以笔作为中枢的基本构件，只是这样走势的杂音较大，实际操作时，效果不如线段作为中枢的基本构件那样稳定】。

有些人一直还不清楚中枢，就是一直都不清楚这点。例如，可以用分型、线段这样的函数关系去构造最低级别的中枢、走势类型，也就是f1中的a1，而在a2中，也就是最低级别以上，可以用另一套规则去定义，也就是有着和f1完全不同的f2。

至于MACD的辅助判别，关键不是MACD，而是走势的分解，这才是关键。如果MACD真有用，那光用MACD就可以。

另外，必须敲打一下一种错误的想法。级别，本质上与时间无关，级别也不是什么时间结构。级别，只是按照本ID的规则，自生长出来的一种分类方法。而所谓的时间结构，本质上和电脑软件上的K线时间周期选择一样。一个最低级别不到的走势类型，可以生长100年不长成更高级别的，级别与时间本质上没有太大的关系。级别的关键，就是本ID设计的那套规则。级别本质上不对任何时间结构有任何绝对的承诺，这里没有任何的绝对的理论推导可以保证这一点，级别被破坏了，就是因为被破坏了，仅此而已，并不是因为有什么时间的因素，结

构就被破坏了【扫地僧：再次提到了走势级别与时间没有任何关系，与看图的周期更没有本质上的关系，但由于 K 线本身具有时间周期，我们是以 K 线作为分析的基本颗粒，如果以每笔的交易作为分析的基本颗粒，那就和时间没有任何关系了】。

还有一个更大的误解，有人见本 ID 整天说当下，那当下就更重要了。这是绝对的误解。当下之所以被反复提出，就是因为有人企图预测的想法太过根深蒂固，只是一种破的手段。能当下，那只是第一步，而真正要破的，正是当下本身。现在，有很多学口头禅的，整天忽悠什么活在当下，而所谓过去心不可得、现在心不可得、未来心不可得，又有什么当下可得【扫地僧：这个当下是每个人的当下，当下是每个人自己的感受，包含了每个人的情绪、修养、反应等因素】。

学了本 ID 的理论，再看其他的理论，就可以更清楚地看到其他理论缺陷与毛病，因此，广泛地看不同的理论，不仅不影响本 ID 理论的学习，更能明白本 ID 理论与其他理论不同的根本之处。本 ID 看到有人提到《混沌操作法》和《证券新时空》，这样，新的作业就有了，就是如果有时间，请好好研究，然后用本 ID 理论的眼光，去发现其理论的重大问题与操作程式上的致命毛病。如果你能完成这作业，那么对本 ID 理论的理解，就更进一步了。

更重要的是，为什么要去了解其他理论，就是这些理论操作者的行为模式将构成以后我们猎杀的对象，他们操作模式的缺陷，就是以后猎杀他们的最好武器。这就如同学独孤九剑，必须学会发现所有派别招数的缺陷，这也是本 ID 理论学习中一个极为关键的步骤。

【扫地僧点评】

缠论是所有技术分析理论中最本质的理论，也是一个思维上的哲学理论，其哲学意义更伟大。

教你炒股票85：逗庄家玩的一些杂史（3）[①]

出货手法真精彩，环环相扣陷阱埋，人人抢筹屠刀落，皆因贪念人心债。

今天来看一个经典案例，看看股市里是如何做顶的。

当时要做的事情，就是要把一只股票抛出，而且还不是现价，必须在某个位置上。这不算难，关键是持有也就30%多，已经上涨N倍，而且里面有不少小家伙的老鼠仓，多的有10%。由于这游戏最终把一所谓的牛人给套住了，现在这牛人还在市场上混。最重要的是，该股票这么多年都没回到过当年的高位【扫地僧：猜测该股是深桑达A（000032）】。

先把1/2的筹码集中调到一个最多八卦人的证券部，然后告诉他们，三周内要陆续调N亿元来，很认真地找了人去谈手续费的分成问题，而且要求最高的比例，特别强调了对倒时比例要更高。注意：去谈的人也不知道我们想干什么，只是告诉他要在那边干点活，找一个成本最低的【扫地僧：特意强调对倒的比例，就是想让对方以为要坐庄】。

然后，该股就从N元开始异动起来，再起来20%后，就在别的证券部开始出，但手法很特别，总是在低位出，出了以后一副给夹空痛不欲生的样子，关于某股票被人抢筹码的消息就此流传。接着，把出的钱以及部分其他的钱提前划到第一个证券部，然后再告诉他们，更多的钱还要划过来【扫地僧：如图1所示】。

很快股价就比开始上涨了40%，继续在其他地方逢低出货，被彻底夹空。这一出戏演得连老鼠仓都知道损失无数筹码，要压盘把货补回来，老鼠仓也开始大幅度增仓。接着，已经不用逢低出货了。只要压单，就给扫掉【扫地僧：如图2、图3所示】。

① 原文来源：http：//blog.sina.com.cn/s/blog_486e105c01000e6h.html，2007-10-22 21：42：06。

（扫码获取更多学习资料）

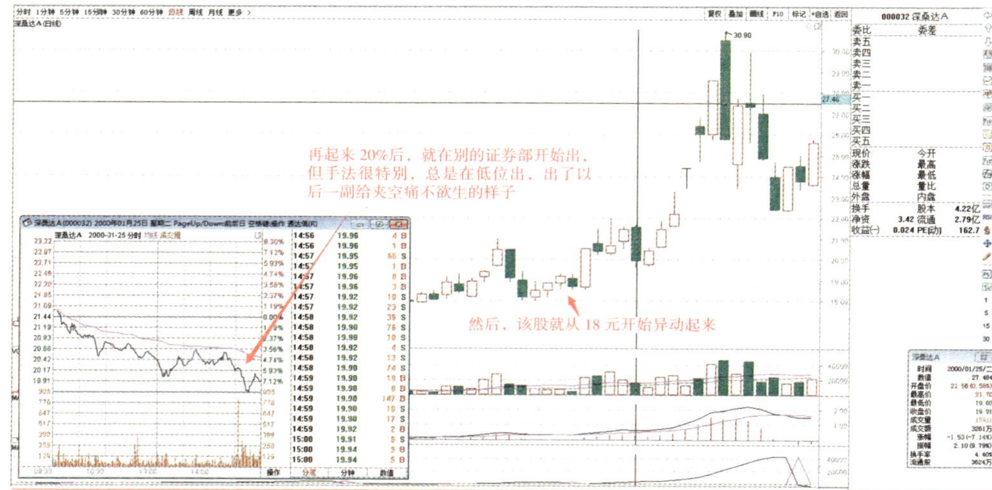

再起来20%后，就在别的证券部开始出，但手法很特别，总是在低位出，出了以后一副给夹空痛不欲生的样子
然后，该股就从18元开始异动起来

图 1

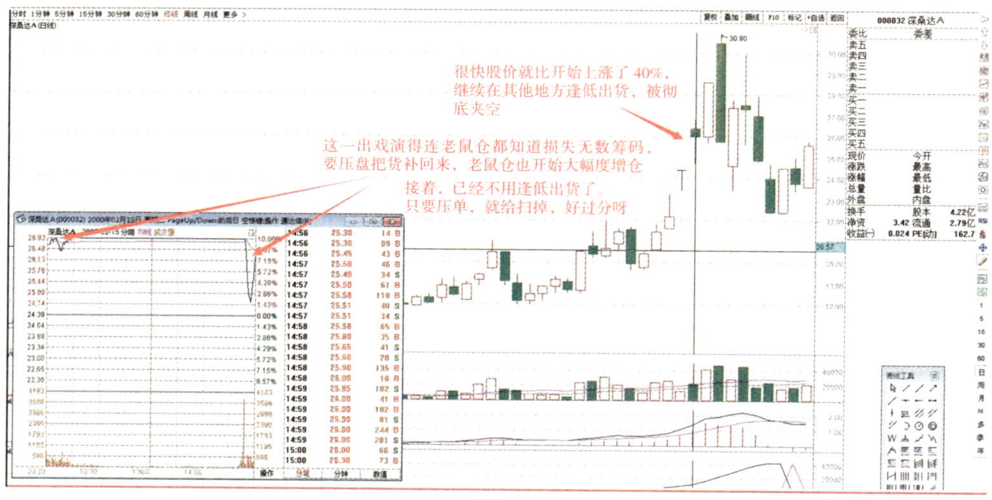

很快股价就比开始上涨了40%，继续在其他地方逢低出货，被彻底夹空
这一出戏演得连老鼠仓都知道损失无数筹码，要压盘把货补回来，老鼠仓也开始大幅度增仓
接着，已经不用逢低出货了。只要压单，就给扫掉，好过分呀

图 2

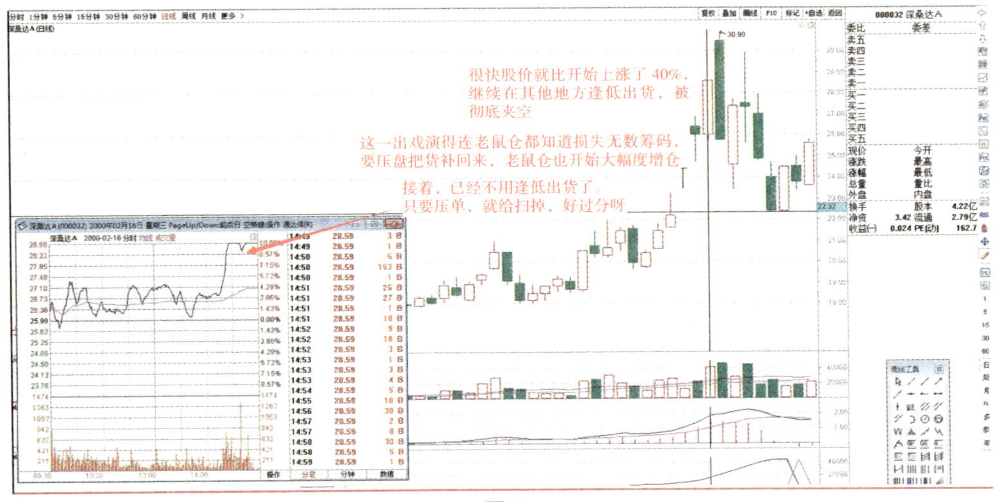
很快股价就比开始上涨了 40%，
继续在其他地方逢低出货，被
彻底夹空
这一出戏演得连老鼠仓都知道损失无数筹码，
要压盘把货补回来，老鼠仓也开始大幅度增仓
接着，已经不用逢低出货了。
只要压单，就给扫掉，好过分呀

图 3

这时候，开始在第一证券部谈透支问题，说要用筹码压钱，希望是 1∶2，但对方说他们最多只能 1∶1.5，因为最近这股票涨太多了。所以让人很气愤地告诉他们，找了一个可以 1∶3 透支的，马上就把筹码转了一半去别的证券部，然后对方就开始很恐慌地要挽留我们。其实，是别的地方出得差不多了，需要筹码。

最后一天，股票在三周多点上涨了 70%多，那一天早上一开盘，在买盘涌起的那一下，举起了最后的屠刀，所有剩余的筹码一起涌出，具体过程就不说了，只是当天是跌停的，当然，那天也是巨大无比的量【扫地僧：如图 4 所示】。

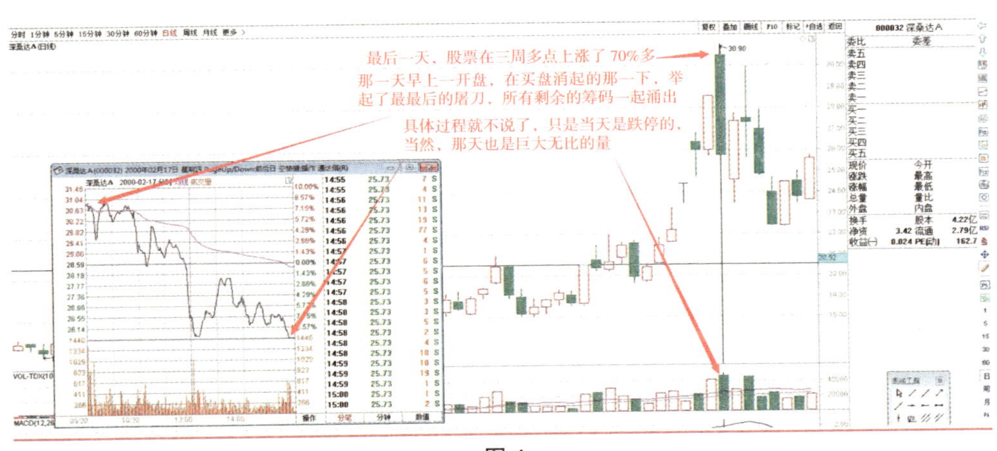
最后一天，股票在三周多点上涨了 70%多
那一天早上一开盘，在买盘涌起的那一下，举
起了最后的屠刀，所有剩余的筹码一起涌出
具体过程就不说了，只是当天是跌停的，
当然，那天也是巨大无比的量

图 4

最后，派人和那第一家证券部说，不想玩了，你们那里风水不好，不能为客户保密，消息封锁不住，让我们被人砸盘，套住，亏死了，这里的资金要去别的地方救火去，走人了。

只想说最后那只股票的命运，就是从最高位下跌了90%以上，至于比最开始的N元下跌了多少，大概不是一个困难的问题了。

注意：这次游戏之所以经典，就是在整个做顶过程中，根本没拉抬过一笔，都是分批出货，最正常的手法，谁都说不了有任何违规的地方。而且，也没说任何一句影响股价的话，那么为什么成功了？只是因为那些人的贪嗔痴疑慢【扫地僧：这个案例如果被拍成电视剧或者电影，也是非常有观赏性的，整个出货计划环环相扣：首先，确定出货目标，找一个最多八卦的营业部。然后开始演戏，先转一半的筹码过去，找一个人去谈佣金分成，尤其强调了对倒的比例要高，这使得对方认为要坐庄该股票，并开始扩散消息。接下来，逢低出货，之后股价上涨，这又让内行人更加坚信了被抢筹，换句话说，先养其骄，增强接货人的信心。每次出完货的钱都陆续转到该营业部，让对方认为实力非常雄厚，再加上此时股价在加速上涨，更加印证了老鼠仓和八卦人的观点，最后在别的地方出货出完的时候，还故意谈透支的事情，以这个为借口将一半的股票转走，这样不至于被怀疑，转走第二天就举起了屠刀，将所有筹码全部卖出，不给什么人反应的机会了。其实，从头到尾，都是在利用人心，利用人的贪念，这才是最高的境界。同时也说明一个问题：炒股不能听消息，你听到的消息大部分是别人希望你听到的东西】。

该股后来一直未大涨，自从最后一天就从来没买卖过该股，但该股却一直下来，甚至后来2001年2245点的历史高位，也没靠近过那次历史高位【扫地僧：2001年6月该股最高也只有21元多，距离30.9元的高位还有50%的空间，如图5所示】。有些人总是说，什么庄家打压，典型的脑子有问题。为什么散户、小庄家、老鼠仓的多杀多就不可以让人死得一点脾气都没有？

当然，做顶的手法多种多样，本ID也玩过无数的花招，有时候一顶就是一顶，有时候一顶不做一顶，千变万化。兵者，诡道，股票又何尝不是？

大盘的顶部和个股的顶部不同，要复杂得多，因为集中其中的分力更多，所以其合力当然要更复杂。一般来说，大盘的顶部都不会是简单的图形，都是十分复杂。而且即使真的形成，最后破位前反而要有很多的犹豫，越大型的顶部越是这样。

大盘的顶部都是折腾出来的，所以一般在大盘顶部时，反而机会多多，为什

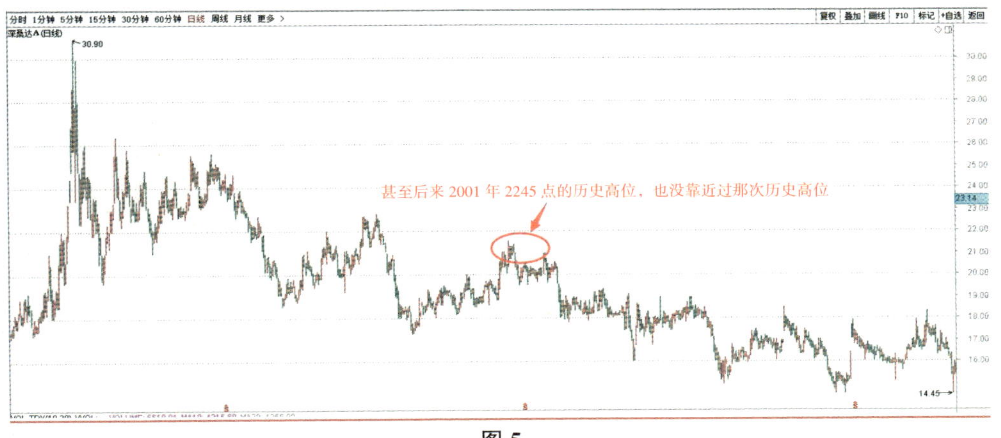
甚至后来2001年2245点的历史高位，也没靠近过那次历史高位
30.90
14.45

图5

么？因为很多不死心的人会不断折腾，板块个股，跳来跳去，那些认为大盘顶部一形成就一下死掉的，都是脑子里水太多。

个股的顶部大多都不复杂，除非是很多人参与的大型股票，原因和大盘的一样，只是相反，就是分力少，对比太明显，所以复杂不起来【扫地僧：分力少，意味着趋同性较强，一旦发生反转，很容易出现尖顶或M顶】。

当然，顶部是有级别的，一个中期顶部，中期调整后，就不是顶部了，所以顶部以后，也不一定是世界末日。但顶部以后是否世界末日，这是走势今后的发展决定的，如果你对任何顶部都想长线一把，那么，最终的命运多数是被股票上上下下地面首了，真正解决问题的，还是要通过本ID的理论去分清楚级别，按照买卖点去操作。

必须注意，无论什么花招，最终合力的结果还是买卖点，买卖点是不患，任何庄家、大资金，包括本ID本身，都不可逃避。所以，对于散户来说，其实不需要知道里面的故事，而只要看好走势，一切就尽在把握中了。

【扫地僧点评】

一个非常生动的庄家出货的案例，充分利用人性的贪婪。

教你炒股票86：走势分析中必须杜绝一根筋思维①

走势生长多变幻，先验思维结果盼，若未深读解论语，怎知何患何不患。

一根筋思维的心理基础，就是企图找到一个永恒固定的公式，然后不管任何情况，只要套进去，就有一个现成答案。这种思维，把世界看成一个精密的机械，任何的运行，都等价于起点—结果模式，只要起点相同，就有相同的结果。这就是典型的一根筋思维。有些人，学本ID的理论，本质上就是希望找到这样的东西，却不知道，法成则人成，人不成，法何成？【扫地僧：仍然是反复强调的，最终比拼的是人的个人修养和能力，中医都看《黄帝内经》，但每位中医的能力都不同】

一个很简单的实验，同一批人、同样的资金、同样的股本、同时开始股票运行的实验，显然，这个实验是不可重复的。因为股票走势归根结底是参与者心理合力的痕迹，而心理是不可重复的。否则，有谁能百分之百复制自己9月30日开盘那4小时的心理曲线？这都是一次性的，不可复制。而几千万、上亿人的交易的可复制性，就更没可能了。每天都是新世界，影响市场的因素每天都在变化着，而这些因素对市场参与者的心理影响，更是模糊、混沌，由此产生的走势，很显然不具有任何百分之百复制的可能性。

因此，从最开始的时候，就必须要有一个大的眼界，如果看1分钟就被锁在1分钟层面里，那操作100年都进步不了。

一个很简单的例子，也是最基础的一步，就是必须动态地把握各种概念。例如，第三类卖点，在不同的情况下，其操作意义显然是不同的。不妨以此为例子，仔细分析一下：

（1）在一个大级别的中枢上移中，一个小级别的第三类卖点，唯一注意的就

① 原文来源：http：//blog.sina.com.cn/s/blog_486e105c01000e7a.html，2007-10-24 21：53：45。

是这个卖点扩展出来的走势，是否会改变大级别中枢上移本身。这里根据大级别的走势，不难发现其界限。因此，这种第三类卖点的操作意义不大，关键是警戒的意义。如果是短线的短差，那也是小级别的中枢震荡中来回操作，因此这第三类卖点也只是构成一个震荡意义的操作点【扫地僧：如图 1 所示，在一个 30 分钟的中枢上移中，力度最大的一个 5F 级别的上涨过程中，出现了一个1F 回调并有 1F 的三卖，那么此时这个 1F 三卖之后即使跌破最后一个 5F 中枢，也依然是最后一个 5F 的中枢震荡，并不能改变该 30 分钟级别的中枢上移，而如果图中蓝色的中枢是 5F 级别的，并出现 5F 级别的三卖，那么最差的情况是跌破 30F 三买那个回调走势的高点，从而构成了 30 分钟的第二个中枢，这就改变了该 30 分钟中枢的上移】。

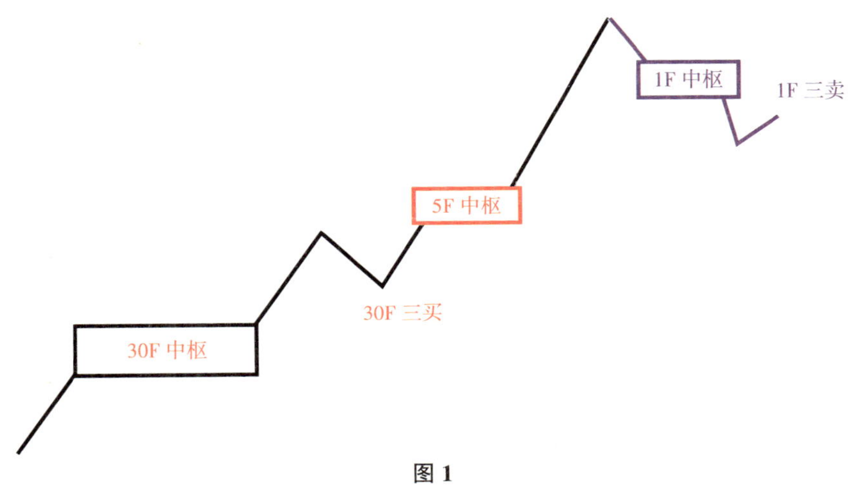

图 1

（2）在一个大级别的中枢下移中，一个小级别的第三类卖点，其意义就是这卖点是否让大级别中枢的下移继续，如果继续，那就意味着这里没有任何的操作价值（当然，如果有卖空的，那就另算了）。这类第三类卖点的操作意义基本没有，如果说卖，大级别都中枢下移了，好的卖点估计都过去了 N 的 N 次方个了，也就是说市场已经给你 N 的 N 次方卖的机会，你还没改正，那你大概更适合去卖豆腐了。

（3）在一个大级别的中枢震荡中，这样一个小级别的第三类卖点，其意义就是看这是否延伸出大级别的第三类卖点，如果没有这种危险，本质上不构成大的操作机会，只是一个短线震荡机会。而且很有可能，一个小级别的第三类卖点

后，反而延伸出大级别的买点，这在震荡中太常见了【扫地僧：在大级别的中枢震荡中，只要不出现远离该中枢的情况，那么小级别的买卖点通常会产生大级别中枢震荡的买卖点】。

最后说的这种情况，就是多空通杀中经常用到的一种技巧。通杀，就是要把所有人的舞步搞乱。怎么搞乱？就是买点卖点轮番转折，而且模式不断变化，让不同的操作模式都被破裂一次。而这种舞步错乱的本质，就是要触及不同的突破、止损位置，让止损的刚卖出的又回头；刚买入追突破的马上给一巴掌。

本 ID 理论，从来没有任何止蚀之类的无聊概念。有什么可止的？三大卖点，给三次机会，加上不同级别的，机会 N 多，你都没反应，等到缺胳膊少腿才去止蚀，那就晚了。

而只要把握了本 ID 的理论，那么第三种情况，正好适合去凌波微步一番。这里，还可以更精确地分析一把。根据先后已经买卖点的级别，无非有以下几种情况。

（1）大买点后小买点。这种情况，后面的小卖点【扫地僧：这里应该是笔误，本意应该表达的是“后面的小买点”】，往往构成相对于大买点的第二次介入机会，但不一定是最精确的机会。因为最精确的机会，一定是符合区间套的，而并不是任何的小级别买点，都必然在大级别买点对应的区间套中。也就是说，这种小级别买点，往往会被小级别的波动所跌破，但这种破坏，只要不破坏前面大级别买点所构造的大级别结构，那就一定会有新的小级别波动，重新回到该买点之上。

大买点后，必然产生相应级别的结构，因为后面的小买点，不过是构造这大结构中的小支架，明白这个道理，相应的操作就很简单了【扫地僧：总的来说就是大级别买点后的小买点未必是最精确的买点，而且买了之后可能会被小级别破坏，但只要大级别的结构没有改变，价格基本都会回到该小级别买点之上。那么带给我们的实战意义是，即使错过了大级别的买点，只要价格偏离得不算远，也完全可以在后面的一个小级别买点下手】。

（2）大卖点后小卖点。和上面那种情况反过来就是。

（3）大买点后小卖点。如果两点间有一个大卖点，那么，就可以归到第二种情况去。如果没有，那么这个小卖点后，将有一个小级别的走势去再次考验或者确认这个大买点后形成的大级别结构，只要这个走势不破坏该结构，接着形成的小买点，往往有着大能量，为什么？因为大结构本身的能量将发挥重要的力量，一个结构形成后，如果小级别的反过程没有制造出破坏，一种自然的结构延伸力将使得结构被延伸，这是一种重要的力量。

（4）大卖点后小买点。和上面反过来就是。

（5）大中枢中的小买卖点。在一个大中枢里，是没有大买卖点的，因为出现第三类买卖点，则意味着这中枢被破坏了。这种大中枢中的小买卖点，只会制造中枢震荡。因此，这里买卖点通常来说就是这类买卖点，一般不具有小级别的操作意义，这是最容易把多空搞乱的。

但是，其中有一种买卖点，往往具有大级别的操作意义，就是在大级别中枢震荡中，次级别的买卖点。例如，一个 5 分钟的震荡里面的 1 分钟级别买卖点，就具有 5 分钟级别的操作意义。因为该买卖点后，无非两种情况：①继续 5 分钟中枢震荡；②刚好这次的次级别买卖点后的次级别走势构成对原中枢的离开后回抽出第三类买卖点，这样，原来这个买卖点，就有点类似第一类买卖点的样子，那第三类买卖点就有点趋于第二类买卖点的样子了（注意：这只是比喻，不是说这就是大级别的第一、第二类买卖点）。

注意：有些买卖点的意义是不大的。例如，一个 1 分钟的下跌趋势，在第二个中枢以后，相对的中枢的第三类卖点，就没有什么操作意义了，前面第一个中枢的第三类卖点哪里去了？趋势本质上就是中枢移动的延续，这种第一个中枢的第三类买卖点，本质上就是最后一个合适的操作机会，后面那些如果还需要操作，那是证明反应有大毛病了。到第二个中枢以后，反而要去看是否这趋势要结束了，例如对上面 1 分钟下跌趋势的例子，跌了两个中枢以后，就要看是否有底背驰了，那时候想的是买点，不是卖点了【扫地僧：一般来说，趋势大部分只有两个中枢，尤其是在大级别中枢震荡中，小级别的趋势基本都是两个中枢，只有在大级别的中枢移动时，小级别趋势才容易出现三个或以上中枢的情况】。

注意：对于趋势的转折来说，例如上面的 1 分钟下跌趋势，最后背驰转折后，第一个上去的线段卖点，很有可能刚好形成最后一个 1 分钟中枢的第三类卖点，这时候，这个卖点几乎没有任何的操作意义，反而是要考虑接下来的那个第二类买点。很多抄底的人，经常在第一次冲起后就给震掉，然后再追高买回来，就是没搞清楚这种关系【扫地僧：一个 1 分钟的背驰，至少会反弹回中枢内，那么第一个线段上去没到中枢内，后面经过调整之后再次的反弹就一定会回到中枢内】。

如果你是抄一个 1 分钟级别的底，后面最坏有一个 1 分钟的盘整，连这盘整的格局都没有走势必完美，也就是最基本的三个线段都没形成就跑，不给震出来才怪呢。

(扫码获取更多学习资料)

当然，有一种稳妥的办法，就是给那些对大级别背驰判断没信心的在第二类买点介入。当然，实际操作中，你完全可以不管第二类买点形成中的背驰问题，反正第一类买点次级别上去后，次级别回跌，只要不破第一类买点的位置，就介入。这样，只要后面的走势在下一个次级别不破第一个次级别上去的高点，就坚决卖掉，如果破，就拿着，等待是否出现第三类买点，出现就继续拿着，不出现就卖掉【扫地僧：如图 2 所示】。

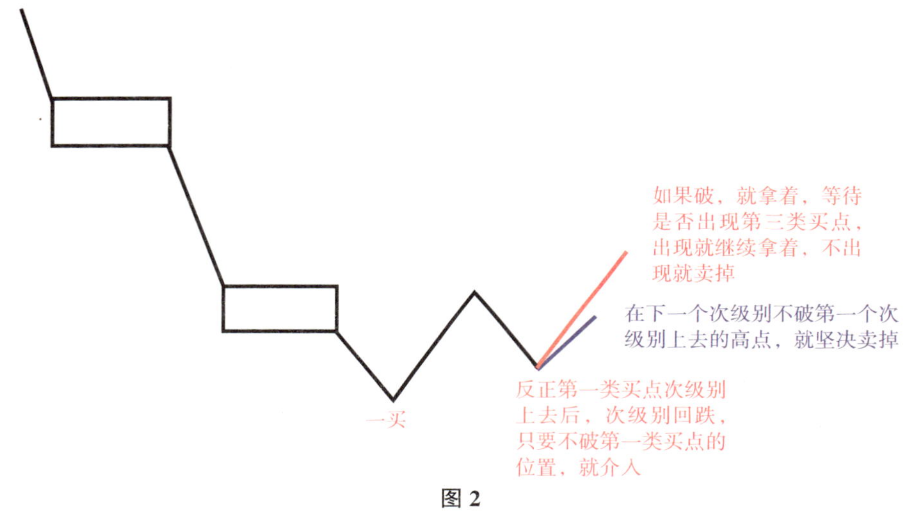
如果破，就拿着，等待是否出现第三类买点，出现就继续拿着，不出现就卖掉
在下一个次级别不破第一个次级别上去的高点，就坚决卖掉
一买
反正第一类买点次级别上去后，次级别回跌，只要不破第一类买点的位置，就介入

图 2

按上面的程序，你甚至连背驰的概念都可以不管。所以，分清楚走势类型，其实就可以完美地操作了，其他概念，只是如虎添翼而已。

【扫地僧点评】

走势分析和中医治病是一个道理，通过望、闻、问、切根据当下的症状开方，调理一段时间后再根据当下的情况调方。走势分析也一样，根据动态的走势做动态的调整。

教你炒股票87：逗庄家玩的一些杂史（4）[①]

灭鼠行动万分难，利用人心倍功半，贪婪恐惧八方起，十面埋伏鼠乱窜。

前面说了做顶出货的，今天说说做底吃货的。准确地说，如果是吸货，无所谓底部。只要有筹码、有钱、有足够的时间，什么成本拿的货，其实都可以摊下来的。特别是那些对走势有足够影响的分力，后面各级别的顶是自己的，底也是自己的，差价都是自己的，什么成本不能下来？

为什么很多庄家最后都做死？就是没有什么成本概念。大多数庄家都还是散户心态，见到市值起来就晕头，却忘记了股票只是一个凭证，一个抽血的凭证，能把血抽到才是真本事。

大多数愚蠢的庄家，都希望玩一种收集派发的游戏，但这种游戏经常把自己放到火上去。实际上，最关键的是成本的下降。一般来说，如果成本没有到0，根本没有大力拉抬的必要，就要来回折腾，把筹码成本都洗到0了，才有必要去拉抬。而真正的拉抬，是不需要花钱的。如果拉抬要花钱，证明价格已经高了，资金流入已经跟不上了，早该回头砸了【扫地僧：坐庄的也不要一根筋，先把成本降下来才是重要的，即使以后遇到意外情况也会比较从容】。

经常是早砸一天和晚一天，就是两重天地，这里需要的是经验和悟性以及感觉。基本的0成本筹码，然后反复拉抬都变成纯负数的，最后搞出N的N次方后，实在不想玩了，满手都是负成本的筹码，再大甩卖，谁要都死，这才是真的最安全的方法。当然，甩卖不一定是跳楼的，还可以是跳高的，甚至是批发的，手法多多，只是不同的故事而已。

因此，要玩这个游戏，关键是要有基本的筹码，这筹码当然可以抢回来。例如，以前就说过，曾经和别人抢东西，从8元一口气抢到20多元，然后一个大

① 原文来源：http：//blog.sina.com.cn/s/blog_486e105c01000eah.html，2007-10-30 22：05：40。

(扫码获取更多学习资料)

平台，最后再飞起一波，然后就该干什么干什么了。这是一种方法，但这种方法过于无聊，一般都不这样干【扫地僧：猜测是当时的岁宝热电（600864）】。

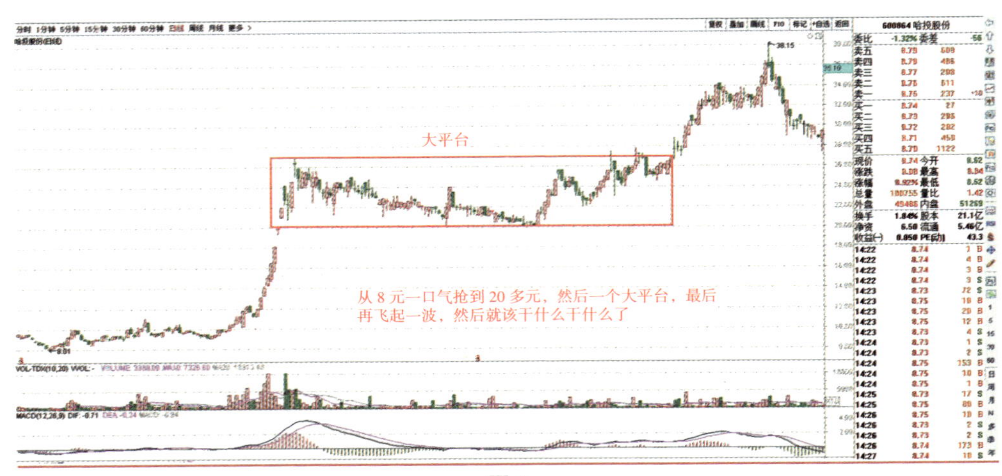
大平台
从 8 元一口气抢到 20 多元，然后一个大平台，最后再飞起一波，然后就该干什么干什么了

图 1

当然，最直接的就是能在最低的位置把该拿的全拿了，这是最考验功夫的，这里说一个曾经的经典例子【扫地僧：这就是最出名的亿安科技的案例，现在叫神州高铁（000008）】。

这例子中，还没动手，老鼠仓就抢起来了。因此，后面的任务十分艰巨，首先要抢到足够的东西，其次还有成本不能太高，再次还要把老鼠仓洗出来，最后这时间还不能太长。这怎么看都是一个不可能完成的任务。

首先，在一个大的压力位上顶着，接了所有的解套盘。老鼠仓是不会接解套盘的，别的散户就更不会了。然后在那个位置上不断地假突破。一般在强压力位上，一般人不会拼命给你冲关的，而不断的假突破，就让所有技术派的人把筹码交出来了。但这时候，买入花费的是最高的成本，除了历史上的高位套牢，所有人的成本都要比这低【扫地僧：如图 2 所示】。

这时候，把账上所有的钱基本都打光了，还有一部分。当时，有一种透支是需要当天平仓的，用剩下的钱，借了该种透支。然后那天疯狂地买，早上就把所有的钱加透支全买完了，因为前面 N 次的假突破，突破后根本没人管，需要的就是这种效果。

下午，需要平仓了。不断交涉是否可以不平，结果是不可以。很痛苦地开始平仓行动，瀑布一样，价格下来了，早上买的，亏损着全砸了出去，结束一天的

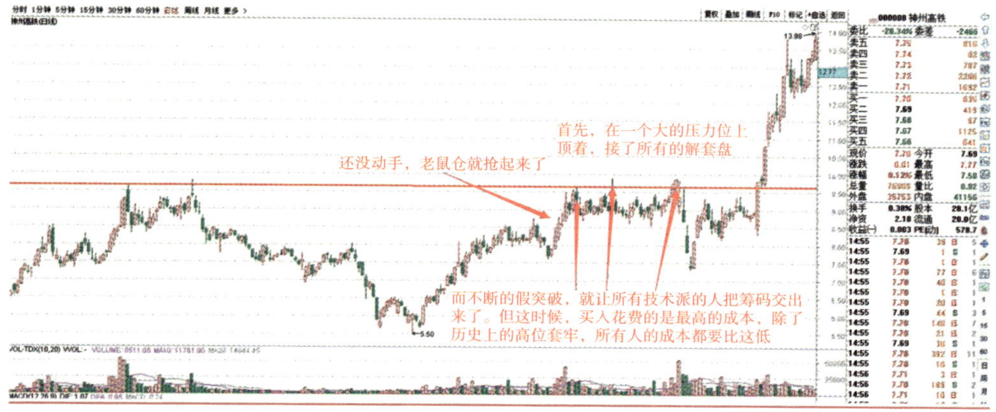

图 2

悲惨交易。价格也砸穿前面一直坚持的平台，收盘后，有人被套被人追债的传闻马上到处流传。

第二天，所有的老鼠仓，所有知道消息的都蜂拥而出，然后第三天也是这样。

这时候，在 N 个别处的遥远的地方，所有的抛盘都被吸到一个无名的口袋里，所有出逃的人都在庆幸，因为第四天依然大幅度低开【扫地僧：对照着每一根 K 线，如图 3 所示。第一天是留了一个长上影线，就是被强行平仓而导致的，第二天跌幅 7.5%，第三天跌停，第四天跌 5.5%】。

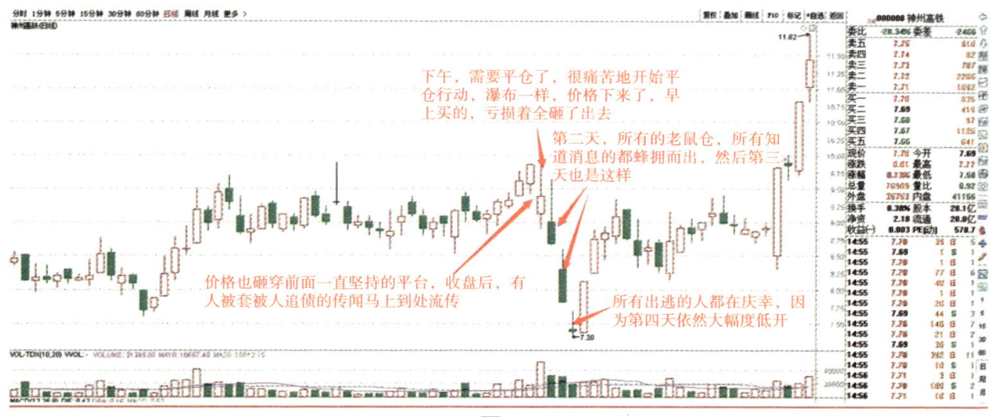

图 3

（扫码获取更多学习资料）

突然，强力的买盘如同地底喷发的熔岩，任何挂出的筹码都被一扫而光。在任何人都还没做出反应时，已经没有买入的机会了，第二天，依然如此，一开盘，就迅速让人失去买入的机会，而前面来不及逃跑的，却依然抛着。

第三天，快回到原来的平台了，在那里，买盘突然没了，仿佛从来没有任何买盘出现过，所有的人都不知道该怎么办好。如果是 V 形反转，那上面平台的巨大套牢却没人敢去顶破，如果是超跌反弹，那所有的空间都耗尽了。经过市场一段的沉寂后，卖盘再次涌出，多杀多又开始了，没人敢接，但价格却永远也回不到反弹第二天的位置，在一个狭窄的空间里，抛掉的人，没空间回补，想买的人，又怕上面不远的巨大套牢区，以及可能的超跌反弹骗线。但价格不跌了，所有的筹码，都掉入一个巨大的口袋【扫地僧：如图 4 所示：遗憾的是找不到当时的分时图，如果能够看到当时的分时图，就会对其手法有更深入的了解】。

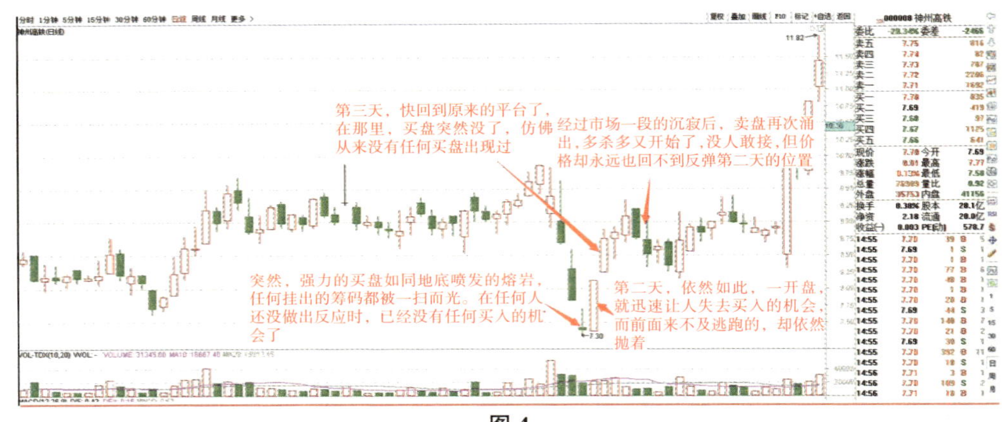

图 4

最后，在一个谁都想不到的时刻，价格迅速地脱离上面的套牢区，所谓技术上的巨大压力区突破时，连 15 分钟都不到就过去了【扫地僧：如图 5 所示】。

至于老鼠仓的命运，在砍掉价格 N 倍的位置，老鼠仓最后又重新进来，那是另一个故事了。

【扫地僧：明面上能说的，只是“某人被强平逼债”这样的传言，此外，网上还有一篇“我和李彪（缠中说禅）的三次会面经历”中详细说明了这次亿安科技坐庄的背后故事，摘取其中的一些片段，以下内容为百度“我和李彪（缠中说禅）的三次会面经历”后搜索得来：在这背后的故事中，最令人拍案叫绝的就是其利用人心的部分，先放风要洗盘，然后开始砸，引得老鼠仓纷纷出逃，尽收所有筹码，然

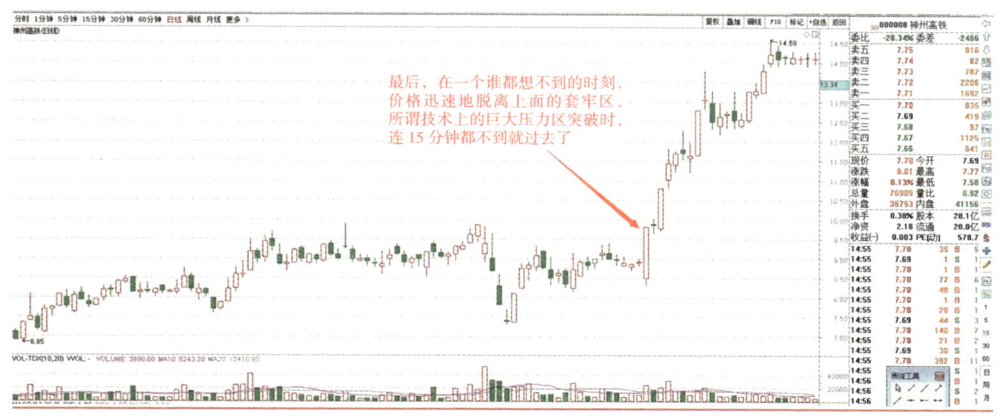

图 5

后再出其不意地拉回去，一切都毫不费力。这些与技术无关，完全是利用对手的贪婪与恐惧，每次看到这案例都会被其利用人心的手法所折服，快哉，快哉！】

时间一晃就到了 2000 年 1 月初。那时，正值网络科技概念盛行，强庄股如日中天。而我运作的项目出了一个岔子，有一个合作伙伴因特殊原因，必须从股市撤走近亿元资金。由于时间很紧迫，要是不能够快速找到接盘，那么，后果不堪设想。于是，我又开始了找资金之旅。

有个“资金贩子”朋友人脉广泛，他说有一个人是亿安科技的操盘手，应该有办法，于是就将其引荐了过来。亿安科技是当时股市的大牛股之一，股价从 4 元多涨到了当时的 40 多元，涨幅超过 10 倍（后来又涨到了 126 元，这是后话）。对于这个大牛股的操盘手，我还真想见见呢。我一见到那人时，感觉眼熟，很快就想起来了，他就是李彪。经我提醒，李彪也想起我来了。怎么说也算是旧交吧，于是，这次我和李彪就聊得深入多了。

话题当然是从亿安科技开始。李彪先给我大致介绍了一下他做亿安科技的情况。他说，这个项目是亿安科技的老总罗成委托他们几个做的（后来，在证监会处理亿安科技的文件中，提到了亿安科技操盘手李彪、汤凡等人的名字），他负责该股的吸货和第一波拉升，现在他的工作完成了，就将操盘工作交给了别人，但每天盘面的事情他还很清楚。

说到吸货，李彪说成功的关键就是保密。为此，他可没少费脑筋。他说，在这个圈子里认识他的人很多，只要他在哪个营业部一待，他的账户就会被营业部老总监控。为了躲避监控，他只好选择一些地域偏远、从没有去过的营业部分散开户。在开户后，为了迷惑营业部的人，他先满仓买进别的股票，然后再清仓卖

出这些股票，这样倒来倒去好几次，营业部的人看他好像不太会做股票，也就不再关注他了，随后，在他将账户全仓买入亿安科技后，也没有人管他。一旦吸货完成，他就进行转托管。通过这样的手段，就避免了让别人盯上。

当然，即使这样做，也难逃“老鼠仓”的威胁。“老鼠仓”不是来自别处，也不是来自他泄露了什么信息，而是来自亿安科技的高管层。亿安科技的老总罗成委托李彪做盘，罗成的心腹们，那些核心高管层不可能不知道。而且，罗成也默许高管层从中获利。于是，在李彪刚起庄的时候，这些高管层及其七大姑八大姨也都同步开始了吸货，希望能够通过贴庄赚大钱。对于这些“老鼠仓”，高管层掩耳盗铃，以为李彪不知道，但李彪是什么人，他当然非常清楚。但李彪不能够容忍这些“老鼠仓”的存在。因为根据李彪与罗成的协议，李彪做盘的报酬，来自这个项目的最终盈利，这个盈利可以用现金方式结算，也可以用瓜分亿安科技底仓的方式来体现。很显然，李彪的底仓吃得越多，盈利才会越大。要是底仓都被那些“老鼠仓”占了，那李彪还能赚什么钱?

在完成了外面浮筹的吸货后，李彪就开始了对“老鼠仓”的猎杀。但要赶出这些“老鼠仓”绝非易事。一般来说，震出老鼠仓的决定性手段，就是由上市公司发布重大利空，但这个手段李彪根本不可能使用，因为对于公司的内幕信息，那些建老鼠仓的高管们甚至比李彪还要清楚。且不说那时候亿安科技根本就没有什么重大利空，即使亿安科技有什么重大利空，最多也是李彪和那些高管们同时知情，李彪不可能在瞒着那些高管们的情况下，将这些重大利空作为针对高管们的震仓手段。所以，李彪与这些高管们的博弈层面决不在内幕信息层面，他要想出更好的办法。

李彪要面对的敌人，不是别人，而正是他的“东家”，这真是非常奇特的一幕。那么，他有什么法子打败他的“东家”呢?李彪跟我说，他深知那些高管们的心理：一是不懂股票，却不懂装懂；二是都很贪婪，不愿意吃亏，哪怕是小亏；三是自以为能够控制局面。所以，要对付他们，就必须打出组合拳才行，他想出了一个绝妙的计策。这一天，他到了罗成的办公室，故意当着几个副总的面嚷嚷，说亿安科技的盘子很不干净，要彻底洗盘，否则不能做了。罗成他们当然装傻，问李彪要怎么办，李彪说要把股价狠狠往下砸30%以上，且要将股价放在底下“凉”半年，将老鼠仓彻底逼走。李彪知道，罗成他们对于李彪的说法开始可能并不相信，因为这些人不懂股票，你不可能一两句话就把他们吓跑。但是，假若亿安科技的股价真的向下破位，那么，这些高管们是会害怕的，因为，他们这时候就会把李彪原先说的那个吓人的话当真，会想当然地认为该股股价就是要跌30%。

与其被套30%，还不如先跑掉，以后待股价更低一些或者即将拉升前再买入，岂不更好吗？其后几天，李彪就真的在盘面上将亿安科技的股价做出了向下破位的形态。李彪的手段确实非常高明：一是在高管层散布虚假信息，二是在股价上做骗线，经他这一通类似反间计、烟幕弹般的折腾，那些高管们的老鼠仓就真的开始了恐慌出逃。而李彪呢，则用了一些秘密账户，将这些老鼠仓悉数收入囊中。

【扫地僧点评】

这是一个利用人心建仓吃货的案例，非常精彩。

教你炒股票88：图形生长的一个具体案例[①]

生死轮回家常饭，旧的不去新不还，生死之间中阴身，不知是女还是男。

本ID的理论，对所有的走势进行了一个最明确的分解，所有的分解，本质上只有两类，就是延续与转折，用残酷一点的词语，就是生和死。

一个走势类型的死，必然意味着一个走势类型的生，走势就在这样一个生死的轮回中，如同众生的生命，生死轮回不断。看明白了股票的走势，对人生也大概有点领悟了。

一个走势类型确立后，也就确认了前一个走势类型的死，同时也开始了自己面向死亡的生存。

如同众生的轮回生死，在死与生之间，有一段被称为中阴身的阶段，股票的走势，同样存在着这个阶段。如果说前一个走势类型的背驰或盘整背驰宣告了前一个走势类型的死亡，到新的走势类型确立，这里有一个模糊的如同中阴般的阶段【扫地僧：用中阴来比喻这个阶段是非常贴切的，当一个走势结束后，到新的走势确定是趋势还是盘整这之间的阶段，叫中阴阶段，由于趋势的确立是可以通过第三类买卖点当下确认的，所以当新的走势出现了第三类买卖点时，就可以当下确认中阴阶段结束。如果新走势是盘整，由于盘整是没有明显界定点的，那么这中阴阶段也会伴随着这新的盘整走势的结束】。

要把握此阶段的走势，必须把前一段走势的部分走势结合起来分析。也就是说，前一段走势的主力在发挥着作用，这个主力与市场当下的新合力构成了最终决定市场方向的最终合力。

用一个例子，就能很好地说明这个问题。

在图1中，191点的背驰宣告前一走势类型的死亡。按道理，新的走势类型

① 原文来源：http：//blog.sina.com.cn/s/blog_486e105c01000edy.html，2007-11-06 22：38：43。

是从 191 点开始分析的，但这时候，新的走势类型连第一线段都没走出来，甚至走到 193 点的位置也依然轮廓不明，因此，这时候就是典型的中阴身阶段，必须借助前面 189 点开始形成的中枢来完成分析与相应的操作。

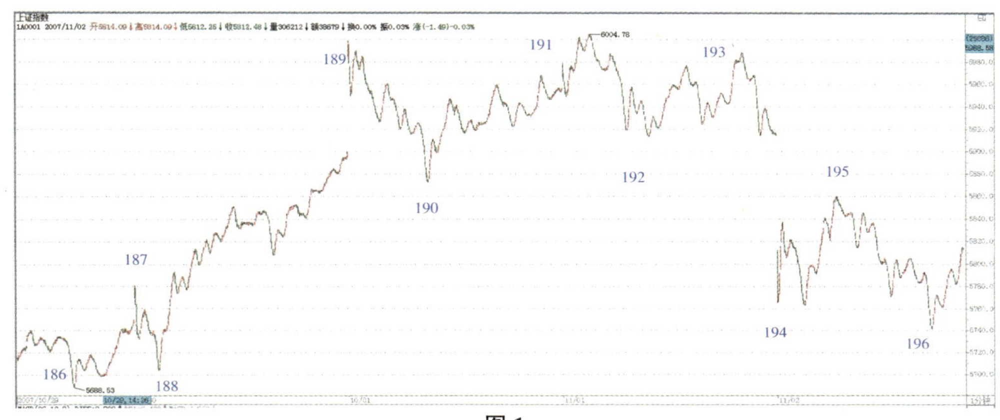

图 1

如果从 191 点开始，192 点、193 点都很难说有什么可依据的。当然，可以说 193 点就是第二类卖点，这个自然没错，但站在 189 点开始中枢的角度，这就存在一个中枢震荡的问题，这样，这个干瘪的第二类卖点，就有一个更大的可依靠的分析基础【扫地僧：中枢就是这个更大的可依靠的分析基础】。一切关于中枢震荡的分析，都可以利用到关于 192 点、193 点以及后面走势的分析中，这等于有了双重的分析保证。

当然，后面的 195 点的第三类卖点，也是站在中阴阶段的角度说的。但这一点是一个中阴阶段与新的走势类型确立阶段的分界点，195 点出来以后，新的走势类型最开始的形态就确立了，也就是至少是一个线段的类下跌走势。这时候，分析的重心就可以移到 191 点开始的新走势类型上了。这时候，就可以基本在这个线段级别上，不用考虑 191 点之前的事情【扫地僧：如前面所说，第三类买卖点是中阴阶段结束的分界点】。

但 191 点之前的走势并不是没有用的，而是在更大级别上，例如在 1 分钟、5 分钟等级别上发挥作用了。191 点后面出现的走势，就和 191 之前的结合出大级别的走势形态。

因此，当各位熟练以后，就不一定要不断地标记下去了，例如，如果你是按 1 分钟级别操作的，那么，前面 191 点线段标号可能就可以一下简化为不到 10

个 1 分钟级别相关的标号。当 191 点后面的走势演化出的 1 分钟走势结束后，这 1 分钟级别的标号才再增加一个，这样标号的数目就很有限了。当然，如果是 5 分钟级别、30 分钟级别、日线等，就更少了。

为了方便明确起见，还是把记号的级别进行分类，例如，用 Xn 代表线段的标号，用 Yn 代表 1 分钟的级别，Wn 代表 5 分钟的记号，Sn 代表 30 分钟标号。日、周、月、季、年，分别也可以用 Rn、Zn、Mn、Jn、Nn 来表示。其中的 n 都是具体的数字，这样，所有的走势，都可以被这个标号体系所标记而清楚异常了。

例如，对于 191 点，站在线段上，就是 X191 的标号，站在 1 分钟级别，可能就是某个 Yn 的标号，而 189 点，就只有线段的标号，这同时也显示了 191 点和 189 点的重要性是不同的。

什么是最牛的点？就是从线段一直到年，同时都有标号的那个点，如果是顶，那就是百年大顶，当然，是否有幸碰到这样的点，就看各位的运气了。

这个标号体系，不单单为了方便阅读、标号，首先就培养了各位一种综合的、系统的习惯。看一个走势就要知道，不单是一个线段，而是在一个大的多层次系统里，这样才不会被每天的波动所迷失【扫地僧：这一点很重要，多级别联立时，由于大级别的走势好久才会更新一下，因此分析到最后很容易将大级别逐渐忘了，就会造成级别越来越小，这也是操作时级别越做越小的一个原因，如果有了这套标记习惯，能从一定程度帮助经常多个级别综合判断。需要注意的是，由于盘整走势的结束只能靠后面的走势来确定，因此，当遇到盘整走势时，有些标号可能会作为暂时的标记】。

这个标记的过程意味着什么？既然线段有中阴阶段，那么其他级别当然也有。所以无论任何级别，在一个顶点出来后，都有对应级别长度的中阴阶段。

注意：为什么很多人逃了顶，最后还是被套住了；抄了底，最终还是没赚到钱，被震出来了？这就是被相应级别的中阴阶段给套死的，而且，越大级别转折后的中阴阶段，越能套死人。

有些人，经常在行情转折的中阴阶段，觉得世界又美好了，或者世界又恶劣了，结果都是被业力所牵引。

中阴阶段，无一例外，都是表现为不同级别的盘整（注意：这只是从截取这一阶段的形态来说，并不是说新的走势类型一定是盘整）。也就是围绕前一走势的某一部分所构成的中枢震荡，即使是所谓的 V 形反转也一样，只是震荡的区域回得更深而已。

其实任何转折，也就是第一类买卖点之后，都对应着某一级别的 V 形反转，例如，191 点的转折，190~191 与 191~192，其实就是一个 V 形反转，只是级别特别小。这个 V 形反转的级别，决定了中阴的级别与力度。例如，站在日线图上看 6124 点前后 N 天的走势，其实就是某级别的 V 形反转，然后就同时进入中阴阶段。

注意：中阴阶段结束后，不一定就是真正的反转，也可以是继续延续前一走势类型的方向，例如上涨+盘整+上涨，这样的结构是完全合理的【扫地僧：归根原因还是新的走势是盘整，而盘整走势无法当下确认，所以就仍然认为是中阴阶段】。

但上涨+盘整+下跌，上涨+下跌等，同样是可能的选择。这时候，唯一正确的操作只有一点：如果你技术好，就在这个大的中枢震荡中操作一把，如果技术不好，就拿着小板凳看戏，看它最后是升天还是下地狱，让市场自己去选择，然后再决定操作。

不过，站在本 ID 理论的角度，最大的效率就是利用这个震荡去中枢震荡操作一把，学了本 ID 理论，就是要把技术练好，练好了，就自然不用整天坐小板凳了，上台自己客串一把不是更爽？

当然，没这本事的时候，还是别玩这一招，这就如同在中阴的阶段，还是可以去修炼去证悟，但你总不能因此说，我现在就不修炼了，等中阴再说。

所以，有真本事，什么情况都不怕，都可以折腾。关键是要有真本事。

【扫地僧点评】

中阴就是原先的走势已经死亡，而新的走势还未确定是趋势还是盘整。

教你炒股票 89：中阴阶段的具体分析[①]

前世孽债已还清，今生投胎仍不明，是人是鬼是畜生，需看前世修善行。

大概很多人都想中阴阶段也没什么特别的，其实也是一个盘整，和其他的盘整也没什么不同。如果有这种想法，就有大问题了。

中阴阶段能否处理好，关系到操作节奏的连接问题。很多人的操作节奏特乱，就是因为不知道中阴阶段的问题。中阴阶段虽然表现为中枢震荡，但并不是一般性的中枢震荡。

另外，特别要注意，精确的理论，当然也可以很粗略地说，例如，所有人都知道，市场不是上就是下或者就是盘整，这本质上是废话。但废话的另一面就是公理。这个废话，刚好表现了市场的本质。

就如同欧氏平面几何里，说两点之间只能有一条直线。这对于常识来说，就是废话。但这废话就是公理，关于欧氏平面几何里的公理，这个公理正好反映了欧氏平面几何的本质特征。同样，市场不是上就是下或者就是盘，这一点，刚好反映了地球上现在所存在的股市的特征。

但更重要的一点是，知道了公理，其实什么都不知道。这其实也是中国人思维里的一大弱点。中国人喜欢大而化之地讨论问题，结果最终讨论的都是废话，都是所谓的公理，或者说都是我们的共业所生的东西。

但科学，特别对于具体操作来说，这些大而化之的东西，没有任何意义。例如，市场上的操作是一就是一，多一分不行，少一分也不行。所以，这里必须有严密的逻辑思维习惯，而且是精确思维的习惯。

我们从公理出发，并不意味着我们就停留在公理的水平上。否则，欧氏几何就是干瘪瘪的 5 条公理，那还研究什么？同样，讨论市场，不是上就是下或者就是盘，那样什么都别研究讨论了，抛硬币就可以。

① 原文来源：http：//blog.sina.com.cn/s/blog_486e105c01000ej2.html，2007-11-18 20：14：06。

中阴阶段的存在就在于市场发展具体形式在级别上的各种可能性。这些可能性的最终选择，并不是预先被设定好的，而是市场合力的当下结果，这里有着不同的可能性。而这些可能性在操作上并不构成大的影响，因为都可以统一为中阴过程的处理【扫地僧：这句话从本质上说明了中阴阶段就是走势结束之后，有多个分类，在市场最终选择某个分类之前的阶段就是中阴阶段】。

例如，这次从 6004 点开始的 1 分钟级别下跌背驰后，就进入中阴时段。首先，根据走势分解的基本定理知道，其后的行情发展，一定是一个超 1 分钟级别的走势。但超 1 分钟级别的走势存在很多可能，就如同一个人死后在中阴阶段，也存在着多种可能：人、鬼、神、阿修罗、地狱、畜生等【扫地僧：大盘的走势如图 1 所示。其中 191~216 是下跌的 1F 趋势，虽然从 200 到 209 有 9 段重合，但 199~204 是作为第一个 1F 中枢的离开走势，204~209 是第二个 1 分钟中枢】。

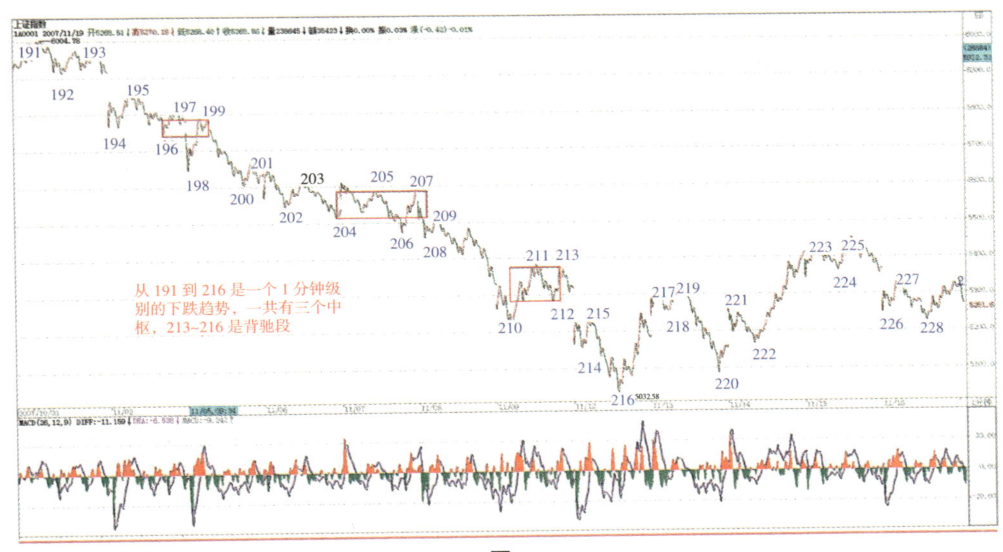

图 1

这些可能，首先一个最基本的原则是，必须先出现一个 5 分钟中枢，因为无论后面是什么级别的走势，只要是超 1 分钟级别的，就一定先有一个 5 分钟中枢，这没有任何特例的可能。而这个 100%成立的结论，就构成了我们操作中最大也是 100%准确的基本依据【扫地僧：必须先出现一个 5 分钟中枢，这里隐含了一个前提：大级别方向是向下的。由于 6124 是一个区间套的 30 分钟级别的趋

势卖点，因此，上涨的 30 分钟趋势已经完成，当下走的就是下跌趋势，所以才会有一个 1F 下跌趋势结束后，必须会出现 5 分钟中枢这样的结论】。

1 分钟级别的走势后，你不能说它一定是下，还是上或盘，因为都有可能。但你一定能说，它最终必须先有一个 5 分钟中枢，这是 100%的，而且，只有本 ID 的理论才能明确给出这样的必然结论。

有了这个结论，一切关于行情后续演化的争论都没有了意义。不管后面是什么，首先把这 5 分钟中枢给处理好，才是唯一重要而且有着 100%操作性与准确性的事情。因此，你在操作中，脑子里必须有这样一个 100%的判断。

当然，如果你是按 5 分钟以上级别操作的，那么这个 5 分钟中枢的中阴过程对于你来说可以说是不存在的，你可以根本不管。而这 5 分钟中枢成立后，就必然 100%面临一个破坏的问题。如果这中枢不断延伸，搞成 30 分钟中枢了，那就按 30 分钟中枢的第三买卖点来处理，以此类推，总要面临某一个级别的第三买卖点去结束这个中枢震荡。

一般地，我们可以以 5 分钟中枢后就出现第三类买卖点为例子，那么，这个 1 分钟的走势就演化为 5 分钟的走势类型，至于是只有一个中枢的盘整，还是两个中枢的趋势，用背驰的力度判断就可以把握。

例如现在，如果已经形成的 5 分钟中枢出现第三类卖点，那么，就算共同富裕的目标达不到，全面小康肯定是没问题了【扫地僧：总结以上的分类：1 分钟下跌趋势结束后，首先出现 5 分钟中枢，5 分钟中枢又延伸出第三类买卖点和扩展出 30 分钟级别两种可能，中枢延伸可用 5 分钟中枢震荡操作，第三类买卖点做相应操作即可，而如果扩展出 30 分钟级别，则一切按照 30 分钟级别分析和操作】。

从上面就可以看到，本 ID 的理论是把一个看似复杂、没有方向的中枢问题，以 100%准确的逻辑连接成一个可以 100%具有准确操作度的简单操作程序。

这里，必须再次说明，本 ID 理论的盘整和一般所说的区间震荡盘整的概念不是一回事，指数从 10000 点跌到 0 也可以是一个盘整，只要中间只有一个中枢。另外，盘整和中枢也不是一个概念。中枢如果是苹果，那么盘整就是只有一个苹果的苹果树，而趋势就是可以有两个以上直到很多个苹果的苹果树。你说苹果和苹果树是一个概念吗？

千万别以为盘整就一定比趋势弱，有些盘整，第一段就杀得天昏地暗的，后面一段，即使没有第一段有力量，两者加起来，也可以超越所谓的趋势了。还是上面的比喻，只有一个苹果的苹果树，难道一定比有 100 个苹果的苹果树矮？显

然不是的。

所以，那些连中枢、盘整、趋势都没搞清楚的，就请虚心点好好去学习。本ID的理论，不会因为多一人学了而多一分准确性，更不会因为少一人学了而少一分准确性，这就如同三角形之和180度，只要在欧氏平面里，你爱信不信，都不会变成179度的。

【扫地僧点评】

中阴和一般的盘整确实不同，中阴就是上一个走势结束后，接下来有几种走势分类，在达到这些走势分类的边界之前的阶段，一旦触发某个分类的边界，中阴阶段立刻结束。

教你炒股票90：中阴阶段结束时间的辅助判断①

一个布带三条轨，K线大多在轨内，张口预示趋势来，收口代表定分类。

注意：这里给出的是中阴阶段结束时间的辅助判断，并不是一个绝对性的判断，如同用MACD判断背驰一样，只是一个辅助工具，但由于准确率极高，绝对的判断反而因为太复杂而不实用，所以就可以一般性地利用这进行判断。一般来说，这个中阴阶段结束时间的辅助判断的有效性可以接近100%，很少有例外。

当然，由于是辅助性判断，所以技巧性与熟练程度就很关键了。这就如同玩杂技，训练有素的人上台出错的概率很小，而没有经过训练的人一上台肯定出错。

这个辅助判断，可以利用所有软件都有的一个指标：布林通道。一般在软件上都用BOLL表示。该指标一般都有三条线，上、中、下三条轨道。一般地，在上轨以上和下轨以下运行是超强状态，一般中枢移动时肯定会出现，唯一的区别是前者是上涨超强，后者是下跌超强。

注意：用这个指标可以很好地辅助判断第二类买卖点，有时候也可以用来判断第一类买卖点。一般来说，从上轨上跌回其下或从下轨下涨回其上，都是从超强区域转向一般性区域，这时候，如果再次的上涨或回跌创出新高或新低但不能重新有效回到超强区域，那么就意味着进入中阴状态了，也就是第一类买卖点出现了【扫地僧：这个方法可作为判断第一类买卖点的辅助，举两个例子感受一下，见图1、图2】。

更有效的是对第二买卖点的辅助判断。一般来说，在进入中阴状态后，上轨和下轨都会出现滞后反应，也就是等第一次回跌或回升后再次向上或下跌时，上轨和下轨才会转向，而这时候转向的上轨和下轨，往往成为最大的阻力和支持，

① 原文来源：http：//blog.sina.com.cn/s/blog_486e105c01000eor.html，2007-12-03 22：33：08。

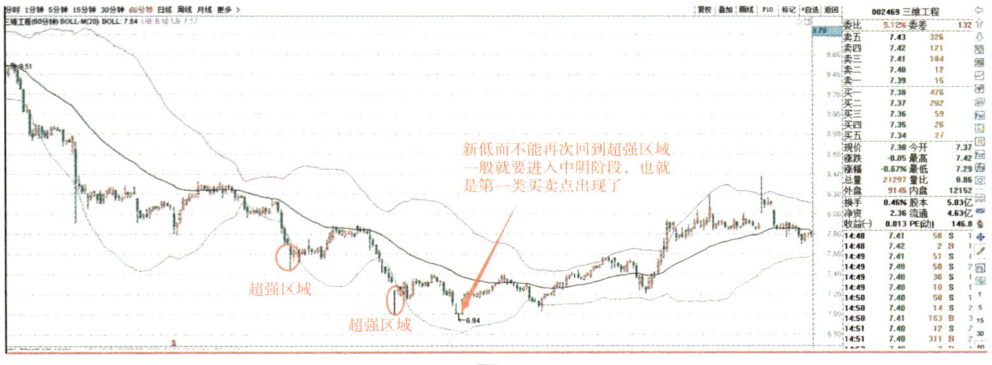

图 1

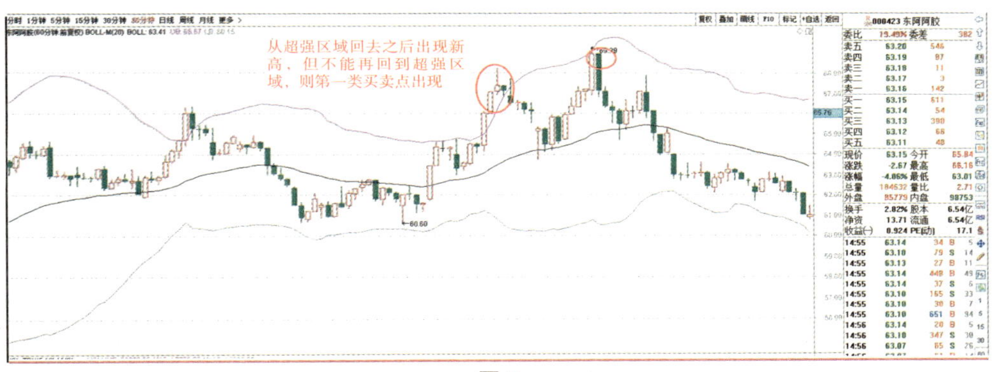

图 2

使得第二类买卖点在其下或其上被构造出来。一个例子，就是上证指数在 6004 点时构成的第二类卖点，还有一个例子就是 6 月 20 日那天的第二类买卖点【扫地僧：如图 3 所示】。

图 3

（扫码获取更多学习资料）

个股方面，000938 是一个经典的例子，9 月 14 日的第一类卖点，10 月 8 日的第二类卖点。还有 000999 10 月 10 日的第一类卖点以及 11 月 6 日的第二类卖点。这些例子太多，而且在不同的级别中都一样有效【扫地僧：这两个股票的案例如图 4、图 5 所示】。

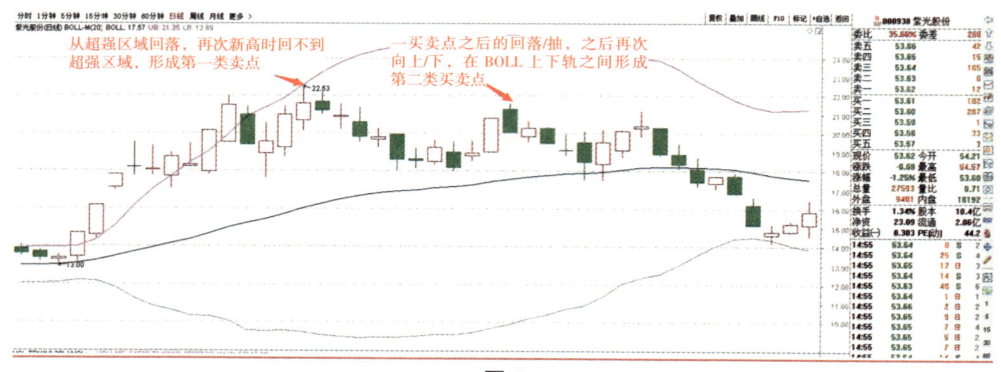

图 4

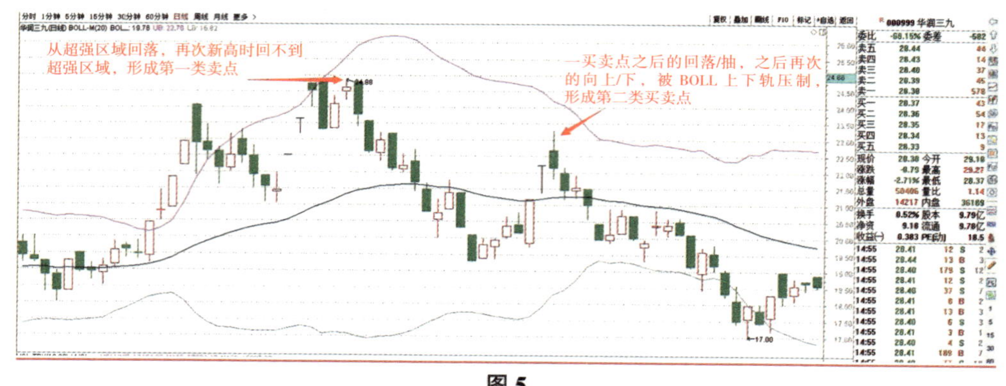

图 5

注意：有人可能说本 ID 上面那两个例子都是自己的股票，那肯定对。其实，别的股票更准确，例如 000002，这股票够大众情人了，请看它的周线，40.78 元那周，看看究竟发生了什么事竟然构成了周线的第一卖点？【扫地僧：见图 6】

不过，布林通道最有用的，还是对于中阴结束时间的预判。一般来说，布林通道的收口，就是对中阴结束时间的最好提示。但这里有一定的技巧性，不是 1 分钟级别就一定要看 1 分钟的布林通道的，如图 7 所示，一个 5 分钟的中阴过程，对应的是看 30 分钟的布林通道。

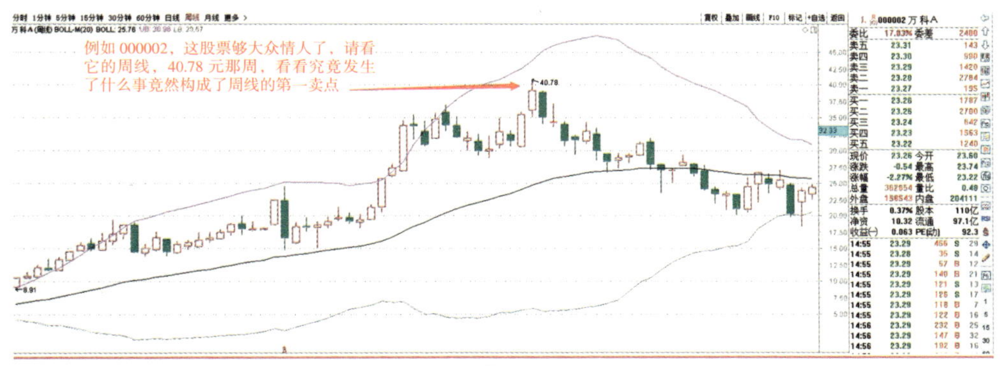
例如 000002，这股票够大众情人了，请看
它的周线，40.78 元那周，看看究竟发生
了什么事竟然构成了周线的第一卖点
40.78

图 6

图 7

一般来说，某一级别的布林通道收口，就意味着比这低级别的某个中阴过程级别要扩展或结束了，一般都有相应的第三类买卖点。

图 7 这个例子请好好研究一下，里面还有前面说的那条下降通道，可以看到，现在离这个上轨有多接近。

注意：这个辅助判断，比 MACD 那个技巧性还要高点，必须不断看图，自己去总结自己的经验才会有所得。

【扫地僧：为了方便，将 BOLL 放入图 7 中看，图 8 中，第一个红色箭头是 6004 点下来的 1F 趋势的第一类买点，第一个绿色箭头是 BOLL 第一次开始收口，此时要注意 1F 一买后中阴阶段要结束，因为即将形成 5 分钟中枢。第二个绿色

箭头是第二次 BOLL 收口，此时要注意的是后面是否出现 5 分钟级别的第三类买卖点，第三个绿色箭头则是这个 5 分钟中枢的三卖】

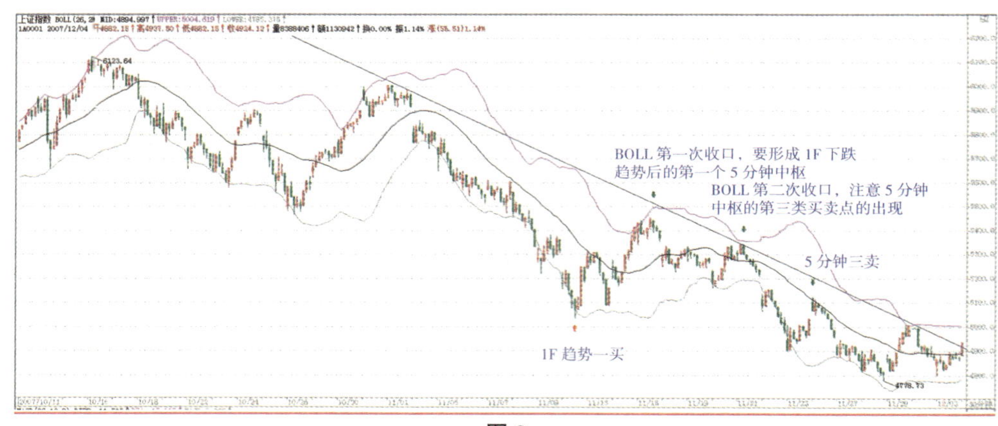

图 8

【扫地僧点评】

BOLL 指标是除了均线和 MACD 之外，缠论中用于辅助判断的第三个指标，这个指标在应用时不如均线和 MACD 相对精确，更重在形。

教你炒股票91：走势结构的两重表里关系（1）[①]

未病欲病到已病，病去岂能一日平，单经单络非名医，七经八脉神医行。

判断走势，如同中医看病，未病而治的是第一等的，次之的是对治欲病，到已病阶段，那只能算是亡羊补牢了。但绝大多数的人，病入膏肓了还在幻想，市场里最终牺牲的，总是这种人。

级别的存在，可以比拟成一种疾病的级别，1分钟的可能是小感冒，而有时候一个5分钟的下跌就是感冒流行了。至于30分钟、日线的下跌，基本就对应着一些次中级或中级的调整，大概就相当于肺结核之类的病了。而周线、月线之类的下跌，那是什么就不用说了。如果是季线、年线级别的下跌，就算不是死人一个，也至少是植物人了。

未病—欲病—已病，对应的界限就是相应级别的第一、第二、第三类买卖点，注意：对于上涨来说，踏空也是一种病，涨跌之病是相对的。

如何诊断出这病所处的阶段，这和中医的道理是一样的。例如，肺和大肠相表里，中医里的肺不单单指西医所谓的肺，而是相应的一个功能系统，例如，鼻子就属于肺这个系统，因此，鼻子的毛病，可能就和大肠相关联，而在西医里，这两样东西无论如何都是不搭界的。

在走势中，当下的走势，就对应着这样类似的两重表里关系。在我们前面所讨论的走势分解的配件中，有两种类型：①能构成中枢的。②不能构成中枢的。第一种，包括线段以及各种级别的走势类型；第二种，只有笔。笔是不能构成中枢的，这就是笔和线段以及线段以上的各种级别走势类型的最大区别。

因此，笔在不同时间周期的K线图上的相应判断，就构成了一个表里相关的判断【扫地僧：线段或走势类型其实也可以有不同时间周期的表里关系，但笔是

① 原文来源：http://blog.sina.com.cn/s/blog_486e105c01007wc1.html，2007-12-17 21：40：15。

最简单的，用起来自然也简单】。越平凡的事情往往包含最大的真理，一个最简单的笔，里面包含了什么必然的结论？一个最显然又有用的结论就是：

缠中说禅笔定理：任何的当下，在任何时间周期的 K 线图中，走势必然落在一个确定的具有明确方向的笔当中（向上笔或向下笔），而在笔当中的位置，必然只有两种情况：①在分型构造中；②分型构造确认后延伸为笔的过程中。

根据这个定理，对于任何的当下走势，在任何一个时间周期里，我们都可以用两个变量构成的数组精确地定义当下的走势。第一个变量，只有两个取值，不妨用 1 代表向上的笔，-1 代表向下的笔；第二个变量也只有两个取值，0 代表分型构造中，1 代表分型确认延伸为笔的过程中。

例如（1，1）就代表着一个向上的笔在延伸之中，（-1，1）代表向下的笔在延伸中，（1，0）代表向上的笔出现了顶分型结构的构造，（-1，0）代表向下的笔出现底分型的构造【扫地僧：四个取值分别如图 1 所示。注意：当笔出现顶底分型后，一直到反向笔出现前或者该笔继续延伸前，这个状态都是分型构造中的状态，如图 2 所示】。

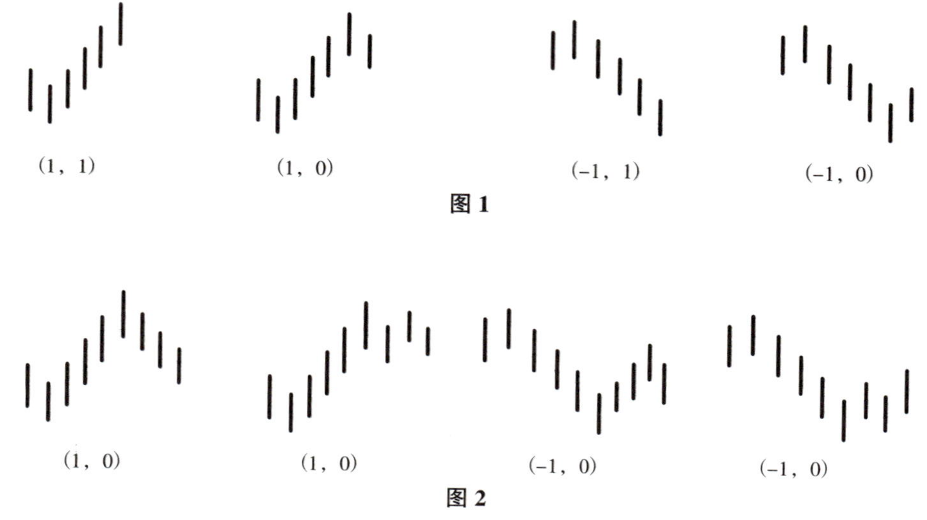

图 1

图 2

任何的当下，都只有这四种状态，这四种状态描述了所有的当下走势。更关键的是，这四种状态是不能随便连接的，例如（1，1）之后绝对不会连接（-1、1）或者（-1，0），唯一只能连接（1，0）；同样，（-1，1）只能连接（-1，0）；而（1，0）有两种可能的连接：(1，1)、(-1，1)；（-1，0）有两种可能的连接：

（-1，1）、（1，1）【扫地僧：各种状态间的转换如图 3 所示】。

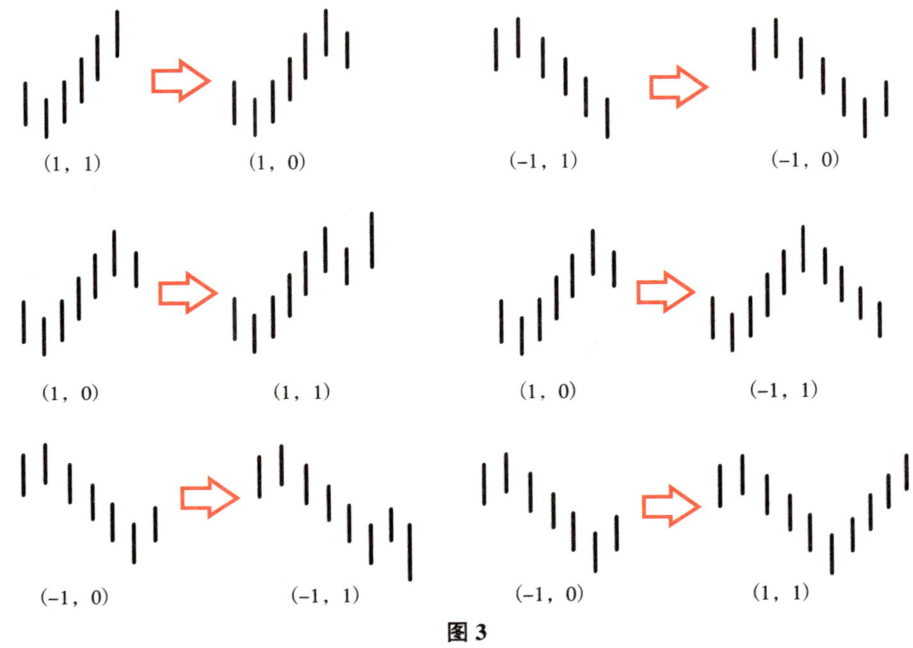

图 3

有了上面的分析，我们就很容易进行更复杂点的分解。考察两个相邻的时间周期 K 线，例如 1 分钟的和 5 分钟的。如果 5 分钟里是（1，1）或者（-1，1）的状态，那么 1 分钟里前面的任何波动，都没有太大的价值，因为无论这种波动如何大，都没到足以改变 5 分钟（1，1）或者（-1，1）状态的程度，这里就对 1 分钟的波动有了一个十分明确的过滤作用。如果你是一个最小关心 5 分钟图的操作者，你根本无须关心这些无聊的波动。

此外，如果 5 分钟是（1，1），1 分钟也是（1，1），那么，5 分钟是断无可能在其后几分钟内改变（1，1）模式的，要 5 分钟改变（1，1）成为（1，0），至少要在 1 分钟上出现（1，0）或（-1，1），而在绝大多数的情况下，都是必然要出现（-1，1）的。

因此，站在病的三阶段判断的角度，对于 5 分钟的笔状态，1 分钟的笔状态的改变可能导致 5 分钟笔状态的改变，就是一种未病的状态。例如，对于 5 分钟的（1，1），1 分钟出现（1，0）是一个小的警告，但这个警告如果只出现在 1 个 5 分钟的 K 线里，那么不足以破坏 5 分钟的结构，所以这个警告不会造成实质的影响，但如果这个 1 分钟的（1，0）被确认了，那么一个重要的警告就成立了，这就是将

向欲病发展了【扫地僧：这里是笔误，应该是这个 1 分钟的（–1，1）被确认了】。

但这个 1 分钟的（–1，1）出现并导致 5 分钟的（1，0）在形成中，就是一个欲病向已病发展了。当 5 分钟的（1，0）也确认向（–1，1）发展时，就确认已病了【扫地僧：未病、欲病、已病如图 4 所示】。

未病	欲病	已病
5F：（1，1） 1F：（1，0）	5F：（1，0） 1F：（–1，1）	5F：（–1，1） 1F：（–1，1）或（–1，0）

图 4

这种分析，同样可以应用在日线与周线的关系上，例如最近大盘的走势，在周线上出现（–1，0），而日线上目前是（–1，1），这种状况是下跌里第三恶劣的情况，因为最恶劣的周线是（–1，1），日线也是（–1，1）；次恶劣的周线是（–1，1），日线是（–1，0）。对于第二、第三恶劣的情况，技术高的也是可以去操作的，对于最恶劣的那种，就算技术高的也算了。目前，首要等待的就是日线出现（–1，0）的信号，而如果这信号出现时，周线还能保持（–1，0），那么就会出现第四恶劣的情况，也就是有可能出现转机的情况，是否出现，大盘走出来就知道了。而目前的大盘处在最微妙的时候，为什么？因为一旦日线的（–1，1）延续到打破周线的（–1，0），就会变成最恶劣的走势状态，也就是周线（–1，1），日线也是（–1，1）。换言之，目前的大盘只面临两种选择，第一恶劣还是第四恶劣，如此而已【扫地僧：两重表里状态的强弱如图 5 所示】。

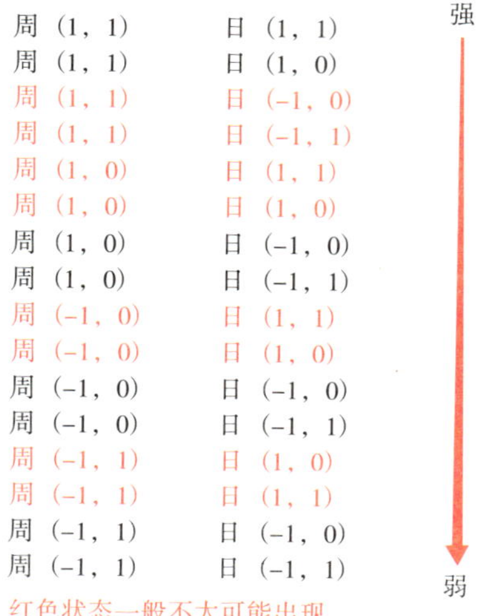

周	日
周（1，1）	日（1，1）
周（1，1）	日（1，0）
周（1，1）	日（–1，0）
周（1，1）	日（–1，1）
周（1，0）	日（1，1）
周（1，0）	日（1，0）
周（1，0）	日（–1，0）
周（1，0）	日（–1，1）
周（–1，0）	日（1，1）
周（–1，0）	日（1，0）
周（–1，0）	日（–1，0）
周（–1，0）	日（–1，1）
周（–1，1）	日（1，0）
周（–1，1）	日（1，1）
周（–1，1）	日（–1，0）
周（–1，1）	日（–1，1）

红色状态一般不太可能出现

图 5

为了记录，我们可以随时给大盘开一个即时的病情记录，这个记录是一个矩阵，按 1、5、30、日、周、月、季、年的级别分类，这矩阵有 8 行，每一行就是对应级别的状态数组，这矩阵可能的情况就有 4 的 8 次方个，一个相当大的数字代表了走势所有可能的状态，也就是所有病的状态。

当然，用巨大的计算机，我们可以实时监控所有股票的病情。注意：每一种状态后并不是随机到任何另一种状态的，可变的状态是极为有限的，从中可以分析出可能变化状态中出现最大可能盈利的转折状态，这种转折是必然的。然后用大型的机器监控所有股票，在相应的状态买入，在相应的状态卖出，一部自动赚钱的永动机器就构造成了。

关于哪些状态的转折效率是最高的，这是一个纯粹的数学问题，知识是有力量的，这就是一个例子。

当然，对于一般人来说，完全没必要去制造这样的机器，研究这样的问题。因为我们完全可以只关心三个连续的级别，例如，1、5、30 分钟，然后对应着 64 种状态，这里，就和易经联系上了，很多人用易经研究股票，都是胡乱研究一通。其实，真要用易经研究，就从这里下手，这才是正道，这个以后慢慢说。

当然，仅是笔这重表里关系，不足以精确地诊断市场走势，这就像光清楚肺和大肠的关系，是治不好人的。可能在这重关系中的未病，站在别的关系下就看出已病了。因此，必须再研究另外的表里关系【扫地僧：这就像三个独立系统选股一样，从不同的维度来看市场走势。另外的表里关系有很多种思路，例如可以以当前价格在某级别的中枢的相对位置来作为一种表里关系，此外，简单的还可以用某些指标来作为表里关系，比如 MACD 和均线】。

更重要的是不同的表里关系之间还是有生克关系的，就如同中医里不同系统间的生克关系一样，只有在这个层面上，才能算初步沾了一点诊断的边【扫地僧：比如中枢的相对位置，它和笔的表里关系就有相克的地方，因为在笔的表里关系中最健康的向上笔在中枢相对位置中反而可能会出现已病的一卖状态】。

【扫地僧点评】

两重表里关系更多的是从逻辑的角度来对走势做一个完全的状态分类，并分析各个状态之间跳转的逻辑。

教你炒股票92：中枢震荡的监视器①

中枢震荡学问大，波动区间参考下，趋势离开眼睁圆，三买三卖趋势架。

这几天解盘时说到关于中枢震荡的一些细节问题，这里先穿插着把相应内容说说。

中枢震荡，最终一定以某级别的第三类买卖点结束。但问题是，如何预先给出有参考价值的提示，也就是如何去监控这震荡是在逐步走强，还是逐步走弱，这是一个有操作价值的问题。当然，顺便地，可以为每次的震荡高低点的把握给出一个大致的区间。

一个中枢确立后，中枢区间的一半位置称为震荡中轴Z。而每一个次级震荡区间的一半位置依次用Zn表示，当然，最标准的状态，就是Zn刚好就是Z，但这是很特殊的例子。

显然，Zn在Z之上，证明这个震荡是偏强的，反之偏弱。震荡的中枢区间是［A，B］，那么，A、Z、B这三条直线刚好是等距的，Zn的波动连成曲线，构成一个监视中枢震荡的技术指标【扫地僧：A、B、Z、Zn如图1所示】。

当然，只要有波动，就可以用中枢、走势类型之类的手段去分析，不过Zn的数量不会过于庞大，不会超过9个数据，超过了，次级别就要升级了，所以这样的分析意义不大。

一般来说，这个指标是一个监视指标。这里存在着一种必然的联系，就是最终Zn肯定要超越A或B，如果不这样，就永远不会出现第三类买卖点了，这显然是不可能的【扫地僧：这里的本意是Zn所在的次级别走势的高低点肯定要超越A或B，因为讲得简洁，所以这里要意会，并非笔误】。

反过来，Zn超越A或B并不意味着一定要出现第三类买卖点，也就是说，这种超越可以是多次的，只有最后一次才构成第三类买卖点。不过实际上的情况

① 原文来源：http：//blog.sina.com.cn/s/blog_486e105c01007zm6.html，2007-12-27 20：31：33。

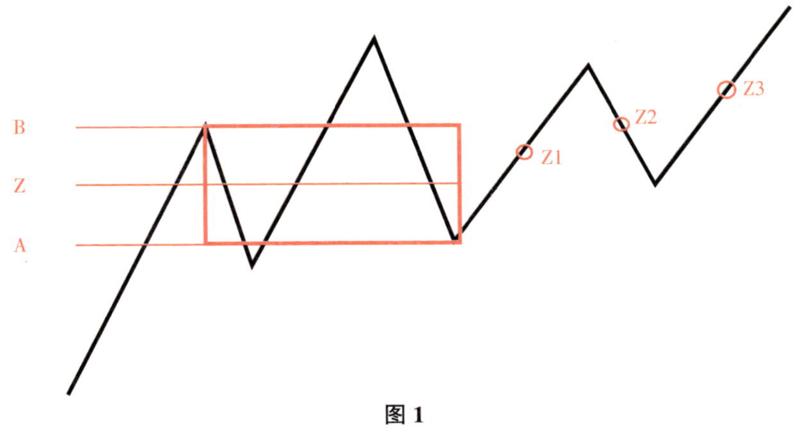

图 1

绝大多数没有这么复杂，一般一旦有这类似的超越，就是一个很大的提醒，这震荡要面临变盘了。

一般来说，如果这超越没有构成第三类买卖点，那么一般都将构成中枢震荡级别的扩展，这没有 100%的绝对性，但概率是极高的。

有了这些知识，对于中枢震荡的可介入性，就有了一个大概的范围。对于买来说，一个 Zn 在 Z 之下甚至在 A 之下的，介入的风险就很大，也就是万一你手脚不够麻利，可能就被堵死在交易通道中而不能顺利完成震荡操作【扫地僧：这是一个实战经验，在中枢区间下方时，很容易出现三卖，或者下跌加速】。

同时，那些 Zn 缓慢提高，但又没力量突破 B 的，要小心其中蕴藏的突然变盘风险，一般这种走势，都会构成所谓的上升楔型之类的诱多图形。这种情况反着看同样存在下降楔型的诱空，道理是一样的【扫地僧：这也是一个实战经验，从心理层面看，虽然 Zn 缓慢提高，但空头始终没有放弃，此时一旦出现异动，很容易出现多翻空的情况，此时趋同性加强，那么反向的力度一般都比较大】。

另外，中枢震荡中次级别的类型其实是很重要的，如果是一个趋势类型，Zn 又出现相应的配合，那么一定要注意变盘的发生，特别是那种最后一个次级别中枢在中枢之外的，一旦下一个次级别走势在该次级别中枢区间完成，震荡就会出现变盘【扫地僧：又一个实战经验，就是看中枢震荡中的次级别的走势类型是趋势还是盘整，如果是趋势，并且 Zn（最好是该趋势最后一个中枢）又在 A 或 B 之外的，只要在该趋势最后一个中枢范围内完成了一个盘整，就构成标准的趋势+盘整的第三类买卖点】。

(扫码获取更多学习资料)

结合上布林通道的时间把握，这样对震荡的变盘的把握将有极高的预见性了【扫地僧：变盘的时间点往往发生在布林通道收口时，这和“教你炒股票 90：中阴阶段结束时间的辅助判断”中提到的方法是相同的】。

除了特殊的情况，Zn 的变动都是相对平滑的，因此，可以大致预计其下一个的区间，这样，根据当下震荡的低点或高点，就可以大致算出下一个震荡的高低点【扫地僧：这就可以对中枢震荡时的买卖点有了一定的预判，也是个不错的实战经验】。

【扫地僧点评】

本课中有许多的有关中枢震荡操作的实战经验，实战性很强。

教你炒股票93：走势结构的两重表里关系（2）①

双重表里和分型，原理相似表象轻，多个级别多视角，辅助操作心中明。

显然，所有问题都集中在（1，0）或（-1，0）之后怎么办，如果这两种情况后只有一种情形，那当然不错，可惜这世界没有这么简单，（1，0）或（-1，0）之后，都有（1，1）、（-1，1）两种可能。

以（1，0）为例子，（-1，0）的情况反过来就是。（-1，0）这个信号是绝对明确，毫不含糊的，任何人都可以唯一地去确定【扫地僧：这里是缠师的笔误，应该是（1，0）这个信号是绝对明确】。那么，一个同一的信号，对于不同的人，处理的方法是不同的，这和每个人的水平相关。

（1）如果你震荡操作的水平一般，而胆子又比较小，又没时间跑道，喜欢落袋为安，那么，一个足够周期的（1，1）后出现（1，0），例如周的或日的，这意味着已经有足够的获利空间，这时候，最简单的做法就是把成本先兑现出来，留下利润，让市场自己去选择，不费那个脑子了【扫地僧：这里的前提是一个足够周期的（1，1），或者还可以看当前笔是否已经出现N次从（1，0）到（1，1），无论是哪个条件，都意味着有足够的获利空间】。

剩下的筹码可以这样操作，就是如果出现（-1，1），那么意味着低周期图上肯定也出现（-1，1），那么在这个向下笔结束后回来的向上笔只要不创新高，就可以把剩余筹码扔掉。例如周的，你可以看日或者30分钟周期的低周期。当然，还可以直接就看周的5周均线，只要有效跌破就走，这可能更简单【扫地僧：因为有的时候本级别刚从（1，0）到（-1，1），正好是下跌加速的时候，力度会非常大，等到低级别出现向上笔时可能已经亏损，那么不如就直接设本级别5均线有效跌破为止盈点】。

① 原文来源：http：//blog.sina.com.cn/s/blog_486e105c0100869y.html，2008-01-15 18：08：05。

（2）如果你震荡操作水平比较好，就利用（1，0）后必然出现的震荡进行短差操作，由于都是先卖后买，所以如果发现市场选择了（–1，1），那么最后一次就不回补了，完全退出战斗。

注意：利用短差操作时，一定要分析好这个（1，1）到（1，0）所对应的走势类型，例如一个周线上的（1，1）到（1，0），必然对应着一个小级别的上涨，至于这个级别是 1 分钟、5 分钟还是 30 分钟，那看具体的图形就一目了然了。

（1，0）的出现，有两种可能的情形：该对应的上涨出现明确的背驰完全确认结束，那么整个震荡的区间，就要以上涨的最后一个中枢为依据，只要围绕着该区间，就是强的震荡，否则，就肯定要变成（–1，1）了，就是弱的震荡了。弱的震荡，一般一旦确认，最好还是不参与，等出现（–1，0）再说了【扫地僧：这里还少了一个第二种可能：该对应的上涨没有背驰，那么这里也有两种情况，第一种是小级别上也没有中枢出现，第二种是小级别上之前出现过一个中枢。如果是小级别上也没有出现中枢，这意味着这一波的上涨非常强，那么当前的顶分型至少会构筑这第一个中枢，这个顶分型成为上涨笔结束的可能性就很小了，此时完全可以耐心等待这第一个中枢形成，并围绕该中枢做中枢震荡操作，直到出现第三类买卖点。第二种情况基本意味着要在当前位置构筑第二个中枢或者第一个中枢的三买，需要注意的是如果出现三买，那么三买之后的走势如果不创新高就要走人。因此，这些操作的背后本质核心依然是走势本身，分型和表里关系只是辅助】。

（3）如果市场最终选择（1，1），那么这个（1，0）区间就有着极为重要的意义。这区间上下两段的（1，1）就可以进行力度比较，一旦出现后一段力度小于前一段，就是一个明确的见顶信号，然后根据对应的走势类型进行区间套定位，真正的高点就逃不掉了。

上面，把可能的操作进行了分类说明，方法不难，关键是应用时得心应手，这可不是光说就行的。最终能操作到什么水平，就看各位自己磨炼的功夫了。

【扫地僧点评】

根据两重表里关系来操作，其方法与分型的辅助操作基本相同，但由于多了一个级别的判断，因此能够提高准确率，比单纯的分型更优一些。

教你炒股票 94：当机立断[1]

当下机会当下辨，全凭熟练不熟练，如何选择如何断，自身修为是关键。

本 ID 说过，要学本 ID 的理论，首先要“洗心革面”。为什么？因为你前面一切关于股票的知识，可能都是后面学习的毒药。在本 ID 这里，只有严格分类后的不同操作类型，没有其他那么多无聊的不切边际的所谓预测。

一句话，来本 ID 这里学习，第一层次，就是要达到：当机立断。

机会，是可以预先分析的，但这分析，不是预测，而是建立在完全分类基础上的边界划分，这划分完全来自本 ID 理论的纯数学构造，这构造的唯一性与精确性保证了这分类与边界的当下确认性。

其实，这问题已经说过，但必须再次说，这是一种完全不同的思维方式，如果你不能明白，就永远与本 ID 的理论无缘【扫地僧：如果还是不能明白，建议看看缠师写的“论语详解”】。

例如，现在对以后的大盘走势，我们马上可以分析出所有必然出现的机会：

（1）一个最小的机会，就是大盘线段下移后形成的线段类背驰，这里对应这两个目标，最好的是回拉上面的 1 分钟中枢从而形成 5 分钟中枢，剩下的就是形成第二个 1 分钟的下跌中枢【扫地僧：如图 1 所示】。

（2）第一个机会出现后，根据演化的当下选择，马上可以找到下一个必然出现的机会，就是如果是 5 分钟中枢，那么就有一个中枢震荡的机会；如果是 1 分钟的第二中枢，那么就等着后面的底背驰或者这中枢扩展为 5 分钟后的震荡机会【扫地僧：后面的走势选择了先构筑第二个 1 分钟中枢，然后这中枢扩展为5 分钟中枢，如图 2 所示】。

① 原文来源：http：//blog.sina.com.cn/s/blog_486e105c010087ty.html，2008-01-21 17：29：47。

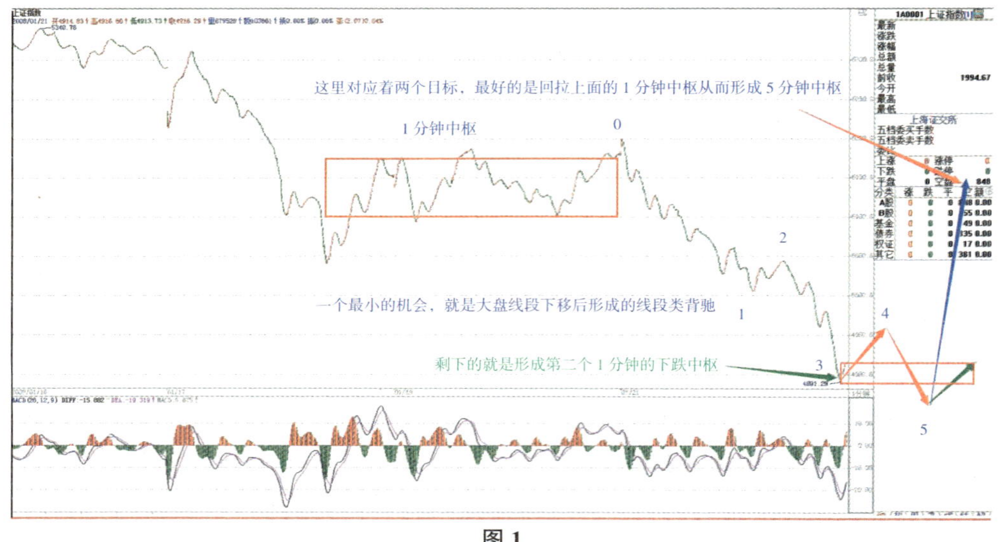

图 1

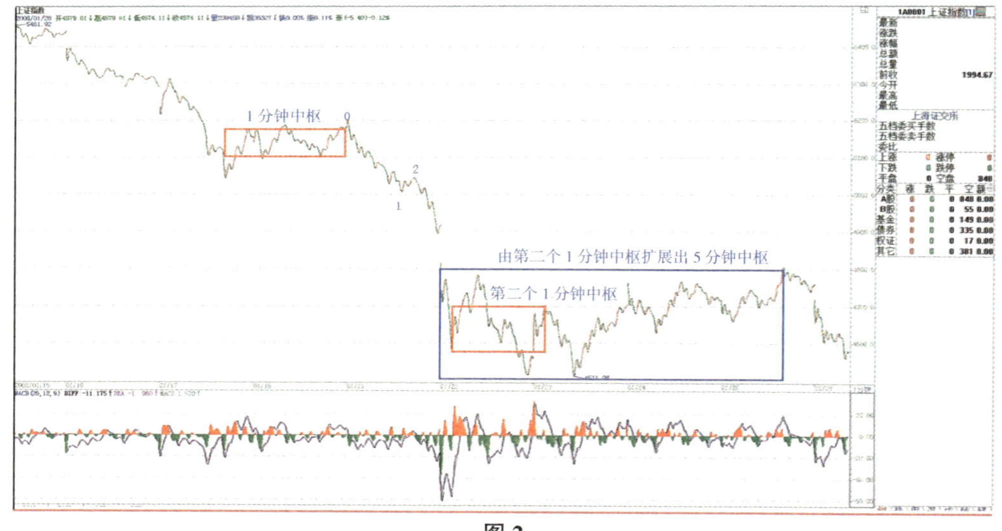

图 2

类似地，对任何走势，我们都可以根据理论，马上严格地给出必然出现的机会。

任何一个当下，你都可以根据本 ID 的理论马上给出后面必然要出现的机会。上面说的是买点，卖点的情况也是一样的。

好了，你根据理论，可以罗列出一大堆必然出现的机会。后面面临的，只是

选择问题。

你真正明白了本 ID 的理论，操作其实就是这么简单，唯一需要问自己的，就是你现在有没有操作的兴趣，如果你想操作，那么，你就需要一系列的准备，通道的、资金的，一切都要安排好，然后关键要把退出的边界条件也设置好。例如，对于第 1 个机会，设置的退出条件，就可以是原来的最后一个类中枢，或者是线段向上走势类型中的类背驰或类盘整背驰【扫地僧：退出条件如图 3 所示】。

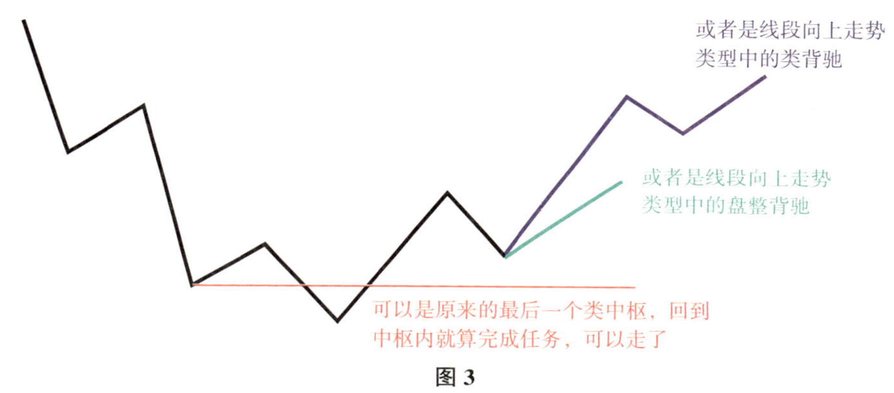
或者是线段向上走势
类型中的类背驰
或者是线段向上走势
类型中的盘整背驰
可以是原来的最后一个类中枢，回到
中枢内就算完成任务，可以走了

图 3

根据这样的设置条件，在 T+1 条件下，你完全有可能走不出来，这买卖点可能就在当天完成了，买了卖不掉。所以，在设置时，可能还要参考机会出现的时间，如果在早上，可能要考虑一下。如果在下午，那胆子可以大点。这还和你自己的实际情况有关，例如一个中线走势极为良好的股票，如果一个线段下跌就去掉了 20%，而你又在高位跑掉了，那这个回补机会当然可以胆子大点【扫地僧：对风险的评估也是根据当下的走势和当下的操作动态调整的】。

更容易的就是把级别放大点，如果你按周线操作，那么从 2005 年下半年买了到现在，你根本连一次都不需要操作，谁告诉你本 ID 的理论只做短线的？

对于每种机会类型，都需要把各种可能的情况考虑清楚，这样可以判断其力度，从而保证进出的资金量。这就如同 419，你今天想 419 了，但总要看到真正的货后，才能决定这投入的量。谁告诉你 419 就一定要奋不顾身的？419 难道就不可以见了就撤？从见了就撤到奋不顾身，这里可以有无数的情况出现，当机立断，这就是唯一。

学了本 ID 的理论，脑子里必须时刻有两个字：级别。有了级别，就是节奏问题了，419，就是见好要收，而不是天长地久。

（扫码获取更多学习资料）

不会卖出，就等于失去了下次买入的机会。这个节奏之所以难，说白了，就是贪嗔痴疑慢作怪。

对于初学者，一定要机械地给点束缚，就像孙悟空戴着紧箍咒，这个束缚，就是5周、5日这些线，一旦分型后有效破了，一定走，这就是束缚。当然，对熟练的，就不需要这些了，严格的走势分类自动就给出一切【扫地僧：技术不高的，就要严格止损止盈，铁的纪律，这是保证能活下去的最好办法，否则技术没练成，先死掉了，就会对技术产生怀疑，最后也很难坚持下去】。

练习的第一步，很简单，就是在任何时刻点位，都能马上根据理论把握机会。

注意：任何的机会，必然在本ID理论的输出中。市场的机会与本ID理论的输出，是严格一一对应的。这就是本ID理论所以厉害的其中一面。

练习的第二步，根据自己当下的心情、资金等，选择介入的机会，放弃不想介入的机会。

然后就等待机会的显现，当机立断，就这么简单。但，这最后一步，足够你修炼N年了【扫地僧：选择与放弃，其中不仅是技术的问题，还有心态，所以修炼N年取决于每个人自身的修为】。

【扫地僧点评】

当机靠的是技术，对理论的熟练程度，立断靠的是人自己的修为。

教你炒股票95：修炼自己[①]

学而时习论语首，大腿拐杖统统丢，若要有为立于世，修炼不止学不休。

本ID觉得，当人被刺激后，学习的效率大概会高点，所以就连续写课程了，让有缘人得之。

要战胜市场，首先要了解市场的众生。市场是合力的，而合这力的不是机械，而是活生生的人。

市场中，大多数的人都是赚钱了不知道为什么，亏钱了不知道为什么，最后变青蛙了，也会说，井上面的天空好大，好复杂，怎么处理啊？哪里有拐杖啊？

几乎绝大多数的人，进市场来时，根本不知道市场是什么，然后就不断投入，最后有些输红眼了，砸锅卖铁也还要进来。

对于市场，本ID有一个观点。市场，就是要0投入去赚钱。

本ID在市场中，等于没有投入过1分钱。

本ID第一笔钱是20世纪90年代初新股赚回来的，那时候买新股的钱，很不好意思，不是本ID的，上市后，就把本还了，剩下的利润，就是本ID在市场中的第一笔钱，从此，无论本ID操作的钱有多少，本ID从来没有在市场中投入过1分钱。当然，现在还按20世纪90年代初那种疯狂状态是不行了，但本ID还是觉得，你投入市场的钱，一定不能无限增加。如果你第一笔投入100万元，还不能赚到钱，你还投什么啊？你100万元都操作不好，难道想操作100万的平方啊【扫地僧：像缠师那样完全0投入也不现实，有限的投入还是必要的，关键是这有限的投入之后，不能无休止地继续投，这是问题的关键】。

只要你有稳定的技术和操作，初始投入多少根本不重要。就算你只有1万元，10次翻倍操作后也就1000万元了，而即使你开始有1000万元，10次连续亏损后，你也没有多少钱了。

问题不是投入的多少，而是技术与操作。所有把市场当赌场的人，最终的命

① 原文来源：http：//blog.sina.com.cn/s/blog_486e105c0100883w.html，2008-01-22 16：10：20。

运都只能是悲惨的。

对于市场上的众生，本 ID 给的第一忠告就是，把你的第一笔钱运作好，然后把本拿走，最后把这利润变成巨大的数字，这才是市场中的真正操作【扫地僧：这样做的好处是，成本已经拿回来了，即使利润全部赔掉，也没有损失，这对你的心态的培养是非常有帮助的】。

市场上的真正成功者，是以十年为单位的，无论你开始有多少钱，10 年都足以让你上一个足够大的台阶，一笔 0 成本、0 投入的钱，让你在市场中无比轻松。

绝大多数的人，因为贪婪而不断投入，因为恐惧又落荒而逃。但市场，进来一次，几乎就很难再离开了。落荒而逃的，最终都是在高潮中又被忽悠进来，最终还是被当作青蛙给煮了，这种事情，难道还少见？

还有不少的人，以评价别人为乐趣，市场中，唯一的评价，就是你的操作，有那时间，练习一下操作吧，这才是市场中人干的事情【扫地僧：凡是在这群那群里最活跃的所谓的高手，一定不是高手，高手哪里有那时间去打嘴仗】。

市场中，唯一需要考虑的，就是对操作水平的提高，这是一切的根本。别人，最多是你的陪练。

学习理论，一定要彻底穷源，然后在实践中不断升级，功夫是要靠磨炼出来的。用你的第一笔钱，一笔绝对不影响你生活的钱，创造一个操作的故事，这就是市场的操作者【扫地僧：理论学习要彻底穷源，同时也要在实践中磨炼，二者缺一不可】。

操作的层次很多，这是一个不断修炼的过程，把基础弄好了，你可以不断前行。市场的机会无穷，坐一次电梯不怕，关键是坐过电梯之后，你能不用再坐电梯。

修炼自己，市场中生存，别无他法。

【扫地僧点评】

修炼自己，没有什么捷径，偷心不死难有所成。

教你炒股票96：无处不在的赌徒心理[①]

千金聚来终归散，赌徒命运无二般，手捧屠龙点金术，市场静心去修炼。

市场中，最大的敌人之一就赌徒心理、赌徒思维。赌，最终的结局就只有一个，如果你以赌徒心理参与市场，那么你的结局就已经注定，你就算还没在锅里，那也只是养肥了再煮而已，没什么区别【扫地僧：赌的最大问题是无论前面赚多少，输一把就归零，此外，加杠杆也是如此，加了杠杆就有爆仓的风险，只要一次爆仓，一切就归零，所以说归零是赌的最终归宿，无非是先后的时间问题】。

赌徒心理无处不在，除了上一课说的不断加码，还有一些，甚至自己都没注意到。例如，有人亏钱了，然后就想，等反弹到多少多少一定出来，以后不玩了。这看起来很不赌徒，但其实也是赌徒心理。赌徒心理一个最大的特点，就是预设一个虚拟的目标，一个想象中的目标，完全无视市场本身。还有一个特点，就是怕失去机会，怕失去了赚大钱的机会。万一走错了，怎么办？万一还涨，不就亏了？诸如此类。

注意：市场中生存，从来就不是靠一次暴富，一次暴富最后倾家荡产的，本ID见多了。

市场真正的成功，都是在严格的操作下完成的。操作失误了有什么大不了的，市场的机会不断涌现，一个严格的操作程序，足以保证你长期的成功【扫地僧：当你有了严格的操作程序以及严格的执行，就如同学会了点金术，还会在意一次两次机会吗？只有那些没有点金术的人才会有赌的心态，这样最终的结果还是归零】。

赌徒心理，一个很经常的行为，就是砍了又追，追了又砍，完全被一股无名的主力牵引，就往那鬼窟里去了。这就是所谓的杀红了眼，所以就被杀了。

---

① 原文来源：http：//blog.sina.com.cn/s/blog_486e105c010088ec.html，2008-01-23 16：18：38。

(扫码获取更多学习资料)

赌徒心理，一个经常的行为，就是不敢操作，看到机会到来，就是怕，等机会真正起来了，又后悔，然后就追上去，5 元不敢买的，过段时间 50 元都敢买，结果又被杀了。

赌徒心理，还有一种常见的，就是听消息，找捷径，以为这世界上就有一个馅饼一定能拍着自己，可能吗？就算能吃到点馅饼，那能当长期饭票吗？【扫地僧：太多的聪明人都非常相信消息，这也是我们的社会环境造成的，都认为社会不公平，可靠人士的消息就是捷径，其实大部分的消息都是故意让你听到的消息，天上哪有那么多的馅饼掉下来】

赌徒心理，还有一种大概是最常见的，就是我要赚钱买房子、车子。我投入，要把装修的钱赚回来。可悲呀，你以为市场是慈善场所？那是杀人的地方！

生活，很简单，一天三顿，五谷为养、五果为助、五畜为益、五菜为充，而不是那些古灵精怪的想法；市场很简单，就如同生活，在一定的韵律中生长出利润。只有那韵律，那平凡但又能长久的盈利模式，才能使你战胜市场【扫地僧：当你熟悉了那韵律，习惯了那平凡又长久的盈利模式，心态自然会变平和，因为一切不过是如春种秋收般自然祥和】。

你不需要如赌徒一样整天烦躁不安，又期盼又恐惧，折腾不休。你只要平静地按照自己的韵律、按照市场的显现去与日俱增地强大自己。错过了，就错过了，后面有无数的机会等着。

你，不需要把自己设计为超人。超人是不需要设计的，超人是干出来的。你能长期地战胜市场，你就是市场的超人。因为市场的原则就是只有最少数的人才能长期地战胜市场，你不是超人，谁还是？

你当然会不时面对不同的危机，危机不能躲，用最快最明确最直面的手段解决，只要还有翅膀，天空就是你的。

前面说过你要用 0 成本投入。当然，实际上也没必要这样严格。你可以把你完全不影响生活的钱拿出来，告诉自己，这就是你唯一的资本，你没有后援，然后就用这创造你自己的神话。当然，如果你输光了，你可以再给自己一次机会，但在给自己这次机会之前，你必须把自己彻底解剖一次，把你所有失败的根源都挖出来，然后你告诉自己，这是你最后的尝试。

如果你又输光了，那么，你就退出吧，不是每一个人都适合市场的，不是每一个人都能够去当市场的高峰的，我们有时候必须面对最客观的事实就是：我不行。

然后给自己 N 年的机会，去学习、去历练，在 N 年以后，你觉得你有足够

的信心重新回到市场了，你再给自己一次机会，如果这还不行，那这一生，你就和市场永远再见了。买基金、买国债，什么都可以，但还是别亲自到市场来了。

市场，只是生活的一部分，如此而已。

【扫地僧点评】

已经连续三课都在讲学习和练习是学缠的正道，别无他法，在学缠迷茫时要多看几遍这三课。

教你炒股票97：中医、兵法、诗歌、操作（1）[①]

> 中医兵法与诗歌，万法相通自琢磨，千人千缠乃常态，世界因此色彩多。

世界上，从来不缺乏贪婪，最大的表现之一，就是上帝式思维【扫地僧：其实，上帝就是规则，是超出我们目前所认知的这个世界之外的所有维度和空间的规则，用我们的语言说就是智慧，按照规则办事，你本身就是上帝，就是佛，凡是以为上帝和佛是某种神奇的物种，你只需要信了他，他就会替你解决所有问题，帮你达到所有目的的这种思维，就是贪婪，有了此心，信什么神都不会有结果】。

在市场操作中，贪婪的最大表现就是希望寻求一种预测性的、一劳永逸的上帝式指标、模式，先验地决定了一切，然后有这东西，在市场中就可以又天国又永生地财源滚滚了。这是什么？典型的贪婪思维，这种人，佛出世都救不了，最终就是当青蛙的料。而市场中，最多这种人，最下劣的，就是希望找一根万能拐杖，最好这拐杖可以自动给出所有的买卖，这样就什么都不用干也财源滚滚了。

贪字和贫字就差那么一点，如此贪婪的想法，不被市场所屠杀，真是笑话了。

市场中操作，和学中医、兵法、诗歌最相似。

学中医，你首先要把中医的理论、系统、思维方法、分类原则等给搞明白，按照中医的系统，所有的病都是有一个对应的理论输出与实际相符合，这就如同本ID的理论，所有的市场机会都会被本ID的理论一一对应地输出。

但你仅知道输出，什么用都没有，你学了一大堆理论，没什么用，因为理论指导和应用是要靠人的，而人的素质、水平等的不同，在应用中相差就太远了，所以最终都归结于人的修炼【扫地僧：学和做不是一回事，《论语》开篇就指出来

---

① 原文来源：http：//blog.sina.com.cn/s/blog_486e105c01008a66.html，2008-01-29 15：49：06。

了：学而时习之，学了之后还要经常按照学的东西应用，逐渐融会贯通，学习学习，学和习是不分家的，这就是学习之道】。

但理论的输出是最基础的，要完全吃透理论。对于中医，学了理论，然后就要开始以望闻问切去实践，这就等于本ID理论中看市场机会的当下显发。有些人，总是想预测，那么请问，一个医生，他知道下面肯定有一个病人要来，难道他还需要预测一下这病人的性别、什么病，可以开什么药？如果世界上有这样的医生，你敢去看吗？【扫地僧：就如同一个新的走势，在走势刚要出现时，去预测它能涨到什么位置，是三段上涨还是五段上涨，是趋势还是盘整，这些预测都没有意义，当它走出来了，根据已经出来的走势来诊断，是否有盘背、三买，如果有就开相应的药方，做相应的操作，之后再根据走势的变化来调方换药】同样，市场的机会的到来，就如同要来的那个病人，你不需要对他预测什么，你只需要等他来的时候对他望闻问切就可以了，事情就是这么简单，为什么这个思维就拐不过来？

机会必然按理论的要求输出，第二步就是看机会的显发，对之望闻问切，这就是更高的一种要求。医生能熟练地望闻问切，那是需要功夫的，需要在实践中增长能力。所以，你开始的时候，总是看走眼，这太正常不过了。多看、多练习，这就是唯一的渠道【扫地僧：唯一的渠道就是多看多练习，下苦功，戒偷心】。

再说一次，一定要看走势图，那是世界上最昂贵的图画、最昂贵的艺术品。多看，就如同培养你的鉴赏力，为什么玩古董的很多人总是被假的骗了，而有人就能专破假古董，这就是鉴赏力的问题，但这是需要磨炼的。磨炼的时候，被骗几次，那不是最正常不过的事情？

为什么很多人在市场中很痛苦，就是他不热爱这走势，走势是最好的艺术品，你站在热爱的角度，才能激发你的鉴赏力。否则，你脑子里总是被盈亏之类的贪婪之念所占据，眼睛怎么可能不被蒙蔽？

望、闻、问、切有成了，后面最难的就是操作了。操作，就如同中医的开药方。会看病，基本就等于中医的1/10，而用药、开药方的难度，就是后面的9/10。没有最后这开药方，前面的所有东西都是白搭的，操作也是这样。

开药方，就如同行军布阵，所谓用药如同用兵，如何用，这可以用你一生去修炼。这就如同操作，操作是一生的事情，除非你离开市场。

中医开药方要因人、因时、因地而开，就如同打仗，哪里会有一样的仗？仗仗都不同。中医不同于西医，西医就把人当机器，所有的人，只要是所谓同样的

病，就给你同样的药，完全的流水线机械化生产，而现在很多人在市场中的思维，就是这种思维。

当然，所有的不同里有着一个共同“不患”的基础，例如，市场运行的“不患”的基础就被本 ID 的理论完全描述。同样，所有用药的“不患”的基础也被中医的理论描述。也就是说，无论怎么折腾，都出不了这基础。这是不同中的同，患中的不患。

明白这点，操作就有了一个大的不患背景，而这背景之上，就是一个创造充分显法的过程，每个人，按照自己的能力、修养等开出不同的药方，给出不同的操作记录。这里是一个没有止境的过程，不断修炼下去。

具体说，就是在一般程度上，你必须遵守买卖点的原则去买卖。但是，这并不是一定的。例如，本 ID 就经常愿意在买卖点偏移一点的地方去买卖，为什么？因为那样，可以买卖到更多的数量，或者可以制造出一些特别的东西达到更大的目的。

这就如同写格律诗，你开始的时候，必须严格按格律来，如果没有按格律来，那是你的水平问题，你千万别以自己是写拗体诗来自我安慰，那将害了你，以后你就永远和真正的格律诗无缘了。但当你已经自由于格律，得心应手时，你就可能要根据诗歌的内容，自设声律而构成奇响成为所谓的拗体诗，这时，就到了出神入化的境界了。而操作，同样如此【扫地僧：操作就是艺术，世上没有一模一样的艺术家，同样的缠论，每个人的操作也会不同，这是人与人的不同所决定的，千人千缠才是常态，但这个千缠指的是操作，而不是理论，理论是唯一的】。

【扫地僧点评】

中医、打仗、诗歌和操作都是艺术，不同的人所达到的境界是不同的，理论可以有师傅，但最终的修炼只能靠自己。

教你炒股票98：中医、兵法、诗歌、操作（2）[①]

望闻观察其表面，问切来把由检验，若非军旅伤残多，华佗难为后人念。

一种思维模式的改变是很难的，因为一种思维模式的存在，往往连自己都察觉不了，特别是一出现强烈走势后，那些老的毛病就又出来了。这几天的大盘转折走势，就是一个很好的例子。

一个背驰后，无论是盘整背驰还是真正的背驰，理论只能保证其回拉原来的中枢，这是正确的思维方式，那么，回拉之后如何，这涉及预测。正确的思维是，把回拉后出现的情况进行完全的分类，根据每种分类对应的后果，给出你自己的对策。

例如，上周五下午的背驰是很明显的，任何人都可以当下发现。这个背驰进去后，收盘了，后面面临着继续向中枢上边突进以及再次回探两种情况。第一种情况，意味着362点开始的线段要继续延续下去，而第二种情况，首先就要破坏362点开始的线段。那么，这两种情况就很简单了，就等周一的开盘当下地决定这线段是否被破坏【扫地僧：周五下午的背驰是大级别上的盘背，如图1所示】。

注意：这是严格的理论思维，和周一有没有消息，是否有利好毫无关系。特别地，如果有利好，竟然还走出破坏362点开始线段的走势，那么这问题就严重了。当然，实际上，大盘一直到了364点才破坏了这线段。但这时候，就不存在走的问题了，理论上，这演化成线段类上涨的可能性极大，除非363点开始这线段跌破361点这个位置。所以，后面你只要看这条线段是否跌到那位置，显然也没有，所以就继续持有。

① 原文来源：http：//blog.sina.com.cn/s/blog_486e105c01008c13.html，2008-02-04 19：51：49。

（扫码获取更多学习资料）

图 1

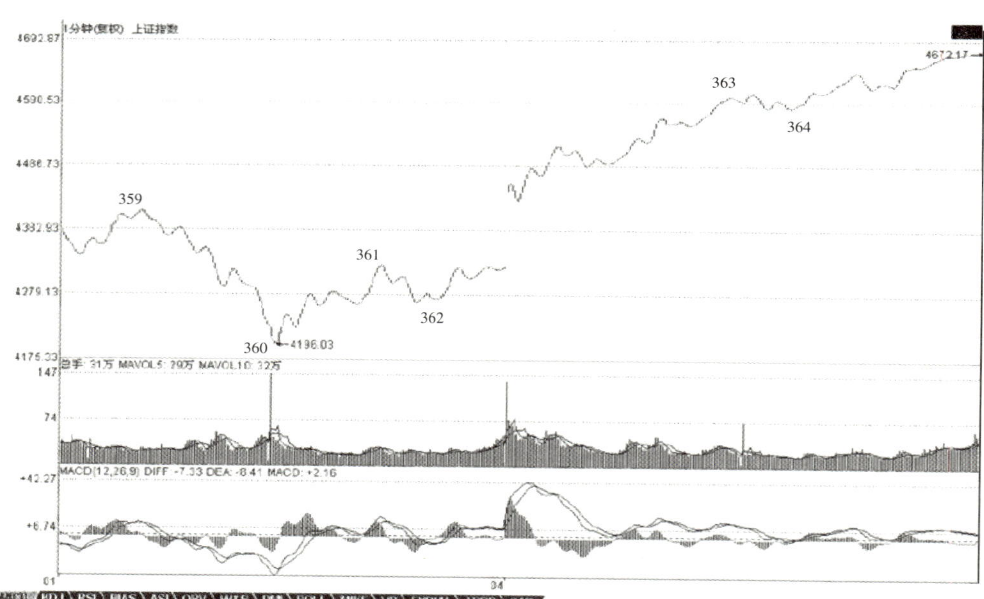

图 2

等 364 点出来，展开新的线段后，因为已经有第二个线段类中枢，所以就要注意是否有可能出现类背驰，这就看明天开盘后的情况，如果不能继续保持类似斜率的上涨，那么这线段类上涨结束形成一个 1 分钟中枢就在情理之中了【扫地僧：如图 3 所示】。

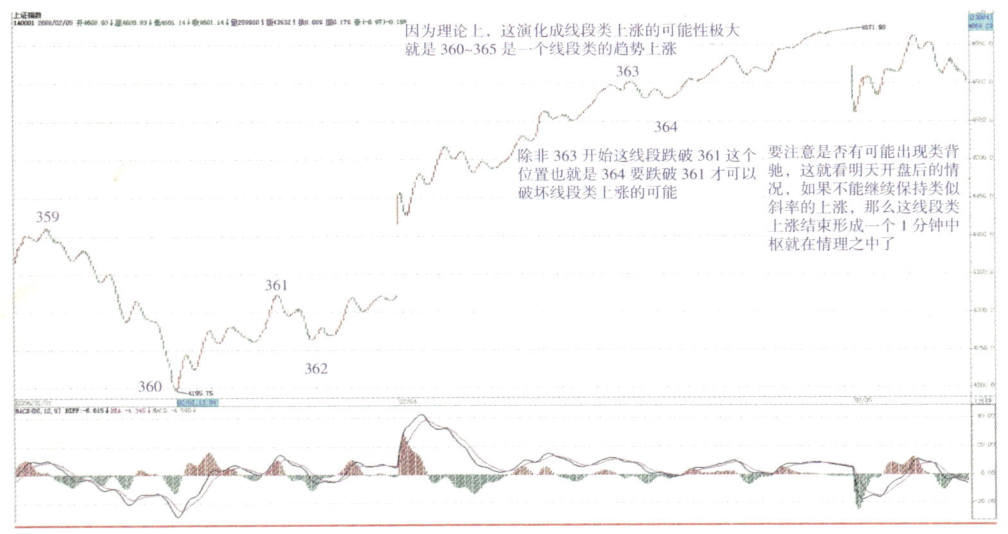

图 3

上面所有的分析，都在严格的逻辑关系之中，这是理论的必然结果，也是一种正确的思维方式。当然，一个线段的类背驰是否需要抛点货，这是每个人的爱好问题，你的操作级别问题。

这就如同打仗，你不能假设明天某某山头还在自己手里，然后根据这个假设去安排兵力，山头是否在自己手里，那是当下的。当然，你可以去反复争夺一个山头，但你不可以假设这山头在未来的某一个时刻 100%就在自己手里。

这也如同中医，你不能认为你的药一定有什么效果，效果是吃了药以后再望闻问切测出来的，而同一病人的药，要根据不断地望闻问切进行必要的增减。当然，你也可以保持不变，就如同在一个上涨趋势中，你可以保持持有，但一旦出现超越你的级别、你的操作限度的转折信号，也就是背驰，那么你的药就必须要变了，甚至是大大地改变。

因此，如果周一并没有出现今天的利好，你的操作逻辑并不会有任何改变，根据当时的图形是否触及你的操作分类界限进行，这才是正确的思维。

换言之，你在操作时，后续的所有可能面对的情况与对策都必须了然，否则你就没资格操作。对于一个真正的操作者，没有任何情况是意外的，因为，所有的情况都被完全地分类了，所有相应的对策都事先有了，只是等着市场自己去选择，去触及我们事先设定的开关。

说实在的，比起中医、打仗，股票是最简单的，为什么？因为股票的后续走

(扫码获取更多学习资料)

势，因为有了本 ID 的理论，都可以严格地唯一地给出统一的完全分类，而中医、打仗，要面对的可能就更复杂了，特别是打仗，完全的分类可能只能是一种假设了。

如果你的思维还是转不过来，那么就没有必要再去学习，首先把思维转过来。

有人可能会问，如果出现回探的情况，那么可能在背驰买的抛不出。这种情况是很有可能的，因为 T+1，该反应的时间你可能没资格卖。不过，一个很简单的对策就是，你必须买比大盘强势的股票，也就是先于大盘的股票，这样，一旦大盘回转，这类股票的走势都会比大盘强，这样自然有足够的空间让你去选择【扫地僧：这是非常重要的一个实战上的选股经验，但需要注意的是避开那些涨幅巨大，正在放量做顶的股票】。

注意：最好的选择是比大盘稍微先一点的，而不是完全逆于大盘的，因为后者，往往有可能补跌，或者逆着大盘洗盘，例如，今天的 600737 就是一个很好的例子。当然，新股也是一个很好的选择，不过这需要这类股票开得不太高，而且有明显的新资金介入，在一个有一定级别的向上过程中，一般都有比较稳定的表现。还有就是先于大盘调整的，例如这次那聪明的驴，就是这种类型【扫地僧：600737 是属于完全逆于大盘的，如图 4 所示；“那聪明的驴”是中国铝业（601600），在当时那波下跌，中国铝业是先于大盘调整的，如图 5 所示】。

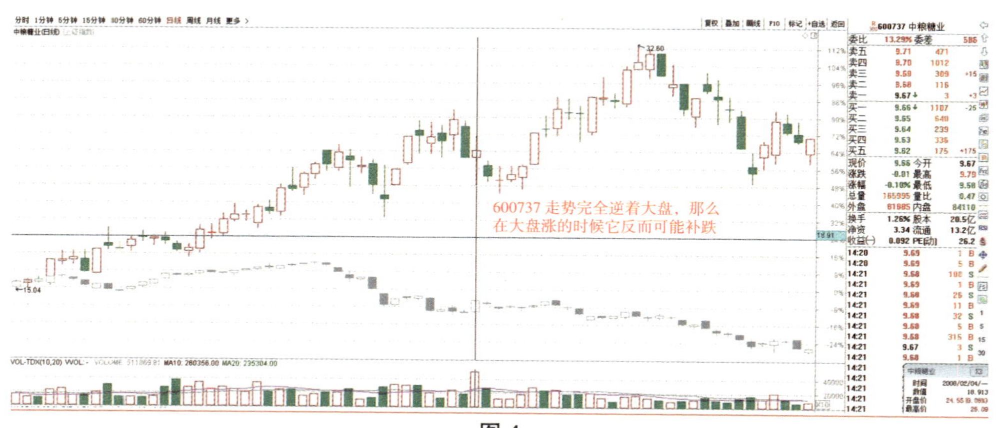

图 4

当然，如何选择股票，这是一个经验问题，必须要反复练习才会有灵感与感应。其实，股票真没有那么复杂，如果你有了感应后，打开一只股票的图，你一眼就能看出。这就如同 419 时，你选择人难道还需要技术分析吗？那不就是一眼

图 5

的事情吗？哪天，你看股票就如同 419 选人一样有感觉，那你就有点靠谱了【扫地僧：灵感与感应是建立在大量练习的基础之上，我们每天阅人无数，漂亮与丑陋就是当下的感应，如果能够每天阅票无数，这灵感也会有的】。

【扫地僧点评】

本文用具体的案例来说明分析操作犹如中医治病，非常形象生动。

教你炒股票99：走势结构的两重表里关系（3）[①]

混沌中阴何处参，是鬼是神分两边，六道轮回去何处，前世今生共业关。

走势结构，最重要的就是有中阴部分的存在。有人可能认为，中阴存在是理论不完善的结果。其实，这是典型的一根筋思维，对于这种思维，世界就是机械的，任何时候都只有一个机械精确的结果，而实际上，世界更多是量子化的，是测不准的，中阴的存在恰好客观地反映了走势的这种特性。

中阴状态的存在，反映了行情走势生长阶段的未确定性，这种未确定性，不会对操作有任何的影响，因为中阴状态都可以看成是一个中枢震荡的整理，根据中枢震荡情形进行操作就可以了【扫地僧：中阴和一般的中枢震荡不同，中阴是在上一个走势结束后出现的，而一般的中枢震荡则是在走势中出现的，但是两者在操作上是没有分别的，都是按照中枢震荡来操作】。

很多人，一碰到中阴状态就晕，因为这时候，你不能对走势给出明确的划分。注意：这里不是指同级别的划分，而是一般性的划分。例如，一个线段性类上涨类背驰后，必然首先出现一个1分钟的中枢，也同时进入一种中阴状态，但你不能说这走势必然就是1分钟类型的，因为在极端情况下，两个年中枢之间也可以是一个线段连接，甚至就是缺口连接，这在实际上都是完全可能发生的【扫地僧：一个线段性类背驰后，能保证的只是反向的一条线段，并且该线段与构成线段类趋势的最后一个中枢的那条线段重合，构成一个中枢，如图1所示】。因此，理论必须包括这些情况，而且这些情况太常见了，并不是一个古怪的问题。

另外，根据结合律，连接中枢的走势，并不一定是完全的趋势类型，也就是说，一个线段类上涨后，可能第二类类中枢就消融在中阴状态的那个中枢里了。也就是说，a+b+c+d+e+f=a+b+c+(d+e+f)，a+b+c+d+e是一个线段类上涨，c+d+e

① 原文来源：http：//blog.sina.com.cn/s/blog_486e105c01008gz2.html，2008-02-18 16：19：16。

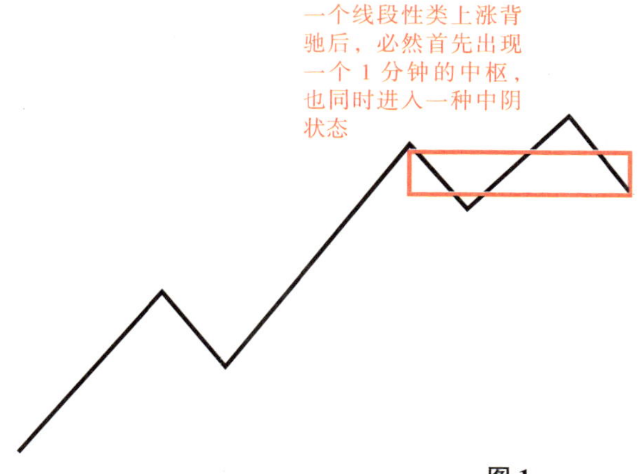
一个线段性类上涨背驰后，必然首先出现一个 1 分钟的中枢，也同时进入一种中阴状态
一个线段性类背驰后，能保证的只是反向的一条线段，并且该线段与构成线段类趋势的最后一个中枢的那条线段重合，构成一个中枢

图 1

的重合部分构成最后的一个类中枢，f 是类背驰后的回调，这时候，就可以马上构成一个 1 分钟的中枢，然后后面直接继续上涨，构成 1 分钟的上涨是完全合理的。因为，最终的划分，就必须把 a+b+c+d+e 给拆开了【扫地僧：如图 2 所示】。

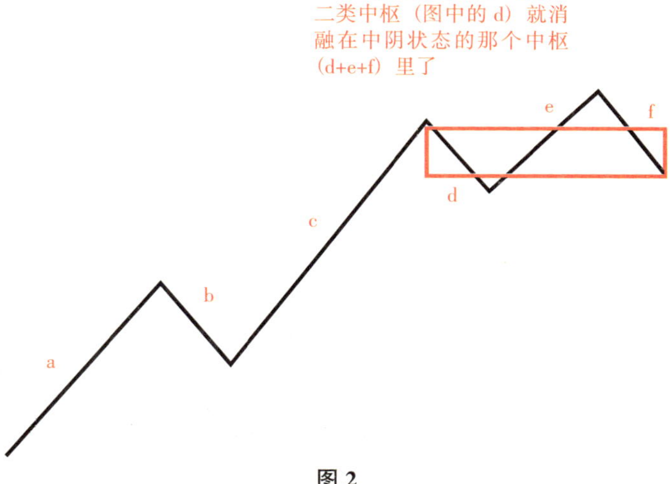
一条线段类上涨后，可能第二类中枢（图中的 d）就消融在中阴状态的那个中枢（d+e+f）里了
a
b
c
d
e
f

图 2

因此，一般划分中，如果中阴状态中从前面的背驰点开始已经构成相应的中枢，例如在 a+b+c+d+e+f 后又有 g/h，f/g/h 构成 1 分钟中枢，那么整个的划分就可以变成 a+b+c+d+e+（f+g+h），这样原来的线段类上涨就可以保持了【扫地僧：如图 3 所示】。

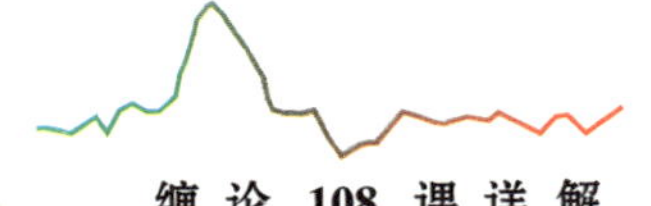

(扫码获取更多学习资料)

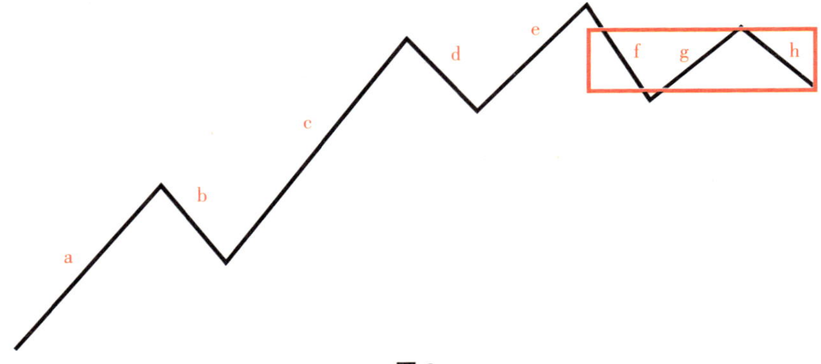

图 3

如果后面包括 d+e+f 延伸出 9 段，然后又直接上去了，划分中，必须首先保证 5 分钟中枢的成立。换言之，划分的原则很明确，就是必须保证中枢的确立，在这前提下，可以根据结合律，使得连接中枢的走势保持最完美的形态【扫地僧：如图 4 所示。看到这里，应该会想起在“教你炒股票 70：一个教科书式走势的示范分析”中，17~38 那个 1 分钟上涨貌似没有按照这个原则，其实不然，我们看一下 70 课那张图（见图 5）。根据 70 课的札记详解我们可以知道，18~27 这里也构成了 5 分钟中枢，为什么分解时不先保证 18~27 这个 5 分钟中枢呢？这是因为之前已经有了 8~17 这个 5 分钟中枢，17 点一直到 27 点，都可以看作是围绕 8~17 这个 5 分钟中枢的波动，由于 5 分钟中枢级别没有升级，因此 17~38 按照图 5 的分解是最清晰、最明了的。同时，也没有违背这段话中提到的分解原则】。

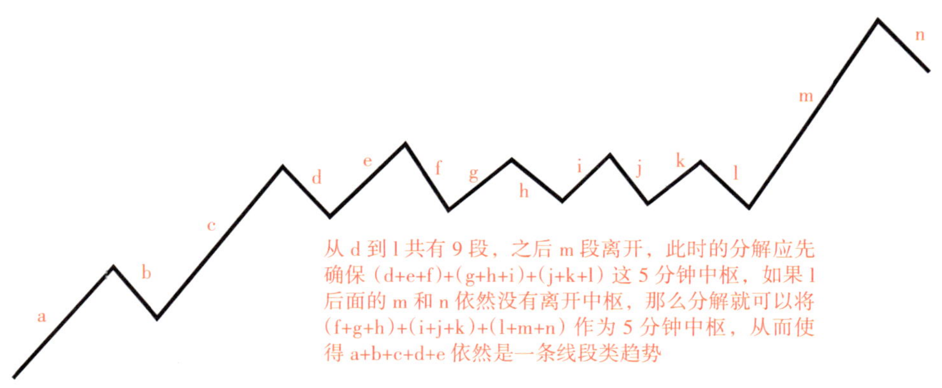

a
b
c
d
e
f
g
h
i
j
k
l
m
n
从 d 到 l 共有 9 段，之后 m 段离开，此时的分解应先确保（d+e+f)+(g+h+i)+(j+k+l）这 5 分钟中枢，如果 l 后面的 m 和 n 依然没有离开中枢，那么分解就可以将（f+g+h)+(i+j+k)+(l+m+n）作为 5 分钟中枢，从而使得 a+b+c+d+e 依然是一条线段类趋势

图 4

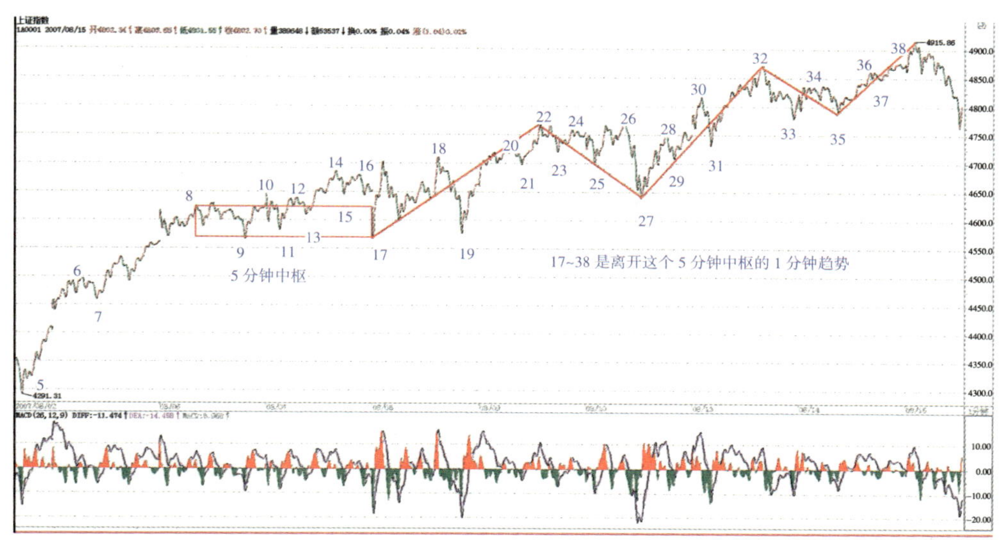

图 5

由此可见，因为划分中的这种情况，我们就很明确地知道，走势的最大特点就是，连接中枢的走势级别一定小于中枢。换言之，一个走势级别完成后必然面临至少大一级别的中枢震荡。例如，一个 5 分钟的上涨结束后，必然至少要有一个 30 分钟的中枢震荡，这就是任何走势的必然结论，没有任何走势可以逃脱【扫地僧：这有一个前提，就是当前的 5 分钟上涨与走势大级别的方向是相同的】。

有了这个必然的结论，对于任何走势，其后的走势都有着必然的预见性，也就是其后走势的级别至少要大于目前走势的级别。这里一个很关键的问题就是，这个大的走势级别的第一个中枢震荡的位置极为关键，这是诊断行情的关键。

首先，任何一个后续的更大级别中枢震荡，必然至少要落在前一走势类型的最后一个中枢范围里，这是一个必然结论。换言之，只要这中枢震荡落在最后一个范围里，就是正常行为，是正常的，也就是说，这种中阴状态是健康的【扫地僧：如图 6 所示】。

一旦其中枢震荡回到原走势类型的第二甚至更后中枢里，那么，对应的中阴状态就是不健康的、危险的，而原来走势的最后一个中枢，就成了一个关键的指标位置【扫地僧：如图 7 所示】。

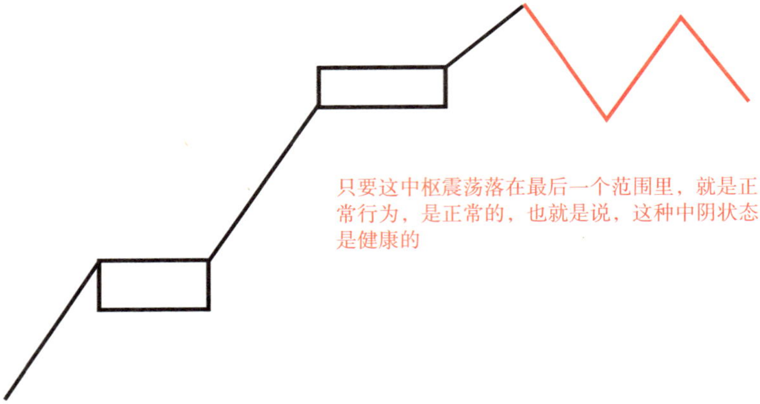

只要这中枢震荡落在最后一个范围里，就是正常行为，是正常的，也就是说，这种中阴状态是健康的

图 6

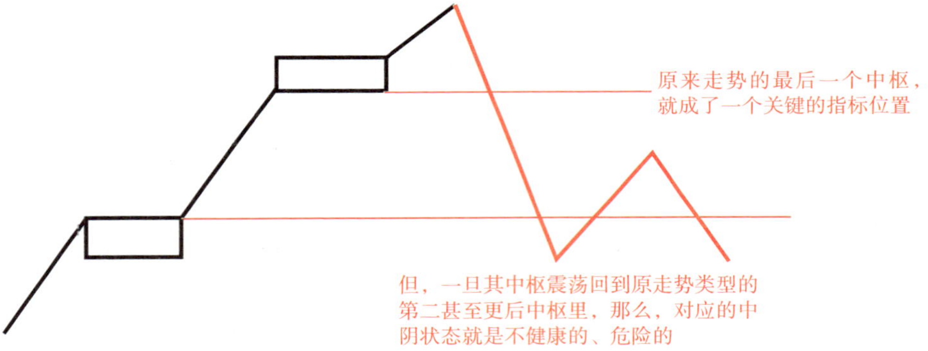

原来走势的最后一个中枢，就成了一个关键的指标位置

但，一旦其中枢震荡回到原走势类型的第二甚至更后中枢里，那么，对应的中阴状态就是不健康的、危险的

图 7

注意：危险是相对的，对于原下跌走势的中阴危险，就意味着回升的力度够强，对多头意味着好事情。

结合分型，例如，一个日分型的出现，意味着笔中对应的小级别走势里出现大的中枢，因此，这个分型对应的中枢位置，就很关键了，这几乎决定了这分型是否是最后真正的顶或底。

【扫地僧点评】

就是因为有了中阴，才有了不确定性，使得操作变得更加鲜活，成为艺术。

教你炒股票100：中医、兵法、诗歌、操作（3）[①]

一场大雨救司马，诸葛抱憾莫怪他，本应机关皆算尽，何来西晋始仲达。

大家都知道诸葛亮曾因为一场雨没把司马懿消灭掉，这虽然是小说情节，但还是有分析意义的。打仗，必须要把尽可能的情况完全分类，用火攻，那当然最怕下雨，诸葛亮草船借箭的时候算天气算得那么准，怎么这次就没好好算？此外，既然诸葛亮知道这一次不打死司马懿就没机会了，那怎么不把所有的可能都想到？其实，就算有雨，如果在峡谷外再安排点兵马，那司马懿也是逃不掉的。

当然，其实并不是诸葛亮真想不到，而是历史上司马懿就没被诸葛亮除掉，写小说的总不能编得太离谱了，只好把这一切归于天命。其实，在现实中，所谓的天命，都是在人的谋划之中，只是你的谋划是否完整。另外，一个很重要的条件是，完整的谋划是否超越你的能力【扫地僧：完全分类，不测而测，重要的是有能力驾驭，不做超出自己能力的事情】。

股票比战争要简单得多，因为对于股票来说，完全的分类或谋划，基本不存在超越能力的问题，只是买卖多少的问题，有能力就多点，没能力就少点，不存在某种分类完全不能执行的情况。因此，所有的重点，都在这完全的分类上了。

这点，前面已经反复说过。但完全的分类，不是单层次的，一定也必须是多层次的。这是本 ID 的理论最重要的特点之一，就是自然给出了分类的层次，也就是不同的自然形成的级别。不同的级别，有不同的完全分类，而综合起来就有了一个立体的完全分类的系统，这才是我们的操作必须依赖的。

当然，对于小资金，你可以完全用一个层次的完全分类进行操作，但对于大一点的资金，这是不合适的。例如，30 分钟、5 分钟、1 分钟的三个层次所构成

① 原文来源：http：//blog.sina.com.cn/s/blog_486e105c01008j5w.html，2008-02-25 16：32：23。

的系统里，任何的当下状态，都对应着不同层次完全分类中的一个现实状态。

例如，现在的上证指数，从 6124 点下来，是一个 30 分钟的下跌，现在处在最近一个中枢的中枢震荡之中，只要不出现第三类卖点，这震荡还是有效的。而 5 分钟层次上，是离开第一个中枢向下移动中，由于第三类卖点没有形成，所以是否形成 5 分钟下跌，不能 100%确定。而 1 分钟层次，一个 1 分钟下跌已经形成【扫地僧：各级别图如图 1~图 3 所示】。

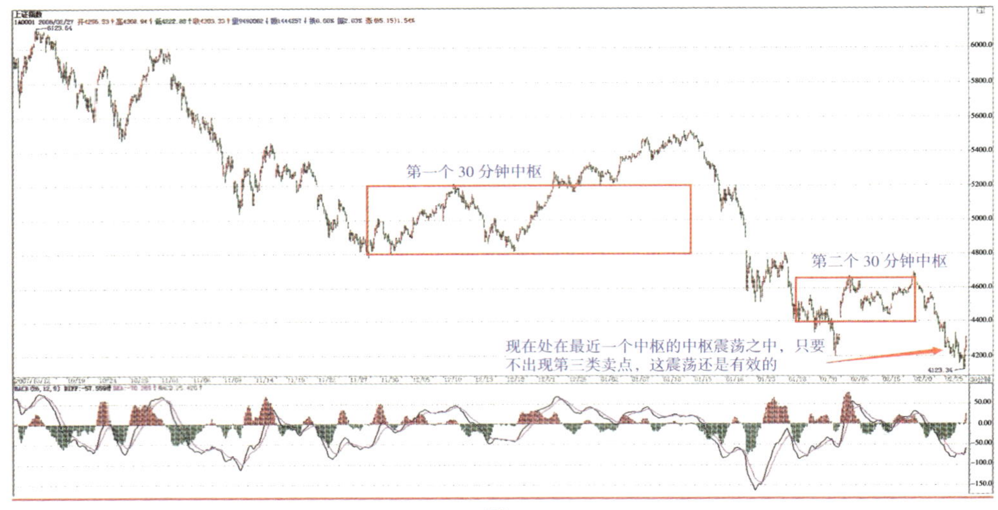

图 1

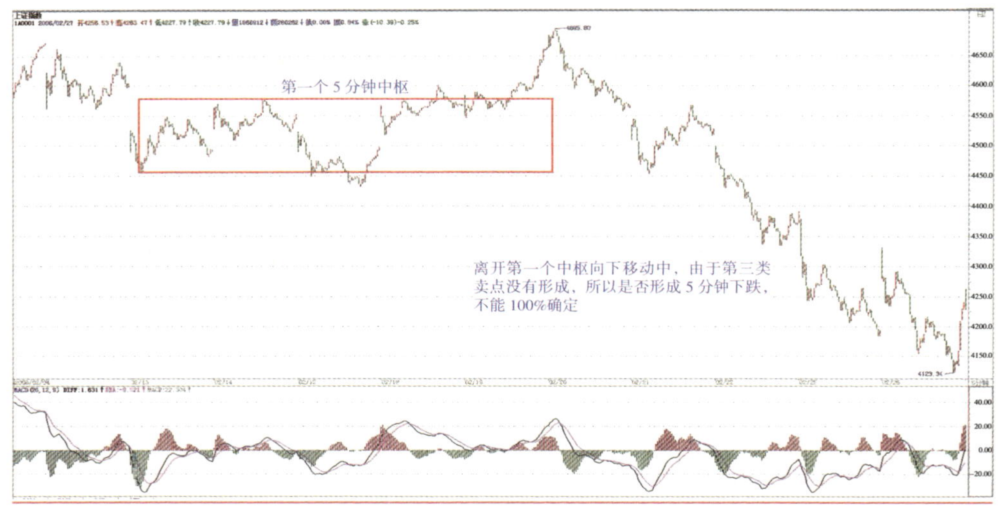

图 2

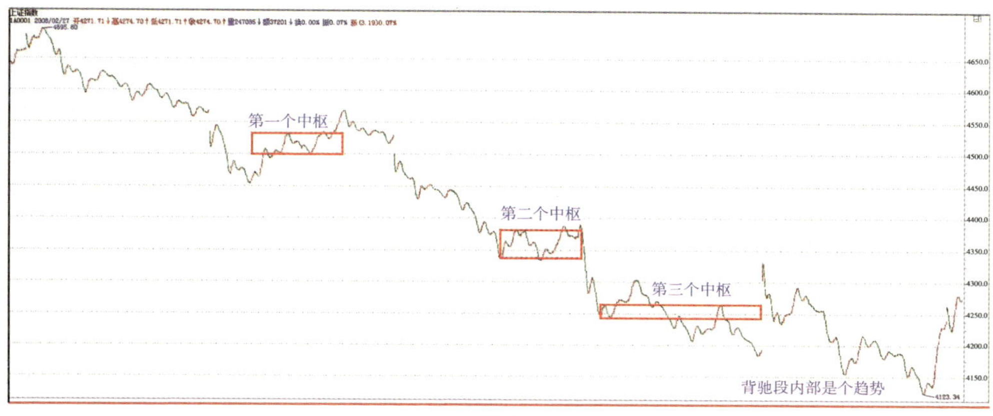

图 3

因此，这三个层次构成的完全分类就给出了最完美的操作指示。首先，第一个必然且一定是最先出现的变化，就是 1 分钟层次的底背驰。如果连这都不出现，其他两个层次是不会有任何状态变化的。而这底背驰后，必然出现回拉，这里就面临两个完全分类：①回拉构成原来 5 分钟的第三类卖点；②回拉不构成原来 5 分钟的第三类卖点【扫地僧：如图 4 所示】。对应这两种 5 分钟层次的状态变化：①第二个 5 分钟中枢的确认从而确认 5 分钟的下跌。②原来 5 分钟中枢继续震荡的确认【扫地僧：5F 三卖后也有两种情况：①没有盘背，在下方形成第二个 5F 中枢。②形成盘背，扩张出 30F 中枢】。

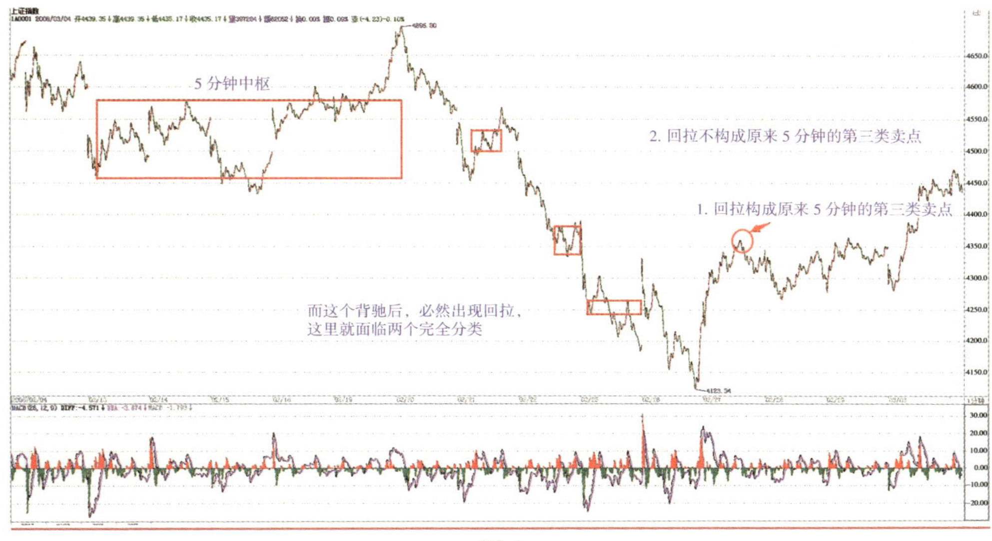

图 4

显然，这两种 5 分钟的变化，都不会导致 30 分钟层次有状态变化。但其中的一种，却隐含着 30 分钟即将面临变化，因为 5 分钟下跌一旦结束回拉构成 30 分钟第三类卖点，那么 30 分钟层次就会有所变化了。

因此，在当下的状态，我们可以很逻辑很严密地推算出下一步的系统层次的状态变化，那么这个变化的可能结果，都对应着你可以承受的范围。因此，你只需要把自己可以承受的能力与之相匹配，给出相应的参与资金比例，相应的仓位控制，就可以自如地参与其中了。

例如，你没法应付可能出现的第三类卖点的情况，那么，你就别参与了，因为这第三类卖点是一个可能的选项。反之，如果你对所有的可能都有面对的技术，那么，就可以参与这 1 分钟底背驰的活动了。

所以，最终还是那个问题，把市场分析好了，把情况分类好了，然后问一下自己，你有这个处理所有可能情况的能力吗？如果没有，那就算了；如果有，就上。事情就这么简单。

当然，你还可以这样，就是把仓位弄得特别小地去参与，这样，可以培养自己面对相应情况的能力，能力毕竟要做才能培养的，光说不练，那永远还是没有能力。关键是知道自己干什么，而不是糊涂蛋瞎蒙就行【扫地僧：学而时习之，不亦说乎！缠师总是讲要多“做”，就像练武功，只背口诀没有任何用，必须每天坚持练功，不断实战，在实战中找问题、找方法，唯有如此反复，才是最正确的学习之路，凡有投机取巧的想法都不会有正果】。

【扫地僧点评】

分类和应对是做好操作的基础。

教你炒股票 101：答疑①

走势完美可递归，唯一分解何人追，笔段仅为去偶然，花开花落心莫催。

发现课程讲到这里，后面还有很多内容，但前面的一些内容，很多人还是没能完全把握。所以，这里不定时答疑，各位有问题的，最好集中一下，本 ID 有时间可以把其中典型且重要的回答一下。

一、第二类买卖点的问题

简单地，就说第二类买点，卖点的情况反过来就是。

第一类买卖点就是背驰点，第三类买卖点就是中枢破坏点，这都是很清楚的。而这第二类买卖点，好像还是有很多不明白的。

其实，所谓第二类买点，就是第一类买点的次级别回抽结束后再次探底或回试的那个次级别走势的结束点。例如，一个 5 分钟底背驰后，第一类买点上去的 1 分钟走势结束后，回头肯定有一个 1 分钟的向下走势，这走势的结束点，就是第二类买点。

那么，第二类买点有哪几种可能的情况？

（一）最强的情况

第二类买点刚好构成原来下跌的最后一个中枢开始的震荡走势的第三类买点，也就是第二、第三类买点合一了，这是最强的走势，这情况，一般都对应 V 形反转的快速回升，是最有力度的。

（二）最弱的情况

第二类买点跌破第一类买点，也就是第二类买点比第一类买点低，这是完全可以的，这里一般都构成盘整背驰，后面对应着从顺势平台到扩张平台等不同的走势，这在后面的课程里会说到【扫地僧：顺势平台一般还分为旗形和下降三角

① 原文来源：http：//blog.sina.com.cn/s/blog_486e105c01008l97.html，2008-03-04 16：14：02。

形，然后是平衡型平台，一般是箱形和收敛三角形，扩张型平台一般是菱形】。

（三）一般性走势

也就是前面两者之间的走势。这种情况下，第一、第二、第三类买点，是依次向上，一个比一个高。

站在原来下跌的最后一个中枢的角度，第一、第二、第三类买点都可以看成是中枢震荡的结果，因此，在第二类与第三类之间，可能会存在着更多的中枢震荡走势，不一定如第一、第二那样是紧接的。那第二类与第三类买点之间的震荡买点，一般就不给特别的名称了，当然，也可以看成是第二类买点，这样，并没有多大的影响【扫地僧：第二、第三类买点之间的震荡买点可以称为类二买】。

注意：只有在这回升的中阴状态下才有第一、第二类买点，中阴状态结束后，所有的中枢震荡只存在第三类买卖点以及中枢震荡的买卖点，就不存在第一、第二类买卖点了【扫地僧：中阴状态就是趋势背驰之后的三种可能性（参考“教你炒股票 29：转折的力度与级别”）还没有确定是哪种的中间状态，或者是新的走势还没确定是盘整还是趋势的中间状态】。

二、走势必完美

这问题，估计没有人能真明白，因为这里学过现代数学的人很少，所以对这种整体性的问题，估计只有糊涂的份。

所谓走势必完美，就是本 ID 所给出的分型、笔、线段、不同级别走势类型所对应的递归函数，能将行情的任何走势唯一地分解【扫地僧：下节课会详细地从数学角度来论述这个问题】。

唯一分解定理，在现代数学理论的任何分支中都是核心的问题。一个具备唯一分解定理的理论是强有力的。例如，当时在解决费马猜想时，用到分圆域的问题，但分圆域没有唯一分解定理，也就是唯一分解并不是总能成立，这样只能引进理想数，使得在理想数的角度能让唯一分解定理成立，从而展开了代数数论一个全新篇章。

本 ID 理论最牛的地方，就是对仿佛毫无头绪的股票走势给出了唯一分解定理，也就是走势必完美，这等于引进理想数，使得代数数论如升堂入室一样牛【扫地僧：虽然没学过理想数、分圆域，但从个人的角度去理解，应该是引入了理想数相当于引入了二进制、十进制这样的计数法，引入了递归函数，引入了级别，这样使得所有走势被分解成为不同级别的一段一段从而被完全分解】。

数学不行，当然看不明白这些关节。很多人，整天纠结在分型如何如何上，

只能证明这些人根本没看懂本ID的理论。分型等于递归函数的a0，这完全可以随意设计，如何设计都不会影响到唯一分解定理的证明。

但现在这种设计，一定是所有可能设计中最好的，这使得笔出现的可能性最大并把最多的偶然因素给消除了，使得在实际的操作中更容易分解走势【扫地僧：设计笔和线段的一个好处是消除更多的偶然因素】。

注意：很多人连分型都没完全搞明白，分型不需要任何假设，只需要符合定义就可以，是否符合，只有唯一的答案，不需要任何假设。

有了走势必完美，就可以把一切关于走势的理论包含其中，所以本ID的理论可以包含所有其他的理论并指出其不足的地方，就在于本ID的理论解决了最根本的理论问题：唯一分解。

当然，对于这个问题，如果有好的现代数学背景，理解得更深一点。如果不明白的，也无所谓，本ID已经把大的背景藏在后面，给出了浅的，谁都可以应用的操作方法，明白方法就可以。

【扫地僧点评】

本节课重点讲了二买的分类和走势必完美的数学逻辑。

教你炒股票102：再说走势必完美[①]

> 自然数系真强大，计数法则乃框架，千位若向万位升，百位先要起变化。

如果是单纯的唯一分解，并不能显示本ID理论真正厉害之处，因为走势必完美对应的是一种最特殊、最强有力的唯一分解，这看似毫无规律的市场走势竟然有这样完美的整体结构，这才是最牛的地方。

最完美的系统，肯定是自然数了，因为自然数具有诸多的唯一分解方式，例如素数的分解，但还有一种最牛的分解，就是对于幂级数的唯一分解，因为有这种分解，所以自然数有记数法。例如，2的幂级数对应的唯一分解就是2进位，而10的就是10进位。如果没有这种分解，我们就不能用记数法记录自然数了。

正因为这分解如此有力，所以我们都会觉得很平常，似乎自然数有记数法是天经地义的，其实，这才是自然数整体结构中最牛的地方。而一般的数系，一般是没有这种性质的。

同样，本ID的理论给出的递归函数，完美地给出市场走势一个类似记数法一样的唯一分解，也就是说，本ID揭示了看似毫无规律的市场走势竟然和自然数有着类似的整体结构，完全超越一般的想象，这才是真正最牛的地方【扫地僧：能将市场走势与自然数归纳出类似的整体结构，确实超越想象，这就使得走势如自然数一样变成可以用数学描述的东西，从而才可以做到操作精确，这也是缠论数学视角的诠释，非常精彩】。

正因为本ID的理论揭示了看似毫无规律的市场走势有如此完美的整体规律，所以才有了其后一系列的操作可能。这才是走势必完美真正关键的地方。

因此，级别在本ID理论中就极端关键了。为什么？因为本ID的递归函数是有级别的，是级别依次提升的。所以，搞不明白级别，根本就不明白本ID

① 原文来源：http：//blog.sina.com.cn/s/blog_486e105c01008lt8.html，2008-03-06 16：10：18。

的理论。

那么，这样一个整体结构有什么厉害的结论呢？这可以推演的东西太多了，随便说一个，就是区间套方法的应用。如果市场走势没有本 ID 所揭示的整体结构，那么区间套就不会存在，也就没有操作意义了。因此，区间套的方法，就是走势必完美的一个重要应用。有了区间套，买卖点的精确定位才有可能，也就是说走势必完美的存在导致了买卖点可以精确定位，这显然是操作中最牛的一种方式了【扫地僧：由走势必完美可推导出级别，有了级别才有所谓的区间套】。

从 1 分钟一直到年，对应着 8 个级别，其实，这些级别的名字是可以随意取的，只是这样比较符合习惯。否则说级别 1、2 的，容易不清楚。

当然，加上线段与笔，可以有更精细的分解，但一般来说没这必要。

任何走势，都可以在这些级别构成的分解中唯一地表达。但一般来说，对于一般的操作，没必要把所有分解都搞到年、季、月这么大的级别，因为这些级别，一般几年都不变一下。你看，从 6124 点下来，N 个月了，还在 30 分钟级别里。所以，一般来说，1、5、30 分钟三个级别的分解，就足以应付所有的走势。当然，对于大点的资金，可以考虑加上日级别的。

也就是说，任何走势，都可以唯一地表示为 a1A1+a5A5+a30A30 的形式。而级别的存在，一个必然的结论是，任何高级别的改变都必须先从低级别开始。例如，绝对不可能出现 5 分钟从下跌转折为上涨，而 1 分钟还在下跌段中。有了这样一个良好的结构，关于走势操作的完全分类就成为可能【扫地僧：以一个自然数来举例，比如 874762492 这个数，用汉字表达是八亿七千四百七十六万两千四百九十二，那么在缠论中这就是非同级别的分解，其中共有 9 个级别，最高级别是亿级别，走势是 8，最小级别是个位数级别，走势是 2。那么高级别的改变都必须从低级别开始，比如亿级别要想从 8~9，那么首先个位数级别先要从 2~10，使得十位数级别发生变化，以此类推，一直到千万级别，使得千万级别从 7~10，这样理解就会容易许多】。

完全分类，其实是一个超强的实质性质。学点现代数学就知道，绝大多数系统并不一定存在完全分类的可能，而要研究一个系统，最关键的是找到某种方式实现完全分类，说得专业点，就是具备某种等价关系。

而由于走势必完美，所以走势就是可以完全分类的，而所有的分类，都有明确的界限，这样，任何的走势都成为可控的。这种可控并不需要任何人的预测或干预，而是当下直接地显现的，你只需要根据这当下的显示，根据自己的操作原则操作就可以了。

注意：完全分类是级别性的，是有明确点位界限的。而不是粗糙的上、下、平的无聊概念。也就是说，本 ID 的理论完全是数量化的，因此是精确化的，里面不存在任何含糊的地方。

所以，明白上面这些，就有了一个大概的框架，不至于迷失于理论中了。

【扫地僧点评】

这是从数学的角度来看走势必完美，来看走势的完全分类，视觉独特新颖。

教你炒股票103：学屠龙术前先学好防狼术[①]

屠龙本就多危险，打猎遇狼不新鲜，防狼之术乃必备，方保屠龙上百年。

似乎有人嫌本ID的课程太慢，而世界上最多就是这种人，100多课，估计里面任何一课都没真正弄懂，就嫌课程太慢？如果你真正弄懂其中任何一课，也不至于在实际操作中灰头土脸了【扫地僧：贪多嚼不烂，大部分人是没有深入学习和深入研究的耐心，认真读过缠论原文108课10遍以上的人寥寥无几】。

学屠龙术前先学好防狼术吧，本ID看现在绝大多数是连防狼术都没过关，大盘稍微来点劲，就会被大盘严重侵犯。

在没彻底讲述防狼术之前，你也别研究什么中枢、级别了。因为有了这防狼术，至少不会被大盘严重侵犯，也不会在大盘大跌时鬼哭狼嚎了。

这防狼术，其实在上面的课程都有提及，这里再一次综合地做一个总结。

就一个最简单的MACD指标，0轴分为多空主导，也就是说，一旦MACD指标陷入0轴之下，那么就在对应时间单位的图表下进入空头主导，而这是必须远离的。

请看大盘的60分钟图，5200点MACD跌破0轴并反抽确认后，一直到现在3000多点，一直就在0轴下晃悠，其间产生了很大的杀伤力【扫地僧：如图1所示。同时也可以看一下日线图，从2008年1月22日开始MACD黄白线就一直在0轴下方，一直到1664点底部，黄白线都没有上过0轴，如图2所示】。

回避所有MACD黄白线在0轴下面的市场或股票，这就是最基本的防狼术。

当然，这涉及时间周期，例如，如果是1分钟，那就经常在0轴下又上的。这里，你可以根据自己的能力，决定一个最低的时间周期，例如，60分钟图上的或30分钟图上的，一旦出现自己能力所决定的最低时间周期的MACD

① 原文来源：http：//blog.sina.com.cn/s/blog_486e105c01008pri.html，2008-03-19 15：58：15。

(扫码获取更多学习资料)

反抽确认
5200点，MACD跌破0轴
到现在3000多点，一直就在0轴下晃悠

图1

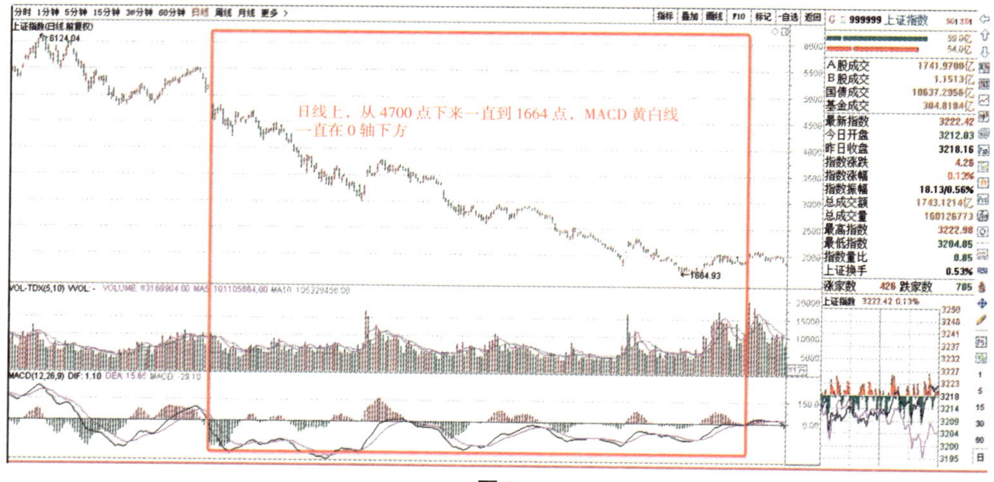

日线上，从4700点下来一直到1664点，MACD黄白线一直在0轴下方

图2

0轴以下情况，就彻底离开这个市场，直到重新站住0轴再说【扫地僧：防狼术的核心逻辑是每个走势都有自己的节奏和韵律，一般反映在其中枢的构成会使得某级别MACD黄白线回抽0轴，那么如果是上涨趋势，则表现为该级别MACD黄白线一直在0轴上运行直到趋势结束，如果是下跌，就是一直在0轴下方】。

当然，如果你技术高点，完全可以在背驰的情况下介入，这是最高的，但这里不能给太高的要求。

【扫地僧点评】

防狼术的核心原理是趋势本身有节奏。

教你炒股票104：几何结构与能量动力结构[①]

物理能量与动力，几何结构可代替，长叹吾辈学识浅，有心无力取真谛。

本ID的理论是一个超级完美的理论，首先是在数学的角度超级完美；其次是在物理的角度超级完美【扫地僧：就是动态学和形态学的超级完美】。物理角度，以前说得不多，因为这需要思维方式有一个大的改变。

有些工科或老一代理科生，对现代物理一点概念都没有，以为能量动力，就如同牛顿时代，用各种微积分或各种级数等算法就是了。

现代物理的一个核心概念，就是物理与几何的高度统一。本质上，现代物理就是一门几何学，只不过是各种不同高深的几何学。而几何学也不是一般认为的那些几何学，几何的领域，可以涵盖并超越你思维的所有方面。

广义相对论是第一种真正意义上的现代物理学，其基础是几何，一种比较简单的几何学。而后面到规范场、超弦、膜空间等，就涉及各种超越直观的几何了。

在那些几何学里，能量、动力等结构对应着一些特殊的几何结构。这才是现代物理的主流。

对于一般人来说，广义相对论可能是最简单的。物质结构与几何结构是高度统一的，而引力结构等对应着一些特殊的几何结构，如果有兴趣，可以找本广义相对论的课程看看，看看这种几何结构的威力。

本ID的理论，本质上是站在这种现代物理的角度构建自己的能量动力学结构的【扫地僧：如何将一笔笔的交易对应到能量动力上，这是设计动力学的核心】。这里一切都是几何结构说了算，一切的能量动力形态，都变几何化，因此，必须有这种思维上的根本改变，才会有真正的理解。否则，还是牛顿时代那种思

① 原文来源：http：//blog.sina.com.cn/s/blog_486e105c01008rxy.html，2008-03-26 15：47：42。

维，那就是陷入一种机械化思维的陷阱中了。

【扫地僧：刚开始讲动力学，缠师却要走了，留下了莫大的遗憾，由于动力学涉及现代物理学，门槛比较高，而且如何将交易对应到物理上也是没有头绪，因此动力学的部分至今仍无人涉及，望后继有人能将动力学的部分补充完整】

【扫地僧点评】

本课是缠师正式开始讲动力学部分的第一篇文章，遗憾的是仅仅起了个头。

动力学部分的内容请关注作者微信公众号“扫地僧读缠札记”。

教你炒股票105：远离聪明、机械操作[①]

几瓶墨水灌下肚，满腹经纶性跋扈，不缺聪明缺智慧，聪明反被聪明误。

股市里死掉的，大半是聪明人，越聪明的“死”得越快。要想在市场上生存，就必须远离聪明，因为，你的聪明在市场面前一文不值【扫地僧：注意，这是说聪明，而不是智慧，凡是在竞争极其激烈的环境中，靠聪明都不可能长久，成大事之人必有大智慧】。

市场就如同一头牛，只有目无全牛，才可能随心解之而合其关节。在本ID的理论中，机械化操作的本质就是目无全牛而合其关节，因为，根据本ID的理论，市场的结构已经被彻底分解，站在本ID理论的角度，哪里有什么市场，不过是一堆的关节。而机械化操作，就是逐步合于其关节的节奏，而不被全牛的繁复所影响【扫地僧：将市场按照自己的级别分段来操作，无须要聪明去预测什么，就按照分段的节奏做就是了，即使整个市场走得非常复杂，也与缠论操作者无关，因为按照分段已经分解了】。

至于分解这市场的那个标准是什么并不重要，也就是分类的原则并不重要，关键这分类能导致完全分类就行了【扫地僧：将分类看作一个递归函数，那么A0是什么不重要，重要的是这个递归函数本身是否能将走势完全分类，也就是这个递归函数本身的健壮性是否够强】。那些看不起分类的，永远只能在全牛的迷惘中可怜，咱就不带他们玩了。

本ID可以再次明确地说，全牛纷繁，因此可以口水多多，各有道理，那么，就让这些聪明人去讲道理、去争论；咱不爱聪明，咱不爱全牛，咱只知道关节的节奏，咱不爱争论，咱更不爱预测，咱只负责挣钱【扫地僧：在人多的社交地方，总会看到这类聪明人，仿佛整个市场的走势就是他一手安排的一样，无论什

① 原文来源：http：//blog.sina.com.cn/s/blog_486e105c01008xip.html，2008-04-13 21：51：14。

么都能讲得头头是道，或者是中国最大的愤青，下至街道办上至中央，没有一处是做对的，仿佛如果没有他中国就要灭亡；又或者凡事都要争论一番，以彰显他有多么的博学……这类聪明人太多太多，我们不要这种聪明，只要埋头苦干，闷头赚钱】。

如果你喜欢道理而不喜欢白花花的银子，喜欢争论而不喜欢挣钱，那么就远离本ID的理论吧，那对你没用。

最近，不写课程，但其实一直都在写，每天，就是用一个最简单的分型以及能否延伸为笔的最基本标准进行分类，就完全可以处理如此震荡的行情，人总爱复杂的东西，看不起简单的，而这才是真功夫【扫地僧：能够化繁为简的前提是对理论的熟练，对本质的把握，而这些都需要大量的磨炼】。

挣钱，本来就是很简单的事情，不过就是一个良好习惯与操作策略的结果，一点劲都不用费。那些费力才能挣到的钱，也不一定保得住【扫地僧：操作策略是技术层面的东西，容易学，而良好的习惯是要与自己做斗争，战胜过去的自己，这是最难的】。

人总爱贪多，请问，分型这最简单的分类导致的操作，你把握了吗？

【扫地僧点评】

远离聪明，机械操作其实就是战胜自己，战胜贪嗔痴疑慢。

教你炒股票106：均线、轮动与缠中说禅板块强弱指标[①]

条条均线可把脉，孰强孰弱当下晒，板块轮动莫如此，从此不背题材债。

以反弹为例子说本节，调整的只要反过来就是。

任一级别，都有最少的延伸时间，例如，一笔，由于必须有顶与底的分型，因此，必须至少延伸6个基本K线单位【扫地僧：确切地说应该是从最低的底到最高的顶，至少有5个基本K线单位】，也就是说，如果5日线都不能碰到，那就不会是笔的反弹了。同样的道理，可以给出线段1、5、30、日、周等级别的最少延伸时间，以及相应最少挑战的均线。

由此可见，走势级别与均线虽然没有必然的关系，但还是有一个大致的区间对应的。根据经验，一个趋势中N个中枢对应的压制均线大致都是相同的【扫地僧：前面讲的是反弹级别所对应的最少延伸时间，这里却说中枢对应的压制均线，因为中枢其实就是趋势中的分歧力度，形式上就是反弹和调整。当一个中枢最终导致价格与某条均线刚好相近，又继续原趋势的方向，其实就是意味着这个反弹或调整的周期与该均线周期保持一定的比例关系】。例如，第一中枢被89日均线压制了，那后面同趋势中后继的中枢，很有可能就会被同样的均线压制。如果有一个反弹只能达到34日线，那么和前面第一中枢同级别的概率就很小了【扫地僧：虽说中枢级别并非由周期决定，但大部分情况下中枢级别与周期还是保持一种大致的比例关系，89与34相差太大，时间周期相差这么大，中枢级别相同的概率自然小】。

除了最简单的笔，任何走势都是大级别套小级别的，因此，单纯一条均线的意义不大，必须是均线系统。

注意：均线系统的设置，一定要根据实际的走势来，也就是你设置的均线系

① 原文来源：http：//blog.sina.com.cn/s/blog_486e105c01009tb9.html，2008-07-10 12：12：22。

统，一定要和实际已有走势相吻合。例如，从6124点下来，我们选择5、13、21、34、55、89、144、233参数构成均线系统，大家可以看看，该系统就完全和走势吻合。

例如，4778点就是233日均线支持下产生的，其后在55日、89日均线上构成多头陷阱，其后下跌一直受制于21日均线直到3000点下，而其后反弹又被55日均线精确压制，接着的下跌，一直在13日均线下，直到这次反弹。

该系统与走势的吻合程度显然是很高的，在后面走势没出现大变化时，当然可以一直沿用。由此可见，55日（89日很快将与之缠绕）是本次反弹真正的试金石，如果不能突破甚至不能触及，就意味着这反弹级别依然不够大，很有可能回试后再构成另一同级别组成更大级别的反弹。而短线来说，34日线就是一个很实际的考验了。

用这个系统，可以给出一个完全的分类去判别走势的强弱与先后。当然，单纯看指数是不是该分类最有用的地方，那是单一品种的用法。关键我们还可以打横来用，对所有股票按此进行分类，由此市场轮动的节奏就一目了然了。

分类的原则是本次反弹到目前为止未曾攻克的最小周期均线，因此，8条均线就可以分成9类，最差的一类当然就是完全在所有均线下的那种。注意：最厉害的不一定完全是在所有均线之上的，为什么？（各位思考一下，不要所有答案都依赖本ID，思考一次的效果比本ID说1000次答案都要好）【扫地僧：这里说的最厉害是指反弹的幅度最大，那么在所有均线之上的未必就是反弹幅度最大的，因为有的股票本身的跌幅不大，导致股价没有远离均线】

例如：000802、000998、600636显然是最厉害的第9类；600139属于第8类；600578、600607属于第7类，这几天在89日线上的调整极端标准；600195、600343属于第6类；600737、000600属于第5类；而大盘最大周期均线只站上21日，属于从最弱数起的第4类。

从这分类可以看出两点，统计一下，目前被34日线上下压制的股票是最大量的，这就提示我们，34日线对于大盘也是压力很大的，由于大盘还没到该线，因此这提示就有预示的意义了。

此外，由于每类股票一旦在N类调整，要到N+1类，至少有很大一段时间折腾【扫地僧：其实就是某个级别的中枢要升级成高级别中枢了，这个过程一般是2~3倍原来中枢所需要的时间】，所以这就给了一个轮动的最好选择，一旦一个趋势级别的走势在N类上出现顶背驰，就可以先出来一下，至少有几天的时间可以去找别的已经调整可以再启动的股票或者补涨的【扫地僧：已经调整可以再

启动的，最好找这次调整正好构成比调整级别大的中枢的三买的股票。而补涨的则是选择同样是 N 类但涨幅明显不大的个股】。

还有一种更重要的，就是根据板块来，要判别一板块的强弱很简单，就是把类别数平均一下，越大越强，而这个平均类别数，可以称为缠中说禅板块强弱指标。

最强的板块属于领涨板块，该板块的动态就十分关键了，此外，把所有板块的缠中说禅板块强弱指标列在一个图上，其轮动的次序与节奏就一目了然了，根据这并配合具体股票的走势分析来，轮动操作当然就极为简单了。

以上操作，用电脑设计一个程序是很容易解决的，这就不是本 ID 应该为各位准备的了。面包的制作方法说了，没理由让本 ID 还把面包烘好一个个喂吧，各位就自己制作一下吧【扫地僧：现在同花顺等软件都有板块指数，也可以看该指数的强弱】。

【扫地僧点评】

本课通过均线来衡量反弹或调整的级别，从而发明了一个板块强弱指标。

教你炒股票107：如何操作短线反弹[①]

> 熊市到来不要怕，短线反弹从不落，操作级别要放小，何惧凶神与恶煞。

再强调一下一些最基本的操作问题。其实，操作没把握，归根结底是对理论没完全彻底的把握。

例如，一个最实际的问题，如果按照理论，至少有一个30分钟级别的反弹，那么具体的操作应该怎么安排？首先，你必须搞清楚反弹可能的具体走势形式，因为同样是30分钟级别，不同形式，对应的操作难度与方式都是不同的，而最大的难点在于，你并不能事先知道反弹究竟用什么方式，因为这涉及预测，而一切预测都不能纳入操作计划的范围，只能聊天吹牛时使用。所以要解决这难题，必须从绝对性出发，里面不能涉及任何预测。

对一个30分钟的走势类型，我们能绝对性指出的无非有一点，就是这个反弹至少有一个30分钟级别的中枢，而有这就足够了，为此就可以构造出一套绝对性的操作方法。

某级别的中枢都是由三个以上次级别走势类型重叠构成，也就是说，一个30分钟的中枢，一定涉及上—下—上的三个5分钟走势类型。这就是构成我们操作绝对性的最坚实基础【扫地僧：一个30分钟的反弹至少有3个次级别走势】。

显然，没有任何绝对性可以保障上—下—上—中，最后一个上一定要比第一个上有更高的高点，特别是那种所谓奔走型的反弹【扫地僧：就是最弱的情况，123段反弹，2段跌破1的低点，3的高点刚刚高于1的低点】，后上的高点可能只刚好触及前上的低点，因此，如果你一定要等上—下—上都完成才抛出，那很可能面对这样的尴尬，就是你在第一个上的最低点买的，在上—下—上的电梯过后，你只有一个可能连手续费都不够、稍纵即逝的卖点。因此，这种操作，注定是只有相对的理论上的绝对安全性，而没有具体操作上的绝对安全性。要解决这

① 原文来源：http：//blog.sina.com.cn/s/blog_486e105c0100a847.html，2008-08-19 16：10：39。

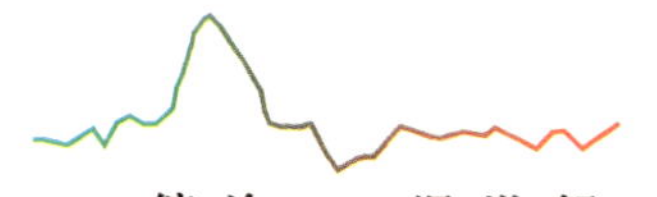

个问题，只能从第一个上就开始分解操作，也就是说，没必要等待第二个上了，既然每次上之后都必然有一个同级别的下，而这下的幅度又是不可能绝对控制的，所以还不如就把操作分段，让分段提供给你绝对的具体操作安全【扫地僧：注意：这只是说操作放小一个级别，并不是要不断缩小下去，很多初学者很容易把级别越做越小，主要有几个原因：①总想把握每个波动，想让资金滚动得更快一些；②总想买卖在最高最低点，所以就不断缩小级别去定位，最终忘了自己本来应该做哪个级别；③没耐心等待，总是手痒，于是就把级别定得非常小。这些都是误区，操作最重要的是节奏，不同的级别只是这个节奏的周期，如果能把握好节奏，等待的过程应该是愉悦的，而不是煎熬】。

因此，在这种分析下，具体的反弹操作一定是同次级别分解方式进行的，也就是说，30 分钟级别的反弹，是按 5 分钟的节奏去处理的。

注意：这只是统一的处理方法，其实实际操作中，一旦第一个上与下出现后，可能的走势形式就有了很大的绝对性确认了。例如，一个 30 分钟中枢后接一个第三类买点，然后非背驰力度强劲拉升，那你就完全可以开始坐轿子，等第二中枢，甚至第三、第四、第五中枢完成出现背驰后第三类卖点再说了。

更要注意：这绝对性的具体操作还不是平均效率最高的，最高的，就是保持部分仓位，用余下仓位进行换股轮动操作，对于资金少的，也可以全部仓位进行，不过这技术要求更高，就不多说了【扫地僧：其实就是在当次级别要走下跌走势时，出来部分资金，然后换到其他要走次级别向上的个股，从而提高时间效率】。

最后，一定不要去预测什么反弹还是反转，这根本没意义。反弹越高越大，最后就自然成了反转，而是否如此，根本没必要知道，你唯一需要知道的就是只要在第一中枢后出现第三类买点并形成非背驰类向上，才可以持股睡觉等其余中枢形成，否则，随时都有被反回来的危险【扫地僧：当第一、第二类买点买入后，并不是就可以放心持股睡觉，而要时刻紧盯走势，尤其是在中枢震荡时，如果没有一个比较强的离开中枢的走势，就不要报太多幻想，看见次级别走势完成就要走，或者有盘背就要走，等下来再接回，先把成本通过做短差做下来】。

有人喜欢精确定义，那么这里其实也给出了什么是上升趋势形成的最精确定义，就是在第一中枢后出现第三类买点并形成非背驰类向上。趋势形成，只要趋势没有扭转的信号，当然就可以睡觉。本 ID 的理论，并不一定要违反常识，只是本 ID 的理论可以给正确的常识以合理的理论基础，这才是关键。

后面的课程，将开始具体分析各种可能的反弹类型，这对具体的盘整操作也

是有极大用处的。不过必须补充的是，实际的操作效果还是必须靠磨炼的，而反弹如此，回调的操作反过来也如此【扫地僧：很遗憾，这些具体的反弹类型只能自己研究了，教你炒股票系列定格在了 108 课，很多以后要讲的东西都成为学缠者永远的遗憾了】。

【扫地僧点评】

下跌时博反弹，要将操作级别放小一个级别，这在熊市中非常重要。

教你炒股票108：何谓底部？从月线看中期走势演化①

小小分型真简单，指引操作不再繁，操作无非顶与底，买卖顺序莫要颠。

何谓底部？这里给出精确的定义，以后就不会糊涂一片了。底部都是分级别的，如果站在精确走势类型的角度，那么第一类买点出现后一直到该买点所引发的中枢第一次走出第三类买卖点前，都可以看成底部构造的过程【扫地僧：从一买到三买之间都是筑底过程，包括第二买点和中枢震荡延伸。为什么说不建议散户参与这个筑底过程，就是因为期间比较磨人，而且在中枢震荡延伸期间，各种奇怪的走势经常出现，功力不深的很难把握】。只不过如果是第三类卖点先出现，就意味着底部构造失败了，反之，第三类买点意味着底部构造的最终完成并展开新的行情。当然，顶部的情况，反过来定义就是【扫地僧：不太一样的是，在顶部最好在疯狂走势的末期，一般是小级别的第一类卖点时卖出，没必要参与筑顶的过程，因为很多股票最疯狂时就是最高点，后面大概率走小转大】。

此外，用分型的角度同样可以给出底部的概念，只是这粗糙一点，对一时把握不了精确走势类型分类的，这是一个将就的办法。此外，一般性分析中，这方法也可以用，因为对把握大方向已经足够【扫地僧：大方向一般用大级别的粗糙的方法也够了，因为大级别上的结构一般都比较清晰】。

站在分型的角度，底部就是构成底分型的那个区间，而跌破分型最低点意味着底部构成失败；反之，有效站住分型区间上边沿，就意味着底部构造成功并至少展开一笔一上行情。同样，顶部反过来就是。

注意：有了这个定义，就一定要搞明白，不是在底部的区间上买，而是相反，应该和中枢震荡的操作一样，在区间下探失败时买，这才是最好的买点，

① 原文来源：http：//blog.sina.com.cn/s/blog_486e105c0100abkx.html，2008-08-29 09：15：01。

【扫地僧：就是说在大级别上，每次探底没有新低时，是买入的机会】。此外，底部是有级别的，日线图上的底分型，当然就对应着分型意义上的日线级别底部。

现在就有一个现成有意义的例子，2008 年 8 月这月 K 线基本走出来了，显然，9 月能否构造出底分型，关键是看这个区间（2284，2952），其中 2284 点是绝对不能破的，一旦破了，就马上宣告月底分型至少要到 10 月后才有机会。因此，即使 9 月没到，我们已经可以有一个大致的操作强弱分类空间了，只要回 2284 点不破的任何分型意义上周级别以下走势，都必然成为一个良好的短线买点，而且其中可以充分利用类似区间套的方法去找到最精确的买入位置【扫地僧：上证月线如图 1 所示。8 月 29 日当天是周五，日线上刚刚形成一个底分型，有望出现短线机会，但 9 月 1 日就将该日线底分型破坏，因此月线底分型的构造只能看 10 月了】。

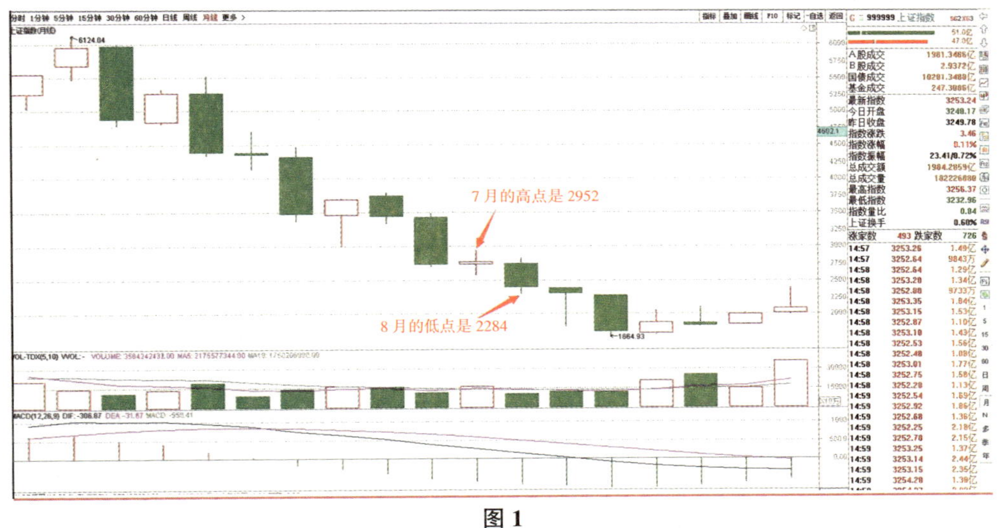

图 1

同样，马上可以断言的是，在 10 月有效确认站住 2952 点前，月线意义上的行情是没有的，最多都只能看成是分型意义下月线级别的底部构造过程。因此，这对我们操作参与的力度与投入就有了一个很明确的指引。

当然，对于一般投资者，月线图太大了，因此可以看周线图，例如，本周与上周相比，到目前为止就是一个包含关系。因此，到下周是关键的能否构成底分型的日子，而真正要走出底部，那还需要对（2284，2601）突破进行有效的确认。也就是说，在中秋前，要确认一个分型意义下的周线行情是不可能的，除非

(扫码获取更多学习资料)

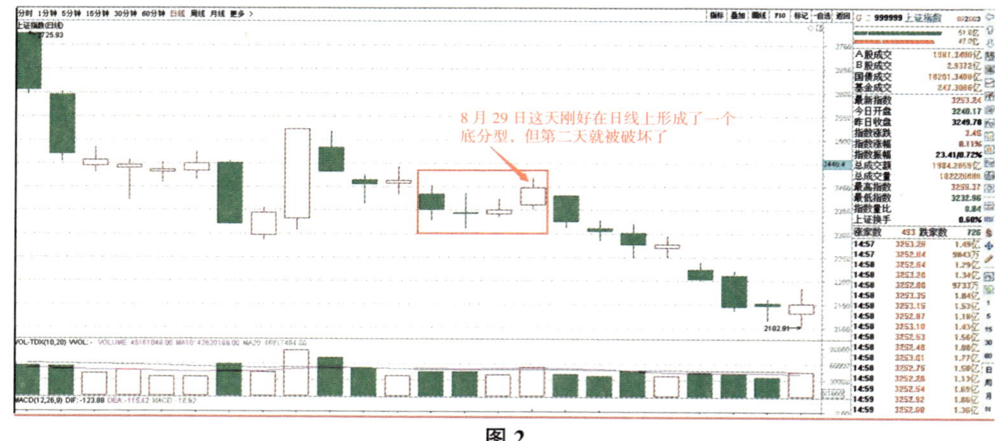

图 2

今天，本周最后一天能突然突破 2523 点，否则就绝对不可能了【扫地僧：如图 3 所示】。

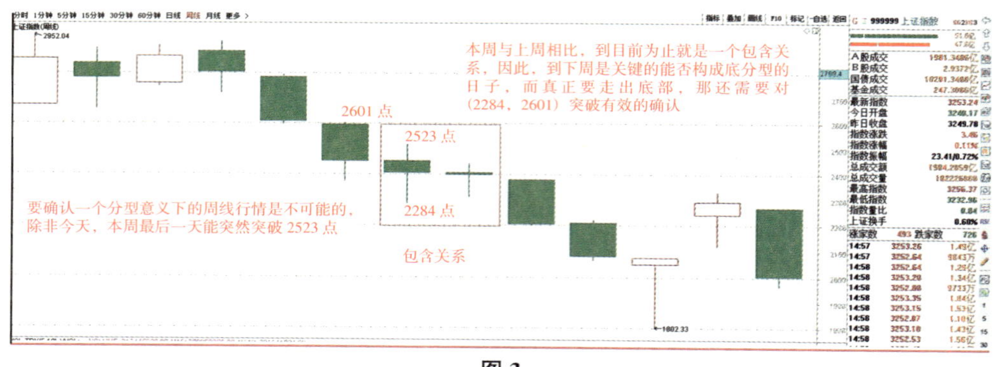

图 3

从更短的日线看，目前在 8 月 18 日开始的底分型引发的底部构造中，是否最终有效，就看（2284，2455）区间走势的演化了。

操作其实很简单，一个基本的原则是任何走势，无论怎么折腾，都逃不出这个节奏，就是底、顶以及连接两者的中间过程。因此，在两头的操作节奏就是中枢震荡，只是底的时候要先买后卖，顶的时候要先卖后买，这样更安全点。至于中间的连接部分，就是持有，当然，对于空头走势，小板凳就是一个最好的持有，一直持有到底部构造完成。

而有技术的，根本就不需要什么小板凳，按操作级别，分清楚目前是三阶段

中的哪一段，然后日日是好日，时时是花时，不赚钱那真是脑子有水了。亏钱都是错误操作引起的，不断反省，才会有进步的。

【扫地僧点评】

本课讲了从月线分型的推理逻辑辅助操作的方法。

更多缠论干货内容请关注作者微信公众号“扫地僧读缠札记”。